리프레이밍 리더십

군에서 찾은 최고의 리더십

리프레이밍 리더십
군에서 찾은 최고의 리더십

2022년 4월 15일 초판 인쇄
2022년 4월 20일 초판 발행

지은이 | 최병순 · 이민수
교정교열 | 정난진
펴낸이 | 이찬규
펴낸곳 | 북코리아
등록번호 | 제03-01240호
주소 | 13209 경기도 성남시 중원구 사기막골로 45번길 14
　　　 우림2차 A동 1007호
전화 | 02-704-7840
팩스 | 02-704-7848
이메일 | ibookorea@naver.com
홈페이지 | www.북코리아.kr
ISBN | 978-89-6324-845-5 (93320)

값 33,000원

Reframing Leadership

리프레이밍 리더십
군에서 찾은 최고의 리더십

최병순 · 이민수 지음

북코리아

서문

리더십은 역사적 사실과 많은 학자의 연구를 통해 동서고금을 막론하고 조직의 성패에 영향을 미치는 핵심요소라는 것이 입증된 가장 중요한 사회적 이슈의 하나다. 하지만 무엇이 진정한 리더십인가에 대한 대답은 저마다 제각각이다. 저자들은 이 어려운 질문의 실마리를 인식틀의 리프레이밍(reframing)과 군 리더십에서 찾았다.

군대는 조직 규모가 매우 크고 수많은 리더를 양성하고 배출하는 조직이기 때문에 리더십에 대한 관심이 매우 높고 그동안 많은 연구가 이루어져 왔다. 국가와 국민, 그리고 전우를 위해 목숨 바쳐 임무를 완수하게 하고, 창의적인 전략전술을 사용하게 만드는 리더십. 이것이 '군 리더십'이며, 이것이야말로 '최고의 리더십'일 것이다. 사관학교와 국방대학교, 그리고 대학에서 리더십을 교육하고 연구해온 저자들이 진정한 리더십에 대한 해답을 군에서 찾은 이유이다.

최병순 교수는 일찍이 군 리더십의 중요성을 인식하고 오랜 교육과 연구 경험을 토대로 2010년 『군 리더십』이라는 책을 저술했다. 그동안 많은 군 간부들이 이 책을 읽고, 여러 대학에서 교재로 활용한 덕분에 8쇄를 발행했을 뿐만 아니라 2011년에는 대한민국학술원 우수학술도서로 선정되었고, 2020년에는 국방부 진중문고로 선정되는 영광을 누렸다.

그러나 10여 년의 세월이 흘러 이 책에 애정을 가진 독자들로부터 다양한 개정 필요성이 제기되었다. 특히 일반 독자들도 리프레이밍 리더십의 본질을 쉽게 이해할 수 있고, 최신 연구와 사례를 반영하여 군 리더 양성 교육기관인 사관학교, 군사학과, 학군단, 부사관학교 등에서 리더십 강의 교재로 활용할 수 있게 해달라는 요구가 많았다. 이러한 요구를 반영하여 리더십 전문가인 육군사관학교 이민수 교수와 공동으로 다음과 같이 『리프레이밍 리더십: 군에서 찾은 최고의 리더십』을 새롭게 발간하게 되었다.

첫째, 조직과 리더십에 대한 인식틀의 전환, 즉 리프레이밍을 통해 리더십의 변화가 일어날 수 있도록 볼먼과 딜(Bolman & Deal)의 조직 인식틀을 바탕으로 다양한 리더의 역할과 리더십 역량을 함양할 수 있는 기법들을 제시했다. 또한 리더와 팔로어의 관계에만 초점을 맞춰 인적자원관리자로서 역할만 중시한 기존의 리더십 저서들과는 달리 설계자, 정치가, 연출가 · 배우로서의 역할도 포함함으로써 조직 관리자로서 다양한 역할을 균형되게 수행할 수 있는 역량을 개발할 수 있도록 했다.

둘째, 군대 또는 리더십에 대한 기본적인 지식 없이도 군 조직과 리더십을 이해할 수 있도록 군대 조직과 리더십에 관련된 기본 개념과 용어들을 본문 또는 각주에 자세하게 설명했다. 아울러 한국군을 구성하고 있는 육 · 해 · 공군과 해병대를 두루 이해할 수 있도록 각 조직의 리더십 사례들을 골고루 포함했다.

셋째, 전통적 리더십, 최신 리더십 이론들의 핵심 내용과 각 이론에 대한 평가, 군 리더십 적용 방안을 기술했다. 기존 리더십 교재들처럼 다양한 리더십 이론들을 단순히 소개하는 데 그치지 않고, 각 이론의 바람직한 군 리더십 적용 방안을 제시함으로써 독자들이 학습한 리더십 이론들을 실제 군 맥락에 적용할 수 있도록 했다.

넷째, 전장 경험이 없는 군 리더들이 평시 상황에서의 군 리더십뿐만 아니라 전장의 특성을 이해하고 전장 리더십 역량을 강화할 수 있도록 최근의 군 리더십 사례 및 연구 결과 외에도 저자들이 6.25전쟁, 베트남전, 그리고 대침투작전 참가자들로부터 수집한 실제 전투상황에서의 한국군 리더십 사례 및 연구 결과도 수록했다.

다섯째, 모든 장(총 13장)의 순서를 핵심 내용 소개, 본문, 요약, 질문 및 토의 순으로 구성하여 앞부분에 핵심 내용을 소개하고, 마지막에는 각 장의 내용을 요약하여 정리해줌으로써 독자들이 각 장의 핵심 내용을 쉽게 이해하는 데 도움이 되도록 했다.

여섯째, '리더십 진단도구'를 제시하여 자신의 리더십을 진단하고, 그 결과를 리더십 개발에 활용할 수 있도록 했다. 아울러 리더십은 이론적 지식을 아는 것뿐만 아니라 실무에서 실천하는 것이 중요하기 때문에 리더십 이론이나 기법에 관련된 '실습' 자료를 제시함으로써 리더십 역량을 개발하고, 현장에서 활용할 수 있도록 했다.

일곱째, 각 장의 마지막에 질문 및 토의 문제를 제시하여 스스로 질문에 응답해보거나 토의를 통해 각 장의 핵심 내용에 대한 이해도를 높이도록 했다. 특히 각 장 마지막 토의 주제인 '리더십 실전 사례 토의'는 군 리더십 현장에서 수집된 군 리더십 암묵지 진단도구를 통해 자신의 리더십 문제 해결 역량을 진단하고 리더십 실천 역량을 강화할 수 있도록 했다.

한편 이 책은 제1부 리더십 이해, 제2부 리더십 이론과 군 리더십, 제3부 군 리더십 실제로 구성했다. 제1부에서는 리더십의 본질을 이해하기 위해 리더십의 중요성과 정의, 리더십의 분류와 평가 방법, 그리고 군 리더십 주요 이슈들을 기술했다. 실제 군 리더십 사례와 연구 결과를 제시하여 군 리더십과 일반 리더십의 본질에는 차이가 없고, 오히려 진정한 군 리더십이 최고 수준의 리더십이라는 것을 강조했다.

제2부에서는 전통적 리더십 이론 및 최신 리더십 이론들을 이론의 등장 시기에 따라 구분하는 일반적 방식과 달리 리더십 인식틀에 따라 리더 중심이론, 팔로어 및 관계 중심 이론, 상황 중심 이론으로 분류하고, 각 리더십 이론의 핵심 내용과 강점 및 약점, 그리고 군 리더십 발휘 현장에서의 효과적인 적용 방안을 제시했다.

제3부에서는 리프레이밍 리더십을 이해하기 위한 핵심 개념인 인식틀의 기능과 중요성을 설명하고, 볼먼과 딜의 조직 인식틀을 활용하여 리더의 역할인 인적자원관리자로서 역할, 설계자로서 역할, 정치가로서 역할, 연출자·배우로서 역할을 관련 이론과 실제 사례를 들어 설명함으로써 군 리더들이 군에서 발생하는 복잡한 문제들의 원인을 정확히 진단하고 해결할 역량을 개발할 수 있도록 했다. 그리고 마지막으로 조직 인식틀의 효과적 활용 방안과 리더의 바람직한 역할, 그리고 리더에게 요구되는 역량과 리더십 역량 개발 방법을 제시했다.

아무쪼록 이 책이 미래 군의 리더가 되고자 하는 대학생들과 군 간부뿐만 아니라 사회 각계각층 리더들의 리더십 역량개발에 실질적인 도움이 되길 기대한다. 마지막으로 집필 과정에서 자료를 제공해주고 고견을 제시해준 전후방 각지의 제자들과 군 리더, 어려운 사회적 여건 속에서도 이 책의 출판을 기꺼이 허락해주신 북코리아의 이찬규 사장님과 직원 여러분, 그리고 이 책을 집필하는 동안 많은 시간을 함께하지 못했지만 지원과 격려를 아끼지 않은 저자들의 가족에게도 깊은 감사를 드린다.

2022년 3월 25일

최병순 · 이민수

목차

목차

I

리더십
이해

1 장

리더십의 본질

군 리더십과 일반 리더십은 서로 다르지 않다.
다르다면 본질의 차이가 아니라 정도의 차이이고, 리더십 스킬의 차이일 뿐이다.

– 본문 중에서

리더십은 모든 조직이나 집단 구성원의 행복과 불행, 그리고 성공과 실패를 결정하는 핵심
요인이다. 특히 군에서는 목숨이 위태로운 극한 상황에서 목숨까지도 희생하면서 임무를 수
행하도록 해야 하기 때문에 그 어느 조직에서보다 리더십이 더욱 중요하다. 아무리 무기체계
가 첨단고도화되더 라도 그것을 운영하는 것은 결국 사람이고, 전장에서 인간 대 인간의 싸
움은 불가피할 것이므로 지휘관이 리더십을 발휘하여 부대원을 효과적으로 교육훈련시키고,
부대원 상호 간에 전우애를 형성하고 전투 동기를 부여하여 전장에서 승리할 수 있는 부대를
만드는 지휘관의 역할은 변하지 않을 것이기 때문이다.

이러한 리더십에 대한 이해를 돕기 위해 제1절에서는 리더십이 왜 중요한가, 제2절에서는
리더십에 대한 다양한 일반적인 정의와 군에서의 리더십에 대한 정의를 비교분석해봄으로써
리더십의 본질을 이해하도록 한다. 그리고 제3절에서는 리더십을 어떻게 분류하고 있으며,
효과적인 리더와 비효과적인 리더를 구분해주는 리더십 효과성 평가 방법과 평가지표에 대해
살펴본다.

1. 리더십의 중요성

리더십은 인류가 집단생활을 시작하면서 집단의 유형과 규모, 그리고 시대와 지역을 막론하고 구성원의 행복과 불행, 그리고 집단의 성공과 실패를 결정하는 핵심 요인의 하나였다.[1] 우리 역사상 가장 존경받는 왕으로서 태평성대를 이루었을 뿐만 아니라 15세기에 이루어진 다른 모든 나라의 성과를 능가하도록 과학기술을 발전시킨 것으로 평가되는 세종대왕,[2] 조선을 침략한 일본 수군과의 해전에서 다음 사례와 같이 백전백승하여 나라를 구한 이순신 장군, 황량한 모래벌판에서 맨주먹으로 시작하여 세계적인 종합제철소를 만든 포스코 박태준 회장,[3] 2002년 한일 월드컵에서 대한민국의 4강 진출의 신화를 이끈 히딩크 감독, 사후에도 세계적으로 존경받는 링컨, 간디, 만델라 등의 국가 지도자, 그리고 이들과는 달리 히틀러처럼 인류에게 막대한 피해를 준 부정적 리더십(negative leadership)을 발휘하여 세계사에 악명을 남긴 리더들의 사례들이 이러한 사실을 잘 입증해주고 있다.

이순신 장군은 1592년 임진왜란이 벌어지자 수많은 역경과 난관을 치열한 고뇌와 노력으로 돌파해 역사상 유례가 없는 23전 23승의 놀랄만한 전과를 올렸다. 특히 1592년 10월 25일 진도 울돌목에서 벌어진 명량해전에서는 13척의 배로 130여 척의 왜군에 맞서 대승을 거두며 조선의 위기를 극복해 불세출의 구국의 영웅으로 존경받고 있다.

---

[1] 진화적 관점에서 접근하는 진화 리더십 이론에 의하면, 리더십은 약 200만 년 전 아프리카 대초원에서 호모(Homo)종의 탄생과 더불어 생겨났다. 당시 인류의 조상은 무리를 이루어 사냥하고, 싸우고, 살고, 사랑했다. 이 과정에서 강한 리더십을 보여주는 부족이 생존 경쟁에서 살아남아 번성했고, 이에 따라 리더십과 팔로어십이 인간 삶에 중요한 핵심으로 자리 잡았다(마크 판 퓌후트 · 안자나 야후자, 이수경 옮김, 2011: 13).

[2] 1983년 일본에서 편찬한『과학사기술사사전』에 따르면 세종 재위 기간이 포함된 1400년부터 1450년까지 반세기 동안 세계 과학의 주요 업적 가운데 조선은 29건, 중국은 5건, 일본은 1건이었고, 그 외 지역이 30건이었다.(이지효, 2018).

[3] 육군 소장으로 전역 후 포항제철을 설립하여 창업 25년이라는 짧은 기간에 세계적인 철강업체로 키워내 '한국의 철강왕', '한국의 카네기'로 불리며, 32대 국무총리를 역임했다.

영국의 일본 전문 역사학자인 턴불(S. Turnbul)은 "이순신 장군은 한국의 영웅이자 인류 역사를 통틀어 가장 위대한 해군 지휘관 중 한 명이다. 이순신의 승리들은 일본군의 패배에 결정적인 역할을 한 것으로 판명됐다." 러일 전쟁을 승리로 이끈 도고 헤이하치로는 "영국의 넬슨 제독은 군신(軍神)이 될 수 없다. 해군 역사에서 '군신'이라고 부를 수 있는 사람은 이순신 장군 한 사람뿐이다. 이순신 장군과 비교하면 나는 일개 부사관도 못 된다." 그리고 『이순신 각서(李舜臣覺書)』를 저술한 후지이 노부오는 "나를 영국의 넬슨 제독에게 비기는 것은 가능하나 조선의 명장 이순신 장군에게 비하는 것은 감당할 수 없는 일이다"라고 높이 평가했다.

이순신 장군으로부터 본받아야 할 것으로는 충효와 애민 정신, 뛰어난 리더십과 전략전술, 타고난 문장력과 창의력, 불굴의 투지와 인내력 등을 들 수 있다. 특히 창의력을 발휘해 학익진(鶴翼陣)과 거북선을 개발했고, 전란 속에서도 유네스코 세계기록유산인 『난중일기(亂中日記)』를 남겼다.

출처: 신상구(2019)에서 발췌

이러한 역사적 사실만이 아니라 오늘날에도 가정의 리더인 가장, 그리고 기업 같은 영리조직[4]과 군대, 정부조직, 사회단체 같은 비영리조직 등 여러 유형의 조직이나 국가를 이끌어가는 리더의 리더십 역량이 구성원의 행복과 불행, 그리고 조직의 성공과 실패에 많은 영향을 미친다는 사실을 직간접적인 경험을 통해 잘 알고 있다.

이러한 이유로 국가, 군대, 기업 등 모든 유형의 조직에서 조직의 성공과 실패의 원인을 리더의 리더십 때문으로 돌리는 경향이 있고,[5] 이러한 사회적 인식 때문에 오늘날에도 리더십이 여전히 중요한 사회적 이슈의 하나로 다루어지고 있다.[6] 비록 20세기가 되어서야 리더십에 대한 과학적인 연구가 시작되어 역사는 짧지만 경영,

---

[4] 기업의 성공에 미치는 영향으로 사업은 61%, 관리는 40%, 환경은 32%, 그리고 리더십은 91%로 나타났다(The CEO Conference Board, 2001).

[5] 리더십 귀인이론(attribution theory of leadership)에 의하면, 일반적으로 조직의 성공과 실패의 원인을 리더에게 돌리는 경향이 있다. 리더십 귀인이론에 대해서는 이 책 제6장 제1절 참조.

[6] Google(www.google.co.kr)에서 '리더십'이라는 주제어로 뉴스를 검색(2021.1.3)한 결과 428만 건이 검색될 정도로 리더십이 중요한 사회적 이슈로 다루어지고 있다. 최근에는 코로나19의 전 세계적인 확산으로 인한 위기 상황에서 사회 각 분야에서 이를 극복하기 위해 위기관리 리더십에 대한 논의가 이루어지고 있다.

경제, 정치, 교육, 신학, 역사, 군사학 등 사회과학 분야에서 리더십이 조직의 성과 또는 효과성에 어떠한 영향을 미치는가, 리더가 구비해야 할 리더십 역량은 무엇인가, 상황에 따라 효과적인 리더십 행동은 무엇인가, 그리고 리더십 역량을 어떻게 개발할 것인가 등에 관한 수많은 연구가 이루어져왔다.[7]

일부 연구자들은 리더십 이외의 요인들이 조직의 성패에 더 많은 영향을 미치기 때문에 리더십과 조직 성과는 관계가 없고(Pfeffer, 1997), 리더십이 성과에 미치는 영향력을 과대평가하고 있다고 말한다(Meindle et al., 1985: 78-102). 그리고 리더십이 성과에 영향을 미친다고 믿는 것은 낭만적인 생각이고, 리더십만으로는 조직의 성과가 왜 차이가 나는지를 충분히 설명할 수 없기 때문에 리더십의 중요성에 대한 인식을 일종의 문화적 신화(myth)라고 주장하기도 한다.[8]

그러나 대부분의 연구자가 리더십이 조직의 성과를 결정하는 데 영향을 미치는 핵심요인의 하나라는 데 의견을 같이하고 있고, 리더십이 우리의 삶과 조직의 성패에 많은 영향을 미친다는 사실에 강한 믿음을 갖고 있다(Yukl, 2013: 19). 이러한 믿음은 〈표 1.1〉에서 보듯이 특히 군인들이 강하게 갖고 있는데, 그것은 클라우제비츠(C. V. Clausewitz, 2008)가 "전쟁이란 두 집단 사이의 의지의 대결이기 때문에 의지가 강한 쪽이 이길 수 있고, 무기뿐만 아니라 정신력 같은 무형전력에 의해 전투력이 결정된다. 그리고 전쟁에서 승리하는 비결은 지휘관들이 전장에서 승리할 수 있는 용기, 강인한 체력, 정신력, 통찰력, 결단력 등의 리더십 역량을 구비한 군사적 천재(military genius)가 되도록 하는 것이다"라고 주장한 것처럼 전사(戰史)와 군 복무 경험을 통해 군인들은 전·평시를 막론하고 다른 그 어떤 요인보다 지휘관의 리더십이 부대의 성패에 많은 영향을 미친다는 것을 알고 있기 때문이다.[9] 한 연구 결과에 따르면 제2차 세계

---

7   리더십에 관한 연구 논문들이 (사)대한리더십학회의 『리더십 연구』, 그리고 Leadership, The Leadership Quarterly, Journal of Leadership Studies, Journal of Leadership & Organization 등 많은 학술지를 통해 발표되고 있다. 그리고 교보문고(www.kyobobook.co.kr)에서 '리더십' 주제어로 도서를 검색하면 국내 도서 6,254권, 외국 도서는 2만 3,633권이 검색된다(2021.1.3).

8   커와 저마이어(Kerr & Jermier, 1978)의 리더십 대체이론(substitutes for leadership)이 이러한 주장을 뒷받침해주고 있는데, 이 이론에 따르면 조직 구성원, 과업, 조직의 구조적 특성 등이 리더십을 불필요하게 만드는 대체요인이나 리더십의 영향력을 약화시키는 중화요인으로 작용할 수 있기 때문에 리더십이 항상 중요한 것은 아니라고 한다.

9   이라크전에 참전했던 미 육군 장군은 "군사력만 가지고는 승리할 수 없으며 가장 중요한 것은 사람들과 상호작용

〈표 1.1〉 군 리더십의 중요성에 대한 설문 결과

■ 리더십이 성과(전투력)에 미치는 영향 정도

단위: 명(%)

구분	계	매우 낮음	낮음	보통	높음	매우 높음
육군	559 (100.0)	8 (1.4)	2 (0.4)	19 (3.4)	193 (34.5)	337 (60.3)
해군	490 (100.0)	3 (0.6)	2 (0.4)	25 (5.1)	160 (32.6)	300 (61.3)

출처: 최병순(2009a)

■ 리더십이 전투의 승패에 미치는 영향 정도(베트남전 참가자)

구분	계	20% 이하	20~40%	40~60%	60~80%	80% 이상
명 (%)	200 (100.0)	3 (1.5)	8 (4.0)	30 (15.0)	67 (33.5)	92 (46.0)

출처: 최병순 · 정원호 · 김용진(2009)

■ 전투 승패의 영향요인(베트남전 참가자)

구분	계	지휘관 지휘능력	부대원 사기	부대 단결력	무기/ 장비	교육 훈련	작전 계획	기타
명 (%)	203 (100.0)	87 (42.9)	56 (27.6)	33 (16.3)	10 (4.9)	9 (4.4)	7 (3.4)	1 (0.5)

출처: 최병순 · 정원호 · 김용진(2009)

대전에 참가한 사단 중 전투력 최고 부대 10개 사단을 선정한 결과 그 하나가 미군의 보병 사단이었고 나머지 9개 사단은 모두 독일군 사단이었다. 그런데 미군 보병 사단의 전투력이 높았던 가장 중요한 요인은 사단장의 리더십 때문이었다.

이와 같이 군에서는 지휘관의 리더십이 부대의 성패를 결정하는 핵심요인[10]이라

하는 것이다. 정신력과 마음이 힘보다 중요하며, 현명한 전사는 사람을 끄는 매력적인 소프트파워와 강압적인 하드파워의 조화를 이해하는 사람이다"라고 리더십의 중요성을 강조했다.

10 전투력의 한 요소로서 리더십은 정보를 활용해서 전투 기능(기동, 정보, 화력, 방호, 작전지속지원, 지휘통제)을 통합하고, 승수(multiplier) 효과를 내는 기능을 한다(Department of The Army, 2019: 1-13).

는 인식이 강하기 때문에 성공적으로 임무를 수행했을 경우 직접 임무를 수행한 부대원뿐만 아니라 지휘관에게도 포상하고, 부대원이 임무 수행에 실패했거나 과오 또는 위법 행위 등을 저질렀을 경우 직접 책임이 있는 부대원뿐만 아니라 상급 지휘관(자)에게도 지휘책임(command responsibility)[11]을 묻는다.

앞에서 기술한 바와 같이 사회 각 분야에서 리더십이 중요한 사회적 이슈로 다루어지고, 최근 들어 각계각층 리더들의 리더십 역량 개발에 많은 관심을 두는 이유는 무엇일까? 그것은 경기규칙이 바뀌면 경기하는 방식과 경기를 주도하는 코치나 감독의 역할, 즉 그동안 리더로서 요구되는 역할과 역량도 변화해야 하기 때문이다.

〈그림 1.1〉과 같이 환경이 예측 가능하고 안정적이었던 아날로그 시대에는 노동과 토지, 자본과 기술이 중심이 된 자원기반 경제사회였기 때문에 누가 더 많은 노

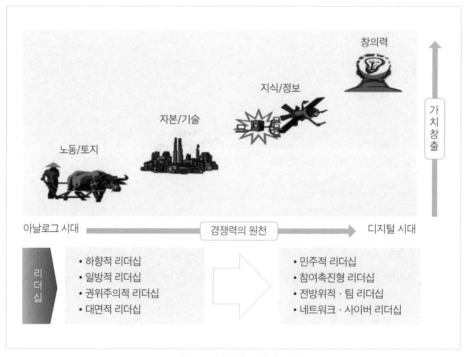

〈그림 1.1〉 경쟁력 원천의 변화

---

11   지휘책임에 대한 자세한 내용은 이 책 제2장 제2절 참조.

동력과 토지, 그리고 자본과 기술을 확보하느냐가 경쟁력의 척도였다. 그러나 뷰카
(VUCA)[12]를 특징으로 하는 디지털 시대는 몸을 움직이고 손을 쓰는 인간의 육체노동
이 마음을 움직이고 머리를 쓰는 두뇌노동으로 대체되고, 지식과 정보, 그리고 창의
성을 누가 더 많이 갖고 있는가에 따라 경쟁력이 결정된다.

또한 조직에서 힘의 원천이 직위가 아니라 전문성으로 변화되었을 뿐만 아니라
〈그림 1.2〉와 같이 아날로그 시대의 거북선이나 돛단배 같은 단순한 조직에서 오늘

〈그림 1.2〉 시대 변화와 바람직한 리더십

---

12 Volatility(변동성), Uncertainty(불확실성), Complexity(복잡성), Ambiguity(모호성)의 앞 글자를 딴 신조어로,
  1987년 미 육군대학에서 처음 제시한 군사용어다. 오늘날 디지털 시대의 환경적 특성을 묘사하는 용어로, 사회과
  학 분야에서 널리 사용되고 있다.

날의 크루즈 선박이나 이지스함처럼 규모가 커지고 첨단기술을 사용하게 됨으로써 조직의 복잡성이 높아졌고, 사회적 다양성의 증가로 조직 구성원의 가치관과 욕구가 더욱 다양해지고 있으며, 사회 각 분야의 민주화로 구성원에 대한 기본권 보장과 윤리경영이 더욱더 요구되고 있다.

아날로그 시대에는 승선 인원도 적고 바람이나 인력에 의해 움직이는 함선의 선장처럼 위계질서를 기반으로 유능한 리더가 최선의 해결책을 제시하고, "나를 따르라!(follow me!)"라는 명령에 일사불란하게 움직이도록 하는 위계적 · 권위주의적 · 독단적 · 지시적 · 통제지향적 리더십으로도 조직을 효과적으로 운영할 수 있었다. 그러나 오늘날 디지털 시대에는 크루즈 선박이나 구축함 등과 같이 규모가 크고 다양한 전문지식이나 기술을 사용하는 복잡한 조직에서 신속한 의사소통과 의사결정을 위해서는 수직적 조직의 수평화, 그리고 구성원들이 조직 활동에 적극적으로 참여할 수 있도록 조직의 민주화와 전문화가 요구되고 있다. 아울러 리더가 혼자서 하나의 정답을 찾는 것이 아니라 구성원들의 열정과 창의력을 불러일으키는 임파워링 리더십(empowering leadership), 구성원 상호 간에 신뢰를 형성하여 팀워크를 구축하며, 전문가들의 전문성을 활용하여 다양한 창의적 해결책을 모색하는 공유적 · 참여적인 팀 리더십, 진정성을 바탕으로 한 진성 리더십(authentic leadership), 그리고 정보기술(IT: Information Technology)과 사이버 공간을 활용한 네트워크 · 사이버 리더십이 요구되고 있다.

한편 아날로그 시대에서 디지털 시대로 문명 패러다임이 변화함에 따라 〈그림 1.3〉과 같이 전쟁 패러다임도 인력전, 포격전, 진지전, 전격전 등과 같은 대량 소모전에서 첨단무기체계를 활용한 선택적 마비전, 네트워크 중심전, 정보전, 장거리 정밀전, 그리고 인공지능(AI: Artificial Intelligence)과 로봇을 활용한 지능전으로 변화될 것이다. 이에 따라 군사력의 원천도 근육의 힘(병력 수 등)과 기계의 힘(화력, 무기와 장비 등)에서 지식 · 정보의 힘으로 변화되고, 첨단무기체계의 등장으로 더욱 신속한 상황 판단 및 의사결정이 요구될 것으로 예상된다. 그리고 아날로그 시대의 재래전에서는 상급자의 지시에 따라 자동화된 로봇처럼 움직이는 '자동화된 로봇형 전사'가 바람직한 군인상이었지만, 미래의 디지털 전장에서는 스스로 생각하고 움직이는 '자율형 전사

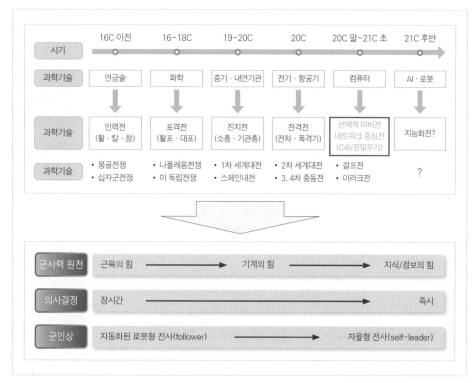

출처: 『육군비전 2050』(2020) 수정

〈그림 1.3〉 전쟁 양상의 변화와 리더십

(self-leader)'가 더욱 전투력을 발휘할 수 있을 것이다.

따라서 군의 교육훈련 및 부대관리 패러다임을 자동화된 로봇형 전사를 양성하려는 '팔로어 패러다임(follower paradigm)'[13]에서 상관의 지시나 명령을 잘 따르면서도 자발적이고 능동적으로 움직이는 자율형 전사(self-leader)를 양성하겠다는 '리더 패러다임(leader paradigm)'으로 전환해야 할 것이다.

---

13 '팔로워(follower)'가 영어 발음에 가깝지만 발음이 어색하기 때문에 이 책에서는 발음이 쉽고, 트위터에서 널리 사용되고 있으며, '리더(leader)'와 운이 맞는 '팔로어(follower)'라는 용어를 사용한다. 그리고 사전적 번역인 '복종자', '추종자' 등은 '리더가 시키는 대로 따르는 사람'이라는 의미를 내포하고 있어 팔로어의 범위를 제한하고, 그 역할을 왜곡할 수 있어 적절한 용어가 아니다. 그리고 '부하(部下, subordinate)'라는 용어도 상관의 지시와 명령에 따르는 아랫사람이라는 의미를 내포하고 있어 바람직하지 않지만, 군에서 일반적으로 사용하는 공식적인 용어다. 따라서 이 책에서는 공식 또는 비공식 집단(가족, 동아리 모임 등)이나 조직에서 리더가 영향력을 행사하는 사람을 '팔로어'라고 하고, 군의 지휘계통에서 직책이 낮은 군인에게는 '팔로어'와 '부하'라는 용어를 혼용하여 사용한다.

우리 군은 미래 전쟁 양상의 변화에 대비하여 「국방개혁 2.0」[14]을 수립하여 첨단정보과학기술군으로 개혁을 추진하고 있다. 이 중 지휘관의 리더십과 관련된 주요 내용을 살펴보면 첫째, 병력집약형 전력구조를 기술집약형 전력구조로 전환하여 상비병력을 50만 명으로 감축하고 병역기간도 단축한다. 둘째, 전투부대는 숙련된 장교와 부사관 중심으로, 비전투분야는 군무원 등의 민간인력을 증원하여 전문성을 확보하고, 여성인력을 증원하는 방향으로 인력구조를 개편한다. 셋째, 장병들의 인권을 보장하기 위해 인권 존중의 군 문화 조성 및 병 복무에 대한 합리적 보상과 군내 불합리한 관행 및 부조리를 척결한다는 것이다.

이러한 국방개혁 방향에 따라 지휘관들에게 병역기간 단축으로 인한 전투력 저하의 방지, 여성과 민간인력의 역량을 효과적으로 활용할 수 있도록 근무여건의 보장, 그리고 인권존중의 리더십 발휘 등이 중요한 과제가 되고 있다. 또한 국방개혁을 통해 첨단무기체계와 로봇 전사를 운용하는 첨단정보과학군으로 변화되더라도 이러한 무기와 장비를 운용하는 주체는 장병들이기 때문에 부대원들을 실전과 같이 교육·훈련시키고, 부대원 상호 간 전우애 형성과 사기 앙양 등의 책임이 있는 각급 지휘관[15]과 장병들의 리더십 역량 개발이 더욱 중요해지고 있다.

---

14 2018년 7월 27일 발표된 문재인 정부의 국방개혁안으로, 자세한 내용은 국방부에서 발간한 「국방개혁 2.0」 참조.

15 육군은 분대장(squad leader)과 소대장(platoon leader)은 '지휘자', 중대장(company commander) 이상은 '지휘관'이라 하고, 해군과 공군은 구분 없이 '지휘관'이라고 한다. 그런데 해군은 400t 이하의 함정을 정(艇, boat), 400t 이상의 함정을 함(艦, ship)이라 부르고, 함정의 크기와 규모에 따라 지휘관의 명칭을 정장(대위), 편대장(소령), 함장(중령), 전대장(대령), 전단장(준장), 함대사령관(소장), 작전사령관(중장)이라고 부른다. 그리고 공군에서는 비행 임무 시 전투기 2기를 지휘하는 조종사를 '2기 리더', 4기의 지휘자는 '4기 리더'라고 한다. 지상 임무 수행 시에는 4기 리더 또는 교관의 자격을 갖춘 편대장이 4개 편대로 구성된 비행대대(squadron)의 참모와 10명 내외로 구성된 편대(fight) 지휘관으로서 역할을 함께 수행한다.

2. 리더십에 대한 정의

　군 리더십과 일반 리더십이 같은 것인가, 다른 것인가에 대해 많은 논의가 있어왔다. 이 절에서는 리더십에 대한 일반적인 정의가 무엇이고, 군에서는 리더십을 어떻게 정의하고 있는가를 살펴봄으로써 군 리더십과 일반 리더십의 본질에 대한 이해를 돕는다.

1) 일반적 정의[16]

　리더십은 1900년대에 들어와서야 과학적인 연구가 시작되어 100여 년의 짧은 역사를 갖고 있지만, 사회과학 분야에서 가장 많은 연구가 이루어진 주제 중의 하나다. 그러나 스토그딜(Stogdill, 1974: 7)이 "리더십을 정의하려고 한 학자 수만큼 많은 리더십에 대한 정의가 있다"라고 한 것처럼 리더십에 대해 통일된 정의가 이루어지지 않고 있기 때문에 리더십 연구자나 교육자들이 자신의 관점에 따라 리더십의 다양한 측면 중에서 어느 측면을 강조하느냐에 따라 〈표 1.2〉와 같이 학자들 간에 각기 다른 개념적 정의를 하고 있다.[17]

　리더십에 대한 다양한 정의를 핵심 내용의 차이에 따라 분류해보면 다음과 같이 크게 4가지 유형으로 분류할 수 있다.[18]

16　용어에 대한 정의(definition)는 우리가 대상을 바라보는 인식체계에 중요한 역할을 한다. 이러한 정의에는 "어떤 사물이나 현상에 대한 추상적인 정의"인 개념적 정의(conceptual definition)와 연구를 위해 "개념적 정의를 측정 가능하도록 구체화시킨 정의"인 조작적 정의(operational definition)가 있다. 예컨대 '지능(IQ)'의 개념적 정의는 "어떤 사물이나 현상을 받아들이고 생각하는 능력"이고, 조작적 정의는 "10분 동안 암기 가능한 단어 수"다.

17　로스트(Rost, 1991)는 1900년대부터 1990년대까지 리더십에 대한 연구 자료들을 분석한 결과 200개 이상의 서로 다른 정의가 있다는 것을 발견했다.

18　볼먼과 딜(Bolman & Deal, 1991: 404-405)을 참조하여 저자가 재정리함.

<표 1.2> 리더십에 대한 정의

구분	정의
Stogdill(1974)	리더가 집단의 공유된 목표를 향하여 구성원들의 활동을 이끌어가는 행동
Koontz & O'Donnel(1980)	조직 성원들이 공동 목표를 달성하려는 방향으로 기꺼이 따라오도록 영향력을 행사하는 과정
Hersey & Blanchard(1982)	주어진 상황에서 개인이나 집단의 목표 달성을 위한 활동에 영향을 미치는 과정
Bass(1990)	상황이나 집단 성원들의 인식과 기대를 구조화하기 위해 구성원들 간에 교류하는 과정
Nanus(1992)	비전 제시를 통해 구성원들의 자발적 몰입을 유인하고, 그들에게 활력을 줌으로써 조직을 혁신하여 더 큰 잠재력을 갖는 새로운 조직 형태로 변형시키는 과정
Covey(2004)	사람들이 자신의 가치와 잠재능력을 볼 수 있도록 분명하게 알려주는 것
Yukl(2013)	무엇을 해야 하고, 어떻게 할 것인가에 대해 다른 사람들이 이해하고 동의하도록 영향력을 행사하는 과정, 그리고 공유 목표를 달성하기 위해 개인과 집단 전체의 노력을 촉진하는 과정
Northouse(2019)	공동목표를 달성하기 위해 한 개인이 집단 구성원들에게 영향을 미치는 과정

첫째, 리더십은 "리더가 원하는 것을 팔로어들이 하도록 만드는 능력"이다. 이러한 정의는 리더십을 "자신의 원하는 방향으로 상대방의 태도나 행동을 변화시킬 수 있는 능력"을 의미하는 권력(power)의 개념과 동일시하여 강제력 역시 리더십에 포함하고 있다. 그러나 이러한 정의는 리더는 이끌고 팔로어들은 따르는 일방적 관계를 전제하고 있어 리더도 팔로어들의 영향을 받는 상호작용 관계라는 것을 간과하고 있다.

둘째, 가장 많이 사용되고 있는 정의로 리더십은 "팔로어들에게 동기를 부여하여 집단 또는 조직의 목표가 달성되도록 영향력을 행사하는 것"이다. 리더십은 영향력을 행사하는 것이며, 동기를 부여함으로써 팔로어들이 진심으로 따르고 성과를 높일 수 있다는 것이다. 그러나 이러한 정의는 리더십의 성패가 목표나 성과 달성 정도에 따라 결정된다는 것을 내포하고 있어 리더들에게 목표지상주의 또는 성과지상주의를 조장할 수 있다. 그리고 달성된 목표와 성과가 가치가 없고, 공동의 이익이 아니라 개인적 이익을 추구하는 것이라도 리더십을 성공적으로 발휘했다고 할 수 있는가라는 의문을 제기할 수 있다.

셋째, 참여형 리더와 리더를 보좌하는 참모들이 선호하는 정의인 리더십은 "촉진자(facilitator) 역할을 하는 것"이다. 리더는 참여적이고 민주적이어야 하며, 팔로어들이 스스로 자신이 할 일을 찾도록 도와주는 것이고, 리더는 자신이 원하는 것을 추구하는 것이 아니라 팔로어들이 원하는 것을 이룰 수 있도록 역량을 개발해주는 것이라는 의미다. 이러한 정의는 리더는 이끌고 팔로어는 따른다는 리더십에 대한 고정관념을 깨뜨릴 수는 있지만, 주도성이 없는 존재로 리더의 역할을 과소평가할 우려가 있다.

넷째, 전략적 리더십을 언급할 때 많이 사용하는 정의인 리더십은 "비전(vision)을 제시하고, 목표를 설정하는 것"이다. 이러한 정의는 앞의 3가지 정의와 달리 리더의 주도적인 역할을 강조하고 있지만, 비전이나 목표를 리더가 혼자서 만드는 것이라는 암묵적 전제를 하고 있다. 그리고 과연 그 비전이나 목표가 누구를 위한 것인지, 팔로어들이 리더가 제시한 비전이나 목표를 좋아하고 지지하지 않아도 바람직한 리더십이라고 할 수 있는지에 대한 의문을 남기고 있다.

이와 같이 학자들 사이에 리더십의 정의가 서로 다르고 복잡한 이유 중 하나는 리더십 자체가 인간이 생존 과정에서 직면하는 불확실성과 위험에서 비롯되었기 때문이다.[19] 인간은 개인 또는 조직원으로 생활하면서 다양한 의사결정 상황에 직면하는데, 상황이 명확한 경우에는 혼자서도 결정하기가 쉽지만 불확실하고 위험한 상황에서는 다른 사람의 도움을 필요로 한다. 바로 그러한 상황에서 리더십이 필요하게 된다. 리더는 구성원들이 공포를 덜 느끼고, 자신감을 더 갖도록 도와주며, 우리가 무엇을 생각하고 느끼고 행동해야 하는가에 대해 그럴듯한 판단을 내리도록 도움을 준다. 또한 리더는 팔로어들이 가능성을 발견하고, 필요한 자원을 찾을 수 있도록 도와준다. 그런데 각자가 직면하는 상황의 불확실성과 위험성이 서로 다르기 때문에 사람마다 리더의 역할 또는 리더십에 대한 인식도 다를 수밖에 없다.

또 다른 이유는 리더십이 손으로 만져보거나, 눈으로 보거나, 직접 측정할 수 없

---

[19] 진화론적 관점에서 "리더십과 팔로어십은 인간의 생존과 번식이라는 도전 과제에 대한 대응책으로서 생겨났고, 우리 안에는 '원시의 뇌'가 숨어 있다"라고 주장한다(마크 판 퓌흐트 · 안자나 야후자, 이수경 옮김, 2011: 14).

는 구성개념(construct)[20]이기 때문에 사람마다 리더십을 서로 다른 의미로 받아들이고 사용하는 것이 자연스러운 현상이라고도 할 수 있다. 하지만 리더십에 대한 정의가 자의적이고 주관적으로 이루어지고, 사람마다 리더십을 서로 다른 의미로 사용하다 보면 때로는 리더십이 과연 무엇인가에 대한 개념적 혼란이 발생하기도 한다. 그렇다고 해서 리더십에 대한 정의를 통일하려는 것은 실제로 가능하지도 않고 바람직하지도 않다. 어떠한 정의가 다른 정의보다 좀 더 유용할 수는 있지만, 리더십의 본질을 정확하게 나타내는 하나의 '올바른' 정의는 없다(Yukl & Gardner, 2020: 7). 따라서 조직의 특성과 연구나 교육 목적에 따라 리더십의 본질을 잘 나타낼 수 있도록 정의하여 사용하는 것이 바람직하다.

2) 군에서의 리더십 정의

일반적으로 군인은 목숨이 위태로운 극한 상황에서도 임무를 수행해야 하고, 군 조직의 목표나 구성원의 특성,[21] 과업의 내용, 조직문화 등이 기업 같은 일반 조직과 달라 군 리더십과 일반 조직에서의 효과적인 리더십은 다를 것이라고 생각한다. 따라서 리더십에 대한 정의도 서로 다를 것으로 생각할 수 있지만, 앞의 〈표 1.2〉와 다음 〈표 1.3〉에서 보는 바와 같이 특별한 차이가 없는 것을 알 수 있다.

군 리더십에 대해 오래전부터 가장 많은 연구를 해온 미군은 〈표 1.3〉에서와 같이 군별로 리더십에 대한 정의를 다르게 하고 있다. 육군은 "임무를 완수하고, 조직을 발전시키기 위해 목표와 방향을 제시하고, 동기부여시킴으로써 사람들에게 영향을 미치는 활동",[22] 해군은 "다른 사람의 복종, 신뢰, 존경 그리고 열렬한 협조를 얻어내

---

[20] 구성개념(construct)은 "과학적인 이론이나 설명을 위해 조작적으로 만들어낸 개념"이다.

[21] 한국군의 경우 일반 조직과는 달리 대부분 구성원이 징병제로 충원된 장병들이고, 단기복무 후 전역하기 때문에 본인의 자발적인 의사에 의해 충원된 조직 구성원들과는 복무 태도가 다를 수밖에 없다.

[22] 미 육군은 1984년 설립된 육군 리더십센터(CAL: the Center for Army Leadership)와 육군 전문직업 · 윤리센터 (CAPE: the Center for the Army Profession and Ethic)를 2019년 4월 육군 전문직업 · 리더십센터(APL: The Center for the Army Profession and Leadership)로 통합했다. 미 육군은 1987년 발간된 『리더십 교범(FM 22-100)』을 새로운 리더십 이론과 연구 결과들을 반영하여 주기적으로 개정해왔다. 그리고 2012년 이후에는 『육군 리더십 교리 간

〈표 1.3〉 군에서 리더십에 대한 정의

구분		정의
미군	육군	부여된 임무를 완수하고, 조직을 발전시키기 위해 목표와 방향을 제시하고, 동기부여시킴으로써 사람들에게 영향력을 행사하는 활동(Department of the Army, 2019)
	해군	다른 사람의 복종, 신뢰, 존경 그리고 열렬한 협조를 얻어내고, 지휘할 수 있도록 다른 사람들의 생각, 계획, 행동들에 지시할 수 있는 힘과 특권이 주어진 기술, 과학 또는 재능. 즉, 사람을 통해 해군의 임무를 완수하는 기술(Department of Leadership and Law, U.S. Naval Academy, 1984)
	공군	합동전에서 공군의 임무를 이해하고 완수하도록 공군 장병들을 동기부여시키고, 영향력을 행사하고, 지시하는 기술과 과학(U.S. Air Forces, 2015)
캐나다군		다른 사람들이 전문적 · 윤리적으로 임무를 완수하도록 지시하고, 동기부여시키며, 할 수 있는 힘을 부여함과 동시에 임무를 완수할 수 있도록 역량을 개발하거나 향상시키는 것(Canadian Forces Leadership Institute, 2005)
한국군	육군	리더가 임무를 완수하고 조직을 발전시키기 위해 구성원에게 목적과 방향을 제시하고, 동기를 부여함으로써 영향력을 행사하는 활동(육군본부, 2021)
	해군	조직의 목표를 달성하기 위해 구성원들과 상호작용하면서 영향력을 미치는 과정(해군본부, 2018)
	공군	핵심가치를 기반으로 공군인에게 나아갈 방향을 제시하고 자발적이고 지속적으로 공군 목표와 임무 달성을 위해 노력하도록 영향력을 행사하는 술과 과학(공군본부, 2020)

고, 지휘할 수 있도록 다른 사람들의 생각, 계획, 행동들에 대해 명령할 수 있는 힘과 특권이 주어진 기술, 과학 또는 재능. 즉, 사람을 통해 해군의 임무를 완수하는 기술", 그리고 공군[23]은 "합동전에서 공군의 임무를 이해하고 완수하도록 공군 장병들을 동기부여시키고, 영향력을 행사하고, 지시하는 기술과 과학"이라고 서로 다르게 정의하고 있다. 반면 통합군[24]인 캐나다군에서는 "다른 사람들이 전문적 · 윤리적으로 임무를 완수하도록 지시하고, 동기부여시키며, 할 수 있는 힘을 부여함과 동시에 임무를 완수할 수 있도록 역량을 개발하거나 향상시키는 것"이라는 하나의 통일된 정의

행물(ADP 6-22)』을 발간했다.

[23] 미 공군은 『공군 교리(Airforce Doctrine)』를 2권으로 구분하여 발간하고, Vol. I에는 기본교리, 그리고 Vol. II에는 리더십 교리를 수록하고 있다.

[24] 캐나다군(Canadian Armed Forces)은 육 · 해 · 공군을 통합한 통합군 체제이고, 상비군 7만 1,500명, 예비군 3만 명이다. 그리고 캐나다군은 국방사관학교(Canadian Defence Academy)에 있는 리더십 연구소(Canadian Forces Leadership Institute)에서 2005년 리더십 교리 간행물을 발간했다.

를 사용하고 있어 군별로 리더십 정의를 달리할 필요가 있는가에 대한 시사점을 주고 있다.

〈그림 1.4〉 미군과 캐나다군의 리더십 교리 간행물

　　미군의 리더십 정의를 살펴보면 육군은 리더십을 활동(activity), 해군과 공군은 기술(art)과 과학이라는 용어를 포함하고 있다. 해·공군에서 기술과 과학을 정의에 포함한 것은 비록 리더십이 '기술·예술(art)[25]인가, 과학인가(science)?'에 대해 논쟁이 있지만, 리더는 알고 있는 리더십에 관한 이론과 원칙뿐만 아니라 리더십 기술 또는 기법들을 예술가처럼 상황에 따라 창조적으로 적용해야 하기 때문에 리더십은 과학으로서의 특성과 기술·예술의 특성을 함께 갖고 있다는 것을 강조하기 위함이다.

〈그림 1.5〉 한국군 리더십 교범

25　리더십을 정의할 때 사용하는 'art'는 '기술'과 '예술'의 의미를 둘 다 갖고 있기 때문에 문맥에 따라 '기술(技術)' 또는 '예술(藝術)'이라는 용어를 사용한다.

리더십은 과학인가, 예술인가

"리더십이 과학(science)인가, 예술 또는 기술(art)인가?"라는 논쟁이 종종 제기된다. 여기서 과학은 "과학적 방법에 의해 획득된 일반적이고 종합적인 지식(원칙 또는 법칙)"을 의미하는 반면, 예술은 "경험, 학습, 관찰을 통해 얻어진 기술 또는 분석적이지 않은 창조적 활동"을 의미한다.

만일 리더십을 과학적으로 접근한다면 모든 상황에 적용할 수 있는 리더십의 원칙들을 제시할 수 있을 것이다. 예컨대, "개개인의 특성을 고려하여 팔로어들을 차별화된 방법으로 대해야 한다", "리더는 항상 팔로어들의 감정적 반응을 고려해야 한다", "내가 대접받고 싶은 대로 남을 대접하라", "리더는 팔로어들의 아이디어를 경청하고 존중해주어야 한다", "팔로어들은 리더가 진실을 말하고 언행이 일치되기를 원한다" 등의 보편적이고 일관성 있는 원칙이 있기 때문에 과학의 영역에 속한다고 할 수 있다(Klann, 2004: 12). 즉, 리더십은 정치학이나 경영학 같은 하나의 학문 영역이라고 할 수 있다.

그러나 리더십 교수나 학자와 같이 리더십 전문가가 된다는 것이 훌륭한 리더가 되는 필요충분조건은 아니다. 어떤 사람은 리더십 교육을 받은 적이 없어도 리더십을 잘 발휘하지만, 어떤 사람은 리더십 전문가이지만 리더십을 잘 발휘하지 못하기도 한다. 그러나 이러한 사실이 리더십에 관한 지식이 리더십을 성공적으로 발휘하는 것과 관계가 없다는 것을 말해주는 것은 아니다. 리더십에 대한 과학적 지식이 필수요건은 아니지만, 리더십에 관련된 지식을 많이 알고 있다면 다양한 관점과 기법을 이용하여 상황을 더 잘 분석하는 데 도움이 된다. 즉 리더십에 관한 지식을 많이 갖고 있다면 리더십을 더 효과적으로 발휘할 수 있는 통찰력을 가질 수 있다는 것이다. 그러나 예술가들이 똑같은 상황(사물, 사건 등)을 보고도 서로 다르게 인식하여 서로 다른 예술작품(음악, 그림, 문학작품 등)을 창조하는 것처럼 상황을 분석하고 이에 대응하는 방법은 리더에 따라 다를 수 있다.

이와 같이 리더는 자신이 알고 있는 리더십에 관한 이론과 원칙, 그리고 기법들을 예술가처럼 상황에 따라 창조적으로 적용해야 하기 때문에 리더십은 과학과 예술의 결합이라고 할 수 있다. 리더십을 발휘하는 데 과학과 예술은 상호 배타적인 성격을 갖고 있지만, 상호보완적인 기능을 한다. 만일 리더십에 대한 체계적인 지식(이론 및 기법)이 없다면 운이나 직관 또는 과거의 경험에만 의존해야 하지만, 리더십에 대한 체계적인 지식을 갖고 있다면 리더로서 어떤 문제의 해결책을 좀 더 잘 마련할 수 있을 것이다.

그러나 클라우제비츠가 『전쟁론』에서 전쟁의 특성을 불확실성, 마찰(friction) 등의 개념으로 설명한 것처럼 전쟁은 생각 또는 계획한 대로 진행되지 않는다(Clausewitz, 2008). 그리고 하위직 리더보다 상위직 리더일수록 과거에 경험하지 못한 새로운 복잡한 문제에 더 많이 직면하기 때문에 리더십에서 차지하는 과학의 영역은 앞으로 점점 더 많아지겠지만, 과학적으로 설명할 수 없는 예술의 영역은 여전히 남게 될 것이다.

따라서 군 리더는 군사학(교리, 전사, 전술 등) 등 많은 과학적 지식뿐만 아니라 예술가들처럼 유연하게 사고하고 창의력을 발휘할 수 있는 예술성(artistry)도 갖추기 위해 노력해야 한다.

한편 한국군의 경우에는 오래전부터 양성 및 보수교육 과정에서 교육 내용과 시간의 차이는 있지만 '지휘심리(指揮心理)', '지휘(指揮)', '통솔(統率)', '지휘통솔(指揮統率)' 등의 이름으로 간부 대상 리더십 역량개발 교육을 실시해왔다.[26] 또한 군내외적으로

---

26 육군사관학교에서 국내 최초로 1956년부터 '지휘심리'라는 과목으로 생도들에게 리더십을 교육했다. 그리고 육군

리더십에 대한 관심이 더욱 높아지면서 2000년에 국방대학교에 에 리더십 전공 석사과정을 개설했고(현재는 박사과정도 운영), 각 군에 리더십을 교육 및 연구하는 리더십센터를 설치하여 장병들에게 리더십 교육을 실시하고 있다.[27]

한국군에서도 리더십에 대한 정의를 미군처럼 군별로 달리하여 육군은 리더십을 "임무를 완수하고 조직을 발전시키기 위해 구성원에게 목적과 방향을 제시하고, 동기를 부여함으로써 영향력을 행사하는 활동", 해군은 "조직의 목표를 달성하기 위해 구성원들과 상호작용하면서 영향력을 미치는 과정", 그리고 공군은 "공군 고유의 문화적 가치관에 바탕을 두고, 미래의 항공우주군 건설 및 운용을 위해 전 공군인들이 자발적이고 지속적으로 몰입할 수 있도록 이끌어가는 영향력 행사 과정"이라고 정의하고 있다.

이와 같이 육·해·공군별로 리더십 정의를 달리하는 것은 군별로 복무 환경과 지휘체계가 다르기 때문이라고 할 수 있다. 육군이나 해병대의 대부분을 구성하는 보병 장교의 경우 소위로 임관하면 바로 소대장으로서 30명 내외의 병력을 지휘하는 반면, 공군 조종 장교들은 소령이 되어서야 4기 리더와 편대장이 되어 10명 내외의 인원을 지휘하고, 비행 대대장이 되어도 육군의 2개 소대 정도인 40~60명을 지휘하게 된다. 해군은 평시에도 강한 바람이나 험한 파도와 싸워야 하는 극한 상황에서 임무를 수행할 경우가 많다. 그리고 단시간 내에 전투의 승패가 결정되기 때문에 지휘관에게 더 신속한 판단이 요구되고, 승조원은 해당 계급의 육군 지휘관보다 적은 인원을 지휘한다.[28]

이처럼 군의 특성과 각 군의 지휘 여건 차이로 지휘관 직급에 따라 요구되는 리더십 역량과 효과적인 리더십도 다르기 때문에 리더십에 대한 정의도 달라져야 한다

에서 1961년 『군 통솔력』(야교 22-100)이라는 명칭으로 최초로 리더십 교범을 발간했다. 이후 『통솔법』(야교 22-101, 1977), 『지휘통솔』(야교 22-101, 1990)이라는 명칭을 사용하다가 2009년 『육군 리더십(초안)』(야교 지-0)이라는 명칭을 처음으로 사용했고, 2012년 『군 리더십』(야교 지-0), 2017년 『육군 리더십』(교육참고 8-1-9), 2021년 이후에는 『육군 리더십』(기준교범 8-0)이라는 명칭을 사용하고 있다. 한편 해군은 『참고 교범 8』(해군본부, 2018), 공군은 『공군 교범 0-1』(공군본부, 2020)로 리더십 교범을 발간했다.

27 현재 육·해·공군 및 해병대에 각 군의 리더십 교육 및 연구를 전담하는 리더십센터가 운영되고 있다.

28 해군에서 함정 근무자를 '승조원'이라고 하고, 고속정 정장(대위)은 30명 내외의 승조원(대부분 부사관)을 지휘한다.

고 할 수 있다. 그러나 만일 각 군의 특성이 다르기 때문에 리더십 정의가 달라져야 한다면, 육군의 경우 수행하는 임무와 지휘 여건이 다른 병과별로도 리더십 정의를 다르게 해야 할 것이다. 그리고 사회 각 분야별로 조직 특성이 다르기 때문에 수많은 리더십에 대한 정의가 필요할 것이다.

그러나 앞의 〈표 1.2〉와 〈표 1.3〉에서 살펴본 바와 같이 리더십에 대한 일반적인 정의와 군 리더십의 정의는 표현의 차이만 있을 뿐 내용상으로 본질적인 차이가 없고, 리더십의 핵심 요소인 '목표(objective)나 성과(performance) 또는 임무(mission)', '사람(people)', '영향력(influence) 또는 힘(power)', 그리고 '과정(process)'이라는 단어를 공통적으로 포함하고 있다.[29]

따라서 이 책에서는 이러한 핵심 요소들을 통합하여 군뿐만 아니라 일반 조직에서도 공통적으로 사용할 수 있도록 리더십을 "리더가 목표를 달성하기 위해 사람들에게 긍정적인 영향력을 행사하는 과정"이라고 정의했다.

이러한 정의가 갖는 의미는 첫째, 리더십은 '리더가 발휘하는 것'이라는 것이다. 집단이나 조직에서 직위를 가진 사람만이 아니라 주어진 직위가 없더라도 사람들에게 영향을 미치는 사람은 모두가 리더이다.[30] 일반적으로 군에서는 분대장, 소대장, 중대장 등과 같은 공식적인 직함을 가진 사람만이 리더라고 생각하지만, 이 책에서는 특별한 직책이나 직위가 없어도 다른 사람들에게 긍정적 영향력을 행사하는 사람은 모두 리더이다. 또한 자신의 삶을 주도적으로 살아가고, 능동적·적극적으로 살아가는 사람은 모두가 셀프 리더(self-leader)이고, 그가 발휘하는 리더십이 셀프 리더십(self leadership)이다.

이러한 맥락에서 그동안 "자신의 목표를 향해서 의도적으로 자기 생각, 감정, 그리고 행동에 영향을 미치는 것(Bryant & Kazan, 2013)"을 의미하는 셀프 리더십은 다른 사람에게 영향력을 행사하는 리더십과는 별개의 개념으로 인식하여 일반적으로 리더십의 범주에 포함하지 않았지만, 이 책에서는 자기 자신을 대상으로 영향력을 발휘

---

29 리더십 정의에 포함된 핵심 요소의 첫 단어를 사용하여 '리더십 4P(Performance, People, Power, Process)'라고도 한다.

30 좀 더 자세한 내용은 이 책 제2장 제1절 '군 리더십에 인식과 개발' 참조.

하는 셀프 리더십도 리더십의 범주에 포함한다.[31]

둘째, 리더십은 '목표를 달성하는 것'이다. 리더는 목표를 제시하고, 이를 달성하도록 하는 사람이다. '유능한 안보, 튼튼한 국방', '첨단정보과학군' 같은 국방 비전이나 '합리적인 부대관리', '실전과 같은 교육훈련' 등의 목표가 구호에 그치는 것이 아니라 실제로 그렇게 되도록 해야 한다. 그런데 조직은 한 가지 목표만이 아니라 여러 가지 목표를 동시에 추구한다. 이러한 목표들이 '복지의 향상'과 '예산의 절감', '안전사고 감소'와 '실전과 같은 교육훈련'처럼 서로 상충되거나 양립할 수 없을 때도 있기 때문에 목표의 우선순위를 잘 설정하도록 해야 한다. 그리고 리더가 달성해야 하는 목표는 조직원 모두가 달성해야 할 공동 목표인 조직 목표뿐만 아니라 리더 자신의 개인적 이해관계나 욕구를 반영한 개인 목표도 있다. 리더는 조직 목표뿐만 아니라 개인 목표도 함께 달성하는 것이 바람직하다. 그러나 조직 목표와 개인 목표가 상충될 경우 개인 목표를 조직 목표와 일치시키도록 하고, 개인 목표 달성을 위해 조직 목표 달성을 저해하거나 다른 사람들을 희생시켜서는 안 된다. 특히 군 리더는 위국헌신(爲國獻身)의 자세로 개인 목표 달성보다 조직 목표 달성을 우선시해야 한다.

셋째, 리더십은 '사람들(people)을 통해 발휘하는 것'이다. 리더십은 사람들 사이의 관계(human relations)다. 가정, 기업, 군대, 정부, 국가 등 모든 조직은 사람으로 구성된 집합체다. 물론 조직은 사람만이 아니라 시설과 장비, 예산, 정보, 문화 등의 여러 가지 요소가 유기적으로 결합하여 운영되지만, 각 구성요소가 그 기능을 잘 발휘하도록 역할을 하는 것은 결국 사람이다. 리더는 사람을 움직여서 목표를 달성하기 때문에 사람이 조직의 성패를 결정하는 핵심 요소다. 따라서 리더는 명령만 내리면 되는 것이 아니라 솔선수범하고, 긍정적인 조직 분위기를 조성해야 한다. 또한 구성원들의 동기가 유발될 수 있도록 격려하고, 구성원들이 시너지 효과(synergy effect)[32]를 낼 수 있도록 팀워크를 형성해야 한다.

---

[31] 대부분의 리더십 교과서들은 셀프 리더십에 대해 다루지 않고 있지만, 세계적으로 널리 알려진 코비(Covey, 1998)의 『성공하는 사람들의 7가지 습관』, 브라이언 트레이시(Brian Tracy)의 '피닉스 리더십(phoenix leadership)' 등 대부분의 리더십 프로그램에서는 "리더십은 자신의 변화로부터 출발한다"라고 전제하고 있기 때문에 셀프 리더십이 많은 부분을 차지하고 있다.

[32] "일반적으로 두 개 이상의 것이 하나가 되어 독립적으로만 얻을 수 있는 것 이상의 결과를 내는 효과"를 말한다.

넷째, 리더십은 '사람들에게 긍정적인 영향력을 행사하는 것'이다.[33] 리더가 어떠한 영향력을 행사하는가에 따라 리더십과 보스십(bossship)으로 구분할 수 있다.[34] 리더십은 폭력 집단의 우두머리처럼 두려움 때문에 사람들이 따르는 것이 아니라 리더의 인격과 능력, 그리고 모범적 행동에 대한 존경심과 신뢰 때문에 자발적으로 따르는 것이다. 일방적 또는 강제적이거나 비윤리적 행동 같은 부정적 영향력을 행사해서 따르는 사람이 있다고 해도 그런 사람은 리더가 아니다. 단지 직위나 계급이 높기 때문에 할 수 없이 겉으로 따르는 척하고 진심으로 따르지 않는다면, 리더가 아니라 보스(boss)일 따름이다. 그런 사람의 영향력은 그가 가진 직위 권력(position power)이나 계급 이상을 뛰어넘지 못한다. 두려움 때문에 따르는 척하는 것이라면 자신에게 피해나 불이익이 돌아오지 않는 최저 수준에서 따르는 척하는 행동을 하게 되기 때문이다.

한편 리더십은 높은 직위를 연상시키는 신화가 있기 때문에 계급이나 직위만 높으면 영향력을 행사할 수 있다고 생각하지만, 리더십은 계급이나 직위가 아니다. 계급이 높거나 직위를 가진 사람은 조직으로부터 공식적으로 부여받은 직위 권력을 바탕으로 다른 사람보다 나이가 적거나 인격과 능력이 부족해도 영향력을 행사할 수 있지만, 그것만으로는 진심으로 따르게 할 수 없다. 직위가 높다고 해서 반드시 지혜가 많은 것

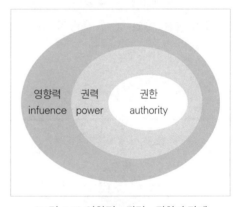

〈그림 1.6〉 영향력 · 권력 · 권한의 관계

---

[33] 리더가 긍정적 영향력을 행사하여 긍정적인 감정을 유발하는 리더십을 '긍정 리더십(positive leadership)'이라고 하고, 부하 차별과 모욕, 협박, 태만, 위선, 과도한 비난, 비윤리적 행동 등으로 다른 사람들에게 피해를 주고, 조직의 목표 달성을 저해하는 리더십을 '독성 리더십(toxic leadership)', '역효과 리더십(counterproductive leadership)' 또는 '부정적 리더십(negative leadership)'이라고 한다,

[34] 보스십은 헤드십(headship)과 유사한 개념으로, 리더십과는 다음과 같은 점에서 차이가 있다(Gibb, 1969: 213). ① 보스십은 팔로어들의 자발적인 참여가 아니라 조직화된 시스템을 통해 유지된다. ② 보스십은 목표가 팔로어들에 의해 결정되는 것이 아니라 리더에 의해 결정된다. ③ 보스십에서는 주어진 목표를 달성해가는 과정에 팔로어들의 감정이나 협조 행동이 거의 의미가 없다. ④ 보스십에서는 팔로어들에 대한 강제력을 높이기 위해 리더와 팔로어 사이의 사회적 격차(social gap)가 크다. ⑤ 보스십의 권한은 팔로어들이 의미 있게 받아들일 수 없는 집단 외적인 힘(power)으로부터 나오고, 보상에 대한 기대 때문이라기보다는 벌에 대한 공포 때문에 따른다.

도 아니며, 리더십은 그 이상의 것이기 때문이다.[35]

리더가 영향력을 행사할 수 있게 뒷받침해주는 권력의 원천은 크게 조직이 공식적으로 직위에 따라 부여한 직위 권력과 리더의 품성과 자질, 지식과 경험 등을 바탕으로 주어지는 개인적 권력이 있다. 공식적인 직위 권력이 없지만 다른 사람들에게 영향력을 행사하는 비공식 리더들은 개인적 권력이 있기 때문에 리더십을 발휘할 수 있다. 따라서 리더십을 효과적으로 발휘하기 위해서는 직위 권력만이 아니라 개인적 권력을 강화하도록 해야 한다. 즉 자신의 전문적 능력을 개발하고, 솔선수범과 자기희생 등의 행동을 통해 팔로어들로부터 존경과 신뢰를 획득해야 한다.

다섯째, 리더십은 사람들 사이의 영향력 행사 과정(process)이다. 여기서 '과정'은 리더가 팔로어에게 영향력을 행사하는 일방적 관계가 아니라 팔로어도 리더에게 영향을 미치는 쌍방적 관계라는 것을 의미한다. 예컨대, 소대원 중에 소대장이 갖지 못한 지식이나 경험을 갖고 있을 경우에는 소대장에게 영향을 미칠 수 있다.

리더십을 이와 같이 사람들 사이에 서로 영향력을 행사하는 상호작용 과정(interactive process)으로 본다면 누구나 리더십을 발휘할 수 있다. 관계를 맺는 방식에 따라 〈그림 1.7〉과 같이 다양한 형태의 리더십이 발휘될 수 있다. 일반적으로 상급자가 하급자에게 영향력을 행사하는 것을 '하향적 리더십', 하급자가 상급자에게 영향을 미치는 것을 '상향적 리더십(또는 팔로어십)', 그리고 수평적 관계에 있는 동료나 이해관계자들에게 영향을 미치는 것을 '수평적 리더십'이라고 할 수 있다. 이처럼 아래로만이 아니

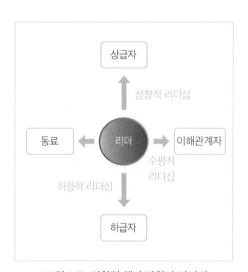

〈그림 1.7〉 영향력 행사 방향과 리더십

---

[35] 영향력(influence)은 "다른 사람의 가치관, 태도, 행동 등에 변화를 가져오도록 만들 수 있는 능력의 총량", 권력(power)은 "다른 사람이나 조직을 움직일 수 있는 잠재적 능력", 그리고 권한(authority)은 "다른 사람의 행위에 영향을 미칠 수 있도록 조직이 특정 직위에 합법적·공식적으로 부여한 권리 또는 특권"이다.

리더십과 권력의 원천

리더십은 영향력을 행사하는 것이다. 따라서 리더가 리더십을 효과적으로 발휘하기 위해서는 영향력을 행사할 수 있도록 뒷받침해주는 힘 또는 권력(power)이 있어야 한다. 이러한 권력의 원천에는 다음과 같은 5가지 유형이 있다(French & Raven, 1959: 150~167).

첫째, 보상적 권력(reward power)이다. 리더가 가치 있고, 다른 사람에게 긍정적인 대가를 제공할 수 있는 능력에서 나온다. 예컨대, 지휘관이 부대원들에게 표창을 수여하거나 포상 휴가나 외출 · 외박 등을 실시할 수 있는 능력이다.

둘째, 강제적 권력(coercive power)이다. 다른 사람의 긍정적 보상을 없애거나 처벌할 수 있는 능력으로, 강제적으로 주어지는 부정적 결과에 대한 두려움에서 나오는 권력이다. 지휘관들이 간부들에 대해 파면, 해임, 강등, 감봉, 견책 등의 징계(군 인사법 제57조 1항)를 하고, 병들에 대해 징계처분*이나 얼차려**를 할 수 있는 것 등이 대표적인 강제적 권력이다. 강제적 권력은 바람직하지 못한 행동을 억제하는 데 효과적일 수 있지만, 이러한 강제적 권력을 사용하여 리더십을 발휘하면 팔로어들이 진심으로 복종하지 않을 수 있다. 따라서 강제적 권력은 가급적 사용을 지양하는 것이 좋다. 그리고 불가피하게 강제적 권력을 사용할 경우에는 그 이유를 분명히 알려주고, 공정하게 사용함으로써 당사자가 불필요한 분노와 원한의 감정을 갖지 않도록 해야 한다.

셋째, 합법적 권력(legitimate power), 즉 권한(authority)이다. 조직에서 다른 사람들을 통제할 수 있도록 특정 직위에 있는 사람에게 공식적으로 주어진 능력이다. 군에서 지휘관들에게 부여하는 지휘권(command authority)이 바로 합법적 권력이다. 만일 지휘관이 이러한 권력을 법규에 정해진 범위를 초월하여 행사할 경우 권력 남용의 문제가 발생한다.

넷째, 전문적 권력(expert power)이다. 리더가 가진 역량, 즉 지식이나 경험 때문에 다른 사람들을 따르게 하는 능력이다. 예컨대, 소대장이 소대 전술, 독도법, 무기나 장비 등에 대해 소대원들보다 더 많은 지식과 경험을 갖고 있을 때 소대원들이 따른다.

다섯째, 준거적 권력(referent power)이다. 다른 사람들이 리더를 좋아하거나 리더가 가진 특별한 자질이나 조건과 동일시해서 나타나는 권력이다. 예컨대, 지휘관이 외적으로 군인다움을 보여주고, 솔선수범하고 자기희생을 하는 등 모범적 행동을 할 때 부하들이 존경과 신뢰를 하고 진심으로 따른다.

여기서 보상적 권력, 강제적 권력, 합법적 권력은 조직의 직위로부터 나오는 직위 권력(position power)이고, 전문적 권력과 준거적 권력은 개인의 특성을 기반으로 나오는 개인적 권력(personal power)이다. 그런데 앞에서 기술한 5가지 유형의 권력의 원천 외에도 다른 사람들이 원하는 정보를 갖고 있거나 획득할 수 있기 때문에 발생하는 정보 권력(information power), 조직 내외의 영향력 있는 주요 인물과의 관계(친밀 정도 등)에 기반을 둔 인맥 또는 연줄 권력(connecting power)*** 등도 영향력을 강화해주는 권력의 원천이다. 이처럼 권력은 문제를 해결할 수 있는 정보와 방법을 가진 사람에게서 나오고, 조직의 의사결정이나 업무 처리가 공식적인 절차만이 아니라 비공식적인 네트워크를 통해서도 이루어지기 때문이다.

---

* 병에 대한 징계처분은 '강등, 영창, 휴가 제한, 근신'으로 구분되어 있었지만, 최근에 군 복무 중인 병들의 인권보장을 위해 '영창'은 사라지고 '군기교육, 감봉, 견책'이라는 징계처분이 새로 추가되었고, '휴가 제한'이 '휴가 단축'으로 변경되었다(군 인사법 제57조 6항, 2020.8.5 시행).

** '얼차려'는 군에서 상급자가 하급자를 교육할 목적으로 비폭력적인 방법으로 육체적인 고통을 주는 체벌이다. 법과 규정, 지침, 지시를 위반한 대상자(병) 중 경미한 위반자에게 부여할 수 있지만, 규정에 벗어난 얼차려는 실시할 수 없다. 구두 교육에 의한 교정을 우선 시행 후 교정이 불가능할 경우, 동일한 잘못을 반복할 경우, 그리고 교육훈련 시 훈련목적에 부합되는 범위 내에서 필요한 경우에 실시할 수 있지만, 분대장이 아닌 선임병이 후임병에게 얼차려를 할 수 없다(자세한 내용은 '육군 병영생활 행동강령' 참조).

*** 조직의 최고관리자의 친족이나 비서실장의 경우 자신의 계급이나 직위 이상의 영향력을 행사한다. 그것은 조직의 최고 권력자(권력의 핵)와 얼마나 가까운 거리에 있는가에 따라 권력의 크기가 결정되기 때문이다(Robbins, 2009).

〈그림 1.8〉 뫼비우스 띠

라 상하좌우로 발휘되는 리더십을 '전방위적 리더십', '다방향 리더십', 또는 '360도 리더십'[36]이라고 한다.

그리고 팔로어십(상향적 리더십)은 리더십과 서로 상반된 개념으로 인식하기 쉽지만, 리더십과 팔로어십은 동전의 양면처럼 상호보완적 개념이다. 양자의 관계는 〈그림 1.8〉의 뫼비우스 띠(Möbius strip)[37]와 같이 안과 겉이 다른 것 같지만 결국 하나로 만나는 것처럼, 리더십과 팔로어십이 같은 것은 아니지만 두 개념은 하나의 개념으로 통합될 수 있다. 최근 들어 팔로어를 일방적으로 '리더의 영향력을 받는 사람'이라는 인식에서 벗어나 팔로어도 리더에게 영향력을 행사하는 양방향 과정의 주체라는 새로운 인식이 이를 뒷받침하고 있다(Lussier & Achua, 2004: 233-246). 바람직한 팔로어는 리더가 시키지 않아도 스스로 생각하고 알아서 행동하며, 리더가 리더십을 발휘하도록 돕는 사람이기 때문에 리더의 역할과 다르지 않다. 리더처럼 독립적이고 비판적 사고를 하고, 리더가 잘못하고 있을 경우 조직을 위해 용감히 맞설 수 있는 사람이 바로 가장 훌륭한 팔로어십을 발휘하고 있는 것이다(Kelley, 1994).

이러한 맥락에서 군의 모든 리더도 또 다른 사람의 팔로어이기 때문에 모두가 리더이자 또한 팔로어다(Department of The Army, 2019: 1-18). 따라서 아리스토텔레스(Aristotle)가 "남을 따르는 법을 알지 못하는 자는 훌륭한 리더가 될 수 없다"라고 한 것처럼 군의 모든 리더는 리더십과 함께 팔로어십을 구비해야 한다.[38]

---

36 맥스웰(Maxwell, 2005)은 리더십은 영향력이라는 전제하에 그가 어느 위치에 있든지 평균 수준의 리더십만 있다면 영향력을 행사할 수 있으며, 어느 위치에 있는 사람들에게도 영향력을 행사할 줄 아는 사람을 '360도 리더'라고 했다. 한편 리더십을 상하 간의 수직적 관계에서만이 아니라 리더와 팔로어가 조직의 공동 목표 달성을 위해 함께 노력하는 과정으로 새롭게 인식하고(Dubrin, 2004: 3-4), 리더십을 리더와 팔로어 사이의 적절한 힘의 균형, 목표의 공유, 반대할 수 있는 권리, 성공과 실패에 대한 공동책임, 상호 간에 정직성 등을 특징으로 하는 파트너십(partnership)이라고도 한다(Block, 1993: 27-32).

37 1858년 독일의 수학자이며 천문학자인 뫼비우스에 의해 발견되었으며, 길고 가는 직사각형 띠(strip)의 가운데에서 한쪽의 절반을 비튼 뒤 두 끝을 붙여 만드는 위상공간(位相空間)으로 이 공간은 한 면만을 가지며 띠를 따라서 가운데를 자르더라도 하나의 띠가 되고, 앞과 뒤, 시작과 끝, 안과 밖이 공존하는 속성이 있다.

38 군 통수권자인 대통령은 군에서 가장 높은 직위에 있는 리더이지만, 대통령은 또한 국민의 팔로어다. 각국의 대통령이 비판을 받는 것은 리더십 부족 때문만이 아니라 국민의 팔로어인 공복(公僕)으로서 팔로어십이 부족하기 때문이라고 할 수 있다.

리더십에 대한 바람직한 정의: 나우리 리더십

대부분 학자는 리더를 "조직에서 직위를 갖고 부하를 거느리는 사람", 리더십을 "조직목표 달성을 위해 팔로어들에게 영향력을 행사하는 과정"이라고 정의하고 있다. 이러한 리더십에 대한 정의는 '강제', '협박', '폭언' 등과 같은 부정적 영향력을 사용하는 리더십 행동들도 목표 달성을 위한 행동으로 정당화할 수 있다. 그러나 그러한 부정적 리더십 행동들은 바람직하지 못한 리더십 행동들이고, 리더십 행동들이라기보다는 보스십 또는 헤드십 행동들이다.

그렇다면 리더십에 대한 바람직한 정의는 무엇인가? 그것은 리더로서 위대한 업적을 남겼으며, 시공(時空)을 초월하여 사랑과 존경을 받고, 수많은 팔로어가 있는 리더들의 리더십을 통해 추론할 수 있다. 예컨대, 수많은 사람이 인종이나 남녀노소를 불문하고, 직접 보거나 만나지 않고도 예수, 석가모니, 공자를 인류의 3대 성인(聖人) 또는 위대한 리더(great leader)로 존경하고, 그들의 가르침을 전하거나 따르기 위해 소중한 목숨마저 바치는 이유가 무엇일까? 그것은 이들이 팔로어를 자신의 개인적 목표 달성을 위한 수단으로 이용하지 않고, 세상 모든 사람의 행복을 목표로 서로 사랑하도록 가르치고, 그것을 행동으로 실천했기 때문이다. 즉 가르침의 핵심이 석가모니는 '자비(慈悲)', 공자는 '인(仁)'으로 서로 다른 것 같지만, 예수가 "이웃을 네 몸과 같이 '사랑'하라"(마태복음 19장 19절)고 한 것과 일맥상통(一脈相通)한다고 할 수 있다.

따라서 리더십의 본질을 한마디로 표현한다면, 그것은 바로 '사랑(love)'이다. 그리고 "사랑의 품사는 명사(名詞)가 아니라 동사(動詞)"라는 말처럼 행동으로 실천하는 '실천적 사랑'이다. 만일 예수, 석가모니, 공자가 말로만 사랑을 외치고 행동으로 실천하지 않았다면 수많은 사람이 존경하고, 목숨까지 바치면서 이들을 따르겠는가? 그리고 세종대왕과 이순신 장군이 나라와 백성을 진정으로 사랑하지 않았다면 광화문에 동상을 세우고 우리 민족 모두가 추앙(推仰)하겠는가?

사랑에 대한 많은 정의와 표현이 있지만, '사랑'은 공자가 인(仁)을 "남과 나를 구분하지 않고 남을 나처럼 생각하는 마음"이라고 한 것처럼 나와 남(팔로어)이 '한마음'이 되는 것이라고 할 수 있다. 그리고 한마음의 대상은 가까이는 가족, 이웃, 조직원, 멀리는 세상 모든 사람도 해당하고, 한마음이 되

는 방법은 역지사지(易地思之)하여 『논어(論語)』에서 "내가 원하지 않는 것은 남에게도 하지 말라(己所不欲 勿施於人)", 그리고 "자신이 입신(立身), 즉 출세하고 싶으면 다른 사람도 그렇게 하도록 해주고, 자신이 목표를 달성하려고 하면 다른 사람도 그렇게 하도록 해줘라(己欲立而立人 己欲達而達人)"라고 한 것을 실천하는 것이다.

머리로 생각만 하거나 입으로 말만 하고 실천하지 않으면, 즉 지행합일(知行合一) 또는 언행일치(言行一致)가 되지 않으면 그것은 리더십이 아니다. 말로는 의사소통이 중요하다고 하면서 자신은 의견수렴 과정을 거치지 않거나, 부하들이 자신과 다른 의견을 내면 화를 내거나 묵살하는 리더, 참모들에게 회의 시 발표 시간을 준수하라고 지시하고는 자신은 주어진 시간을 초과해서 말하는 리더, 존중과 배려를 강조하면서도 자신은 부하들에게 폭언하거나 인격을 무시하고 부하를 불신하는 언행을 하는 리더를 어느 누가 진심으로 존경하고 따르겠는가?

이러한 맥락에서 리더십에 대한 일반적인 정의에 내재되어 있는 역기능을 방지하고, 리더들에게 리더십 발휘 목적과 영향력 행사 방법(수단)에 대한 명확한 지침을 제시하기 위해 리더십을 "사랑으로 나우리(나+우리)를 행복하게 만들어주는 과정(process)"이라고 정의하는 것이 바람직하다. 즉 리더십의 발휘 대상은 다른 사람만이 아니라 '나(I)'도 포함하고, 리더십 발휘의 궁극적 목표는 나우리의 행복이며, 리더십 발휘를 위한 영향력 행사는 사랑을 바탕으로 일방적이 아니라 쌍방적이어야 한다는 것이다.

이러한 '나우리 리더십'은 '나'와 '우리'가 서로 사랑하고 존중하며 배려할 때 조화와 균형이 이루어져 '나'와 '우리' 모두가 행복할 수 있다는 전제를 하고 있다. 여기서 리더십 발휘 대상에 나(자신)도 포함한 것은 많은 사람이 리더십을 '다른 사람들을 리드하는 것'이라고 생각하지만, 사실은 리더십은 수기치인(修己治人), 즉 '자기 자신을 리드하는 것'에서 시작하는 것이기 때문이다. 내가 먼저 진정성 있는 행동을 하고, 열정적으로 일할 때 남도 그것을 보고 그대로 따라 하고, 내가 먼저 변할 때 남도 그것을 보고 변하게 된다.

출처: 최병순(2019: 332-369)에서 발췌

3. 리더십의 분류와 평가

1) 리더십의 분류

리더십은 조직에서만이 아니라 인간이 존재하는 모든 영역에서 다양한 형태로 발휘된다. 발휘되는 영역 또는 발휘 대상 조직을 기준으로 리더십을 분류하면 가정 리더십, 기업 리더십, 군 리더십, 공공조직 리더십, NGO 리더십 등으로 분류할 수 있고, 발휘자가 누구인가를 기준으로 분류하면 대통령 리더십, 최고경영자 리더십, 교육자 리더십, 공직자 리더십, 성직자 리더십 등 직종과 직위에 따라 다양한 유형으로 분류할 수 있다.

그리고 리더십 발휘 스타일에 따라 인간 중심 리더십, 과업 중심 리더십, 서번트 리더십, 슈퍼 리더십, 변혁적 리더십, 진성 리더십 등 다양한 유형으로 리더십을 분류할 수 있다.[39] 여기서는 리더십 발휘 영역에 따른 분류, 리더십 수준에 따른 분류를 먼저 살펴보고, 이어서 군에서는 리더십을 어떻게 분류하고 있는지 살펴본다.

(1) 리더십 발휘 영역에 따른 분류

리더십은 군대나 정부, 기업 같은 조직에서만 발휘되는 것이 아니라 〈그림 1.9〉에서 보는 바와 같이 자신, 가정, 조직, 사회, 국가 그리고 세계 등 우리 삶의 전 영역에서 발휘된다.

이러한 관점에서 리더십을 분류한다면 자기 자신의 삶의 영역에서 발휘되는 '셀프 리더십', 가정에서 가장이 발휘하는 '가정 리더십', 조직에서 리더들이 발휘하는

---

[39] 이러한 리더십 분류에 대해서는 제2부에서 자세히 살펴본다.

'조직 리더십(군 리더십)', 그리고 각종 사회활동 과정(동아리 모임, 지역사회 활동, NGO 활동 등)에서 발휘하는 '사회적 리더십', 국가적 차원에서 발휘하는 '국가적 리더십' 또는 '정치적 리더십',[40] 그리고 국가적 경계를 넘어 세계 또는 인류를 대상으로 발휘하는 '글로벌 리더십(global leadership)'으로 분류할 수 있다.

이러한 리더십들은 리더십 발휘 영역 또는 대상과 이를 구현하는 구체적인 방법에 차이가 있지만, 앞에서 정의

〈그림 1.9〉 리더십 발휘 영역에 따른 분류

한 바와 같이 리더십을 "리더가 공동의 목표를 달성하기 위해 사람들에게 긍정적인 영향력을 행사하는 과정"[41]이라는 점에서 그 본질은 같다고 할 수 있다. 그리고 진정한 리더는 어느 한 영역에서만이 아니라 자신, 가정, 조직, 사회, 국가, 세계 등 삶의 전 영역에서 리더십을 발휘한다. 조직을 위한다고 하면서 사실은 자신의 승진이나 출세를 위해 가정을 저버리는 리더, 자기 조직의 이익만을 위해 사회나 국가에 피해를 주는 리더, 자기 나라의 이익을 위해 다른 나라나 인류에게 피해를 주는 리더는 진정한 리더라고 할 수 없다.

(2) 리더십 수준에 따른 분류

리더의 직함을 갖고 있다고 해서 모두가 동일한 수준의 리더도 아니고, 리더십 발휘 방법이 모두 같은 것도 아니다. 이러한 관점에서 리더십 발휘 수준에 따라 콜린스(Collins, 2001)와 맥스웰(Maxwell, 2011)은 리더십을 5단계로 구분하고, 리더들이 추구해야

---

40 국가를 경영하는 대통령이나 각 부처 장관, 그리고 정치인들이 발휘하는 리더십이다.

41 셀프 리더십은 자기 자신이 팔로어이고, 가정 리더십은 가족이 팔로어가 된다.

할 최고 수준의 이상적인 리더십을 '5단계 리더십'이라고 했다.

▍콜린스의 '5단계 리더십'

콜린스(Collins, 2001)는 좋은 기업을 넘어 훌륭한 기업으로 변화시키는 요인이 무엇인가에 대한 해답을 구하기 위해 5년에 걸쳐 연구 프로젝트를 진행했다. 그는 연구팀을 구성하여 그들과 함께 어떤 전환점을 기준으로 15년간의 누적 주식 수익률이 전체 주식시장과 같거나 그보다 못한 실적을 보이다가 이후 15년간 시장의 최소 3배에 달하는 누적 수익률을 보인 회사들을 찾아냈다. 그리고 연구팀은 '도약에 성공한 회사들의 공통점이 무엇인가?'가 아니라 이렇게 선정된 "좋은 회사에서 훌륭한 회사로 도약한 기업군"과 비슷한 상황에 있는 다른 기업군을 비교한 결과, 좋은 회사에서 훌륭한 회사로 도약한 기업들은 중대한 전환기에 〈그림 1.10〉 같이 5단계 리더십(level 5

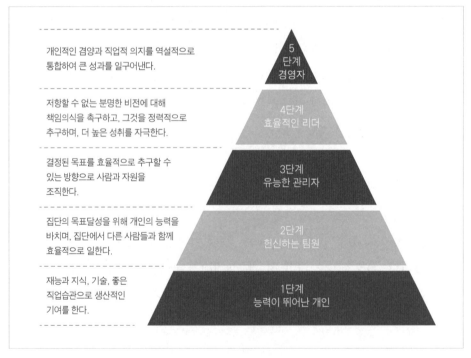

출처: Collins(2001: 40)

〈그림 1.10〉 리더십의 단계별 특성

leadership)을 발휘하고 있다는 것을 발견했다.

'1단계'는 개인적 능력이 뛰어난 개인 수준, '2단계'는 집단 목표를 달성하기 위해 자신의 능력을 발휘하고 팀 동료들과 합심하는 팀원 수준, '3단계'는 이미 결정된 목표를 효율적으로 달성할 수 있도록 사람과 자원을 조직화하는 유능한 관리자 수준, 그리고 '4단계'는 비전을 제시하고 이를 달성하도록 촉구하며 더 높은 성과를 달성하도록 자극을 주는 전통적인 의미에서의 효과적 또는 성공적 리더십 수준을 나타낸다.

연구 결과 세상에 널리 이름을 날리고 있는 CEO도 '4단계' 또는 '3단계', 혹은 거기에도 미치지 못하는 경우가 많았다. '좋은 회사(good company)'를 '훌륭한 회사(great company)'로 도약시킨 '5단계' 리더들은 전혀 '리더답지 않은' 리더들이었다. 그들은 앞에 나서지 않고 조용하며, 신중하고 심지어 부끄럼까지 타는 리더였다. 그리고 역설적으로 〈표 1.4〉와 같이 개인적 겸손(humility)과 직업적 의지(professional will)[42]가 융합된 리더였다. 겸손하면서도 의지가 굳고, 변변치 않아 보이면서도 두려움이 없는 이중성을 갖고 있었다. 이들은 패튼(G. Patton)이나 카이사르(G. J. Caesar)보다는 링컨(Abraham Lincoln)이나 소크라테스(Socrates)에 가까웠다. 다시 말해 지시하고 명령하는 리더가 아

〈표 1.4〉 5단계 리더십의 구성요소

개인적 겸손	직업적 의지
비할 데 없는 겸손함을 보이고, 공개적으로 떠벌이지 않으며, 결코 제 자랑을 하지 않음	좋은 회사에서 위대한 회사로 전환되는 뚜렷한 계기인 초일류 성과를 창출함
조용하고 침착하게 결정하여 행동함. 카리스마보다는 격상된 기준에 입각하여 동기를 부여함	장기적 관점에서 최고의 성과를 내기 위해 해야 할 것은 반드시 해내는 확고한 결단력을 보여줌
야망을 자기 자신이 아니라 회사에 돌림. 후계자들이 성공할 수 있는 기틀을 마련함	영속하는 위대한 회사를 만드는 기준을 설정함
회사의 성공을 다른 사람들과 외부 요인, 그리고 행운 때문으로 돌림	미흡한 결과에 대한 책임을 결코 다른 사람이나 외부 요인 또는 운이 나쁜 탓으로 돌리지 않음

출처: Collins(2001: 60)

---

[42] 5단계 리더들은 자아욕구를 자기 자신한테서 떼어내어 큰 회사를 세우는 더 큰 목표로 돌린다. 그들에게 자아나 이기심이 없는 게 아니다. 그들은 분명히 야망이 있지만, 그 야망을 자기 자신이 아니라 회사의 발전을 우선시한다 (Collins, 2001: 41).

니라 겸손하면서도 강한 의지를 가진 리더였다.[43]

일반적으로 대부분의 CEO는 기업이 승승장구할 때는 거울 속에 비친 자신의 모습에 도취했고, 문제가 생기면 외부 환경을 탓했다. 반면 '5단계' 리더들은 모든 공적을 철저하게 다른 사람에게 돌렸고, 자신은 단지 '운이 좋았을 뿐'이라고 말했다. 말수가 적고 신중했지만, 미국 역사상 가장 위대한 나라를 만들겠다는 야망을 구현하기 위해 노력한 링컨 대통령이 대표적인 '5단계 리더십'을 발휘한 리더였다.

한편 '5단계'의 리더들은 차세대 후계자들이 훨씬 더 큰 성공을 거둘 수 있는 기틀을 마련해준 데 반해, 자기중심적인 '4단계' 리더들은 후계자들을 실패의 늪에 빠뜨리는 경우가 많았다. '5단계' 리더들은 매우 겸손하고 앞에 나서기를 싫어하며 말수가 적었다. 반면에 비교되는 리더들의 3분의 2는 회사를 망하게 하거나 계속해서 평범한 기업으로 남게 만드는, 개인적인 자아가 강한 리더들이었다.

▌맥스웰의 리더십 5단계

맥스웰(Maxwell, 2011)은 리더십은 영향력이기 때문에 리더가 다른 사람들에게 자신의 영향력을 증대하면 더욱 효과적으로 리더십을 발휘할 수 있다고 보았다. 따라서 리더가 행사하는 영향력의 정도와 팔로어들의 영향력 수용 정도, 그리고 시간이 흐름에 따라 리더십이 발전해나가는 형태를 기준으로 〈그림 1.11〉과 같이 리더십을 5단계(5 levels of leadership)로 구분했다.

1단계는 리더들이 초기 단계에 일반적으로 발휘하는 가장 낮은 수준의 리더십으로, 직위(직책)에 공식적으로 부여된 권한을 기반으로 영향력을 행사하는 '직위 리더십(position leadership)' 단계다. 즉, 리더가 가진 권한 때문에 따르는 단계다. 초임장교가 소대장으로 리더십을 발휘하는 것처럼 어떤 조직에서 리더로 처음 임명된 사람이 직책에 부여된 권한으로 발휘하는 리더십이다. 리더가 가진 권한 때문에 팔로어들이 의무적으로 따르기는 하지만, 이러한 리더십을 발휘하면 팔로어들이 최선을 다해서

---

43 나에게 오랫동안 지녀온 3가지 보물이 있으니 그 첫째가 사랑이요, 둘째가 검소함이요, 셋째가 세상 사람 앞에 감히 자신을 내세우려 하지 않는 것, 즉 겸손이다. 사랑하기 때문에 용감할 수 있으며, 검소하기 때문에 널리 베풀 수 있고, 감히 겸손하기 때문에 능히 큰 그릇(리더)이 될 수 있다(道德經, 제67장).

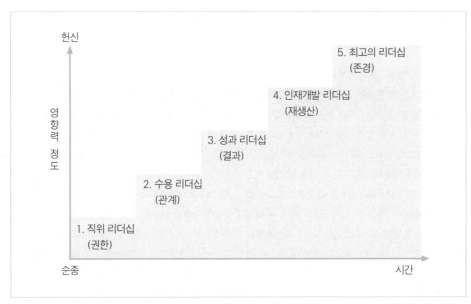

<그림 1.11> 맥스웰의 리더십 5단계

따르지 않고 최저 수준에서 능력을 발휘한다. 조직에서 직위(직책)을 부여받아 공식적으로 리더가 되기는 했지만, 그것만으로는 훌륭한 리더가 될 수 없다.

2단계는 리더와 팔로어 간에 함께 생활하면서 점진적으로 신뢰 관계(relationship)가 형성되어 팔로어들이 자발적으로 따르는, 즉 팔로어들이 리더의 영향력 행사를 기꺼이 수용하여 따르는 '수용 리더십(permission leadership)' 단계다. 리더와 팔로어 간에 신뢰 관계가 형성되어 팔로어들이 리더를 좋아하고, 리더도 팔로어들을 좋아하면서 서로에 대해 신뢰가 형성된 단계다.

3단계는 2단계에서 형성된 신뢰 관계를 바탕으로 리더가 목표를 달성하거나 성과를 창출하는 등 조직에 기여하는 것을 보고 따르는 '성과 리더십(production leadership)' 단계다. 리더가 성과를 내는 것을 보여줌으로써 팔로어들도 성과를 내기 위해 노력하도록 만드는 단계다.

4단계는 관리자로서 리더 역할 단계를 넘어 팔로어들을 리더로 성장시켜 조직을 함께 이끌어가는 '인재개발 리더십(people development leadership)' 단계다. 리더가 구성원들의 성장과 발전을 위해 노력해준 것 때문에 따르는 것이다. 따라서 리더는 조직의

신체 부위를 이용한 리더십 분류

리더십을 눈, 귀, 입의 기능에 비유하여 눈의 리더십, 귀의 리더십, 입의 리더십으로 분류할 수 있다. 첫째, 눈으로 보고 확인·감독하고 평가하는 리더십이다. 또한 멀리 보고 비전을 제시하는 리더십이다. 둘째, 열린 귀로 소통하고 경청하는 리더십이다. 셋째, 입으로 말하고 지시하는 리더십이다(송영수, 2007). 우리는 눈을 통해 대상을 보고, 사실을 확인한다. 그리고 이를 통해 어떻게 대응해야 할지를 결정한다. 따라서 리더는 맑고 밝은 눈을 가져야 한다. 눈은 마음의 창이라는 말이 있다. 마음의 창이 맑고 밝아야 사람, 삶, 그리고 세상을 보는 올바른 패러다임을 가질 수 있다. 올바른 패러다임을 가질 때 편견, 고정관념, 편협한 시각에서 벗어나 올바른 리더십을 발휘할 수 있다.

우리는 자신의 말을 들어주는 사람을 좋아하고 따른다. 그러므로 활짝 열린 큰 귀를 가져야 한다. 조물주가 인간을 만들 때 입은 하나를 만들고, 귀는 두 개로 만든 것은 말하기보다는 듣는 것을 더 많이 하라는 의미였다고 하듯이 말하기 전에 먼저 상대의 말을 들어주는 것이 중요하다. 그리고 듣는 대상도 특정한 사람 또는 계층만을 선택적으로 듣는 것이 아니라 각계각층의 다양한 사람들이어야 한다.

입에서 나오는 언어는 그 사람의 인격을 나타내고 마음을 전달하는 수단이다. 그러므로 바르고 품위 있는 입을 가져야 한다. 그 입을 통해 따뜻한 말로 위로하고 격려하고 칭찬해야 한다. 그리고 설득해야 한다. 그러나 입으로만 하면 아무 소용이 없다. 가슴에 열정을 품고 손과 발을 사용하여 확인하고,

행동으로 실천해야 한다.

이러한 분류와 달리 신체 분류에 따라 몸(손발), 머리(지혜) 그리고 가슴(마음)으로 리더십을 분류할 수도 있다. 몸의 리더십은 손발을 움직여 언행일치하고 솔선수범하는 리더십이다. 즉, 눈으로 관찰 가능한 몸이 움직이는 행동에 초점을 맞추는 전통적인 리더십이다. 반면 머리의 리더십은 머리를 써서 리더십을 발휘하는 지혜의 리더십이고, 가슴의 리더십은 따뜻한 마음과 열정을 가진 마음이 통하는 리더십이라고 할 수 있다. 만일 리더가 몸만 튼튼하고 머리가 나쁘면 개인적으로는 몸이 고달프고, 조직에서는 조직원들이 고생한다. 또한 리더가 머리로만 생각하고 몸으로 행동하지 않는다면, 팔로어들이 진심으로 따르지 않는다.

하지만 리더십의 핵심은 몸이나 머리에 있는 것이 아니라 리더의 가슴(마음)속에 있다. 머리는 다음이다. 리더는 마음속 깊은 곳에서 리더십을 발휘해야 한다. 그리고 진정으로 위대한 리더는 머리, 몸, 가슴만이 아니라 자신의 내면에 깊숙이 자리 잡고 있는 영혼까지도 함께 활용하는 리더다. 흔히 사람들은 리더가 반드시 갖추어야 할 덕목으로 최신 이론이나 스킬, 정보, 인맥 등을 꼽는다. 하지만 놀랍게도 최정상의 자리에 오른 리더들은 말한다. "리더에게 반드시 필요한 것은 최신 이론이나 스킬이 아니라 마음이다!" 리더와 조직원들이 진심을 꼭꼭 숨긴 채 모래알처럼 뿔뿔이 흩어져 있다면 앞으로 나아갈 수 없다. 사람의 마음을 모르고서는 제대로 리더 역할을 할 수 없다(홍의숙, 2019).

가장 중요한 자원은 사람이라는 사실을 인식하고, 자신만이 아니라 팔로어들이 함께 성장하고 발전할 수 있도록 노력해야 한다.

5단계는 가장 높은 수준의 리더십 단계로, 리더가 조직을 위해 많은 일을 잘해내고 팔로어들에게 보여준 인격을 보고 존경하게 되어 자발적인 헌신과 열정을 이끌어내는 '최고의 리더십(pinnacle leadership)' 단계다. 모든 리더가 이러한 리더십 수준에 도

달하고 싶어 하지만, 5단계 리더십 발휘의 기반인 인격은 하루아침에 만들어지지 않기 때문에 리더는 자신의 인격 함양과 리더십 역량 개발을 위해 끊임없이 노력해야 한다.

최고의 리더십 수준에 도달하기 위해서는 리더 자신이 5단계 리더십 중 어느 단계에 있는지를 팔로어들의 피드백과 리더십 진단도구 등을 통해 스스로 진단하고, 더 높은 단계의 리더십을 발휘할 수 있도록 노력해야 한다. 그 방법의 하나로 팔로어들의 이름을 모두 적은 다음 한 명씩 그 사람이 리더십의 어느 단계에 있는지, 즉 그가 어떠한 영향력 때문에 따르고, 영향력의 수용 정도가 어느 정도인지를 자문하고, 그에게 어떠한 리더십을 발휘할 것인지 적어본다. 그것은 팔로어마다 영향력의 수용 정도가 다를 뿐만 아니라 더 높은 리더십 단계에 있는 팔로어가 훨씬 더 조직을 위해 헌신하고, 리더가 비전 또는 목표를 제시하고 추진할 때 어떤 리더십 단계에 있느냐에 따라 반응도 각기 다를 것이기 때문이다.

앞에서 살펴본 콜린스와 맥스웰의 리더십 5단계는 공통점을 갖고 있는데, 하나는 리더라고 해서 모두가 동일한 방법으로 리더십을 발휘하는 것은 아니라는 것이다. 어떠한 단계의 리더십을 발휘하는가에 따라 팔로어들이 리더가 발휘하는 영향력을 수용하는 정도가 다르고, 이에 따라 조직의 성과도 달라진다는 것이다.

또 다른 하나는 모든 리더가 추구해야 할 가장 높은 수준의 리더십인 5단계의 공통점은 인격을 바탕으로 한 리더십을 발휘함으로써 팔로어들이 존경하여 자발적으로 따름으로써 높은 성과를 낸다는 것이다.

따라서 리더는 공자가 "수신제가치국평천하(修身齊家治國平天下)"[44]라고 한 것처럼 최고 수준의 리더십을 발휘하기 위해서는 치인(治人)의 기술만 습득할 것이 아니라 자신의 인격 함양을 위해 끊임없이 노력해야 한다.

---

[44] 『대학(大學)』의 핵심내용인 3강령 8조목(三綱領 八條目) 중 8조목에 해당하는 내용으로 "가정, 나라 그리고 세상을 행복[平天下]하게 만들어주는 리더가 되려면 기본적으로 인격 함양(수신)이 되어야 한다"라는 것이다.

(3) 군에서의 리더십 유형 분류

▎미 육군의 리더십 유형 분류

미 육군은 리더와 부하의 관계, 부하 수, 책임의 범위, 임무 수행 기간 등을 기준으로 〈그림 1.12〉와 같이 전략적 리더십(strategic leadership), 조직 리더십(organizational leadership),[45] 직접 리더십(direct leadership)으로 리더십 유형을 분류하고 있다.

그런데 리더의 자질과 역량은 모든 리더십 수준에 공통적으로 적용되고, 인간의 존엄성과 존중, 육군 가치관(충성, 의무, 존중, 명예, 희생, 진실성, 용기), 리더십, 지휘, 권한, 작전, 군기 등에 대한 이해가 군 리더십 발휘의 기초가 된다. 군의 모든 리더는 이러한 기본적인 요구사항들을 확실히 이해하고, 리더십 유형에 따라 요구되는 전문적인 지식을 습득하도록 요구된다.

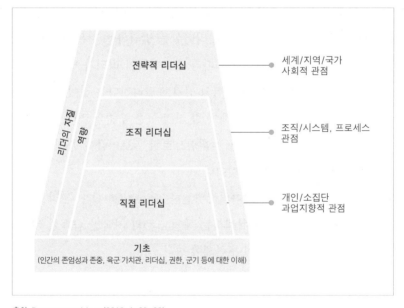

출처: Department of Army(2019: 1-22~23)

〈그림 1.12〉 미 육군의 리더십 유형 분류

---

[45] 의역한다면 '조직관리 차원의 리더십'이라고 하는 것이 적절하지만, 용어가 너무 길기 때문에 '조직 리더십'으로 번역했다.

직접 리더십은 일반적으로 분대, 부서, 소대, 중대, 대대처럼 부대(서)원들이 직접 얼굴을 마주 볼 수 있는 부대(서)에서 발휘되는 대면 리더십 또는 일선 리더십이다. 그러나 모든 군 리더들이 부하들을 직접 만나고 있기 때문에 어느 단계의 리더십을 발휘하든지 직접 리더십을 함께 발휘한다. 직접 리더십을 발휘하는 리더들의 영향력 범위는 분대장처럼 소수의 인원으로부터 대대장처럼 수백 명에 이르기도 한다. 이들은 일대일로 부하들의 능력을 개발해주고, 부하들을 통해 간접적으로 조직에 영향을 미친다. 예컨대 대대장은 훈련장을 방문하거나 부대 업무를 수행하는 과정에서 상담, 코칭, 멘토링, 솔선수범 등 대면적 상호작용을 통해 직접 부하들에게 영향력을 행사한다. 그리고 직접 리더십을 발휘하는 리더들은 일반적으로 확실성이 높고, 복잡성이 낮은 업무를 수행한다.

조직 리더십은 예하 부대와 부서들의 지휘관과 참모들을 통해 간접적으로 부대원들에게 영향을 미친다. 정기적으로 회의나 면담을 통해 부대(서)원들을 만나거나 예하 부대를 직접 방문하기도 하지만, 주로 보고서나 참모를 통해 부여된 임무와 지시 사항을 제대로 이행하고 있는지 확인한다. 이러한 조직 리더십을 발휘하는 리더는 차상급 부대의 의도를 잘 이해하고, 차하급 부대에까지 의도를 전달할 책임이 있다. 그리고 제병협동작전을 지휘하고, 예하 부대(서)의 다양한 기능을 효과적으로 통합 및 조정하는 역할을 수행한다.

마지막으로 전략적 리더십은 광범위한 기능을 수행하는 다양한 조직의 방향을 제시하고 통합하며, 수천 명에서 수십만 명의 사람들에게 영향을 미친다. 이러한 전략적 리더십을 발휘하는 리더는 국방성(Dod: Department of Defence)에 근무하는 군인 및 민간인 리더들로 자원을 할당하고, 전략적 비전을 제시하며, 미래의 임무 수행을 위해 각 군이 무엇을 할 것인가를 준비한다. 이들은 직접 및 조직 리더십을 발휘하면서 습득한 리더십 핵심역량들을 전략적 상황의 복잡한 현실에 맞춰서 적용하고, 의사결정을 할 때 의회 청문회, 예산의 제약, 민간 프로그램, 연구개발, 새로운 시스템의 획득 등도 고려한다. 또한 변화와 혁신의 중요한 촉매제 역할을 하고, 군 현대화 계획처럼 장기적인 관점에서 계획을 수립하고 평가하기 때문에 임기 중에 자신의 아이디어가 결실을 보지 못할 수도 있다.

| 한국 육군에서 리더십 유형 분류

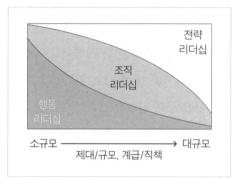

〈그림 1.13〉 한국 육군의 리더십 유형

한국 육군에서는 제대와 규모, 계급과 직책별 임무와 역할을 고려하여 〈그림 1.13〉에서와 같이 리더십 유형을 행동 리더십, 조직 리더십, 전략 리더십으로 분류했다.

각 리더십 유형별로 요구되는 자질과 역량은 모든 제대의 리더들에게 공통적으로 요구되지만, 부대의 임무와 역할에 따라 발휘되는 리더십 유형의 비중은 다르다. 즉 소규모 부대를 이끄는 리더들은 행동 리더십을 주로 발휘하지만, 규모가 비교적 큰 부대를 이끄는 리더들은 조직 리더십, 대규모 부대를 이끄는 리더들은 전략 리더십을 주로 발휘하게 된다는 것이다.

행동 리더십[46]은 대대급 이하의 단일 기능의 병과로 편성된 조 · 반 · 분대~대대급 제대에서 발휘하는 리더십이다. 수백 명 이하의 비교적 적은 병력을 대상으로 리더가 부대원들과 직접 접촉하면서 행동 위주로 발휘하는 리더십이며, 대부분 직접 지휘한다. 그러나 예하 제대의 참모가 있을 경우 직간접 지휘를 병행하도록 하고 있다.

조직 리더십은 수천에서 수만 명으로 편성된 연대~군단급의 다양한 부대(서)와 기능으로 편성된 제대에서 리더가 제 전투 수행 기능과 각급 부대를 통합하고, 관련 기관과 유기적으로 협조하면서 다양하고 복잡한 임무를 수행하는 리더십이다.

전략 리더십은 주로 작전사급 이상 제대에서 국가와 군사 전략 목표를 달성하기 위해 장기적이고 미래 지향적으로 정책을 계획하고 임무를 수행하는 리더십이다. 참모조직과 제도, 규정, 법령 등을 활용하여 체계적으로 조직을 이끌고, 장기적이고 거시적 관점에서 정책을 결정하고 제도를 발전시키는 등 육군과 국가 발전에 영향을

---

46 미 육군은 '직접 리더십'이라는 용어를 사용하고 있는데, 우리 육군에서는 '행동 리더십(action leadership)'이라는 용어를 사용하고 있다. 그것은 직접 리더십을 발휘하는 지휘관(자)은 부하들과 직접 대면 접촉을 하기 때문에 말보다는 행동이 더 중요하다는 것을 강조하기 위한 것으로 보인다.

미치는 중요한 임무를 수행한다. 이때 미군, 연합군, 정부 기관 및 지방자치단체, 민간 요소까지 포함한 제반 정책을 수립하고 시행하게 된다.

이상에서 살펴본 바와 같이 미 육군과 우리 육군에서 리더십 유형을 구분하고 있지만, 군 리더십 유형 분류 시 다음과 같은 것들에 유의해야 한다.

첫째, 미 육군이나 우리 육군에서 대대장까지 직접 리더십을 발휘할 것을 요구하고 있다는 것이다. 분·소·중대장과 참모를 통해 간접 리더십을 발휘할 수 있음에도 대대장에게도 직접 리더십을 발휘하도록 하는 것은 일반적으로 대대급 부대는 부대원들이 동일 지역 또는 건물에서 생활하고 있어 대대원들과 대면 접촉이 가능하고, 초급 간부들이 군사 지식과 경험이 부족하기 때문에 안정적인 부대관리를 위해 대대장이 직접 지휘하는 것이 바람직하다고 생각하기 때문이다.[47]

그러나 대대장이 400~500명의 대대원 전체를 직접 지휘하는 것은 통제범위(span of control)가 너무 넓어 현실적으로 한계가 있다. 또한 대대장이 세세한 부분까지 직접 리더십을 발휘한다면 소·중대장이 자신의 역할을 자율적으로 수행할 수 없어 리더십 역량 개발 기회를 빼앗는 것이 되기 때문에 우리 군이 강조하고 있는 임무형 지휘(mission command)[48]에도 부합하지 않다.

따라서 대대장은 필요 시 직접 리더십을 발휘하지만, 소·중대장들의 리더십 역량을 개발하고 임무형 지휘가 가능하도록 직접적인 리더십 발휘를 가급적 지양해야 한다. 그리고 군사 지식과 경험이 부족한 소·중대장들이 리더십을 잘 발휘하도록 지휘 여건을 조성해주고, 리더십 역량 개발을 지원하는 멘토(mentor) 또는 코치(coach)로서 역할을 하도록 해야 한다.

둘째, 미 육군의 경우 전략적 리더십 제대(梯隊, echelon)를 국방성(DoD: Department of

---

[47] 초급 간부들의 군사 지식 및 경험 부족 문제를 해결하기 위해서는 독일군처럼 병 복무 경험이 있는 부사관이나 장교가 소대장직을 수행하도록 하는 제도를 도입할 필요가 있다(최병순 외, 2002).

[48] 임무형 지휘는 "전·평시 모든 부대 활동에서 부여된 임무를 효율적으로 완수하기 위한 지휘개념으로, 지휘관은 자신의 의도와 부하의 임무를 명확히 제시하고 임무 수행에 필요한 자원과 수단을 제공하되, 임무 수행 방법을 최대한 위임하며, 부하는 지휘관의 의도와 부여된 임무를 기초로 자율적·창의적으로 임무를 수행하는 사고 및 행동체계"다(육군본부, 1999: 15).

Defence)으로 보고 있는데, 우리 육군은 작전사 이상의 제대로 보고 있다. 그러나 우리 군은 각 군 본부와 합참, 국방부에서 국방 및 군사 목표를 수립하여 장기적이고 미래 지향적인 정책을 수립하는 전략적 단계의 업무를 수행하고 있고, 작전사 예하 부대에서는 집행업무를 주로 하고 있다. 또한 용병술 차원의 구분인 '전략-작전술-전술'의 수행 제대도 전략은 합참이나 연합사 차원에서 이루어지고 있기 때문에 작전사보다는 각 군 본부와 연합사, 합참, 국방부를 전략적 리더십 제대로 보는 것이 타당할 것이다.

셋째, 계급과 직위 또는 제대가 리더십 유형을 결정하는 것이 아니며, 군 리더가 누구든 한 가지 유형의 리더십만을 발휘하는 것도 아니다. 각 리더는 근무 제대, 직위 또는 계급에 따라 정도의 차이는 있지만, 전략적 리더십, 조직 리더십, 그리고 직접 리더십을 함께 발휘한다. 그것이 〈그림 1.12〉와 〈그림 1.13〉에서 계급과 제대별로 리더십 단계들이 중첩되게 모형을 그린 이유다. 예컨대 대대장인 중령은 직접 리더십과 조직 리더십을 주로 발휘하지만, 국방부에서 장기 국방계획이나 국방정책을 수립하고 국회와 관련된 업무를 수행하는 직책에서 근무하는 중령은 전략적 리더십을 주로 발휘하게 된다. 또한 국방부에 근무하더라도 모두가 전략적 리더십을 발휘하는 것이 아니라 근무 부서나 직책에 따라 직접적 리더십이나 조직 리더십도 발휘하게 된다.

따라서 군 리더는 근무 제대와 직위, 부대(서) 규모, 수행하는 업무의 성격에 따라 3가지 리더십 유형을 적절히 조합하여 리더십을 발휘해야 한다.

2) 리더십 평가

리더십은 "목표를 달성하거나 성과를 내는 것"이기 때문에 일반적으로 리더가 목표를 달성했을 경우 성공적 또는 효과적으로 리더십을 발휘했다고 하고, 그렇지 못했을 경우 비효과적으로 리더십을 발휘했다고 한다. 그렇다면 효과적인 리더십 (effective leadership)을 발휘한 리더와 비효과적인 리더십(ineffective leadership)을 발휘한 리더를 구분해주는 기준인 리더십 효과성(leadership effectiveness)은 무엇이고, 그것을 어떻게 평가할 것인가가 중요한 과제다. 왜냐하면 리더십 효과성을 어떻게 인식하고 평가하는가에 따라 리더들의 리더십이 달라지고, 리더십 역량에 대한 평가도 달라질 것이기 때문이다. 그런데 리더십과 마찬가지로 리더십 효과성도 객관적인 실체를 가진 것이 아니라 사람들의 마음속에 있는 하나의 개념이다. 따라서 리더십에 대한 정의가 학자마다 다른 것처럼 리더십 효과성에 대한 정의도 학자마다 다르고, 리더십 효과성을 평가하는 기준도 평가자 또는 연구자가 리더십을 어떻게 인식하는가에 따라 달라진다.

(1) 리더십 효과성과 효율성

일반적으로 리더십을 평가할 때 리더십이 성과의 차이를 만들어낸다고 전제하고 있기 때문에 리더십 효과성[49]에 초점을 맞추고 있다. 〈표 1.5〉에서 보는 바와

〈표 1.5〉 효과성과 효율성

효과성(effectiveness)	효율성(efficiency)
• 유효성 • 목표의 달성 정도 • 옳은 일을 했는가	• 생산성, 능률성, 경제성 • 투입 대 산출의 비율 • 일을 올바르게 했는가

같이 효과성은 '유효성'이라고도 하는데, "목표의 달성 정도" 또는 "옳은 일을 했는가(Do the right thing)"를 의미하기 때문에 리더십 효과성은 "리더십 발휘의 결과" 또는 "리더가 리더십 발휘를 통해 목표를 달성한 정도"로 정의할 수 있다. 그리고 효율성(efficiency)은 '생산성', '능률성', '경제성'이라고도 하는데, "투입(input) 대 산출(output)의 비율", 즉 "목표를 달성하거나 성과를 창출하는 데 투입된 시간, 비용, 노력의 정도" 또는 "일을 올바르게 했는가(Do things right)"를 의미한다.[50]

---

[49] 리더십 효과성과 유사한 용어인 조직 효과성(organizational effectiveness)은 "조직이 목표 또는 임무를 달성하는 정도"(Cameron & Whetton, 1983)다. 조직 효과성은 리더십만이 아니라 조직 내외의 많은 상황변수(조직구조, 물적 자원, 문화, 외부환경 등)에 의해서도 영향을 받는 반면, 리더십 효과성은 주어진 상황에서 리더의 특성과 행동에 영향을 받는다.

[50] 경제학에서는 생산의 효율성을 측정하는 생산성(productivity) 개념으로 활용된다. '노동 생산성'은 노동의 투입 대 산출, '자본 생산성'은 자본의 투입 대 산출의 비율을 의미한다.

일반적으로 리더십을 평가할 때 효과성을 기준으로 평가하지만, 유클(Yukl, 2020: 7)이 "리더십이란 무엇을 해야 하고, 그것을 어떻게 할 것인가를 이해하고 합의하도록 타인에게 영향을 미치는 과정이며, 공유된 목표를 달성하기 위해 개인 및 집합적 노력을 촉진하는 과정"이라고 정의한 바와 같이 목표의 달성 정도를 나타내는 효과성만이 아니라 리더가 목표를 달성하거나 성과를 내는 과정에서 올바른 방법을 사용했는가, 즉 효율성 · 합리성 · 윤리성 등도 함께 고려해야 한다. 즉, 리더는 "올바른 일을 올바르게 하는 사람이기 때문이다(Do the Right Things Right!)."(Drucker, 2006)

일반적으로 측정의 어려움 때문에 리더십 평가 시 효율성보다는 효과성 위주로 평가하는데, 리더십 효과성은 수익률, 매출액, 시장점유율, 생산성, 사고율, 결근율 등과 같은 측정 가능한 양적 평가지표와 팔로어들의 리더십 만족도, 집단의 사기와 응집력, 직무만족도, 조직몰입, 효능감[51] 등과 같은 쉽게 측정하기 어려운 질적 평가지표가 활용된다.

리더십 연구에서는 객관적인 목표의 달성 여부를 측정하기 어렵기 때문에 목표 달성 또는 성과 향상과 상관관계가 있는 사기, 리더십 만족, 응집력, 조직몰입 등의 질적 평가지표를 리더십 효과성 지수로 자주 활용한다. 그것은 많은 연구 결과에서 팔로어들의 사기, 리더십 만족도, 응집력, 조직몰입이 높다면 팔로어들이 더욱 능동적이고 적극적으로 업무를 수행함으로써 리더십 효과성이 높아지는 것으로 나타났기 때문이다. 그러나 그러한 변수들이 정말 결정적으로 리더십 효과성에 영향을 미치는가에 대해서는 의문이 있고, 측정이 어려운 질적 평가지표들이기 때문에 정확하게 측정하기 어렵다는 문제가 있다.

이와 같이 리더십 효과성을 양적 지표가 아니라 질적 지표로 평가하는 또 다른 이유는 리더십 효과성을 수익률, 매출액, 사고율 등의 결과변수(outcome variable)로만 측정할 경우 그것이 리더십 발휘의 결과인지, 아니면 리더십과 무관한 요인에 의한 것인지를 판단하기 어렵기 때문이다.

따라서 리더십을 정확히 평가하기 위해서는 결과변수로 활용되는 양적 평가지표

---

[51] 효능감(efficacy)은 심리학자인 밴두라(Albert Bandura)가 제시한 개념으로, "어떤 상황에서 적절한 행동을 할 수 있다는 기대와 신념"이다.

뿐만 아니라 목표 달성 또는 성과 향상에 영향을 미치는 질적 평가지표들도 함께 활용하는 것이 바람직하다. 그러나 질적 평가지표들을 함께 활용할 경우에는 각각의 평가지표들이 목표 달성 또는 성과 향상에 기여하는 정도가 서로 다르기 때문에 평가지표별로 가중치를 다르게 부여할 필요가 있다.

(2) 군 리더십 평가 방법

군의 사명[52] 또는 존재 이유는 국가안보를 위협하는 적과 싸워서 이기는 데 있기 때문에 군 지휘관의 리더십 효과성은 "적과 싸워서 이길 수 있는 능력, 즉 전투력을 얼마나 보유하고 있는가?"라고 할 수 있다. 그런데 적과 싸워서 이길 수 있는 전투력을 보유하고 있는지 여부는 실제로 전투를 해보기 전에는 정확하게 알 수 없기 때문에 "전쟁이 발생하지 않도록 억제력을 발휘하는 것"을 군의 목표로 제시하기도 한다. 그러나 군의 사명 또는 목표가 전쟁 억제력 유지라고 한다면 '전투를 하지 않을 군대를 왜 보유하는가?'라는 주장이 제기될 수도 있기 때문에 "전투 즉응력(卽應力) 또는 전투 준비태세(readiness), 즉 전투를 잘 수행할 수 있는 잠재력"이 군의 조직 효과성 또는 각급 부대 지휘관의 리더십 효과성을 평가하는 기준으로 활용되고 있다(Morrison & Fletcher, 2002).

우리 군에서는 지휘관의 리더십 평가 또는 부대를 평가할 때 전투 시 전투력을 얼마나 잘 발휘할 수 있을 것인가를 예측하는 '종합전투력 평가', '전술훈련 평가(ATT: Army Training Test)',[53] 그리고 사고율이나 군기 위반 등과 같은 다양한 평가기준을 활용하고 있지만, 다음과 같은 방향으로 리더십 평가 또는 부대 평가 방법을 개선할 필요가 있다.

첫째, 군 리더십 평가 시 종합전투력이나 전술훈련 평가만이 아니라 부대원의 사

---

[52] 국군은 대한민국의 자유와 독립을 보전하고 국토를 방위하며 국민의 생명과 재산을 보호하고 나아가 국제평화의 유지에 이바지함을 그 사명으로 한다(군인복무규율, 제4조).

[53] 육군의 경우 지휘관 재직 중에 전술훈련 평가(작전계획 수행 능력 평가)와 종합전투력(전술훈련을 제외한 화기 및 장비 사용 능력, 정신교육 등)을 측정한다.

조직 효과성과 패러독스 리더십

리더가 추구하는 목표 중에는 서로 상충하는 목표가 있는데, 그 배후에는 상충하는 목표를 낳게 하는 경쟁가치(competing values)가 있다. 퀸 등(Quinn et al., 2003)은 조직 효과성 측정 기준을 범주화하여 다음과 같이 두 가지 차원으로 분류했다. 첫째, 조직구조에 관한 것으로 '유연성(flexibility)-통제(control)' 차원이다. 즉, 조직구조의 유연성을 강조하는가, 아니면 통제를 강조하는가다. 둘째, 조직의 초점(focus)이 어디에 있는가에 관한 것으로 '외부 지향-내부 지향' 차원이다. 즉, 조직의 외적 성장과 발전을 추구하는가, 아니면 조직 내 구성원의 발전을 추구하는가다.

이와 같은 두 가지 경쟁적 차원으로부터 아래 그림에서 보는 바와 같이 상반된 속성과 가치를 가진 네 개의 조직 효과성 모형을 도출했다.

첫째, 개인보다는 조직을 우선 생각하면서 조직구조의 유연성을 지향하는 '개방체계 모형(open system model)'이다. 개방체계 모형은 내부과정 모형과 반대되는 속성과 가치를 내포하고 있는 모형으로, 조직 효과성의 기준은 적응성과 외부 지원을 통한 조직의 성장이다.

둘째, 조직을 우선시하며 조직구조적으로 안정성과 통제를 지향하는 '합리적 목표 모형(rational goal model)'으로, 조직 효과성 기준은 생산성과 목표 달성이다.

셋째, 조직 속의 개인을 중시하면서 조직구조의 유연성을 강조하는 '인간관계 모형(human relation model)'이다. 인간관계 모형은 합리적 목표 모형과 정반대되는 속성과 가치를 내포하고 있는 모형으로, 조직 효과성의 기준은 참여 및 개방, 헌신 및 사기다.

넷째, 조직보다는 개인을 중시하면서 안정적 조직구조와 통제를 지향하는 '내부과정 모형(internal process model)'으로 조직 효과성 기준은 문서화, 계량화와 안정성이다. 그리고 내부과정 모형과 합리적 목표 모형은 상호보완적인 모형이다.

경쟁가치 모형은 조직에서 이와 같은 상충적인 가치와 속성이 공존할 수 없다는 것이 아니라 오히려 이러한 가치들을 서로 배타적인 것으로 생각하거나 서로 양립할 수 없다고 가정해서는 안 된다는 것을 강조하고 있다. 그런데 어떤 리더는 어느 특정 가치만을 추구한 나머지 다른 가치의 중요성을 간과함으로써 선택의 폭을 제한하고, 조직 효과성을 저하시킨다. 이와 같이 리더 자신이 서로 상충하는 가치와 목표를 추구하거나 외부로부터 요구받는 패러독스 상황에서 어느 쪽을 선택해야 하는가? 리더는 이러한 패러독스 상황을 잘 인식하고 역설적으로 사고하고 반응함으로써 서로 다른 가치와 목표가 서로 충돌하지 않고 조화와 균형을 이룸으로써 탁월한 성과를 창출해내는 '패러독스 리더십(paradox leadership)'을 발휘해야 한다(Lucas, 2006). 높은 성과를 내려고 한다면 양쪽 모두에 관심을 가지라는 것이다. 리더는 높은 기대치도 가져야 하고, 넓은 아량도 지녀야 한다. 뒤로 물러나 있으면서도 강력한 리더십을 발휘해야 한다. 또한 창의성을 발휘할 수 있도록 자유로운 분위기를 장려하면서도 일사불란한 조직체계를 구축해야 한다.

기, 집단 응집력, 리더십 만족도, 조직몰입 등과 같은 사회심리적 요인에 대한 평가도 포함하도록 해야 한다. 그것은 많은 연구 결과 사기, 집단 응집력, 리더십 만족, 조직 몰입 등의 사회심리적 요인들이 성과와 상관관계가 있는 것으로 밝혀졌고(Bass, 1998), 한국군을 대상으로 한 전투 상황에 대한 리더십 연구에서도 사기, 응집력, 자신감, 상관 및 동료에 대한 신뢰 등과 같은 부대원들의 사회심리적 요인들이 전투의 승패를 결정하는 핵심 요인으로 나타났기 때문이다(최병순 등, 2009).

둘째, 어떤 성과는 단기간에 나타나지만 어떤 성과는 장기간에 걸쳐 나타나는데, 군에서는 일반적으로 1년 단위로 업적을 평가하고 있다. 따라서 임기 중 좋은 평가를 받기 위해 단기업적주의의 폐해가 나타나고 있어 단기적인 성과만이 아니라 장기적인 성과도 함께 고려하면서 평가해야 한다.[54] 예컨대 교육기관이나 연구기관의 경우 많은 교육비나 연구비를 투입하더라도 단기적으로는 성과가 나지 않을 수 있지만 장기적으로는 높은 성과를 낼 수 있고, 인적자원 개발이나 조직 혁신에 투자하지 않으면 단기적으로는 예산을 절감할 수 있지만 장기적으로는 군의 경쟁력을 떨어뜨리거나 부대의 생존이 위태로워질 수도 있다. 그리고 실전과 같이 교육훈련을 강하게 시킨다면 일시적으로는 부대원들의 사기나 리더십 만족도가 저하될 수도 있지만, "평시의 땀 한 방울은 전시의 피 한 방울과 같다"라는 말처럼 전장에서 그 효과를 발휘할 수 있다. 하지만 장기적인 성과 평가 시에는 그 기간에 리더십 외의 다른 변수들도 성과에 영향을 미칠 수 있다는 데 유의해야 한다.

셋째, 군 리더십을 평가할 때 나타난 결과만이 아니라 다음 사례에서와 같이 성과 창출 과정이 효율적으로 이루어졌는가도 고려되어야 한다.[55]

1991년 사막의 폭풍 작전은 힘의 절약 원칙[56]을 적용한 사례라고 할 수 있다. 집중적

---

[54] 단기업적주의의 폐해를 막기 위해서는 조직의 리더가 이임 후에 나타난 성과가 전임자의 리더십에 의한 것인지를 평가하여 사후에라도 그 공과를 평가에 반영하는 방안을 모색할 필요가 있다.

[55] 독일의 전략가 몰트케(Moltke) 장군은 "전쟁에서 무엇을 하는가보다 그것을 어떻게 하는가가 더 중요한 경우가 자주 있다"라고 하면서 군에서 효과성만이 아니라 효율성을 고려하면서 리더십을 발휘해야 한다는 것을 강조했다 (Jobbagy, 2009).

[56] 시간, 공간, 전투력의 절약을 통해 필요한 시기에 전투력을 투입하는 원칙

인 레이저 유도 공중 폭격 후 지상전에 돌입함으로써 이라크군의 지휘체계를 무너뜨리고 통제권을 장악할 수 있었다. 또한 연합군은 수백 대의 이라크군 탱크와 대포를 파괴하여 이라크군으로 하여금 더 이상 효과적인 방어나 역습을 할 수 없게 만들었다. '사막의 기병'으로 불리던 연합군의 지상 총공격은 104시간 만에 끝났다. 연합군 사상자는 200명이 채 안 된 반면, 이라크군은 1만 명 이상이 전사했다. 걸프전은 전쟁 역사상 최소의 비용으로 최대의 효과를 거둔 승리 중의 하나였다.

– 브라이언 트레이시, 김동수 · 이성엽 옮김(2004: 266-267)

또한 성과 창출 과정에서의 효율성과 함께 합리성, 윤리성도 함께 고려해야 한다. 그것은 암묵적으로 "군인은 수단과 방법을 가리지 말고 목표를 달성해야 한다"라는 인식이 있어 부당한 수단과 방법을 사용해도 결과만 좋으면 된다는 결과지상주의의 폐해가 나타날 수 있기 때문이다. 합리성과 윤리성도 함께 평가한다면 수단이나 방법을 잘못 선택해서 목표를 제대로 달성하지도 못하고, 의도하지 않은 다른 방향으로 일이 진행되는 것을 막을 수 있다. 예컨대 사고 예방을 위해 계획된 훈련을 제대로 하지 않아 무사고 부대가 되었거나, 비윤리적이거나 부당한 방법으로 검열이나 전투력 측정 과정에서 좋은 평가를 받았다면 그것은 성공적으로 리더십을 발휘한 것이 아니다.

넷째, 군 리더십 평가 시 상급자의 평가만이 아니라 부대원(부서원)들의 평가도 실시해야 한다.[57] 그것은 리더십이 상급자보다는 하급자에게 발휘되는 것이고, 하급자가 상급자보다 더 잘 관찰할 수 있기 때문에 더 정확한 평가를 할 수 있기 때문이다. 그리고 상급자가 일방적으로 평가한 근무평정 결과만을 진급에 반영할 경우 평가를 잘 받기 위해 상부 지향적으로 리더십을 발휘하거나, 근무평정권을 무기로 지휘권을 남용하는 등의 문제가 발생할 수 있고, 결과 중시 또는 과업 중심의 업무를 수행하거나 평가자의 편견이나 친소관계 등으로 올바른 평가를 하지 못할 수도 있다.

이처럼 상급자에 의한 하향 평가의 문제를 해결하기 위해서는 하급자도 상급자

---

[57] 국내외 많은 조직에서 도입 목적과 운영 방식은 다르지만 다면평가제도를 실시하고 있다. 일반적으로 다면평가를 '360도 피드백(360 degree feedback)'이라고 부르는데, 그것은 성과 평가보다는 리더십 역량 개발을 위한 피드백을 목적으로 시행하고 있기 때문이다.

를 평가하는 다면평가제도를 운영해야 한다. 일부에서 다면평가제가 지휘권 약화와 인기 위주의 지휘, 평가자의 개인 감정에 의한 부정적 평가 등의 우려를 하고 있지만 군에서 하급자에 의한 상향평가 결과를 진급 심사 시 활용한 결과 큰 부작용이 나타나지 않았다.[58]

다섯째, 군 또는 부대는 하나의 목표와 가치가 아니라 여러 가지 목표와 가치를 동시에 추구하고 있다. 따라서 평가 목적에 따라 다양한 평가 기준을 선정하여 리더가 처한 상황에서 균형과 조화를 이루면서 목표와 가치를 추구했는지를 종합적으로 평가하도록 해야 한다.

일반적으로 하나의 목표나 가치를 평가할 때 상충하는 다른 목표나 가치들은 그 목표나 가치를 저하시키는 것으로 생각하지만, 서로 대립하는 목표나 가치들이 동시에 효과적으로 작용할 수 있고, 또 그렇게 되는 것이 바람직하다. 군 또는 부대의 성장과 변화를 중시하는 진보적 가치관을 가진 사람은 적응력(adaptability)을 리더십 평가지표로 활용할 것이고, 조직의 안정과 유지를 중시하는 보수적 가치관을 가진 사람은 안정성(stability)을 평가지표로 활용할 것이다. 부대원 개개인의 개인 목표 달성도 중요하지만, 개인 목표보다 조직 목표 달성을 더 중요시할 수도 있다. 예컨대, 부대원들에게는 리더십 만족도나 사기 등이 더 중요할 수도 있지만, 부대 지휘관에게는 전투력 측정 결과가 더 중요할 수 있다.

마지막으로 군 리더십을 평가할 때 군사적 역할만이 아니라 사회적 역할 또는 사회적 책임을 다했는가의 여부도 평가해야 한다. 군의 1차적 역할인 군사적 역할은 적의 군사적 침략을 억제하고, 억제가 실패할 경우 전쟁을 승리로 종결함으로써 국가의 안전을 보장하고, 국토를 방위하여 국민의 생명과 재산을 보존하는 것이다. 그리고 사회적 역할은 전쟁 억제와 수행에 직접적인 관련은 적지만, '국민 편익 지원'과 같이 군이 국가 발전과 사회 안정에 기여하는 활동을 함으로써 군에 대한 국민의 신뢰를 높이고, 군이 국민으로부터 적극적인 지지와 협조를 받는 것이다.

---

[58] 군에서는 2003년 하급자들의 평가 결과를 진급 시 반영하는 다면평가제를 도입한 바 있으나 2009년 전면 폐지했다. 그러나 2019년 7월 이후 각 군에서 동료에 의한 수평 평가와 하급자에 의한 상향 평가를 실시하는 리더십 다면진단제도를 다시 도입했다. 진단 결과는 진급, 위탁교육 등 각종 선발 시 참고자료로만 활용하고, 진단 결과를 피평가자에게 피드백해줌으로써 리더십 역량 향상을 위해 자기개발 노력을 하도록 유도하고 있다.

군사적 역할은 시대 변화에도 불구하고 군의 가장 중요한 기본 역할로 인식되고 있지만, 사회적 역할은 군의 기본 임무인 전쟁의 억제와 수행에 부정적 영향을 미칠 수 있기 때문에 군이 사회적 역할을 확대하는 것에 대해서는 부정적인 견해도 있다. 그러나 이윤을 추구하는 기업에도 이윤의 극대화라는 기업 본연의 목표 외에 환경보호와 근로조건 향상, 소외계층 지원 등 기업이 속한 지역사회와 기업 구성원을 비롯한 이해관계자 모두의 이익을 향상시켜야 한다는 기업의 사회적 책임(CSR: Corporate Social Responsibility)[59]에 대한 요구가 커지고 있다. 기업들 역시 최근에는 'ESG 경영'이라 하여 기업의 비재무적 요소인 환경(Environment), 사회(Social), 지배구조(Governance)에 더 큰 관심을 가지고 장기적인 관점에서 친환경 및 사회적 책임경영과 투명경영을 통해 지속가능한 발전을 추구하고 있다. 이러한 시대적 흐름에 따라 군도 전통적으로 수행해오던 국민교육군, 경제기술군으로서의 역할뿐만 아니라 환경보호군,[60] 재난재해구조군, 치안지원군 등의 사회적 역할도 수행할 것을 요구받고 있다. 그리고 대부분 국가가 시대적 상황과 군대의 특성에 따라 그 내용과 정도는 다르지만 사회적 역할을 당연한 것으로 받아들이고 있을 뿐만 아니라 우리 군은 국가재정의 약 14%를 국방비로 사용하고 있기 때문에 이러한 사회적 요구에 적극적으로 부응할 필요가 있다. 따라서 우리 군 지휘관들은 군 본연의 역할인 군사적 역할을 완벽하게 수행하면서도 국가와 사회가 군에 기대하는 사회적 역할 또는 사회적 책임을 다할 수 있도록 해야 한다.[61]

---

[59] CSR은 '과정'인 동시에 '목표'다. 기업이 이해 당사자들의 관심사를 중요하게 고려하고 다룸으로써 공공의 이익에 부합하게 행동할 때 기업의 정당성이 유지되고 지속적인 성장이 가능하다는 점에서 기업의 목표이며, 이러한 목표를 달성하기 위해서는 기업의 활동 방식에 사회적 책임이 반영되어야 한다(신지영, 2017).

[60] 환경오염이 국민의 생존권을 위협하는 상황에서 자원 및 환경을 잘 보전하는 것은 국가의 안전을 지키는 것이기 때문에 국민의 복지와 생활 수준을 저하시키는 환경파괴 행위도 군이 방어해야 할 중요한 안보 요소로 간주하는 환경안보를 실천해야 한다는 것이다. 이러한 개념은 환경문제가 환경보호운동, 반핵 평화운동 등의 형태로 주목을 끌기 시작한 1980년대에 미국, 유럽국가연합, 캐나다, 오스트레일리아 등 선진국 군대들을 중심으로 전개되었다. 환경보호군에 대해서는 환경운동연합(2000) 참조.

[61] 우리 군은 창군 이래 국가 보위라는 군사적 역할을 수행하면서 국민교육 도장으로서 문명 퇴치, 산업기술교육, 시민교육, 정보화 교육 등을 통해 국가와 사회 발전에 크게 기여해왔다. 그리고 최근에는 군 복무 기간 중 자기개발을 위한 원격학습 포털을 구축했고, 군내 교육훈련 및 자기 학습 결과에 대한 사회인정체제를 구축해나가는 등 국민교육 도장으로서 사회적 역할을 강화해나가고 있다.

(3) 군 리더십 평가지표

군 리더십 평가지표로 사기, 응집력, 리더십 만족도, 조직몰입, 직무만족도, 조직
시민행동[62] 등 다양한 지표가 활용될 수 있지만, 여기서는 군 리더십 연구자들이 리
더십 효과성 지표로 많이 사용하고 있는 사기(morale)와 집단 응집력(group cohesiveness)에
초점을 맞추어 살펴본다. 또한 〈그림 1.14〉에서 퀸(Quinn, 1991)의 경쟁가치 모형을 기
반으로 한 캐나다군의 리더십 효과성 모형을 소개한다.

▌사기

사기(morale)는 산업계, 교육계, 체육계 등에서도 널리 사용되고 있지만, 특히 군에
서 많이 사용되는 용어다. 사전적으로는 "의욕이나 자신감 따위로 충만하여 굽힐 줄
모르는 기세(표준국어대사전)", "몸과 마음이 기운으로 충만하여 굽힐 줄 모르는 씩씩한
기세(고려대한국어사전)", "특히 위험하거나 어려운 상황에서 개인 또는 집단 구성원이
느끼는 자신감의 총량(Cambridge English Dictionary)" 등으로 정의하고 있다.

한편 군 관련 연구에서는 사기를 전투의지와 연관시켜 "공포와 피로를 극복하
게 해주는 정신적인 특성"(Montgomery, 1946) 또는 "구성원들이 전투를 하게 만드는 전
투 집단에서의 심리적인 힘"(Grinker & Spigel, 1945) 등으로 정의하고 있다. 매닝(Manning,
1991: 455)은 이와 같은 다양한 정의를 검토한 후 사기를 목표지향적인 집단 구성원의
개인적 특성으로 보고, 전·평시에 모두 적용할 수 있도록 "집단 구성원들이 집단의
모든 활동에 적극적으로 참여하는 열정과 끈기"로 정의했다. 이러한 학자들의 연구
를 토대로 군에서는 사기를 "행복, 희망, 자신감, 인정감, 보람, 슬픔 등을 얼마나 느
끼는가와 같은 개인의 정신적·감정적·영적 상태"(Department of the Army, 1983: 228), "부
대원이 목표 달성을 위해 자발적이고 적극적으로 참여하는 심리상태로, 공동의 목표
를 달성하기 위해 최선의 노력을 다하게 하는 무형의 힘"(육군본부, 2006: 4-38) 등으로
정의하고 있다.

---

[62] 조직시민행동(OCB: Organizational Citizenship Behavior)은 "공식적 보상이 주어지지 않더라도 전체적으로 조직
의 발전을 위해 조직 구성원이 자발적으로 하는 행동"이다(Organ, 1988: 4).

이러한 사기를 군에서는 만족 사기(comfort morale)와 전투 사기(fighting morale)로 구분한다. 만족 사기는 "물리적인 편안함과 안전에 관한 만족, 직무에서의 만족을 포함하는 개념"으로 '군 생활 만족'과 '직무만족'으로 구분할 수 있다. 군 생활 만족은 군 생활 자체에 대한 만족 정도로 본인의 적응력과 부대의 심리적 환경, 부대 근무 여건 등의 요인이 영향을 준다. 직무만족은 장병들이 자신의 직무에 대해 가지고 있는 태도로, 주어진 직책이나 임무에 대한 수행 의지, 임무에 대한 자긍심 등을 말한다. 그리고 전투 사기는 자신감(confidence), 응집력(cohesion), 단체정신(team spirit)의 3가지 차원으로 구성된다. 따라서 군에서 사기는 '만족, 자신감, 응집력, 단체정신' 같은 구성요인이 결합한 복합적인 개념이라고 할 수 있다(구자희 · 박미영, 2012).

이상과 같이 학자들 간 사기에 대한 정의를 서로 다르게 하고 있지만, 대부분 사기는 "개인 또는 집단 구성원들의 심리상태와 관련된 개념"이라는 데 의견을 같이하고 있다. 그리고 이러한 정의에 따르면 사기가 높은 군인은 자신에게 부여된 임무를 능동적이고 적극적으로 수행할 뿐만 아니라 조직의 일원으로서 자긍심을 갖고, 공동의 목표를 달성하기 위해 다른 구성원들과 적극적으로 협력하게 될 것이다.

군에서 사기의 중요성은 나폴레옹(Napoléon Bonaparte)이 "전쟁에서 승리는 사기가 3/4을 결정하고, 단지 1/4만이 군사력의 균형에 달려 있다. 실제로 군사작전에서 성공은 병력 수와 기술, 총명한 전략가 또는 무기나 장비의 질에 달린 것이 아니다. 그 외에 더 필요한 것은 무형의 눈에 보이지 않고 상황에 따라 수시로 변하는 부대의 사기다"(Thoral, 2011: 99). 그리고 클라우제비츠(C. V. Clausewitz)가 『전쟁론』에서 "군인과 지휘관에게는 사기와 의지(will)가 중요하다. 군인들에게 첫 번째로 필요한 것은 사기와 육체적 용기, 책임과 공포의 압박을 기꺼이 받아들이는 것이다"(Clausewitz, 2008)라고 말한 데서도 잘 알 수 있다.

따라서 군의 사기에 관한 많은 실증적인 연구가 국내외에서 이루어져왔는데, 최근에 코소보(Kosovo)에 평화유지군으로 파견된 미군을 대상으로 한 연구(Castro et al., 2007)에서 사기가 임무에 대한 몰입, 부대 임무 수행에 대한 자신감, 리더십과 상관관계가 있는 것으로 나타났고, 이스라엘군을 대상으로 한 연구(Shamir et al., 1998)에서도 사기가 높은 부대가 지휘관에 대한 신뢰도와 리더를 대신해서 희생하려는 의지가 더

사기 진단

문항별로 자신이 동의하는 정도를 다음과 같이 응답지에 '○' 표시를 해주십시오.

1. 전혀 그렇지 않다   2. 그렇지 않은 편이다   3. 반반이다   4. 그런 편이다   5. 매우 그렇다

문항	응답지				
1. 요즈음은 하루 생활이 지루하게 느껴진다.	1	2	3	4	5
2. 하루하루가 즐겁다.	1	2	3	4	5
3. 내가 하는 업무에 최선을 다하고 있다.	1	2	3	4	5
4. 내게 주어진 임무를 수행할 자신이 있다.	1	2	3	4	5
5. 어떤 전투 상황에서라도 주어진 임무를 수행할 자신이 있다.	1	2	3	4	5
6. 부대원들과 함께하면 어떠한 전투에서도 승리할 자신이 있다.	1	2	3	4	5
7. 부대원들은 진심으로 서로를 돌보아준다.	1	2	3	4	5
8. 부대원들은 서로 단결되어 있다.	1	2	3	4	5
9. 용사들과 간부들은 서로 상대방을 잘 이해하고 있다.	1	2	3	4	5
10. 우리 지휘관은 유능하다.	1	2	3	4	5
11. 우리 지휘관은 부대원들에 대해 잘 알고 있다.	1	2	3	4	5
12. 우리 부대에 소속된 것을 자랑스럽게 생각한다.	1	2	3	4	5
13. 군대 생활에 긍지와 보람을 느낀다.	1	2	3	4	5
14. 나는 군인이 된 현재의 신분에 긍지를 느낀다.	1	2	3	4	5
점수					

출처: 최광현 등(2000)에서 발췌[사기를 만족 사기와 전투 사기(자신감, 응집력, 단체정신)로 구분하고, 하위척도로 만족 사기는 '군 생활 만족, 직무만족', 자신감은 '자기신뢰, 팀·무기 신뢰', 응집력은 '동료 간 응집력, 상하 간 응집력, 지휘 신뢰', 그리고 단체정신은 '부대정신, 군에 대한 긍지'를 포함하고 있으며, 총 문항 수는 44개다]

높게 나타나는 등 사기가 전 · 평시를 막론하고 부대 성과(전투력 등)와 밀접한 관계가 있다는 것을 보여주고 있다.

이러한 맥락에서 「군인복무기본법 시행령」(제2조)에서는 "군대의 강약은 사기에 좌우된다. 사기는 군 복무에 대한 군인의 정신적 자세이며, 사기왕성한 군인은 스스로 어려움에 임하고 즐거이 그 직책을 수행할 수 있다. 그러므로 군인은 자기 직책에 대한 이해와 자신을 가져야 하며, 굳센 정신력과 튼튼한 체력을 길러 죽음에 임하여서도 맡은 바 임무를 완수하겠다는 왕성한 사기를 간직하여야 한다"라고 규정하고 있다.

한편 사기를 결정하는 요인으로는 군 내부적 요인과 군 외부적 요인이 있다. 군 내부적 요인으로는 리더십, 군기, 훈련, 조직과 보급, 응집력, 그리고 개인의 회복력, 공포, 자신감과 피로 등의 개인적 요인이다. 그리고 군 외부적인 요인은 선전, 명시된 전쟁 목표와 이념, 문화, 윤리, 교전규칙, 적에 대한 태도, 기술과 이용 가능한 장비 같은 경제적 요인, 기후와 지형 같은 환경적 요인, 이용 가능한 정보, 소문, 최근의 승리와 패배 등의 상황적 요인이 있다(Fennel, 2014).

군의 리더는 이러한 사기에 영향을 미치는 군 내외 요인을 잘 파악하여 리더십을 발휘함으로써 부대원들의 사기 저하를 방지하고, 사기를 앙양할 수 있도록 노력해야 한다.

▌집단 응집력

집단 응집력은 "집단 성원들을 집단 내부에 머물게 작용하는 모든 힘"(Festinger et al., 1950: 164-165), "집단에 대한 매력 또는 집단을 떠나지 않으려는 정도"(Seashore, 1954), 그리고 "집단 성원 간에 정서적으로 서로 가깝다고 느끼고 집단에 정서적인 애착을 느끼는 정도"(Mills, 1967: 83) 등으로 정의하고 있다.

군에서 이러한 집단 응집력의 중요성은 많은 전투 상황에서의 연구로 입증되어 왔다. 스토퍼(Stouffer, 1949: 107, 136)는 제2차 세계대전 참전자들에게 "무엇이 전투를 계속할 수 있게 해주는가?"라는 질문을 한 결과 "집에 가기 위해서"라는 응답이 가장 많았다. 그러나 두 번째로 많은 응답과 가장 중요한 전투 동기부여(combat motivation) 요인은 전투 중에 형성된 강한 집단 응집력이었다. 또한 "전투 중에 자신을 지탱해준 힘의 원천이 무엇이었는가?"라는 질문에는 "기도"라는 응답이 가장 많았고, 다음으로 "동료에 대한 의리를 지켜야 한다"는 것과 "다른 사람을 실망시킬 수 없다"는 생각이었다고 응답했다.

역사학자인 마셜(Marshall, 1947)도 제2차 세계대전 참전자들을 대상으로 한 연구 결과를 토대로 "보병 용사가 무기를 가지고 전진할 수 있는 것은 동료가 가까이 있거나 함께 있을 것이라는 믿음 때문이다"라고 주장했다. 동료가 먼저이고, 무기는 다음이라는 것이다. 군인들은 거창한 이념 때문에 싸우는 것이 아니라 동료들을 실망시키지 않기 위해 싸운다는 것이다. 또 다른 전투 동기에 관한 연구는 독일군 포로수용소에서 실시한 실스와 야노비츠(Shils & Janowitz, 1948)의 연구다. 그들은 독일군 보병 포로들을 대상으로 "독일이 패망한다는 것이 명백함에도 끝까지 열심히 싸운 이유가 무엇인가?"를 조사했다. 그 결과 그들이 끝까지 싸운 이유는 정치적 또는 도덕적 이유 때문이 아니라 1차 집단 내의 대인관계, 즉 응집력 때문이었고, 히틀러에 대한 충성은 두 번째라고 응답했다.

이러한 연구 결과들로 미루어볼 때 참전자들에게 중요한 전투 동기부여 요인은 이데올로기, 애국심 또는 이념이 아니라 응집력 또는 동료 사이의 정서적 유대감이 가장 중요한 전투 동기부여 요인이었다는 것을 시사해주고 있다.

집단 응집력에 대한 연구는 6.25전쟁 중에도 수행되었는데, 리틀(Little, 1964)이 몇 개월 동안 전투를 하고 있는 보병 중대원들을 관찰한 결과 전투 중 용사 간의 유대관계, 즉 동료관계(buddy relations)가 생존에 가장 중요하다는 것을 발견했다. 또한 베트남전에서 모스코스(Moskos, 1970)가 군인들을 대상으로 인터뷰한 결과, 1차 집단의 결속력이 부대 전투력에 중요한 역할을 한다는 결론을 내렸다.

맥콘(MacCoun, 1993: 298)은 앞에서의 연구들과 달리 응집력을 사회적 응집력(social cohesion)과 과업 응집력(task cohesion)의 두 가지 유형으로 구분했다. 사회적 응집력은 "부대원 간의 우정과 감정적 친밀감"인 반면, 과업 응집력은 "부대원 전체의 노력을 요구하는 과업을 수행하기 위한 부대원들의 헌신"을 말한다. 그는 과업 응집력은 부대 성과와 상관관계가 있지만, 사회적 응집력은 성과와 거의 관계가 없고, 오히려 부대 성과를 저해할 수도 있다고 한다. 그것은 집단 구성원들이 목표 달성에 대한 의지가 없는 상태에서 응집력이 높다면 오히려 목표 달성을 저해할 수 있고, 리더를 제외한 구성원들끼리만 응집력이 높다면 구성원들이 힘을 합쳐 리더에게 저항할 수도 있기 때문이다. 또한 응집력이 지나치게 높다면 집단사고(groupthink)[63]가 형성되어 반대 의견을 내지 못하는 획일적인 집단이 될 수 있다.

한편 웡 등(Wong et al., 2003: 9-10)이 이라크 자유 작전(Operation IRAQ Freedom)[64] 참전 자들을 대상으로 "전투 경험에 비추어 전투를 계속하고 최선을 다한 이유가 무엇인가?"라는 질문에 "집에 돌아가기 위해서"라는 응답도 있었지만, 전투 동기(combat motivation)에 대한 가장 많은 응답은 "동료들을 위해 싸웠다"라는 것이었다. "전투 시에 내가 포기한다면 동료들을 돕지 않게 된다. 그것이 첫 번째 이유다" 또는 "나와 나의 동료들도 그렇게 말했다. 실제로 전투 시 우리의 유일한 걱정은 나 자신과 동료였다"라고 응답했다.[65] 즉, 군인들 간의 감정적 유대인 사회적 응집력이 중요하다는 것이다.

이 연구에서는 사회적 응집력이 전투 동기에 두 가지 역할을 하는 것을 발견했는데, 하나는 다른 동료들과의 유대관계가 서로에 대한 책임감을 느끼게 만들어 집단이 성공하도록 지원하고, 외부의 위협으로부터 부대를 보호한다는 것이다. 한 전차병이 "나는 이 전차에서 계급은 가장 낮지만, 내가 할 수 있는 방법으로 무엇인가를 하기 위해 노력하고 있다. 나는 동료들을 실망시키고 싶지 않다"라고 말한 것처럼 집단에 대한 개인적 몰입이 부대의 성공에 중요한 역할을 한다. 임무에 대한 몰입이 아니라 1차 집단 구성원들 간의 사회적 계약으로부터 부대의 임무를 완수하려는 동기가 유발된다는 것이다.

---

[63] 1972년 미국의 사회심리학자 재니스(Irving Janis)가 사용한 용어로 "응집성이 강한 인원들로 구성된 정책 결정은 각자의 목표나 생각, 열정, 노력, 가치가 반영되지 못하고 하나의 동일한 방향성을 가지게 되는 의사결정 성향"을 말한다. 즉, 의사결정 과정에서 동질성을 추구(concurrence-seeking)하는 경향 때문에 의사결정의 민주성, 타당성, 검증 노력을 훼손하는 결과가 나온다는 것이다(Janis, 1972).

[64] 2003년 3월 20일 미국의 이라크 침공으로 시작되어 2011년 12월 15일 끝난 전쟁으로, 1991년 걸프전 시 투입된 다국적군 전력의 절반 수준만 투입하고도 21일이라는 단기간 내 전쟁을 승리로 이끌었다.

[65] 이라크군 포로들을 대상으로 한 연구에서는 "탈영하면 사후에 징벌을 받을 것이 두렵기 때문에 전투를 했다"라고 한다. 이러한 미군 용사들과 전투 동기의 차이가 이라크군이 패배한 이유의 하나라고 할 수 있다.

사회적 응집력의 두 번째 역할은 자신감을 부여하고, 동료들이 그들의 뒤에 있다는 확실한 믿음을 갖게 만드는 것이다. 이러한 믿음은 단지 역량, 훈련 또는 임무에 대한 몰입에서 나오는 것이 아니라 동료에 대한 신뢰에서 나온다.[66]

결론적으로 군인들은 동료들 사이에 형성된 신뢰와 군에 대한 신뢰 때문에 전투를 한다고 할 수 있다. 따라서 전투 양상이 변화되고, 앞에서 살펴본 바와 같이 사회적 응집력과 그것이 성과에 미치는 영향에 대한 논쟁이 있음에도 사회적 응집력은 여전히 핵심적인 전투 동기부여(combat motivation) 요인이라고 할 수 있다. 그리고 사회적 응집력이 직무를 잘 수행하도록 동기부여를 제공할 뿐만 아니라 다른 사람에 대해 책임감을 느끼게 만든다고 할 수 있다.

---

[66] 강제로 병력을 획득할 수 없는 모병제 군에서는 '신뢰에 의한 결속'이 '처벌의 공포에 의한 결속'을 대체했다(Posner, 2003: 27).

실습
1.2

부대(분대, 소대 등) 응집력 진단

문항별로 자신이 동의하는 정도를 다음과 같이 응답지에 'o' 표시를 해주십시오.

1. 전혀 그렇지 않다   2. 그렇지 않은 편이다   3. 반반이다   4. 그런 편이다   5. 매우 그렇다

문항	응답지				
1. 나는 부대 활동에 적극 참여하고 있다.	1	2	3	4	5
2. 나는 우리 부대에 항상 소속감을 느끼고 있다.	1	2	3	4	5
3. 우리 부대원들은 서로를 신뢰하고 있다.	1	2	3	4	5
4. 우리 부대원들은 강한 일체감을 갖고 있다.	1	2	3	4	5
5. 가능하다면 다른 부대로 옮기고 싶다.	1	2	3	4	5
점수					

출처: 최병순(1990)에서 발췌(5번 문항은 역문항이므로 합산 시 역으로 계산)

▎캐나다군의 리더십 효과성 모형[67]

캐나다군 리더십의 핵심은 "리더십은 리더 혼자 독단적으로 발휘하는 것이 아니라 동료 및 하급 리더와 공유해야 한다"라는 '공유적 또는 분권적 리더십(shared or distributed leadership)'과 경쟁가치모형(Quinn et al., 2003)을 기반으로 "리더십을 발휘할 때 리더십 효과성 모형의 가치들을 기준으로 의사결정을 하고, 행동해야 한다"라는 '가치기반 리더십(value-based leadership)'이다(Canadian Forces Leadership Institute, 2005).

〈그림 1.14〉의 리더십 효과성 모형에서 리더십 효과성은 중요하고 바람직한 목표, 결과 또는 최종상태를 의미하는 필수적 성과(essential outcome)와 필수적 성과를 어떻게 이행할 것인가에 대한 수단과 관련된 행위가치(conduct values)로 구분하고 있다. 그리고 필수적 성과는 1차적 성과인 임무 완수(mission success)와 성과 향상에 기여하는 '구성원의 복지(well-being)와 헌신(commitment)', '내부 통합(internal integration)', 그리고 '외부 적응성(external adaptability)'이다.

여기서 '임무 완수'는 가장 중요한 성과이고, 리더가 최우선적으로 고려해야 할 가치다. 군 리더는 종종 부하들의 인명 손실이나 재정적 손실에도 불구하고 임무를

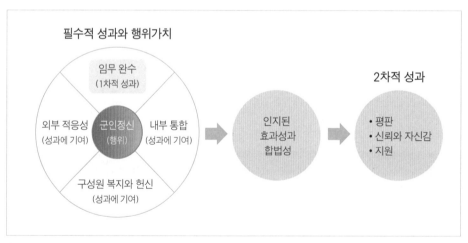

출처: Canadian Forces Leadership Institute(2005: 19)

〈그림 1.14〉 캐나다군의 리더십 효과성 모형

---

[67] 자세한 내용은 캐나다군 리더십 교범인 Leadership in The Canadian Forces(2005) 참조.

완수해야 한다. 그러나 임무 완수만으로 전투력을 극대화할 수 없다. 임무는 완수했지만, 훌륭하지 못한 리더도 많다.

'구성원의 복지와 헌신'은 '임무 완수'를 지원하고 구성원들이 역량을 발휘하도록 하는 데 매우 중요한 3가지 가치 중의 하나다. 구성원의 군 복무 조건에 대한 불만족은 임무 완수에 나쁜 영향을 미칠 뿐만 아니라 사기와 헌신 수준을 떨어뜨리기 때문에 중요하다.

'내부 통합'도 임무 완수를 가능하게 만들어주는 효과성 지표로 부대 또는 시스템의 기능을 조정하는 것을 의미한다. 안정적인 구조의 확립, 책임의 명확화, 내부 의사소통 체계 확립 등을 통해 부대 또는 시스템의 구성요소들을 유기적으로 연계하여 한 방향 정렬이 되도록 한다. 또 다른 측면에서 내부 통합은 인간적 측면의 응집력과 팀워크 형성을 의미한다. 즉, '내부 통합'은 조직 내부적으로 질서와 예측성을 높임으로써 혼란을 감소시켜 임무 완수에 기여한다.

'외부 적응성'도 1차적 성과인 '과업 성공'을 지원하는 것으로, 군 외부 환경 변화를 예측하고 적응하는 역량을 말한다.

그리고 군인정신(military ethos) 속에 구체화된 행위가치(conduct values)는 〈그림 1.14〉에서와 같이 리더십 효과성 모형의 중앙에 위치한다. 그것은 행위가치들이 리더의 모든 활동에 널리 영향을 미치고, 행동의 방향과 한계를 설정해주기 때문이다.[68]

캐나다군은 필수적 성과와 행위가치에 추가하여 2차적 성과(secondary outcomes)로 외부의 평판과 신뢰, 지원을 포함한다. 즉 군대·고용자·국가 기관으로서 캐나다군에 대한 국민, 정부, 연합국의 군대, 그리고 국제사회의 평판이 매우 중요하다는 것이다. 그것은 "군 외부 관계자들이 어떠한 평가를 하고 있는가?"가 복무 중인 군인들의 긍지와 사기, 잠재적 군 지원자의 지원 여부, 정부와 국민의 신뢰, 궁극적으로는 군에 대한 국민적 지원에 영향을 미치기 때문이다.

이러한 리더십 효과성 지표 또는 가치들을 동시에 실현하는 것은 가치 간에 충

---

[68] 행위가치에는 선택과 표현의 자유, 이동의 권리, 법적 권리, 평등권 등 캐나다의 시민 가치, 사회 질서 확립과 이해 당사자 간의 충돌을 해결하는 법의 지배 존중 등의 법적 가치, 정직, 공정, 박애 등 타인에 대한 행동을 관리하는 규칙과 원리를 규정하고, 사회적·문화적 차이와는 무관하게 모든 국민에게 적용되는 윤리적 가치가 포함된다.

돌이 있기 때문에 현실적으로 어려움이 있다. 예컨대 장병의 건강과 안전이 위험해질 수 있는 임무를 수행하도록 해야 하는 경우 '임무 완수'와 '구성원 복지'라는 가치가 충돌할 수 있는데, 이러한 상황에서 캐나다군은 임무 완수를 무조건 최우선 가치로 두어서는 안 된다고 한다. 군인은 임무를 수행해야 할 법적·윤리적 의무가 있지만, 작전 목적 달성을 위해 그들에게 부여된 의무 이상의 활동을 수행하도록 요구하는 것은 비합리적이라는 것이다.

조직의 통제력과 안정성을 높이려는 내부 통합 시도는 예기치 않은 변화에 대응하는 유연성(외부 적응성)의 요구와 상충한다. 또한 군의 동질화와 집단 응집력의 강화로 인한 순종 현상은 다양성과 새로운 문제의 창조적 해결을 찾는 사고의 독립성을 제한하고, 원하는 결과를 산출해야 하는 의무와 이를 달성하는 수단과 방법이 법적·윤리적·직업적 기준과 일치하는가 사이에 충돌이 있을 수 있다. 어떤 목표의 달성, 마감 시한의 준수 또는 희소자원을 절약하라는 조직 내외의 압력은 리더에게 규정을 어기거나 무시할 것을 요구하기도 한다.

이와 같이 리더가 하나의 가치나 성과에 대해 지나치게 강조한다면 역효과가 발생할 수 있기 때문에 리더는 1차원적 접근을 지양할 것을 강조하고 있다. 그리고 캐나다군의 핵심가치를 잘 알아 생활화하기 위해 〈표 1.6〉과 같이 윤리강령을 만들어 이를 준수하도록 할 뿐만 아니라 경쟁하는 가치들이 조화와 균형을 이루도록 노력할 것을 요구하고 있다.

〈표 1.6〉 캐나다군의 윤리강령

- 모든 사람의 존엄성을 존중하라.
- 자신에 앞서 국가에 봉사하라.
- 합법적 권한에 복종하고 지원하라.

이러한 캐나다군의 리더십 효과성 모형은 일반적으로 군에서 최고의 가치를 두는 '임무 완수'만이 아니라 임무 완수에 기여하는 경쟁가치들과 외부의 평판이나 신뢰 같은 2차적 성과까지도 효과성 지표로 포함했다는 것이 특징이라고 할 수 있다. 또한 일반적으로 군에서 효과성 지표에 포함하지 않는 부대 또는 부서 구성원들의 복지와 헌신까지도 효과성 지표로 포함하고 있다는 것은 우리 군에서 리더십 효과성을 평가하는 데 시사해주는 바가 크다고 하겠다.

요약

군대뿐만 아니라 가정, 기업, 정부, 교육기관 등 모든 조직의 리더가 발휘하는 리더십은 리더의 성공과 실패, 구성원의 행복과 불행, 그리고 조직의 성과(전투력 등)에 많은 영향을 미치고 있기 때문에 리더십의 중요성에 대한 인식은 더욱 높아지고 있다.

이러한 리더십에 대한 수많은 정의가 많은 학자와 교육자들에 의해 내려져왔고 군에서도 리더십에 대한 다양한 정의가 있었지만, 모든 상황을 포함하는 단일의 '올바른' 리더십에 대한 정의는 없다. 다만 리더십에 대한 정의가 "리더십에 대해 더욱 정확하게 이해하는 데 도움이 되는가?"라고 질문할 수 있다. 따라서 조직의 특성과 연구나 교육 목적에 따라 리더십의 본질을 잘 나타낼 수 있도록 정의하여 사용하는 것이 바람직하다.

리더십에 대한 일반적인 정의나 군에서 리더십에 대한 정의는 표현의 차이만 있을 뿐 내용상으로 본질적인 차이가 없고, 리더십의 핵심 요소인 '목표, 성과 또는 임무', '사람', '영향력 또는 힘', 그리고 '과정'이라는 단어를 공통적으로 포함하고 있다. 이 책에서는 이러한 핵심 요소들을 포함하여 군뿐만 아니라 다른 조직에서도 공통적으로 사용할 수 있도록 리더십을 "리더가 공동의 목표를 달성하기 위해 사람들에게 긍정적인 영향력을 행사하는 과정"이라고 정의했다.

리더십은 리더십이 발휘되는 영역, 발휘자가 누구인가, 리더십 발휘 스타일 등에 따라 다양한 방법으로 분류할 수 있다. 미 육군은 리더와 부하의 관계, 부하 수, 책임의 범위, 임무 수행 기간 등을 기준으로 직접 리더십, 조직 리더십, 전략적 리더십으로 리더십의 단계를 구분하고 있다. 우리 육군에서도 이러한 기준에 따라 행동 리더십, 조직 리더십, 전략 리더십으로 분류하고 있다.

일반적으로 리더십 효과성은 "리더십 발휘의 결과" 또는 "리더가 리더십 발휘를 통해 목표를 달성한 정도"로 정의하고, 유사한 개념인 효율성은 생산성, 능률성, 경제성이라고도 하는데 "투입 대 산출의 비율", 즉 "목표를 달성하거나 성과를 창출하는 데 투입된 시간, 비용, 노력의 정도" 또는 "일을 올바르게 했는가"를 의미한다. 그런데 군에서는 전투 즉응력 또는 전투 준비태세 같은 "전투를 잘 수행할 수 있는 잠재력"이 군의 조직 효과성 또는 각급 부대 지휘관의 리더십 효과성을 평가하는 기준으로 활용되고 있다. 그러나 리더십 효과성 평가 시 사회심리적 요인, 단기 업적만이 아니라 장기 업적, 그리고 효과성만이 아니라 과정상의 효율성도 함께 포함하는 등의 개선이 필요하다.

군에서는 지휘관의 리더십 평가 또는 부대를 평가할 때 전투 시 "전투력을 얼마나 잘 발휘할 수 있을 것인가?"를 예측하는 종합전투력 평가, 전술훈련 평가, 사고율이나 군기 위반 등과 같은 다양한 객관적 평가지표를 활용하고 있지만, 리더십 효과성 지표로 일반적으로 활용되는 사기, 응집력, 리더십 만족도, 조직몰입, 직무만족도, 조직 시민행동 등과 같은 주관적 지표도 활용할 필요가 있다.

질문 및 토의

1. 모든 조직과 집단에서 리더십이 중요한 이유는?

2. 전쟁 양상이 첨단무기체계에 의한 전투로 변화되면 군에서 리더십의 중요성이 감소할 것이라는 주장이 있는데, 이에 대한 견해는?

3. 일반 리더십과 군 리더십은 차이가 있다고 생각하는가? 그리고 다양한 리더십 정의를 참고하여 군 리더십에 대한 정의를 내린다면?

4. 리더십 효과성에 대한 평가 방법과 발전 방향은?

5. 다음 〈실전 리더십 사례 토의 1〉을 읽고 리더로서 선택할 수 있는 각각의 조치 방법들(1~7번)에 대한 적절성 정도를 판단하고, 1~9점 중 하나를 선택하여 각 번호 뒤에 점수를 기록한 후 각자의 점수 부여 이유에 대해 토의한다.

당신의 중대가 대대 대표로 선발되어 상급부대 선발대회에 출전하게 되었다. 대대장님은 중대가 우수한 성적을 거두길 기대하고 있다. 대회는 완전군장으로 진행되고, 시간 단축과 전원 완주가 핵심이다. 당신은 대회 준비를 위해 사전에 무리하게 준비했고, 이로 인해 대회 도중 부상자 수명이 발생했다는 보고를 받았다. 시간이 지체되거나 완전군장 해제 또는 낙오자가 발생하게 되면 대회에서 좋은 성적을 얻을 수 없는 상황이 되었다. 당신은 어떻게 하겠는가?

1	대대장님께 대회를 포기하겠다고 건의를 드린다.
2	중대원들을 끝까지 격려하며 무리해서라도 끝까지 완주하도록 한다.
3	평가관에게 통보하고 부상자들의 완전군장 해제조치를 건의하고 끝까지 완주하도록 조치한다.
4	중대원들이 부상자 군장을 나누어 들고 끝까지 완주토록 한다.
5	대대장님의 지시사항이라고 하고 절대 포기하지 않도록 정신교육 후 완주토록 한다.
6	보고한 간부를 윽박지르며 어떻게 해서든 완주토록 지시한다.
7	부상자를 직접 확인하여 임무수행 지속 여부를 판단하여 조치한다.

1	2	3	4	5	6	7	8	9
매우 부적절함		다소 부적절함		보통		다소 적절함		매우 적절함

〈결과 해석〉: 이 책의 마지막 부록에 포함된 실전 리더십 사례 토의 모범답안 참조.

---

* 각 장의 마지막에 제시된 실전 리더십 사례와 부록의 모범답안은 김우정(2011)과 최병순 등(2012)의 연구 내용 중 일부를 저자들의 동의를 받아 발췌하여 사용함.

2장

군 리더십에 대한 주요 이슈

군 리더십은 가장 바람직한 '최고(最高)의 리더십'이다.
리더십은 목숨이 위태로운 상황에서도 부하들이 기꺼이 따르게 만들고,
적이 예상하지 못하는 창의적인 전략·전술을 사용하는 리더십이기 때문이다.

– 본문 중에서

많은 사람이 자신이 보고 들은 이야기나 군 복무 경험 등을 토대로 군 리더십과 일반 리더십은 다르다고 생각하고, 군 리더십에 대한 부정적인 인식을 갖고 있기도 하다.

이 장의 제1절에서는 군 리더십에 대한 부정적 인식의 원인이 무엇이고, 군 리더십과 일반 리더십이 실제로 차이가 있는지 살펴본다. 그리고 군 리더십 개발 대상이 간부들만이 아니라 용사(勇士)*들까지 포함하여 전 장병을 대상으로 해야 하는 이유를 설명한다.

제2절에서는 군에서 주로 사용하는 리더십 관련 용어인 지휘, 지휘권 그리고 지휘책임이 무엇인지를 이해할 수 있도록 지휘와 리더십, 그리고 관리의 차이와 관계를 살펴보고, 군의 법규를 토대로 지휘권과 지휘책임의 범위와 한계를 살펴본다.

---

* 2017년 이후로 국방부에서는 '병사' 또는 '사병'이라는 용어 대신에 병(兵) 전체를 의미하는 '용사(勇士)'라는 용어를 사용하고 있다. 그러나 해군은 '수병', 해병대는 '해병'이라는 용어를 사용한다. 그리고 장교, 부사관, 병을 포함한 모든 군인이라는 의미로는 '장병(將兵)'이라는 용어를 사용한다. 이 책에서는 과거에는 '병사' 또는 '사병'을 지칭했던 용어로 '용사'를 사용한다.

1. 군 리더십에 대한 인식과 개발

1) 군 리더십에 대한 인식

(1) 군 리더십에 대한 전통적 인식

많은 사람이 군 리더십은 일반 리더십[1]과 다르다고 생각하는 경향이 있다. 죽음의 공포와 인내의 한계를 느끼는 극한적인 전투 상황에서 절대복종하게 하려면 불가피하게 지위나 권력을 내세우며 상대를 억압하는 권위적이고 강압적인 리더십을 발휘할 수밖에 없다고 생각하기 때문이다. 상관의 명령에 대한 절대복종이 군 리더십과 일반 리더십의 차이점이라는 것이다. 물론 일반 조직에서도 정당한 명령에 대해 복종하는 것은 당연하기 때문에 명령에 대한 복종이 군 리더십의 전유물이라고 할 수는 없지만, 전투 상황에서 명령에 절대복종하는 군인을 만들기 위해서는 "군인들이 적보다 상관을 더 두려워하도록 해야 한다"(Freytag-Loringhoven, 1995: 21-22)라는 것이다.

이러한 생각은 프러시아(Prussia)의 프레드릭 대제(Frederick the Great)가 창시한 신식 군대에 그대로 반영되었다. 프러시아의 군대는 처음에는 범죄자나 빈민, 외국 용병, 강제 징집병 등의 오합지졸이었다. 이러한 군을 개혁하기 위해 프레드릭 대제는 기계장치, 특히 움직이는 사람 모양의 자동화된 인형 모습에 영감을 받아 자동인형처럼 일사불란하게 움직이는 군대를 만들기 위해 위계적 조직 편성, 제복 도입, 규칙 제정, 업무의 전문화, 표준화된 장비 사용, 새로운 지휘 용어의 제정, 그리고 체계적인 훈련 등의 개혁 방안들을 도입했다. 그의 목표는 군대를 표준화된 부품들로 구성된 거대하

---

[1] 군과 민간을 이분법적으로 구분하여 '군 리더십'과 '민간 리더십'이라는 용어를 사용하기도 한다. 그러나 이 책에서는 군은 사회와 분리된 것이 아니라 사회를 구성하는 특수한 사회라는 관점에서 '민간 리더십'이라는 용어보다는 '일반 리더십'(일반 사회의 리더십)이라는 용어를 사용했다.

고 효율적인 기계장치로 만들어 필요 시 기계의 부품을 교체하는 것처럼 전시에 부대 재편성을 신속하게 할 수 있도록 하고, 명령과 지원 기능을 나누어 참모들을 명령 계통을 벗어나 계획과 지원 활동에만 전념하도록 하는 것이었다.[2] 그리고 전장에서 명령체계에 따라 일사불란하게 움직이도록 하기 위해 적보다 상관을 두려워하도록 교육훈련을 시켰다(Morgan, 2006: 16-17).

<표 2.1> 군사영어학교 출신별 현황

(단위: 명, %)

구분		인원	비율
일본군 출신	구 일본 육사	12	10.9
	구 일본 학병	72	65.5
	조선특별지원병	6	5.4
만주군 출신		18	16.4
광복군 출신		2	1.8
계		110	100.0

출처: 국방부 전사편찬위원회(1968: 258)

　우리 한국군도 이러한 프러시아군의 전통을 전수받았는데, 그것은 해방 후 한국군 창설을 담당한 장교 대부분이 <표 2.1>에서 보는 바와 같이 프러시아군의 전통을 이어 받은 일본 제국 군대 출신이었기 때문이다.[3] 우리 군의 창설 초기에 일본군 출신이 이처럼 많았던 것은 미군정 당국에서 군사영어학교 입교 자격을 광복군, 일본군, 만주군 등에서 장교 생활을 경험한 한국인 군 경력자를 대상으로 하고, 광복군, 일본군, 만주군 출신들로 인원을 안배했지만, 광복군 출신의 대부분은 신설될 국군이 광복군의 법통을 계승해야 한다는 명분론을 내세우면서 응모를 기피했고, 좌익계는 처음부터 이를 외면했기 때문이다. 또한 장교만이 아니라 용사들을 직접 지도할 부사관들도 일본군 출신이 많았는데, 그것은 일제에 징병 되어 나갔다 돌아온 귀환병들과 사설 군사단체에 가담했던 청년들에게 과거의 계급을 그대로 부여하여 부사관으로 임용했기 때문이다.[4]

2　이러한 프러시아군의 참모제도가 오늘날 군 참모제도의 기원이 되었다.

3　일본은 1870년 보불전쟁에서 프랑스가 참패하면서 프러시아 군사제도에 관심을 두게 되어 프러시아군 총참모장인 몰트케 장군의 수제자인 메켈(K. W. Jacob Meckel)을 육군대학 교관(육군참모본부 고문 겸직)으로 초청하여 1886년 독일식 체제로 육군을 전면적으로 재편했다.

4　일본군 출신 장교들이 다수 합류한 육군과 해병대와 달리 해군이나 공군은 일본군 출신이 적었다. 해군은 초대 참모총장(당시는 총참모장)이 독립운동가 손원일 제독이었고, 초창기 해군에 있던 일본군과 만주군 경력자들의 상당수가 해병대로 갔다. 따라서 해군 참모총장 중에는 일본 해군 출신이 없고, 군 출신이 아닌 민간인 상선 사관이 주축이 되었지만, 하급 장교 및 부사관 중에는 일본군 출신들이 있었기 때문에 일본군의 영향을 받지 않았다고 할 수 없다. 한편 공군은 '공군의 아버지'로 불리는 2대 참모총장 최용덕 장군이 중국 공군과 광복군 출신이었지만, 일본군 출신 참모총장도 여러 명 있었다. 그러나 하급 장교나 부사관 중에는 일본군 출신이 적었고, 한국전쟁 등을

이러한 인적 구성 때문에 한국군 창설이 진행되면서 교범과 각종 규정을 미군의 것 그대로 받아들였지만, 간부와 신병 대다수가 직간접적으로 일본군의 영향을 크게 받은 사람들이어서 생활관에서의 생활 등이 일본군의 방식으로 이루어졌고, 구령을 비롯한 대부분 용어도 일본군의 것을 그대로 사용했다. 그리고 초급 간부들이 다양한 성분으로 구성된 용사들의 군기를 빨리 확립하기 위해 일본제국 군대의 권위적 · 강압적 · 비민주적 · 비인간적인 방식을 그대로 답습했다(이동희, 1982: 225-228).[5]

이와 같이 한국군 리더십 형성에 영향을 미친 프레드릭 대제와 일본제국 군대의 리더십과 교육훈련 방식은 〈그림 2.1〉에서 보는 바와 같이 개활지에서 서로 적을 마주 보고 대형을 지어 전투하던 백병전 위주의 재래식 전투에서는 효과적이었을 수 있다. 이러한 전투에서는 상관의 명령을 어기고 공격하지 않거나 후퇴하다가 상관의 총이나 칼로 즉결처분을 받아 죽는 것보다는 용감하게 싸우다가 명예롭게 죽는 것이 더 현명한 선택일 수 있기 때문이다. 적에 대한 공포보다 상관에 대한 두려움이 더 크기 때문에 후퇴하지 않고 죽음을 무릅쓰고 용감히 싸우게 된다는 것이다.[6]

〈그림 2.1〉 미국 독립전쟁 시 전투 장면

거치며 미 공군의 영향을 많이 받았기 때문에 일본군의 영향이 비교적 적었다.

5   일본제국 군대는 천황에게 절대복종하는 충성스러운 병사로 만들기 위해 천황에 버금가는 권위를 부여해 상관의 명령이 천황의 명령이라는 식으로 조직을 서열화했다. 그리고 병사 상호 간에 하루라도 빨리 들어온 선임과 늦게 온 후임의 관계에서 '선임의 명령은 천황의 명령'이라는 식으로 세뇌시켰다. 더불어 기강을 잡는다는 명목으로 선임자의 후임자에 대한 기합, 폭행, 고압적 상명하복 등 잔인한 수단을 허용함으로써 일본군 특유의 권위적 · 폭력적인 군대문화를 만들어냈다(국방일보, 2005).

6   이러한 생각은 "공포는 처벌에 대한 두려움으로 유지되며 항상 효과적이다"라는 마키아벨리(Niccolo Machiavelli)의 생각과 비슷하다.

그러나 현대전에서는 개활지보다 산악지형이나 도시에서 전투가 이루어지고, 적에게 노출되지 않도록 은폐·엄폐할 뿐만 아니라 과거와 같이 명령 불복종한 군인을 현장에서 즉결처분(卽決處分)[7]을 할 수 없기 때문에 프레드릭 대제처럼 자동화된 인형처럼 움직이는 군대를 만들고, 부하들이 상관을 두려워하게 만들어야 한다는 생각은 현대전에 적합하지 않은 시대착오적인 생각이라고 할 수 있다.

상관을 두려워하게 만드는 리더십은 전투 상황에서보다는 평시 상황에서 더 효과적일지 모른다. 왜냐하면 평시에는 명령이나 지시에 따르지 않을 경우 처벌을 받기 때문에 따르는 것이 합리적인 선택이고, 아무리 힘든 명령이나 지시 또는 교육훈련도 전투 상황에서처럼 목숨이 위태로운 극한 상황은 아니기 때문이다. 예컨대, 인내심 부족으로 뜀걸음에 낙오한 용사가 소대장에게 강한 얼차려를 받으면 다음 뜀걸음 시에는 낙오하지 않을 수도 있다. 그것은 계속 뜀걸음을 할 때의 고통보다 낙오할 때 받는 얼차려 같은 처벌의 고통이 더 크기 때문에 인내심을 발휘하여 뜀걸음을 계속하게 만들 수도 있기 때문이다. 그러나 전투 상황에서는 죽음이나 부상에 대한 공포가 상관의 명령을 따르지 않을 때 뒤따를 처벌에 대한 공포보다 훨씬 더 크기 때문에 두려움을 기반으로 하는 리더십은 효과를 발휘할 수 없게 된다.

이러한 사실은 최병순 등(2009)의 베트남전 참전자를 대상으로 한 다음 설문 연구가 잘 입증해주고 있다. 〈표 2.2〉에서와 같이 "전투 상황에서 어떠한 지휘자를 잘 따르는가?"라는 질문에 공포

〈표 2.2〉 전투 상황에서 효과적인 리더십 유형

구분	계	인간적 지휘자 (정과 의리)	원리원칙적 지휘자 (법과 규정)	강압적 지휘자 (구타 및 기합)
명 (%)	193 (100.0)	115 (59.6)	69 (35.8)	9 (4.7)

출처: 최병순(1988)

7 즉결처분권은 6.25전쟁 초기 전선이 붕괴하는 과정에서 고육지책으로 분대장 이상의 지휘관에게 명령 불복종이나 전장을 이탈하는 병사를 바로 처벌할 수 있도록 1950년 7월 26일부터 1년간 분대장급 이상에게 일시적으로 부여한 적 있다. 그러나 사소한 이유나 개인적 감정으로도 즉결처분을 하는 등의 부작용이 발생했기 때문에 1년 만인 1951년 7월 26일 폐지되었다. 이러한 경험 때문에 많은 사람이 전시에는 지휘관에게 즉결처분권이 주어진다고 생각하지만, 헌법 제12조 "누구든지 … 법률과 적법한 절차에 의하지 아니하고는 처벌·보안처분 또는 강제노역을 받지 아니한다"라는 죄형법정주의(罪刑法定主義)에 따라 전시에도 즉결처분권은 주어지지 않는다. 그리고 '즉결처분'은 경미하면서 범증이 명백한 범죄 사건에 대해 정식수사와 재판을 거치지 않고 신속한 절차로 처벌하는 '즉결심판(卽決審判)'과는 완전히 다르다. 즉결심판은 판사가 주재하는 사법절차이며, 얼마든지 정식재판으로 불복할 수 있다.

를 기반으로 하는 강압적 리더십을 발휘하는 지휘자가 아니라 정과 의리로 리더십을 발휘하는 '인간적인 지휘자'라고 대부분이 응답했고, 구타나 기합 등의 강압적인 수단을 통해 두려움을 조성하는 리더십을 발휘하는 '강압적 지휘자'라고 응답한 인원은 4.7%뿐이었다.[8]

〈표 2.3〉 전투 시 위험을 무릅쓰고 임무 수행(공격, 수색 등)을 한 이유

구분	계	전우 부상에 따른 적개심	지휘관 진두지휘	동료에 대한 믿음	군인이니까 어쩔 수 없이	공산당 증오심	지휘관이 무서워서	동료의 비난이 무서워서	지휘관이 평소에 잘해줘서
명 (%)	253 (100.0)	101 (39.9)	54 (21.3)	35 (13.8)	23 (9.0)	14 (5.5)	12 (4.7)	7 (2.7)	6 (2.3)

출처: 최병순(1988)

또한 〈표 2.3〉에서 보는 바와 같이 베트남전에 참전한 미군을 대상으로 한 결과와 마찬가지로 "전투 시 위험을 무릅쓰고 임무 수행을 한 이유"에 대한 질문에서 '전우가 부상 당한 것에 대한 적개심', '지휘관의 진두지휘', '동료에 대한 믿음' 등에 가장 많은 응답을 했고, '지휘관이 무서워서'라는 응답은 4.7%에 지나지 않았다는 사실에서도 평시와 달리 목숨이 위태로운 전장에서는 두려움을 기반으로 한 강압적 리더십은 효과적이지 않다는 것을 알 수 있다. 즉 전투원들이 죽음을 무릅쓰고 전투를 하게 되는 가장 중요한 동기(combat motivation)는 지휘관이 무섭거나 처벌이 무서워서가 아니라 전우에 대한 사랑과 믿음, 그리고 지휘관의 진두지휘 때문이라는 것이다.

평소에 가족과 같이 서로 사랑하는 전우애가 형성되어 있다면 전우가 전사하거나 부상을 당했는데 적개심이 안 생기겠는가? 그리고 평소 존경하고 따르던 지휘자가 진두지휘하고, 전우가 앞장서서 돌격하거나 위험에 처해 있는데 꽁무니를 뺄 사람이 누가 있겠는가?[9] 그것은 위의 연구와 동일한 방법을 사용하여 베트남전에 참가

---

8   노자(老子)는 『도덕경(道德經)』 제17장에서 리더십을 "太上 下知有之. 其次 親而譽之 其次 畏之 其次 侮之", 즉 "최상의 리더십은 어떤 의도를 갖고 불필요하게 통제하지 않으니 '리더가 있다'라는 것만 아는 리더십, 그다음은 덕과 은혜를 베풀기 때문에 팔로어들이 존경해서 따르는 리더십, 그다음은 팔로어들이 법 때문에 무서워서 따르는 리더십, 그리고 최하의 리더십은 덕과 법이 모두 없기 때문에 팔로어들이 그를 업신여기는 리더십"이라고 했다.

9   사랑하는 자녀가 화재 또는 물에 빠져 죽을 위험에 처해 있을 때 그것을 본 어느 부모가 자신의 안위를 생각하고

한 미군을 대상으로 한 연구(Dollard & Horton, 2015: 48-49)에서도 전장에서 죽음을 무릅쓰고 돌진할 수 있는 것은 "절친한 전우의 부상이나 전사로 인한 적개심과 내가 돌진할 때 전우가 반드시 따라 나온다는 믿음" 때문이었다는 것도 이러한 사실을 뒷받침해주고 있다.[10]

처벌을 기반으로 한 권위적이고 강압적인 리더십이 전투 상황에서 비효과적이라는 것은 다음 사례에서도 잘 보여주고 있다.

> 새로 부임한 소대장은 원리원칙대로 소대를 지휘하는 FM 장교였다. 예를 들면 다른 소대장들은 그렇지 않았는데 우리 소대장은 아침 점호를 취하면서 조금이라도 늦게 집합하는 병사들은 기합을 주었다. 매사가 그런 식이었기 때문에 소대장에 대한 불만이 쌓여갔고, 소대장에게 정을 느끼지 못했다.
>
> 어느 날 새벽에 베트콩이 진지를 기습해왔다. 우리 소대는 방어 임무를 부여받고 소대장 지휘하에 방어 작전을 전개했다. 이윽고 적이 후퇴하기 시작했다. 소대장이 적을 추격하기 위해 "1분대 앞으로!"라는 명령을 내렸다. 그러나 분대원들은 움직이지 않고 사격만 계속했다. 할 수 없이 소대장은 2분대를 투입하기로 생각하고 "2분대 앞으로!" 하고 명령을 내렸으나 역시 꼼짝하지 않았다. 3분대 역시 마찬가지였다.
>
> 당황한 소대장은 벌떡 자리에서 일어나 "돌격 앞으로!"를 외치면서 용감하게 뛰쳐나갔지만, 아무도 따라가지 않았다. 결국 베트콩의 집중사격으로 소대장은 그 자리에서 전사했다.
>
> – 베트남 참전자 증언

이 사례는 정(情)을 바탕으로 하지 않은 권위적이고 강압적인 리더십은 마음에서 우러나는 진정한 충성심 또는 존경심을 갖도록 할 수 없기 때문에 전투 상황에서는 평시와 달리 명령에 복종하지 않을 수 있다는 것을 시사해준다. 이러한 사실은 베트남전 당시 미군에서 상관 살해 사건 1천여 건과 베트남전 마지막 4년간 간부들을 살해하기

자녀를 구하지 않겠는가? 마찬가지로 전우들이 서로 가족처럼 사랑하게 된다면 자신이 위험하다고 동료가 위험에 처하도록 내버려둘 사람이 어디 있겠는가?

[10] 잘 모르는 동료보다 절친한 친구가 적에 의해 전사하는 것을 본 병사들이 적개심이 훨씬 더 컸고, 응답자의 79%가 적개심 때문에 훨씬 더 잘 싸우게 되었다고 응답했다.

위해 수류탄을 던지는 등의 사건이 900여 건 발생했다는 사실도 평시에는 강압적 리더십이 통할 수 있지만 전투 상황에서는 오히려 하극상 등의 역기능을 초래할 수 있다는 것을 보여주고 있다. 즉, 권위적이고 강압적인 리더십은 부대원들이 목숨의 위협을 느끼게 되면 작동하지 않게 된다는 것이다(콜디츠, 최병순·이민수 등 옮김, 2015: 103).[11]

이상과 같은 연구 결과와 참전자의 증언은 프러시아 군대와 일본제국 군대의 부정적 관행에 영향을 받아 형성된 군 리더십에 대한 인식이 틀렸다는 것을 시사해주고 있다. 그것은 한국군은 물론이고, 어느 나라 군 리더십 교범이나 교리 간행물에도 권위적·강압적·비민주적·비인간적 리더십을 발휘하라고 기술하고 있지 않다는 데서 잘 알 수 있다. 특히 오랜 전투 경험을 토대로 많은 연구 과정을 거쳐 리더가 구비해야 할 자질과 역량, 그리고 바람직한 행동이 무엇인지를 기술하고 있는 미 육군 리더십 교리 간행물(Department of The Army, 2019)의 어느 곳에도 평시나 전시에 그러한 리더십을 발휘하라고 기술되어 있지 않다. 오히려 그러한 리더십을 '역효과 리더십 (counterproductive leadership)'이라고 명확하게 기술하고 있고, 미 육군의 리더십 교리 간행물에 기술된 리더십 철학과 원칙, 기법들을 군에서만이 아니라 일반조직에서도 널리 받아들이고 있다는 사실이 그것을 뒷받침해주고 있다.[12]

다른 한편으로 상황이론 관점[13]에서 군 리더십과 일반 리더십은 달라야 한다고 주장하기도 한다. 군대 조직과 일반 조직은 〈표 2.4〉와 같이 리더십 발휘 상황이 다르기 때문에 군 조직과 일반 조직의 효과적인 리더십은 다를 수밖에 없다는 것이다.

첫째, 군의 외부 환경은 환경이 급변하는 기업 등의 일반 조직과 달리 비교적 단순하고 안정적이어서 어느 정도 예측이 가능하다는 것이다. 그리고 군의 목표는 전투력의 극대화 또는 전투에서의 승리인 반면, 정부 조직 같은 비영리조직은 공익의 실현 또는 서비스의 극대화이고, 기업 같은 영리조직의 목표는 이윤의 극대화다.

---

[11] 미국의 앤드루스(L. C. Andrews) 장군은 "부하들이 평상시 권한을 인정하고 명령에 복종한다고 해서 전시에도 복종할 것이라고 착각하지 말라. 나는 실제로 어려운 일이 닥쳤을 때 한 부사관의 지위가 약화되자 능력 있는 한 병사가 긴박한 상황에서 자연스럽게 분대를 지휘하는 것을 보았다"라고 평시와 전시에는 다르다는 것을 강조했다 (로버트 테일러 등 편저, 2018: 20-21).

[12] 미 육군 리더십 교범의 내용이 일반 사회조직에서 어떻게 적용될 수 있는가를 '리더 투 리더 재단'에서 *Be · Know · Do: Leadership the Army Way*라는 단행본으로 발간했다. 자세한 내용은 '리더 투 리더 재단, 유자화 옮김(2007)' 참조.

[13] 리더십 상황이론은 리더십 발휘 상황에 따라 효과적인 리더십은 다르다는 것이다. 자세한 내용은 이 책 제7장 참조.

구분	군대 조직	일반 조직	
		비영리조직(정부 등)	영리조직(기업 등)
환경	단순/안정적	비교적 단순/안정적	복잡/동태적
목표	전투력 극대화	• 공익실현 • 서비스 극대화	이익 극대화
조직구조	전형적인 관료제 조직	관료제 조직	유기적 조직
수행 업무	일상적/반복적 ※ 극한 상황에서 업무 수행	비교적 일상적/반복적	• 비일상적 • 비반복적
영향력 원천	• 장기복무자: 근무평정권, 포상, 징계 • 단기복무자: 포상, 징계	• 근무평정권 • 포상(표창장 등) • 징계	• 근무평정권 • 보수(연봉, 상여금) • 징계(해고 가능)
구성원	대부분 의무 입대한 단기복무자	자발적 지원자 중 선발된 자	
근무 여건	• 격오지 근무 • 통제된 단체 생활	• 대부분 도시 지역 근무 • 출퇴근 및 사생활 보장	

주: 절대적인 차이가 아니라 조직 유형별로 상대적으로 강하게 나타나는 특성임.

둘째, 기업 등의 영리조직은 조직구조가 급변하고 불안정한 환경에 신속하게 대응하기 위해 수평조직으로 변화하고 있고, 리더십도 수평적 리더십으로 변화하고 있다. 그러나 군은 일사불란한 지휘체계 확립을 위해 통제지향적이고, 위계적·기계적인 관료제 조직의 특성을 유지하고 있다.

셋째, 군에서는 일반 조직에서와 달리 교육훈련처럼 1년 단위로 일상적·반복적인 업무가 많고, 평시에도 안전사고의 위험성이 높은 업무를 수행한다. 그리고 부상위험이 높고, 체력과 육체적 고통에 따른 인내심이 요구되는 훈련을 수시로 할 뿐만 아니라 전시에는 목숨이 위태로운 극한 상황에서 임무를 수행한다.

넷째, 군에서는 일반 조직(특히 기업)에서와 같이 영향력의 원천인 보상과 징계권의 활용이 제한된다. 군은 예산이 한정된 공조직이기 때문에 기업 등에서 동기부여 수단으로 많이 활용되는 금전적 보상(연봉, 상여금 등)은 거의 활용할 수 없다. 그리고 기업 같은 일반 조직에서는 지시 불이행자나 성과 미달자에 대해 해고 같은 강력한 징계 권한을 비교적 용이하게 사용할 수 있지만, 군에서는 복잡한 법적 절차를 거쳐야 하기 때문에 지휘관이 해고 같은 강제전역 조치를 하기가 쉽지 않다.[14] 물론 전시에는 상관의 정당한 명령에 반항하거나 복종하지 않은 경우 군법에 따라 가장 강력한 처벌인 사형도 할 수 있지만,[15] 지휘관에게 즉결처분권이 없기 때문에 영향력을 행사하는 데 한계가 있다. 그리고 위기 상황 또는 극한 상황에서는 명령에 대한 복종이 부상을 입거나 죽을 수 있기 때문에 훈장이나 처벌 같은 거래적 동기부여 방법이 효과를 발휘하기 어렵다.

따라서 군 리더들은 영향력의 원천인 계급과 직책에 따른 합법적 권력, 보상적 권력 및 강제적 권력 등의 직위 권력의 활용만으로는 단기복무자들을 동기부여시키고 통제하는 데 한계가 있기 때문에 일반 조직의 리더들보다 전문적 권력이나 준거적 권력 같은 개인적 권력을 더욱더 강화하도록 노력해야 한다.[16] 다시 말하면 군에서 리더들은 보상과 처벌을 활용한 거래적 리더십이나 정신교육을 통해 애국심, 전우애, 자신감, 상관에 대한 존경과 신뢰를 요구하기보다는 그것을 저절로 불러일으킬 수 있도록 리더십 역량을 함양해야 한다.

다섯째, 군인의 대부분은 병역의무를 수행하기 위해 군에 입대한 단기복무자들이다. 특히, 용사의 경우 일반 조직에서처럼 경쟁 선발로 우수자를 선발하는 것이 아니라 군 복무 부적합자를 제외하고는 모두 군에 입대시키기 때문에 일반 조직의 구성원들과 달리 지적 능력, 신체조건, 체력 등에서 많은 차이가 있다. 따라서 군 리더들에게는 군 복무 동기부여와 능력의 차이를 고려한 교육훈련, 적재적소 배치와 팀워크 구축 등에 더 많은 노력이 요구된다.

이러한 차이 외에도 군을 이끌어가는 핵심인력은 의사, 변호사 같은 전문직업군인(professional soldier)이고, 이들이 리더십을 잘못 발휘했을 때 군인들의 목숨을 위태롭

---

14   용사의 경우 강제 전역은 대부분 현역 부적합자에 한해 이루어지고 있는데, 부적합 전역자 수는 2016년 5,121명, 2017년 5,583명, 2018년 6,118명 등 해마다 증가 추세에 있다. 그런데 2019년 부적합 전역자 6,202명 중 79.4%인 4,922명은 정신질환·군복무 적응 곤란 등 심리적 요인, 나머지 1,280명(20.6%)은 질병 요인으로 전역했다(http://www.mindpost.or.kr).

15   군형법 제44조(항명)에 "상관의 정당한 명령에 반항하거나 복종하지 아니한 사람은 다음 각 호의 구분에 따라 처벌한다. 1. 적전인 경우: 사형, 무기 또는 10년 이상의 징역, 2. 전시, 사변 시 또는 계엄지역인 경우: 1년 이상 7년 이하의 징역, 3. 그 밖의 경우: 3년 이하의 징역"으로 규정하고 있다.

16   영향력의 원천인 5가지 권력 유형에 대한 자세한 내용은 이 책 제1장 제2절 참조.

게 하고, 나아가 국가의 존립을 위태롭게 할 수 있기 때문에 일반 전문직업인보다 훨씬 더 막중한 역할을 수행하고 있다고 할 수 있다.

따라서 군에서는 우수자원을 군 간부로 확보하고, 리더십 역량 개발을 위해 더 많은 투자를 할 필요가 있다. 그리고 모든 리더에게 요구되는 핵심역량은 대부분 동일하지만, 군 리더들에게는 특별히 극한 상황에서도 임무는 수행할 수 있는 체력과 인내심, 자신감, 회복탄력성(resilience)[17] 등이 요구된다.

(2) 군 리더십에 대한 올바른 인식

앞의 〈표 2.4〉에서 살펴본 바와 같이 군대 조직과 일반 조직의 리더십 발휘 상황이 다르기 때문에 일반인은 물론 군인들 스스로도 군 리더십은 일반 리더십과 다르고, 또 당연히 달라야 한다고 인식할 수 있지만, 군 리더십과 일반 리더십의 본질은 같다. 군 리더십과 일반 리더십 사이에 존재하는 차이는 효과적인 리더십 유형의 차이라기보다는 복종을 요구하는 정도의 차이로 보아야 한다(Donnithome, 1993).

> 베트남전에 참전하여 수색 중 소대원 한 명이 발을 헛디뎌 수렁에 빠졌다. 물에 빠진 병사는 허우적거리다가 가라앉았고, 결국 다시 떠오르지 않았다. 워낙 순식간에 일어난 일이라 모두 당황해서 그 병사를 구할 수 없었다. 문제는 그다음에 일어났다. 시신을 수습해야 하는데, 다들 무서워서 시신을 수습할 수 없었다. 이때 소대장이 단독으로 수렁에 들어가 무려 5시간 동안 시신을 찾아서 수습했다. 옆에서 이 모습을 줄곧 지켜본 우리 소대원들은 자신이 죽더라도 소대장이 저렇게 해줄 것이라고 이야기를 하곤 했다. 그 사건 이후로는 소대원들이 소대장의 명령에 절대복종하고, 소대원들이 더욱 단결하는 모습을 볼 수 있었다. 전투 중에 사망자나 부상자가 발생하면 누구보다 슬퍼했던 소대장의 모습이 40년의 세월이 흐른 지금도 생생하게 기억난다.
>
> – 베트남 참전자 증언

---

[17] "제자리로 돌아오는 힘"으로 심리학에서는 주로 "시련이나 고난을 이겨내는 긍정적인 힘"을 의미한다.

진정한 군 리더십은 위의 사례와 같이 자신의 목숨을 아끼지 않고 부하를 사랑하는 마음을 행동으로 보여주는 리더십이다. 이러한 리더십은 군에서만이 아니라 일반 조직에서도 효과적이다. 군인만이 아니라 일반인도 이 사례에서처럼 리더가 자신을 진심으로 사랑하고 존중해주며, 행동으로 그것을 보여준다면 따르지 않을 사람이 있겠는가?

따라서 군 리더십의 근간이 되는 「군인복무기본법」에도 "군인은 동료의 인격과 명예, 권리를 존중하며 …"(제35조) 그리고 "상관은 부하의 인격을 존중하고 배려하여야 한다"(제36조)라고 규정하고 있고, 육군의 3대 핵심가치[18]도 '위국헌신 · 책임완수 · 상호존중'으로 군인 상호 간의 존중을 군 리더십의 근간으로 하고 있다. 그리고 「군인복무규율」(제23조)에도 "부하는 상관에 대한 존경을 바탕으로 직무를 수행하여야 하며, 상관은 부하의 인격을 존중하고 배려하여야 한다"라고 규정하고 있다. 그것은 국가, 성별, 나이, 직종 등에 관계 없이 리더십 발휘 대상이 "자신을 사랑하고 행복하게 만들어주는 사람을 좋아하고 따른다"라는 본성은 군복을 입었다고 해서 달라지는 것이 아니기 때문이다. 군인과 사람이 다른 것이 아니라 군인은 "제복 입은 시민(citizen in uniform)"이라는 것이다.

그리고 군인정신을 무조건적인 복종심과 동일시하는 경향이 있지만,[19] 진정한 군인정신은 안중근 의사의 유묵(遺墨)에 함축적으로 표현된 '위국헌신(爲國獻身)', 즉 국가, 국민, 전우 그리고 임무 완수를 위해 자신의 하나밖에 없는 가장 소중한 목숨까지도 기꺼이 희생하는 가장 숭고한 최고의 시민정신이다.[20] 일반 시민에게는 군인에게 요구하는 것처럼 목숨까지 바치면서 조직이나 남을 위해 희생하라고 요구하지는 않

---

18 핵심가치는 "참된 군인이자 민주시민으로서 어떠한 상황에도 옳고 그름을 판단할 수 있도록 하는 사고와 행동의 기준"이다. 군인은 "국가와 국민을 위하여 충성을 다하고 … 맡은 바 임무를 성실히 수행할 것을 엄숙히 선서합니다"(군인복무기본법 시행령 제17조)라고 입영 및 임관 시 선서함으로써 위국헌신과 책임완수를 다짐하고 있다.

19 「군인복무기본법」(제25조)에 "군인은 직무를 수행할 때 상관의 직무상 명령에 복종하여야 한다"라고 직무상의 명령에만 복종하도록 규정하고 있다. 그리고 「군인복무규율」(제24조) "① 부하는 군에 유익하거나 정당한 의견이 있는 경우 지휘계통에 따라 단독으로 상관에게 건의할 수 있다"라고 규정하고 있어 무조건적인 복종을 요구하고 있지 않다.

20 「군인복무규율」(제4조 제3항)에서 "군인정신은 전쟁의 승패를 좌우하는 필수적인 요소이다. 그러므로 군인은 명예를 존중하고 투철한 충성심, 진정한 용기, 필승의 신념, 임전무퇴의 기상과 죽음을 무릅쓰고 책임을 완수하는 숭고한 애국애족의 정신을 굳게 지녀야 한다"라고 규정하고 있다.

기 때문이다.

따라서 복종심이 군인정신과 시민정신을 구분하는 기준도 아니고, 그것이 군 리더십과 일반 리더십의 차이를 설명해주지도 않는다. 일반 사회조직이라고 해서 상사의 정당한 명령이나 지시에 복종하지 않아도 되는 것이 아니고, 군에서만 권위적이고 강압적인 리더십이 발휘되는 것도 아니다. 군 리더들보다 더 권위적이고 강압적인 리더십을 발휘하는 기업의 리더들도 많다.[21]

군과 일반 조직에서의 리더십에 차이가 있다면, 그것은 기업 같은 일반 조직에서보다 군에서 요구하는 복종의 정도가 훨씬 더 강하다는 것이다. 군인은 임무 수행을 위해 필요하다면 기본권을 제한받을 수 있고, 생명이 위험한 명령에도 복종해야 한다는 것이다(Ulmer, 2005: 19). 즉, 군 리더십과 일반 리더십이 다르다면 그것은 본질의 차이가 아니라 조직의 특성 때문에 나타나는 영향력 발휘 수단과 방법의 차이일 따름이다. 그러한 차이는 삼성과 현대의 문화와 리더십에 차이가 있는 것처럼 조직의 특성에 따라 차이가 있을 뿐이다.[22]

만일 군 리더십과 일반 리더십이 다른 것이라면, 군에서 리더십을 습득한 장교들이 전역 후 사회 각 분야에서 훌륭한 리더로 활동하고 있는 것을 어떻게 설명할 것인가? 웨스트포인트 졸업생 중에는 그랜트, 맥아더, 패튼, 슈워츠코프 장군 같은 훌륭한 장군도 많지만, 많은 졸업생이 전역 후 사회로 진출하여 대기업 회장, 대학교 총장, 그리고 아이젠하워 대통령처럼 정치인으로 사회 각 분야에서 성공적인 리더십을 발휘하고 있다(황태호 옮김, 2001: 24-25).[23] 이러한 이유로 많은 학자가 가장 발전한 리더십 체

---

[21] 권위적인 조직문화는 군이나 어떤 조직의 특수한 문화라기보다는 유교의 전통을 가진 한국 사회에 내재되어 있는 일반 문화이고, 권위적 리더십 역시 그러한 문화적 영향을 받아 정도의 차이는 있지만, 군만이 아니라 우리 사회 전반에서 발휘되고 있는 리더십이라고 할 수 있다.

[22] 정주영이 "용감한 자가 숲속의 진정한 사냥꾼이다"라고 말하는 고슴도치 같은 인물이었다면, 이병철은 "겁쟁이야말로 숲속의 명승부사다"라고 말하는 여우 같은 인물이었다. 정주영이 자신의 무한한 능력을 확신하고 나아가 자신의 작은 경험을 극대화해 큰 현실로 만들어나간 기업가였다면, 이병철은 다른 무엇보다 한국인의 장단점을 예리하게 꿰뚫어볼 줄 알았다. 확실한 목표와 책임을 주면 지구촌에서 가장 빠르고 완벽하게 해낼 수 있는 한국인의 역량을 간파한 것이 그의 용인술이었다. 그는 거기서 한 발 더 나아가 그중에서도 정예만을 모아 조직화하고 시스템화해 기업이라는 창구를 통해 한국인의 숨은 역량을 폭발시킨 기업가였다. 좀 더 자세한 내용은 박상하(2012) 참조.

[23] 사관학교의 원래 목적은 장교들을 양성하는 것이지만, 연방정부에서 학비를 대기 때문에 리더(leader)를 기르는 학교로 달라졌다. 이들 사관학교는 모두 대학원이 없는 학부 중심의 대학이고, 순수학문 위주인 일반교양대학(liberal arts college)으로 분류된다. US뉴스에서 매년 발행하는 대학순위 평가에서 일반교양대학 중 해사 14위, 육사 18위,

계를 가진 조직은 미군이라고도 하고, 미 육군의 리더십 개발 모형인 'Be-Know-Do'
에서 제시하는 리더가 구비해야 할 자질과 지식, 그리고 바람직한 행동을 여러 나라의
많은 민간조직에서 채택해서 사용하고 있다. 그리고 미 육군의 리더 개발과 교육훈련
방법은 미래 리더 육성을 위한 가장 훌륭한 모델로 평가받고 있다(Suka, 2018: 85).[24]

이러한 맥락에서 본다면 군 리더십과 일반 리더십의 본질은 다르지 않고, 진정한
군 리더십은 가장 이상적인 '최고(最高)의 리더십'이다. 진정한 군 리더십은 목숨이
위태로운 극한 상황에서도 죽음을 무릅쓰고 자발적으로 따르도록 하는 리더십이고,
적이 예상치 못하는 전략전술을 수립하는 창의적인 리더십이어야 하기 때문이다.

과거에 군 복무 과정에서 경험했던 군 리더십의 부정적 사례만을 보고 권위적·
강압적·위계적·비민주적·비인격적 리더십 등으로 특징지어진 군 리더십은 전시
든 평시든 효과적이지도 않고, 바람직하지도 않은 리더십이다. 그리고 군 출신들은
사고가 경직되어 있고, 융통성이 부족하다는 인식이 있지만, 그것은 바람직한 군인
의 모습이 아니다. 명량해전에서 13척으로 133척의 일본 함선과의 싸움에서 승리한
이순신 장군, 몽골제국을 건설한 칭기즈칸, 인천상륙작전을 감행해서 전쟁의 판도를
바꾼 맥아더 장군 등 전사에 등장하는 명장들이 창의적인 전략·전술을 사용하지 않
고 승리한 적 있는가? 그리고 만일 군 리더십이 경직되고 융통성이 없는 것이라면 창
의력이 경쟁력의 원천이 되는 오늘날 『손자병법』이나 위대한 장군들의 리더십과 전
사(戰史)를 많은 학자가 연구하고, 비즈니스에 적용하려고 하겠는가?[25]

공사 31위로 평가되었다(장병희, 2013).

[24] 군의 리더는 아무리 어려운 상황 속에서도 결단력 있게 효율적으로 행동해야 하지만, 미 육군은 군대조직의 특성
에도 불구하고 위계질서를 중심으로 리더십 교육을 하지 않는다. 미 육군이 만든 리더십 모델(Be-Know-Do)은
군인은 물론 각계각층의 리더들에게도 적용할 수 있다(리더 투 리더 재단, 유자화 옮김, 2007).

[25] 비즈니스병법연구회(2008), 『손자병법 경영학』, 쓰리메카닷컴; 김종래(2007), 『칭기스칸의 리더십 혁명』, 크레듀;
브라이언 트레이시, 김동수·이성엽 옮김(2004), 『VICTORY: 불패의 영웅들로부터 배우는 12가지 성공 법칙』,
21세기북스; 허먼 S. 네이피어 등, 김원호 옮김(2002), 『위대한 장군들의 경영전략』, 시아출판사; 로버트 그린, 안진
환·이수경 옮김(2007), 『전쟁의 기술: 승리하는 비즈니스와 인생을 위한 33가지 전략』, 웅진지식하우스 등 참조.

2) 군 리더십 개발 대상

리더십에 관한 많은 문헌에서 리더는 "한 명 이상의 팔로어 또는 하급자를 거느리고 있는 사람"이라고 정의하고 있다. 그리고 많은 사람이 리더는 타고나거나 슈퍼맨처럼 특별한 자질을 보유한 사람 또는 높은 직위에 있는 사람으로 인식하고 있다. 저자가 리더십 교육과정에서 용사나 부사관, 대학생, 주부, 하급 직위에 있는 회사원들에게 "자신이 리더라고 생각하는 사람은?"이라는 질문을 하면, 대부분 자신은 리더가 아니라고 응답하는 것을 보았다.

자신을 리더라고 생각하지 않는 이유는 대부분 "거느리는 부하가 없기 때문에", 또는 "리더로서의 능력을 갖고 있지 않기 때문에", "아무런 직책을 갖고 있지 않기 때문에"라는 것이었다. 이와 같이 리더를 특별한 자질을 지니고 있거나, 부하를 거느리고 있거나, 어떠한 직책을 가진 특별한 사람으로 인식한다면 대부분 사람이 자신을 리더가 아니라고 생각하는 것은 당연하다.

그러나 앞에서 기술한 바와 같이 리더십을 직위(position)가 아니라 영향력을 행사하는 과정으로 본다면 특별한 직책을 갖고 있거나 군에서처럼 부하를 거느리는 사람만이 아니라 모든 사람이 가정에서는 가족에게, 조직에서는 상·하급자, 동료 또는 이해관계자에게, 사회활동 과정에서는 공동체의 구성원들에게 크건 작건 영향력을 미치고 있기 때문에 리더로서 리더십을 발휘하고 있다고 할 수 있다.[26]

이러한 관점에서 미 육군 리더십 교리 간행물(Department of the Army, 2006, 2019)에서도 "리더는 직위나 계급 또는 권한에 의해 임명된 사람들만이 아니라 다른 사람을 감독하고 임무를 완수할 책임이 있는 사람, 그리고 다른 사람에게 동기부여를 주거나, 생각이나 의사결정에 영향을 미치는 사람은 모두 리더다. 따라서 계급이 아무리 낮은 리더라고 하더라도 부하를 이끄는 것이 아니라 또 다른 리더를 이끄는 '리더들의 리

---

[26] 쿠제스와 포스너(Kouzes & Posner, 2001: 82-90)가 7,500여 명의 성공적인 리더의 이야기를 듣거나 읽고 내린 한 가지 결론은 리더십은 조직의 몇몇 사람에게 필요한 것으로 생각하는 것은 잘못된 신화이고, "리더십은 모든 사람에게 필요한 것이다(Leadership is everyone's business)"라는 것이었다. 오늘날과 같이 사람이 조직의 가치와 경쟁력을 결정하는 인적자본의 시대에는 리더십이 최고경영진뿐만 아니라 조직 구성원 모두에게 요구된다는 것이다(Lawler III, 2001: 24-25).

더(leader of leaders)'다. 그리고 육군 구성원 모두가 군에 소속되어 있는 리더나 팔로어의 역할을 수행하고 있고, 효과적인 리더가 되려면 훌륭한 부하가 되어야 한다"라고 기술하고 있다.

이와 같이 모든 조직의 구성원, 특히 군에서 간부만이 아니라 용사도 리더로 육성해야 하는 이유를 'leader'와 'ship'의 합성어인 'leadership'이라는 단어를 활용해서 설명하면, 리더는 "배의 방향을 등대(항구)로 안내하고 유지하는 사람"이고, 리더십(leadership)은 "등대(항구)를 향해 가는 항해 과정"이라고 할 수 있다. 그리고 어둠 속에서 방향을 잡아주는 등대는 조직의 비전과 목표, 어두움과 파도는 조직의 리더들이 목표를 달성해가는 과정에서 직면하는 불확실성과 장애물, 선원은 팔로어, 그리고 선장은 조직의 리더에 비유할 수 있다.

그런데 이 배에 회사원이나 군의 부대원이 아니라 한 가족이 타고 항해하고 있다면 이 배를 '가정호(家庭號)'라고 이름 붙일 수 있을 것이다. 그렇다면 가정호의 선장은 가장(家長), 등대는 가정의 비전과 목표, 어두움과 파도는 가족의 비전과 목표를 달성하는 과정에서 부딪치게 되는 각종 장애물(돈, 건강, 시간 등), 그리고 선원은 가족에 비유할 수 있다.

이 배에 한 사람만 승선하여 항해한다면 그 사람의 이름을 붙여 '○○○호'라고 부를 수도 있고, 통칭하여 '인생호(人生號)'라고 부를 수도 있을 것이다. 어떤 사람은 부잣집에 태어나 화려한 요트 또는 매우 빠른 모터보트를 타기도 하고, 어떤 사람은 잔잔한 호수에서 여유작작하게 주변 경치를 즐기면서 항해한다. 그리고 또 어떤 사람은 가난한 집에 태어나 작고 보잘것없는 초라한 배를 타고 항해하고, 어떤 사람은 협곡에서 매우 위험한 급류타기를 하며, 어떤 사람은 앞이 전혀 보이지 않는 깜깜한 밤에 항해하기도 한다. 이렇듯 우리 인간은 저마다 '인생호'라는 배를 타고 삶의 목표인 등대를 향해 항해하고 있다고 할 수 있다.

이러한 비유로 본다면 우리 인간은 모두 인생호의 선장, 즉 자기 삶의 리더라고 할 수 있다. 그렇기 때문에 리더십은 부하를 거느리는 조직의 리더에게만 필요한 것이 아니라 각자 삶의 목표 또는 꿈을 이루고, 행복한 삶을 살아가기 위해 우리 모두 갖추어야 할 기본 역량이라고 할 수 있다. 그런데 모든 사람은 인생호, 가정호 그리고 조직호를 번갈아 타면서 항해하기 때문에 자신의 삶을 주도적으로 이끌어갈 셀프 리더십뿐만 아니라 한 가정의 가장으로서, 그리고 조직의 리더로서 요구되는 리더십을 구비해야 한다.

그러나 이제까지 대부분의 리더십에 관한 문헌이나 리더십 교육과정에서는 군이나 정부 또는 기업 같은 조직의 리더로서 어떻게 리더십을 발휘할 것인가에 초점을 맞추어 리더십을 설명하거나 교육하고, 구성원들에게는 팔로어십을 발휘하도록 요구해왔다. 이와 같은 '팔로어 패러다임(follower paradigm)'으로 자신과 가족 그리고 부대원(부서원)을 대하고 팔로어로서의 역할만 기대한다면, 그들은 그러한 기대에 부응하여 피동적이고 소극적인 태도와 행동을 하게 된다.[27] 만일 어떠한 직책을 갖고 있거나 부하를 거느리는 사람만이 리더라고 한다면 대부분 사람은 리더십이 아니라 팔로어십만 발휘하면 된다고 생각하게 되고, 결국 자신의 삶, 조직생활 또는 사회생활에서 소극적이고 피동적인 태도와 행동을 취하게 될 것이다.

따라서 조직생활을 하든 하지 않든 간에, 그리고 조직에서 직위가 높든 낮든 간에 '모두가 리더'라는 인식의 전환이 요구된다. 특히 군에서 자동화된 로봇 같은 용사, 즉 순응형 또는 수동형 용사를 만들려는 '팔로어 패러다임'을 '리더 패러다임(leader paradigm)'으로 전환하여 용사도 리더십 역량을 개발해야 한다.

장교와 부사관뿐만 아니라 용사도 리더십 역량을 개발해야 하는 또 다른 이유는 첫째, 리더십과 팔로어십은 동전의 양면과 같다는 것이다. 용사도 리더로 육성한다면 누가 팔로어, 즉 명령을 수행하는 부하의 역할을 할 것인가를 우려할 수도 있지만, 용사를 리더로 육성한다고 해서 팔로어십이 없어지는 것은 아니다. 미 육군의 리더십 교리 간행물에서도 기술하고 있는 바와 같이 리더는 부하들에게는 리더십을 발휘하고, 상관에게는 팔로어십을 발휘해야 한다. 그런데 리더십 교육을 통해 용사를 셀프 리더(self-leader)로 육성한다면 곧 모범형 팔로어(effective follower)를 육성하는 것이다. 왜냐하면 켈리(Kelley, 1994: 150)에 따르면 가장 바람직한 팔로어의 유형은 독립적 · 비

---

27 이와 같이 "자신 또는 타인의 기대나 예언이 그대로 이루어지는 현상"을 '피그말리온 효과(Pygmalion effect)' 또는 '자기예언의 현실화(self-fulfilling prophecy)' 현상이라고 한다. 이러한 현상은 가정에서 부모가 자식을, 조직에서 상관이 부하를 어떠한 패러다임으로 보느냐가 매우 중요함을 시사해주고 있다.

판적 사고를 하고 적극적으로 역할을 수행하는 모범형 팔로어인데, 이들의 특징은 스스로 생각하고, 맡겨진 일보다 훨씬 많은 일을 하고, 팀과 리더를 스스로 돕는 사람, 즉 셀프 리더십(self-leadership)을 발휘하는 사람이기 때문이다.[28]

둘째, 전쟁 양상이 변화하고 있다는 것이다. 재래식 전장에서는 지휘관의 지시에 따라 자동화된 로봇처럼 움직이는 용사가 전투력을 더 잘 발휘할 수 있었지만, 첨단 무기체계에 의해 전투가 이루어지는 현대 전쟁에서는 생각하면서 스스로 움직이는 로봇 같은 '디지털 전사(digital soldier)', 즉 셀프 리더를 요구하기 때문이다.

셋째, 전장에서 용사가 분대장 또는 소대장 역할을 수행할 수도 있다는 것이다. 평상시 분대장 외에는 공식적으로 리더로서의 역할을 수행하지 않지만, 실제 전투 상황에서는 "… 야간 공격의 혼란 속에서 어떤 부대는 용사가 지휘하는 것이 목격되었다. 부대원들은 용사가 마치 장교인 것처럼 그에게 복종하고 있었다"(Freytag-Loringhoven, 1995: 29-30)라는 사례와 같이 전장에서는 소대장 또는 분대장이 전사 또는 부상으로 임무 수행이 불가능할 경우 선임병이 그 역할을 수행할 수 있는 리더십 역량을 구비하도록 해야 한다. 이것은 최병순 등(2009)이 베트남전 참가자들을 대상으로 "소대장이 전사하거나 부상을 입어 분대장이 소대장을 대신하여 소대를 지휘한 적이 있는가?"라는 질문에 〈표 2.5〉에서와 같이 응답자의 57.1%가 소대장을 대신하여 용사인 분대장이 소대를 지휘한 경험이 있다고 응답한 사실이 이를 뒷받침해주고 있다.[29]

〈표 2.5〉 분대장이 소대를 지휘한 사례

구분	계	있다	없다
명 (%)	191 (100.0)	109 (57.1)	82 (42.9)

출처: 최병순(1988)

따라서 소대장 또는 분대장 유고 시 전투력을 유지하기 위해서는 용사를 단순히 상관의 지시만 따르는 팔로어로서만이 아니라 언제든지 소대장 또는 분대장을 대신해서 리더 역할을 수행할 수 있도록 리더십 역량을 개발해야 한다.

---

[28] 셀프 리더십을 발휘하는 사람이 더 자율적일 뿐만 아니라 생산적이고, 주어진 역할에 구애받지 않고 일했다(Birdi et al., 2008).

[29] 6.25전쟁 중 소대장들이 진두지휘하다가 전사하는 경우가 많았기 때문에 소대장 별명이 '5분 소위'였다고 한다 (6.25 참전자 증언).

넷째, 군은 가장 훌륭한 리더십 실습장이라는 것이다. 리더십 역량을 효과적으로 개발하기 위해서는 교실에서 이론적 지식과 기법을 배울 뿐만 아니라 현장에서 실천적 학습을 해야 한다. 그런데 군대는 집단생활과 교육훈련을 통해 희생정신, 협동심, 국가관 등 리더에게 요구되는 가치관과 태도를 형성하게 해주고, 체력, 인내심, 자신감 등 신세대에게 부족하기 쉬운 리더십 역량을 함양하게 해준다. 또한 군대는 다음 사례에서와 같이 계급사회이기 때문에 군 복무 과정에서 자연스럽게 팔로어십, 멤버십, 팀워크 정신과 기술, 그리고 리더십을 체득할 수 있다.[30]

대학에 다니던 중 군대에 간 나에게 군대는 많은 것을 배울 수 있는 곳이었다. 군대에서 배운 제일 좋은 경험은 자신감이었다. 보급병으로 근무하면서 행정보급관으로부터 많은 업무를 떠맡았다. 이상하게 이등병 때 사수가 제대하고 전역할 때까지 부사수를 못 받고 혼자 업무를 봐야 했다. 행정보급관의 무한한 신뢰가 나를 힘들게 했다.

행정보급관은 나에게 터무니없이 많은 일을 지시했고, 그것들을 억지로 해나가면서 나 자신이 이런 많은 일을 할 수 있다는 자신감을 얻었다. 무슨 일이든 닥치는 대로 해야 했기에 지금도 내 사전에 못하는 일은 없다. 시도하고 노력하면 언젠가 해낼 수 있다. 세상에 대한 두려움을 떨치는 것은 사회에서 배우기에는 좀 벅찬 과목인 것 같다.

그리고 무리하게 길다 싶은 2년 동안 세상의 섭리를 배웠다. 군대라는 계급사회는 마치 하나의 인생과도 같았다. 처음 시작은 '어린아이' 같은 이등병이었고, 나에게 많은 것을 요구하지 않았다. 그러나 그들은 나에게 배움을 강요했다. 일등병이 되면서 '청년' 같은 시절이 된다. 무엇이든지 해야 하고, 열심히 일하면 되는 그런 시절이었다. 또한 그 시절의 경험이 상병, 병장이 되어 도움이 되었다. 상병이 되면 '중년'이 된다. 어느 정도 사회적 지위를 갖고 각자 중요한 임무를 맡고 중요한 일들을 처리하는 계급의 중심부인 것이다. 때론 병장과 후임병을 연결하는 중요한 역할을 하는 계급이다. 병장이 되면 '노년'이 된다. 일반적으로 많은 일을 하지 않지만 나름대로 높은 계급을 갖고 있고, 정말 중요한 일을 하고, 리더로서 리더십을 배울 수 있다. 말년이 되면 누구도 거들떠보지 않는 그런 시기도 오지만 말이다. 짧은 2년 동안 세상의 제일 밑바닥에서 높은 곳까지의

---

30 미 육군의 비전에 "육군은 매일 훈련을 시키고, 그들을 리더로 만드는 두 가지 일을 한다. 육군은 훌륭한 리더를 육성해줌으로써 국가에 보답한다"라고 명시되어 있고, 세계적으로 알려진 창업 국가인 이스라엘은 군 복무를 통해 리더십과 팀워크, 그리고 벤처정신을 배운다고 한다(세노르, 사울 싱어, 윤종록 옮김, 2010).

경험은 짧은 인생을 더 얻는 것과도 같다. 누가 나에게 군대에 대해 물어보면 나는 서슴 없이 값진 경험이었다고 말한다.

- 예비역 병장이 쓴 글에서 발췌

용사에게 리더십 교육을 하는 것을 부정적으로 생각하는 사람들은 모두가 지시 만 하고 따르려고는 하지 않을 것이라고 우려한다. 그러나 저자가 용사를 대상으로 교육을 실시한 결과 조직몰입도, 집단응집력 등이 높아지고, 눈에 띄게 군 복무 태도 와 행동 등이 긍정적으로 변화했다. 또한 소대원 상호 간에 욕설과 얼차려가 감소하 고, 사고부대였던 팀(공수부대)이 2박 3일간 리더십 교육을 받고 1개월이 지난 후 실시 한 훈련에서 최우수 부대로 선정되기도 했다(최병순 등, 2008). 또한 분대장을 대상으로 1박 2일간 리더십 교육을 실시하고, 한 달 후에 소대원과 소대 간부들을 대상으로 교 육효과를 조사한 결과 분대장들의 태도와 행동이 긍정적으로 변화(긍정적·적극적 복무 태도, 병영문화 개선 노력, 솔선수범 행동, 거친 언행 자제)되었고, 분대원들의 리더십 만족도와 응 집력이 높아진 것으로 나타났다(최병순·김오현 등, 2005).

따라서 최고(最高)의 리더십인 군 리더십을 군 간부와 용사가 군 복무 과정에서 체 득할 수 있도록 리더십 개발 시스템을 구축해야 한다. 만일 리더십 개발 시스템을 구 축해서 군이 리더십 아카데미(leadership academy)로서 역할을 효과적으로 수행한다면 군 의 전투력을 강화할 수 있을 뿐만 아니라 장병들이 전역 후에 사회 각 분야에서 군에 서 체득한 군 리더십, 즉 최고의 리더십을 발휘함으로써 우리 군이 국가경쟁력 강화 에 기여하는 생산적인 군대로 거듭날 수 있을 것이다.[31]

그런데 리더십이 타고나는 것이고, 교육훈련 등을 통해 개발이 불가능하다면 리 더십을 가르치는 것도, 리더십 역량을 개발하기 위해 노력하는 것도 의미가 없을 것 이다. 그러나 대부분 교육학자에 따르면 "인간의 능력 중 30%는 타고나지만, 나머지 70%는 환경과 교육에 의해 결정된다"라고 한다(서성교 옮김, 2003: 116). 마찬가지로 리 더십 역량도 부분적으로는 지능 같은 개인적 특성처럼 타고나지만, 교육과 경험 등 을 통해 개발되는 것이다. 이러한 사실은 군인과 산업체 직원들을 대상으로 "리더는

---

[31] '군 리더십 도장화' 방안에 대한 자세한 내용은 최병순 등(2008) 참조.

(단위: 명, %)

구분		계	타고난다	육성된다	잘 모르겠다
군	육군	559(100.0)	132(23.6)	398(71.2)	29(5.2)
	해군	490(100.0)	73(14.8)	403(82.4)	14(2.8)
산업체		2,000(100.0)	339(17.0)	1,660(83.0)	1(0.0)

출처: 최병순(2009c); 백기복(2009)

타고나는가, 후천적인 교육 등을 통해 육성될 수 있는가?"에 대한 설문을 실시한 결과에서도 〈표 2.6〉과 같이 육군과 해군, 또는 군과 산업체라는 조직 특성의 차이에도 불구하고 70% 이상의 응답자들이 대부분 리더는 타고나는 것이 아니라 만들어질 수 있다는 생각을 하고 있는 데서도 이를 뒷받침해주고 있다.

　리더가 타고나는 것은 아니지만, 교수나 변호사가 아무나 되는 것이 아닌 것처럼 군에서 리더도 아무나 될 수 있는 것은 아니다. 군에서 리더가 되기 위해서는 인격, 지적 능력과 체력 등이 필수적으로 요구되기 때문에 군에서 장교와 부사관은 선발과정을 거쳐 일정 자격요건을 구비한 사람만 선발하고 있다. 그리고 리더십 역량을 개발하기 위해 양성교육[32]과 보수교육,[33] 그리고 부대 훈련 등의 교육훈련을 통해 군 리더로서 요구되는 역량을 개발하고, 리더십 역량이 우수한 사람을 진급시켜 상위 지휘관직에 보직함으로써 단계적으로 리더십 역량을 개발하도록 하고 있다.[34] 또한 모든 간부가 필수적으로 이수해야 하는 양성교육과 보수교육만이 아니라 자기개발을 위해 리더십 진단을 실시하여 피드백해주고, 대학 및 대학원 과정 이수 시 학비를 지원하고 있다.[35]

---

[32]　징집 또는 지원에 의해 선발된 민간인을 군인화하는 것을 목표로 시행하는 교육으로, 일정 기간의 교육과정을 이수한 자만 장교나 부사관으로 임용한다.

[33]　양성교육을 이수한 장병 또는 군무원에게 계급과 직책에 상응하는 임무 수행 능력을 부여하고, 병과 특기의 기초 지식과 차상급 직위의 직무수행을 위한 능력개발을 목표로 시행한다. 장교는 초군반(소위), 고군반(대위), 각 군 대학(소령) 과정, 부사관은 초급반, 중급반, 고급반 과정으로 구분하여 필수적으로 이수하도록 하고 있다.

[34]　장교는 일부 병과를 제외하고는 대부분 소대장, 중대장, 대대장, 연대장(여단장) 등의 지휘관 직위를 단계적으로 보직하도록 하고 있다.

[35]　육군에서는 연대장(여단장)까지 각급 지휘관 재직 시 부대원들에 의한 리더십 진단을 실시하여 그 결과를 피드백해주고 있다.

2. 지휘 · 지휘권과 지휘책임

1) 지휘와 리더십 · 관리의 관계

경영 분야에서는 '리더십'이나 '리더'라는 용어보다는 '관리(管理, management)' 또는 '관리자(管理者, manager)'라는 용어를 많이 사용한다. 그러나 군에서는 '지휘(指揮, command)'와 '지휘관(자)'이라는 용어를 많이 사용하고 있다. 여기서는 먼저 리더십과 관리가 어떠한 차이가 있는지 살펴보고, 다음으로 지휘와 리더십 그리고 관리의 관계를 살펴본다.

(1) 리더십과 관리

일반적으로 리더십(leadership)은 모험적, 동태적, 창조적, 변화, 비전 등과 같은 단어를 연상하게 하지만, 관리(management)는 효율성, 계획, 서류작업, 절차, 규정, 통제, 일관성 등과 같은 단어를 연상하게 한다. 이와 같이 서로 다른 개념으로 인식되고 있지만, 다른 한편으로 리더십과 관리는 둘 다 영향력을 행사한다는 점, 사람을 통해 일한다는 점, 그리고 효과적으로 목표를 달성하려 한다는 점 등에서 유사성도 있다 (Northhouse, 2001: 13-14).

〈그림 2.2〉 리더십과 관리의 관계

이러한 특성을 가진 리더십과 관리의 관계는 〈그림 2.2〉에서 보는 바와 같이 다양한 관점이 있다.

▎리더십과 관리는 다르다는 견해

리더십과 관리가 완전히 다르다는 관점을 가진 대표적인 학자들인 베니스 (Bennis, 1989)와 잘레즈닉(Zaleznik, 1983)은 리더와 관리자는 서로 양립할 수 없는 가치관과 성격을 가진 근본적으로 다른 종류의 사람이기 때문에 〈표 2.7〉에서 보는 바와 같이 리더십과 관리가 동시에 발휘될 수 없다고 주장한다.[36] 관리자는 안정, 질서, 효율성을 중시하고 일을 수행하는 방식과 일을 올바르게 하는 데 관심을 두는 반면, 리더는 유연성, 혁신과 변화, 적응을 중시하고 일의 목적(의미)과 이유, 그리고 옳은 일을 하는 데 관심을 둔다.

〈표 2.7〉 관리자와 리더의 차이

관리자	리더
• 행정 • 유지 • 시스템과 구조에 초점을 둠 • 통제 • 단기적 관점 • 수행 방법과 시기에 관심을 둠 • 모방 • 현상 유지 • 일을 올바르게 함	• 혁신 • 개발 • 사람에게 초점을 둠 • 신뢰 • 장기적 관점 • 수행 목적과 이유에 관심을 둠 • 창조 • 현상에 도전 • 옳은 일을 함

출처: 베니스(1989)

코터(Kotter, 1990: 3-8)는 관리는 복잡성에 어떻게 대처하는가, 그리고 리더십은 변화에 어떻게 대처하는가에 초점을 맞추고 있다. 즉 관리는 계획, 조직화, 예산 편성, 인원 배치, 통제 그리고 문제해결 등을 통해 현재 시스템을 유지하는 것이고, 리더십은 비전과 전략을 개발하고, 전략을 뒷받침하는 인력을 배분하며, 장애가 있을지라도 팔로어들이 비전을 갖도록 역량을 개발해주는 것이다. 또한 관리는 위계와 시스템을 통해 일하고, 경직적이고 냉정한 반면, 리더십은 사람과 문화를 통해 일하고, 부드럽고 유연하며 따뜻하다고 구분하고 있다. 즉 관리는 일이 효율적으로 이루어지게 하는 반면, 리더십은 유용한 변화가 일어나게 하기 때문에 리더십과 관리 중 어느 것이 더

---

[36] 잘레즈닉(Zaleznik, 1983)은 어떤 사람들은 본성적으로 관리자이고, 어떤 사람은 본성적으로 리더라고 주장한다. 그러나 실제로 조직이 성공적으로 운영되기 위해서는 두 기능이 다 필요하기 때문에 누가 더 좋다는 것을 의미하는 것은 아니다.

좋고 나쁜 것이 아니라 성공적으로 조직을 이끌어가려면 둘 다 필요하다고 한다.

현실적으로 관리하지 않고 리더십만 발휘하는 비공식 리더도 있고, 부하가 없기 때문에 리더십을 발휘할 필요 없이 직함만 가진 관리자(재무 담당자나 회계 전문가 등)도 있다. 따라서 리더십과 관리의 차이에 대한 많은 논란이 있어왔지만, 실제로 어느 학자도 리더십과 관리가 완전히 같은 것이라고 주장하지는 않고, 리더십과 관리의 중첩 정도에 대해서만 의견이 다를 뿐이다(Yukl, 2013: 22).

▌리더십과 관리는 중첩된다는 견해

아데어와 리드(Adair & Reed, 2003)는 관리는 모든 자원에 대한 책임, 리더십은 인적 자원에 대한 책임이므로 리더십과 관리는 서로 다른 개념이지만 중첩 부분이 점점 커지고 있다고 한다. 즉 리더십은 변화를 주도하는 경향이 있다는 점에서 관리와 차이가 있지만, 관리와 리더십 둘 다 다른 사람을 통해 목표를 달성하고 결과를 추구한다는 점에서 공통점이 있다는 것이다. 마찬가지로 휴스 등(Hughes et al., 1999)도 리더십과 관리는 서로 중첩되는 기능이기 때문에 어떤 기능들은 리더와 관리자가 서로 다르게 수행하지만 둘 다 공통적으로 수행하는 기능도 있다고 주장한다.

유클(Yukl, 2013: 22-23)과 노스하우스(Northhouse, 2019: 12-14)는 리더십과 관리, 그리고 리더와 관리자 사이에 명백한 차이는 있지만, 상당 부분이 중첩된다고 본다. 목표와 방향을 명확히 하고, 목표 달성을 위해 사람들에게 영향을 미치는 활동을 할 때 관리자는 리더십을 발휘하고 있는 것이고, 목표 달성을 위해 계획, 조직화, 인사 배치 및 통제 활동을 할 때 리더는 관리하고 있다는 것이다. 따라서 리더십 과정이나 관리 과정은 모두 목표 달성을 위해 구성원들에게 영향을 미치는 일을 하고 있다는 것이다.

▌리더십은 관리 기능의 하나라는 견해

대부분 경영학자의 견해에 따르면 관리는 모든 자원에 대한 책임을 지는 것이고, 리더십은 인적자원에 대한 책임을 지는 것이므로 관리의 일부 기능으로 리더십을 보아야 한다는 것이다(Adair & Reed, 2003: 53).[37] 이러한 입장을 보이는 대표적 학자인 민츠버그(Minzberg, 1973)는 경영자들을 대상으로 한 연구 결과를 토대로 관리자의 역할을 대표자 역할, 리더 역할, 연락자 역할, 정보 분배자 역할, 감독자 역할, 대변자 역할, 창업가 역할, 위기관리자 역할, 자원 할당자 역할, 협상자 역할의 10가지로 분류하면서 리더로서의 역할을 관리자 역할의 하나로 보고 있다.

이와 같이 리더십과 관리에 대한 여러 가지 견해가 있지만, 모든 관리자 또는 리더는 상황에 따라 리더십 기능과 관리 기능을 둘 다 수행해야 하기 때문에 리더십과 관리는 상호보완적인 기능이고, 둘 다 관리자나 리더에게 필수다. 관리가 없는 강한 리더십은 혼란을 야기하고, 리더십이 없는 강력한 관리는 조직을 파멸의 길로 몰아넣을 수 있다.

리더십과 관리가 비록 개념적으로 구분될 수 있다고 하더라도 현실적으로 공식 조직에서 직책을 맡고 있고, 팔로어가 있는 사람은 관리자이면서 동시에 리더의 역할을 수행하고 있기 때문에 리더와 관리자의 역할을 구분하기 어렵거나 무의미하다고 할 수 있다. 리더십과 관리가 서로 다른 것은 분명하지만 오른손과 왼손, 코와 입의 차이에 불과하고 모두 한 몸속에 있는 것과 마찬가지다(Drucker, 1998: 22-27). 팔로어가 있는 관리자는 모두 리더라고 할 수 있지만, 비공식 리더처럼 모든 리더가 공식적인 권한을 가진 관리자는 아니기 때문에 〈그림 2.3〉과 같이 관리자를 리더의 하위 범주로 볼 수 있고, 관리 기능이 리더십에 포함되는 것으로 볼 수 있다.

따라서 리더십을 행사하는 것(leading)과 관리하는 것(managing)은 서로 별개라고도 할 수 있지만, 리더에게는 둘 다 중요한 역량이기 때문에 리더가 효과적으로 리더십을 발휘하기 위해서는

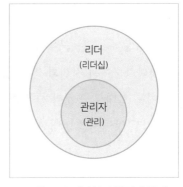

〈그림 2.3〉 리더십과 관리의 관계

---

[37] 관리 기능은 학자에 따라 5가지로 구분하기도 하지만, 일반적으로 계획(planning), 조직화(organizing), 리더십(leading), 통제(controlling)의 4대 기능으로 구분한다.

관리 역량도 함께 구비해야 한다. 관리만 잘하고 리더십이 부족한 리더는 나아갈 방향과 목표를 잃게 된다. 반면에 리더십은 있지만 관리능력이 부족한 리더는 단기적으로 성공할 수는 있어도 곧 무너진다.

특히 군의 간부인 장교와 부사관은 지휘자(관) 또는 참모[38]로서 각급 부대 또는 참모부서의 리더 역할과 함께 관리자 역할을 함께 수행한다. 즉 군의 모든 간부는 조직이 나아가야 할 방향(비전)을 제시하고 조직을 위해 헌신하는 것은 물론, 관리자로서 냉철하고 객관적인 시각을 가진 리더, 복잡한 조직에서 발생하는 혼란과 혼동 속에 숨어 있는 단순함과 질서정연한 이치를 간파해낼 수 있는 리더, 분석적이면서도 창의적이고 과거 경험에 얽매이지 않는 유연한 사고를 할 수 있는 리더, 자기 일과 조직을 사랑하는 리더, 조직원들을 진정으로 사랑하고 존중하며 내면에 잠재되어 있는 뜨거운 열정을 불러일으킬 수 있는 리더, 조직관리를 매우 도덕적이고 윤리적인 과업으로 생각하는 리더, 그리고 현실 세계에서 실리를 추구하면서도 자기 자신의 이해관계보다는 어떤 가치나 목적을 더욱 소중히 생각하는 리더가 되어야 한다.

이와 같이 군 간부는 리더로서 리더십 역량뿐만 아니라 관리 역량도 보유해야 하기 때문에 이 책에서는 관리를 리더십에 포함된 기능으로 본다.[39]

(2) 지휘와 리더십·관리

지휘(command)는 군에서 주로 사용하는 용어이기 때문에 여기서는 먼저 미 육군과 캐나다군에서 지휘와 리더십, 그리고 관리의 관계를 어떻게 보고 있는지 살펴보고, 이를 토대로 군에서 사용하는 용어인 지휘와 일반적인 용어인 리더십과 관리의 차이가 무엇인지를 설명한다.

---

[38] 군에서는 일반적으로 녹색 견장을 부착한 사람만 리더로 생각하는 경향이 있으나, 참모도 지휘관은 아니지만 참모부서의 리더 역할을 수행한다.

[39] 과거 기업에서는 관리자를 더 필요로 했지만, 경쟁이 치열해지는 경제전쟁 시대인 오늘날에는 리더를 더 요구하고 있다(Kotter, 1988). 그리고 군대에서는 평시에 관리자 역할을 더 많이 요구하지만, 전투 상황에서는 리더 역할을 더 많이 요구한다.

▎미 육군 리더십 교리 간행물

미 육군은 리더십과 관리를 서로 다른 개념으로 보고, 지휘를 리더십과 관리를 포괄하는 군 고유의 특별한 권한과 책임으로 간주한다. 따라서 지휘는 "군 고유의 특별한 법적 리더십 책임이고, 군 지휘자(관)가 계급과 직책으로 부하들에게 합법적으로 행사할 수 있는 권한이다. 지휘는 리더십, 그리고 부여된 임무를 완수하기 위해 가용자원의 효과적인 사용과 군사력의 사용 계획, 조직, 지시, 조정, 통제에 대한 권한과 책임을 포함한다.[40] 그리고 부대원들의 건강, 복지, 사기, 군기 유지 등의 권한과 책임을 포함한다"라고 기술하고 있다(Department of the Army, 2019: 1-18). 그리고 "부하들이 근무시간이 끝난 후에 어떻게 살고 있고, 어떻게 행동하고 있는지에 대해 상관이 알아야 하는 곳은 군대밖에 없다"라며, 근무시간에만 조직 구성원의 행동에 책임을 지는 일반 리더와 달리 군 지휘자(관)는 근무시간만이 아니라 근무시간 외의 부대원의 삶까지도 관심을 두고 배려해야 하는 특별한 책임이 있음을 명시하고 있다(Department of the Army, 2006: 2-3).

미군에서 소대장(platoon leader)과 분대장(squad leader)은 'leader', 중대장(company commander) 이상은 'commander'라는 용어를 사용하고 있는 것은 '지휘(command)'가 '리더십(leadership)'보다 더 상위개념임을 의미한다. 소대장이나 분대장은 인적자원관리를 주로 하는 리더십을 발휘하고, 중대급 부대 이상에서 행정 및 조직 관리 업무가 이루어지고 있기 때문이다.

이러한 미군의 영향을 받아 우리 육군에서 소대장과 분대장은 '지휘자(指揮者)', 중대장 이상은 '지휘관'이라는 용어를 사용하고 있고, 지휘자(관)에게는 녹색 견장[41]을 부착하도록 하고 있다.

---

[40] 페이욜(Henry Fayol, 1916)은 경영자로서 자신의 경험을 기초로 한 『산업 및 일반 관리론(Administration Industri-elle et Générale)』이라는 논문에서 관리의 기능을 '계획 · 조직 · 지시 · 조정 · 통제'의 5대 기능으로 분류했다.

[41] 육군의 지휘관(자)은 모두 녹색 견장(중대장 이상은 금속 휘장도 가슴에 패용)을 부착하고, 해 · 공군 지휘관은 가슴에 금속 휘장을 부착한다. 견장이 녹색인 이유는 그리스 신화에서 인간을 매우 사랑했던 프로메테우스가 제우스의 말을 거역하고 인간에게 불을 준 대가로 산꼭대기에 묶여 독수리에게 심장을 쪼아 먹히는 벌을 받게 되는데, 그의 심장이 바로 녹색이었다고 한다. 프로메테우스가 인간을 위해 자신의 심장을 희생했듯 지휘관(자)는 부하들을 위해 자신을 희생할 수 있어야 한다는 의미다.

┃캐나다군 리더십 교리 간행물

캐나다군 리더십 교리 간행물(Canadian Forces Leadership Institute, 2005: 8-9)에서는 지휘를 "군사력을 지시, 조정 및 통제하기 위해 군 구성원에게 부여된 공식 권한"으로 정의하고 있다.

지휘관은 공식 권한이나 개인적 자질을 활용하여 다른 사람들이 자신의 의도나 집단목표와 일치하는 방향으로 행동하도록 영향력을 행사해야 한다. 그러나 리더십은 한 가지 중요한 점에서 지휘와 다르다. 지휘 권한은 군 지휘계통을 따라 하향적으로만 행사되지만, 리더십은 군 조직계층의 상하좌우 모든 방향으로 행사될 수 있다는 것이다. 리더십은 공식적 권한에만 한정된 것이 아니라 지휘계통의 어디에 있든지 동료, 심지어 상관에게까지도 영향력을 미칠 수 있다는 것이다.

따라서 캐나다군 교리 간행물에서는 〈그림 2.4〉에서 보는 바와 같이 지휘, 일반 관리, 리더십, 그리고 자원 관리의 기능적 상호관계를 설명하고 있다. 그림에서 군 지휘(military command)와 일반 관리(general management)의 상자는 공식 권한의 경계를 나타내고, 지휘관과 관리자의 역할과 관련된 대표적 기능을 나타내고 있다. 지휘 기능에는 일반적인 관리 기능(계획, 문제해결, 자원관리 등)뿐만 아니라 군 지휘에만 고유한 권한으로 무력의 사용 권한, 타인이 위험에 처할 수 있는 임무를 부여할 수 있는 권한, 그

〈그림 2.4〉 캐나다군에서 '지휘-관리-리더십'의 관계

리고 징계 권한을 포함한다. 그런데 리더십은 지휘관만이 아니라 지휘권이 없는 사람도 발휘할 수 있다고 본다. 캐나다군에서는 리더십을 공식적인 권한을 부여받거나 민주적 선거 등을 통해 획득될 수 있는 직위를 기반으로 발휘되는 직위기반 리더십(position-based leadership)과 사회적 역할, 상황적 요구, 집단 구성원들의 역량과 동기부여에 따라 획득될 수 있는 자생적 리더십(emergent leadership)으로 구분하기 때문이다(Canadian Forces Leadership Institute, 2005: 10-11).

이와 같이 캐나다군에서 리더십은 지휘관에게 필수적으로 요구되는 것이지만, 미 육군과 마찬가지로 리더십과 관리가 같은 것은 아니라고 본다. 또한 지휘는 지휘관에게 위임된 권한 범위 내에서 지휘계통을 따라 하향적으로만 발휘될 수 있지만, 리더십은 조직 내 직위에 관계 없이 누구나 발휘할 수 있다고 본다. 더욱이 합목적적인 영향력, 즉 군의 목표를 달성하기 위해 행사하는 영향력은 지휘계통 아래로뿐만 아니라 지휘계통 위로도, 지휘계통을 가로질러서도, 그리고 군의 경계를 넘어서도 발휘될 수 있다고 한다.

이와 같은 미 육군과 캐나다군 리더십 교리 간행물의 내용을 종합해보면, 지휘는 군에서만 행사되는 특별한 리더십으로 리더십과 관리를 포함하는 개념이다. 그리고 지휘는 살상 수단인 무기를 사용할 수 있고, 생명의 위협을 받을 명령도 내릴 수 있도록 군의 지휘관에게만 주어진 특별한 영향력 행사 권한이라고 할 수 있다. 지휘는 군에서 공식적으로 지휘권을 부여받은 지휘관이 지휘계통에 있는 부하들에게만 하향적으로 행사할 수 있지만, 리더십은 군 내에서만이 아니라 군 외에서도 발휘될 수 있고, 지휘권을 부여받지 않은 참모와 용사들도 발휘할 수 있으며, 하향적으로만이 아니라 상하좌우 모든 방향으로 발휘될 수 있다.

2) 지휘권과 지휘책임

(1) 지휘권(指揮權)

지휘권(command authority)이란 "지휘관이 계급과 직책에 의해 예하 부대와 부하들에게 합법적으로 행사하는 권한"을 말하고, 법규와 상급 부대장의 지휘·감독 범위 내에서 이루어지는 재량행위의 일종이다. 그리고 지휘권의 한 형태인 명령은 "상관이 부하에게 발하는 직무상의 지시"를 말한다(군인복무규율 제19조).

우리 군의 최고 군 지휘권 행사자, 즉 통수권자(統帥權者)는 대통령이다. 〈그림 2.5〉에서 보는 바와 같이 국방부 장관은 대통령의 지시를 받아 합동참모의장과 각 군의 참모총장을 지휘·감독하고, 각 군에 직접 명령을 하달한다.[42]

합동참모의장은 군령에 관하여 국방부 장관을 보좌하며, 국방부 장관의 명을 받아 전투를 주 임무로 하는 각 군의 작전부대를 작전지휘·감독하고, 합동작전을 수

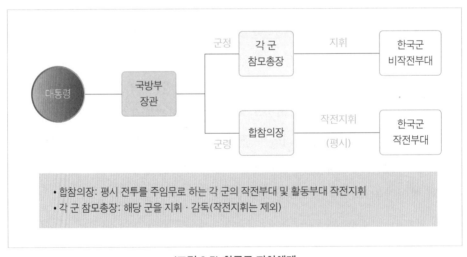

〈그림 2.5〉 한국군 지휘체계

---

[42] 지휘권은 헌법과 법률에 근거를 두고 있는데, 헌법(제74조 제1항)에 "대통령은 헌법과 법률이 정하는 바에 의하여 국군을 통수한다", 그리고 국군조직법(제6~11조)에 국방부 장관, 합동참모의장, 각 군 참모총장, 각 군의 예하 부대 또는 기관의 장의 지휘관계, 소속 부대 및 기관에 대한 지휘·감독권을 명시하고 있다.

행하기 위해 설치된 합동부대를 지휘·감독한다. 그리고 각 군 참모총장은 국방부장관의 명을 받아 각 군을 지휘·감독하지만, 전투를 주 임무로 하는 작전부대에 대한 작전지휘·감독은 제외된다. 해병대는 해군 소속으로 해병대사령관은 해군 참모총장의 명을 받아 해병대를 지휘·감독하며, 서북도서방위사령관을 겸직한다.

이와 같이 우리 군은 지휘권을 군정권(軍政權)과 군령권(軍令權)으로 나누고 있는데, 군정이란 "군을 조직·유지·관리하는 양병작용(養兵作用)"이고, 군령이란 "국방목적을 위하여 군을 지휘·명령하고 통솔하는 용병작용(用兵作用)"이다. 즉, 군정권은 인사, 군수와 같이 행정에 관한 지휘권이고, 군령권은 군사작전과 지휘명령계통에 관한 지휘권이다. 군령권의 정점은 합동참모의장이고, 군령권에 근거하여 각 군의 작전사령관, 해병대사령관, 수도방위사령관, 합동부대사령관을 지휘한다.

이전에는 참모총장이 군령권과 군정권을 모두 행사했지만, 1992년부터 군령권이 합참의장에게 넘어갔다. 따라서 현재 각 군 참모총장은 군령권이 없어 작전부대를 지휘할 수 없지만, 인사권 등 군정권은 행사할 수 있고, 작전부대가 아닌 기행부대인 군수사령부, 교육사령부, 인사사령부(육군), 사관학교와 기타 비전투 직할부대는 지휘권을 행사할 수 있다. 그러나 육군미사일사령부, 동원전력사령부, 육군항공작전사령부 등 일부 기능사령부는 합참의장이 지휘권을 갖는다. 해병대사령관 및 서북도서방위사령관(겸직)은 작전부대 지휘관으로서 군령권에 의한 합동참모의장의 지휘를 받음과 동시에 해군참모총장으로부터 일부 인사권 등을 위임받은 형태로 해병대 장병 및 군무원 대상으로 군정권의 일부를 행사할 수 있다(단, 해병대 제2사단에 대해서는 군령권을 행사하지 않는다).

한편 지휘관이 행사하는 지휘권은 법적인 요건과 절차에 따라 적법하게 행사하도록 「군인복무규율」에 지휘권 행사에 관하여 다음과 같이 규정하고 있다.

첫째, 명령은 지휘계통(指揮系統, Chain of Command)[43]에 따라 하달해야 한다. 부득이한 경우에는 지휘계통에 따르지 아니하고 하달할 수 있지만, 이 경우 발령자와 수명자는 지체없이 각각 이를 지휘계통의 중간지휘관에게 알려야 한다(제20조).

---

43 최상급 지휘관으로부터 말단 지휘관까지 지휘권이 행사되는 계통

둘째, 군인은 어떠한 경우에도 직권 남용과 구타·폭언 및 가혹 행위 등 사적 제재를 행하여서는 안 되고, 사적 제재를 일으킬 수 있는 행위를 해서도 안 된다(제14~15조). 또한 발령자는 건전한 판단과 결심 하에 적시 적절한 명령을 내려야 하고, 직무와 관계가 없거나 법규 및 상관의 정당한 명령에 반하는 사항 또는 자기 권한 밖의 사항 등을 명령하지 않아야 한다(제22조).

셋째, 상관의 명령이 자신의 의견과 다를 때 지휘계통에 따라 단독으로 상관에게 건의할 수 있다. 그리고 상관은 부하가 건의하면 그것을 경시하거나 소홀히 다루어서는 안 되고, 부하의 의견이 유익하거나 정당하다고 인정될 때는 그 의견을 받아들여 필요한 조치를 해야 한다. 그러나 부하는 자신의 건의에도 불구하고 상관이 자신과 의견을 달리하는 결정을 하더라도 항상 상관의 의도를 존중하고 기꺼이 이에 복종해야 한다(제24조).[44]

이와 같이 「군인복무규율」에 규정하고 있는 지휘권 행사와 관련 규정들을 종합해보면 지휘관이 지휘권 행사를 할 때 지휘계통을 준수해야 하고, 권한을 남용하거나 사적 제재를 통한 강압적이고 비인격적인 지휘권 행사를 해서는 안 된다. 그리고 부하는 무조건적으로 상관의 명령에 복종하는 것이 아니라 자신과 의견이 다를 경우 단독으로 시정 건의를 할 수는 있지만, 집단적으로 건의해서는 안 된다.[45] 그리고 건의한 내용을 상관이 수용하지 않으면 자신의 의견과 다르더라도 명령에 복종하도록 함으로써 지휘권을 확보하도록 하고 있다.

---

44 현행 「군인복무기본법」 제14~15조, 제19~24조는 군인의 명령과 이에 대한 복종, 직권남용 금지 등을 다루고 있지만, 부하가 어떤 명령을 거부할 수 있는지는 적혀 있지 않다. 따라서 국방부는 "상관의 명령이 위법한데도 불구하고 맹목적인 복종을 하는 것은 범죄이며, 이는 군에 대한 국민의 신뢰를 무너뜨릴 것이라며 군 당국이 법률화를 검토 중인 '부당한 명령에 대한 거부의 권리'에서 '정당하지 않은 명령'의 예로 사적지시, 위법을 요구하는 명령, 인간의 존엄성과 인권을 해치는 명령 등이 제시됐다"(김형준, 2020). 그러나 이와 같이 법을 개정하면 부하들이 상관의 명령이 정당한지에 대해 부하들이 올바르게 판단할 능력과 정당한 명령에 복종하는 준법의식이 요구된다.

45 「군인복무기본법」 제31조(집단행위의 금지) ① 군인은 다음 각 호에 해당하는 집단행위를 하여서는 아니 된다. 1. 노동단체의 결성, 단체교섭 및 단체행동 2. 근무에 영향을 주기 위한 목적의 결사 및 단체행동 3. 집단으로 상관에게 항의하는 행위 4. 집단으로 정당한 지시를 거부하거나 위반하는 행위 5. 근무와 관련된 고충사항을 집단으로 진정 또는 서명하는 행위

(2) 지휘책임(指揮責任)

지휘관은 지휘권을 행사하는 것만이 아니라 개인책임[46]과 함께 자신이 내린 명령의 실행 결과에 대하여 지휘책임(command responsibility)을 져야 한다(군인복무규율 제22조 제2~3항). 지휘책임은 "사건·사고와 관련되어 있는 지휘·감독 대상 인원의 비위사실 등 과오·위법행위를 예방하기 위해 적절한 조치를 하지 않는 등 구체적인 지휘·감독 의무위반에 대한 책임"이다.

이러한 지휘책임은 다음 사례에서와 같이 분대장급 이상 지휘자(관)에게 부여되고, 사안의 중요성에 따라 1차, 2차, 3차 상급 지휘·감독자, 그리고 장관 지휘 보고 사고 등 극히 중한 사고의 경우는 3차 이상 상급 지휘·감독자에게도 적용될 수 있다. 그리고 사고 예방 시스템 미구축으로 발생한 사고, 지휘·감독의 분명한 결함에 의한 사고, 규정 및 절차의 미준수가 주된 원인인 사고, 그리고 잘못된 부대 환경 및 병영문화로 인하여 동일유형의 반복된 개인책임의 사고에 대해서는 지휘·감독자에 대하여 사고대책위원회의 심의에 따라 지휘·감독 책임을 물을 수 있다(부대관리훈령 제9~13조).

2012년 10월 2일 북한군 병사 1명이 육군 제○○사단 관할 동부전선의 철책과 경계를 넘어 아무런 방해도 받지 않고 주둔지에 들어와 직접 경비대에 노크해가면서 귀순 의사를 밝혔다는 사실이 알려졌다. 합참은 이날 이번 사건과 관련, 합참 작전본부장 등 장성 5명과 영관장교 9명 등 14명을 문책하기로 했다. 이는 지금까지 최전방 경계 태세 허점 등을 이유로 군에서 내린 문책 조치 중 최대 규모다. 합참은 사건이 발생한 ○○사단에 대해서는 경계 태세 소홀 책임을 물어 사단장과 연대장을 보직 해임하고 육군본부 징계위원회에 넘겼다. 허위 보고 의혹이 있는 대대장은 보직 해임과 함께 수사 의뢰했다. 또한 상황 보고 혼선 등의 책임을 물어 작전본부장 등 작전라인 5명을 국방부 징계위원회에 회부했다. ○○사단을 지휘하는 군사령관과 군단장은 '엄중 경고' 조치를 했다.

---

[46] "부대적인 원인이 개입되지 않은 순수한 개인의 고의 또는 과실에 의해 발생한 사건·사고에 대한 책임"으로 불가항력적 사고, 본인의 고의 또는 과실로 발생한 사고, 휴가·외출(박), 퇴근 이후 개인적 원인에 의한 단순 교통사고, 병사(病死), 재해사, 의사(義死), 군 피해 인명사고 등을 포함한다.

합참 관계자는 "해당 부대 병사와 부사관에 대해서는 열악한 경계 작전 여건에도 규정대로 근무한 것으로 나타나 문책 대상에서 제외했다"라고 밝혔다.

출처: 유용원(2012)

이와 같이 리더로서 지휘관은 개인책임만이 아니라 지휘관으로서 권한 행사 행위 또는 지휘관으로서 부하들의 지휘·감독에 관한 지휘책임을 지게 된다. 그러나 이러한 지휘책임의 한계가 모호하거나 부적절하게 지휘책임을 묻는다면 지휘관의 지휘행동을 왜곡시키거나 위축시킴으로써 부대 목표를 효과적으로 달성할 수 없다. 또한 '지휘관에 대한 과도한 사고책임 문책'을 피하기 위해 사전예방 차원에서 기본권을 침해하거나 사고 예방을 위해 실전 같은 훈련을 하지 않는 등 역기능을 유발할 수 있다.

불합리한 또는 부적절한 지휘책임 때문에 발생하는 역기능을 방지하기 위해서는 첫째, 지휘책임은 부여된 지휘 권한에 상응하도록 균형 있게 부과되어야 한다. 왜냐하면 '권한과 책임의 균형'은 널리 알려진 리더십의 보편적 원칙 중의 하나이고, 지휘책임은 지휘 권한의 행사에 대한 책임을 지는 것이기 때문이다. 그런데 종종 부여된 또는 행사한 권한 이상으로 지휘책임을 과다하게 묻는 경우가 있다. 예컨대 지휘책임은 위의 사례와 같이 사안의 중요성에 따라 1차, 2차, 3차 이상 상급 지휘관에게도 적용될 수 있도록 규정하고 있지만, 지휘권 보장의 제도적 장치라고 할 수 있는 근무평정권은 2차 상급지휘관까지만 부여하고 있다. 따라서 장관 지휘보고 사고 등 극히 중한 사고의 경우에만 3차 이상 상급 지휘·감독자에게 지휘·감독책임을 묻도록 규정하고 있지만, 명확한 책임이 있는 경우 외에는 3차 이상 지휘관에게 책임을 묻는 것은 지양할 필요가 있다.[47]

둘째, 지휘책임을 묻기 위해서는 지휘권(command authority)을 갖고 있다는 것만으로는 부족하다는 것이다. 지휘책임을 묻기 위해서는 지휘관으로서 효과적으로 리더십

---

[47] 현실적으로는 사회적 이슈가 되는 사건이 발생할 경우 정치권이나 언론의 요구를 잠재우기 위해 3차 이상의 지휘관에게 지휘책임을 묻는 경우가 종종 있었다. 이러한 사실을 잘 알고 있기 때문에 상급지휘관들이 권한위임을 제대로 하지 못하고 매사를 직접 지시하고, 확인 감독하게 된다. 그리고 여론을 잠재우기 위해 직접적인 지휘관계가 없는 3차 이상의 상급 지휘관에게 책임을 물을 경우 사고로 인한 손실은 물론 많은 시간과 노력, 그리고 예산을 투입하여 양성한 유능한 고급 지휘관도 잃게 되는 잘못을 범할 수 있다.

을 발휘할 수 있도록 리더십 역량을 개발해주고, 리더십을 발휘할 수 있는 지휘 여건을 보장해주어야 한다는 것이다. 예컨대, 리더십 역량을 구비하지 못한 단기복무자를 분대장이나 소대장으로 임명하고, 지휘 여건도 보장해주지 않으면서 지휘를 제대로 하지 못했다고 지휘책임을 묻는 것은 비합리적이다.

셋째, 지휘책임과 개인책임을 명확히 분리하고, 지휘책임의 한계를 명확히 해야한다. 군에서 어떤 사건이나 사고 발생 원인을 보면 대부분 사람의 문제이거나 제도의 문제라고 할 수 있는데, 그 원인을 사람의 책임으로 돌리려는 경향이 있다. 그러나 그 실제 원인이 지휘관의 리더십 부족이나 무능력, 무관심이 아니라 제도나 조직시스템에 문제가 있어 발생했다면 그러한 사건이나 사고가 또다시 발생할 수밖에 없다.

따라서 사건이나 사고가 발생했을 경우 그 원인을 정확히 진단하여 그것이 제도의 문제인지, 아니면 지휘관 개인의 지휘 부실이나 무능력 때문인지를 정확히 판단하여 지휘책임의 한계를 명확히 해야 한다. 예컨대, 자살 사고가 발생한 사례를 살펴보면 상당수의 경우 지휘관의 지휘 부실이라기보다는 이미 군입대 전에 우울증이나 정신병적인 요인, 또는 가정문제 등으로 자살할 우려가 있음에도 이를 식별하지 못하고 군에 입대시켰기 때문에 발생했다. 또한 자살 우려자를 지휘관이 식별하여 전역 조치를 의뢰했지만 신속한 조치가 이루어지지 않아 자살했다면 이는 지휘관의 지휘책임이라기보다는 개인책임이거나 이를 식별하지 못하고 입대시킨 병무청의 선병 시스템이나 군의 복무 부적합 처리 시스템의 문제가 더 큰 원인이라고 할 수 있다.[48]

넷째, 단순히 사고 유무와 건수로 지휘관과 부대를 평가하는 관행을 지양해야 한다. 사건이나 사고가 발생한 지휘관에게만 책임을 묻는 것이 아니라 사고나 사건이 전혀 발생하지 않은 부대에도 지휘책임을 물을 수 있다는 발상의 전환이 필요하다. 예컨대 사고가 날 것이 두려워 실전적 교육훈련을 실시하지 않거나, 안전사고 방지를 위해 필요한 차량이나 장비 지원을 하지 않는 등의 불합리한 부대관리 또는 사고

---

48 군 자살사고 예방 방안에 대해서는 최병순·안현의·서선우(2008), 『군 자살사고 예방제도 개선 방안 연구』, 국민권익위원회 참조.

를 은폐한 것이 아닌지를 확인하여 그러한 경우에는 지휘책임을 물어야 한다는 것이다. 사고나 실패를 두려워하는 부대는 강한 부대가 될 수 없고, 창의적인 전략·전술도 나올 수 없기 때문이다.

따라서 지휘 무관심이나 부실에 의해서가 아니라 실전적 교육훈련이나 창의적인 아이디어 추진 과정에서 발생하는 사고나 실패의 경우 지휘책임을 묻지 않도록 제도적 장치를 마련할 필요가 있다.

요약

많은 사람이 군 리더십은 일반 리더십과 다르다고 생각하는 경향이 있다. 그것은 죽음의 공포와 인내의 한계를 느끼는 극한적인 전투 상황에서 절대복종하게 하려면 불가피하게 지위나 권력을 내세우며 상대를 억압하는 권위적이고 강압적인 리더십을 발휘할 수밖에 없다고 생각하기 때문이다. 그러나 많은 연구 결과와 참전자의 증언은 프러시아 군대와 일본제국 군대의 부정적 관행에 영향을 받아 형성된 군 리더십에 대한 이러한 인식이 틀렸다는 것을 시사해주고 있다. 군 리더십과 일반 리더십의 본질은 같고, 차이가 있다면 군에서는 전쟁 같은 위태로운 상황에서도 절대복종해야 하기 때문에 복종의 요구 정도가 훨씬 강하다는 것이다. 따라서 진정한 군 리더십은 목숨이 위태로운 극한 상황에서도 죽음을 무릅쓰고 자발적으로 따르도록 하는 리더십이고, 적이 예상치 못하는 전략전술을 수립하는 창의적인 리더십이어야 하기 때문에 가장 이상적인 '최고(最高)의 리더십'이다. 군에서 권위적 · 강압적 · 위계적 · 비민주적 · 비인격적 리더십은 전시든 평시든 효과적이지도 않고, 바람직하지도 않은 리더십이다. 그리고 사고가 경직되어 있고, 융통성이 부족한 군인은 바람직한 군 리더가 아니다.

군 리더십을 직위가 아니라 영향력 행사 과정으로 본다면, 군에서 특별한 직책을 갖고 있거나 부하를 거느리는 간부만이 아니라 용사도 부대원에게 크건 작건 간에 영향력을 미치고 있기 때문에 전 장병이 모두가 리더라고 할 수 있다. 따라서 자동화된 로봇 같은 순응형 또는 수동형 용사를 만들려는 '팔로어 패러다임'을 '리더 패러다임'으로 전환하고, 군 간부뿐만 아니라 용사도 리더십 역량을 개발할 수 있는 시스템을 구축하여 군이 '리더십 아카데미'로 거듭나야 한다.

군에서 주로 사용하는 '지휘'라는 용어는 리더십과 관리를 포함하는 개념이다. 그리고 지휘는 살상 수단인 무기를 사용할 수 있고, 생명의 위협을 받을 명령도 내릴 수 있도록 군의 지휘관에게만 주어진 특별한 영향력 행사 권한이다. 이러한 지휘는 지휘관이 지휘계통에 있는 부하들에게만 하향적으로 행사할 수 있지만, 리더십은 군에서만이 아니라 군 외에서도 발휘될 수 있고, 지휘권을 부여받지 않은 참모와 용사들도 발휘할 수 있으며, 하향적으로만이 아니라 전방위적으로 발휘될 수 있다. 그리고 지휘관이 행사하는 지휘권은 계급과 직책에 의해 예하 부대와 부하들에게 합법적으로 행사하는 권한으로, 법규와 상급 부대장의 지휘 · 감독 범위 내에서 이루어지는 재량행위의 일종이다. 지휘관은 이러한 지휘권 행사에 대한 개인책임만이 아니라 지휘관으로서 권한 행사 행위에 관한 지휘책임을 지게 된다. 그러나 지휘책임의 한계가 모호하거나 부적절하게 지휘책임을 묻는다면 지휘관의 지휘행동을 왜곡시키거나 위축시킴으로써 부대 목표를 효과적으로 달성할 수 없다. 또한 지휘관에 대한 과도한 사고책임 문책을 피하기 위해 사전예방 차원에서 기본권을 침해하거나 사고예방을 위해 실전 같은 훈련을 하지 않는 등 역기능을 유발할 수 있기 때문에 권한과 책임이 균형을 이루도록 하고, 지휘책임의 한계를 명확히 해야 한다.

질문 및 토의

1. 군 리더십과 일반 리더십에 차이가 있다는 주장이 있는데, 이에 대한 견해는?

2. 진정한 군 리더십은 '최고의 리더십'이라고 하는데, 그 이유는?

3. 군에서 간부만이 아니라 용사도 리더십 교육을 해야 한다는 주장에 대한 견해는?

4. 지휘권과 지휘책임의 개념, 그리고 지휘권 행사 시 제한 사항은?

5. 다음 〈실전 리더십 사례 토의 2〉를 읽고 리더로서 선택할 수 있는 각각의 조치 방법들(1~6번)에 대한 적절성 정도를 판단하고, 1~9점 중 하나를 선택하여 각 번호 뒤에 점수를 기록한 후 각자의 점수 부여 이유에 대해 토의한다.

　　당신은 소대장이다. 당신의 소대에 폭언 및 욕설로 세 차례나 경고를 받은 병장이 있다. 하지만 그 병장은 분대장으로서 좀 더 잘해보고자 하는 욕심이 앞서 그러한 행동을 한 것이었으며, 임무수행 능력이 매우 뛰어나고 책임감도 투철하여 당신이 매우 아끼고 신임하는 용사다. 세 번째 경고 후 한 달 뒤, 또다시 부대진단 설문조사에 그 병장의 폭언이 언급되었고 그 병장을 어떻게 조치할지 고민하던 중 부소대장은 한 번만 더 기회를 줄 것을 간곡히 건의했다. 이 상황에서 당신은 어떻게 하겠는가?

1		징계위원회에 회부하여 타부대로 전출시킨다.
2		병장에게 구두 경고 후, 같은 문제 발생 시 더 이상의 선처는 없다는 것을 강력히 전달한다.
3		소대원 전체에게 공개 사과를 시키고, 군장 뜀걸음 등의 처벌을 준다.
4		병장에 대한 소대장의 믿음을 강조하고, 다시 문제를 일으키지 않도록 다짐을 받는다.
5		중대장에게 보고하고 지시를 기다린다.
6		병장에게 부대진단 결과를 얘기하지 않고, 잘못된 행동에 대해 우회적으로 표현한다

1	2	3	4	5	6	7	8	9
매우 부적절함		다소 부적절함		보통		다소 적절함		매우 적절함

〈결과 해석〉: 이 책의 마지막 부록에 포함된 실전 리더십 사례 토의 모범답안 참조.

II

리더십 이론과 군 리더십

3장

리더십 이론의 이해

"좋은 이론(good theory)만큼 실제적인 것은 없다."

– 커트 레빈(Kurt Lewin)

많은 사람이 이론(theory)과 실제(practice)는 차이가 있는데, 리더십을 배운다고 실제로 리더십을 잘 발휘할 수 있는가에 대해 의문을 제기한다. 만일 이론과 실제가 차이가 없다면 정치학 박사가 정치를 하면 훌륭한 정치가가 될 것이고, 경영학 박사가 기업을 경영하면 성공적인 기업가가 될 것이다. 그리고 리더십 이론을 잘 아는 리더십 교수는 가정이나 조직에서 리더로서 존경과 신뢰를 받는 훌륭한 리더가 될 수 있을 것이다. 그러나 이론적 지식을 많이 가진 사람이 그렇지 않은 사람보다 실제 상황을 더 잘 이해하고 설명은 잘할지 모르지만, 반드시 각 분야에서 더 훌륭한 리더십을 발휘하는 것은 아니다.

그러나 이러한 사실이 리더십에 관한 이론적 지식이 리더십 효과성과 무관하다는 것을 말해주는 것은 아니다. 리더십 관련 이론에 대한 지식이 리더가 되기 위한 필수조건은 아니지만, 리더십에 관련된 이론을 많이 알고 있다면 다양한 관점을 이용하여 상황을 더 잘 진단하고, 해결책을 제시하는 데 도움이 된다. 즉 이론과 실제가 같은 것은 아니지만, 리더십 관련 이론을 잘 이해하고 활용한다면 가정, 군 그리고 사회 각 분야에서 성공적으로 리더십을 발휘하는 데 많은 도움이 될 것이다.

따라서 제1절에서는 이론과 실제의 관계를 이해하기 위해 이론이란 무엇이고 어떠한 기능을 하는가, 그리고 이론의 한계와 실제 현장에서 이론을 효과적으로 활용할 수 있는 방안을 설명했다. 다음으로 제2절에서는 리더십 이론에 대한 이해를 돕기 위해 일반적인 리더십 이론 분류 방법과 이 책에서의 리더십 이론 분류 방법을 기술했다.

1. 리더십 이론과 실제

1) 이론의 정의와 기능

이론(theory)이란 "논리적으로 연결된 명제(proposition)[1]들의 집합"으로 정의할 수 있다(이군희, 2014: 6). 이 외에도 이론에 대한 서로 다른 다양한 정의가 있지만, 대부분 학자는 이론이 "어떤 현상을 발견하거나 설명하기 위해 서로 관련되어 있는 변수들로 구성되어 있다"는 데 동의한다(Corley & Gioia, 2011). 따라서 이론은 변수들로 구성되어 있고, 이러한 변수들이 서로 관계를 맺고 있으며, 그 관계는 조직의 프로세스나 일정한 결과를 얻기 위한 특정한 활동에 대한 진술들의 집합이라고 할 수 있다. 즉, 이론의 목적 또는 기능은 실제 현상에 대한 설명·이해와 예측이라는 것이다.

이처럼 이론은 이상적이고, 상징적이며, 가상적이라는 점에서 실제(practice)[2]와 대

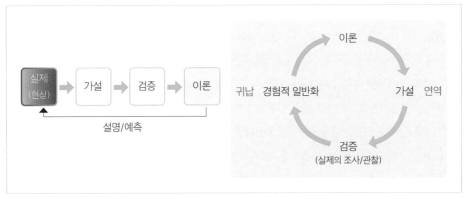

〈그림 3.1〉 이론의 정립 및 적용 과정

---

[1] 명제(命題)는 "개념들 사이의 관계를 설명하는 문장, 즉 실제 현상과 관련된 개념이 다른 개념과 어떤 특징을 갖고 연결되어 있는지를 나타내는 문장"이다.

[2] 실제(實際)는 "사실의 경우나 형편"이라는 의미로 어떤 '사실'에 초점을 둔 말로 쓰거나, 본인이 보거나 듣거나 하

비된다. 이론은 실제에 대한 논리적인 설명 수단이고, '이론적'이라는 말은 경험한 것에서 추출된 추상적이며 개념적이라는 의미다. 실제는 변경 가능한 사회적 세계를 통제하는 방법이고, 목적에 다다르는 수단이며 실용적인 것이다.

이러한 맥락에서 리더십 이론은 실제의 관찰 또는 경험을 바탕으로 학자들의 연구 결과 만들어진 지식이고, 리더십 실제는 리더가 리더십 발휘 경험에서 얻은 지식이라고 할 수 있다. 리더십 이론을 비롯한 사회과학 이론은 〈그림 3.1〉과 같이 연역이나 귀납 과정[3]을 통해 설정된 가설(hypothesis)[4]을 복잡하고 역동적인 실제 상황과는 다르게 제한된 변수 선정과 자료 표집(sampling) 과정을 거쳐 관찰이나 조사를 통해 검증해서 만들어지기 때문이다.

이론과 실제가 다르다고 주장하는 사람들은 이러한 이론 정립 과정을 이해하지 못하고 실제(현상)를 사실(fact)과 같은 것으로 혼동하기 때문일 수 있다. 사실은 인간의 감각기관을 통해 현상으로부터 추출하는 것이기 때문에 끄집어내는 사람의 관점에 따라 달라질 수 있다. 즉, 사실은 우리의 감각기관을 통해 받아들여진 것이지 현상 그 자체는 아니다. 사실을 바탕으로 개념화 과정을 거쳐 가설을 세우고 그것을 검증하여 이론을 정립하는 것이다. 따라서 동일한 현상이라도 그것으로부터 새로운 사실을 도출하면 새로운 사실에 근거하여 새로운 이론으로 발전시킬 수 있다. 이러한 경우에 새로운 사실은 기존 이론을 부정하거나 수정할 수 있다.

이론의 이러한 특성[5] 때문에 정도의 차이는 있지만, 이론과 실제 사이에 차이가

는 경험을 통해 무엇인가를 직접 하거나 느끼는 것이다. 반면 '실재(實在)'는 사실로서 현실에서 존재함의 의미를 지닌 것으로, 그 '존재'에 초점이 있다.

[3] 귀납적 방법은 실제 관찰이나 조사를 통해 자료를 수집하고 이를 정리 분석해서 일반적인 유형을 찾아내 경험적 사실을 일반화시켜 이론에 도달하는 것이고, 연역적 방법은 이론으로부터 가설을 도출하고 관찰이나 조사를 통해 얻은 자료를 기반으로 가설의 채택 여부를 결정하는 것이다. 연역적 방법은 가설의 검증에, 귀납적 방법은 탐색적 목적의 연구에 주로 쓰이지만, 실제 연구 과정에서는 두 가지 방법이 상호 보완적으로 사용된다(최창현, 2017: 90-95).

[4] 가설(假設)은 사회과학 문제의 해결책을 학문적·논리적으로 추론한 것으로, 문제를 해결할 수 있는 검증 가능한 문장으로 참인지 거짓인지를 판단할 수 있어야 한다. 즉, 아직 진실 여부가 판단되지 않은 사실이라고 할 수 있다(채서일, 2003: 102).

[5] 이론의 특성은 상호주관성(객관적인 것이라기보다 학자들의 상호주관적인 사실이라는 것), 간결성(현상을 설명하기 위해 가능한 한 적은 수의 변수를 사용하여 설명하려는 것), 특정성(특정 현상에 대해 특정 범위 내에서 설명한다는 것), 검증 가능성(경험적 자료의 분석을 통해 검증된 것이어야 한다는 것), 그리고 수정 가능성(영구불변

발생할 수밖에 없고, 이론적 지식만으로 만병통치약처럼 리더가 직면하는 복잡하고 역동적인 실제 문제 모두에 해결책을 제시하기는 어렵다. 그러나 이러한 이유로 이론의 도구적 유용성이 부족하다는 비판은 이론의 성격과 기능을 잘못 이해한 것이다(Tom, 1980; Weiss, 1980). 이론은 현실 문제들에 대한 구체적인 해결책을 제시하는 도구로서 도구적 유용성(instrumental usefulness)뿐만 아니라 실제 문제에 대해 새로운 관점을 갖게 해줌으로써 기존의 관점을 넓혀주거나 변화시켜주는 개념적 유용성도 있다(Weiss, 1980; Shavelson, 1988). 리더가 이론을 많이 알고 있다면 실제 문제를 좀 더 다양한 관점에서 볼 수 있고, 새로운 이론을 알게 된다면 이전에 보지 못했던 사실을 새로이 볼 수 있다. 예컨대, 이론은 집에 달려 있는 유리창 같은 기능을 한다. 유리창은 창밖에 무엇이 있고 어떠한 일이 벌어지고 있는지 볼 수 있게 해주지만, 유리창이 있는 방향을 통해서만 볼 수 있기 때문에 집을 둘러싸고 있는 현실을 다 볼 수 없게 만든다. 또한 유리창에 먼지가 끼어 있고, 색깔이 있거나 굴곡져 있다면 창문을 통해 바라보는 세상은 실제와 다를 수밖에 없다. 따라서 여러 방향에 있는 유리창을 통해 바라보아야 집 주위의 실제 상황을 제대로 알 수 있는 것처럼 다양한 이론을 활용해야 복잡한 실제 상황을 제대로 이해하고 해결할 수 있다. 또한 유리창에 먼지가 없고 색깔이나 굴곡이 없어야 있는 그대로 볼 수 있는 것처럼 좋은 이론은 결함이 없어야 한다. 그러나 집에 유리창이 없다면 집 밖의 실제 상황을 알 수 없는 것과 마찬가지로 결함이 없는 완벽한 이론은 아니더라도 전혀 없는 것보다는 있는 게 낫다. 그 대신 유리창에 먼지와 색깔이 있고 굴곡져 있다는 것을 감안해서 바라보아야 바깥세상을 있는 그대로 볼 수 있는 것처럼 이론이 가진 한계를 잘 인식하고 현실 문제를 이해하고 해결하는 데 활용해야 한다.

한편 리더들은 이론적 지식을 머리로 아는 것만이 아니라 실천하는 것이 중요하다. 리더십 이론을 아무리 많이 알고 있더라도 그것을 행동으로 실천하지 않으면 무용지물이 된다. 예컨대, 성경이나 불경을 달달 암송하는 성직자가 성경이나 불경에 있는 대로 행동하지 않으면 신도들로부터 존경을 받을 수 없는 것처럼 리더십에 대

인 절대적 진리가 아니라 반증되고 수정 가능하다는 것) 등이다(최창현, 2017: 20-21).

한 이론적 지식이 아무리 많아도 행동으로 실천하지 않으면 팔로어들이 존경하지 않고, 진심으로 따르지도 않을 것이다. 리더가 사랑과 존중을 말로만 하고, 행동으로 실천하지도 않으면서 리더십 이론과 실제는 다르다고 말하는 잘못을 범하지 않아야 한다.

또한 리더십은 과학(science)의 특성과 예술(art)의 특성을 함께 갖고 있기 때문에 리더는 자신이 알고 있는 리더십에 관한 이론과 원칙, 그리고 기법들을 예술가처럼 상황에 따라 창조적으로 적용해야 한다. 예술가들이 똑같은 현실 또는 상황을 보고도 서로 다르게 인식하여 서로 다른 예술작품을 창조하는 것처럼 상황을 분석하고, 이에 대응하는 방법은 리더에 따라 다를 수 있다.

따라서 훌륭한 리더가 되기 위해서는 리더십에 관한 이론적 지식뿐만 아니라 예술성(artistry)도 함께 구비해야 한다. 이론을 배우지 않고도 훌륭한 화가나 가수가 될 수 있는 것처럼 리더십에 관련된 이론적 지식이 없더라도 리더 역할을 수행할 수는 있다. 그러나 리더십에 대한 이론적 지식이 없다면 운이나 직관 또는 과거의 경험에만 의존해야 하지만, 리더십에 대한 이론적 지식을 갖고 있다면 리더가 직면하는 실제 문제를 잘 진단하고, 해결책을 더 잘 마련할 수 있다.

2) 이론의 한계와 실제 활용

이론과 실제의 차이를 좁히기 위해서는 이론적 지식을 습득하는 것만이 아니라 앞에서 기술한 것과 같이 이론의 속성과 기능을 잘 알고 실제 상황에 적용해야 한다. 따라서 여기서는 이론과 실제의 차이가 발생하는 원인과 이론과 실제의 차이를 좁히기 위한 방법을 제시한다.

첫째, 이론적 결함이 적은 좋은 이론을 선택해야 한다. 이론 정립 과정에서 연구 상의 어려움 때문에 현실의 복잡한 모든 변수를 고려하지 못하고 제한된 변수와 자료만을 사용했다면 현실에 실제로 적용할 때는 차이가 발생할 수밖에 없다. 예컨대, 사회과학 이론 정립 연구에 많이 활용되는 실험(experiment)은 그 결과가 가설에서 제시한 변수(variable)들에 의해 발생한 것인지를 나타내는 내적 타당성(internal validity)과 실험 결과가 실제 사회 현상을 적절하게 반영하고 있는지를 나타내는 외적 타당성(external validity)을 검토하여 평가된다.[6] 가설 검증 과정에서 변수를 엄격히 통제하면 내적 타당성이 올라가게 되지만, 너무 엄격한 변수 통제는 외적 타당성을 떨어뜨려 실제 사회 현상과는 동떨어진 결과를 낳을 수도 있다. 또한 현실에서는 실험 조건과 달리 다른 변수들의 영향을 받을 수밖에 없는 상황임에도 철저한 외생 변수의 통제는 실험 설계의 완벽성을 높여 내적 타당성을 높일 수 있지만, 현실을 제대로 반영하지 못했기 때문에 외적 타당성이 저하될 수 있다. 그렇다고 내적 타당성이 낮아지면 외적 타당성이 높아지고, 외적 타당성이 낮다고 해서 내적 타당성이 높아지는 것은 아니다.

이론적으로도 완벽하고 현실 적용의 유용성이 높은 좋은 이론은 내적 타당성뿐만 아니라 외적 타당성도 높은 이론이기 때문에 이론과 실제의 차이를 좁히기 위해서는 내적 타당성과 외적 타당성이 높은 좋은 이론을 선택하여 실제 상황에 적용하도록 해야 한다.

둘째, 이론에 대한 이해 부족으로 실제 상황에 이론을 잘못 적용한다는 것이다. 즉, 이론을 제대로 이해하지 못해서 현실에 잘못 적용해놓고 이론과 실제가 다르다고 한다는 것이다. 예컨대, 리더십 이론 중에 거래적 리더십(transactional leadership)을 비판하면서 등장한 변혁적 리더십 이론(transformational leadership)이 있다.[7] 많은 연구 결과 변혁적 리더십이 거래적 리더십보다 리더십 효과성이 높은 것으로 나타났기 때문에 거래적 리더십이 아니라 변혁적 리더십을 발휘해야 한다고 주장하는 사람들이 있다. 그러나 능력과 성과에 따른 상과 벌을 기반으로 하는 거래적 리더십과 고차원적인 욕구를 불러일으켜서 팔로어들이 사익(私益)보다는 공익(公益)을 위해 행동하도록 해

---

6   타당성이란 "방법론상의 건전성 또는 적합성"으로 '경험적 조사연구를 통해 인과관계를 얼마나 진실에 가깝게 추론하느냐'의 정도를 나타내는 개념으로, 내적 타당성과 외적 타당성으로 구분할 수 있다. 내적 타당성이란 "조사연구의 설계 및 분석과정에서 추정된 원인과 결과에 관계에 대한 인과적 추론이 어느 정도 정확했는지에 관한 것"이고, 외적 타당성이란 "조사연구의 결론을 다른 형태의 측정 수단을 사용했을 때, 또는 다른 모집단, 상황 및 시점에 어느 정도까지 일반화시킬 수 있는지 하는 범위에 관한 것"이다. 즉, 내적 타당성이란 어떤 이론의 '논리적'인 타당성을 의미하며, 외적 타당성이란 그것이 '현실'과 어느 정도로 부합하는가에 대한 것이라고 할 수 있다.

7   '거래적 리더십'과 '변혁적 리더십'에 대한 자세한 내용은 이 책 제5장 제1절 참조.

야 하는 변혁적 리더십은 상호배타적인 것이 아니라 두 가지 유형의 리더십을 모두 사용하는 것이 효과적이다(Yukl, 2006: 262). 기본적인 욕구도 충족되지 못한 팔로어에게 고차원적인 욕구를 충족시켜주는 변혁적 리더십을 발휘한다고 해서 리더십 효과성이 높아질 수 없기 때문이다.

셋째, 이론은 잘 알고 있지만 현실에 잘 적용하지 못한다는 것이다. 이론을 현실에 적용할 때는 현실의 모든 조건이나 상황이 그 이론의 전제조건들과 동일한지를 확인해야 한다. 이론은 복잡하고 역동적인 현실을 모두 반영하지 못하고 제한된 변수와 자료들만을 활용해서 검증이 이루어지기 때문에 "특정 조건하에서 잠재적 관련성"을 설명한다. 따라서 이론을 현실에 적용하면서 '항상', '반드시', '분명히' 등의 말을 사용해서는 안 되고, 그 이론이 고려하지 못한 변수들도 함께 고려하여 상황에 맞게 적용해야 한다. 이론이 만들어진 조건 또는 상황과 다른 실제 상황에 이론을 적용한다면 그 이론과 실제는 차이가 날 수밖에 없다. 예컨대, 개인주의 성향이 강한 문화적 특성을 가진 서양에서 만들어진 이론을 집단주의 문화가 강한 우리나라에서 문화적 차이를 고려하지 않고 그대로 적용하기 때문에 이론과 실제가 차이가 나는 경우가 많다. 마찬가지로 군과 조직 특성이 다른 기업과 문화가 서로 다른 외국에서 만들어진 리더십 관련 이론을 한국군에 그대로 적용한다면 효과적이지 않을 수 있다.

따라서 한국의 문화와 한국인의 특성을 반영한 한국형 리더십 이론과 기법을 정립할 필요가 있다. 또한 한국군을 대상으로 한 많은 연구를 통해 한국군에 적합한 리더십 이론과 기법이 무엇이지 검증해서 적용하도록 함으로써 이론과 실제의 차이를 좁히도록 해야 한다.

넷째, 이론을 잘 이해하고 있고 적용할 줄도 알지만, 현실 상황을 잘 모른다는 것이다. 리더십 상황 이론에 따르면 리더십을 발휘하는 상황에 따라 효과적인 리더십이 달라진다. 예컨대, 허시와 블랜차드(Hersey & Blanchard, 1993)의 상황적 리더십 이론(situational leadership theory)[8]에 따르면 "리더십 행동유형은 팔로어의 발달 수준에 맞추어야 한다"라는 것이다. 그런데 팔로어의 성숙 수준(능력과 의욕)을 객관적으로 파악하는

---

[8]　'상황적 리더십 이론'에 대해서는 이 책 제7장 제2절 참조.

것이 현실적으로 어렵기 때문에 실제로는 발달 수준이 낮은 미성숙한 팔로어를 성숙한 팔로어라고 생각하고, 미성숙한 팔로어에게 적합하다고 한 지시적 리더십이 아니라 성숙한 팔로어들에게 적합하다고 한 위임적 리더십(delegating leadership)을 발휘해서 리더십 효과성이 저하될 수 있다.

이와 같이 현실 상황에 대한 이해 부족 때문에 발생하는 이론과 실제의 차이를 극복하기 위해서는 교육이나 책을 통해 이론적 지식을 습득할 뿐만 아니라 현장에서 리더십 발휘 경험을 통해서도 배워야 한다. 아무리 다양한 현실을 반영해서 이론을 만들고, 교실에서 이론과 기법을 가르친다고 하더라도 복잡하고 역동적인 현실을 모두 반영하는 데는 한계가 있기 때문에 그 차이를 완전히 극복할 수 없다. 이론적으로는 위임적 리더십이 바람직한 리더십이라고 가르치고 있지만, 어떤 사람은 머리를 쓰는 것을 싫어해서 오히려 지시적 리더십을 발휘해주길 원할 수 있다. 조직은 다양한 가치관과 성격을 가진 사람들의 집합체이고, 개인이나 집단마다 이해관계가 다르기 때문에 리더는 〈표 3.1〉에서 보는 바와 같이 리더십과 관련된 다양한 이론적 지식을 습득해야 한다.

이처럼 폭넓은 이론적 지식이 필요한 것은 리더십 효과성에 영향을 미치는 리더의 특성과 행동, 리더십에 영향을 미치는 상황변수(집단, 조직구조, 문화, 조직환경 등), 그리고 이러한 리더십 효과성에 영향을 미치는 변수 간의 상호작용 또는 상호 간의 관계를 이해해야 하기 때문이다.

대부분의 리더십 교과서들은 효과적인 리더의 특성과 행동, 리더와 팔로어의 관계, 리더십 효과성과 상황변수의 관계 등을 설명하는 이론들을 주 내용으로 하고 있다. 그러나 리더십은 개인·집단·조직에서 발휘되기 때문에 리더십을 효과적으로 발휘하기 위해서는 이와 직간접적으로 관련된 이론적 지식을 활용해야 한다. 예컨대 심리학, 사회심리학, 조직행동, 조직론, 사회학 등의 지식은 개인, 집단, 그리고 조직을 이해하는 데 직접적인 도움을 주는 학문 분야이지만, 철학, 논리학, 역사학, 수학은 올바른 가치관, 판단력, 논리적 사고를 형성하는 데 도움을 주는 학문으로서 리더십과 간접적으로 연관성이 있다.

따라서 리더십을 효과적으로 발휘하기 위해서는 리더에게 필수적으로 요구되는

〈표 3.1〉 리더십 관련 이론적 지식 및 관련 학문

연구 범위	이론적 지식	관련 과목	관련 학문
개인 수준	가치관, 태도, 성격, 지각, 학습, 동기부여, 셀프 리더십 등	조직행동, 학습심리, 성격심리 등	심리학
집단 수준	집단역학, 규범, 역할, 신분, 의사소통, 의사결정, 권력, 조직정치, 갈등, 협상, 팀 리더십 등	집단역학, 의사결정론, 리더십 이론 등	사회심리학, 정치학
조직 수준	조직구조, 조직환경, 조직문화, 조직개발, 전략적 리더십 등	조직론, 조직개발론, 조직환경론 등	사회학, 문화인류학

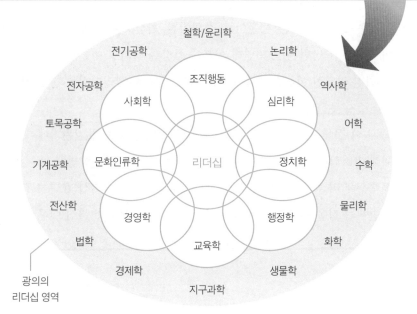

올바른 가치관, 논리력, 판단력, 창의력 등 리더로서 요구되는 핵심역량을 함양하고, 인간, 집단, 조직, 사회, 그리고 시대 변화 등 리더십 발휘 상황을 더 잘 이해할 수 있도록 리더십과 관련된 이론적 지식을 폭넓게 습득해야 한다. 그리고 이러한 이론적 지식을 머리로만 아는 것이 아니라 이를 활용하여 복잡하고 역동적인 실제 상황에서 예술가처럼 창의적인 리더십을 발휘하도록 해야 한다.

2. 리더십 이론의 분류

리더십 연구가 시작된 이래 효과적인 리더십이 무엇인지를 이해하는 데 도움을 주는 여러 이론이 제시되었다. 이러한 리더십 이론들을 대부분 리더십 이론의 등장 시기를 기준으로 특성이론, 행동이론, 상황이론, 최신 이론으로 분류하기도 했다. 그러나 이러한 분류 방법은 1970년대 이후에 등장한 리더십 이론들을 모두 한 묶음으로 하여 최신 리더십 이론으로 분류하고 있기 때문에 각 리더십 이론의 차이를 제대로 설명해주지 못한다.

따라서 이 절에서는 먼저 리더십 이론들이 어떠한 차이가 있는가에 대한 이해를 돕기 위해 리더십 과정 변수에 따른 분류, 리더십 연구의 접근방법에 따른 분류, 그리고 분석수준에 따른 분류 방법을 소개했다. 그리고 나서 리더십 효과성 결정요인 중 어느 요인에 초점을 맞추고 있는가를 기준으로 한 이 책의 리더십 이론 분류 방법을 설명했다.

1) 일반적인 리더십 이론 분류

(1) 리더십 과정에 따른 분류

유클과 가드너(Yukl & Gardner, 2020: 11-18)는 리더십 이론들을 〈그림 3.2〉에서 보는 바와 같은 리더십 과정의 여러 변수 중에서 어느 변수에 초점을 맞추어 접근하느냐에 따라 특성 접근법, 행동 접근법, 권력-영향력 접근법, 상황 접근법, 그리고 통합적 접근법으로 분류했다.

'특성 접근법(trait approach)'은 리더십 연구 초기의 접근방법으로 리더의 특성, 즉 리

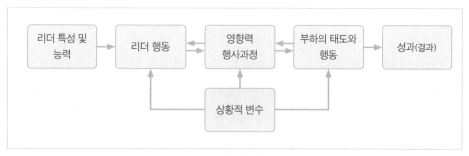

〈그림 3.2〉 주요 리더십 변수들 사이의 인과관계

더의 성격, 태도, 동기, 가치관 등을 강조한다. 수많은 특성 연구들이 이루어졌지만, 성공적인 리더십 발휘를 보장해주는 특성을 찾는 데 실패했다.

'행동 접근법(behavior approach)'은 1950년대 초에 특성 연구에 대한 실망으로 리더가 실제로 무엇을 하는지에 관심을 두기 시작하면서 연구가 이루어졌다. 그동안 관찰 가능한 리더의 행동이나 의사결정을 확인하고, 그것이 효과적인 리더십 지표와 관련성을 확인하기 위해 수많은 연구가 이루어졌다.

'권력-영향력 접근법(power-influence approach)'은 리더와 다른 사람의 영향력 과정을 연구하고, 리더가 소유한 권력의 정도와 유형, 그리고 권력을 행사하는 방식의 측면에서 리더십 효과성을 설명하려고 한다.

'상황적 접근법(situational approach)'은 리더십 과정에 영향을 미치는 맥락요인들의 중요성을 강조하는 접근법으로 주요 상황변수로는 부하의 특징, 과업의 성격, 조직의 유형, 외부환경의 성격 등을 포함한다. 이 접근법은 상황에 따라 효과적인 리더십이 다르고, 어떤 상황에서 효과적이었던 리더의 특성이나 행동이 다른 상황에서는 효과적이지 않을 수 있다는 것이다.

'통합적 접근법(integrative approach)'은 리더십 과정은 한두 가지 변수만이 아니라 여러 가지 유형의 리더십 과정에 영향을 미치는 변수들인 특성, 행동, 상황, 성과(결과) 변수 등을 모두 포함하여 연구하는 것이다. 그러나 현실적으로 연구가 어렵기 때문에 모든 변수를 포함하는 연구는 찾아보기 어렵다.

(2) 접근방법에 따른 분류

리더십 이론을 분류하는 또 다른 방법은 리더십 연구의 초점이 어디에 있는가, 즉 비교적 안정적 · 지속적이고, 계량적으로 측정 가능한 리더의 특성에 초점을 맞추는가, 아니면 관찰 가능한 리더의 행동에 초점을 맞추는가, 그리고 이론적 접근이 효과적인 리더십이 어느 상황에서나 같은 것으로 보는 일반적 또는 보편적 접근법인지, 아니면 상황에 따라 효과적인 리더십이 다르다고 보는 상황적 접근법인지에 따라 〈그림 3.3〉과 같이 4가지 유형으로 분류한다(Jago, 1982: 316).

'유형 I'의 이론으로는 리더십 특성이론, 리더십 귀인이론 등이 있고, '유형 II'의 이론으로는 오하이오 주립대학의 리더십 이론, 블레이크와 머튼(Blake & Mouton, 1985)의 리더십 격자(leadership grind) 등을 들 수 있다. 그리고 '유형 III'의 이론으로는 피들러(Fiedler, 1967)의 상황 적합 이론, '유형 IV'는 경로-목표 이론, 상황적 리더십 이론 등이 있다.[9]

		이론적 접근법	
		일반이론	상황이론
연구의 초점	특성	유형 I	유형 III
	행동	유형 II	유형 IV

〈그림 3.3〉 리더십 이론의 유형

(3) 분석 수준에 따른 분류

리더십 이론을 분석 수준을 기준으로 개인 수준, 양자관계 수준, 집단 수준, 그리고 조직 수준의 리더십 이론으로 분류할 수 있다(Yukl, 2013: 30-34; Lussier & Achua, 2004: 13-14).

첫째, 리더십을 개인 내 과정 또는 개인 간의 관계로 보는 이론이다. 이 이론들은 리더 개인과 팔로어들과의 관계에 초점을 맞춘다. 일반적으로 리더십을 개인 간의 영향력 과정으로 보기 때문에 개인 내 과정으로 설명하는 리더십 이론은 별로 없

---

[9]　각 이론에 대해서는 이 책 제4~7장 참조.

다. 그러나 최근 들어 개인이 리더나 팔로어로서 더욱 효과적이 되기 위해서는 어떻게 할 것인가를 다루는 '셀프 리더십(self-leadership)'으로 불리는 자기관리이론(self-management theory)이 리더십의 주요 영역으로 등장하고 있다. 이와 같은 리더십 이론은 리더십에 대한 새로운 통찰력을 제시해주기는 하지만, 어떠한 리더의 특성이나 행동이 리더십 효과성과 관련이 있는지를 설명해주지 못한다는 한계가 있다.

둘째, 리더와 팔로어 개개인과의 양자관계 과정(dyadic process)에 초점을 맞추는 이론이다. 이 이론들은 리더십 효과성을 설명하기 위해서는 리더와 팔로어 사이에 상호 영향을 미치는 방식을 이해하지 않고는 리더십 효과성을 이해할 수 없다는 전제를 하고 있다. 대표적인 이론이 리더와 개별적인 팔로어 간의 상호 영향력 행사 과정으로 리더십을 설명하는 리더-멤버 교환이론(leader-member exchange theory)이다.

셋째, 리더십을 집단 과정(group process)으로 보는 이론이다. 이 이론들은 리더와 팔로어 집단 간의 관계에 초점을 맞추어 리더십이 어떻게 집단 효과성에 기여하는가에 초점을 맞춘다. 특히 집단 효과성에 영향을 미치는 요인은 무엇인가, 집단 효과성을 높이기 위해 리더가 어떻게 해야 하는가, 공식·비공식 집단에서 리더십이 어떻게 형성되는가 등에 관심을 둔다.

넷째, 리더십을 조직 과정(organizational process)으로 보는 이론이다. 리더십을 개인 내 과정이나 양자관계 과정, 그리고 집단 과정으로만 본다면 리더십을 제대로 이해하는 데 한계가 있다. 그러한 이론들은 리더십을 이해하는 데 도움을 주고 있기는 하지만, 개인이나 집단이 속해 있는 조직의 구성요인과 외부 환경요인이 리더십 효과성에 미치는 영향을 설명할 수 없기 때문이다. 즉, 리더십 효과성은 개인의 사기나 구성원 간의 팀워크만이 아니라 조직 내부의 영향요인(조직구조, 조직정치, 조직문화 등)과 조직 외부의 영향요인(정치·경제 상황, 경쟁자, 기술변화 등)에 얼마나 잘 대응하는가에도 영향을 받는다는 것이다. 이러한 주제들은 조직의 최고관리자 수준에서 발휘되는 전략적 리더십(strategic leadership) 연구에서 주로 다루어진다.

이와 같이 대부분의 리더십 이론은 개인, 양자관계, 집단 또는 조직 중 어느 한 수준에서의 리더십 과정(leadership process)에 초점을 맞추어 리더십을 설명하고 있기 때문에 리더십을 전체적으로 이해하고 설명하는 데 한계가 있다.

그것은 리더십 효과성이 〈그림 3.4〉와 같이 개인, 집단 그리고 조직 간의 상호작용을 통해 결정되기 때문이다. 삼각형처럼 조직이나 집단 성과는 밑변으로 묘사되고 있는 개인의 성과를 바탕으로 한다. 즉, 개인의 성과는 집단 또는 조직의 성과에 긍정적 또는 부정적 영향을 미친다. 또한 집단과 조직은 좌우 빗변에 표시되어 있는데, 그것은 집단 또는 조직이 상호 영향을 미친

〈그림 3.4〉 개인 · 집단 · 조직의 관계

다는 것을 의미한다. 만일 집단 또는 조직 중 어느 한쪽이 비효과적이면 삼각형이 어느 한쪽으로 기울어져 삼각형의 높이를 낮추기 때문에 전체적인 리더십 효과성을 저하시키게 될 것이다. 또한 집단이나 조직의 성과는 개인의 성과에도 영향을 미치게 된다. 즉, 집단 구성원이나 집단의 동기부여 수준이 높다면 결국 그 집단에 속한 개인의 동기부여 수준도 높아지게 될 것이다(Lussier & Achua, 2004: 14). 이와 같이 리더십 효과성은 개인, 집단 그리고 조직 간에 상호작용을 통해 결정되기 때문에 어느 한 분석수준을 뛰어넘는 통합적인 분석 노력이 요구된다.

2) 이 책에서의 리더십 이론 분류

〈그림 3.5〉 리더십 효과성 결정요인

리더십 이론은 앞에서와 같이 분류 기준에 따라 다양한 방법으로 분류할 수 있다. 그러나 이 책에서는 〈그림 3.5〉와 같이 리더십 효과성 결정요인인 리더, 팔로어, 그리고 상황 요인 중 어느 요인에 초점을 맞추어 리더십을 분석하고 설명하는가에 따라 〈표 3.2〉와 같이 리더 중심 이론, 팔로어 중심 이론, 리더-팔로어 관계 중심 이론, 상황

<表 3.2> 이 책의 리더십 이론 분류

구분	리더 중심 이론	팔로어 중심 이론	관계 중심 이론	상황 중심 이론
관련 이론	• 특성이론 • 행동이론 • 역량모형 • 전범위 리더십 • 서번트 리더십 • 진성 리더십	• 리더십 귀인이론 • 암묵적 리더십 • 팔로어십 이론	• LMX 이론	• 상황 적합 이론 • 상황적 리더십 이론 • 경로-목표 이론 • 리더십 대체 이론

중심 이론의 4가지 유형으로 분류했다.[10]

첫째, 리더의 특성과 역량 또는 행동에 초점을 맞추는 리더 중심 이론들로는 특성이론, 행동이론, 리더십 역량모형, 전범위 리더십, 서번트 리더십, 진성 리더십 등을 들 수 있다.

둘째, 팔로어의 인식이나 역할에 초점을 맞추는 팔로어 중심 이론들은 팔로어십 이론, 리더십 귀인이론, 암묵적 리더십 이론 등을 들 수 있다.

셋째, 리더-팔로어의 관계에 초점을 맞추는 관계 중심 이론은 리더-멤버 교환이론(LMX) 등을 들 수 있다.

넷째, 리더십 효과성에 영향을 미치는 상황변수에 초점을 맞추는 대표적인 상황 중심 이론으로는 피들러(Fidler, 1964)의 상황 적합 이론, 허시와 블랜차드(Hersey & Blanchard, 1993)의 상황적 리더십 이론, 경로-목표 이론, 리더십 대체 이론 등을 들 수 있다.

이러한 맥락에서 제4~5장에서는 리더 중심 이론(전통적 이론과 최근 이론으로 구분), 제6장에서는 팔로어 중심 이론과 관계 중심 이론, 제7장에서 상황 중심 이론들을 기술했다.

그리고 리더십 이론별로 이론의 핵심 내용과 군 연구 결과와 관련 사례, 이론의 평가와 군 리더십에 대한 시사점 등을 기술했고, 리더십 이론과 관련된 리더십 진단 도구와 실전 리더십 토의 자료를 수록하여 리더십 역량 개발에 도움을 줄 수 있도록 했다.

---

[10] L = f(L, F, S), 즉 리더십 효과성(Leadership Effectiveness)은 리더(Leader), 팔로어(Follower), 그리고 상황(Situation)의 상호작용에 의해 결정된다(Hersey & Blanchard, 2007).

이론에 대한 다양한 정의가 있지만 이론은 변수들로 구성되어 있고, 이러한 변수들이 서로 관계를 맺고 있으며, 그 관계는 조직의 프로세스나 일정한 결과를 얻기 위한 특정한 활동에 대한 진술의 집합이라고 할 수 있다. 이러한 이론은 실제에 대한 논리적인 설명 수단이고, '이론적'이라는 말은 경험한 것으로부터 추출된 추상적이며 개념적이라는 의미다. 그리고 실제는 변경 가능한 사회적 세계를 통제하는 방법이고, 목적에 다다르는 수단이며, 실용적인 것이다. 따라서 이론의 한계 때문에 실제와 차이가 발생할 수밖에 없고, 이론적 지식만으로 만병통치약처럼 리더가 직면하는 복잡하고 역동적인 실제 문제에 모두 해결책을 제시하기 어렵다.

그러나 이론은 현실 문제들에 대한 구체적인 해결책을 제시하는 도구로서 도구적 유용성만이 아니라 실제 문제에 대해 새로운 관점을 갖게 해줌으로써 기존의 관점을 넓혀주거나 변화시켜주는 개념적 유용성이 있다. 따라서 리더는 이론과 실제의 차이를 좁히기 위해 이론의 내용과 한계를 잘 알고 적합한 상황에 적용해야 한다. 또한 리더십은 과학(science)이라는 이론적 특성과 예술적 특성을 함께 갖고 있기 때문에 리더는 리더십에 대한 이론적 지식을 머리로만 아는 것이 아니라 이를 활용하여 복잡하고 역동적인 실제 상황에서 예술가처럼 창의적인 리더십을 발휘하도록 해야 한다. 그런데 대부분의 리더십 교과서들은 효과적인 리더의 특성과 행동, 리더와 팔로어의 관계, 리더십 효과성과 상황변수와의 관계 등을 설명하는 이론들을 주 내용으로 하고 있다. 그러나 리더십은 개인·집단·조직에서 발휘되기 때문에 리더십을 효과적으로 발휘하기 위해서는 이와 직간접적으로 관련된 심리학, 사회심리학, 조직행동, 조직론, 사회학 등의 이론적 지식을 활용해야 한다.

리더십 이론들을 분류하는 방법으로는 리더십 과정에 따른 분류(특성 접근법, 행동 접근법, 권력-영향력 접근법, 상황적 접근법, 통합적 접근법), 리더십 연구의 접근방법(특성인가 행동인가, 일반이론인가 상황이론인가), 그리고 분석 수준에 따른 분류 방법(개인 수준, 집단 수준, 조직 수준) 등이 있다.

이 책에서는 리더십 효과성 결정요인인 리더, 팔로어, 그리고 상황 요인 중 어느 요인에 초점을 맞추어 리더십을 분석하고 설명하는가에 따라 리더 중심 이론, 팔로어 중심 이론, 리더-팔로어 관계 중심 이론, 상황 중심 이론의 4가지 유형으로 분류했다. 첫째, 리더의 특성과 역량 또는 행동에 초점을 맞추는 리더 중심 이론들로 특성이론, 행동이론, 리더십 역량모형, 전범위 리더십, 서번트 리더십, 진성 리더십 등이 있다. 둘째, 팔로어의 인식이나 역할에 초점을 맞추는 팔로어 중심 이론들로 팔로어십 이론, 리더십 귀인이론, 암묵적 리더십 이론 등이 있다. 셋째, 리더-팔로어의 관계에 초점을 맞추는 관계 중심 이론은 리더-멤버 교환 이론 등이 있다. 넷째, 리더십 효과성에 영향을 미치는 상황변수에 초점을 맞추는 대표적인 상황 중심 이론으로는 상황 적합 이론, 상황적 리더십 이론, 경로-목표 이론, 리더십 대체 이론 등이 있다.

132   II. 리더십 이론과 군 리더십

질문 및 토의

1. 리더십 이론과 리더십 실제가 차이가 발생하는 이유는?

2. 리더십 이론을 배우는 것이 리더들에게 도움이 되는 이유는?

3. 실제 리더십 현장에서 리더십 이론을 효과적으로 활용할 수 있는 방법은?

4. 다양한 리더십 이론들을 분류하는 기준은 무엇인가?

5. 다음 〈실전 리더십 사례 토의 3〉을 읽고 리더로서 선택할 수 있는 각각의 조치 방법들(1~7번)에 대한 적절성 정도를 판단하고, 1~9점 중 하나를 선택하여 각 번호 뒤에 점수를 기록한 후 각자의 점수 부여 이유에 대해 토의한다.

실전 리더십 사례 토의 3

당신은 소대장이다. 사단에서 취약시간 경계 강화 지침이 하달되어 2km의 부대 외곽을 순찰하라는 추가 임무가 부여되었다. 이 임무를 수행하면서 소대원들은 매우 피곤해하고 부담을 느끼고 있으며, 일부 인원들은 순찰을 돌지 않고 허위보고 하는 사태가 종종 발생했다. 이로 인해 징계위원회, 간부들의 얼차려 교육 등이 많아지고 결국 상호 간의 신뢰가 무너지는 악순환이 계속되고 있다. 이 상황에서 당신은 어떻게 하겠는가?

1		소대장이 수시로 동반순찰을 하여 순찰의 질을 향상시킨다.
2		소대 간담회를 통해 건의사항과 아이디어를 수집한다.
3		임무의 부담감을 줄여주기 위해 일정 범위로 순찰 구역을 나누고 임의의 일부 지역을 순찰할 수 있도록 건의한다.
4		순찰지역을 카메라로 촬영하게 지시하여 허위보고를 사전 차단한다.
5		소대원의 휴식 보장을 위해 중대장에게 작업, 교육훈련 등의 부담을 줄여달라고 건의한다.
6		순찰근무에 관한 처벌을 일체 금지한다.
7		부대 외곽 순찰의 중요성을 논리적으로 설명하여 공감대를 형성하도록 노력한다.

1	2	3	4	5	6	7	8	9
매우 부적절함		다소 부적절함		보통		다소 적절함		매우 적절함

〈결과 해석〉: 이 책의 마지막 부록에 포함된 실전 리더십 사례 토의 모범답안 참조.

4장

전통적 리더 중심 이론

리더 중심 이론은 리더가 리더십 효과성 또는 조직의 성과를 결정하는 핵심요소라고 보는 리더십 이론이다. 따라서 이러한 이론들은 리더의 바람직한 특성 및 행동을 탐색하고, 리더가 구비해야 할 핵심역량을 식별하고 개발하는 데 초점을 맞춘다. 대표적 리더 중심 이론이라 할 수 있는 전통적 리더 중심 이론은 리더의 특성, 행동, 역량 등이 리더십 효과성을 결정하는 핵심요소라고 보는 리더십 이론이다.

이 장에서는 위대한 리더들의 공통적인 특성을 찾으려는 데서 출발한 특성이론(trait theory), 특성이론의 한계를 인식하고 효과적인 리더십 행동 유형을 찾는 데 초점을 맞춘 행동이론(behavioral theory)과 군 리더십 행동 연구, 그리고 상황을 고려하지 않고 있다는 특성이론과 행동이론의 한계를 극복하기 위한 방안으로 기업, 정부뿐만 아니라 군에서도 많은 연구가 이루어지고 있고, 인사관리에 많이 활용되고 있는 리더십 역량 연구에 대해 설명한다.

1. 리더십 특성이론

1) 리더십 특성이론의 개요

리더십에 대한 특성이론(trait theory)은 "리더는 타고나는 것이지 만들어지는 것이 아니다"라는 전제하에 효과적인 리더와 비효과적인 리더를 구분해주는 특성(trait)[1]들을 찾아내기 위해 1900년대 초부터 링컨, 시저, 간디, 알렉산더 같은 세계적인 리더(영웅)들이 소유하고 있는 공통적인 리더십 특성을 찾는 데 초점을 맞춘 위인이론(great man theory)에서 비롯했다(Carlyle, 2016).

이러한 생각은 성인(聖人), 즉 인간 행위의 완성자, 덕의 궁극적 실천자, 선악의 최종적 판단자, 초인(超人)이지만 선천적 초인이 아니라 후천적 초인, 공부를 통해 자아 완성을 한 내성외왕(內聖外王)[2]인 사람이 왕(리더)이 되어야 한다는 사상에 잘 나타나 있다(장현근, 2012). 또한 플라톤(Platon)이 『국가론(Republic)』에서 국가를 구성하는 계층을 지배자 계층, 군인 계층, 생산자 계층으로 구분하고, 인간의 영혼이 이성에 의해 통제받아야 하는 것처럼 국가체제 역시 지혜를 가진 철학자인 '철인왕(哲人王, Philosopher King)'이 통치해야 한다는 생각에 뿌리를 두고 있다.

그러나 많은 특성 연구 결과들을 분석한 후 스토그딜(Stogdill, 1974)이 "리더십은 사회적 상황에서 발휘되기 때문에 어떤 상황에서 리더였던 사람이 다른 상황에서도 리

---

1 성격, 기질, 욕구, 동기, 가치관 등을 포함하는 다양한 개인적 속성(attribute)을 의미한다. 이러한 특성은 학습과 타고난 유전적 요인에 의해 영향을 받는데, 가치관이나 사회적 욕구 같은 특성들은 기질이나 생리적 욕구 같은 다른 욕구들보다 학습에 의한 영향을 더 받는다(Yukl, 2013: 180-181).

2 장자(莊子)의 「천하편(天下篇)」에 나온 용어로 "내재적 지식과 도덕적 수양이 성인(聖人)의 경지에 도달하고, 외적 변화를 통해 이를 정치에 운용하면 왕이 될 수 있다"라는 뜻이다. 유학(儒學)에서는 수기치인(修己治人), 즉 "먼저 자신의 수양을 통해 인격의 완성을 이룬 다음에 다른 사람을 다스린다"라는 것으로 수기(修己)가 이루어지면 치인(治人)의 목표인 안인(安人)은 자연스럽게 달성된다고 본다. 그리고 수기가 이루어진 상태를 '내성(內聖)'이라 하고, 안인(安人)의 목표가 달성된 상태를 '외왕(外王)'이라 한다. 따라서 유가(儒家)의 도(道)를 '내성외왕(內聖外王)의 도(道)'라고 한다.

더가 되는 것은 아니다", 즉 리더는 타고나는 것이 아니라는 결론을 내렸다. 리더십의 효과성은 리더의 특성과 상황 간의 상호작용이기 때문에 리더의 특성만으로는 리더십 효과성을 제대로 설명하거나 예측할 수 없다는 것이다.

이와 같이 리더에게 요구되는 특성을 갖고 있다고 해서 훌륭한 리더가 되는 것은 아니다. 그러나 성격에 따라 리더의 행동과 행동의 변화 속도, 학습 태도가 다르고, 조직의 상위계층으로 올라갈수록 성격이 리더십 효과성에 더욱 많은 영향을 미친다는 연구 결과(Ghiselli, 1963: 109-113)처럼 리더의 개인적 특성이 리더십 효과성에 많은 영향을 미치고, 훌륭한 리더일수록 리더십 특성을 더 많이 갖고 있다는 것을 알아야 한다. 이러한 이유로 최근에 리더십 특성의 하나인 성격에 대한 관심이 높아져 리더십 교육에서 성격 진단도구인 에니어그램,[3] MBTI,[4] Big 5 성격검사(Big Five personality traits)[5] 등을 활용하고 있다.

따라서 여기서는 그동안 여러 학자의 연구 결과를 토대로 리더에게 요구되는 일반적인 특성과 군 리더에게 요구되는 특성이 무엇인지를 살펴본다.

(1) 리더십 특성

1930~1940년대에 리더십 특성에 관한 수많은 연구들이 행해졌는데, 연구 결과들을 종합해보면 〈표 4.1〉에서 보는 바와 같이 크게 신체적·체질적 요인, 능력, 성격 특성, 그리고 사회적 특성 등이 리더십 효과성과 관련이 있는 특성이라는 것이 밝혀졌다. 즉, 이러한 특성을 더 많이 가진 사람이 반드시 리더가 되는 것은 아니지만, 더 효과적인 리더가 될 가능성이 높다는 것이다. 이러한 생각에서 중국의 당나라에서

---

3   그리스어에서 9를 뜻하는 'ennear'와 점, 선, 도형을 뜻하는 'grammos'의 합성어로, 원래 "9개의 점이 있는 도형"이라는 의미이며 성격을 9가지 유형으로 분류하는 성격유형 지표이자 인간 이해의 틀이다.

4   MBTI(Myers-Briggs Type Indicator)는 브릭스(K. C. Briggs)와 그의 딸 마이어스(Isabel Briggs Myers)가 정신분석학자인 융(Carl Jung)의 심리유형론을 토대로 만든 성격유형 검사도구로 내향성 또는 외향성, 감각 또는 직관, 사고 또는 느낌, 판단 또는 지각의 4가지 선호 지표로 구성되어 있다.

5   심리학에서 경험적인 조사와 연구를 통해 인간의 성격을 '외향성', '신경성', '성실성', '친화성', '개방성'이라는 5가지 요인의 조합으로 설명한다.

신체적 · 체질적 요인	능력	성격 특성	사회적 특성
활동성, 에너지, 차림새, 외모, 키, 체중	행정능력, 지능, 판단력, 지식, 실무능력, 언어능력	성취욕구, 야망, 적응력, 공격성, 조심성, 반권위주의, 지배성, 감정적 균형성, 통제력, 열정, 외향성, 독립성, 주도성, 불순응성, 통찰력, 진실성, 객관성, 독창성, 끈기, 책임감, 자신감, 스트레스 내성, 유머감각	협조성, 대인관계능력, 감수성, 명성, 인기, 사회성, 사회경제적 지위

출처: Jago(1982: 317)

비롯된 신언서판(身言書判)[6]이라는 4가지 기준으로 인물됨을 평가한 후 관리로 등용하기도 했고, 오늘날에도 인재를 선발하고, 사람을 평가하는 기준의 하나로 널리 활용되고 있다.

그런데 리더에게 요구되는 여러 가지 특성 중에서도 리더십 효과성과 특히 높은 상관관계가 있는 특성으로는 〈표 4.2〉와 같이 독창성, 인기, 사교성, 판단력, 적극성, 유머 감각, 활동성, 출세 욕구, 협조성, 운동능력 등이었고, 리더십 효과성과 낮은 상관관계가 있는 특성으로는 나이, 키, 체중, 체격, 기력, 외모, 지배성, 분위기 통제력 등이었다.

한편 쿠제스와 포스너(Kouzes & Posner, 2012)의 최근 리더십 특성에 대한 연구[7]에서는 가장 중요한 리더의 덕목이 정직(honest), 선견지명(forward-looking), 역량(competent), 영감 고취(inspiring)이고, 이러한 덕목들에서 나오는 리더에 대한 신뢰성(credibility)이 리더

〈표 4.2〉 리더십 특성과 효과성의 관계

리더십 효과성과 낮은 상관관계	리더십 효과성과 높은 상관관계
나이, 키, 체중, 체격, 기력, 외모, 지배성, 분위기 통제력	독창성, 인기, 사교성, 판단력, 적극성, 활동성, 유머 감각, 출세 욕구, 협조성, 운동능력

출처: Bass(1990: 75-77)

---

6 신(身)은 신체에서 풍기는 바른 용모와 신체적 강인성을 말한다. 언(言)은 말솜씨, 즉 의사소통 능력으로 타인의 의견을 이해하고, 자기 생각을 상대에게 전달하는 능력을 뜻한다. 서(書)는 글씨로, 글씨는 자신의 인격을 나타내기 때문이다. 판(判)은 판단력으로 사물의 옳고 그름을 판단하는 능력을 의미한다. 따라서 신언서판은 사람의 내면세계와 외면세계를 평가하는 판단기준이 된다.

7 전 세계 10개국에서 5차(1987~2012)에 걸쳐 "정말 자발적으로 따르고 싶은 리더의 가장 중요한 덕목" 7가지를 선택하도록 한 설문 결과 50% 이상의 지지를 받은 덕목으로 '정직'이 항상 1위를 차지했다.

십의 기반이라는 것을 발견했다. 이와 마찬가지로 코비(Covey, 2006: 148)의 연구에서도 리더의 가장 중요한 자질이 리더에 대한 신뢰의 기반이 되는 진실성(integrity)이었다. 무신불립(無信不立)[8]이라고 한 것처럼 리더가 성공적으로 리더십을 발휘하기 위해서는 팔로어들이 리더를 믿을 수 있어야 한다는 것이다.[9] 리더를 믿지 못하면 그가 전달하는 메시지 역시 믿을 수 없기 때문이다.

(2) 리더십과 감성지능[10]

코비(S. Covey)는 특성이론의 관점에서 리더가 구비해야 할 지능(intelligence) 또는 재능(capacity)을 〈그림 4.1〉과 같이 신체적 지능(PQ: Physical Quotient), 지적 지능(IQ: Intelligence Quotient), 감성 지능(EQ: Emotional Quotient), 영적 지능(SQ: Spiritual Quotient)의 4가지로 구분했다. 인간은 기본적으로 이러한 능력을 타고났지만, 4가지 모두를 개발하지 않고 어느 하나만 지속 가능한 수준으로 개발하는 것은 불가능하기 때문에 4가지 능력을 개발하기 위해 지속적으로 노력해야 한다(Covey, 2004: 63).

〈그림 4.1〉 인간의 지능

---

8 공자의 제자인 자공(子貢)에게 "정치에서 가장 중요한 것이 무엇이냐?"라고 묻자 족병(足兵), 족식(足食), 민신 (民信), 즉 오늘날의 국방, 경제, 신뢰라고 했다. 여기서 한 가지 버려야 한다면 먼저 족병, 다음에 족식, 그리고 최 후까지 지켜야 하는 것이 백성의 신뢰를 얻는 민신(民信)이라 했다(論語, 顔淵篇).

9 신뢰가 높으면 일의 속도가 빨라지고 비용이 감소하기 때문에 신뢰는 성과에 많은 영향을 미친다. 그런데 리더가 신뢰를 얻기 위해서는 품성(진실성, 의도)과 역량(능력, 성과)을 구비해야 한다(스티븐 M. R. 코비, 2009). 마이스 터 등(Maister et al., 2002)이 제시한 신뢰 방정식 Trust=(C+R+I)/S[전문성과 정직함에서 오는 믿음(Credibility), 계속 약속을 이행하는 일관성(Reliability), 감정적인 믿음인 친밀감(Intimacy), 이기적 성향(Self-interest)]가 시사 하는 바와 같이 리더가 신뢰를 얻기 위해서는 팔로어들의 믿음, 일관성, 친밀감은 높이고, 이기적 성향은 줄여야 한다.

10 리더십 효과성과 관련된 특성 연구로는 자신감, 내적 통제 위치, 정서적 안정감과 성숙도, 권력 동기, 개인적 성 실성, 자아도취, 성취지향, 친교욕구 등과 같은 성격요인, 그리고 학습 능력 등과 관련된 연구 등이 있지만(Yukl, 2013), 이 책에서는 최근 리더들에게 특히 중요시되고 있는 감성지능에 대해 기술했다.

여기서 신체적 지능(PQ)은 지성, 감성, 영성의 도구가 되므로 가장 기본적인 능력이다. 특히 신체를 많이 사용하는 군인에게는 신체적인 건강과 체력은 가장 기본적으로 요구되는 능력이다.

지적 지능(IQ)은 분석하고, 추론하고, 추상적으로 생각하고, 언어를 사용하고, 마음속으로 그려보고, 이해하는 능력이다. 특히 분석 및 추론 능력뿐만 아니라 일반적으로 효과적인 리더십을 발휘하는 데 매우 중요한 특성인 직관(intuition)을 포함한다. 직관 능력은 주어진 자료를 뛰어넘어 예리한 추측을 할 수 있는 능력으로, 특히 복잡하고 모호한 상황에 자주 직면하는 상급 리더들에게 더욱 중요한 능력이다.

감성지능(EQ)은 자신의 정서를 인식하고 관리하며, 타인의 정서를 인식하고, 인간관계를 관리하는 능력이다.

마지막으로 영적 지능(SQ)은 가장 기본적이고 핵심적인 지능으로 의미, 비전, 가치를 만들고 추구하기 위해 사용하는 지능으로, 다른 3가지 지능의 안내자 역할을 한다. 그리고 나침반으로 상징되는 양심(conscience)을 구성하는 진정한 원칙들(true principles)이 무엇인지를 분별할 수 있도록 도와준다.

그런데 미래학자 토플러(Alvin Toffler)가 "21세기는 지식 못지않게 감성이 중요한 사회다"라고 말한 것처럼 오늘날 리더들에게는 감성 능력이 더욱 중요시되고 있다(김현기, 2003). 성공적인 리더와 그렇지 못한 리더 간의 차이는 실무능력이나 지적 지능(IQ)보다 감성지능(EQ)에 의해 크게 좌우되기 때문이다. 삶의 성공을 결정하는 요소 중에서 IQ가 차지하는 비율은 기껏해야 20%이고, 나머지 80%는 다른 특성들의 집합체인 감성지능에 기인한다. 따라서 효과적으로 리더십을 발휘하기 위해서는 80% 정도의 감성지능과 20% 정도의 지적 능력이 적절히 조화를 이루어야 한다(Goleman, 1995).[11]

이러한 감성지능은 〈표 4.3〉에서 보는 바와 같이 개인적 역량(personal competence)인 자기인식 능력과 자기관리 능력, 그리고 사회적 역량(social competence)인 사회적 인식

---

11 최근 들어 기업에서도 '감성경영'이 확산하고 있다. 지나치게 '이성적 효율성'만 추구하는 기업보다는 상호존중, 신뢰, 즐거움과 열정 등 소프트한 감성 에너지가 넘치는 조직, 즉 '일할 맛 나는 직장(Great Work Place)'이 크게 각광받고 있기 때문이다. 미국의 한 컨설팅회사의 조사에 따르면, 감성 에너지가 높은 조직으로 알려진 '일할 맛 나는 기업 100'(포춘지 선정)의 경우 연간 수익률이 보통 기업에 비해 평균 10%가량 앞섰다고 한다(김현기, 2003).

자기인식		사회적 인식	
• 감성적 자기인식 • 정확한 자기평가 능력 • 자기확신 능력		• 감정이입 능력 • 조직인식 능력 • 서비스 능력	
자기관리		관계관리	
• 감정통제 능력 • 성취 능력 • 낙천성	• 솔직성 • 적응력 • 주도성	• 영감 촉진 능력 • 타인 개발 능력 • 유대 형성 능력	• 영향력 • 변화 촉진 능력 • 팀워크 및 협동 능력

능력과 관계관리 능력의 4가지 차원으로 나누어진다(Goleman et al., 2004: 37-45).

첫째, 자기인식(self-awareness) 능력이다. 자신의 감정, 능력, 한계, 가치, 사명에 대해 깊이 이해하고, 건강한 자신감과 함께 정확히 자신의 강점과 한계를 인식하는 능력이다. 소크라테스가 "너 자신을 알라!"고 한 것처럼 자신을 올바로 아는 것이 중요하다. 자기인식을 잘하는 사람은 자기 자신에 대해 비판적이지도 않고, 어리석게 낙관적이지도 않은 현실적 감각을 갖고 있기 때문에 자신의 삶을 더 잘 유도할 수 있다. 그리고 자기인식이 자기관리와 자기개발의 출발점이고, 자기 자신을 잘 아는 사람이 다른 사람에 대해서도 더 잘 이해할 수 있다. 베이스와 야마리오(Bass & Yammario, 1991)가 해군 장교들을 대상으로 한 연구 결과 자기인식 능력이 부족한 리더는 다른 사람의 반응을 잘못 파악하고, 사람과 상황에 대해 부정확하게 전제하며, 부적절한 행동을 하는 것으로 나타났다.

둘째, 자기관리(self-management) 능력이다. 감정의 노예가 되지 않도록 만들고, 파괴적이고 해로운 감정을 조절하는 능력이다. 그러한 능력을 갖춘 사람은 감정을 균형 있게 관리할 수 있기 때문에 걱정, 불안, 두려움이나 분노가 방해되지 않는다. 신용과 양심을 지키고, 변화에 유연하게 대처하며, 장애를 잘 극복하고 솔선수범한다. 그런데 이러한 능력은 자기인식 능력에서 비롯된다. 자기인식을 제대로 하지 못하면 자신의 감정을 통제할 수 없을 뿐만 아니라 오히려 그 감정에 휘둘리게 된다.

셋째, 사회적 인식(social awareness) 능력이다. 다른 사람의 감정을 읽어내고, 상대방의 감정을 이해하는 감정이입(empathy) 능력이다. 이러한 감정이입 능력은 공감을 불러일으켜야 하는 리더들에게 매우 중요한 능력이다. 사회적 인식 능력이 있는 리더는 다른 사람의 입장이 되어 감정이입을 하기 때문에 팔로어들이 사적 또는 공적으로 어려운 일을 당하거나 슬퍼할 때 함께 슬퍼할 수 있고, 그 집단을 이끌어갈 수 있는 공동의 가치관과 올바른 일의 순서를 파악할 수 있다. 또한 네트워크를 형성하고, 긍정적인 결과를 가져오기 위해 효과적으로 정치적 행동을 할 줄 알고, 이해관계자들의 요구를 인식하고, 그들의 욕구 충족을 위해 노력한다. 그런데 이러한 사회적 인식 능력은 자기관리 능력에서 나온다. 리더가 자신의 감정을 적절히 조절할 수 있어야 한다는 것이다.

넷째, 관계관리(relationship management) 능력이다. 자기인식, 자기관리, 사회적 인식 능력이라는 감정지능의 세 요소는 관계관리 능력, 즉 타인과 긍정적인 관계를 형성하는 능력으로 연계된다. 타인과의 관계를 잘 관리한다는 것은 곧 다른 사람의 감정을 잘 다룬다는 것이다. 또한 다른 사람의 감정을 잘 다루려면 자신의 감정을 잘 인식하고 있어야 하고, 감정이입을 통해 자신이 이끄는 사람들의 감정에 공감할 수 있어야 한다. 그런데 갈수록 우리의 삶과 조직생활이 더욱더 복잡해지고, 타인과의 상호작용이 많아지고 있어 사람들과 더불어 살아가는 능력이 더욱 중요해지고 있다. 따라서 다른 사람의 영감을 불러일으키고 이끌어주는 능력, 변화를 촉진하는 능력, 유대관계 형성 능력, 팀워크와 협동을 이끌어내는 능력 등을 포함하는 관계관리 능력이 더욱더 중요해지고 있다.

이러한 감성지능을 구성하는 4가지 차원은 서로 역동적인 관계를 유지하면서 밀접한 관련성을 맺고 있다. 예컨대 리더가 자신의 감정을 제대로 인식하지 못하면 자신의 감정을 통제할 수 없고, 자신의 감정을 통제할 수 없다면 타인과의 관계를 잘 관리하기가 어렵다는 것이다. 이와 같이 4가지 차원의 능력은 모두 사람들과 공감하는 데 중요한 능력들이기 때문에 유능한 리더가 되기 위해서는 이러한 능력을 모두 구비하도록 노력해야 한다.

2) 군 리더에게 요구되는 특성

(1) 군 리더십 특성 연구 결과

군 리더십 특성에 관한 연구로는 미군 보병 분대장들을 대상으로 지능과 경험이 성과와 어떠한 관계가 있는지에 관한 연구가 있다. 이 연구에서 스트레스가 낮은 상황에서는 지능과 경험이 성과와 상관관계가 없었지만, 상급자에 대한 스트레스가 높은 상황에서는 경험과 성과 간에 상관관계가 있는 것으로 나타났다(Fiedler & Leister, 1977). 이와 유사한 연구로 중대장과 대대참모들을 대상으로 한 베틴(Betin, 1983)의 연구에서는 리더십 유형에 적합한 상황에서 경험이 효과적으로 사용되는 반면, 리더의 리더십 유형에 맞지 않는 상황에서는 지능이 효과적으로 사용되지 않는다는 것을 발견했다.

그리고 한국의 육군 소대장들에게 요구되는 대표적인 특성이 무엇인지를 탐색한 최병순(2001)의 연구에서는 〈표 4.4〉와 같이 운동능력과 부하를 능가할 수 있는 체력, 상관에 대한 충성심, 정직(언행일치), 육체적·도덕적 용기, 성실성, 주도성, 감정자제력, 업무추진력, 그리고 업무수행 능력(전기전술 능력)과 의사소통 능력 등인 것으로 나타났다.

〈표 4.4〉 육군 소대장에게 요구되는 특성

구분	범주
신체적 특성	운동능력, 강건한 체력
인격적 특성 (품성)	상관에 대한 충성심, 정직 (언행일치), 성실성, 주도성, 용기(육체적·도덕적 용기), 감정 자제력, 업무추진력
지적 능력	업무수행 능력(전기전술 능력), 의사소통 능력

출처: 최병순(2001)

이와 같은 평시 상황에서의 연구와 달리 전투 상황에서 리더십 특성에 관한 연구로는 6.25전쟁 중 미군을 대상으로 수행한 연구가 있는데, 이 연구에서는 스트레스 내성(stress tolerance)과 지배성이 높고, 사회적으로 더 성숙한 사람이 전투를 더 잘 수행하는 것으로 나타났다. 그리고 이라크에서 '사막의 폭풍 작전(Desert Storm)' 중에 실시한 연구에서는 지배성, 성취욕구, 감정조절 능력이 전투 성과와 관계가 있는 것으로 나타났다(Halpin, 1996: 13).

〈표 4.5〉훌륭한 장군들의 공통적 특성

헌신, 책임감, 희생정신, 직관력, 폭넓은
독서, 예스맨(Yes man)이 되지 않으려는
노력, 훌륭한 상급자와의 근무, 적극적인
업무 자세, 부하 및 가족에 대한 관심과 배려

출처: Puryear(2001)

한편 기존의 대부분 연구가 초급 지휘관을 대상으로 한 반면, 퍼이어(Puryear, 2001)[12]는 장군을 대상으로 훌륭한 장군들의 공통적인 특성이 무엇인지를 연구했다.[13] 그 결과 〈표 4.5〉에서 보는 바와 같이 헌신, 희생정신, 부하 및 가족에 대한 관심과 배려, 적극적인 업무자세 등이 공통적인 특성으로 나타났다. 이러한 여러 가지 리더십 특성 중에서도 가장 중요한 특성은 '인격(character)'이었기 때문에 그는 "인격이 리더십의 전부다(Character is everything)"라는 결론을 내렸다.

(2) 미 육군의 리더십 요구 특성

제1, 2차 세계대전, 베트남전, 걸프전 등 수많은 전투 경험과 최신 리더십 이론과 연구 결과들을 반영하여 수차례의 개정을 거쳐 최근에 발간한 미 육군의 리더십 교리 간행물(ADP 6-22)에서는 육군의 모든 유형의 조직과 제대에 적용할 수 있고, 계급, 지위, 복장에 관계 없이 모든 육군의 리더들에게 기대되는 리더십 요건을 크게 자질(attributes)과 핵심역량(core competency)의 두 가지로 구분했다. 그리고 이를 다시 'Be-Know-Do'로 분류하여 〈표 4.6〉과 같이 리더에게 요구되는 자질이 무엇이고(Be & Know), 리더는 무엇을 해야 하는가(Do)를 기술했다. 그런데 자질과 역량의 구분은 지속성이 있고 장시간의 경험을 통해 형성되는 개인적 품성(品性, character)인가, 아니면 훈련할 수 있고 개발될 수 있는 스킬(skill)인가를 기준으로 구분했다.

리더에게 요구되는 자질로는 리더의 도덕적·윤리적 특성인 품성, 리더가 드러

---

12 몇몇 장군이 보여준 성공 사례와 35년간 수백 명의 대장급 장성을 포함하여 수천 명의 여단장 및 그 이상의 장군들과의 인터뷰를 통해 얻은 값진 교훈과 수백 편의 자서전 및 회고록, 기타 문헌들을 종합하여 19 Stars: A Study in Military Character and Leadership(1993), American Generalship(2000), American Admiralship(2005), Stars in Air Forces(1981) 등을 발간했다.

13 코비(Covey, 2004: 147)도 "실패하는 리더십의 90%는 인격(character)의 실패다"라고 인격의 중요성을 강조하고 있다.

〈표 4.6〉 미 육군 리더십 요구 특성

자질(attributes)		
Be		Know
품성(character)	외적 태도(presence)	지성(intelect)
• 육군 가치관(충성, 의무, 존중, 희생, 명예, 진실성, 용기) • 공감력(empathy) • 전사정신(warrior ethos) • 봉사정신(service ethos) • 극기력(discipline) • 겸손(humility)	• 군인적 태도(military bearing) • 전문가적 태도(professional bearing) • 신체적 건강(fitness) • 자신감(confidence) • 회복력(resilience)	• 정신적 유연성(mental agility) • 판단력(judgement) • 혁신성(innovation) • 대인관계 기술(interpersonal tact) • 전문성(expertice)

출처: Department of Army(2019: 2-1~4-4)

내는 특성이나 다른 사람들에게 보여지는 품성인 외적 자세나 태도(presence), 그리고 리더가 리더십을 발휘하면서 활용하는 정신적 · 사회적 능력인 지적능력 또는 지성(intellect)을 포함하고 있다. 그런데 이러한 리더의 내적인 품성은 개인이 어떠한 상황에서 어떻게 행동하고, 생각하고, 배우는 데 영향을 미친다. 그리고 이러한 품성과 군인으로서 확고한 외적 태도와 예리하고 민첩한 지성은 리더의 핵심역량을 더 효과적으로 발휘하게 해준다.

한편 리더가 갖추어야 할 품성은 육군의 가치관, 즉 충성,[14] 의무, 존중, 희생, 명예,[15] 진실성,[16] 용기 등 7대 가치관과 공감력, 전사정신, 봉사정신, 극기력, 겸손 등이다. 외적 태도(자세)는 군인적 태도 및 전문가적 태도,[17] 신체적 건강(fitness), 자신감, 회복력 등이다. 그리고 리더에게 요구되는 지적능력 또는 지성으로는 정신적 유연성, 판단력, 혁신성, 대인관계 기술, 전문성 등을 포함하고 있다.

---

[14] 충성은 쌍방적 교환관계다. 리더는 부하들을 잘 훈련시키고, 공정하게 대하며, 육군 가치관을 준수함으로써 부하들의 충성을 얻는다. 부하들은 리더를 위해 열심히 일하고, 자신의 맡은 일을 잘 수행함으로써 충성을 표현한다. 충성과 신뢰가 모든 조직에서 일상적인 작전을 성공하게 만든다(Department of Army, 2019: 2-2).

[15] 명예는 "육군 가치관에 따라 명예롭게 사는 것은 조직원들에게 모범을 보이고, 조직의 긍정적 분위기 조성과 사기 앙양에 기여하는 것"을 의미한다(Department of Army, 2019: 2-4).

[16] '진실성(integrity)'은 "법적 · 도덕적으로 올바른 행동을 하는 것"을 의미한다.

[17] 군인들이 전문가처럼 보이고 행동하는 것을 의미한다.

군 리더의 인격과 용기

군 리더가 훌륭한 판단을 내리기 위해서는 인격(character)과 용기(courage)가 필수적인 자질이다. 인격과 용기가 없다면 판단을 내리는 순간 눈앞에 펼쳐진 높은 장애물을 넘어설 수 없다. 몇 번은 운 좋게 훌륭한 결정을 내리고 가끔은 좋은 결과를 얻을 수 있을지도 모른다. 하지만 인격과 용기 없이는 이를 지속시킬 수 없다. 결국 가장 까다롭고 중요한 판단을 앞두고 비틀거리게 될 것이다.

인격은 자신의 이익보다 조직(군)과 사회의 대의를 앞세우는 걸 의미한다. 이는 '누가 옳은가'보다 '무엇이 옳은가'를 놓고 걱정하는 것이다. 따라서 훌륭한 판단을 내리기 위해서는 훌륭한 인격을 갖추어야 한다. 인격을 갖춘 사람은 다른 사람의 인정보다 자존심을 더 중시한다. 그들은 분명한 기준을 갖고 임무를 받아들이며, 판단에는 결과가 뒤따른다는 것을 인식하고 그 결과에 대해 책임을 진다.

군의 핵심가치에 따라 행동할 수 있는 용기 또한 훌륭한 판단을 내리기 위해 없어서는 안 될 덕목이다. 핵심가치를 공유하는 것만으로는 충분하지 않다. 햄릿(Hamlet)은 언제나 '조준'만 하고, 부적합한 시기에 부적합한 대상에게 발사한 것을 제외하고 단 한 번도 제대로 발사하지 못했다. 훌륭한 판단을 내리기 위해 필요한 용기에는 여러 가지 형태가 있다. 간혹 용기가 직접적인 위협에 맞서는 것을 의미하는 경우도 있지만, 그런 경우는 그리 많지 않다. 보통 군 리더에게 필요한 것은 많은 장애물에도 불구하고 단지 대의를 위해 그래야 하기 때문에 기꺼이 안일한 불의의 길보다 험난한 정의의 길을 택하는 용기다. 중요한 판단에는 언제나 많은 위험이 따르기 때문이다. 예컨대, 부대원의 법규나 군기 위반 행동에 대한 징계, 부하들에게 위험한 임무 부여, 경험이 없는 새로운 혁신, 상관의 위험하거나 부적절한 명령·지시에 솔직하게 말하기, 이해관계자의 부당하거나 불법적인 청탁 거절하기, 유능한 부하나

부대에 권한을 위임하거나 자유재량권을 주는 것 등이다.

군 리더에게 요구되는 용기란 "두려움이 없는 것이 아니라 두려움이 있음에도 행하는 능력, 즉 두려움을 헤치고 나아가는 능력"이다. 그리고 책임을 받아들이고, 자신이 원하는 것을 요구하고, 자신이 생각하는 것을 말할 수 있으며, 자신의 신념을 위해 싸우는 것이다. 많은 경우 용감한 리더는 자신이 용감하게 앞으로 나아가지 않을 경우 어떤 일이 일어날지에 대한 두려움으로부터 오히려 용기를 얻는다. 그런 의미에서 리더를 가로막는 가장 큰 장애물은 바로 자기 자신이라고 할 수 있다. 많은 리더가 자기 의심 때문에 뒷걸음질하거나 옳은 일이 힘난한 일이기 때문에 할 수 없다고 두려워하면서 결국 타협한다.

이와 같이 군 리더의 용기는 인격과 밀접하게 연관되어 있다. 용기 없는 인격이 무용지물일 수 있는 것처럼 인격이 뒷받침되지 않는 용기는 위험할 수 있다.

> 용기란 용감한 모든 행위에 포함되어 있는 어떤 정신적인 힘이나 인내력으로 악하고 해로운 것이 아닌 것을 선택하는 분별력이며, 인내력이나 분별력이 지향하는 바가 대의(정의)를 위한 것이어야 한다.
>
> – 소크라테스

> 용기란 만용(지나침)과 비겁(모자람) 사이의 중용의 덕으로서 과유불급, 즉 지나침[過]과 모자람[不及]이 없는 중용지도(中庸之道)다.
>
> – 아리스토텔레스

출처: 워렌 베니스(2008: 84)를 참고하여 재정리.

3) 특성이론의 평가와 군 리더십 적용

(1) 특성이론에 대한 평가

리더십 특성이론은 많은 연구를 통해 리더가 타고나는 것은 아니지만, 효과적인 리더가 되기 위해서는 어떠한 특성을 구비해야 하는가를 알려주고 있다. 그리고 어떠한 특성이 상대적으로 다른 특성보다 좋은지를 알려줌으로써 리더십 개발에 도움을 준다.

그러나 리더십 특성이론들은 다음과 같은 한계를 내포하고 있다(Gibson et al., 1982: 236-237). 첫째, 리더십을 연구할수록 연구범위도 넓어지고, 시대 변화에 따라 연구대상이 되는 리더의 특성 수도 점점 증가하고 있기 때문에 특성 연구에 복잡성과 어려움을 더해주고 있다는 것이다.

둘째, 리더의 특성과 리더십 효과성 간에 일관성 있는 관계가 나타나고 있지 않다는 것이다. 많은 경우에 상반된 결과가 나타남으로써 리더십 효과성에 대한 리더의 특성이 예측성이 있는가에 대한 의문이 제기되고 있다. 이것은 리더십 특성을 측정하기 어렵다는 것뿐만 아니라 리더십 특성들이 각기 독립적으로 작용하지 않고 다른 요인들과 복합적으로 작용하기 때문이다.

셋째, 특성이론은 상황을 고려하지 않고 있다는 것이다. 특성이론은 모든 상황에서 효과적인 리더십 특성이 무엇인지를 설명하려고 했지만, 리더에게 요구되는 특성은 상황에 따라 다를 수 있다는 것이다. 리더십 효과성은 리더의 특성뿐만 아니라 과업의 성격, 팔로어의 특성 등과 같은 많은 상황적 요소에 의해 결정되기 때문에 리더십 특성을 구비했다고 해서 반드시 성공적으로 리더십을 발휘하는 것은 아니라는 것이다. "시대가 영웅을 만든다"라는 말처럼 리더의 특성만이 아니라 상황적 요소가 리더십 효과성에 영향을 미친다. 예컨대, 특전사 같은 특수부대에서는 체력이나 인내심 등이 매우 중요한 특성일 수 있지만 군 정책부서나 연구소, 또는 군 교육기관에서는 기획력, 창의력, 표현력 등이 더 중요한 특성이라고 할 수 있다.

넷째, 리더의 특성 연구는 리더가 리더십 과정에서 실제로 무슨 일을 하고 어떤 역할을 하는지를 설명해주지 않기 때문에 리더의 특성만으로는 리더십에 대해 충분히 이해하기 어렵다는 것이다. 리더가 우수한 특성을 구비하면 성공적인 리더가 될 가능성이 높기는 하지만, 그러한 특성을 가졌다고 해서 반드시 성공적으로 리더십을 발휘하는 것은 아니라는 것이다.

(2) 군 리더십 적용

특성이론의 한계로 인해 성공적인 리더의 공통적인 특성을 찾으려는 연구는 퇴조하고, 1940년대 후반부터는 주로 효과적인 리더십 행동을 찾으려는 연구들이 이루어지기 시작했다. 그러나 리더십 특성 연구를 통해 비록 리더가 타고나는 것은 아니고, 상황에 따라 효과적인 리더십 특성은 다르지만, 리더십 특성들을 갖고 있다면 리더로서 성공할 확률을 높여주는 것은 분명한 사실이다.[18] 즉 군 리더가 되기 위해서는 어떠한 리더십 특성들을 구비해야 하는가, 그리고 군에서 리더로 성공하기 위해서는 어떠한 리더십 특성을 갖추어야 하는지에 대한 정보를 제공해주고 있다.

따라서 리더십 특성에 관한 연구는 중단된 것이 아니고, 중단되어서도 안 될 것이다. 비록 특성 연구 결과가 일관성 있는 리더십 특성을 제시해주지는 못했지만 리더가 되기 위해 기본적으로 요구되는 특성이 무엇인지, 즉 리더가 되기 위한 기본적인 자질 또는 자격요건이 무엇인지에 대한 정보를 제공해주고 있기 때문이다. 실제로 특성이론을 기반으로 한 성격, 태도, 적성 또는 지능 등의 검사 결과를 개인의 리더십 역량 개발을 위해 활용하고 있고, 기업 등 많은 조직에서 신입사원 선발이나 교육훈련, 적재적소 배치, 승진 등에 널리 활용하고 있다.

군에서도 앞으로 많은 연구를 통해 군 간부들에게 요구되는 기본적인 특성(인적 자격요건)이 무엇이고, 그러한 특성 보유 여부를 어떻게 측정 또는 평가할 것인가, 그러한 특성을 어떻게 개발할 것인가, 그리고 병과별, 특기별, 직급별 또는 수행 업무별로 요구되는 특성은 무엇인지 등을 연구해서 선발, 교육훈련, 보직관리, 근무평정, 진급

---

18 리더의 특성과 리더십 효과성의 관계가 많은 학자가 믿는 것 이상으로 더 강하고, 더 일관성 있다고 주장하는 학자들도 많이 있다(Lord et al., 1986; Stogdill, 1974; Ghiselli, 1971).

관리 등의 인사관리에 활용하도록 해야 한다.

한편 군 간부 또는 군 간부가 되려는 사람들은 자신이 군 리더로서 기본적으로 요구되는 특성(체력, 자신감, 주도성, 사회성, 용기 등)의 강점과 약점을 잘 파악해서 강점은 적극 활용하고 약점은 보완하는 강점관리[19]를 해야 한다. 또한 자신이 가진 특성(체력, 성격, 적성, 전공 등)에 적합한 군과 병과, 그리고 특기를 선택하고, 적재적소에 보직되어 자신의 능력을 발휘할 수 있도록 노력해야 한다.[20] 스스로 상황을 바꾸는 것은 어렵기 때문에 자신이 가진 특성을 효과적으로 발휘하는 데 적합한 상황을 선택하도록 해야 한다는 것이다.

---

[19] 강점관리에 대한 자세한 내용은 제10장 제3절 참조.

[20] 군에서는 보직을 자기 마음대로 선택할 수 없지만, 보직 상담이나 사전보직 신청 등을 통해 자신의 특성에 맞는 직무에 보직되도록 노력할 수 있다.

2. 리더십 행동이론

1) 리더십 행동이론의 개요

1940년대에 들어와서는 대부분의 리더십 연구들이 특성 연구의 한계를 인식하고, 리더십을 타고난 또는 관찰할 수 없는 개인적 특성이라기보다는 관찰할 수 있는 과정 또는 활동으로 보고, 리더십 행동 유형에 초점을 맞추어 연구하기 시작했다. 즉 리더의 특성보다는 리더가 무엇을 하는가, 그리고 리더는 어떻게 행동하는가에 초점을 맞추어 리더십 효과성을 높이는 리더십 행동 유형을 찾는 데 관심을 두기 시작했다.

이러한 리더십 행동 유형에 관한 대표적인 연구로는 리더십 행동 유형을 '민주형-독재형'으로 분류한 아이오와 대학의 연구, 그리고 리더십 행동 유형을 '과업행동(task behavior)'과 '관계행동(relationship behavior)'의 두 가지 유형으로 분류하여 연구한 오하이오 주립대학의 연구와 미시간 대학의 연구, 그리고 텍사스 대학의 리더십 격자 모형이 있다.[21]

(1) 아이오와 대학의 연구

리더십 행동 연구가 널리 이루어지기 전에 아이오와 대학에서는 리더십 행동 유형을 '민주형-독재형'의 두 가지 유형으로 분류하여 연구했다. 두 가지 유형의 리더십 행동 간의 근본적인 차이점은 의사결정 방법과 권력의 분산 정도다. 의사결정 과

---

[21] 오하이오 주립대학의 연구에서는 '구조주도와 배려', 미시간 대학의 연구에서는 '생산지향과 종업원 지향', 리더십 격자 연구에서는 '생산에 대한 관심과 사람에 대한 관심'으로 리더십 행동 유형을 분류했기 때문에 차이가 있는 것처럼 보인다. 그러나 각 행동 유형들은 목표 달성을 촉진하는 '과업행동'과 팔로어들 간에 좋은 관계를 갖고, 조직에서 만족을 느끼도록 도와주는 행동들인 '관계행동'과 일맥상통한다.

정에서 팔로어들의 참여를 많이 허용하고 권력이 분산되어 있을수록 민주적 리더십이고, 리더가 팔로어의 의견을 반영하지 않고 단독으로 의사결정을 하며 권력이 리더 개인에게 집중되어 있을수록 독재적 리더십이다. 그런데 민주적 리더십과 독재적 리더십은 단일 차원으로 연속선상의 양극단을 의미하기 때문에 어떤 리더의 행동 유형은 두 가지 행동 유형 사이의 어느 곳에 위치하게 된다. 이러한 아이오와 대학의 연구는 리더십 특성 연구에서 행동 연구로 전환하는 데 기여했다.

한편 집단 생산성과 참여적 의사결정의 관계를 검증한 46편의 연구를 분석한 결과 22%만이 독재적 리더십보다 민주적 리더십이 우월한 것으로 나타났고, 56%는 의미 있는 차이가 없었으며, 실제로 10%는 독재적 리더십이 민주적 리더십보다 더 효과적이었다. 그리고 집단 만족도와 참여적 의사결정의 관계를 검증한 43편의 연구에서는 60%가 민주적 리더십이 더 효과적이었고, 30%는 별 차이가 없었으며, 9%는 독재적 리더십이 더 효과적이었다(Locke & Schweiger, 1979: 317).

이러한 연구 결과들을 종합해보면 생산성 또는 성과 면에서는 자유방임형이 가장 바람직하지 못한 것으로 대부분의 연구 결과가 일치하고 있지만, 민주형과 독재형은 우열을 가리기가 힘들다. 그러나 일반적으로 민주형이 리더와 팔로어 간의 관계, 집단 행위의 특성, 리더 부재 시 팔로어의 태도 등에서 독재적 리더십보다 더 호의적으로 나타나고, 팔로어들에게 참여와 자유를 인정하고 그로부터 진정한 동의를 얻으려 하기 때문에 민주적 리더십이 바람직한 리더십 행동 유형이라고 할 수 있다. 그런데 대부분 조직에서는 민주형과 독재형 중 어느 한 가지 유형이 획일적으로 존재하는 것은 아니고, 상황에 따라 두 가지 이상의 유형이 혼합되어 나타난다.

군에서는 신속하게 의사결정이 이루어져야 하는 전투 상황을 가정하고 있기 때문에 부하들의 의견을 수렴하기보다는 지휘관이 단독으로 의사결정을 하는 독재적 리더십이 당연한 것으로 인식되는 경향이 있다. 그러나 셀빈(Selvin, 1960)의 육군에서의 연구와 바우어스(Bowers, 1975)의 해군에서의 연구, 그리고 존슨(Jonson, 1969)의 공군에서의 연구 등 대부분 연구에서 평시 상황에서는 민주적 리더십이 독재적 리더십보다 더 효과적인 것으로 결론을 내리고 있다.

따라서 전·평시를 막론하고 신속하고 단호한 의사결정이 요구되는 위기 상황이

캡티니티스

부기장: 저기, 뒤쪽에 얼음이 맺혀 있어요. 잠시 날개 상판을 살펴보죠.

기 장: 안 돼! 곧 이륙해야 해.

부기장: 그러면 안 될 것 같아요.

기 장: 괜찮다니까.

부기장: 음… 괜찮을지도 모르죠. 기장님, 추락하고 있어요.

기 장: 나도 알아!

1982년 1월 13일 워싱턴 내셔널 공항에서 막 이륙한 에어플로리다 여객기가 꽁꽁 얼어붙은 포토맥강에 추락해 78명이 목숨을 잃는다. 블랙박스에 담긴 최후의 기록을 보면 부기장의 완곡한 문제 제기를 기장이 철저히 무시한 것이 사고 원인으로 드러난다. 미국 작가 맬컴 글래드웰은 신작 『아웃라이어』에서 수많은 항공기 사고가 조종실 내의 의사소통 문제 때문에 발생한다고 지적했다. 위계질서에 젖은 부기장들이 기장의 잘못된 판단에 맞서 제대로 직언하기 힘들다는 것이다.

조종사들이 기장(captain)의 권위에 짓눌려 제 역할을 하지 못하는 현상을 '캡티니티스(captainitis)'라고 한다. 비단 항공사만의 문제가 아니다. 미국의 한 연구팀이 병원 간호사실 22곳에 전화를 건 뒤 의사를 사칭하고 무허가 약품을 특정 환자에게 주사하라는 지시를 내려봤다. 놀랍게도 21명이 아무 이의 없이 약품을 꺼내려 가는 게 아닌가. 의사들의 권위가 워낙 크다 보니 맹목적인 복종이 간호사들 몸에 밴 것이다. 심리학자 로버트 치알디니는 독불장군식 리더십이 캡티니티스를 초래한다고 경계했다. 스포츠팀 감독이든 기업 최고경영자(CEO)든 아랫사람의 의견을 기꺼이 들어야 치명적 실수를 막을 수 있다는 것이다.

하지만 스스로 유능하다고 믿는 리더일수록 "입 닥치고 나를 따르라"라는 식인 경우가 많다. DNA의 이중나선 구조를 밝혀낸 과학자 제임스 왓슨의 얘기가 교훈이 될 듯하다. 남보다 먼저 어려운 구조를 푼 비결을 묻자 그는 "제일 똑똑한 과학자가 아닌 덕분"이라는 의외의 대답을 했다. "자기 판단력이 가장 뛰어나다고 믿는 사람은 절대 남의 조언을 구하지 않기 때문"이란다. 반면 '덜 똑똑한' 왓슨은 다른 이들이 제시한 연구법도 과감히 수용한 결과 눈부신 성공을 거둘 수 있었다.

출처: 중앙일보(2009. 3. 3)

나 긴급 상황에서는 민주적 리더십보다 독재적 리더십이 더 효과적일 수 있지만, 그렇지 않은 상황에서는 의사결정 과정에 부하들을 참여시키는 민주적 리더십을 발휘하는 것이 더 바람직하다고 할 수 있다.

(2) 미시간 대학과 오하이오 주립대학의 연구

리더십 행동 유형에 관한 연구는 1940년대 중반부터 1950년대 중반에 이루어진 미시간 대학과 오하이오 주립대학에서 많이 이루어졌다.

리커트(Rensis Likert)를 중심으로 한 미시간 대학의 연구에서는 리더십 행동 유형을 직무 중심형(job-centered)과 종업원 중심형(employee-centered)의 두 가지로 구분했다. 그런데 미시간 대학의 연구자들은 오하이오 주립대학의 연구자들과 달리 직무 중심 행동과 종업원 중심 행동을 단일 차원으로 보고, 단일 연속선상의 양극단에 있는 것으로 간주했다. 즉, 직무 중심적 리더십 행동을 하는 리더는 그만큼 종업원 중심적인 리더십 행동을 덜 한다는 것이다. 그러나 이들도 연구를 거듭함에 따라 오하이오 주립대학의 연구와 마찬가지로 두 가지 행동 유형을 서로 독립된 차원으로 보게 되었다. 즉, 리더가 직무 중심적 행동과 종업원 중심적 행동을 함께할 수 있다는 것이다.

한편 오하이오 주립대학의 연구에서는 리더십 행동을 측정하기 위해 150개 항목의 리더십 행동에 관한 문항[22]을 만들어 설문을 실시한 후, 요인분석(factor analysis)을 실시했다. 그 결과 〈그림 4.2〉와 같이 '배려(consideration) 행동'과 '구조주도(initiating structure) 행동'의 두 차원으로 압축되었다. 여기서 '배려 행동'은 팔로어와의 관계를 중시하고, 팔로어와 리더 사이의 신뢰성, 온정, 친밀감, 상호존중, 그리고 상호협조를 조성하는 데 주력하는 관계지향적인 리더십 행동을 말하고, '구조주도 행동'은 팔로어의 과업환경을 구조화하는 리더십 행동으로 직무나 팔로어의 활동을 조직화하고, 성과를 구체적으로 정확하게 평가하는 과업지향적인 리더십 행동을 말한다.

이러한 연구가 앞의 미시간 대학의 리더십 행동 연구와 다른 점은 배려 행동과 구조주도 행동이 제로섬(zero-sum)의 단일한 연속성 개념이 아니라 각각을 독립적 차원으로 보고 리더십 행동을 4가지 유형으로 분류한다는 것이다.

저지, 피콜로와 일리스(Judge, Piccolo, & Ilies, 2004)는 오하이오 주립대학의 연구를 기반으로 구조주도 행동 및 배려 행동과

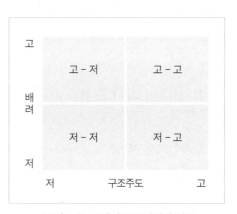

〈그림 4.2〉 오하이오 주립대학 연구

---

22   이것을 'LBDQ(Leader Behavior Description Questionnaire)'라고 부른다.

리더십 효과성 간의 관계를 연구한 논문들을 메타분석(meta analysis)[23]한 결과 두 가지 행동 모두 리더십 효과성과 다소 강한 상관관계를 갖고 있었다. 그러나 배려 행동은 리더십 만족 및 동기부여와 더 강한 상관관계를 갖고 있었고, 구조주도 행동은 리더의 직무 성과 및 집단 성과와 조금 더 강한 상관관계를 갖고 있었다.

한편 크리스티너와 헴필(Christner & Hemphill, 1955)이 공군에서 실시한 연구에서는 높은 배려적 리더십을 발휘하는 지휘관의 부대원들은 친밀감, 상호신뢰, 과업에 대한 대화, 전투의지 등이 증가한 반면, 높은 구조주도적 리더십을 발휘하는 지휘관의 부대원들은 동료애와 상호 간 신뢰가 높아지는 것으로 나타났다. 그리고 핼핀(Halpin, 1954)의 공군 연구에서는 상급자들은 구조주도적 리더십을 발휘하는 지휘관을 긍정적으로 평가하는 반면, 배려적 리더십을 발휘하는 지휘관은 부정적으로 평가하는 경향이 있었다. 훈련 시에는 배려적 리더십이 승무원들의 만족도를 높인 반면, 구조주도적 리더십은 만족도를 저하시키는 것으로 나타났다. 그러나 전투 상황에서는 배려적 리더십과 구조주도적 리더십 행동이 둘 다 승무원의 만족도를 높이는 것으로 나타났다.

앤더슨(Anderson, 1980)은 군인은 아니지만 전투 상황과 같이 생명의 위협과 공포를 느끼는 상황에서 근무하는 소방대원을 대상으로 연구한 결과 리더십 행동 유형에 따라 리더십 효과성이 달라지고, 관계지향적 리더보다는 과업지향적 리더가 더 효과적임을 발견했다.

(3) 리더십 격자 모형

블레이크와 머튼(Blake & Mouton, 1985)의 리더십 격자(leadership grid) 모형은 〈그림 4.3〉과 같이 리더의 행동 유형을 결정하는 것은 두 가지 차원, 즉 '생산에 대한 관심(concern for production)'과 '사람에 대한 관심(concern for people)'이라는 전제에서 출발한다. 그리고 각 차원을 9등분하는 척도를 만듦으로써 81개의 격자, 즉 81개의 리더십 행동 유형

---

23 특정한 주제에 대해 출판된 여러 논문의 결과들을 모으고 합쳐서 분석하는 방법이다.

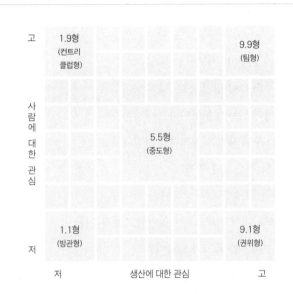

〈그림 4.3〉 리더십 격자(leadership Grid)

• 1.1형(방관형): 과업이나 사람에 대해 거의 관심을 갖지 않고 오직 되어가는 대로 내버려두는 리더
• 1.9형(컨트리클럽형): 사람에 대해 관심이 있지만, 과업에 대해서는 거의 관심이 없는 온정적인 리더
• 9.1형(권위형): 생산에만 관심을 두는 리더
• 5.5형(중도형): 생산과 사람에 관심에 대해 적절한 균형을 유지하려고 노력하는 중도적인 리더
• 9.9형(팀형): 과업과 사람을 통합하여 높은 성과를 가져오는 이상적인 리더

〈그림 4.3〉 리더십 격자(leadership Grid)

의 조합이 만들어지지만 리더십 격자에서는 다음과 같은 5가지 리더십 행동 유형만을 식별했다.

블레이크와 머튼(Blake & Mouton, 1985)은 생산과 사람 모두에게 높은 관심을 두는 '팀형'이 팔로어들이 과업완수를 위해 함께 노력할 것이기 때문에 모든 상황에서 가장 효과적인 리더십 행동 유형이라고 한다.[24] 누구나 고압적이고 권위적인 리더보다는 '팀형'의 리더를 더 좋아할 것이기 때문이다. 과연 생산과 사람에 대해 둘 다 높은 관심을 두는 '팀형'의 리더십이 가능한 것인지에 대해 의문을 가질 수 있지만, 다음

---

[24] 팀형 리더를 가장 효과적인 리더십 유형이라고 하지만, 모든 경우에 효과적인 리더십 유형은 아니다. 연구 결과들을 살펴보면 제한적으로만 '팀형'이 효과적인 리더십 유형인 것으로 나타나고 있다(Yukl, 1994).

사례는 그러한 리더십이 가능함을 보여주고 있다.[25]

> 소대장: 오늘이 첫 근무지? 기분이 어떤가?
>
> 소대원: 무슨 일부터 해야 할지 모르겠습니다.
>
> 소대장: 정문 위병의 임무가 무엇이라고 생각하지?
>
> 소대원: 외부인의 부대 출입을 통제하는 것입니다.
>
> 소대장: 그 외에 또 무슨 일을 하지?
>
> 소대원: 방문자의 신분을 확인하고 안내를 합니다.
>
> 소대장: 방문자를 안내하는 목표는 무엇이라고 생각하나?
>
> 소대원: 안내하는 데 무슨 목표가 있습니까?
>
> 소대장: 만일 방문객에게 불친절하게 하면 기분이 어떨까?
>
> 소대원: 기분이 좋지 않을 것입니다.
>
> 소대장: 나도 기분이 좋지 않을 거야. 그렇다면 방문객에게 친절하게 응대한다는 목표를 정할 수 있겠지?
>
> 소대원: 알겠습니다. 앞으로 방문객에게 친절하게 응대하겠습니다.
>
> 소대장: 앞으로 그러한 목표를 갖고 위병 근무를 하도록 하게.

한편 블레이크와 머튼(Blake & Mouton, 1985)은 리더는 대부분의 경우에 사용하는 주된 리더십 행동 유형과 압력을 받고 있거나 과업 수행이 잘 안 될 때 사용하는 보조 유형을 갖고 있다고 한다. 리더십 효과성을 높이기 위해 필요하다면 기본적인 5가지 유형을 적절히 조합하여 사용하는 융통성 있는 리더십을 발휘한다는 것이다. 그리고 효과적인 리더는 단순히 생산 행동과 관계 행동을 혼합해서 사용하는 사람이 아니라 생산과 관계에 대한 높은 관심을 갖는 행동을 함께하는 리더라는 것이다.

---

25 리더십의 본질은 리더와 팔로어 사이의 관계인데, 이 대화의 대부분은 상사가 팔로어에게 일방적인 영향력을 행사하고 있다. 그러므로 이러한 리더십은 개인과 조직목표의 진정한 통합이라기보다는 교묘하게 조작하고 있는 것이라고 비판할 수도 있다.

(4) 유클의 다차원 리더십 행동 유형

학자에 따라 리더십 행동 유형의 분류체계가 다른 것은 연구자의 분류목적(연구, 교육, 평가 등), **분류 방법**(요인분석, 판단에 의한 분류, 이론적-연역적 분류 등), 그리고 추상화

〈표 4.7〉 리더십 행동 분류 및 정의

행동 분류	정의
계획 수립 및 조직화	장기 목표 및 전략 결정, 우선순위에 따른 자원 할당, 과제를 효율적으로 달성하기 위한 인력과 활용 방법 결정, 집단의 조정, 생산성 및 효과성을 향상시킬 방법 결정
문제해결	문제 원인 발견 및 해결책 모색, 문제를 시기적절하고 체계적인 방법으로 분석, 중요한 문제 또는 위기 해결책 적극적 실행
역할 및 목표의 명확화	과제 할당 및 업무수행 방향 제시, 직무책임, 업무목표, 기한 및 성과에 대한 기대 명확화
정보제공	업무수행을 위해 정보를 필요로 하는 사람에게 관련 정보 전달, 자료와 문서 제공, 전문적인 지식 및 기술 정보 제공
확인 감독 (모니터링)	업무 및 업무에 영향을 미치는 정보 수집, 업무의 진행 정도와 질적 수준 평가, 개인 및 집단의 성과 평가 및 분석, 외부 상황 예측
동기부여와 격려	업무에 대한 열정과 몰입, 협력, 지원, 후원하도록 하기 위해 감정이나 논리에 호소하는 영향력 기법 사용, 적합한 행동의 사례 제시
협의	조직변화 시 구성원과 의견교환, 개선 아이디어 장려, 의사결정 참여 요청, 의사결정 시 다른 사람의 아이디어와 제안 수용
위임	부하가 업무활동을 하고 문제 처리, 중요한 결정을 내릴 때 상당한 책임과 재량권을 갖도록 허용
지원	인내하고 도움을 주며, 어떤 사람이 당황해하거나 걱정할 때 공감과 지원, 불만과 문제점 경청
개발 및 멘토링	잠재력 개발 및 경력관리에 대한 조언, 개인의 기술 습득, 전문성 개발 및 경력개발 지원
갈등관리 및 팀빌딩	갈등의 건설적 해결 촉진, 그리고 부서 간 협력, 팀워크 및 일체감 조성
네트워킹	비공식적 모임 참석, 정보와 지원의 원천이 되는 사람과 접촉, 방문, 전화, 편지, 사회활동의 참석을 포함하여 정기적인 상호작용을 통해 지속적 접촉 유지
인정	성과 및 공헌에 대해 칭찬과 인정, 특별한 노력에 감사 표시
보상	능력 및 성과에 따른 급여 인상이나 승진 같은 유형적인 보상 제공 및 추천

출처: Yukl(1998: 60)

(abstraction)의 수준이 서로 다르기 때문이다.[26] 그런데 이러한 리더십 행동 연구들은 대부분 리더십 행동 유형을 두 가지(관계지향-과업지향) 또는 3가지(관계지향-과업지향-변화지향) 유형으로 지나치게 단순화시켜 분류함으로써 리더들에게 유용한 리더십 행동의 지침을 제공해주지 못하고 있다.

그것은 기존의 많은 리더십 행동 연구에서 관계지향적 행동이 효과적인 것으로 나타나고 있지만, 리더들이 구체적으로 어떠한 행동을 하는 것이 관계지향적 행동인지를 가르쳐주지 못하고 있다는 것이다. 또한 리더십 행동의 범위를 사람에게 초점을 맞춘 관계행동과 과업수행에 초점을 맞춘 과업행동으로 제한함으로써 리더가 실제로 수행하는 많은 관리적 행동(managerial behavior)들을 포함하지 못하고 있다.

이러한 기존의 리더십 행동 유형 분류 방식의 한계를 극복하기 위해 유클(Yukl, 1998: 60)은 〈표 4.7〉에서 보는 바와 같이 그동안 리더십 행동 유형 분류에 포함하지 않았던 계획 수립 및 조직화, 정보제공, 네트워킹 등과 같은 관리행동들도 리더십 행동 범주에 포함함으로써 리더의 모든 행동을 망라할 수 있도록 했다. 또한 리더들에게 효과적인 리더십 행동이 무엇인지를 구체적으로 제시하기 위해 리더십 행동 유형을 14개 유형으로 세분화하여 분류했다.

(5) 부정적 리더십 행동 연구

그동안 리더십 연구는 일부 학자들이 긍정적인 영향력만이 리더십이라고 주장하면서 효과적인 리더의 특성과 행동 등이 무엇인지를 밝혀내는 데 초점을 맞추어왔다 (Howell & Avolio, 1992; Kellerman, 2004). 따라서 부정적 리더십 행동(negative leadership behavior)에 대한 연구에는 크게 관심을 두지 않았다.

그러나 리더의 부정적인 행동은 많은 조직에 실제로 존재하는 현상이기 때문에 최근 들어 〈표 4.8〉과 같이 부정적 리더십의 실제를 인정하고 전제적 리더십, 비인격

---

[26] '구조주도 행동과 배려 행동' 또는 '과업지향 행동과 관계지향 행동' 같은 이분법적 분류는 리더십 행동을 가장 광범위하게 범주화한 것이고, 유클(1998)의 14가지 리더십 행동 유형 분류는 중범위 수준의 분류라고 할 수 있다 (Yukl, 2006: 63).

<표 4.8> 부정적 리더십 관련 용어 및 개념

연구자	용어	개념
Ashforth (1994)	전제적 리더십 (petty tyranny)	타인에 대한 권력의 억압적 사용 경향
Tepper (2000)	비인격적 감독 (abusive supervision)	리더가 신체적 접촉을 제외하고 언어적 · 비언어적 적대행동을 표시하는 정도에 대한 부하 직원의 인식
Einarsen et al. (2003)	직장 내 괴롭힘 (workplace bullying)	누군가를 괴롭히거나, 불쾌감을 주거나, 사회적으로 배제하며 타인의 업무수행에 부정적인 영향을 미치는 것
Kellerman (2004)	나쁜 리더십 (bad leadership)	무능거나 비윤리적 리더
Lipman-Blumen (2005)	독성 리더십 (toxic leadership)	파괴적인 행동이나 개인적인 성격장애로 여러 사람이나 가족, 조직, 심지어 그들이 속한 사회 전체에 지속적으로 심각한 해로움을 주는 것
Einarsen et al. (2007)	파괴적 리더십 (destructive leadership)	조직의 목적, 임무, 자원 및 효율성 또는 부하의 동기유발, 웰빙, 직무만족도 등을 저해하거나 방해함으로써 조직의 합법적인 이익을 침해하는 리더, 감독자, 관리자의 체계적이고 반복적으로 이루어지는 행위

출처: 전영수 · 이희수(2021: 50)

적 감독, 직장 내 괴롭힘, 나쁜 리더십, 독성 리더십, 파괴적 리더십 등의 용어를 사용하여 리더십의 부정적 영역에 대한 연구에도 관심을 두게 됨으로써 리더십 행동 연구 영역이 더욱 확장되고 있다(전영수 · 이희수, 2021).

이러한 리더십 연구 추세를 반영하여 최근에 개정된 미 육군 리더십 교리 간행물(Department of The Army, 2019: 8-8)에서도 군 리더들은 다음과 같이 조직 목표 달성이나 전투력을 저하시킬 수 있는 5가지 역효과 리더십(counterproductive leadership) 행동을 제시하고, 이러한 부정적 리더십 행동을 하지 말 것을 강조하고 있다.

첫째, 다른 사람에게 비인격적인 행동을 하는 것이다. 자신의 권한을 넘어서 다른 사람에게 모욕을 주고, 잔혹하게 하거나 다른 사람을 비하하는 행동들이다. 이러한 행동들은 리더에게 요구되는 도덕적 · 윤리적 · 법적 책임을 이행하는 것에도 어긋난다.

둘째, 자기의 잇속만 챙기는 것이다. 다른 사람들의 목표와 욕구보다 자신의 목표와 욕구를 우선적으로 추구하는 것이다.

셋째, 변덕스러운 행동을 하는 것이다. 리더가 자기통제력이 없거나 변덕스러워서 사소한 반대의견 표명에도 성질을 내거나 언행이 불일치하고, 불안정하게 행동해서 예측이 불가능한 것이다.

넷째, 리더십 역량이 부족한 것이다. 이것은 경험이 부족하고, 의도적인 태만에서 나타나는 행동들이다.

다섯째, 부정한 행동을 하는 것이다. 이러한 행동은 윤리 규정, 또는 법규나 방침 등을 위반하는 것이다.

한편 전영수(2021)는 아래 〈표 4.9〉에서 보는 바와 같이 우리 육군에서 대대원들을 통해 수집한 대대장의 부정적 리더십 행동을 크게 '자기홍보 및 진급 집착', '무능력 및 공감능력 부족', '갈등 및 불평등 조장', '진정성 결여', '예측 불가능성(일관성 결여)', '비인격적 감독'의 6가지 유형으로 분류했다.

이러한 연구 결과에서와 같이 전투력에 부정적 영향을 미치고, 각종 군내 사고 발생의 원인이 되는 군 리더들의 부정적 리더십 행동, 특히 비인격적 감독 같은 행동들은 병영문화 혁신 노력 등으로 과거에 비해 많이 감소했다. 그러나 군 리더들은 모두

〈표 4.9〉 부정적 리더십 행동 유형 및 내용

구분	내용	비율(%)
자기 홍보 및 진급 집착	지나친 욕심, 불필요한 행정업무, 과도한 수준 요구, 과도한 관리(좁쌀 관리), 상부지향적 태도, 지나친 성과 강조, 상급부대 지시 맹목적 추구, 편중된 부대 운용, 균형감각 부족 등	23.6
무능력 및 공감력 부족	부하 불신, 인색, 공감, 배려 부족, 우유부단과 무능력 등	12.0
갈등 및 불평등 조장	차별, 인간적 편애, 포상과 처벌의 불공정, 특정계층 소외, 편향적 인력 활용, 종교적 편향 등	11.9
진정성 결여	이기주의, 공사 불분명, 비윤리적(부정직한 행동), 언행 불일치, 책임 전가(회피) 등	10.2
예측 불가능성 (일관성 결여)	감정 자제력 부족, 가벼운 언행, 직설적 표현, 비일관성, 부대 운영 수시 변경 등	8.3
비인격적 감독	공개적 질책, 인격 모독성 발언, 폭언과 욕설 등	5.7

주: N = 965건(2016~2017년 자료수집)
출처: 전영수(2021)

가 완전한 인간이 아니기 때문에 자기통제력(self-control)과 공감력 부족 등으로 이러한 부정적 리더십 행동을 할 수 있다.[27] 따라서 군 리더들은 끊임없이 자신의 리더십 행동을 스스로 성찰하여 부정적 리더십 행동을 하지 않도록 노력해야 한다. 또한 지휘관들은 부대 간부들이 부정적 리더십 행동을 하고 있는지 리더십 진단이나 면담 또는 상담 등을 통해 확인(monitoring)해서 적절한 조치를 함으로써 부정적 리더십 행동으로 인한 전투력 저하나 사고가 발생하지 않도록 해야 한다.[28]

(6) 내적 리더십과 임무형 지휘[29]

독일군은 '내적 리더십(inner leadership)'을 기반으로 한 '임무형 전술(Auftragtaktik)' 또는 '임무형 지휘(Führen mit Auftrag)'를 독일군 지상 작전부대의 최상위 지휘 철학으로 공식화하고, 이를 모든 부대 활동에 적용하고 있다.

미군도 1975년 베트남 전쟁 패배 이후 이러한 독일군의 임무형 지휘(mission command) 개념을 도입하여 미 육군이 권장하는 지휘통제의 개념으로 정립하고, 부대 예규와 전술 예규에 반영하고 있다. 그리고 우리 육군도 1999년 임무형 지휘를 '지휘개념'으로 채택했고, 2018년에는 임무형 지휘를 '육군의 지휘 철학'으로 정립하고, 임무형 지휘의 기본정신을 내면화하여 현장에서 적용하도록 노력하고 있다.

여기서는 이러한 임무형 지휘의 기반이 되는 내적 리더십과 임무형 지휘, 그리고 독일군이 육성하고자 하는 이상적인 군인상인 '제복 입은 시민(citizen in uniform)'의 개념에 대해 살펴본다.

---

[27] 미 육군 리더십 설문조사(CASAL, 2014)에 의하면 62%의 군인이 군 리더들의 리더십 수준에 만족 혹은 매우 만족한다고 응답했지만, 21%는 상급자의 리더십에 불만족을 표현했다.

[28] 군대조직에서 부정적 리더십 행동은 부대의 단결력을 저해하고 팀 정신을 저하시키며, 최악의 상황에서는 반란이나 인명 손실을 가져온다(Reed, 2004). 미군은 월남전에서 'fragging(상관 살해)'에 의해 1969~1972년까지 900여 명의 사상자를 발생시켰는데, 피해자는 대부분 장교와 부사관이었다. 또한 부정적 리더십 행동이 용사들이 자살하는 주 원인은 아니더라도 촉발요인(trigger)으로 작용했다(전영수, 2021).

[29] 독일군은 별도의 리더십 교범이 없고 국방부에서 한국군의 「군인복무규율」 같은 역할을 하는 Joint Service Regulation ZDv 10/1: Innere Führung을 발간하여 군 복무와 리더십의 지침을 제시하고 있다. 이 내용은 김용주 · 신인호(2007)의 『독일 연방군 총서』와 The Federal Minister of Defense(2008), Joint Service Regulation ZDv 10/1: Innere Führung(Leadership Development and Civic Education)을 참조했다.

▎내적 리더십[30]

독일군의 군 복무, 리더십 및 교육훈련의 기반이 되는 '내적 리더십' 개념은 1806년 예나와 아우에르슈테트에서 나폴레옹에게 참패한 후 추진되었던 프로이센 육군의 개혁 이념[31]에 그 뿌리를 두고 있다.

당시 내적 리더십의 핵심개념은 대부분 국민이 갖고 있는 반군사적 태도를 반영하여 의회민주주의에 충실한 군대를 육성하는 데 초점이 맞추어져 있었기 때문에 민주주의 이념과 군사적 절대성 간의 통합을 모색하여 군인의 기본권과 인권을 보장하고, 용사들은 그들이 지켜야 할 민주사회의 규범과 가치를 군대에서 경험하도록 했다. 히틀러 시대의 역사적 교훈을 반영하여 명령과 복종이 법과 규정에 따라 이루어지고, 군인들이 시민으로서 사회에 통합되고, 합법성을 견지할 수 있도록 한 것이다.

또한 제국주의 전통을 청산하여 군에 대한 문민통치 원칙을 구현하고, 자유와 평등, 다양성, 합의, 권력의 분산 등을 특징으로 하는 민주사회의 기본 특성들과 위계적 계급 구조, 명령과 복종, 권력 집중 등을 특징으로 하는 군대사회의 기본 특성 간의 갈등을 최소화하도록 했다. 개인의 자유와 권리를 최대한으로 보장하면서 각자의 군사적 능력을 극대화시키고, 개인이 시민으로서 갖고 있는 헌법적 권리는 군사적 기능의 유지에 불가피한 경우에 한해서만 법적으로 제한하도록 한 것이다.

이러한 독일군의 내적 리더십은 조직 차원과 개인 차원으로 구분할 수 있다. 조직 차원에서는 군의 기본 특성을 유지하면서 군사력을 조정·통제함으로써 징병제 군대를 독일의 정치 시스템에 통합시켜 군의 내부질서를 확립하고, 군과 국가 또는 사회와의 올바른 관계를 정립하는 것이다. 그리고 개인 차원에서는 모든 군 구성원들의 사고와 행동의 규범을 제시하고, 특히 지휘관들에게 리더십 발휘의 지침을 제공하는 것이다.

이처럼 내적 리더십은 상급자와 부하의 관계에만 국한하지 않고, 군 조직 전체의

---

30 '내적 리더십'이라는 용어는 과거의 강제, 통제, 감시 등 외부로부터의 통제에 의한 리더십인 '외적 리더십'에 대응하는 개념이라고 할 수 있다.

31 당시 개혁위원회가 추구했던 개혁의 중점 중 내적 리더십과 관련된 대표적인 내용은 국민개병제 도입, 국가의식 고취, 군과 국민의 통합, 국민의 기본권 보장 차원에서 각종 태형과 인격모독 언행의 금지 등이다.

운영방식은 물론, 군과 국가 또는 사회와의 관계까지 포괄하는 광의의 개념이라고 할 수 있다. 독일군의 내적 리더십의 기본원칙[32]은 민주주의 원칙에 의거하여 개인의 자유와 권리를 최대한 보장하면서 군대의 기본 목표인 최적의 군사 임무수행 능력을 유지하도록 하는 것이다. 한마디로 내적 리더십은 민주주의 특성과 군 특성 간의 균형과 조화를 위한 저울과 교량 역할을 하는 것이다. 또한 정신적·윤리적 의무를 기반으로 하는 내적 리더십 원칙에 따라 가용한 전투력과 수단들을 관리해야 한다는 것이다. 지휘관의 모든 결심, 조치, 명령 등은 인간의 존엄성과 기본권에 대한 존중을 바탕으로 하는 내적 리더십의 원칙에 부합해야 하고, 내적 리더십의 원칙은 아무리 어려운 상황에서도 변함없이 적용되어야 한다. 따라서 독일 군인에게 요구되는 복종은 절대적이고 무조건적이 아니라 윤리적 규범에 따라 이루어지도록 하고 있다.[33]

독일군은 이러한 내적 리더십 발휘를 통해 다음과 같은 4가지 목표를 구현하려고 한다(ZDv 10/1: 401조). 첫째, 합법성(legitiamation)이다. 군 구성원들의 복무 근거, 즉 군사적 행위에 대한 윤리적·법적·정치적·사회적 이유를 명확히 제시하는 것이다. 동시에 군사적 임무, 특히 해외 작전의 목적이 무엇인지를 명확하게 알려주고, 이해할 수 있도록 하는 것이다.

둘째, 통합성(integration)이다. 군과 국가, 그리고 사회의 통합을 유지·촉진시키고, 국가 안전보장 정책의 일부로서 군의 사명이 무엇인지를 이해하도록 하는 것이다. 그리고 장병들이 군의 지속적인 변화 과정에 능동적으로 참여하도록 하는 것이다.

셋째, 동기부여(motivation)를 하는 것이다. 이는 군 구성원들이 자발적으로 자신의 의무를 철저히 수행하고, 상관에게 진심으로 복종하도록 하는 것이다. 또한 각자가 책임감을 느끼고 서로 협조하고, 부대 응집력과 군기를 유지하려는 의지를 강화하는 것이다.

---

[32] 내적 리더십의 원칙(principle)은 구체적으로 기술되어 있지는 않지만, "국가와 사회의 통합, 제복 입은 시민의 지도원칙, 임무의 윤리적·법적·정치적 정당성, 군에서 기본적인 헌법적·사회적 가치의 실현, 명령과 복종의 한계, 임무형 지휘 원칙의 적용, 군인의 법적 참여 권한 준수, 헌법에 보장된 결사의 자유 준수" 등이다(The Federal Minister of Defense, 2008: 7).

[33] 군법에 명시되어 있는 바와 같이 상관의 임의적인 명령 또는 정치적인 목적에 의해 군인의 의무가 오용되어서는 안 된다. 이러한 사실을 지휘관이 스스로 이해하고, 부하에게 알려주어야 한다.

넷째, 내적 질서(internal order)의 확립이다. 군이 법을 준수하고, 임무를 효과적으로 수행할 수 있도록 내적 질서를 확립하는 것이다.

그리고 내적 리더십의 원칙이 적용되는 주요 분야는 사람과 직접적인 관계를 갖고 있기 때문에 군에서 가장 중요한 영역인 전·평시 리더십, 시민교육, 그리고 법과 군 기다. 이 외에도 내적 리더십이 적용되는 분야는 복무 및 훈련, 정보활동, 조직 및 인사 관리, 복지 및 여가 활동, 가정생활과 군 복무의 조화, 종교 활동, 의료지원 등이다.[34]

▌임무형 지휘[35]

독일군에서 처음으로 사용하기 시작한 '임무형 지휘(mission command)'라는 용어는 독일군의 임무형 전술(Auftragstaktik)에서 비롯된 용어다.

'임무형 지휘'에서 '임무(mission)'의 의미는 상급 지휘관의 의도를 구현하기 위해 하급 부대에 부여하는 명령 하달의 한 방법으로서 목표와 목적을 명확하게 명시하되 수행 방법은 임무 수행자에게 위임하는 것이다.[36] 즉, '임무'는 하급자에게 요구하는 모든 행위를 명확하게 기술하는 구체적인 명령이 아니라 "제한된 범위 내에서 하급 자의 주도적인 재량 행위를 보장하는 분권화된 명령(decentralized order)"을 의미한다. 독 일군에서 이와 같이 '임무'를 강조하는 것은 불확실하고 급변하는 전장 상황에서 능 동적으로 대처할 수 있는 '주도성(主導性)' 또는 '자주성(自主性)'을 부여하는 데 있다.[37]

이러한 임무형 전술의 개념은 1806년 보불전쟁 패배 후 프러시아군 지휘부가 패 전의 원인을 '사고의 경직성'과 지휘관들의 '피동적인 지휘' 때문이었다고 판단하고 새로운 지휘 방법을 모색하기 위해 대대적 개혁 과정에서 등장했다. 이후 전시뿐만

---

34 내적 리더십이 분야별로 어떻게 적용되는가에 대해서는 The Federal Minister of Defense(2008: 12-24) 참조.

35 본 내용은 김용주·신인호(2007)와 김용주(2010), 그리고 임무형 지휘에 대한 『국방일보』의 기획기사(2010. 6. 8~10) 등을 참조했다.

36 '임무형 지휘'에서 독단 활용이 가능한 조건은 근본적인 상황의 변동, 변동된 상황의 즉각적인 조치 요구, 명령을 하달한 상급자와의 접촉이 불가능하거나 즉각 접촉할 수 없는 경우 등이다.

37 '자주성'은 전시에 상황을 정확히 판단하고, 이에 맞는 결심을 수립하여 자신의 책임하에 실행에 옮기는 자질을 의 미한다. 이때 독단적인 결심 수립과 실행은 하달된 임무 또는 명령 범위 내에서 이루어져야 한다. 임무형 지휘를 자신이 알아서 부대를 지휘하는 개념으로 인식하여 지휘관의 의도를 자의적으로 해석하거나 자신의 창의성을 과 신해 임의로 행동해서는 안 된다.

아니라 평시에도 임무형 지휘를 적극적으로 활용해야 한다는 의미에서 임무에 의한 지휘개념으로 확대되었고, 1998년에는 임무형 전술 또는 임무에 의한 지휘를 독일 육군의 최고 지휘개념으로 채택했다.

'임무형 지휘'는 '임무형 전술' 개념이 전술적으로만이 아니라 리더십 분야에 확대 적용되어 '임무를 통한 지휘'의 개념으로 발전한 것이다. 즉, '임무형 전술'이라고 할 때는 전술 분야에 국한된 개념으로 이해되지만, '임무형 지휘'라고 할 경우에는 전술 상황뿐만 아니라 교육훈련 등 평시 부대관리를 포함하는 광의의 개념이라고 할 수 있다.

이러한 임무형 지휘의 원리는 예하 지휘관들에게 부여된 목표를 달성하려는 의지를 요구하지만, 예하 지휘관들의 행동 자유를 최대한 보장해주는 것이다.[38] 즉 예하 지휘관들에게 자기가 의도하는 바를 명확하게 알려주고, 성취 가능하고 명확한 목표를 부여하며, 목표 달성에 필요한 전투력과 수단을 제공해주는 것이다. 지휘관이 임무만 부여하고 부하가 알아서 하라는 식으로 방임하거나 무능을 은폐하기 위해 부하에게 책임을 전가하는 것은 임무형 지휘가 아니다.

이러한 임무형 지휘는 내적 리더십과 역사적으로는 뿌리가 서로 다르지만, 상호 간에 매우 밀접한 관련성이 있다.[39] 그리고 임무형 지휘는 독일군의 이상적인 군인상인 '제복 입은 시민'의 개념에 가장 부합하는 리더십 유형이다.

이러한 임무형 지휘가 성공적으로 이루어지기 위한 전제조건은 주도성을 발휘하고자 하는 열정, 임무 수행의 전문성, 상하 공감대가 형성된 군사 지식과 전술관 공유,[40] 상·하급자 간 신뢰, 상하 간 자유로운 의사소통, 올바른 권한 행사와 책임 의식 소유,

---

38 예하 지휘관들의 조치가 동일한 목표를 지향하도록 상호 협조하도록 하거나, 정치적·군사적 제약조건을 준수해야 할 필요가 있을 경우에는 구체적인 사항에 대해 명령을 내릴 수 있다.

39 내적 리더십은 지휘권 행사를 위한 지휘관 및 부하들의 철학적·의식적·태도적 요소이고, 임무형 지휘는 내적 리더십을 기반으로 부대의 임무 수행 과정에서 지휘권을 가장 효율적으로 발휘하기 위한 지휘 방식이다. 즉, 내적 리더십은 임무형 지휘의 범위를 제한하는 요소이기도 하지만, 임무형 지휘의 효율성을 극대화시켜주는 요소가 되기도 한다.

40 독일군은 2단계 상급 지휘관의 역할과 임무를 함께 생각할 수 있도록 교육훈련을 실시하고 있다. 예컨대, 소위를 대상으로 한 전술기초교육에서 병과를 초월한 대대급 이상의 전술지식교육을 실시하여 제병합동전투에 대한 감각을 익히게 한다. 그리고 실무부대에서 지휘관들이 차차 하급제대 지휘관 및 참모들을 대상으로 교육을 실시하여 상급제대와 관련된 문제들을 인식하도록 하고, 상하 간에 신뢰 관계를 형성한다.

그리고 실패에 대한 관용[41] 등이다. 그러나 이러한 전제조건이 충족되었다 할지라도 임무형 지휘가 모든 상황에서 항상 효과적인 것이 아니라 전투 형태에 따라서는 통제형 지휘가 더 효과적일 수 있다. 예컨대, 작전지역이 넓고 적의 저항이 약할 때는 임무형 전술이 적합하다고 할 수 있지만, 적의 저항이 강력하고 행동의 자유가 극히 제한될 때는 임무형 지휘보다는 통제형 지휘가 더 효과적일 수 있다. 또한 임무형 지휘는 원칙적으로 기동전과 깊은 연관성이 있기 때문에 방어전투에서는 통합성을 유지하기 위해 임무형 지휘보다는 통제형 지휘를 더 요구한다. 또한 강력한 명령이나 지시가 요구되는 위기 상황에서는 임무형 지휘보다는 권위적인 통제형 지휘가 요구된다.

따라서 임무형 지휘가 군의 바람직한 리더십 철학이자 발전 방향이기 때문에 군 리더들은 임무형 지휘를 적용할 수 있는 전제조건을 갖추기 위해 노력해야 한다. 그러나 어떠한 상황에서도 무조건적으로 임무형 지휘가 효과적인 것은 아니기 때문에 주어진 상황을 고려하여 적합한 리더십을 발휘해야 한다는 사실을 잊지 말아야 한다.

▌제복 입은 시민

독일군이 육성하고자 하는 이상적인 군인상은 개인의 권리와 군인으로서 의무를 동시에 갖고 있는 '제복 입은 시민'이다. 즉, 군인은 군인의 의무와 시민의 지적 · 도덕적 책임을 조화롭게 수행해야 한다는 것이다. 그런데 독일군의 이상적인 군인상인 '제복 입은 시민'의 개념 속에는 다음의 3가지 요소를 포함하고 있다.

첫째, 군인은 자유인(free individual)이어야 한다. 자유인(自由人)이라 함은 인간의 존엄성과 아울러 헌법상에 명시된 자유와 권리를 보유하고 있는 인간을 뜻한다. 따라서 "인간의 존엄성은 침해할 수 없다"(ZDv 10/1: 104조)라고 규정하고 있고, 모든 시민과 마찬가지로 군인에게도 독일 헌법에서 보장하는 기본권이 보장된다(ZDv 10/1: 105). 그러나 군 조직의 특성상 불가피한 경우에는 기본권을 제한할 수 있도록 하고 있다. 즉 독일 시민의 기본권에는 신체 · 신앙 · 언론 · 집회 · 사상 · 거주 이전의 자유, 참정권 등이 있는데, 이 중에서 명령과 복종을 기본으로 병영생활을 해야 하는 군인은

---

41   임무형 지휘는 실행과정에서 부하들의 실수를 용인하고 책임을 감수하겠다는 상급자의 각오를 전제로 한다.

불가피하게 언론, 집회, 사상, 거주 이전의 자유 등을 제약할 수 있도록 하고 있다. 그러나 그 제약은 필요한 정도만 하도록 하고 있다.

둘째, 군인은 책임감 있는 시민(responsible citizen)이어야 한다. 군인은 군대 공동체의 중요성을 인식하고, 책임감을 느끼고, 조직목표 달성에 협조해야 한다. 그리고 자신의 가치관과 개인적 목표가 다른 사람과 상충할 경우 이를 조정하고 양보할 수 있어야 한다.

셋째, 군인은 항상 임무를 수행할 준비가 되어 있어야 한다. 군인은 자신의 군 복무가 국가방위, 나아가 세계평화 유지와 인권 보호에 중요함을 인식함과 동시에 생명의 위협을 무릅쓰고, 전투에 임할 수 있는 정신자세를 갖추어야 한다.

이러한 '제복 입은 시민'을 육성하기 위해 독일군은 〈표 4.10〉에서 보는 바와 같이 상관의 지도원칙(guiding principle)을 제시하고, 이를 준수하도록 하고 있다. 또한 독일군은 군인을 '제복 입은 시민'으로 육성하기 위해 군 복무자들에게 자유민주주의의 질서와 가치, 규범 등을 교육하여 사회적·정치적 책임을 자각하게 하고 있다. 그리고 국민으로서 군 복무 및 군사임무 수행의 당위성을 인식하게 하여 전투태세를 확립하고, 전투 동기를 부여하기 위해 시민교육(civic education)[42]을 실시하고 있다.

〈표 4.10〉 상관의 지도 원칙(guiding principle)

나는 상관으로서 특별한 권력(power)과 의무(duty)를 갖고 있다.
1. 나는 인간의 존엄성을 존중하고, 보호한다.
2. 나는 법과 양심에 따라 행동하고, 그 행동에 대한 책임을 진다.
3. 나는 솔선수범한다. 또한 전우와 함께 고난과 고통을 같이한다.
4. 나는 적절한 방법으로 명령을 내리고, 부하들이 명령에 따르도록 한다.
5. 나는 상호 간에 신뢰 형성을 위한 기반을 마련한다.
6. 나는 최선의 실현 가능한 훈련을 실시하고, 인간의 존엄성, 법, 복무규정, 그리고 안전 조항을 고려하여 합리적인 요구를 한다.
7. 나는 파트너로서 리드한다. 나는 전우들의 기량과 능력을 활용하고, 가능하다면 언제든지 의사결정 과정에 참여하도록 한다.
8. 나는 부하의 신상을 잘 파악하고, 그들이 갖고 있는 문제해결과 고충 처리에 관심을 갖는다.
9. 나는 전우들에게 정보를 제공하고, 그들이 나의 명령을 잘 이해하도록 한다.
10. 나는 전우들과 대화를 하도록 노력하고, 그들이 나를 필요로 할 때 항상 함께한다.

출처: The Federal Minister of Defense(2008: 27)

---

42 독일군은 '정신교육'이 아니라 '시민교육(civic education)'이라는 용어를 사용하고 있다. 시민교육의 목적은 역사

2) 군 리더십 행동 연구

(1) 평시에 효과적인 리더십 행동

폭스(Fox, 1975)는 리더십 행동 유형을 다차원으로 분류하고, 미 육군 보병 소대장을 대상으로 효과적인 리더십 행동이 무엇인지를 규명하는 연구를 실시했다. 그 결과 구조주도, 배려, 결단성, 목표에 대한 강조, 부하에 대한 지원, 참여적 의사결정, 그리고 과업의 수행을 용이하게 하는 행동 등이 리더십 효과성과 유의한 상관관계가 있음을 발견했다. 또한 랑게와 제이콥스(Lange & Jacobs, 1960)도 이와 유사하게 리더십 행동을 8가지 차원으로 분류하여 보병 소대장을 대상으로 연구한 결과 역할과 과업의 명확화, 적절한 보상과 처벌의 사용, 부하에 대한 배려와 지원의 3가지 리더십 행동이 효과적인 지휘자와 비효과적인 지휘자를 구분해주는 리더십 행동인 것으로 나타났다.

한편 유클과 밴플리트(Yukl & Van Fleet, 1982)는 리더십 행동을 좀 더 세분화하여 19개 유형으로 분류하고, ROTC 후보생들을 대상으로 어떠한 리더십 행동이 효과적인지를 연구했다. 연구 결과 부하에 대한 배려, 동기부여, 성과 강조, 역할 명확화, 훈계 행동이 다른 리더십 행동보다 리더십 효과성과 더 높은 상관관계가 있는 것으로 나타났다. 그런데 흥미로운 사실은 부하에 대한 배려 행동이 리더십 효과성과 역상관 관계(-0.21)가 있는 것으로 나타났다는 것이다. 이러한 연구 결과를 일반화하기는 어렵지만, 리더가 부하들과 지나치게 우호적인 관계를 갖는다면 강한 부대를 만들기 위해 엄정한 군기를 확립하고, 강도 있는 훈련을 시키기 어려울 수도 있다는 것을 시사해주고 있다.

또한 유클과 밴플리트(Yukl & Van Fleet, 1986)는 〈표 4.11〉에서와 같이 대표적인 군사 저널에 5년간(1977~1982) 수록된 리더십 관련 논문들에서 효과적인 행동으로 제시한 리더십 행동들을 수집하여 내용분석을 실시했다. 그 결과 두 개 이상의 저널에서 가

를 가르치고, 정치 상황을 명확히 이해시켜 정치적 이슈에 대해 판단할 수 있도록 하는 것이다. 또한 문화 간 차이를 이해시키고, 가치의 중요성을 인식시키며, 정치 과정에 능동적으로 참여하도록 하는 것이다(ZDv 10/1: 627조).

구분	저널명	공통적인 강조 행동(%)	군별 강조 행동
육군	Military Review	• 부하에 대한 배려(11.6) • 영감 고취(7.8) • 비판(7.7)	협조 및 팀워크 촉진
해군	Naval War College Review	• 문제해결(7.3) • 목표설정(7.2) • 작전 모니터링(7.1)	권한위임, 작전 모니터링, 환경 모니터링
공군	Air University Review	• 정보공유(6.6) • 환경 모니터링(6.4) • 성과 강조(6.4)	비판, 목표설정, 정보공유

출처: Van Fleet & Yukl(1986: 74-75)

장 많이 언급된 리더십 행동은 부하에 대한 배려, 영감 고취, 비판, 문제해결 행동이었다. 그리고 세 개 저널에서 강조한 리더십 행동들을 종합해서 분석한 결과 가장 많이 언급된 리더십 행동은 부하에 대한 배려, 영감 고취, 비판, 문제해결, 목표설정, 작전 모니터링, 정보공유, 환경 모니터링, 성과 강조 행동이었다. 그러나 육군은 협조 및 팀워크 촉진 행동, 해군은 권한위임과 작전 및 환경 모니터링, 그리고 공군은 비판, 목표설정, 정보공유 행동을 더 강조하고 있었다. 이러한 연구 결과는 군에서 공통적으로 가장 많이 강조되는 리더십 행동은 부하에 대한 배려 행동이라는 것과 군별로 강조되는 리더십 행동이 다르다는 것을 시사해주고 있다.

한국군에서 효과적인 리더십 행동이 무엇인지를 규명하려는 연구로는 최병순 (1988, 1990)의 연구가 있다.[43] 이 연구에서는 〈표 4.12〉와 같이 직위의 차이(소·중대장)가 효과적인 리더십 행동에 어떠한 차이를 가져오는지에 대해 비교 분석했다. 연구 결과를 종합하면 연구 대상의 차이(지휘 제대의 차이)와 연구 방법의 차이에도 불구하고 공통적으로 효과적인 리더십 행동은 '부하에 대한 배려'와 '동기부여' 행동이라고 할 수 있다.

---

[43] 단일 연구 방법(single method) 사용으로 인한 연구의 한계를 극복하기 위해 설문지법과 함께 개방형 설문 또는 면접에 의해 중요 사건들을 수집하여 분석하는 중요사건기술법(critical incident method)에 의한 연구를 병행하는 복수 연구 방법(multiple method)을 사용했다. 또한 직위(계층)의 차이(소·중대장)가 효과적인 리더십 행동에 어떠한 차이를 가져오는지 비교 분석할 수 있도록 연구를 설계했다.

<표 4.12> 평상시 효과적인 리더십 행동

지휘 행동	연구 대상		
	소대장	중대장	대대장
부하에 대한 배려	Q / C	Q / C	Q / C
동기부여(솔선수범)	Q / C	/ C	Q / C
인정 및 보상		Q / C	/ C
교육훈련 및 훈계	Q / C	/ C	
권한위임 및 참여	Q /		
확인 감독	Q /		
인화 단결		Q / C	Q /
계획 및 조직화			Q /
정보의 전파			
문제해결과 위기관리			
역할 과업의 명확화			
대표의 역할			
대외활동			

주: Q-설문지법에 의한 연구 결과 / C-중요사건기술법에 의한 연구 결과
출처: 최병순(1988, 1990)

따라서 평시 상황에서는 부하들을 사랑과 정으로 대하고, 그들의 복지에 관심을 가지며, 부하들이 어려움에 처했을 때 헌신적으로 도와주는 '부하에 대한 배려' 행동과 솔선수범이나 자신감 있는 행동 등을 통해 임무나 과업에 대한 열정과 자신감을 불러일으키고, 목표 달성을 위해 헌신하도록 하는 '동기부여' 행동이 소·중대장 및 대대장의 공통적으로 효과적인 리더십 행동이라고 할 수 있다. 그러나 소대장의 경우 부하들과 직접적인 대인접촉에 의해 이루어지는 '교육훈련 및 훈계'와 '확인 감독' 행동이 효과적인 리더십 행동인 반면 대대장의 경우에는 관리적 행동(managerial behavior)이라고 할 수 있는 '계획 및 조직화'가 효과적인 리더십 행동으로 식별됨으로써 지휘관의 직위에 따라 리더십 행동이 변화되어야 한다는 것을 시사해주고 있다.

한편 한국군과 앞에서 기술한 미군에서 소대장의 리더십 행동에 관한 연구 결과를 비교해보면 <표 4.13>에서 보는 바와 같이 연구자와 연구 대상에 따라 효과적인 리더십 행동에 차이가 있지만, '부하에 대한 배려와 지원 행동'은 모든 연구에서 공통적으로 효과적인 리더십 행동으로 분류되고 있음을 발견할 수 있다. 이와 같이 연구 대상과 연구 방법, 그리고 문화적 차이에도 불구하고 공통적으로 효과적인 리더십 행동으로 분류되고 있다는 것은 '부하에 대한 배려' 행동이 군 초급 지휘자들이 가장 많은 관심을 가져야 할 리더십 행동이라는 것을 시사해주고 있다.

연구자	최병순 (1988)	Lange & Jacob (1960)	Fox (1975)	Van Fleet & Yukl (1982)
연구 대상	보병 소대장	미군 보병 소대장		ROTC 후보생
효과적인 리더십 행동	부하에 대한 배려와 지원			
	동기부여(솔선수범)		목표 강조	동기부여, 성과 강조
	교육훈련 및 훈계	적절한 보상과 처벌		훈계
		역할과 과업의 명확화	구조 중심 과업의 용이화	역할 명확화
			결단성 참여적 의사결정	

(2) 전장에서 효과적인 리더십 행동[44]

▌전장의 특성

전장(battlefield)이란 "작전, 전투, 교전이 전개되고 있거나 이와 직간접적으로 관련되어 영향을 받을 것으로 예상되는 공간"(육군본부, 2009: 3-34)을 말한다. 그런데 군사과학기술의 발전으로 무기체계의 사거리가 더욱 연장되고, 폭발력이 더욱 강력해지면서 전장이 점차 확대되고 있어 '전선(front)'의 개념을 무의미하게 만들고 있다.

이와 같이 전장의 개념이 확대되었지만, 극단적인 공포와 스트레스, 심신의 피로와 배고픔, 갈증을 느끼는 최악의 조건에서도 명령을 수행해야 한다는 전장의 본질적 특성은 여전히 변하지 않고 있다. 또한 무기체계를 운용하고 전투를 수행하는 것은 여전히 인간이고, 죽음을 두려워하고, 자신을 사랑하고 존중해주는 사람을 좋아한다는 인간의 본성은 바뀌지 않았다.

---

[44] 이 책에서는 '전투(戰鬪) 리더십(combat leadership)'이 아니라 '전장(戰場) 리더십(battlefield leadership or leadership on the battlefield)'이라는 용어를 사용했다. 그 이유는 '전장 리더십'이라는 용어가 실제 전투 과정에서 어떻게 지휘하는 것이 효과적인가의 문제만이 아니라 전장 공포, 전장 피로 등과 같이 전장에서 발생하는 문제들을 포괄적으로 다룰 수 있기 때문이다.

이러한 전장의 특성 때문에 리더에 대한 부하들의 반응이 평시와 다르고, 불확실하고 비호의적인 상황 때문에 리더가 의사결정을 하기가 더 어렵다. 그렇기 때문에 전투에서의 승리가 행운에 의해 결정된다고도 생각할 수 있지만, 전투의 승패를 결정하는 데 가장 중요한 역할을 하는 것은 역시 지휘관의 리더십이다. 아무리 무기체계가 우수하고, 훌륭한 작전계획을 수립한다 할지라도 장병들을 싸우도록 이끌어주는 리더십이 없다면 승리할 수 없다. 무기체계와 병력 수가 문제가 아니라 지휘관의 리더십과 전투에서 싸워 이기려는 의지가 승리를 가져다주는 것이다.

한편 육군 리더십 교범(육군본부, 2009: 3-35)에서는 다음과 같이 전장의 특성을 불확실성, 위험, 마찰(摩擦, friction), 정신적 · 육체적 피로와 고통으로 구분하여 설명하고 있다.[45]

첫째, 전장은 불확실성의 영역이다. 클라우제비츠가 "전투 중에 지휘관이 취하는 행동 근거는 그것의 75%가 불확실한 안개에 잠겨 있기 때문에 진실을 찾기 위해 날카로운 지성이 요구되는 영역이다"(류제승 옮김, 1998)라고 말했듯이 전장의 불확실성으로 인해 실제 전투에서는 다음 사례에서 보는 바와 같이 사전에 수립한 작전계획대로 전투가 이루어지기가 어렵다.

> "… 사전에 수립된 작전 계획들이 그대로 실시된 적은 거의 없었다. 또한 대부분 부대는 최초 편성된 승무원으로 계속 전투할 수 없었다. 전투 간 피해로 승무원들이 수시로 교체되었고, 지휘관들은 수시로 다른 부대의 지휘를 받게 되었으며, 전투부대들은 익숙하지 않은 새로운 여단으로 자주 배속 전환되었다."
>
> – 임채상(2000)

또한 오늘날 첨단전자정보장비 개발로 과거에 비해 전장의 불확실성이 많이 감소되었다 하더라도 다음 사례들에서 보는 바와 같이 적과 아군에 대한 정보, 과거에 경험해보지 못한 새로운 지형, 기상, 부대원의 전사 또는 부상 등으로 인해 초래되는

45　프레이타그 로링호벤(Freytag-Loringhoven, 1955: 9-148)은 클라우제비츠(Clausewitz, 2008)의『전쟁론(On War)』을 기초로 전장의 특성을 위험의 영역, 육체적 피로와 고통의 영역, 마찰(friction)의 영역, 불확실성의 영역으로 구분하여 설명하고 있다.

전장의 불확실성을 완전히 감소시키는 데는 한계가 있다.

> 보포협동 전투에서는 정확한 정보를 주고받아야 한다. 아군 전초병으로부터 적 척후병 두세 명이 출현했다는 보고를 받은 중대장이 "척후병 뒤에는 주력 부대가 따를 것이고, 아군 저항선까지 오는 데는 몇 분이 걸릴 것이며, 포병지원 사격을 요청하면 몇 분 후에 첫발이 착탄할 것"이라고 지레짐작하여 출현하지도 않은 적과 교전 중이라 보고함으로써 아군 탄으로 아군 병사만 살상시켰다."
>
> – 베트남전 참전자 증언

이와 같이 전장은 불확실성의 영역이기 때문에 전장 지휘자는 전투 상황에 대한 정확한 상황판단 능력과 예측하지 못한 돌발적 상황에서 임기응변할 수 있는 유연한 사고,[46] 그리고 위기 극복 역량이 요구된다.

둘째, 전장은 위험의 영역이다. 전장은 죽음 또는 부상의 위협을 느끼는 매우 위험한 곳이다. 평시에 아무리 실전 같은 훈련을 하더라도 사전에 사고 위험을 방지하기 위한 안전조치를 하기 때문에 훈련 참가자들은 사고의 위험은 있지만 죽을 위험은 거의 없다는 것을 알고 있다. 따라서 훈련에 대한 공포심이 있더라도 그것은 죽음에 대한 공포심이라기보다 다가올 육체적인 고통에 대한 두려움 또는 경험하지 못했던 위험한 훈련에 대한 막연한 공포심일 것이다.

그러나 실제로 전투가 진행되는 전장에서는 대부분이 많은 전장 공포를 느끼게 된다.[47] 따라서 평시에 아무리 강한 훈련을 시켰다 하더라도 하나밖에 없는 소중한 목숨을 잃거나 부상을 입을 수 있다는 공포심이 발생하기 때문에 다음 사례와 같이 전투 참여자들은 극심한 전투 스트레스(combat stress)를 받게 된다.[48]

---

[46] 이스라엘은 중동전쟁의 경험을 토대로 "전투는 결코 당신의 계획대로만 되지 않는다. 그러므로 임기응변이 아주 중요하다"라고 군사적 지침에 명시하고 있다(김희상, 1998: 964).

[47] 스페인 시민전쟁에 참가했던 미국 참전 용사를 대상으로 실시한 연구에서는 전투 전 71%, 전투 중 15%, 전투 후 14%였고(Dollard, 1977), 한국군 연구에서는 전투 전 59.5%, 전투 중 28.2%, 전투 후 10.7%였다(최병순 등, 2009). 그리고 전투 경험이 많아질수록 47.1%는 "더 감소했다", 24.5%는 "똑같았다", 그리고 24.9%는 "더 증가했다"라고 응답했다.

[48] 첨단무기체계를 사용하는 현대전에서는 칼이나 활을 사용하여 전투하던 고대 전투나 재래식 무기를 사용하던 6.25전쟁이나 베트남전에서보다 무기체계가 정밀화·고도화·첨단화됨에 따라 전장에서 전사 또는 부상의 위험성이 더 높아지고 있기 때문에 전투 참가자들이 느끼는 공포는 더욱더 커지고 있다고 할 수 있다.

1차 작전이 끝나고 2차 작전이 시작되기 전에 팀원들은 늘 그래왔듯이 장난치고 웃으며 보내고 있었다. 그런데 실제 적이 은거해 있다는 예상 지역에 투입 명령을 받고 출동 준비를 시작하자 분위기가 완전히 달라졌다. 그때부터 팀원들이 모두 조용하고 엄숙해지면서 긴장되는 모습들이었다. 당시 매일 해오던 삽탄 순서를 잊어버리는 경우도 있었고, 수류탄을 끼우는 곳을 잊어버리는 모습을 보이기도 했으며, 끼워놓은 수류탄 위치가 맞는지 몇 번이나 확인하기도 했다. 또 어느 누가 이야기하지 않아도 군장을 차고 자는가 하면 총을 끌어안고 자기도 했다.

– 대침투작전 참가자 증언

　　그런데 이러한 전장 공포가 효과적으로 관리되지 못하면 다음 사례에서와 같이 전투 참가자들이 공황 상태에 빠지게 된다. 그리고 심한 경우에는 정신을 잃거나, 자신의 통제력을 잃고 자살하기도 한다.

　　나는 1969년 의무병으로 베트남전에 참전했다. 당시 후송되어오는 병사 중에는 사망자나 부상자도 많았지만, 전장 공포증으로 인한 정신질환자가 특히 많았다. 전장 공포증을 겪는 병사들이 보이는 대표적인 증상은 두 가지였다. 하나는 극도로 공격적이어서 치료 중에 링거를 깨서 간호장교나 군의관을 찌르는 경우가 빈번했다. 다른 하나는 극도로 사람들을 피하는 경우였다. 이런 병사들은 사람들을 보면 무조건 살려달라고 비는 증상을 보였다. 비록 의무병으로 후방에 있었지만, 언제 어디에서 죽을지 모르는 전장의 공포는 나에게도 그대로 느껴졌다.

– 베트남전 참전자 증언

　　또한 전장 공포 때문에 다음 사례에서와 같이 평소에 훈련할 때는 지휘관의 명령에 복종하고, 위험하거나 힘든 훈련도 자청하던 용사들도 전장에서는 TV나 영화에서 본 것처럼 용감하게 앞장서지 않는다.

　　우리 부대는 적 탱크의 공격을 저지하는 임무를 받고 있었다. 그러나 우리 중대에는 대전차 무기가 없었기 때문에 탱크를 공격해서 파괴할 방법이 없었다. 결국 중대장은 특공대를 투입할 결심을 하고 중대원들을 모아놓고 "누가 저 탱크 속으로 폭탄을 안고

산화하는 특공대가 되겠는가?" 하고 물었다. 그러나 "예, 제가 하겠습니다!" 하고 아무
도 나서지 않았다.

- 6.25전쟁 참전자 증언

작전지역에 폐광이 많이 있었다. 폐광을 지나가다가 대대장이 병사들을 보고 가서 수
색하라고 했는데 아무도 안 들어갔다. 대대장이 지시하는데도 말을 안 들어서 결국 그
냥 지나쳤다. 수색대대가 훈련이 잘되어 있어도 실제로는 못 들어갔다. 나중에는 무감각
해져서 들어갔던 것 같다.

- 대침투작전 참가자 증언

또한 다음 사례와 같이 평소에 훈련한 대로 행동하지 못하고 실수하기도 한다. 특
히 전장에서 생명의 위협에 대한 공포감으로 발생하는 가장 심각한 문제는 적을 향
해서 제대로 사격을 하지 못한다는 것이다.[49]

실제 전투에서의 공포심은 이루 말로 표현할 수 없는 것 같다. 실제로 전투 중에 자제
력을 상실하는 병사들도 많이 보았다. 특히 전투가 발생했을 때 1개 분대에서 실제 적을
보고 사격하는 병사는 두세 명 정도에 불과했던 것 같다. 한번은 이런 일이 있었다. 수색
정찰을 하고 있는 중에 갑자기 어디선가 총알이 날아왔다. 다시 총알이 날아들었을 때
우리는 총알이 2시 방향에서 날아온다는 것을 알 수 있었다. 그런데 그때 적을 향해 사
격을 가하는 병사는 전체 소대원 중에서 대여섯 명에 불과했다. 나머지 병사들은 머리
를 땅에 처박고 적을 보지도 않고 공중에 사격하고 있었다. 이러한 현상은 비단 우리 소
대만 그러하지는 않았을 것이다. 특히 신병이거나 전투 경험이 없는 경우에 그런 경우
가 더 많았으며, 선임병이 될수록 좀 더 대범해지는 것 같았다. 특히 경험 많은 선임병은
신임 소대장 또는 신임하사 두 명보다 나은 경우도 많았다.

- 베트남전 참전자 증언

---

[49] 제2차 세계대전에서 15~20%만이 적군을 향해 사격했고, 6.25전쟁에서는 55%, 베트남전에서는 90~95%로 증가
했다. 그리고 베트남전에서 적군 한 명을 죽이는 데 평균 5만 발의 탄환이 사용되었는데(데이브 그로스먼, 이동훈
옮김, 2011: 48, 273-274), 그것은 베트남전에서 미군이 적을 직접 보고 사격한 비율이 평균적으로 15%이고, 가장
전투력이 높은 보병 중대도 25%였기 때문이라고 할 수 있다.

장병들이 전투 경험이 없다 보니까 처음엔 아주 긴장을 많이 하더라고. … 밤이 되니까 무섭기도 하고. … 그래서 방아쇠에 손가락을 걸고 있는데, 계속 앞에서 나무가 흔들거리고 아른거리니까 자기도 모르게 사격하게 되는 거야. 그렇게 한 발이 당겨지면 그 근처에 있는 병사들은 전부 다 사격하는 거야. 결국 아무것도 없는 허공에 대고 실탄을 다 소비해버린 거지. 내가 보니까 한 20분간 산 정상 쪽으로 불꽃놀이처럼 계속 그러더라고. … 나중에 가보면 바위나 흙 같은 곳에는 총 맞은 자국이 없어. 전부 허공에다 쏜 거야. 이와는 다르게 앞에서 뭔가가 움직이는데 총을 안 쏘고 있는 경우도 있었지. 그래서 나중에 그런 사실을 알고 병사들에게 직접 물어봤더니 "확실히 명중시킬 자신이 없어서 그랬습니다"라고 당당하게 말하는 거야. 무장 공비는 백발백중인데 자기들은 그게 안 되니까 공연히 사격해서 내 위치를 노출시키면 바로 당할 수 있으니까 총을 안 쏜 거야.

– 대침투작전 관계자 증언

이와 같이 전장 공포 때문에 평시와는 달리 용감하게 앞장서지 않을 뿐만 아니라 지휘자의 명령에 복종하지 않는 경우도 발생하게 된다. 또한 적을 직접 보고 사격하지 못하고, 사격 통제가 제대로 이루어지지 않는 경우도 발생한다.

따라서 전장 지휘관의 중요한 책임의 하나는 용사들로부터 통제할 수 없는 공포심을 제거해주는 것이다. 지휘자가 냉정하고 침착하게 자신을 통제하는 모범을 보일 때 용사들의 불안감이 감소하고, 위급하고 긴장된 상황으로부터 부하들을 해방시켜줄 수 있다(Moran, 1967).

셋째, 전장은 극심한 피로와 고통의 영역이다. 전투 상황에서 전투원들이 겪게 되는 가장 큰 어려움은 인내의 한계를 넘는 정신적·육체적 피로와 고통이다. 적의 공격에 대한 불안감, 폭격으로 인한 폭음 등으로 수면을 제대로 취할 수 없고, 행군, 수색, 경계근무, 더위 또는 추위 등 날씨와의 싸움으로 인해 정신적·육체적 피로와 고통을 야기하게 된다. 또한 평상시보다 더 빠르게 전투 피로와 고통이 누적된다. 이러한 전투 피로는 다음 사례와 같이 제대로 작전을 수행하지 못하게 만들고, 불상사를 야기하기도 한다.[50]

---

[50] 베트남전에서도 며칠씩 계속되는 전투로 인해 수면 부족으로 적이 눈앞에 나타났는데도 졸고 있을 수밖에 없는 경우도 있었다(서경석, 2000).

낮에는 수색하고 밤에는 매복하라고 하니 전투 피로로 작전이 제대로 되겠어. 직접 작전 현장에 가보면 전부 다 졸고 있어. … 중대장이 매복에 들어갔는데, 자기도 피곤하니까 호 앞에다 우의를 깔고 누워 잔 거야. 그런데 이등병이 호 안에서 졸면서 총을 앞으로 겨누고 있다가 착시현상에 의해 적인 줄 알고 방아쇠를 당겨버린 거야. 그래서 호 앞에서 자던 중대장이 즉사해버린 적도 있었지. …

- 대침투작전 참가자 증언

또한 다음 사례와 같이 전장에서는 평시와 달리 식량, 물 및 기타 보급 물자의 부족으로 인해 전투원의 체력과 정신력이 고갈되고, 고통이 가중된다.

작전 중 어려운 게 뭐냐고 물어보니까 양치질을 하지 못하고 물을 마음껏 먹지 못하며 옷을 못 갈아입는 것이 힘들다고 하더라. 그리고 양말은 1주일씩 신고 버리더라. 매끼 전투식량을 먹으니 얼마나 지겹겠어. 나중에는 전투식량을 보급받으면 조금만 먹고는 박스째로 버리고 가는 거야. 나중에 공비를 잡아서 심문해보니 버린 전투식량을 주워 먹으면서 연명해왔다는 거야. 그로 인해 작전이 장기화되고 더욱 힘들게 되었지.

- 대침투작전 참가자 증언

넷째, 전장은 끊임없는 마찰(friction)의 영역이다. 마찰은 "아군의 일방적인 계획 추진을 방해하고, 때로는 불가능하게 만드는 저항과 혼란"이라는 의미를 내포한다. 전투는 대립하는 의지를 가진 적과의 대결이 본질이기 때문에 전장에서는 끊임없이 마찰이 발생한다.

전장에서 흔히 발생하는 마찰은 다음 사례들에서 보는 바와 같이 전투원 간의 인간적인 마찰이다. 전장에서는 전사 또는 부상으로 새로운 인원이 충원되어 재편성되기 때문에 부대원 간의 인간적 갈등으로 인해 마찰이 발생한다. 또한 지휘계통상 지휘관 사이의 의견차이나 명령 · 지시에 대한 오해로 인한 마찰, 협조 부대 간의 경쟁심이나 비협조로 인한 마찰, 지휘관의 요구와 부대원의 요구 차이에 의한 마찰, 통합전술훈련의 부족 등으로 인한 마찰 등 수많은 인간적 마찰 요인들이 도사리고 있는 곳이 바로 전장이다.

나는 1967년부터 1968년까지 ○○부대에서 일병으로 참전했다. 특히 해병대는 군기가 엄하기로 유명했기 때문에 무조건 선임병이 시키는 대로만 했다. 그런데 아직 기억에 남는 간부는 소대원들을 몇 차례 심하게 때린 적이 있는 선임 상사다. 그는 평상시에는 큰 문제가 없었는데, 가끔 자신의 기분이 나쁘면 소대원들을 심하게 때리는 간부였다. 한번은 너무 심하게 맞아서 3일 동안 화장실을 못 간 적도 있다. 병사들끼리는 전쟁 중에 꼭 이렇게까지 해야 하는지 원망하는 병사들이 많았다. 심한 경우에는 작전에 나가면 반드시 뒤에서 쏴서 죽여버리겠다고 하는 병사들도 있었다. 평상시에도 있어서는 안 되겠지만 특히 전쟁터에서는 심한 구타와 욕설 같은 것은 절대로 있어서는 안 되고, 부대의 사기를 떨어뜨리는 매우 잘못된 행동임을 크게 느꼈다.

- 베트남전 참전자 증언

부대 간의 정보를 인접 부대에 협조를 안 하는 거야. 전과에 눈이 먼 지휘관들이 그런 행동을 했지. 그리고 한 달쯤 지나니까 일부러 상황을 만들기도 하더라. 훈장이나 포상 받기 위해 허위 보고가 많아지는 거야. …

- 대침투작전 참가자 증언

이와 같은 인간적 마찰 외에도 전투를 수행하는 동안 혹독한 추위, 폭염, 안개, 얼음 등과 같은 기후나 지리적 여건 같은 부대 외적인 환경적 요인, 무기나 장비의 고장, 식량이나 식수 같은 보급품의 부족 등과 같은 마찰로 인해 다음 사례와 같이 지휘관의 의지대로 전투가 이루어지지 못하는 경우도 많이 발생한다.

태백산맥 줄기를 따라 작전을 수행하다 보니 산 능선에 매복하는 경우가 많았다. 처음엔 전투식량을 가지고 올라갔는데, 구름이 산에 걸려 며칠이고 이슬비만 내리다 보니 헬기가 못 떠서 식량 공수도 안 되었다. 그리고 산 위에 있으니까 식량보다 물이 바닥나서 더욱 힘들었다. 나중엔 3일 정도 굶으니까 눈이 핑핑 돌 지경이었다. 특공대를 조직하여 소대장 한 명이 인솔해서 빗길에 산을 내려가 군장에 식량을 넣어가지고 다시 올라온 일도 있었다.

- 대침투작전 참가자 증언

▎국내외 전장 리더십 연구

미군은 세계 각지에서 끊임없이 전투를 해왔기 때문에 전장 상황이나 이와 유사한 극한 상황에서 효과적인 리더십이 무엇인지에 대한 연구를 계속적으로 실시해왔다. 최근에는 콜디츠(Kolditz, 2007)가 실제 전투에 참여한 이라크전 참전부대와 극한 상황에서 활동하는 고산 등반대원, 정글 탐험대, 고공 낙하팀, 특수전 부대, FBI 대원을 대상으로 목숨이 위태로운 극한 상황에서 효과적인 리더십이 무엇인가를 연구했다.

이 연구에서는 첫째, 목숨이 위태로운 극한 상황에서는 리더에 대한 부하들의 신뢰가 매우 중요하고, 이러한 신뢰를 형성하는 데 가장 중요한 요소가 리더의 역량이라는 것을 발견했다.[51] 리더가 임무를 효과적으로 수행할 역량을 구비하고 있을 때 부하가 리더를 신뢰하고, 따르게 된다는 것이다.

둘째, 위험 상황에서는 그러한 상황 자체가 동기부여의 원천이 되기 때문에 평소와 같이 부하들을 동기부여시키려고 노력하기보다는 리더가 자신감 있게 침착한 행동을 함으로써 부하들의 공포심을 감소시켜주어야 한다고 한다. 상황이 위험하고 어려울수록 리더가 침착하고 분별력 있는 태도와 행동을 보여줄 때 부하들이 더욱더 리더를 신뢰하고 존경하게 되므로 평시보다 더 높은 수준의 자기통제력(self-control)을 발휘해야 한다는 것이다. 훈련할 때 조교가 하는 것처럼 흥분해서 소리를 질러대는 식의 행동은 전장에서 바람직하지 않다는 것이다.

셋째, 전장에서 리더는 진두지휘 등을 통해 적어도 부하들과 같은 수준이거나 더 높은 수준의 위험을 기꺼이 감수해야 한다는 것이다. 그리고 평소에 물질적인 부(富)나 지위에 가치를 두기보다 열정과 헌신으로 임무를 수행하고, 가능한 한 부하들과 같은 조건에서 일상생활을 함께하는 리더를 신뢰한다는 것이다. 다시 말해 전장에서 리더는 부하들과 동고동락(同苦同樂)해야 한다는 것이다.

넷째, 주변을 주시하는 습관을 길러야 한다는 것이다. 주위 상황을 항상 예의주시하여 아주 사소한 것이라도 개인과 부대의 생존에 도움이 될 수 있는 단서나 정보를

---

[51] 콜디츠(Kolditz, 2007)가 이라크에서 실시된 사막의 폭풍 작전에 참여한 전투 부대원을 대상으로 전투 시에 부하들로부터 신뢰를 받는 리더의 특성을 조사한 결과 '역량, 충성심, 정직성, 솔선수범, 자기통제력, 자신감, 육체적·정신적 용기, 정보공유, 인간적 유대감, 책임감' 순으로 신뢰를 받는 데 중요한 특성인 것으로 나타났다.

포착하는 습관을 길러야 한다는 것이다. 겁을 먹고 있는 부하가 있는지 살펴보고, 그러한 증상을 조기에 발견하는 능력을 길러야 한다.

다섯째, 용어나 신호의 정의와 의미를 명확히 해서 의사소통 과정에서 오해나 오인을 하지 않도록 해야 한다는 것이다. 수집된 첩보나 정보를 전달하는 과정에서 오해나 오인을 한다면 첩보나 정보를 수집한 보람이 없게 되기 때문이다.

여섯째, 위험관리 능력이 있어야 한다는 것이다. 인간은 살기 위해 본능적으로 이기적인 행동도 하게 된다. 그러나 위험 상황에서는 부대원들이 각자 이기적인 마음을 먹으면 모두가 공멸할 수 있기 때문에 모든 부대원이 함께 살아남기 위해서는 위험을 함께 감수하려는 마음 자세를 갖도록 해야 한다. 반면에 위기 상황에서 종종 유능하지만 야심을 갖고 있는 리더들이 공명심에 이끌려 모험을 감수하는 선택을 하거나, 리더의 자아도취적인 자존심 때문에 만용을 부려 모두를 위험에 빠뜨리는 경우도 종종 있다. 따라서 위험 상황에서는 불필요하게 위험을 감수하는 선택이나 행동을 하지 않는 것이 바람직하다.

한편 우리 군을 대상으로 전장에서 어떠한 리더십 행동이 효과적인지에 대한 실증 연구는 최병순(1988)이 6.25전쟁과 베트남전 참전 용사를 대상으로 한 연구와 최병순 등(2009)이 6.25전쟁, 베트남전, 그리고 강릉 지역 대침투작전 참가자를 대상으로 한 연구가 있다.

최병순(1988)의 연구[52] 결과는 〈표 4.14〉에서 보는 바와 같이 헬렘 등(1971)의 연구

〈표 4.14〉 전투 상황에서 효과적인 리더십 행동

연구자	최병순(1988)	헬렘 등(Heleme et al., 1971)
리더십 행동	• 부하에 대한 배려 • 동기부여(진두지휘, 자신감) • 문제해결 및 위기관리	• 부하에 대한 배려 • 솔선수범 행동 • 자신감과 강인한 행동 • 긴급사태에 적절한 대응 • 명확한 지시

---

[52] 모의 전투 상황이라고 할 수 있는 중대 ATT 상황에서 설문지법에 의한 연구 결과와 6.25전쟁과 베트남전에 참가했던 장병을 대상으로 '전투 상황에서 효과적이었던 리더십 행동 및 비효과적이었던 리더십 행동'에 대한 사례들을 수집하여 분석하는 중요사건기술법(critical incident method)에 의한 연구 결과를 비교 분석했다.

결과와도 거의 일치했다.[53] 따라서 다음과 같이 '부하에 대한 배려 행동', 진두지휘와 자신감 부여를 주 내용으로 하는 '동기부여 행동', '문제해결 및 위기관리 행동'이 전투 상황에서 효과적인 리더십 행동이라고 할 수 있다.

첫째, '부하에 대한 배려 행동'이다. 전장에서는 누구나 불확실한 상황과 생명의 위협에 처해 있기 때문에 자연발생적으로 서로 의지하려는 마음이 생기게 된다. 지휘관의 관심과 배려가 이러한 심리적 욕구를 충족시켜주기 때문에 다음의 사례들에서 보는 바와 같이 전투 상황에서는 강압적·권위적인 지휘보다는 부하를 사랑과 정으로 지휘하는 것이 더 효과적이다.

우리 대대는 피의 능선 전투에 참가했다. 피의 능선 전투는 정말 치열했다. 대대장의 공격 명령을 받은 1중대와 3중대가 차례로 공격했지만, 모두 전멸하다시피 했다. 대대 병력은 우리 중대밖에 남지 않았다. 대대장은 우리 중대로 하여금 고지 탈환 명령을 하달했다. 명령을 받은 중대장은 중대원들을 집합시켜놓고 비장한 각오로 "여러분에게 우리 대대와 중대의 명예가 달렸다. 죽음을 무릅쓰고 고지를 탈환하자!"라고 일장 훈시했다.

나는 소대 선임하사로서 공격의 선봉을 맡았다. 정말 치열한 전투였다. 적 벙커에 거의 도달했을 때는 나와 소대원 네 명밖에 남지 않았다. 중공군은 벙커 속에서 기관총으로 무장하고 있었기 때문에 아군의 피해가 컸고, 빗발치는 사격 때문에 도저히 접근할 수 없었다. 할 수 없이 중대장에게 무전으로 "도저히 공격할 수 없습니다. 소대원도 다 죽고 네 명밖에 남지 않았습니다. 후퇴하겠습니다"라고 보고했다. 그러나 고지 중턱에 있던 중대장이 무전으로 "선임하사! 당신만 믿소! 당신만 믿소!"라고 응답했다.

우리 중대장은 평소에 중대원들을 정말로 사랑했다. 형제처럼 중대원을 대해주었고, 정말 사랑과 정으로 중대를 지휘했기 때문에 중대원들이 매우 좋아했다. 나에게도 그동안 중대장이 참 잘해주었기 때문에 중대장을 매우 좋아했고 존경했다. 이러한 생각이 떠오르자 후퇴해야겠다는 생각이 사라지고 중대장을 실망시켜서는 안 되겠다는 생각이 들었다. 용기를 내어 남은 네 명의 소대원에게 "엄호사격을 하라" 하고 지시하고 적 벙커를 향해 돌격했다. 벙커에 들어가보니 벙커에서 후퇴하지 못하도록 발목에 쇠고랑을

---

[53] 전투 상황은 생명의 위협과 공포를 느낀다는 공통점이 있고, 이러한 상황에서 군인들이 느끼는 심리나 태도도 거의 비슷하기 때문이다.

채워놓고 있었다.[54]

- 6.25전쟁 참전자 증언

둘째, 지휘관이 자신감을 보여주고, 진두지휘함으로써 전투의지를 북돋아주는 '동기부여(motivation)' 행동을 해야 한다.[55] 전장에서 인간은 생명의 위협에 대한 공포를 느껴 대부분이 몸을 사리게 되고, 지휘자에게 심리적으로 의지하게 된다. 이러한 상황에서 지휘관이 다음 사례와 같이 자신감을 보여준다면 부대원들의 사기가 앙양되지만, 지휘관이 겁을 먹고 있거나 자신감을 보여주지 못한다면 지휘관에 대한 신뢰가 무너지고, 부하들의 사기를 저하시키게 된다.

빗발치듯 쏟아지는 적의 포탄도 아랑곳하지 않고 소대장이 "하늘이 무너져도 솟아날 구멍이 있다! 용기를 내라!" 그리고 부상을 입은 소대장이 중대장에게 무전으로 "중대장님! 걱정하지 마십시오. 우리 소대원은 모두 용감한 병사들입니다!"라는 말에 사기가 충천했다.[56]

- 6.25전쟁 참전자 증언

당시 나는 신임 장교로 임관된 후 첫 전투였다. 적의 대병력은 점점 근접해오고 우리 병사들은 수없이 쓰러져갔다. 나는 몹시 당황했다. 공포감과 당혹감으로 상황판단이 제대로 될 리 없었다. 당황해서 쩔쩔매고 있는데, 대대장이 내 등을 두드리며 "적은 우리보다 몇 배로 고전하고 있다. 침착하고 정확하게 포탄을 터뜨려라! 계속 터뜨려라! 저 무너져가는 적진이 보이지 않느냐?"라고 격려해주어 자신감을 회복하고, 사기가 올랐다.

- 6.25전쟁 참전자 증언

---

54 인터뷰 과정에서 "왜 죽음을 무릅쓰고 공격했습니까?"라는 질문을 했을 때 63세의 참전 용사는 "중대장이 나에게 너무 잘해주었기 때문에 중대장의 말을 듣지 않을 수 없었습니다. 단지 그것뿐이었습니다"라고 대답했다.

55 갤(Gal, 1986)의 이스라엘군을 대상으로 한 연구에서 지휘자가 높은 자신감을 보여준 부대가 전투를 효과적으로 수행하는 것으로 나타났다. 또한 게바와 갤(Geva & Gal, 1996)의 연구에서도 리더의 동기부여 능력이 부하들의 자신감을 불러일으키고, 기대 이상의 높은 성과를 내도록 하는 것으로 나타났다.

56 지휘관이 부하들을 신뢰하고 있음을 보여줄 때 용사들은 그러한 기대에 부응하도록 행동하게 된다는 것을 시사해 준다.

진두지휘하라!: 아이젠하워의 끈 이론

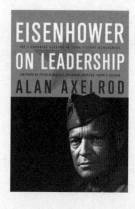

제34대 미국 대통령으로 당선이 되기 전, 아이젠하워 장군은 역사상 최고의 군사 지휘관 중 하나로 손꼽히는 사람이었다. 그는 부하 장교들에게 용사들을 힘으로 눌러 억지로 따르게 하지 않고 사기를 드높이는 중요한 통솔 요령을 가르쳐주기 위해 마루 위에 끈을 준비해 달라고 했다. 끈이 든 상자를 받아든 아이젠하워 장군은 장교들이 모여 있는 방으로 들어갔다. 전쟁터로 떠나는 장교들의 긴장을 풀어주기 위해 그는 유머를 섞어가며 연설을 짧게 끝냈다.

그러고는 장교들에게 일렬로 서라고 한 뒤, 준비해온 줄을 꺼내 장교들에게 하나씩 나누어주고 말했다. "자, 끈을 쥐고 한 번 당겨보십시오." 장교들은 영문을 몰라 어리둥절해하며 서로를 쳐다보았다. 이상하기는 했지만, 모두 앉아서 줄을 당겼다. 잠시 후 장군은 다시 말했다. "자, 그럼 이번에는 끈을 밀어보십시오." 끈을 당기기는 쉬웠지만 밀기는 쉽지 않았다.

장교들의 얼굴에 조금씩 난처해하는 표정이 역력히 드러났다. 그 순간, 아이젠하워 장군이 말했다. "끈을 당기면 여러분이 끌고 가고자 하는 곳까지 어디든 따라올 겁니다. 그러나 끈을 밀려고 하면 끈은 아무 데로도 가지 않습니다."

아이젠하워 장군은 천천히 장교 한 명 한 명의 눈을 들여다보며 덧붙여 말했다. "여러분이 부하들을 이끌 때도 이것과 똑같은 원리가 적용됩니다. 리더는 모든 사람이 피하는 일조차 마다하지 않습니다. 오히려 남들보다 더 힘들고 어려운 일에 앞장서서 해결하려고 합니다. 리더십에는 동료들을 위한 자신의 희생이 담겨 있어야 합니다. 마음을 움직이는 힘은 다른 무엇도 아닌 마음 자체입니다. 상대를 진정으로 아끼고 배려해주는 마음이지요. 이런 마음이 상대방에게 감동을 불러일으키게 되는 것입니다. 진정한 리더는 상대에게 궂은일을 억지로 강요하지 않습니다. 자신이 먼저 궂은일을 하는 사람입니다."

육군보병학교의 구호가 왜 "나를 따르라!(follow me!)"인지를 잘 설명해주고 있는 일화다.

출처: 손윤철(2006)

밤 12시가 좀 넘은 시간에 우리 소대장이 전갈에 손을 물려 갑자기 소리를 내면서 엉엉 울기 시작했다. 소대장은 전갈의 독 때문에 자신이 죽을 거라고 생각한 것 같다. 그런데 다음 날 복귀할 때까지 소대장은 큰 문제가 없었다. 소대장은 목숨은 건졌지만 더 큰 것을 잃었다. 그다음 날부터 소대장에 대한 소대원의 신뢰는 추락했다.

– 베트남전 참전자 증언

이와 같은 지휘관의 자신감 있는 행동의 중요성은 최병순 등(2009)이 베트남전 참전 용사들을 대상으로 한 연구에서 '지휘관의 자신감'이 가장 효과적인 사기 앙양 방법이고, 다음으로 지휘관의 관심과 배려, 적시 적절한 보급품 보급, 칭찬 및 인정 등이 전장에서 효과적인 사기 앙양 방법이라고 응답한 데서도 잘 나타난다.

이상과 같이 지휘자의 자신감 있는 행동과 함께 스토퍼 등(Stoffer et al., 1949)이 "전투 상황에서는 뒤에 서서 지시하는 리더보다 진두지휘하고 용기를 보여주는 리더가 가장 높게 평가되고, 이러한 리더십 행동에 의해 용사들이 자신감을 갖게 된다"라고 한 것처럼 다음과 같은 지휘자의 진두지휘 행동이 전장 공포를 극복하게 해주고, 전투동기를 부여해준다.[57]

우리 소대장은 항상 첨병 분대 다음 분대에 위치해서 교전 시는 전방부대까지 나섰다. 첨병 분대가 교전 시에는 소대장이 직접 분대원과 같이 교전했다. 그렇게 하니까 공포심도 없어지고 아버지와 같이 전투한다는 기분이므로 용기 백배했다.

– 베트남전 참전자 증언

셋째, '문제해결 및 위기관리'를 잘해야 한다. 위급하고 어려운 상황에 처해 있을 때는 대부분 사람이 당황하므로 다음과 같이 침착하게 정확한 상황판단을 해서 위기를 극복하는 지휘관의 행동이 요구되기 때문이다. 만일 지휘관마저 당황하여 정확한 상황판단을 하지 못한다면 다음 사례에서와 같이 부대원들이 우왕좌왕하게 되고, 전투력을 제대로 발휘할 수 없게 된다는 것이다.

우리 소대는 여느 날처럼 매복 작전을 수행하고 복귀 준비를 하고 있었다. 그런데 멀리서 우리가 있는 방향으로 분대 규모의 병력이 움직이고 있는 것을 발견했다. 거리가 상당히 멀었기 때문에 그들이 아군인지 적군인지 구분되지 않았다. 그래서 소대장이 무전으로 확인했는데, 거기는 아군이 없다고 연락이 들어왔다. 소대장의 명령에 따라 소대가 일제 사격을 가했고, 두세 명이 쓰러졌다. 그런데 나중에 알고 보니 그들은 인접 부대에서 수색정찰 임무를 수행하던 아군이었다. 그들의 수색정찰로와 우리의 매복지점이 겹치는 곳이 있었는데, 그것이 제대로 전달되지 않아서 오인사격이 발생한 것이다.

---

[57] 진두지휘는 직접 지휘가 가능한 소부대(중대급 이하 부대) 전투와 위기 상황에서 지휘관이 전투의지를 고양시키는 데 효과적일 수 있다. 그러나 상급 부대의 지휘관이 최전방에서 진두지휘하는 것은 부대 전체를 위험에 빠뜨릴 수 있음을 유의해야 한다. 상급 부대 지휘관이 일선에서 진두지휘한다면 지휘관이 유능한 용사 역할밖에 할 수 없다. 스포츠 경기에서 코치가 직접 경기에 참여하지 않는 것처럼 지휘관의 임무는 자신이 직접 적진으로 뛰어드는 것이 아니라 전황을 파악하여 작전계획을 수립하고, 부하들이 용감히 싸우도록 독려하고, 지원하는 것이다(허먼 S. 네이피어 외, 김원호 옮김, 2002: 174-175).

잘 모르고 발생한 사건이었지만, 그 대가는 상당했다. 이 오인 사고로 아군 병사 세 명이 사망한 것이다. 서로에 대해 정확한 정보가 전달되고 상황판단을 잘했더라면 그런 일이 발생하지 않았을 텐데 하는 아쉬움이 들었다.

– 베트남전 참전자 증언

갑작스러운 적 출현 상황에서 야간 매복으로 추가 투입하는 소대와 이미 매복하고 있던 소대를 이동 배치하는 과정에서 서로 오인하여 아군끼리 교전함으로써 아군 네다섯 명이 사망하거나 부상했다. 이것은 중대장이 정확한 상황판단을 하지 못했고, 소대와 소대의 무전 교신이 잘 이루어지지 않았기 때문이었다.

– 베트남전 참전자 증언

한편 최병순 등(2009)의 연구에서는 6.25전쟁과 베트남전 참전자뿐만 아니라 1996년 무장공비 침투로 인해 약 한 달간 작전을 실시했던 강릉 지역 대침투작전 참가자도 포함하여 인터뷰 및 설문을 실시한 결과를 분석한 후 〈표 4.15〉에서와 같이 10가지 전장 리더십 교훈을 도출했다.[58]

〈표 4.15〉 전장 리더십 교훈

- 부하를 사랑과 정으로 지휘하라.
- 자신감 있게 행동하라.
- 진두지휘하라.
- 끈끈한 전우애를 형성하라.
- 전장 상황에 부합하는 실전적인 교육훈련을 실시하라.
- 부하로부터 존경과 신뢰를 획득하라.
- 전장 공포를 효과적으로 관리하라.
- 지휘자 유고 시 대책을 수립하라.
- 우발 상황에 대비하라.
- 전장 상황에 따라 융통성을 발휘하라.

출처: 최병순 등(2009: 45)

전장 공포의 관리

전장에서 공포심은 위험에 대한 정상적이고 불가피한 반응으로, 자신의 주변에서 일어나는 위험 징후를 감지한 인간의 몸이 나타내는 신체적 위험 신호다. 전장에서 전투원이 싸워야 할 실제적인 적은 적의 총검이나 총탄보다 이러한 전장 공포라고 할 수 있다(서경석, 1999: 40).

이러한 전장 공포를 효과적으로 관리해야 하는 이유는 전장 공포 자체도 문제이지만, 그로 인한 전투 스트레스(combat stress)가 〈표 4.16〉에서 보는 바와 같이 전투원들

---

[58] 전장 리더십 교훈에 대한 자세한 내용과 실제 사례는 최병순 등(2009) 참조.

〈표 4.16〉 전투 스트레스 반응

〈표 4.16〉 전투 스트레스 반응

구분	신체적 반응	정서적 반응
경미한 스트레스 반응	• 전율을 느낌, 흥분 • 식은땀, 입이 마름 • 불면증, 심장이 두근거림 • 현기증, 메스꺼움, 구토, 설사 • 피로, 허공 응시 • 생각, 말, 의사소통이 어려움	• 불안, 우유부단, 과민 반응 • 불평, 건망증, 집중의 어려움 • 악몽, 분노 • 소음, 움직임, 빛 등에 쉽게 놀람 • 눈물을 흘리고, 소리 내어 욺 • 자신 및 집단에 대한 자신감 결여
심각한 스트레스 반응	• 계속 돌아다님 • 갑작스러운 소리나 움직임에 겁을 내거나 몸을 숨김 • 몸을 심하게 떪, 이유 없이 몸 일부를 움직이지 못함 • 보기, 듣기, 느끼기가 불가능 • 신체적으로 탈진 • 화재 상황에서 얼어붙음 • 멍하니 서 있거나, 서 있을 때 흔들거림, 공황 상태 발생	• 빠르고, 부적절하게 말함 • 논쟁적이 됨(무모하게 행동) • 위험에 무관심 • 기억 상실 • 심하게 더듬거나 거의 말하지 못함 • 불면증(극심한 악몽) • 환청 현상, 헛것을 봄 • 심한 감정 기복, 사회적 회피 • 냉소적 · 신경증적 행동 • 광란적 행동

출처: U.S. Marine Corps(2000: 4-5)

의 태도와 행동에 경미한 영향을 주는 스트레스 반응으로부터 전투력을 저하시키는 심각한 전투 스트레스 반응까지 다양한 스트레스 반응을 야기하기 때문이다.[59] 이와 같은 전장 공포가 야기하는 부정적 행동은 최병순 등(2009)이 베트남전 참전자를 대상으로 한 연구에서도 잘 나타나 있는데, 〈표 4.17〉에서 보는 바와 같이 전장 공포는 몸 숨김, 명령 불복종, 기절, 전장 이탈, 자살 등과 같이 전장 군기를 문란하게 하고, 전투력을 심각하게 저하시키는 부정적 효과를 유발한다.

따라서 지휘자들이 자신이 느끼는 전장 공포를 효과적으로 극복할 수 있는 역량

〈표 4.17〉 전장 공포로 인한 바람직하지 못한 행동

구분	계	몸 숨김	명령 불복종	기절	전장 이탈	자살	기타
명 (%)	240 (100.0)	110 (45.8)	43 (17.9)	20 (8.3)	17 (7.0)	7 (2.9)	43 (17.9)

---

59 1973년 아랍-이스라엘 간 전투 시 전투 쇼크 환자 발생 현황에 따르면 전장 공포로 인한 전투 쇼크 환자가 일반 환자의 30%였고, 전체 사상자의 23%를 차지했다(서경석, 1996: 84).

전장 스트레스와 PTSD

외상 후 스트레스 장애(PTSD: Post Traumatic Stress Disorder)란 "일반적으로 경험할 수 있는 스트레스의 한계를 넘어서는 매우 충격적이고 위협적인 사건, 외상 사건에 노출된 이후에 개인에게 남겨진 정신적 충격"을 의미한다. 이러한 PTSD가 유발하면 외상 사건에 대한 감정적 상처나 충격은 지나치게 갑작스러운 방어기제를 일으켜 장기적인 심리적 손상을 입히고, 대개 신경증을 유발하며, 공동체 의식을 저하시키고, 사람들 사이의 유대관계를 해친다. 그리고 일부는 방치할 경우 증상이 더욱 심해지기도 하고, 알코올에 의존하거나 자살로 이어지기도 한다. 또한 많은 연구에서 삶의 질을 떨어뜨린다고 알려진 우울증과 강박장애보다 PTSD가 삶의 질을 더 저하시키는 것으로 나타났고, 일반인과 비교 연구 결과 PTSD 발병자는 활력이 38%만 기능하고, 사회적 기능의 경우 50%만 발휘되는 것으로 보고되었다. 오늘날에는 매우 충격적인 외상 사건만이 아니라 교통사고와 같이 심각성이 덜하고 일상적으로 일어나는 사건도 PTSD를 유발하는 것으로 알려졌기 때문에 외상 사건 발생 시 1차 피해자인 사망자·상해자뿐 아니라 2·3차 피해자인 외상 사건의 공식적·비공식적 관련자를 모두 외상 사건의 피해자로 포함하고 있다.

그런데 군에서는 평상시 총기나 폭발 사고, 자살 사고, 자동차 사고, 전투기 추락사고 등을 직간접적으로 경험하게 되고, 특히 전장에서는 평상시보다 더 많이 동료의 부상이나 죽음 등을 목격하며, 전장 공포로 인해 높은 스트레스를 느끼기 때문에 PTSD가 발생할 가능성이 커진다. 미군의 경우 PTSD로 고통 받는 베트남 참전 용사 추정치가 미국 장애인 참전용사협의회에 따르면 50만 명, 1980년 해리스 앤 어소시에이츠에 따르면 150만 명이다. 이러한 수치는 베트남에서 복무한 280명의 용사 중 18~54%에 해당하는 인원이다(데이브 그로스먼, 이동훈 옮김, 2011: 410). 또한 참전 경험이 있는 현역 군인들을 대상으로 한 연구에서는 베트남전 참전자의 경우 조사 대상자의 9~30%, 1차 걸프전 참전자는 9~24%, 2차 걸프전 참전자는 12.5%가 PTSD 증상이 있었다.

한편 한국군에서 외상 사건(자살 사고, 차량 사고 등)으로 인해 동료 중 사망자가 발생한 부대를 대상으로 조사 결과 '심함'에 속하는 인원은 조사 대상자의 6.7%였고, '중간'에 속하는 인원은 31.1%였다.

따라서 전·평시를 막론하고 차량, 총기, 자살, 폭발 등 충격적인 외상 사건 발생 시 관계자들에 대한 PTSD의 예방과 치료를 위한 조치를 취해야 한다. PTSD는 발병 초기에 적절한 도움을 준다면 추후에 이어질 수 있는 부정적이고 파괴적인 결과를 예방할 수 있기 때문에 특히 발병 초기 발견과 치료가 매우 중요하다.

을 구비함과 동시에 부하들의 전장 공포를 효과적으로 관리할 수 있는 역량을 구비해야 한다. 공포를 느끼는 것이 문제가 아니라 공포를 느낄 때 어떠한 반응을 하는가가 중요하기 때문이다.[60]

미 육군 리더십 교리 간행물(Department of Army, 2006)에서는 전장 공포로 인한 전투 스트레스를 이겨내고 전투에서의 심리적 충격을 감소하기 위한 방안을 다음 〈표

---

60 전장 공포는 자존심상 적과 싸우고 싶은 충동을 느끼게 하기도 하고, 그 상황에서 도망치고 싶은 욕구를 느끼게 하기도 한다. 이러한 심리적 기제 때문에 전장에서 군인들이 공포심을 느끼면서도 전투를 계속하는 것이다. 이와 같이 공포심이 부정적인 영향만 미치는 것이 아니라 사람들이 조심스럽게 행동하도록 하고, 지휘자를 중심으로 일치단결하도록 하는 긍정적 영향도 있다.

<표 4.18> 미 육군의 전투 스트레스 관리 지침

- 전투 상황에서는 공포가 존재함을 인정하라.
- 리더와 부하 간에 개방적인 의사소통이 이루어지도록 하라.
- 불필요한 위험을 추측하지 말라.
- 관심과 배려하는 리더십을 발휘하라.
- 전투 스트레스 반응을 전상(戰傷)으로 취급하라.
- 인내의 한계를 인정하라.
- 전투 시 도덕적 행동의 의미에 대해 공개적으로 토론하라.
- 장병들과 그 가족들의 개인적 희생에 대해 보상하고 인정하라.

출처: Department of Army(2006: 10-5~10-6)

4.18〉과 같이 제시하고 있다. 전장 공포 극복을 위해서는 위험과 공포가 항상 직무의 일부임을 이해할 필요가 있고, 공포와 싸운다는 것은 공포를 부정한다는 의미가 아니라 공포를 인식하고 그것에 효과적으로 대처하는 것을 의미한다. 공포는 공포를 야기하는 상황을 정확하게 이해하고, 공포를 극복하려는 행동에 의해 극복되는 것이기 때문이다.

따라서 전투 스트레스를 야기하는 전장 공포를 극복하기 위해서는 철저한 준비와 계획, 그리고 실전 같은 훈련을 해야 한다. 위험한 임무나 작전의 수행 경험과 실전 같은 전투훈련이 전투 시 역경에 처하거나 희망이 없어 보일 때 역경을 극복하게 해주고, 승리할 수 있다는 자신감을 갖게 해준다.

한편 최병순 등(2009)의 연구 결과 전장 공포 극복 방법으로는 〈표 4.19〉에서와 같이 지휘관의 자신감, 충분한 사전훈련, 지휘자의 진두지휘, 적에 대한 정확한 정보 제공 등이 효과적인 것으로 나타났다.

〈표 4.19〉 전장 공포 극복을 위한 효과적인 방법

구분	계	지휘관 자신감	충분한 사전훈련	진두지휘	적 정보 제공	아군 정보 제공	동료들 격려	기타
명 (%)	207 (100.0)	57 (27.5)	55 (26.6)	41 (19.8)	24 (11.6)	8 (3.9)	17 (8.2)	5 (2.4)

또한 다음 사례에서와 같이 지휘자의 자신감 있는 행동뿐만 아니라 부하들에게 승리할 수 있다는 자신감을 부여하고, 적절한 휴식을 취하는 것도 전장 공포와 스트레스를 극복하게 하는 효과적인 방법이라는 것을 시사해주고 있다.

나는 1968년부터 약 1년간 소총수로 베트남전에 참전했다. 평소와 다름없이 매복 작전 중 교전이 발생하고 정신없이 사격하고 보니 옆 전우가 쓰러져 있었다. 우리 소대에서 발생한 첫 번째 전사자였다. 그때 소대 분위기는 정말 최악이었으며, 소대원들의 사기는 극도로 떨어졌다. 새로 작전에 투입되면 누군가 또 죽을 것만 같았다. 그런 분위기를 감지했는지 소대장과 중대장은 전 소대원을 휴양소로 보냈다. 원래 작전에서 복귀하면 휴식을 가지긴 했지만, 평소보다 더 편안한 시간을 보냈던 것으로 기억된다. 비록 짧은 하루 동안의 휴식이었지만, 소대원들은 모든 것을 잊고 휴양소에서 시간을 보냈다. 나중에 생각한 것이지만, 이것이 소대원들이 잃었던 사기를 회복하는 데 큰 도움이 되었던 것으로 기억된다.

- 베트남전 참전자 증언

3) 행동이론의 평가와 군 리더십 적용

(1) 행동이론의 평가

리더십 행동 이론 및 연구들은 다른 리더십 이론들과는 달리 잘 가다듬어진 이론으로서 효과적인 리더십 발휘를 위해 어떻게 행동해야 하는가만이 아니라 그러한 행동의 구성요소를 설명해주고 있다(Northhouse, 2021). 또한 자신의 리더십 행동을 측정하는 방법을 알려줌으로써 리더십 진단과 개발에 널리 활용되고 잇다.

이러한 리더십 행동이론과 연구들은 리더십 발전에 다음과 같이 긍정적으로 기여했다.

첫째, 리더십 특성 연구가 리더 개인의 특성에만 초점을 맞추었다는 한계를 극복하고 리더십 행동으로 연구의 범위를 확대했다는 것이다. 즉 특성 연구들이 리더를 선발하는 데 유용한 요인들을 찾아내려 한 반면, 리더십 행동 연구들은 리더를 교육훈련시키는 데 유용한 리더십 행동들을 식별하려고 했다. 리더십 특성은 변화시키기 어렵지만, 리더십 행동은 교육훈련을 통해 변화될 수도 있기 때문이다.

둘째, 리더십 행동이 크게 과업행동과 관계행동의 두 가지 행동 유형으로 구성되어 있고,[61] 이러한 두 가지 행동은 어느 상황에서나 리더십을 성공적으로 발휘하기 위해 필요한 보편적 행동들이라는 것이다. 그러나 상황에 따라 리더의 행동에 대한 팔로어들의 반응이 다르기 때문에 상황에 따른 이러한 리더십 행동들의 조합을 어떻게 만들어가느냐가 리더의 핵심과제라고 할 수 있다.

셋째, 리더십 행동 유형을 진단할 수 있는 틀을 제공해줌으로써 리더가 어떻게 리더십 행동을 하고 있는지를 조직 차원에서 파악할 수 있고, 진단 결과를 본인에게 피드백해줌으로써 리더 스스로 자신의 행동을 어떻게 변화시켜가야 할 것인가를 알게 해준다.

이와 같이 리더십 행동 연구가 리더십 발전에 많은 기여를 하고 있지만, 다음과 같은 한계도 내포하고 있다.

첫째, 리더십 행동이론은 특성이론과 마찬가지로 모든 상황에서 보편적으로 효과적인 리더십 행동이 있다는 전제를 하고 있다. 그러나 리더십 행동 연구 결과들이 리더십 행동 유형과 리더십 효과성 사이에 일관성 있는 관계가 나타나지 않았다(Yukl, 2020). 예컨대, 관계행동과 리더십 만족 간에는 대부분의 연구에서 상관관계가 있는 것으로 나타났지만, 다른 리더십 행동 유형이나 리더십 효과성 변수 간에는 일관성 있는 연구 결과가 나타나지 않았다. 또한 높은 과업행동과 높은 관계행동을 하는 리더십이 효과적인 것으로 나타나기도 했지만, 그렇지 않은 연구 결과도 있었다. 따라서 리더십 행동이론이 전제하고 있는 모든 상황에서 가장 좋은 단 하나의 리더십 행동 유형(one best leadership style)은 없다고 할 수 있다.

둘째, 리더의 리더십 행동이 리더십 효과성을 결정한다는 전제를 하고 있지만, 반대로 팔로어의 성과에 따라 리더의 행동이 영향을 받는다는 연구 결과(Greene, 1979)에서와 같이 리더십 행동이 항상 리더십 효과성을 결정하는 인과관계(causality)가 있는 것은 아니라는 것이다.

이와 같이 리더십 특성 연구의 결과와 마찬가지로 리더십 효과성과 일관되게 관

---

[61] 최근의 몇몇 리더십 행동 연구에서는 과업행동 및 관계행동 외에 '변화지향 행동'을 추가하여 과업지향 행동, 관계지향 행동, 변화지향 행동의 3차원으로 분류하기도 한다(Yukl, 1999). 이것은 리더십 행동 연구의 대부분을 차지했던 2요인 분류체계를 확장한 것이다.

련성을 갖는 보편적인 리더십 행동을 찾아내지 못한 것은 리더십 행동의 효과성은 리더십 행동만이 아니라 팔로어들의 욕구와 능력, 과업의 구조화 정도, 직무의 수준, 팔로어의 기대, 리더의 상향적 영향력, 그리고 조직문화 등과 같은 상황 요인에도 영향을 받고, 리더십 효과성의 평가 기준이 무엇인가에 따라서도 그 결과가 달라지기 때문이라고 할 수 있다.

(2) 군 리더십 적용

이러한 리더십 행동이론과 연구들은 한계를 내포하고 있음에도 다음과 같이 군 리더십 개발에 적극 활용할 필요가 있다.

첫째, 각 군 리더십센터에서 업무 특성(군별, 병과별 등)과 직위(소대장, 중대장 등)를 반영하고, 긍정 리더십 행동뿐만 아니라 부정 리더십 행동도 포함한 리더십 행동과 리더십 효과성 진단도구 및 전산시스템을 개발해야 한다.[62] 그리고 지휘관들의 리더십 행동을 정기적(보직 후 6개월 단위)으로 진단하여 본인에게 피드백해주고, 개인별로 코칭을 받거나 군 내외에서 관련 교육 프로그램을 이수할 수 있는 시스템을 구축하여 리더십 행동이 긍정적으로 변화되도록 해야 한다. 또한 특별히 부정 리더십 행동이나 리더십 효과성이 낮은 것으로 식별된 간부들의 경우에는 상급 지휘관에게도 피드백해주고, 상급 지휘관에 의한 상담과 코칭이 이루어지도록 함으로써 부정적 리더십으로 인한 전투력 저하와 사고 발생을 방지하도록 해야 한다.

둘째, 군 간부들이 리더십 행동 진단도구를 활용해서 자발적으로 리더십 행동을 진단할 수 있는 시스템을 개발하여 자신의 리더십 행동이 부하들에게 어떻게 받아들여지고 있는가를 인식하게 함으로써 스스로 리더십 행동 변화 노력을 할 수 있도록 해야 한다. 사람을 변화시키는 것은 외부의 힘이 아니라 스스로 필요성을 깨닫고 변화 노력을 할 때 가장 효과적이기 때문이다.

둘째, 유클(Yukl, 2006)의 다차원 리더십 행동 유형과 같이 좀 더 세분화된 긍정 및

---

[62] 육군의 경우 센터에서는 계급별 리더십 진단도구를 만들어 군 리더들의 리더십 행동 유형을 진단하고 이를 피드백해서 리더십 교육과 개발에 활용하도록 하고 있다.

부정 리더십 행동과 리더십 효과성과의 관계에 대해 연구할 필요가 있다. 그것은 기존의 리더십 행동 유형 연구들은 앞에서 살펴본 바와 같이 이분법 또는 삼분법적으로 리더십 행동을 지나치게 단순화하여 유형 분류를 분류함으로써 리더들에게 현장에서 어떻게 리더십 행동을 해야 하는지에 대한 지침을 제공하지 못했다. 예컨대, 관계지향 또는 인간중심 리더십이 효과적인 리더십 행동이라는 사실만 알려주었을 뿐 어떻게 행동하는 것이 관계지향 또는 인간 중심 리더십 행동인지를 구체적으로 알려주지 못했다.

따라서 군 리더십 효과성에 특히 많은 영향을 미치는 구체적인 긍정적 리더십 행동과 부정적 리더십 행동들이 무엇인지를 식별해서 지휘관들에게 구체적인 리더십 행동 지침을 제시해주도록 해야 한다.

3. 리더십 역량 연구

리더십 특성이론이나 행동이론은 모든 상황에서 보편적으로 효과적인 특성이나 행동을 찾으려는 데 초점이 맞춰져 있기 때문에 리더십 발휘 상황을 고려하지 못하고 있다는 한계를 내포하고 있다. 리더십 역량(leadership competency) 연구는 이러한 특성이론과 행동이론의 한계를 극복하기 위해 학습될 수 있고, 개발될 수 있는 리더의 역량에 초점을 맞추고 있다.

최근에는 "리더십 효과성은 복잡한 조직 문제들을 해결하는 리더의 역량에 달려 있다"라고 주장하면서 리더의 역량을 바탕으로 한 포괄적인 리더십 역량모형이 개발되었고(Northhouse, 2021), 군뿐만 아니라 기업, 정부, 교육기관 등 많은 조직에서 선발, 교육, 보직, 평가, 진급 등 인적자원관리에 널리 활용되고 있다.[63]

이 절에서는 이러한 역량의 개념과 구성요소, 그리고 군 리더에게 요구되는 리더십 역량이 무엇인지를 살펴본다.

1) 리더십 역량 연구의 개요

(1) 리더십 역량의 개념

'역량(competency)'[64]이라는 개념은 1970년대에 하버드 대학 심리학과의 사회심리

---

[63] 역량은 영어로 'competence' 또는 'competency'인데, 그 어원을 살펴보면 역량의 개념을 좀 더 쉽게 이해할 수 있다. 'compete'는 동사로 서로 경쟁한다는 것이고, 'competent'는 형용사로 어떤 임무를 효과적으로 수행할 수 있는 자격 또는 능력을 갖추고 있다는 것이다. 이와 같이 역량의 개념에는 보편적인 특성이나 행동이 아니라 특정 직무를 효과적으로 수행하는 데 적합한 특성이나 행동의 의미를 내포하고 있기 때문에 이미 상황이 반영되어 있다고 할 수 있다.

[64] 일반적으로 역량을 개인적 역량(individual competency)과 조직 역량(organizational competency)으로 구분하고 있

학자인 맥클리랜드(McClelland, 1973)가 미 국무성의 해외주재원 선발 연구를 수행하면서 당시 널리 받아들여지던 지능과는 다른 새로운 개념으로 제시한 것이다. 이 연구에서 그는 과거의 지적 능력 중심의 선발 문제점을 실증적 자료를 바탕으로 비판하고, 우수한 직무수행자와 평범한 직무수행자를 구분 짓는 변별적 행동 특성에 초점을 맞추어 더욱 유용한 선발 기준을 제시하면서 그것이 '역량'이라고 주장했다.

그것은 비록 지능이 업무수행에 영향을 미치지만, 개인의 동기나 자기 이미지(self-image) 같은 개인적 특성이 성공적인 업무수행과 비성공적인 업무수행을 구별해 주고, 직무 역할을 포함한 수많은 삶의 역할수행에 더 많은 영향을 미친다고 보았기 때문이다. 이러한 관점에서 맥클리랜드(1973)는 역량을 "조직이 추구하는 가치나 비전을 달성할 수 있도록 업무를 성공적으로 수행해낼 수 있는 조직원의 행동 특성"으로 정의했다.

이러한 역량은 연구자의 기본 철학, 전공 분야, 연구 목적 등에 따라 〈표 4.20〉에서와 같이 다양하게 정의되고 있지만, 다음과 같은 특징을 갖고 있다(이재경, 2002; 오동호, 2018).

〈표 4.20〉 역량에 대한 정의

구분	정의
Klemp(1980)	업무 효과성을 높이고 우수한 성과를 산출하는 개인의 잠재적인 특성
Boyatzis(1982)	어떤 개인이 어떤 역할을 수행함에 있어 성공적인 결과를 가져오는 그 개인이 가지고 있는 내재적 특성
Dubois(1993)	삶에서의 역할을 성공적으로 수행하도록 사용되거나 소유하고 있는 개인의 특성
Spencer & Spencer(1993)	직무나 상황에서 뛰어난 수행이나 준거 관련 효과와 연관된 개인의 특성
McLagan(1996)	직무나 역할 수행에서 뛰어난 수행자와 관련된 개인의 능력 특성
Hay Group(2012)	직무, 조직 및 특정 문화에서 효율적인 행동과 관련된 개인의 측정 가능한 특성
ARZESH 역량모형 (2018)	개인 활동의 효과적인 수행과 관련된 일련의 지식, 능력, 기술, 경험 및 행동으로 측정 가능하며 교육을 통해 개발할 수 있고, 더 작은 기준으로 나눌 수 있음

는데(Bolden & Gosling, 2006: 149), 개인 차원의 핵심역량은 competency로, 조직 차원의 핵심역량은 competence로 구분하기도 하지만, 일반적으로 구분 없이 혼용하고 있다.

첫째, 연구자에 따라 차이가 있지만 통상적으로 역량은 객관적으로 습득되는 지식(knowledge) 영역, 업무 테크닉과 절차를 다루는 기술(skill) 영역, 개인적 특성과 동기와 관련된 태도(attitude) 영역의 집합체다.

둘째, 역량은 경영 · 조직 · 직무 환경의 변화와 상황에 따라 변화하고 유연하게 달라질 수 있다. 현재뿐만 아니라 미래에 필요한 역량을 발굴하고, 개발하여 지속적으로 관리해나가야 한다.

셋째, 조직의 성과 증대와 연계된 행동이다. 즉, 역량은 반드시 성과를 산출할 수 있는 업무수행 능력과 직결된다는 것이다. 예를 들어 단순히 말을 잘하는 것은 '의사소통 능력'을 갖추었다고 볼 수 있으나, 해당 직무에 적합한 '의사소통 역량'을 갖추었다고는 할 수 없다.

넷째, 관찰과 측정, 그리고 개발이 가능하다. 즉 역량은 객관적인 행동평가 결과를 바탕으로 한다면 피드백, 코칭, 자기개발, 교육적 개입 등을 통해 개발하고 강화할 수 있다.

이와 같이 역량(competency)이란 "수행해야 하는 과업을 달성하는 데 꼭 필요한 인적 요소"를 의미한다. 경험적으로는 고성과자(high performer)가 더 자주, 효과적으로 활용하는 지식 · 기술 · 태도(KSA: Knowledge, Skill, Attitude) 등의 집합체이고, 어떤 직무나 역할을 수행할 때 우수 수행자와 보통 수행자 간의 차이를 가져오는 결정적인 수행 특성이다.[65] 그리고 역량에서 도출된 개념인 핵심역량(core competency)은 "주어진 직급과 직무에서 성공적으로 업무 수행을 하기 위해 필요한 핵심적이거나 주요한 역량"(Dubois, 1998)이다.[66]

그리고 역량모형(competency model)은 〈표 4.21〉과 같이 효과적인 업무 수행을 위해 필요한 역량들의 집합체로 "특정 역할을 효과적으로 수행하고 성과를 창출하는 데 기여하는 가장 핵심적인 지식, 기술, 태도, 능력 및 행동 등을 기술하여 체계화해놓은 것"이다.

---

[65] 역량은 조직 구성원에게 공통적으로 요구되는 공통역량, 특정 직무수행에 요구되는 직무역량, 그리고 리더십 역량 등으로 구분할 수 있다.

[66] 2015년도 개정 교육과정에서는 공통(기본) 핵심역량으로 "자기관리 역량, 지식정보처리 역량, 창의적 사고 역량, 심미적 감성 역량, 의사소통 역량, 공동체 역량"의 6가지 역량을 제시하고 있다.

구분	직급별 역량모형		
	사고(Thinking)	업무(Working)	관계(Networking)
고위 공무원단	문제인식 전략적 사고	성과지향 변화관리	고객만족 조정·통합
과장급 (4급)	정책기획	조직관리	동기부여 이해관계 조정
5급	기획력 논리적 사고	상황인식·판단력	의사소통 능력 조정능력

출처: 이동호 편(2018)

이러한 역량과 역량모형은 성공적인 직무수행의 핵심적인 모습을 명확하게 구조화하고 표상화(representation)하여 누구나 쉽게 공유하여 진단 및 학습할 수 있도록 하고, 선발, 교육, 보직, 평가, 보상 등 인적자원관리 전반의 기준으로 활용되고 있다.[68]

한편 리더십 역량이란 "우수한 성과를 창출하게 하는 리더의 내재적 특성" 또는 "리더가 부여된 임무를 효과적으로 수행하기 위해 구비해야 하는 지식·기술·태도"다. 그리고 리더십 핵심역량은 "리더로서 요구되는 여러 가지 역량 중에서도 우수 리더와 비우수 리더를 구분해주는 필수적이고 핵심적인 역량"을 의미한다.[69]

(2) 직위별 요구 역량

직위(position) 또는 계층(hierarchy)에 관계없이 모든 리더는 자신들에게 보고하는 부하들이 있고, 리더십 효과성은 이러한 부하들을 동기부여시켜 조직목표를 효과적으

---

[67] 현재 5급 이상 공직자 역량은 크게 '사고 역량군', '업무 역량군', '관계 역량군'으로 구분되고, 총 17개이며, 하위요소는 49개, 관련 개념의 수는 100개에 달한다.

[68] 역량과 역량모형은 "조직의 목적을 달성하기 위해 특정 직무 혹은 직무군에 결정적인 영향을 주는 역량을 체계적으로 결정하고 정의하는 과정"인 역량모델링(competency modeling)을 통해 식별한다.

[69] 핵심역량 외에도 기본역량, 공통역량, 기초역량 등 역량과 관련된 다양한 파생어가 있다. 기본적으로 핵심역량, 기본역량, 공통역량, 기초역량 등은 같은 의미다. 예컨대, 의사소통 역량은 리더의 핵심역량이자 기본역량이다. 또한 리더의 공통역량이자 기초역량이라고 할 수 있다.

출처: Kast & Rosenzweig(1979: 113)

〈그림 4.4〉 리더의 직위별 업무 성격

로 달성하도록 유도한다는 공통점을 갖고 있다.

그러나 직위에 따라 수행하는 업무의 성격이 다르기 때문에 〈그림 4.4〉와 같이 리더의 역할과 기능, 그리고 권한과 책임의 범위에 차이가 있다. 즉 상위직의 리더일수록 하위직 리더보다 상대적으로 환경과의 상호작용이 많고, 좀 더 장기적인 관점에서 계획을 수립하며, 문제해결 시 최적해보다는 만족해를 추구한다. 또한 일반적으로 업무수행 과정은 하위직에서 좀 덜 틀에 박혀 이루어지고, 의사결정 시 계량적 기법을 활용하여 계산적으로 하기보다 직관이나 판단에 의존하게 되며, 상위직의 리더일수록 분석 또는 분화 능력보다 조정 또는 통합 역량이 더 요구된다(Kast & Rosenzweig, 1979: 113-114).

한편 카츠(Katz, 1974: 90-102)는 〈그림 4.5〉에서 보는 바와 같이 모든 리더에게 필요한 역량(skill)을 실무적 역량(technical skill), 대인적 역량(human skill), 그리고 개념적 역량(conceptual skill)으로 분류했다.

첫째, 실무적 역량은 도

출처: Katz(1974), Grunstad(1985: 240) 수정

〈그림 4.5〉 리더의 직위별 요구 능력

구, 절차 또는 특정 분야의 기법 등을 활용하는 능력을 말한다. 의사, 기술자, 음악가 혹은 회계사 등은 모두 각각 자기 업무 분야에 대한 실무적 능력을 갖고 있는 것처럼 리더는 자신이 책임지고 있는 특정 업무를 효과적으로 수행하기 위해 충분한 실무수행 능력이 필요하다는 것이다.

둘째, 대인적 역량은 조직원들을 이해하고, 동기부여시켜 함께 일할 수 있는 능력을 말한다. 리더는 조직원들이 조직 활동에 적극적으로 참여하게 하고, 팀워크를 형성하기 위해 다른 사람을 배려하고 존중할 수 있도록 공감 능력을 길러야 한다.

셋째, 개념적 역량은 모든 조직의 관심과 활동을 조정하고 통합하는 지적 능력과 조직을 전체적으로 보고, 전체의 부분들이 어떻게 상호작용하는가를 이해하는 능력, 그리고 어떤 부분의 변화가 전체 조직에 어떤 영향을 미칠 수 있는가를 이해할 수 있는 능력을 의미한다. 모든 리더는 주어진 상황에서 여러 관련 요소들이 어떠한 연관성을 갖고 있는가를 인식하여 전체 조직을 위해 최선의 선택을 할 수 있는 능력을 보유해야 한다는 것이다.

카츠(1974: 90-102)는 효과적으로 리더십을 발휘하기 위해서는 이와 같은 능력들이 모든 리더에게 필수적으로 요구되지만, 조직 계층에 따라 상대적인 중요성에 차이가 있다고 한다. 실무적 역량은 하급 관리자들에게 상대적으로 더 중요하고, 개념적 역량은 최고관리자일수록 더욱 중요해진다는 것이다. 대인적 역량은 모든 계층의 관리자들에게 동일한 비중으로 중요하고, 특히 중간관리자들에게 중요한 역량이라는 것이다. 다시 말해 하급 관리자에게는 직접 업무를 수행하는 데 필요한 실무적 역량이 더 많이 요구되는 반면, 상급 관리자들에게는 조직의 모든 이해관계와 활동을 조정하고 통합하는 개념적 역량이 더 많이 요구된다는 것이다.

이와 마찬가지로 군에서도 모든 직위의 지휘관들에게 대인적 역량은 동일하게 요구되는 중요한 역량이지만, 고급제대 지휘관들에게는 개념적 역량이 더욱 중요한 반면, 초급제대 지휘관들에게는 소대나 중대 전술 등의 군사 지식과 자신의 병과와 관련된 실무지식 등과 같은 실무적 역량이 더욱 중요하다고 할 수 있다.

이러한 관점에서 본다면 상관 및 하급자, 동료, 관계 참모 및 지원부서(기관)의 관계자들과 협조적이고 원만한 대인관계를 맺는 것과 같은 대인적 역량은 모든 군 리더들에게 기본적으로 요구되는 역량이고, 고급제대 지휘관일수록 조직이 나아갈 방향을 제시하고 조직 전체적 관점에서 의사결정을 할 수 있는 전략적 사고 및 시스템적 사고 능력을 더욱더 개발해야 한다는 것을 시사해주고 있다.

2) 군 리더에게 요구되는 역량

(1) 전장 리더십 관련 문헌

역사상 수많은 전쟁을 통해 전쟁은 인간의 의지를 수반하는 사고 능력의 경쟁이라는 것을 소수 정예의 군이 압도적 다수의 오합지졸을 분쇄함으로써 증명해왔다(김희상, 1998: 925). 마찬가지로 첨단무기체계를 사용하는 미래의 전쟁에서도 아무리 무기체계가 첨단고도화되어도 무기가 아닌 인간의 힘이 전장을 지배할 것이다. 즉, 전쟁의 형태는 변해도 전투의 본질은 변하지 않을 것이기 때문에 미래의 전투도 결국 인간 대 인간의 싸움이 될 것이다.

따라서 전장에서 승리하기 위해서는 지휘관들이 싸워 이길 수 있는 리더십 역량을 구비하도록 해야 한다. 불후의 명저인 『전쟁론(On War)』을 저술한 클라우제비츠(Carl von Clausewitz)는 전략을 실행하여 승리하는 데 있어 중심적 역할을 해야 하는 군사적 천재(military genius)[70]에게 요구되는 역량을 다음과 같이 기술하고 있다(류제승 옮김, 1998: 72-95).

첫째, 전장은 위험의 영역이기 때문에 최우선적으로 요구되는 역량은 용기(勇氣)다. 용기에는 두 가지 유형이 있는데, 하나는 개인적 위험에 대한 용기이고, 다른 하나는 책임에 대한 용기로 법정 앞에 서는 것과 같은 어떤 외적인 힘에 대한 용기이면서 양심 같은 내적인 힘에 의한 용기다. 그런데 개인적 위험에 대한 용기는 위험을

---

[70] 모든 행동이 대가(大家)의 행동답게 이루어지려면 그 행동은 독특한 성향의 이성과 감성을 필요로 한다. 이러한 자질이 고도로 탁월하고 비범한 실행 능력으로 나타날 경우 이 자질을 지닌 위대한 정신의 소유자는 천재로 표현된다(류제승 옮김, 1998: 72-73).

감수하려는 용기, 그리고 명예, 애국심, 모든 종류의 열정에서 나오는 용기로 이성을 더욱 냉정하게 만든다. 그러나 책임에 대한 용기는 때때로 이성을 흥분시켜 눈을 멀게 한다. 따라서 이 둘이 결합하면 가장 완전한 유형의 용기가 된다.

둘째, 전장은 육체적 노력과 고통의 영역이기 때문에 이로 인해 파멸하지 않으려면 체력과 정신력이 요구된다.

셋째, 순간적인 지각 및 인식 능력인 혜안(慧眼)과 결단력을 구비해야 한다.[71] 혜안은 육체적인 눈일 뿐만 아니라 정신적인 눈을 의미하지만, 정신적인 눈의 의미가 강하다. 평범한 사람의 눈에는 전혀 보이지 않거나 오랜 고찰과 사색 끝에 비로소 볼 수 있는 진리를 신속하게 파악하게 하는 능력인 통찰력이다. 그리고 결단력은 개별적인 경우에 나타나는 용기 있는 행동이다. 이것은 육체적 위험에 대한 용기가 아니라 책임에 대한 용기, 즉 정신적 용기다. 인간의 마음속에 있는 동요와 주저의 두려움을 이용해서 그 밖의 모든 두려움을 극복하고 강한 마음으로 결심하게 하는 이성적인 자질이다. 특히 전투에서는 시간과 공간이 중요한 요소인데, 신속하고 적절한 결심을 하는 결단력이 매우 중요하다.

이와 같이 혜안과 결단력이 필요한 것은 전장에서 행동의 기초가 되는 모든 정보와 가정이 불확실하고, 우발적인 일이 지속적으로 발생하기 때문에 끊임없이 자신이 예상했던 것과는 다른 상황에 직면하게 되기 때문이다.

넷째, 혜안과 결단력에 밀접하게 관련이 있는 침착성이다. 침착성은 예상치 못한 것을 이겨내도록 해주기 때문이다.

클라우제비츠가 제시한 이러한 군사적 천재에게 요구되는 역량을 토대로 프레이타그 로링호벤(Freytag-Loringhoven, 1955: 108-159)[72]은 전장 지휘관은 상상력, 강한 정신력, 강인성(强靭性)을 지녀야 한다고 주장했다.

첫째, 전장 지휘관은 상상력이 풍부해야 한다. 지형은 전투 시 다른 모든 요소에

---

[71] 혜안(상황판단 능력)이 없는 사람은 두려움으로 결단하지 못하고, 결단하더라도 심사숙고하지 않고 쉽게 결단을 내리기 때문에 어쩌다가 성공하더라도 평범한 성공에 그친다.

[72] 클라우제비츠의 『전쟁론』에서 전쟁에서 필요한 리더십의 중요 요소를 발견하고 그 내용을 발췌하여 The Power of Personality in War(1955)라는 제목의 책을 발간했는데, 이 책은 독일군 간부교육을 위한 중요한 교재로 활용되었다.

영향을 미치고, 때로는 전투의 승패에도 결정적인 영향을 미친다. 그러나 전투는 예상한 장소에서만이 아니라 예상하지 못한 곳에서도 발생하기 때문에 지리(地理)와 지형적 특성을 잘 파악하는 것, 즉 지형 감각이 매우 중요하다. 따라서 지도를 갖고 있어도 지휘관이 스스로 직접 정찰하는 것이 중요하고, 지도를 잘 활용하기 위해서는 끊임없는 상상력이 필요하다.

둘째, 강한 정신만이 전쟁에서 발생하는 심각한 장애들을 극복할 수 있기 때문에 강한 정신력을 가져야 한다. 그 이유로 클라우제비츠가 쓴 다음과 같은 내용을 인용하고 있다. "… 지휘관은 처참한 희생 장면을 바라보면서 심장을 찢는 것 같은 고통을 스스로 이겨내야 하고, 용사들 마음속의 고통도 이겨내야 한다. 지휘관은 모든 부하의 감정, 걱정, 노력 등을 직간접적으로 떠맡아서 싸워 이겨내야 한다. … 그는 자신의 가슴속에서 타오르는 불꽃, 정신 속에서 빛나는 불빛으로 모든 용사가 목표를 추구하도록 그들의 열정과 희망의 불빛을 다시 점화시켜야 한다. 이러한 시도를 통해 용사들을 뜻대로 지휘할 수 있을 때만 그들의 주인 역할을 할 수 있다. …"

전투가 불리한 상황으로 전개될 때 지휘관이 겪는 부담감은 그냥 격렬하기만 한 공격작전에서 느끼는 부담감보다 훨씬 크다. 이 상황에서는 자신의 모든 열정과 결단력을 동원해서 두려움에 떨고 있는 부하들의 열정을 자극하고 승리할 수 있다는 자신감을 불어넣어야 한다는 것이다.

셋째, 강인성(强靭性)[73]을 지녀야 한다는 것이다. 실무에서 어떤 결정을 내리는 것, 특히 전장에서 어떤 결정을 내리는 것은 책임감에 의해 압박을 받는 상황에서 수많은 불확실성과 자가당착의 위험을 무릅쓰고 결정을 내려야 하는 것을 의미한다. 그런데 전투 과정에서 수많은 정보와 급박한 상황 변화에 의한 불확실성으로 인해 원래 의도했던 작전계획에 큰 차질이 발생할 수 있기 때문에 결단력이 강한 사람도 자신의 신념이 흔들릴 수 있다. 따라서 어떤 것을 결정한 다음에는 줄곧 제기되는 여러 가지 문제에 대해 굳은 신념으로 맞서야 하고, "혼란스러운 상황에서는 맨 처음 결심한 것을 존중하고, 바꿔도 되겠다는 명확한 확신이 생기기 전까지는 바꾸지 말아야

---

[73] 여기서 '강인성'은 "자신의 신념에 확고하게 의지하는 것"을 의미한다. 따라서 자신의 신념을 지키는 사람들에게만 적용될 수 있다. 자신의 신념을 매 순간 바꾸는 사람은 강인한 성격을 가졌다고 할 수 없다.

한다."[74]

한편『중동전쟁』을 저술한 김희상(1988: 925-927)은 음악회의 성패가 연주자의 능력과 열의에 의해 결정되듯이 전쟁의 승패도 전쟁의 주역인 인간의 능력과 의지에 따라 결정되기 때문에 현대전에서 요구되는 역량으로 현대의 과학무기를 정확하고 효과적으로 다룰 수 있는 '공학적 기술', 공학적 기술을 포함한 개인 혹은 부대의 전력을 모든 상황에 창조적이고 유연하게 대응시켜 부여된 임무를 훌륭히 완수할 수 있게 하는 전술적 및 전략적 능력인 '전반적 사고 능력', 그리고 이 모든 것을 철저하게 전투에 투입하여 생명력을 부여하는 강인한 전투의지를 비롯한 '정신적 요소'의 3가지를 제시하고 있다.[75]

그는 이러한 3가지 요소는 전쟁에서 승리를 위한 필수요건으로 이 중 어느 하나라도 결함이 있다면 그것이 승리의 절대적인 장애요인이 될 것이라고 주장했다. 그리고 특히 전투의지(will to fight) 같은 정신적 요소에 문제가 있다면 우연의 승리조차 불가능하다고 하면서 전투의지를 강조하고 있다.

(2) 미 육군 리더십 역량모형

미 육군은 최근에 기존 육군 리더십의 기본 틀인 'Be-Know-Do'의 틀을 유지하면서 역사적 경험과 리더십 핵심역량 연구 결과를 반영하여 〈그림 4.6〉과 같이 리더십 요건 모형(Leadership Requirements Model)을 만들어 육군 교리 간행물(ADP 6-22)을 발간했다(Department of Army, 2019).

리더십 요건 모형에서는 모든 유형의 조직과 제대의 리더들에게 공통적으로 요

---

[74] 클라우제비츠는 확고한 결단력과 '고집'은 다르다고 한다. 고집은 일종의 감성적 결함이고, 의지를 전혀 굽히지 않고 외부의 충고에 전혀 아랑곳하지 않는 태도는 독특한 형태의 이기심인데, 이것은 자신의 지적 탁월성을 과시하는 데서 찾으려는 것이라고 한다. 그리고 결단력이 반드시 고집으로 발전하는 것은 아니다. 지적 능력도 부족하고 결단력도 없지만, 맹목적으로 고집스러운 사람도 있기 때문이다(Freytag-Loringhoven, 1955: 157).

[75] 베트남전 참전자 205명을 대상으로 효과적인 전투지휘를 위해 중·소대장에게 요구되는 능력이 무엇인지 설문조사를 실시한 결과 작전 수행 능력(51.2%), 위기관리 능력(38.5%), 독도법(4.9%), 적전술(3.4%), 체력(1.5%) 등으로 응답했다(최병순·정원호·김용진, 2009).

출처: Department of Army(2019: 1-15)

〈그림 4.6〉 미 육군의 리더십 요건 모형

구되는 핵심구비요건을 자질(attributes)과 핵심역량(core competencies)으로 구분하여 제시했다.[76]

　리더는 어떠한 사람이어야 하는가, 즉 자질(attributes — Be and Know)의 구성요소로는 품성(character), 외적 태도(presence), 지성(intellect)[77]이다. 그리고 '리더는 무엇을 해야 하는가, 즉 역량(competencies — Do)'으로는 통솔역량(lead), 개발역량(develop), 성취역량(achieve)을 제시하고 있다. 그런데 통솔역량은 '타인 통솔, 신뢰 형성, 영향력 확대, 솔선수범, 의사소통', 개발역량은 '자기개발, 긍정적 환경 조성, 타인 개발, 군사 전문성 함양(stewards the professsion)', 그리고 성취역량은 결과 창출(get results) 등의 10가지 하위역량을 포함하고 있다.

---

[76] 역량과 자질(특성)을 구분하는 기준은 역량은 훈련되고 개발될 수 있는 스킬인 반면, 자질은 오랜 시간에 걸쳐 경험을 통해 형성된 오랫동안 지속되는 품성 등이다.

[77] 세부 내용은 제4장 제1절 특성이론 참조.

군 리더십 역량 자기 진단

1. 방법

1) 리더십 역량 항목별로 동료(친구)들과 비교해서 리더십 역량 보유 정도를 아래 기준에 따라 1~5점을 부여한다.

> 예   1. 매우 많음 2. 많음 3. 비슷함 4. 적음 5. 매우 적음

2) 자신을 잘 아는 다른 사람(가족 또는 친구) 2~3명에게 자신의 리더십 역량 보유 정도에 대한 평가를 받는다.

3) 타인의 진단 결과를 합산하고 평균을 낸다.

4) 자신의 진단 점수와 타인의 진단 점수(평균)의 차이를 계산한다.

2. 결과 해석 및 활용

1) 자신과 타인의 진단 점수가 높은 역량(4~5점)과 낮은 역량(1~2점)을 파악한다.

2) 자기 진단과 타인 진단 점수 차이가 '+'이면 타인보다 자신을 높게 평가하고 있는 것이고, '-'이면 타인보다 자신을 낮게 평가하는 것이다. 또한 차이가 많이 나는 역량은 자신의 역량 수준을 객관적으로 평가할 필요가 있다.

3) 점수가 높은 역량은 적극 활용하고, 점수가 낮은 역량은 보완하기 위해 노력한다.

군 리더십 요구 역량	타인 진단					자기 진단	점수 차이 (자기-타인)
	타인 1	타인 2	타인 3	계	평균		
자신감							
용기							
의사소통							
대인관계							
극기력							
희생정신							
판단력							
주도성							
솔선수범							
체력							

주: 군 리더들에게 요구되는 역량 중 초급 리더들에게 요구되는 10가지 역량을 선별하여 포함

3) 리더십 역량 연구의 평가와 군 리더십 적용

리더십 역량 연구는 앞에서 설명한 특성이론이나 행동이론 연구들과 마찬가지로 리더가 리더십 효과성을 결정한다는 리더 중심 이론을 기반으로 하는 연구들로 역량 도출을 통해 만들어진 역량모형은 많은 조직에서 선발, 교육, 평가 등 인적자원관리에 널리 활용되고 있는데, 그 이유는 다음과 같다(Northhouse, 2021).

첫째, 특성이론에서 성격과 달리 역량은 측정 가능하고 개발 가능한 스킬(skill)을 포함하고 있기 때문에 실용적이라는 것이다. 역량 관점에서는 리더십은 탁구나 테니스 같은 스포츠처럼 타고난 재능이 없더라도 연습을 통해 학습하고 연습을 통해 개발될 수 있다.

둘째, 역량모형에는 다양한 요소를 포함하기 때문에 리더십에 대한 포괄적인 시각을 제공해준다는 것이다. 예컨대, 역량모형에는 〈표 4.21〉에서 살펴본 공무원 역량 모형처럼 사고역량, 업무역량, 관계역량 등 다양한 요인을 포함하고 있고, 이러한 역량들은 더 세분화된 하위 역량들로 구성되어 있다. 따라서 리더십 개발을 위한 구체적인 지침을 제시해준다.

셋째, 특성이론이나 행동이론과는 달리 상황 요인을 반영하여 직급별 또는 직무별로 요구되는 역량을 다르게 제시하고 있다. 따라서 역량모형은 리더십 교육 및 개발을 위한 교육프로그램과 인적자원관리 시스템을 설계하는 기본 틀을 제시해준다.

한편 리더십 역량모형은 많은 조직에서 널리 활용되고 있지만 첫째, 예측력이 약하다는 한계를 갖고 있다. 그것은 역량모형에 포함된 역량들이 과거 또는 현재의 경험을 기반으로 고성과(high performance)를 내는 역량들을 식별한 것이기 때문에 미래에도 동일하게 우수한 성과를 낸다는 보장이 없기 때문이다. 또한 역량모형에 포함된 역량들이 다양하기 때문에 이러한 역량들이 성과와 상호연관성이 있다고만 말할 뿐 이러한 역량들이 어떠한 작용을 하여 성과에 어떠한 영향을 미치는가를 구체적으로 설명하지 않고 있다.

둘째, 리더십 역량 연구들은 일반화하는 데 한계가 있다는 것이다. 왜냐하면 역량모형은 특정 조직에서 직위별 또는 직무별로 역량을 도출한 것이기 때문에 다른 조직에 적용하기 어렵다는 것이다. 예컨대, 기업의 영업직 리더를 대상으로 한 역량모형을 군 리더들에게 적용하기 어렵다는 것이다.

이러한 리더십 역량 연구를 기반으로 한 역량모형은 이론적 체계를 제시하지 않기 때문에 리더십 이론에 포함하여 교육하고 있지는 않지만, 산업계, 정부 및 공기관, 교육기관, 그리고 앞에서 살펴본 미 육군의 리더십 요건 모형에서처럼 군에서도 널리 활용하고 있다.

우리 군에서도 각 군 리더십센터를 중심으로 직위별이나 계급별로 리더십 역량을 도출하고, 이러한 역량 기반 리더십 프로그램(Competency-Based Leadership Program)을 개발하여 리더십 교육에 반영하고 있다. 그러나 한정된 인력과 예산으로 각 군 리더십센터별로 장병들의 리더십을 개발하는 데 한계가 있기 때문에 유사한 직무를 수행하는 직무(병과, 특기, 직급 등)는 각 군 리더십센터의 협의를 통해 공동으로 역량모형, 진단도구, 역량기반 리더십 교육프로그램을 만들고, 다양한 교육프로그램을 각 군 리더십센터가 분담하여 공동으로 교육하는 방안을 모색할 필요가 있다.

요약

리더십 특성이론은 "위대한 리더는 특별한 특성을 갖고 태어난다"라는 위인이론에 뿌리를 두고 있다. 특성 연구 결과들을 종합해보면 크게 신체적·체질적 요인, 능력, 성격 특성, 그리고 사회적 특성 등이 리더십 효과성과 관련이 있는 특성이라는 것이 밝혀졌는데, 이 중에서도 리더십 효과성과 특히 높은 상관관계가 있는 특성으로는 독창성, 인기, 사교성, 판단력, 적극성, 유머 감각, 활동성, 출세 욕구, 협조성, 운동능력 등이었다. 그런데 최근 쿠제스와 포스너의 연구에서는 정직, 선견지명, 역량, 영감 고취 등이었고, 이러한 덕목들에서 나오는 리더에 대한 신뢰성이 리더십의 기반이라는 것을 발견했으며, 코비는 리더는 신체적 지능, 지적 지능, 감성지능, 영적 지능의 4가지 지능을 개발하기 위해 지속적으로 노력할 것을 강조했다. 그리고 미 육군은 리더들에게 품성, 외적 태도, 지성을 구비할 것을 요구하고 있다.

그러나 리더십의 효과성은 리더의 특성과 상황 간의 상호작용이기 때문에 리더십 특성을 갖고 있다고 해서 훌륭한 리더가 되는 것을 보장하는 것은 아니라는 특성이론의 한계로 인해 성공적인 리더의 공통적인 특성을 찾으려는 연구는 퇴조하고, 1940년대 후반부터는 리더십을 타고난 또는 관찰할 수 없는 개인적 특성이라기보다는 관찰할 수 있는 과정 또는 활동으로 보고, 리더십 행동 유형에 초점을 맞추어 연구하기 시작했다. 즉 리더의 특성보다는 리더가 무엇을 하는가, 그리고 리더는 어떻게 행동하는가에 초점을 맞추어 리더십 효과성을 높이는 리더십 행동 유형을 찾는 데 관심을 두기 시작했다.

대표적인 리더십 행동 연구로는 리더십 행동 유형을 '민주형-독재형'으로 분류한 아이오와 대학의 연구, 리더십 행동 유형을 '과업행동'과 '관계행동'의 두 가지 유형으로 분류하여 연구한 오하이오 주립대학의 연구와 미시간 대학의 연구, 블레이크와 머튼의 리더십 격자 모형 등이 있다. 또한 대부분의 리더십 행동 연구들이 이분법 또는 삼분법으로 리더십 유형을 지나치게 단순화시켜 분류함으로써 리더들에게 유용한 리더십 행동의 지침을 제공해주지 못하고 있다는 비판에서 리더십 유형을 14가지로 분류한 유클의 연구가 있다. 최근에는 리더의 긍정적 리더십 행동만이 아니라 부정적 리더십 행동에 대해서도 관심을 가지면서 리더십 행동 연구 영역이 더욱 확장되고 있고, 우리 육군에서는 독일군의 임무형 지휘를 '지휘 철학'으로 정립하고, 임무형 지휘의 기본정신을 내면화하고 현장에서 적용하도록 노력하고 있다.

이러한 리더십 특성이론이나 행동이론은 모든 상황에서 보편적으로 효과적인 특성이나 행동을 찾으려는 데 초점이 맞춰져 있기 때문에 리더십 발휘 상황을 고려하지 못하고 있다는 한계를 극복하기 위해 최근 들어 학습·개발될 수 있는 리더의 역량에도 많은 연구가 이루어지고 있다.

한편 모든 리더에게 필요한 기술을 실무적 역량, 대인적 역량, 그리고 개념적 역량으로 구분하고, 대인적 역량은 모든 리더에게 요구되는 기본적 역량이지만 하위직 리더에게는 실무적 역량이 더 많이 요구되는 반면, 고위직 리더에게는 개념적 역량이 더 많이 요구된다고 했다. 그리고 군인들이 구비해야 할 역량으로 로링호벤은 상상력, 강한 정신력, 강인성(强靭性), 미 육군은 핵심역량으로 통솔역량, 개발역량, 성취역량을 제시했다.

질문 및 토의

1. 리더십 특성이론, 행동이론, 그리고 역량모형의 강점과 약점은?

2. 군 초급 간부에게 기본적으로 요구되는 리더십 역량은 무엇이라고 생각하는가?

3. 기업 같은 일반조직의 리더들과는 달리 군 리더들에게 더욱 요구되는 리더십 역량이 있는가? 있다면 무엇이고, 그 이유는?

4. 리더십 특성이론, 행동이론, 리더십 역량 연구들이 군 리더의 리더십 개발에 주는 시사점은?

5. 다음 〈실전 리더십 사례 토의 4〉를 읽고 리더로서 선택할 수 있는 각각의 조치 방법들(1~6번)에 대한 적절성 정도를 판단하고, 1~9점 중 하나를 선택하여 각 번호 뒤에 점수를 기록한 후 각자의 점수 부여 이유에 대해 토의한다.

당신은 내성적인 성격의 소유자다. 평상시 당신은 부하들에게 위임하고 관계지향적인 스타일로 지휘를 하는 반면, 대대장은 통제지향적이고 과업지향적인 스타일을 추구하며 외향적인 성격의 지휘 스타일을 요구한다. 나의 지휘 기법에 문제가 있다고 생각되지 않지만 대대장의 의도를 무시할 수 없다. 당신은 어떻게 할 것인가?

1		평상시 지휘 스타일대로 지휘한다.
2		대대장이 의도한 대로 지휘 스타일을 바꿔서 지휘한다.
3		대대장이 보이는 곳에서 의도대로 지휘하는 것처럼 행동한다.
4		지휘 스타일 이외의 방법으로 자신의 장점을 부각시켜 대대장과의 신뢰를 형성하기 위해 노력한다.
5		중대장의 임무와 역할을 관계지향적 지휘가 필요한 부분과 통제지향적 지휘가 필요한 부분으로 구분하여 각각 구체적인 지휘 방법을 구상하고 체득화한다.
6		각 지휘 스타일의 장단점을 확인하고 나에게 어떻게 적용할 수 있을 것인지 연구해본다.

1	2	3	4	5	6	7	8	9
매우 부적절함		다소 부적절함		보통		다소 적절함		매우 적절함

〈결과 해석〉: 이 책의 마지막 부록에 포함된 실전 리더십 사례 토의 모범답안 참조.

5장

최근 리더 중심 이론

리더가 리더십 효과성 또는 조직의 성과를 결정하는 핵심요소임을 주장하는 리더 중심 이론은 리더의 특성, 행동, 역량 등을 연구하는 전통적 리더 중심 이론의 토대 위에 이전과는 다른 새로운 관점에서 바람직한 리더의 특성과 행동을 찾고자 하는 노력으로 이어졌다. 이 책에서는 1970년대 카리스마 및 변혁적 리더십을 시작으로 지금까지 새로운 관점에서 연구된 리더 중심 이론들을 '최근 리더 중심 이론'으로 구분했다.

이 장에서는 카리스마 리더십, 그리고 이전까지 별개의 개념으로 다루어진 자유방임형 리더십, 거래적 리더십, 변혁적 리더십을 포괄하는 전범위 리더십(full range leadership), 팔로어들을 최우선에 두고 그들에게 권한을 위임하여 자신들의 역량을 충분히 개발하고 발휘할 수 있도록 도와주어야 한다는 서번트 리더십(servant leadership), 그리고 리더의 진정성을 강조하는 진성 리더십(authentic leadership)에 대해 설명한다.

1. 전범위 리더십

리더의 특성, 행동, 역량 등에 초점을 맞추는 전통적 리더 중심 이론의 토대 위에 최근 제시된 리더 중심 이론의 하나는 변혁적 리더십(transformational leadership)과 카리스마 리더십(charisma leadership) 연구 결과에서 나타난 문제점들을 수정 · 보완하여 아볼리오와 베스(Avolio & Bass, 1991)가 새롭게 제시한 '전범위 리더십 이론(full range leadership theory)'이다.

이 절에서는 전범위 리더십 이론이 무엇인지, 그리고 전범위 리더십 이론의 기반이 된 카리스마 리더십과 변혁적 리더십에 초점을 맞추어 설명한다.

1) 전범위 리더십 이론의 개요

전범위 리더십 이론은 이제까지 별개의 개념으로 다루어진 자유방임적 리더십(laissez-faire leadership), 거래적 리더십(transactional leadership), 변혁적 리더십을 모두 포함하여 리더십 행동을 3가지 범주로 분류하고 있다. 그리고 각 리더십 행동 범주를 좀 더 세분화하여 〈표 5.1〉과 같이 자유방임적 리더십 1개 요인, 거래적 리더십 3개 요인, 그리고 변혁적 리더십 5개 요인의 총 9개 요인으로 분류했다.

첫째, 자유방임적 리더십으로, 이는 리더가 팔로어와 어떤 유형의 거래도 하지 않는 리더십이다. 즉 리더가 의사결정을

〈표 5.1〉 전범위 리더십의 범주 및 구성요소

범주	구성요소
자유방임적 리더십	-
거래적 리더십	• 조건적 보상 • 적극적 예외관리 • 소극적 예외관리
변혁적 리더십	• 귀인된 이상적 영향력 • 이상적 영향력 행동 • 영감적 동기부여 • 지적 자극 • 개별적 배려

출처: Antonakis, Avolio, & Sivasubramaniam(2003: 264)

회피하고, 책임을 지지 않으며, 자기에게 주어진 권한을 행사하지 않기 때문에 구성원들의 재량권을 최대한도로 허용하는 리더십 유형이다. 이러한 리더십은 일반적으로 가장 수동적이고, 비효과적인 리더십 유형으로 간주된다.

둘째, 거래적 리더십은 계약적 의무를 이행하는 것을 기반으로 한 교환과정으로, 전형적으로 목표 설정과 성과의 모니터링 및 통제를 특징으로 하는 리더십이다.

이러한 거래적 리더들은 지시적으로 행동하는 경향이 강하고, 팔로어들과 협의나 참여 또는 위임적 행동을 하지 않는 경향이 있다. 그들은 목표와 성과 표준을 설정할 때, 팔로어들을 참여시키기보다는 지시적 방법으로 설정한다. 그리고 팔로어들과 상호작용 과정에서 변혁적 리더들보다 폐쇄형 질문을 더 많이 사용한다. 그런데 이러한 리더십 행동들은 몰입보다는 순종만 이끌어낼 위험이 있다. 거래적 리더는 지시한 목표에 대한 성과를 기준으로 보상하기 때문에 단기적인 성과를 내기는 하지만, 팔로어들의 잠재능력 개발을 방해하고, 장기적으로는 조직의 경쟁력을 저하시킨다(Gill, 2006: 51).

거래적 리더십은 다음 3가지 요소로 구성되어 있다. ① 조건적 보상(contingent reward)이다. 역할 및 과업 요구의 명확화, 그리고 계약한 의무의 이행 정도에 따라 팔로어들에게 물질적 또는 심리적 보상을 하는 데 초점을 맞추는 것 같은 리더의 건설적인 거래 행동을 말한다. ② 적극적 예외관리(management-by-exception active)이다. 설정한 목표 또는 기준을 달성할 수 있도록 미리 잘못을 찾아내어 시정조치를 하는 리더의 적극적인 거래 행동이다. ③ 소극적 예외관리(management-by-exception passive)이다. 이것은 용인할 수 있는 수행 기준에서 명백히 벗어나거나 실수가 이미 발생했을 때만 개입하는 리더의 소극적인 거래 행동이다.

셋째, 변혁적 리더십이다. 이것은 팔로어들에게 과업의 중요성을 더 잘 인식시키고, 조직이나 팀을 위해 개인적인 이해관계를 초월하도록 만들며, 팔로어들이 고차원적 욕구를 갖도록 만드는 리더십으로, 다음과 같이 5개의 하위범주로 구성되어 있다. ① 귀인된 이상적 영향력(idealized influence attributed)이다. 이것은 팔로어들에게 리더가 자신감 있고 권력을 가진 것으로 인식하게 하고, 고차원적 가치와 윤리를 추구하는 것으로 보이게 하는 사회화된 카리스마 행동이다. ② 이상적 영향력 행동(idealized influence behavior)이다. 가치, 믿음, 그리고 사명감에 초점이 맞춰진 리더의 카리스마 행동을 말한다. ③ 영감적 동기부여(inspirational motivation)다. 이는 리더가 낙관적으로 미래를 보고 야심 찬 목표를 가질 것을 강조하며, 이상적인 비전을 제시하고 의사소통을 통해 그러한 비전이 성취될 수 있다는 확신을 갖게 함으로써 팔로어들을 동기부여시키는 행동이다. ④ 지적 자극(intellectual stimulation)이다. 팔로어들이 창조적으로 생각하도록 하고, 어려운 문제의 해결책을 찾도록 격려하는 행동이다. ⑤ 개별적 배려(individualized consideration)다. 이것은 조언과 지원으로 팔로어의 만족감을 높이고, 개인적 욕구에 주의를 기울임으로써 팔로어들의 잠재능력을 개발하고, 자아실현을 하도록 하는 행동이다.

학자들의 연구 결과를 종합해보면 〈그림 5.1〉에서 보는 바와 같이 자유방임적 리더십(LF)이 팔로어들이 가장 수동적이고, 일반적으로 가장 비효과적인 리더십 행동 유형인 것으로 나타났다. 예외에 의한 관리(MBE)는 자유방임적 리더십보다는 효과적이지만, 일반적으로 높은 수준의 이직과 결근, 낮은 만족도, 그리고 조직 효과성을 저하시키는 비효과적인 리더십 행동 유형이다. 조건적 보상(CR)은 효과적인 리더십 행동일 수 있지만, 리더가 제공한 보상 이상의 것을 얻을 수 없는 리더십 행동 유형이

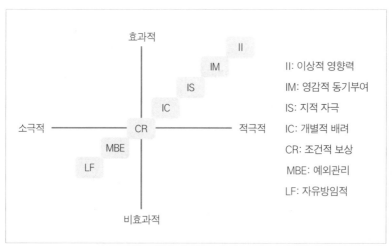

출처: Bass(1990); Bass & Avolio(1994)
주) 이상적 영향력(II)=귀인된 이상적 영향력+이상적 영향력 행동

〈그림 5.1〉 전범위 리더십의 효과성

다. 나머지 4가지 리더십 행동 유형(IC, IS, IM, II)이 기대 이상의 성과를 내도록 팔로어들을 동기부여시키고, 조직을 위해 자기 이익을 초월할 수 있다. 즉 팔로어들의 추가적인 노력을 유발하고, 생산성, 사기, 만족도, 조직 효과성을 더 높이며, 이직률과 결근율을 낮출 수 있다.

이러한 연구 결과로 미루어볼 때, 일반적으로 가장 효과적인 리더십은 업적에 따른 조건적 보상을 기초로 변혁적 리더십 행동을 적절히 사용하는 것임을 시사해주고 있다.

2) 카리스마 리더십과 변혁적 리더십

전통적 리더십 이론들이 조직의 성과, 팔로어의 만족도와 인지 등을 종속변수로 본 반면, 카리스마 리더십과 변혁적 리더십은 팔로어의 활동과 관련된 리더의 자극에 대한 감정적 반응, 즉 리더에 대한 자부심과 신뢰, 그리고 부여된 의무 또는 책임 이상으로 수행하려는 팔로어의 동기부여 정도를 종속변수로 본다.

이러한 이론들은 리더를 '과업지향적-인간지향적 행동'으로 분류하는 전통적인 리더십 행동 이론들과 달리 팔로어의 마음속에 긍정적인 이미지를 형성하여 유지하도록 하고, 팔로어를 신뢰하고 존중하며, 비전을 제시하고 사명감을 강화하는 방법으로 행동하는가에 따라 리더를 분류한다. 그리고 리더를 더 의미 있는 삶을 약속해주고, 미래에 대한 희망을 주는 사람으로 본다.

(1) 카리스마 리더십[1]

그리스어 카리스마(charisma)는 원래 '신(神)으로부터 부여받은 재능'을 가리키는 말이었으나, 막스 베버(Max Weber)가 "사람에게 초인간적 혹은 비범한 능력(힘)이 부여된

---

[1] 변혁적 리더십의 하위 범주인 '귀인된 이상적 영향력'과 '이상적 영향력 행동'은 카리스마 리더십을 의미하기 때문에 이 책에서는 전범위 리더십에 카리스마 리더십을 포함하여 기술했다.

특별한 성격적 특성"으로 정의하면서 본격적으로 학술적인 용어로 사용되기 시작했다. 카리스마는 극소수의 사람만이 가진 천부적인 것이며, 이러한 특성을 가진 사람이 리더로 대우받는다는 것이다. 베버는 '카리스마적 권력'을 전통적 또는 공식적으로 부여받은 권력이 아니라 리더가 비범한 자질을 부여받았다는 부하의 인식을 바탕으로 형성되는 영향력을 기술하기 위해 이 용어를 사용했다. 즉, 카리스마 리더십을 발휘하는 데는 타고난 자질만이 아니라 부하들이 어떻게 생각하는가도 중요하다는 것이다. 그에 따르면 카리스마는 사회적 위기가 발생할 때, 리더가 팔로어들의 마음을 사로잡아서 비전을 믿게 만들 때, 팔로어들이 비전이 달성 가능해 보이도록 하는 몇 가지 성공을 경험할 때, 그리고 팔로어들이 리더를 비범한 존재로 인식하게 될 때 나타난다.

이와 같은 베버의 주장과 관련하여 카리스마 리더십이 어떻게 형성되는가에 대한 논쟁이 있어왔다(Lussier & Achua, 2004: 341-342).

첫 번째 주장으로 카리스마 리더십은 상황 또는 사회적 분위기 때문에 형성된다는 것이다. 즉, 리더가 비범한 자질을 갖추고 있더라도 팔로어들이 리더의 그러한 자질에 대한 필요성을 인식하는 것이 중요하기 때문에 사회적 위기 상황이나 스트레스 상황에서 카리스마 리더가 출현한다는 것이다. 옛말에 "난세에 영웅이 난다"라는 말이 있듯이 만일 마틴 루서 킹(Martin Luther King)이나 간디가 미국이나 인도에 사회적 위기가 없었다면, 그리고 임진왜란이 없었다면 이순신 장군 같은 카리스마 리더가 출현할 수 없었으리라는 것이다.

두 번째 주장으로 카리스마 리더십은 위기 상황이나 스트레스 상황에서 발생하는 것이 아니라 리더의 비범한 자질 때문이라는 것이다. 실제로 위기가 없을 때도 리더는 현재 상황에 대해 만족하지 않을 수 있고, 동시에 희망적인 미래 비전을 제시할 수도 있기 때문이다(Conger & Kanungo, 1998). 따라서 강력한 비전 제시, 탁월한 의사소통 능력, 강한 확신과 자신감, 신뢰성, 지적 능력, 그리고 강력한 추진력 등을 가진 리더가 카리스마 리더가 된다는 것이다. 이들은 마틴 루서 킹이나 간디, 그리고 이순신 장군에게 이러한 자질이 없었다면 사회적 위기 상황에도 불구하고 카리스마 리더십을 발휘할 수 없었으리라는 것이다. 이러한 관점에서 하우스(House, 1977)는 카리스마 리

성격적 특성	행동	팔로어에 대한 영향
지배적(권위적)	강력한 역할 모델로 행동함	리더가 가진 이상이나 이념 신뢰
영향력 행사에 대한 강한 욕구	능력을 과시하려 함	리더와 부하 간에 신념상의 유사성 형성
높은 자신감	목표에 대한 확신 표현	리더가 제시한 목표나 주장 수용
도덕적 가치에 대한 확신	• 팔로어에게 높은 기대와 신뢰 표현 • 팔로어들의 동기유발	• 리더에 대한 애정과 복종심 형성 • 리더와 일체감 형성 • 조직 또는 집단에 정서적 몰입 • 높은 목표 설정 및 자신감 함양

출처: House(1977)

더의 성격적 특성과 행동, 그리고 그러한 특성과 행동이 팔로어에게 미치는 영향을 〈표 5.2〉와 같이 제시하고 있다.

마지막으로, 오늘날 널리 받아들여지고 있는 견해는 카리스마 리더는 상황 또는 리더의 자질 어느 하나에 의해 출현하는 것이 아니라 리더와 팔로어의 상호작용에 의해 발생한다는 것이다. 즉 리더의 인격뿐만 아니라 상황적 맥락에 따라 영향을 받는 팔로어의 인식과 반응에 의해 카리스마 리더가 출현한다는 것으로, 카리스마(charisma)란 "리더가 소유하고 있는 어떠한 자질이 아니라 리더와 팔로어 사이 관계의 결과"라는 것이다(House, 1977: 189-207; Shamir et al., 1993; Conger & Kanungo, 1998).

따라서 이들은 리더의 비전이 팔로어들의 기존 가치관 및 정체성과 조화를 이룰 때 카리스마 리더십이 발생할 가능성이 높기 때문에 팔로어의 욕구와 가치를 이해할 수 있어야 한다고 주장한다.[2] 또한 팔로어들에게 호소력 있는 구호나 용어로 과업이나 역할을 부여해야 한다는 것이다. "벽돌을 쌓고 있는 두 사람에게 지금 무엇을 하느냐고 물었을 때 한 사람은 벽을 쌓고 있다고 한 반면, 다른 한 사람은 성당을 짓고 있다고 응답했다"라는 이야기처럼 비록 일상적이고 틀에 박힌 과업이라고 하더라도 과업에 의미를 부여하는 것이 중요하다는 것이다. 이들은 위기 상황이 카리스마 출

---

[2] 팔로어들이 이념적 목표와 가치 실현을 지향하고 있거나, 어떠한 사회적 선을 창조하거나 전파할 때는 고차원의 욕구와 개인적 가치보다는 집단적 가치에 호소하는 카리스마 리더십이 팔로어를 더 동기부여시킬 수 있다(House, 1977).

현의 필요조건은 아니지만, 조직이나 집단이 전투 상황과 같이 심각한 위기에 처해 구성원이 극심한 스트레스나 공포를 경험할 때 카리스마 리더십이 출현하기 쉽다고 한다. 위기나 역경에서 리더가 자신을 구해줄 것을 바라기 때문에 위기를 정확히 진단하고 위기에 대처할 수 있는 전략을 제시할 때 카리스마 리더십이 출현한다는 것

맥아더 장군의 카리스마 리더십: 결단과 계산된 카리스마!

더글러스 맥아더(Douglas MacArthur, 1880~1964) 장군은 미국 아칸소주 리틀록에서 태어났다. 1899년 6월 웨스트포인트에 입교하여 1903년 6월 공병 소위로 임관했다. 미 육군 42사단장, 육군사관학교장, 육군참모총장, 서남태평양지구사령관을 역임했으며, 1950년 한국전쟁이 발발하자 유엔군사령관에 임명되어 인천상륙작전으로 수도 서울을 탈환하고 평양까지 진격했다. 1951년 4월 유엔군사령관 직에서 해임되어 군을 떠났으며, 1964년 4월 84세로 사망했다.

맥아더 장군은 결단과 계산된 카리스마를 갖춘 명장으로 많은 사람의 존경을 받고 있는데, 그의 카리스마는 인천상륙작전과 관련된 다음의 일화를 통해 나타난다.

인천상륙작전 실행에 반대하는 비판자 9명의 의견 발표가

끝나자, 맥아더 장군은 아무렇지도 않은 듯 자리에서 일어나 대화조로 이야기를 시작했다.

"여러분이 이번 작전의 실현 불가능성에 관해 제기한 주장은 계획에 대한 제 믿음을 재확인시켜주었습니다. 왜냐하면 적의 지휘관도 그런 시도를 할 정도로 무모한 사람은 아무도 없을 것이라는 판단을 할 것이기 때문입니다. 적의 허를 찌르는 것이야말로 전쟁에서 승리하는 데 필수불가결한 요소입니다. 나는 그들의 허를 찌를 수 있을 것입니다. 인천상륙작전은 우리가 가지고 있는 가장 강력한 도구입니다. 인천에 장벽이 존재하는 것은 사실이지만, 극복할 수 없을 정도는 아닙니다. 만약 상륙에 대한 나의 판단이 틀릴 경우에는 내가 직접 그 자리에서 즉각적으로 아군병력을 철수시키겠습니다. (중략) 나는 이미 운명의 초침 소리를 듣고 있습니다. 우리는 이제 행동하지 않으면 안 됩니다. 그렇지 않으면 아군은 죽을 것입니다. 그러나 크로마이트 작전은 성공할 것입니다. 그리고 아군 10만 명의 생명을 구하게 될 것입니다."

그는 상대를 설득하고야 마는 기백과 특유의 매력 있는 어휘를 구사하면서 청중의 마음을 얻었다. 9월 15일, 맥아더 장군은 인천상륙작전을 성공적으로 이끌어냈다. 작전을 위한 그의 결단, 용기, 설득 능력은 지휘관으로서의 위대함을 증명해주었다.

출처: 육군본부(2012)를 참고하여 재정리

이다(Shamir et al., 1993).

　이러한 카리스마 리더십에 관한 연구 결과들을 종합해보면, 카리스마를 보유한 리더가 그렇지 않은 리더보다 리더십 만족도, 생산성 또는 성과가 더 높은 것으로 나타났다(Smith, 1982; Howell, 1985; House, 1985). 하지만 카리스마 리더십을 발휘한 히틀러는 수많은 사람을 박해하고 죽였으며, 일부 사교의 교주들이 신도들을 파멸의 길로 인도한 것처럼 카리스마 리더십이 항상 긍정적인 영향을 미치는 것은 아니다.

　따라서 카리스마 리더십의 긍정적인 면뿐만 아니라 부정적인 면에도 주의를 기울여야 한다. 부정적 카리스마 리더는 개인화된 권력지향성을 갖고 있다. 이들은 내면화보다는 리더 자신과 동일시를 강조한다. 이들은 이상적인 것을 추구하기보다는 자기 자신에게 헌신할 것을 의도적으로 강조한다. 이들은 부하들을 약하게 만들어 자신에게 의존하게 만듦으로써 복종하게 하려고 한다. 중요한 의사결정을 독단적으로 하고, 보상과 처벌은 부하를 조종하고 통제하기 위해 사용한다. 그리고 정보를 통제하여 자신의 무오류성 이미지를 유지하거나 조직에 대한 외부 위협을 과장하기 위해 사용한다.

　이와 반대로 긍정적 카리스마 리더는 사회화된 권력지향성을 갖고 있다. 이들은 개인적 동일시보다는 가치의 내면화를 강조한다. 리더에게 헌신하기보다는 추구하는 가치와 이념에 헌신할 것을 강조한다. 그리고 권한을 위임하고, 정보를 공개적으로 공유하며, 의사결정에 참여하도록 권장하고, 보상을 사용하여 조직의 사명과 목표를 완수하는 데 헌신하도록 한다(Yukl, 2006: 258-261).

(2) 변혁적 리더십

　변혁적 리더십 이론은 번스(Burns, 1978)의 아이디어를 발전시켜 베스(Bass, 1985)가 정립한 이론이다. 베스(1985)는 기존의 리더십은 주로 팔로어의 목표와 역할을 명확히 하고, 리더들이 효과적으로 상과 벌을 사용하는 방법에 초점을 맞춘 거래적 리더십이었다고 한다. 그리고 이러한 거래적 리더십은 팔로어들과 교환관계를 이끌어내는 데 초점이 맞춰져 있기 때문에 조직의 성과를 높이기 위해서는 팔로어들이 개인적 이익보다는 더 큰 공익을 위해 행동하도록 리더가 어떻게 영향력을 행사할 것인가에 초점을 맞추는 변혁적 리더십을 발휘해야 한다고 주장했다.

이러한 변혁적 리더십의 특징은 첫째, 거래적 리더십과 같이 리더와 팔로어 간의 거래적 교환에 의해 영향력이 나오는 것이 아니라 리더의 개인적 가치(성실성, 명예심, 정의감 등)와 신념에서 나온다.

둘째, 변혁적 리더십은 팔로어의 가장 기본적이고 지속적인 욕구들인 고차원적이고 일반적이며 포괄적인 가치에 호소하기 때문에 리더에게 더 많은 신뢰, 존경, 경외감 및 충성심을 느끼게 하고, 원래 기대했던 것 이상으로 더 열심히 일하도록 동기부여시킨다.

셋째, 변혁적 리더십은 과업의 중요성을 더 잘 인식시키고, 조직이나 팀을 위해 개인적 이익을 초월하도록 하며, 팔로어들의 고차원적 욕구를 불러일으키는 방법으로 팔로어들을 변화시키고 동기를 유발한다(Bass, 1985).

이와 같이 변혁적 리더십과 거래적 리더십은 서로 다르지만, 상호 배타적인 과정은 아니다. 변혁적 리더십은 거래적 리더십보다 부하의 동기와 성과를 더 증가시키지만, 효과적인 리더십은 두 가지 유형의 리더십을 모두 사용하는 리더십이다(Yukl, 2006: 262).

베스(1985)가 변혁적 리더십 이론을 체계화한 후 수많은 조직을 대상으로 다양한 연구가 진행되어왔다. 예컨대, 베스(1996)의 연구에서는 어느 상황이나 문화권에서든 변혁적 리더십이 효과적이라는 것을 발견했고, 베스와 아볼리오(Bass & Avolio, 1990)는 변혁적 리더십을 조직 내 모든 계층의 구성원들에게 학습시킬 수 있으며, 업무성과에 정적인 상관성을 나타낸다고 주장했다. 그리고 백기복(2016)은 문헌고찰 연구를 통해 변혁적 리더십이 구성원들의 창의성에 영향을 미치고, 조직시민행동에 간접적 영향을 미치며, 직무 복잡성이 증가할 경우 변혁적 리더가 출현할 가능성이 낮아진다는 것을 발견했다.

이러한 변혁적 리더십에 관한 문헌들을 종합 분석해보면 첫째, 변혁적 리더십은 거래적 리더십이나 자유방임적 리더십에 비해 조직의 효율성과 효과성에 더 높은 상관관계를 갖는다. 즉 〈그림 5.2〉와 같이 거래적 리더십이 단순히 기대된 성과만 내게

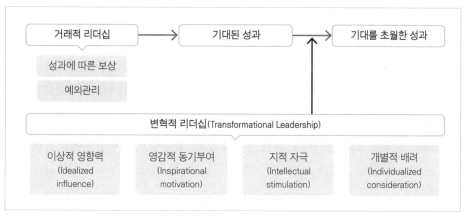

출처: Bass & Avolio(1990)의 그림 수정

〈그림 5.2〉 변혁적 리더십의 효과

하는 반면, 변혁적 리더십을 발휘하면 기대를 훨씬 더 초과하는 성과를 낼 수 있다
(Bass & Avolio, 1990). 둘째, 변혁적 리더십은 부하들에게 권한을 위임하고 그들의 능력을
개발함으로써 조직을 혁신하고 조직문화를 긍정적으로 개선해나가는 데 효과적이
다. 셋째, 변혁적 리더십은 부하들에게 자신감을 강화해주고, 조직 내에 협력적인 분
위기를 만들어간다. 넷째, 변혁적 리더십은 불확실성을 뛰어넘어 변화를 창출하고,
조직 구성원들의 행복도를 높임으로써 조직에 대한 구성원들의 만족도를 증대시켜
준다.

3) 전범위 리더십 이론에 대한 평가와 군 리더십 적용

(1) 전범위 리더십 이론에 대한 평가

전범위 리더십 이론의 핵심 기반인 카리스마 리더십 이론과 변혁적 리더십 이론
의 많은 부분이 중복되기도 하지만, 두 이론 간에는 다음과 같은 차이점이 있다. 카리
스마 리더십은 인상관리, 정보통제, 비관습적 행동, 그리고 위험 감수(risk taking) 같은

행동을 통해 비범한 이미지를 형성함으로써 극단적으로 존경을 받고, 팔로어들에게 무조건 복종하고 신뢰하게 하는 리더십 행동을 더 많이 한다(House, 1977). 반면, 변혁적 리더십은 팔로어들의 잠재능력을 개발해주고, 중요한 의사결정 권한의 위임, 팔로어들의 기량과 자신감 함양, 자율관리팀 구축, 중요한 정보의 직접적인 접근 허용, 불필요한 통제 제거, 임파워먼트를 촉진하는 조직문화 조성 등과 같이 팔로어들이 리더에게 덜 의존하게 만드는 리더십 행동들을 더 많이 함으로써 팔로어들을 더욱더 자율적, 자기지시적, 자아실현적이고, 이타적이 되도록 한다(Burns, 1978; Bass, 1985).

그런데 학자들 사이에서는 카리스마 리더십과 변혁적 리더십이 과연 서로 다른 것인가에 대한 논쟁이 있다. 어떤 학자들은 두 가지 유형의 리더십이 본질적으로 같다고 주장하기도 하고, 다른 학자들은 별개이지만 중복되는 과정(process)으로 보기도 한다. 리더십의 두 가지 유형을 별개의 과정으로 보는 학자들조차 동시에 변혁적이면서 카리스마적인 리더십을 발휘하는 것이 가능한가에 대해 의견을 일치시키지 못하고 있다. 그러나 최근에는 주요 카리스마 리더십 이론들이 변혁적 리더십 이론에 좀 더 가깝게 수정되었다(Yukl, 2006: 270-271). 특히 전범위 리더십 이론에서는 〈표 5.1〉에서 살펴본 바와 같이 카리스마 리더십을 변혁적 리더십의 하위요소로 포함하고 있다.[3]

(2) 군 리더십 적용

카리스마 리더십 이론과 변혁적 리더십 이론은 개인보다 조직의 가치를 우선시하고, 자유민주주의를 수호한다는 이념적 목표를 추구하며, 임무 완수를 위해 무조건적인 복종을 요구하는 전투 상황을 가정하는 군대조직에서의 리더십이 어떠해야할 것인가에 대해 시사해주는 바 크다.

베스(Bass, 1985: 218-220)는 군에서 전투병과 장교들 그리고 전투지원병과 장교들의 리더십에 어떠한 차이가 있는지를 비교 분석한 결과 전투병과 장교들이 전투지원병

---

[3]   변혁적 리더십의 구성요소인 '귀인된 이상적 영향력(idealized influence attributed)'과 '이상적 영향력 행동(idealized influence behavior)'은 사회화된 카리스마 행동(socialized charismatic behavior)을 의미한다.

과 장교들보다 변혁적 리더십을 더 많이 발휘하는 경향이 있었고, 변혁적 리더십이 거래적 리더십보다 리더십 만족 및 효과성과 더 높은 상관관계가 있었다. 그리고 카리스마, 개인적 배려, 지적 자극, 조건적 보상, 예외관리 순으로 리더십 효과성과 높은 상관관계가 있었다.

그리고 드비르 등(Dvir et al., 2002)은 이스라엘군 보병 장교들을 대상으로 한 실험연구에서 실험집단 지휘관들에게는 변혁적 리더십 교육을 하고, 다른 집단(통제집단) 지휘관들에게는 평소에 실시하던 정규 리더십 교육을 한 후 변혁적 리더십 교육이 부하들에게 어떠한 영향을 미치는가를 조사했다. 그 결과 변혁적 리더십 교육을 받은 지휘관들의 부하들이 변혁적 리더십 교육을 받지 않은 지휘관들의 부하들보다 자기효능감, 독립적 사고, 추가적인 노력 정도 등이 더 높았고, 야외훈련에서 더 높은 성과를 냄으로써 변혁적 리더십과 성과 사이에 인과관계가 있다는 것을 발견했다.

베스 등(Bass et al., 2003)의 연구에서는 평상시 소대장의 변혁적 리더십과 거래적 리더십에 대한 부하들의 평가와 스트레스 상황(훈련 상황)에서 부대 성과와 어떠한 관계가 있는지를 조사했다. 그 결과 소대장이 변혁적 리더십과 거래적인 조건적 보상을 하는 리더십을 함께 발휘할 때 소대 성과가 높아지는 것으로 나타났다.

이러한 변혁적 리더십에 대한 연구 결과들은 군을 잘 모르는 사람이나 군 복무를 해서 군에 대해 안다고 하는 사람들도 자신의 경험을 토대로 군에서는 권위적 · 독재적 · 강압적 리더십이 효과적이라는 고정관념을 갖고 있지만, 군에서 효과적인 리더십은 권위적 · 독재적 · 강압적 리더십이 아니라 변혁적 리더십이라는 것을 시사해 주고 있다.[4]

한편 카리스마 리더십과 변혁적 리더십은 요구되는 상황이 각기 다르다고 할 수 있다. 카리스마 리더십은 무조건적인 복종을 요구하는 상황에 적합하고, 변혁적 리더십은 팔로어들의 자율적이고 자기지시적인 행동을 유발할 수 있는 상황이 적합하다. 예컨대 비정상적인 육체적 · 감정적 노력을 요구하는 상황이나 위기가 항상 존재하는 전장에서는 카리스마 리더십이 더 적합할 수 있다. 그러나 창의력, 급변하는 불

---

[4] 외국 군에서만이 아니라 한국군에서도 일반 논문 및 학위 논문으로 많은 검증연구가 이루어졌다. 연구 결과 대부분의 연구에서 변혁적 리더십이 효과적인 것으로 나타났다.

확실한 상황에 대한 적응력, 그리고 팔로어의 자발성과 책임감이 요구되는 상황에서는 변혁적 리더십이 더 적합할 것이다.[5]

그러나 지금까지의 연구 결과는 이러한 구분을 입증해주지 않고 있다는 데 유의할 필요가 있다. 어떤 학자들은 자존감이 높고 자율성에 대한 높은 욕구를 가진 팔로어들이 그렇지 않은 사람들보다 카리스마에 덜 반응할 것이라고 한다. 반면에 다른 학자들은 팔로어의 개인 특성과 무관하게 리더의 리더십과 개인적 자질만으로도 팔로어와 카리스마적인 관계를 형성할 수 있다고 주장하기 때문이다(House & Singh, 1987: 690).

---

[5] 변혁적 리더십에 대한 많은 연구 결과는 어떤 계층이나 상황 그리고 문화권에서든 보편적으로 효과적인 것으로 나타나고 있다(Bass, 1996, 1997).

2. 서번트 리더십

"너희 가운데서 높은 사람이 되려는 이는 너희를 섬기는 사람이 되어야 한다. 또한 너희들 가운데에서 첫째가 되려는 이는 너희의 종이 되어야 한다."

– 마태복음 20장 26-28절

1) 서번트 리더십 이론의 개요

AT&T에서 경영 관련 교육과 연구를 담당했던 그린리프(Greenleaf, 1977)에 의해 처음으로 제시된 서번트 리더십(servant leadership)은 리더십을 강한 도덕적 입장에서 본다. 즉 인간만이 선택할 힘과 자유를 부여받았기 때문에 인간은 모든 피조물에 대한 천부적 권위(natural authority)를 갖고 있는데, 도덕적 권위(moral authority)는 원칙에 따라 이러한 천부적 권위를 사용할 때 주어진다. 또한 이러한 도덕적 권위는 양심과 원칙의 준수, 섬김, 봉사, 희생을 통해 얻어지고, 도덕적 힘과 우월성은 겸손에서 나온다. 그런데 도덕적 권위가 높을 때 팔로어(구성원, 고객, 공동체 등)들이 리더를 진정으로 따르게 되기 때문에 서번트 리더가 된다는 것이다.[6]

서번트 리더는 처음에는 서번트, 즉 진정으로 섬기고 싶어 하는 마음, 먼저 섬기고 싶은 마음에서 시작한다. 그런 마음을 가진 뒤에야 앞에서 리드하고 싶은 헌신적 열정을 가진 사람이 된다. 이러한 리더는 먼저 리더가 되고 나중에야 양심과 사회적 규범 때문에 마지못해 섬기는 체하는 사람들과는 근본적으로 다르다(Greenleaf, 2002: 5-6).

---

[6] 이러한 논리가 서로 반대되는 개념으로 생각되는 '서번트'와 '리더십'이라는 용어를 합성한 '서번트 리더십'이라는 용어를 사용할 수 있는 논리적 근거를 제공해준다.

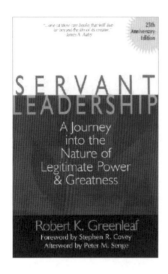

그린리프(1977)는 리더는 태어나는 것이 아니고, 사람들은 누구나 잠재능력을 소유하고 있다는 것을 전제하고 있다. 따라서 다른 사람들의 위에서 이끄는 것이 아니라 밑에서 섬기고, 잠재능력을 발휘하도록 도와주고, 기운을 북돋아주는 사람이 진정한 리더라고 한다.[7] 또한 진정한 리더는 역사적 관점을 갖고 전체를 볼 줄 알고, 무슨 일이 일어날지에 대해 예측할 수 있는 비전을 가진 사람이다. 따라서 서번트 리더십은 테레사(Mother Teresa) 수녀처럼 팔로어를 우선으로 생각하고, 팔로어를 진정으로 섬기며, 그들의 욕구를 만족시키기 위해 헌신하는 리더십이라고 할 수 있다.[8]

그린리프(1977)는 이러한 서번트 리더십의 기본 아이디어를 헤르만 헤세(Hermann Hesse)의 작품인 『동방으로의 여행(Journey to the East)』에서 얻었다고 한다.

주인공 레오(Leo)는 여행단의 잡일을 도맡아 처리하는 서번트로서 여행단의 일원이 되지만, 여행단이 지치고 힘들어할 때는 노래를 불러 활기를 불어넣어주었다. 그는 평범한 존재가 아니었다. 덕분에 여행길은 순조로웠다. 그러나 그가 사라지면서 여행단은 혼란에 빠지고, 결국 여행 자체를 포기하기에 이르렀다. 그들은 충직한 심부름꾼이었던 레오 없이는 여행을 계속할 수 없었다. 사람들은 레오가 없어진 뒤에야 그가 없으면 아무것도 할 수 없다는 사실을 깨달았다. 그 여행단의 일원이자 이 소설의 화자(話者)는 몇 년 동안 찾아 헤맨 끝에 레오를 만나서 여행을 후원한 교단으로 함께 가게 되었다. 거기서 그는 그저 심부름꾼으로만 알았던 레오가 그 교단의 책임자인 동시에 정신적 지도자라는 것을 알게 되었다. 레오는 서번트 리더의 전형이었다.

---

7 서번트 리더십에서 '섬김'의 대상은 인간의 존엄성, 능력, 욕구, 의견, 꿈 등이다.

8 서번트 리더십은 팔로어의 역할을 중시한다는 점에서 팔로어 중심 이론으로 분류될 수도 있지만, 카리스마 리더십, 변혁적 리더십과 마찬가지로 팔로어들을 동기부여시키고, 팔로어들의 잠재역량을 개발하는 데 필요한 리더의 특성과 행동에 초점을 맞춘다는 점에서 리더 중심 이론으로 분류했다.

진정한 리더는 레오처럼 다른 사람들에게 봉사하고 헌신하며, 안내자로서의 역할을 담당하여 필요한 최소한의 권력만 사용한다. 진정한 리더십은 팔로어로부터 나오고, 그들의 잠재력을 극대화했을 때 목표를 달성할 수 있기 때문이다.

리더는 레오처럼 먼저 서번트가 되어야 한다. 많이 섬기든, 적게 섬기든 사람들을 섬기는 것은 좋은 조직과 사회를 건설하는 주춧돌을 놓는 것과 같다. 더 나은 조직과 사회를 만들기 위해서는 리더로서 잠재능력을 구비한 유능한 서번트 리더가 되어야 한다. 따라서 조직과 사회 발전을 저해하는 진정한 적은 리더의 위치에 있을 사람들이 리더의 역할을 맡지 않고, 리더로서 서번트이기를 포기할 때다. 다시 말해 더 나은 사회를 향한 노력의 적은 리더로서의 잠재능력을 지니고 있음에도 리더의 길을 걷지 않는 사람, 곧 서번트이면서 서번트이기를 포기한 사람들이다.

2) 서번트 리더십의 특징

서번트 리더십은 〈그림 5.3〉에서 보는 바와 같이 기본적으로 다음 4가지 특징을 갖고 있다(Lussier, 2004: 363-364).[9] 첫째, 자기희생적인 봉사를 한다. 다음 백범 김구의 사례에서 보는 바와 같이 다른 사람들을 위해 자신의 이익(명예, 권력, 재산 등)을 희생하면서 봉사하는 것이다. 즉, 리더가 되기 전에 먼저 서번트가 되어야 한다.

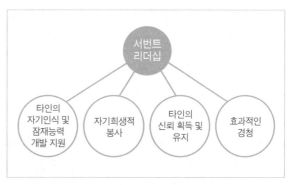

출처: Greenleaf(1977: 7)의 그림 수정

〈그림 5.3〉 서번트 리더십의 특징

---

[9] 그린리프 연구소장인 스피어스(Spears, 2002)는 서번트 리더십의 주요 특성으로 경청, 감정이입, 치유, 자기인식, 설득력, 개념화 능력, 선견지명(예지력), 스튜어드십(임파워링), 사람들의 성장을 위한 헌신, 공동체 형성의 10가지를 들고 있다. 서번트 리더십에 대한 좀 더 자세한 내용은 로버트 K. 그린리프, 강주현 옮김, 『서번트 리더십 원전』, 참솔, 2006 참조.

"나는 내무총장인 안창호 선생에게 정부의 문지기를 시켜 달라고 청했다. 그는 내가 벼슬을 시켜주지 않은 데 대한 반감이라도 지닌 게 아닌가 하는 의혹과 염려의 기색을 보였다. 나는 종전 본국에서 교육사업을 할 때 어느 곳에서 순사 시험과목을 보고 집에 가서 혼자 시험을 쳐서 합격이 못 되었다는 것과 서대문감옥에서 징역 살 때 훗날 만일 독립정부가 조직되거든 정부 뜰을 쓸고 문을 지키는 것을 소원으로 삼았다는 것, 또 이름을 '구(九)'로, 별호를 '백범(白凡)'으로 고친 것까지 설명하고 평소 나의 소원을 모두 말했다. … 이튿날 도산은 뜻밖에도 나에게 경무국장의 임명장을 주며 취임 시무를 권장했다. 나는 고사했다. 순사의 자격에도 못 미치는 내가 경무국장의 직무를 감당할 수 없다고 했다. 그러나 … 공무를 맡으라고 강권하므로 취임 시무했다."

– 김구(2007: 304)

이와 같이 서번트 리더는 남 위에 군림하며 권력으로 강요하고 지시하는 것이 아니라 자기 스스로를 낮추고, 하인이 짐을 들듯이 조직의 부담과 걱정을 짊어지고 가는 리더다. 자신의 개인적 욕구를 충족시키려 하지 않고, 자기희생적인 봉사와 설득을 통해 팔로어들의 자발적이고 지속적인 헌신과 충성을 유발한다. 그리고 자기희생적 봉사를 통해 집단과 조직의 가치를 창출함으로써 모두가 함께 발전하도록 한다. 우리의 삶은 제로섬 게임이 아니기 때문에 집단의 가치를 창조해서 모두가 성장할

<표 5.3> 봉사하고 가치를 창조해야 할 대상 및 내용

구분	내용
고객	• 고객을 위해 봉사하고, 그들의 욕구를 채울 수 있는 제품을 설계하고 공급함
구성원	• 구성원들에게 봉급이나 이익만이 아니라 직업 안정성을 높일 수 있는 훈련 실시 • 잠재력을 향상시킬 수 있는 환경 조성
판매자	• 판매자들의 의견을 반영하여 좋은 상품을 경쟁력 있는 가격으로 공급
지역사회	• 학교, 이웃, 거리를 안전하게 유지하는 데 기여 • 교량 건설 등 사회를 건강하게 하는 사업에 투자
주주	• 재정적 뒷받침을 해주는 주주들에게 투자에 대한 적절한 보상 실시

출처: Vanourck(1995: 69-72)

수 있고, 자극을 받아 창조적인 집단으로 발전할 수 있기 때문이다.

한편 서번트 리더가 봉사하고 가치를 창출해야 할 대상은 기업의 경우 〈표 5.3〉에서 보는 바와 같이 주주만이 아니라 고객, 종업원, 판매자, 지역사회 등이 포함된다. 군의 경우에는 부대원만이 아니라 상·하급 부대 및 협조부대 관계자, 지역주민(환경오염 방지, 지역행사 지원 등), 나아가 국민(대민지원, 테러 방지 등), 세계(PKO 활동 등)가 서번트 리더십을 발휘해야 할 대상이라고 할 수 있다.

이와 같이 작은 규모의 조직(가정, 학교, 교회 등)에서부터 이러한 서번트 리더십이 발휘된다면, 나아가서는 직장, 지역공동체, 국가, 세계 모두 행복한 곳으로 변화될 것이다.

둘째, 정직과 언행일치로 팔로어의 신뢰를 획득하고 유지한다는 것이다. 서번트 리더는 꼼수를 쓰지 않고, 기꺼이 자신의 권력, 보상, 명예, 그리고 통제하는 것을 포기한다. 그리고 세상의 문제를 남의 탓이 아니라 내 탓이라고 여기고, 자신의 약점이나 약한 모습을 남에게 보여주는 것을 두려워하지 않는다. 자기 스스로 결함 있는 인간이라고 인정하지 못하면 스스로 변화할 수 없고, 다른 사람으로부터 신뢰를 얻을 수 없다.

진정한 리더는 신뢰할 만한 가치가 있는 리더다. 리더가 신뢰를 얻었을 때 팔로어들이 자발적이고 열정적으로 따르게 된다. 최고의 리더십은 직위와 계급에 의해서가 아니라 팔로어에 의해 주어지는 것이다.

셋째, 효과적으로 경청한다는 것이다. 서번트 리더는 강요하기보다 우선 경청하고, 이해해준다. 그리고 자신의 의사를 관철시키려고 하지 않는다. 오히려 다른 사람들이 직면하고 있는 문제가 무엇인지를 주의 깊게 경청하고, 그 문제에 대한 최선의 해결책을 찾도록 도와준다.

서번트 리더는 맹신자가 아니라 헌신자다. 맹신자는 확신에 찬 사람이다. 맹신자는 해답을 알기 때문에 다른 관점을 수용하지 못하고, 겸손하지 않다. 그러나 헌신자는 의문을 떨쳐내지 못하는 사람이다. 그렇기 때문에 다른 의견에 대해 관용이 가능하고, 겸손할 수 있다. 의문을 가질 때만 다른 사람의 말을 경청할 수 있고, 학습이 가능하다.

넷째, 타인의 자기인식(self-awareness) 및 잠재능력 개발을 돕는다는 것이다. 서번트 리더는 다른 사람들이 올바르게 자기인식을 하고, 자신의 강점과 잠재능력을 이끌어낼 수 있도록 봉사하고 지원한다. 또한 서번트 리더는 헌신적 열정을 보여줌으로써 팔로어들이 지속적으로 자발적인 헌신을 하도록 하고, 조직의 발전과 목표 달성에 기여하도록 힘을 북돋아주는 임파워링 리더(empowering leader)다. 따라서 서번트 리더가 되기 위해서는 타인에 대한 인식능력과 자기 자신부터 변화시키겠다는 적극적인 의지가 있어야 한다.

간디, 마틴 루서 킹, 넬슨 만델라 같은 세계적으로 유명한 리더들은 카리스마와 더불어 이러한 서번트 리더로서의 자질을 구비하고 있었다고 할 수 있다. 자신의 이익보다 다른 사람의 이익을 우선했고, 지지자들의 신뢰를 얻었으며, 다른 사람들의 문제를 주의 깊게 경청했다. 그리고 지지자들이 내면의 소리를 듣고, 그에 따라 행동하도록 영감을 불러일으켰다.

3) 서번트 리더십 이론의 평가와 군 리더십 적용

서번트 리더십 이론이 기존의 다른 리더십 이론들과 구별되는 가장 중요한 특징은 바로 타인지향성이다. 즉, 서번트 리더십은 구성원 개인의 욕구와 관심을 우선시하는 리더십 이론이다. 물론 변혁적 리더십이나 진성 리더십처럼 윤리적 차원을 강조하지만, 서번트 리더십은 유일하게 '이타주의'를 중심적인 구성요소로 설정하고 있다. 따라서 서번트 리더가 된다는 것은 기존의 리더십 이론이 상정하는 자기중심적인 감독자가 아닌 수용적이고 개방적인 코치 역할을 하는 리더가 됨을 의미한다. 서번트 리더는 서번트 리더십을 통해 구성원들과 통제력을 공유하며, 구성원들의 성장을 배려하는 리더다.

서번트 리더십은 몇 가지 약점도 갖고 있는데, 첫째 '서번트 리더십' 혹은 '섬김의 리더십'이라는 명칭 자체의 역설적 의미가 의미상의 혼란을 가져와 이론의 잠재적 가치를 떨어뜨린다는 점이다. 즉 리더십은 영향력을 행사한다는 의미이고, 서번트 또는 섬김이라는 말은 그 반대의 의미를 갖기 때문이다.

둘째, 서번트 리더십은 "훌륭한 리더는 팔로어를 우선시한다"라는 규범적 주장을 하고 있는데, 그것은 유토피아적 이상주의에 불과하다는 것이다(Northouse, 2016). 이러한 주장은 기존의 리더십 이론과 리더십 현장에서 중요시하는 과업(생산)에 대한 관심, 비전 설정, 목표 달성 등과 같은 리더십 원칙들과 충돌할 수 있다.

서번트 리더십은 실제로 많은 조직에서 널리 관심을 갖는 리더십 이론임에도 명칭 자체에서 주는 역설적 모호함으로 인해 상명하복과 일사불란한 지휘체계를 강조하는 군 조직에는 어울리지 않는 이론처럼 보일 수도 있다. 하지만 서번트 리더십에서 말하는 '서번트(servant)'는 영어 단어 자체의 뜻인 '하인'의 의미가 아니다. 즉, 서번트 리더십은 리더가 '하인' 혹은 '부하'가 되어 부하를 오히려 떠받들어야 한다는 이론이 아니다. 서번트 리더십에서 말하는 '서번트'의 의미는 리더가 팔로어를 섬기는 마음을 지녀야 한다는 것이다. 그리고 그 '섬김'의 대상은 사람 자체가 아니라 인간의 존엄성, 능력, 욕구, 의견, 꿈 등이다.

따라서 군에서도 부대원들을 계급이 아니라 하나의 인격체로 존중하고, 그들이 가진 능력을 발휘할 수 있도록 도와주며, 부대원들의 의견을 경청하고, 군 복무 과정에서 자신의 꿈과 욕구를 실현할 수 있도록 지원하는 서번트 리더십이 효과적으로 적용될 수 있다고 할 수 있다.

3. 진성 리더십

"리더가 인(仁)하면 팔로어들이 인(仁)하지 않을 수 없고, 리더가 의(義)로우면 팔로어가 의(義)롭지 않을 수 없다(君仁莫不仁 君義莫不義)."

– 맹자 『이루장구 하(離婁章句下)』 제5장

1) 진성 리더십 이론의 개요

조지(George, 2003: 18)가 "리더십은 스타일이 아니라 진정성(authenticity)이다"라고 주장한 이래 진성 리더십(authentic leadership)에 대한 관심이 높아져왔다. 이와 같이 진성 리더십에 대한 관심이 높아지고 있는 것은 회계 부정사건 등과 같은 비윤리적 또는 위법적인 행위로 인해 파멸 위기를 맞고 있는 조직이 증가하고, 이로 인해 도덕성과 진실성을 바탕으로 한 리더십에 대한 사회적 요구가 높아지고 있기 때문이다. 또한, 2000년 이후에 인간의 강점과 미덕을 중시하고, 나아가 행복, 주관적 안녕감(subjective well-being), 심리적 몰입(flow), 자신감, 희망 등과 같은 인간의 긍정심리적 측면에 초점을 맞추고 있는 긍정심리학(positive psychology)의 영향을 받아 "자기 자신에게 진실한(true to self) 리더"가 자신과 조직의 긍정심리적 자원을 발전시키고, 조직의 장기적이고 지속적인 성과를 창출한다는 믿음이 확산하고 있기 때문이다.[10]

---

10 루단스(Luthans, 2002, 2005)는 '조직행동' 연구도 '긍정심리학'과 같이 인간의 강점을 강조하는 긍정적 접근방식이 필요함을 주장하면서 '긍정적 조직행동(POB: Positive Organizational Behavior)'이라는 개념을 제시했다. 또한 관리자와 팔로어의 부정적 측면에 초점을 맞춘 그동안의 패러다임에 근본적인 변화 필요성을 제기하고, 조직 구성원들의 긍정적 감정과 성과 간의 관계에 대한 연구를 수행했으며, 긍정적 조직행동의 핵심요소로 자신감, 희망, 적응 유연성, 낙천성을 제시했다.

(1) 진성 리더십의 정의

루단스와 아볼리오(Luthans & Avolio, 2003: 243)는 진성 리더십을 "긍정적 심리역량과 고도로 발전한 조직 상황에서 발휘되고, 긍정적 자기개발을 촉진하면서 리더들과 동료들의 자기인식을 강화하고, 자기규제적 행동을 하도록 하는 과정"으로 정의하고 있다. 이들의 관점에서 보면 진성 리더는 자신감, 희망, 낙천성, 회복력, 그리고 다른 사람들의 리더십 역량을 개발하기 위해 헌신하는 모습을 보여주고, 자신과 다른 사람들에 대한 도덕적 · 윤리적 기준을 설정할 때 미래지향적 입장을 취하며, 도덕적 추론(moral reasoning) 역량을 보여주는 리더다(Luthans & Avolio, 2003: 246). 그들은 자신이 어떠한 사람인지, 자신의 개인적 가치관과 의도가 무엇인지를 다른 사람들에게 투명하게 드러내고, 자신의 가치관대로 행동하며, 개인적 가치와 조직가치가 일치되도록 노력한다(Seligman, 2002).

그러나 다른 학자들(Cooper et al., 2005; Shamir & Eilam, 2005; Sparrowe, 2005)은 진성 리더십을 "자신감, 희망, 낙천성, 회복력 등의 긍정적 심리역량을 포괄하는 것"으로 정의하려고 했다.

월럼바 등(Walumbwa et al., 2008: 94-95)은 루단스와 아볼리오(2003)의 진성 리더십에 대한 정의 등을 기초로 진성 리더십을 "긍정적 자기개발을 촉진하고, 자기인식, 내면화된 도덕적 관점, 균형적인 정보처리, 그리고 팔로어에 대한 리더의 관계적 투명성을 높이기 위해 긍정적 심리역량과 긍정적 윤리 풍토를 조성하고 촉진하는 리더 행동의 유형"으로 정의했다. 그리고 이러한 진성 리더십에 대한 정의를 바탕으로 진성 리더십의 구성요소(components)를 다음과 같이 자기인식, 내면화된 도덕적 관점, 균형적 정보처리, 그리고 관계적 투명성의 4가지로 설정했다.

여기서 자기인식(self-awareness)은 사람이 어떻게 세상에서 의미를 끌어내고 형성하는가, 그리고 그 의미 형성과정이 자신을 보는 방식에 어떻게 영향을 미치는가를 이해하는 것과 관계가 있다. 즉 자신의 강 · 약점과 자아의 다면적 속성에 대해 이해하는 것으로, 타인에게 자신을 노출함으로써 자아를 인식하고, 다른 사람에게 자신이 어떠한 영향을 미치는가를 아는 것을 의미한다.

관계적 투명성(relational transparency)은 다른 사람에게 자신의 진실한 자아(authentic self: 거짓 자아 또는 왜곡된 자아의 반대)를 드러내는 것을 말한다. 그러한 행동은 공개적인 정보 공유와 부적절한 감정 표현을 최소화하면서 자신의 진실한 생각과 느낌을 표현함으로써 신뢰를 강화한다.

균형적 정보처리(balanced processing)는 리더가 의사결정을 하기 전에 관련된 모든 자료를 객관적으로 분석하는 것을 말한다. 이러한 리더는 자신의 마음속에 가진 의견과 다른 견해들을 팔로어들이 자유롭게 제시할 수 있는 분위기를 조성한다.

그리고 내면화된 도덕적 관점(internalized moral perspective)은 자기규제(self-regulation)의 내면화되고 통합된 형태다. 이러한 자기규제는 집단, 조직, 그리고 사회적 압력이 아니라 내적 도덕 기준과 가치관에 따라 이루어지고, 내적 가치관과 일치하는 의사결정과 행동을 하도록 한다. 요컨대, 진성 리더들은 더 효과적으로 다른 사람들에게 봉사하기 위해 자신의 리더십을 진실로 이해하기를 바란다는 것을 다른 사람들에게 보여준다는 것이다(George, 2003). 그들은 신뢰성을 확립하고, 팔로어들의 존경과 신뢰를 얻기 위해 자신의 내적 가치와 확신에 따라 행동한다. 그리고 다양한 의견이 나오도록 하고, 팔로어들과 협조적인 관계망을 형성함으로써 팔로어들에게 '진실한(authentic)' 리더라고 인식하게 만든다(Avolio et al., 2004).

(2) 진성 리더십의 핵심개념

진성 리더십의 개념을 명확하게 이해하기 위해서는 진성 리더십의 핵심개념인 진정성(authenticity)과 진성 리더(authentic leader)라는 개념을 이해할 필요가 있다.

▌진정성

'진정성(authenticity)'이란 자신이 가지고 있지 않은 자질이나 신념을 위장하는 위선(hypocrite)이 아닌 '진짜(genuine)'를 의미하는 개념으로 고대 그리스 철학자들이 "너 자신을 알라", 그리고 "자신의 자아에 진실하라"라고 한 말에 잘 나타나 있다(Harter,

2002). 즉 진정성은 "진정한 자아와 내면의 생각 및 감정에 따라 자신을 표현하는 방법"으로 자신과 관계에서의 진실성을 나타내기 때문에 "말과 행동이 조화되어 외향적으로 표현되는 정도"인 '성실성(sincerity)'[11]보다 좀 더 상위의 개념이라 할 수 있다 (Avolio, Luthans, & Walumbwa, 2004; Avolio & Gardner, 2005; Chan et al., 2005). 이러한 진정성은 외부의 위협이나 유인(incentive), 또는 사회적 기대나 보상에 의해서가 아니라 개인적 가치관에 따라 이루어지는 자기규제 과정을 통해 달성된다(Ryan & Deci, 2003).

따라서 진성 리더십은 인간은 능동적이고, 주관적 판단과 선택이 가능한 유기체임을 주장하는 인본주의 심리학의 인간관과도 일치한다. 인간은 자기가 보고 해석하는 그 세계에 의해 영향을 받는 것이지 타인이 보고 느끼는 세계, 소위 객관적 현실 세계에 의해 영향을 받는 것이 아니라는 것이다. 마찬가지로 리더의 가치와 확신은 결국 타인에 의해서가 아닌 리더 자신의 내면에 있다는 것이다.[12]

여기서 중요한 것은 진정성이 단순히 '진정성-비진정성(authentic-inauthentic)'이라는 이분법적인 것이 아닌 연속선상의 개념이라는 것이다. 누군가를 '진정성이 있다' 또는 '진정성이 없다'라는 식으로 판단할 수 없고, 그 사람이 얼마나 진정성을 갖고 있는가 또는 진정성이 어느 수준인가로 평가할 수 있다는 것이다. 이와 같이 진정성을 연속선상의 개념으로 보는 것은 인간은 본질적으로 착하기 때문에 선량하게 발전해 나갈 수 있다는 인본주의 심리학의 인간관을 반영하고 있기 때문이다. 따라서 인간의 진정성이 발전 가능한 것으로 보기 때문에 진성 리더십은 개발 가능하다고 할 수 있다(Avolio & Gardner, 2005; Luthans & Avolio, 2003).

▎진성 리더

진성 리더십을 이해하기 위한 또 다른 중요한 개념은 '진성 리더(authentic leader)'인데, 아볼리오 등(Avolio et al., 2004)은 진성 리더를 "자신이 어떻게 생각하고 행동하는지

---

11 자기 자신에게 진실한 정도라기보다는 다른 사람들에게 자신을 정확하고 정직하게 표현하는 자아의 정도에 의해 판단되는 개념이라고 할 수 있다.

12 에릭슨(Erickson, 1995)은 진정성을 "자아와 자신의 핵심가치에 대해 진실하고, 그 가치와 타협하도록 하는 사회적·상황적 압력에 저항하는 것"으로 묘사하고 있다. 결국 다른 것에 우선하여 '개인의 가치를 고려한 자기인식'이 진정성과 진성 리더십의 핵심적 요소라는 것이다(Chan et al., 2005; Gardner et al., 2005; George, 2003).

에 대해 깊이 인식하고, 자신과 주변 사람들로부터 가치 및 도덕적 관점, 지식, 강점을 인식하고 있다고 인식되는 리더", 그리고 "자신이 처해 있는 상황적 맥락을 인식하는 리더", 또한 "자신감, 희망, 낙천성, 적응 유연성을 갖고 있고 높은 도덕적 특성을 가진 리더"로 정의하고 있다. 아볼리오, 루단스, 월럼바(Avolio, Luthans, & Walumbwa, 2004)도 이와 유사하게 "사고와 행동 방법을 깊이 깨닫고 있는 리더", "타인이 가진 인간에 대한 가치, 도덕적 인식, 지식, 신념을 인정하는 리더", "자신이 행동하는 상황적 맥락을 잘 알고 있는 리더", "신념, 희망, 낙천성, 쾌활함, 높은 도덕적 특성을 구비한 리더"를 진성 리더로 본다.

한편 하월과 아볼리오(Howell & Avolio, 1992)는 '진성 카리스마 리더(authentic charismatic leader)'라는 개념을 통해 카리스마 리더십에서 나타날 수 있는 리더십의 어두운 측면과 구분하고 있다. 진성 카리스마 리더는 개인화된 카리스마 리더(personalized charismatic leader)와 반대로 사회화된 리더(socialized leader)로서 공동선에 관심을 두는 리더다. 그리고 집단 및 조직의 집합적 이익을 강조하는 높은 수준의 도덕적 진실성(moral integrity)을 갖고 있다(Cooper et al., 2005). 또한 베스와 슈타일마이어(Bass & Steidlmeier, 1999)는 진성 카리스마 리더와 마찬가지로 사회화된 변혁적 리더(socialized transformational leader)를 진성 리더라고 한다. 이는 리더가 개인적 덕성과 도덕적 지혜를 구비해야 하고, 진성 변혁적 리더와 자신의 이익을 위해서만 움직이는 변혁적 리더와의 구분이 필요함을 시사하고 있다.

이와 같이 진성 카리스마 리더와 진성 변혁적 리더를 식별해내는 핵심 기준은 리더의 사회화 여부와 도덕적 진실성, 윤리성이라고 할 수 있다. 하지만 이러한 것들을 형성하는 기본 바탕은 타인의 기대 같은 외적인 것이 아니라 바로 리더 자신의 내면에서 일어나는 자기인식(self-awareness)과 자기규제(self-regulation) 과정과 관련되어 있다(Luthans & Avolio, 2003).[13]

샤미르와 엘리암(Shamir & Eliam, 2005)은 기존의 여러 연구를 비교 검토한 후 진성 리더는 다음 4가지 특징을 가진 리더라고 했다.

---

[13] 미치와 구티(Michie & Gooty, 2005)는 진정성과 상반된 특성을 가진 리더를 '착취적 리더'로 묘사하고 있는데, 구성원의 희생을 통해 자기이익을 추구하는 가치를 지닌 리더가 바로 진정성이 없는 리더라는 것이다.

첫째, 리더십을 가장하여 타인의 기대에 순응하기보다 자신에게 진실한 리더다. 진성 리더는 겉으로 보이는 이미지나 가식적인 모습을 개발하기보다는 리더십 역할 자체를 수행한다는 것이다.

둘째, 현재의 지위, 명예, 개인적 이익 등을 지키기 위해서가 아니라 개인적 양심

군에서의 진성 리더십: 6.25전쟁 시 팔만대장경 수호

김영환 장군

팔만대장경 수호공적비 (해인사)

6.25전쟁이 발발하고 인민군 낙오자 900여 명이 해인사에 주둔함으로써 우리의 소중한 문화재인 팔만대장경이 위기 일발 전쟁의 포화에 휩싸이게 되었다. 1951년 7월 경남지구 공비토벌에 참여한 김영환 장군은 동년 9월 18일 오전 6시 30분, 지상군 부대의 긴급 항공지원 요청에 따라 4기 편대로 합천 상공에서 정찰기와 만나라는 무전 명령을 받는다.

정찰기로부터 지시된 훈령은 해인사의 공비소굴을 폭격하여 지상군을 지원하라는 것이었다. 드디어 정찰기의 표시용 백색 연막이 선명하게 목표를 가리켰고, 그곳은 바로 대적광전(大寂光殿) 앞마당이었다. 네이팜탄 한 발이면 팔만대장경은 물론 해인성지가 곧 잿더미로 바뀌고 말 찰나에 놓였다. 바로 이때 김 장군은 상부의 폭격 명령을 어기고 다음과 같이 명령했다.

"각 기는 내 뒤를 따르되 내 지시 없이는 절대로 폭탄과 로켓탄을 투하하지 말라."

다시 정찰기로부터 독촉 명령이 내려졌고 2, 3, 4번 기장들은 편대장에게 재차 폭격 명령을 내려줄 것을 재촉했다. 그러나 편대장 김 장군의 뜻은 단호했다. "각 기장은 일체 공격을 중지하라"라는 날카로운 명령만이 무전기를 통해 전해졌다. 다만 사찰 상공을 몇 바퀴 선회한 뒤 해인사의 뒷산 너머로 폭탄과 로켓탄을 투하하고 귀대했다. 대장경판이 보존된 장엄한 역사적 순간이었다.

이러한 김영환 장군의 명령은 이후 1954년 5월 14일 헤이그 제5차 유네스코총회에서 채택된 다음과 같은 전시문화재보호협약(헤이그협약: Convention for the Protection of Cultural Property in the Event of Armed Conflict)에 비추어봤을 때도 정당한 행위였다고 할 수 있다.

1. 체약국들은 자국의 영토 내에 있는 것과 마찬가지로 타 체약국들의 영토 내에 위치하고 있는 문화재를 다음과 같이 함으로써 존중하여야 한다. 즉, 문화재와 그의 직접 주변과 그것을 보호하기 위하여 사용 중인 장비를 전시에 파괴나 손상에 노출시킬 목적으로 사용하지 않아야 한다.
2. (중략)
3. 체약국들은 또한 문화재의 어떠한 형태의 절도, 약탈, 불법사용 및 문화재에 대한 어떠한 종류의 문화재 파괴행위도 이를 금지하고 예방하고 필요에 따라서는 종식시켜야 한다.

에 따라 동기부여된다. 자신의 내면적 가치에 의해 진정한 리더의 역할을 해내는 것이다.

셋째, 다른 것을 모방하기보다는 자기의 본모습인 자신의 가치에 따라 행동하는 사람이다. 리더 역시 사회적 존재로서 사회적 규범과 가치에 영향을 받지만, 진성 리더는 단순히 사회적 압력을 수용하는 것이 아니라 살아있는 경험과 경험적 감정의 적극적 반영을 통해 가치와 확신을 자신의 것으로 만들어낸다(Harter, 2002; Luthans & Avolio, 2003).

넷째, 진성 리더는 자신의 개인적 가치와 확신에 따라 행동한다. 자신이 말하는 것과 믿는 것이 일관되고, 행동 역시 자신의 말이나 신념과 일관성을 가진다. 이것은 진성 리더의 행동이 다른 사람(팔로어 및 타인)을 기쁘게 하거나 인기를 얻는 것, 정치적 이익 등을 얻기 위한 것이 아님을 강조한다. 결국, 진성 리더의 특징은 "자기 자신에게 진실하다(true to self)"라는 진정성의 핵심개념과 일맥상통한다. 그동안 대부분 리더십 연구들이 리더의 어떠한 행동 유형이 더 효과적인지에 초점을 맞추었지만, 진성 리더십은 겉으로 드러나는 행동보다 이와 같이 자신에게 얼마나 진실한가의 정도를 더 중시한다.

2) 진성 리더십 개발

루단스와 아볼리오(2003)는 진성 리더십을 "긍정심리학적인 리더 역량과 긍정적인 조직의 상황요소를 통합하는 과정"으로 정의했다. 이러한 정의는 긍정심리학의 개념을 반영하고 있고, 진성 리더십 개발을 형성함에 있어 더욱더 긍정적인 요소에 초점을 맞출 필요가 있음을 시사하고 있다(Avolio & Gardner, 2005; Luthans & Avolio, 2003; Luthans, 2005). 즉, 〈그림 5.4〉에서 보는 바와 같이 긍정심리적 리더 역량과 잘 개발된 조직 상황은 리더와 팔로어가 더욱더 높은 수준의 자기인식과 자기규제 행동을 하도록 하고, 긍정적인 자기개발을 촉진한다는 것이다.

결국 진성 리더가 가진 긍정성, 희망, 낙천성, 적응 유연성, 투명성, 윤리성과 도

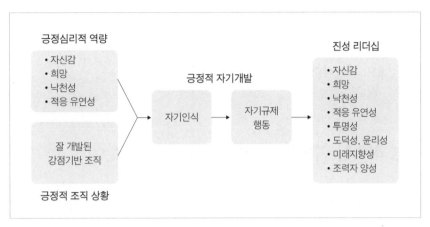

출처: Luthans & Avolio(2003: 251)

〈그림 5.4〉 진성 리더십 개발 모형

덕성, 미래지향성, 조력자 양성이라는 8가지를 통해 리더를 돕는 사람들 역시 리더와 같아진다는 것이다(Luthans & Avolio, 2003; Luthans, 2005). 이는 리더의 자기인식과 자기규제 행동이 긍정적 자기개발 과정(positive self-development)이 되므로 진정성이 개발 과정의 대상이 된다는 것을 시사해준다(Luthans, 2005). 또한 인지되는 리더의 행동이 팔로어들에게 긍정적인 역할모형으로 작용한다는 점에서 리더의 진정성 있는 행동이 팔로어들에게 주는 긍정적 영향을 나타내고 있다. 이들은 진성 리더십을 설명하면서 긍정적 심리상태와 도덕적 관점보다는 리더와 팔로어의 '자기인식'과 '자기규제'라는 두 가지 핵심적 과정, 그리고 긍정적 조직풍토(positive organizational climates)의 역할을 강조하고 있다.[14]

또한 진성 리더십의 선행조건으로 개인적 역사(personal history)와 촉발 사건(trigger events)을 규정하고, 진성 리더의 자기인식(가치, 정체성, 감정, 동기와 목표)이 리더의 자기규제(내면화, 균형적 정보처리, 관계적 투명성, 진성 행동)에 영향을 주며, 이러한 자기개발 과정을 매개로 한 긍정적 모델링을 통해 팔로어의 진정성을 증진시키는 과정을 설명하고 있다.

---

[14] 가드너 등(Gardner et al., 2005)은 진성 리더십의 핵심 개념으로 자기인식과 자기규제 과정을 강조하지만, 그렇다고 해서 긍정적 감정전이와 긍정적 사회교환의 중요성을 배제하는 것은 아니다.

여기서 중요한 것은 리더와 팔로어의 진정성을 증진시키는 과정에 그치지 않고, 나아가 팔로어의 성과(신뢰, 직무 열의, 직장에서의 웰빙)를 통해 조직의 지속적이고도 진정한 성과 창출이 가능하다는 것이다(Gardner et al., 2005).

3) 진성 리더십 이론의 평가와 군 리더십 적용

노스하우스(Northouse, 2016)는 진성 리더십이 새롭고 흥미로우며 장래가 촉망되는 연구영역임에는 분명하나 다음과 같은 부정적인 특성이 있다고 한다. 첫째, 실무적 접근법에서 제시하는 개념 및 아이디어들은 충분한 검증이 이루어지지 않고 있기에 신중하게 다루어져야 한다. 둘째, 진성 리더십의 도덕적 구성요소라 할 수 있는 정의, 공평, 공동체 등과 같은 가치가 진성 리더십과 어떻게 관련되고 있는가를 설명하고 있지 않다. 셋째, 긍정심리적 능력을 진성 리더십의 고유한 부분으로 포함하는 데 대한 이론적 설명이 부족하다. 마지막으로 진성 리더십의 효과성에 관한 실증이 부족하고, 조직의 긍정적 성과와 어떠한 관련성이 있는가를 보여주는 근거가 부족하다.

진성 리더란 조직의 사명을 통해 구성원을 움직이는 리더이며, 조직의 사명에 관해 진정성을 가지고 어떠한 어려움에도 그 사명에 따라 조직을 발전시키는 리더다. 즉 진성 리더는 자신의 마음에 사명, 즉 북극성을 새기고 있으며 그 북극성이 알려주는 길을 따라 평생을 살아가는 리더다. 이러한 리더의 모습은 편안한 삶과는 거리가 멀며, 어렵고 힘든 상황에서도 국민의 생명과 재산을 보호하기 위해 헌신하는 진정한 군인의 모습과 흡사하다.

헌팅턴(Huntington, 1981)은 전문직업의 특징으로 전문성(expertise), 책임성(responsibility) 그리고 단체성(corporateness)을 들면서 직업군인은 전문직업인에 해당한다고 주장했다. 이 중 두 번째 특징인 책임성은 전문직업인의 특징이자 그 자체로 윤리적 책무다. 국민은 직업군인이 '폭력의 관리(management of violence)'라는 전문성 영역에서 최상의 능력을 발휘하고 있는지, 관련 행위 간 윤리를 위반하는지 판단할 수 없기에 독점권을 인정할 수밖에 없다. 즉, 직업군인을 믿고 의지할 수밖에 없다. 따라서 직업군인은 부여된 능력과 범주를 벗어난 행위를 해서는 안 되며, 최대한 국민의 이익과 일치하는 행위를 해야 한다.

위와 같은 관점에서 봤을 때, 진성 리더십은 직업군인에게 평생 마음에 품고 실천할 수 있는 매우 의미 있는 리더십 모형이 될 수 있다. 전쟁 또는 위기 상황이라는 엄청난 불확실성과 스트레스 상황에서도 흔들림 없이 자신의 책임을 다하고, 국민을 위해 헌신하기 위해서는 군인으로서의 비전과 핵심 가치가 깊게 내재화되어야 하기 때문이다. 진성 리더십의 핵심 구성요소인 자기인식, 자기규제, 관계적 투명성, 균형된 정보처리에 해당하는 리더의 행동들은 진정성을 기반으로 참된 군인의 길을 걷고자 하는 군 리더들이 배우고 실천해야 할 중요한 리더십 요소들임에 틀림없다.

실습
5.1

진성 리더십 자기 진단

1. 방법

1) 진단 문항별 자신을 어느 정도로 잘 나타내고 있는지에 따라 1~5점을 부여한다.

1: 결코 그렇지 않다   2: 대체로 그렇지 않다   3: 중간 정도다   4: 대체로 그렇다   5: 확실히 그렇다

1. (   ) 나는 가장 큰 나의 약점 3개를 적을 수 있다.
2. (   ) 나의 행동에는 나의 핵심적 가치관이 반영되어 있다.
3. (   ) 나는 마음을 정하기 전에 다른 사람들의 의견을 구한다.
4. (   ) 나는 내 감정을 공개적으로 다른 사람들과 나눈다.
5. (   ) 나는 가장 큰 나의 강점 3개를 적을 수 있다.
6. (   ) 집단의 압력이 나의 행동에 영향을 미친다.
7. (   ) 나와 의견을 달리하는 사람들의 아이디어(생각)에 대해 주의 깊게 경청한다.
8. (   ) 나는 한 개인으로서 내가 누구인지를 다른 사람들이 알도록 한다.

9. (   ) 한 개인으로서 내가 누구인지를 이해하기 위해 다른 사람들의 나에 대한 피드백(나에 대한 평가)을 구한다.

10. (   ) 논쟁거리가 되고 있는(논쟁이 붙고 있는) 사안에 대한 나의 입장을 다른 사람들이 알도록 한다.

11. (   ) 나는 다른 사람들의 의견을 무시하고 나의 견해만 강조하지 않는다.

12. (   ) 나는 나의 옳지 못한 점을 다른 사람들 앞에 좀처럼 내놓지 않는다.

13. (   ) 나는 나 자신에 대한 내 느낌이나 감정을 그대로 수용한다.

14. (   ) 나의 도덕성이 리더로서 내가 하는 일의 지침이 되고 있다.

15. (   ) 나는 의사결정을 하기 전에 다른 사람들의 생각(아이디어)을 매우 주의 깊게 경청한다.

16. (   ) 나는 다른 사람들 앞에서 나의 잘못을 인정한다.

출처: Walumbwa et al. (2008); 피터 G. 노스하우스, 김남현 옮김(2018), 『리더십 이론과 실제』, 경문사, 301쪽 재인용

2) 진성 리더십 구성요소(①~④)의 점수를 계산한 다음에 각 구성요소의 점수를 합하여 진성 리더십 점수(⑤)를 계산한다.

① 문항 1, 5, 9, 13의 점수를 합산한다. [자기인식:]

② 문항 2, 6, 10, 14의 점수를 합산한다. [내면화된 도덕적 관점:]

③ 문항 3, 7, 11, 15의 점수를 합산한다. [균형적 정보처리:]

④ 문항 4, 8, 12, 16의 점수를 합산한다. [관계적 투명성:]

⑤ 진성 리더십 점수 : (   )

2. 결과 해석

1) 진성 리더십 구성요소(①~④) 점수: 높음=16~20, 낮음=15 이하

2) 총점: 매우 높음=64~80, 높음=48~64, 낮음=32~48, 매우 낮음=16~32

3) 진성 리더십 점수가 클수록 높은 수준의 진성 리더십을 발휘하고 있다고 할 수 있다.

요약

1970년대 이후 리더의 특성, 행동, 역량 등을 연구하는 기존의 전통적 리더 중심 이론의 토대 위에 새로운 리더 중심 이론들이 등장했다. 1970년대 오일쇼크와 함께 미국 기업들의 경쟁력이 약화된 반면 일본 기업들이 경쟁력이 급부상하자, 보상을 통한 단기성과 발휘에만 집중했던 미국 기업들의 경영방식에 대한 반성이 일어났다. 리더와 부하, 조직문화 전반에 걸친 변화와 혁신의 필요성이 제기되었고, 변화와 혁신을 촉진할 수 있는 리더십 대안으로 카리스마 리더십과 변혁적 리더십이 등장했다.

카리스마 리더십은 인상관리, 정보통제, 비관습적 행동, 위험 감수 등과 같은 행동을 통해 비범한 이미지를 형성함으로써 극단적으로 존경받고, 팔로어들에게 무조건 복종하고 신뢰하게 만드는 리더십 유형이다. 반면, 변혁적 리더십은 이상적 영향력, 영감적 동기부여, 지적 자극, 개별적 배려 등을 통해 팔로어들의 잠재능력을 개발해주고, 임파워먼트를 촉진하는 조직문화를 조성하여 팔로어들에게 더 자율적, 자기지시적, 자아실현적이고, 이타적이 되도록 한다. 최근에는 주요 카리스마 리더십 이론들이 변혁적 리더십 이론에 좀 더 가깝게 수정되었다. 연구 결과 변혁적 리더십은 거래적 리더십이나 자유방임적 리더십에 비해 조직 효율성과 효과성에 더 높은 상관관계를 나타냈으며, 거래적 리더십이 단순히 기대된 성과를 도출한다면 변혁적 리더십은 기대를 훨씬 더 초과하는 성과를 가능하게 한다. 군 조직을 대상으로 한 연구에서도 변혁적 리더십이 거래적 리더십보다 리더십 만족 및 효과성과 더 높은 상관관계가 있었다(Bass, 1985).

서번트 리더십은 "훌륭한 리더는 팔로어를 우선시한다"라는 주장으로 대표되는 타인 지향적 리더십 이론이다. 다른 사람들의 위에서 이끄는 것이 아니라 밑에서 섬기고, 잠재능력을 발휘하도록 도와주며, 기운을 북돋아주는 사람이 진정한 리더라고 설명하는 이론이다. 서번트 리더는 타인의 자기인식 및 잠재능력 개발 지원, 자기희생적 봉사, 타인의 신뢰 획득 및 유지, 효과적인 경청 등과 같은 특징을 갖는다. 서번트 리더십은 명칭 자체에서 주는 역설적 모호함 등과 같은 약점에도 불구하고 최근 많은 조직에서 널리 관심을 갖는 리더십 이론이다. 서번트 리더십은 리더가 '하인' 혹은 '부하'가 되어 오히려 부하를 떠받들어야 한다는 이론이 아니다. 서번트 리더십에서 말하는 '서번트'의 의미는 리더가 팔로어를 섬기는 마음을 지녀야 한다는 것이다. 그리고 그 '섬김'의 대상은 사람 자체가 아니라 인간의 존엄성, 능력, 욕구, 의견, 꿈 등이다.

2000년 초에 발생한 엔론, 글로벌 크로싱, 월드컴 등 미국 대기업의 회계 부정 사건으로 촉발된 진성 리더십은 "리더십은 스타일이 아니라 진정성이다"라고 주장한다. 진성 리더란 조직의 사명을 통해 구성원을 움직이는 리더이며, 조직의 사명에 관해 진정성을 가지고 어떠한 어려움에도 그 사명을 따라 조직을 발전시키는 리더다. 즉 진성 리더는 자신의 마음에 사명, 즉 북극성을 새기고 있으며 그 북극성이 알려주는 길을 따라 평생을 살아가는 리더다. 월럼바 등(2008)은 진성 리더십의 특징을 자기인식, 내면화된 도덕적 관점, 균형적 정보처리, 그리고 관계적 투명성의 4가지로 설정했다. 진성 리더십은 리더에 대한 팔로어의 개인적·사회적 동일시 과정을 통해 팔로어에게 희망, 신뢰, 긍정적 감정을 갖게 하고, 이를 통해 헌신, 직무만족, 의미감, 업무 몰입 등과 같은 직무 태도에 긍정적 영향을 미친다.

질문 및 토의

1. 전범위 리더십의 범주와 범주별 리더십 효과성은?

_____

_____

2. 카리스마 리더십과 변혁적 리더십의 공통점과 차이점은?

_____

_____

3. 군에서 서번트 리더십을 발휘하는 것이 가능하다고 생각하는가?

_____

_____

4. 리더가 지녀야 할 진정성은 무엇이고, 진성 리더십이 리더십 개발에 주는 시사점은?

_____

_____

5. 다음 〈실전 리더십 사례 토의 5〉를 읽고 리더로서 선택할 수 있는 각각의 조치 방법들(1~6번)에
   대한 적절성 정도를 판단하고, 1~9점 중 하나를 선택하여 각 번호 뒤에 점수를 기록한 후 각자의
   점수 부여 이유에 대해 토의한다.

실전 리더십 사례 토의 5

　당신은 부임한 지 1개월 된 소대장이다. 소대에 부임한 지 얼마되지 않아 분대장들도 모두 교체되어 소대 내 의사소통이 활발하지 못하고 서로 간의 이해가 많이 부족한 상태다. 또한 한 용사는 구타 및 가혹행위를 당했다고 소대장에게 신고했다. 이러한 상황에서 한 달 뒤에 있을 군단 특급전사 경연대회에 소대 전체가 사단 대표로 참가하라는 지시를 받게 되었다면 당신은 어떻게 하겠는가?

1	소대의 현 실태를 중대장에게 보고하고 경연대회 참가소대 변경을 건의한다.
2	소대의 문제해결에 집중하고 그 후 경연대회를 준비한다.
3	소대 가혹행위와 의사소통 문제해결은 부소대장에게 전담하고 자신은 경연대회 준비에 집중한다.
4	경연대회 준비를 위해 소대가 모두 모여 있는 상태를 의사소통의 기회로 활용한다.
5	분대장, 부소대장과의 토의를 통해 해결방법을 도출한다.
6	소대 내 문제는 잠시 미루어두고, 경연대회 준비에 모든 역량을 집중한다.

1	2	3	4	5	6	7	8	9
매우 부적절함		다소 부적절함		보통		다소 적절함		매우 적절함

〈결과 해석〉: 이 책의 마지막 부록에 포함된 실전 리더십 사례 토의 모범답안 참조.

6장

팔로어 및 관계 중심 이론

"조직의 성과에 리더가 기여하는 것은 20% 정도이고,
나머지 80%는 팔로어의 기여라고 할 수 있다."

– 로버트 켈리(Robert E. Kelley)

팔로어 중심 이론은 팔로어를 수동적·소극적 역할을 하는 존재가 아니라 적극적·능동적인 역할을 하는 존재로 보고, 리더십 효과성 또는 성과에 중요한 영향을 미치는 파트너로 인식하는 이론이다. 이 장에서는 팔로어의 인식과 잠재능력, 태도 및 역할을 중시하고, 팔로어의 태도와 행동 변화를 통해 리더십 효과성을 높이는 데 초점을 맞춘 대표적인 이론으로 리더십 귀인 이론(attribution theory of leadership), 암묵적 리더십 이론(implicit leadership theory), 그리고 팔로어십 이론(followership theory)에 대해 살펴본다.

관계 중심 이론은 기존의 리더십 이론들이 리더가 모든 팔로어를 차별 없이 동등하게 대한다는 전제를 하고 있지만, '과연 그러한가?'라는 의문에서 리더나 팔로어의 특성이나 행동이 아니라 리더와 팔로어 간 관계의 질에 초점을 맞추어 리더십을 설명하는 이론이다. 이 장에서는 대표적 관계 중심 이론인 리더-멤버 교환(LMX: Leader-Member Exchange) 이론에 대해 설명한다.

1. 팔로어 중심 이론

1) 리더십 귀인 이론

기존의 리더십 연구들은 리더의 특성 및 행동, 리더십의 상황요인 등에 관해 리더의 관점에서 연구했다. 그렇기 때문에 팔로어들이 왜 그러한 행동을 하는지, 또는 리더가 왜 그러한 리더십 행동을 하게 되는지에 대해서는 거의 간과했다.

리더십 귀인 이론(attribution theory of leadership)[1]은 리더십을 하나의 특성으로 보지만, 그것이 리더에게 있는 것이 아니라 팔로어들이 리더를 어떻게 지각하는가에 달렸다고 본다(Calder, 1977). 즉 팔로어들은 리더의 능력뿐만 아니라 리더의 의도에 대해서도 판단하는데, 팔로어들이 유능하다고 판단한 리더는 더 많은 영향력을 갖게 되지만 그렇지 않은 리더는 팔로어들이 잘 따르지 않게 된다는 것이다.

이와 마찬가지로 리더도 팔로어들의 능력, 충성심, 성과 등을 평가하고, 그 결과에 따라 팔로어들에게 어떠한 리더십을 발휘할 것인지를 결정한다. 리더가 어떠한 리더십을 발휘하는가는 팔로어에 대한 리더의 평가, 즉 유능하고 신뢰할 만하다고 평가하는가, 아니면 무능하고 믿을 수 없다고 평가하는가에 따라 달라진다는 것이다.

이러한 관점에서 리더십 귀인 이론은 사회심리학의 귀인 이론 관점에서 리더만이 아니라 팔로어들의 인지 과정에도 관심을 갖는다(Calder, 1977; Mitchell, 1977). 리더십 귀인 과정은 〈그림 6.1〉에서 보는 바와 같이 두 가지 형태의 관찰에서 시작된다. 하나는 리더나 팔로어의 행동 또는 성과에 대한 관찰이고, 또 하나는 리더나 팔로어의 행동 또는 성과에 영향을 미칠 수 있는 여러 가지 상황요인에 대한 관찰이다. 그런데

---

[1] '귀인(歸因, attribution)'이란 사건이나 행동의 결과를 놓고 그 결과에 대한 원인을 탐색하는 행위를 말하며, 귀인 이론은 관찰된 행동의 동기를 추리하려는 시도로, 사건이나 행동 결과에 대해 인간이 내리는 원인론적 해석을 다루는 이론이다.

출처: Szilagyi & Wallace(1983: 290)

〈그림 6.1〉 리더십 귀인 과정

이러한 두 가지 형태의 관찰은 관찰의 기준인 독특성, 일관성, 일치성에 의해 해석된다. 독특성은 그 일에만 그렇게 행동하는가 아니면 다른 일에도 그렇게 하는가의 정도이고, 일관성은 과거에도 그랬는가 아니면 항상 그런가의 정도다. 그리고 일치성은 다른 사람들도 그렇게 하는가의 정도를 의미한다. 이러한 3가지 관찰 기준에 따라 여러 가지 관찰 중에서 어떠한 것을 중요한 것으로 볼 것인가를 결정하여 귀인 과정에 들어간다.

　귀인 과정은 원인을 그 사람 개인에게서 찾으려는 내적 귀인(internal attribution)과 관찰된 사람의 상황요인에서 찾으려는 외적 귀인(external attrbution)의 두 가지 형태로 나타난다.[2] 그런데 관찰자가 내적 귀인하는가 아니면 외적 귀인하는가에 따라 리더의 리더십과 팔로어의 행동이 다르게 나타나게 된다. 예컨대, 부하들이 부대가 전투력 측정에서 좋은 성적을 낸 것이 지휘관의 능력 때문이 아니라 상급 부대의 지원이나 운이 좋아서라고 외적 귀인을 한다면 지휘관에 대한 존경심이 높아지지 않을 것이다. 그러나 그것이 지휘관의 능력 때문이라고 내적 귀인을 한다면 지휘관에 대한 신뢰와 존경심이 높아져 지휘관을 더 잘 따르게 될 것이다. 마찬가지로 지휘관이 부하의 성과가 낮은 것을 부하의 능력이나 노력이 부족해서가 아니라 외부적 요인(예산 부

---

[2]　일반적으로 사람들은 자신의 성공에 대해서는 내적 귀인, 실패에 대해서는 외적 귀인을 하고, 타인의 성공에 대해서는 외적 귀인, 실패에 대해서는 내적 귀인을 하는 경향이 있다고 한다(오세철, 1982b: 109). 즉 자신의 실패에 대해서는 남이나 환경 '탓'을 하고, 성공에 대해서는 자신이 잘해서 그렇게 된 것으로 생각한다는 것이다. 이와 마찬가지로 한국인은 자신이 성공했을 경우에는 자신의 능력 때문이고, 실패했을 경우는 외부적 요인 때문이라고 인식하는 경향이 있다고 한다(오세철, 1982c: 337-351).

족, 제도 등)에 의한 것이라고 외적 귀인을 한다면 전반적인 상황을 개선하는 리더십 행동을 할 것이고, 부하의 능력이나 노력 부족이라고 내적 귀인을 한다면 훈련 및 통제 강화 또는 처벌 등의 리더십 행동을 하게 될 것이다.

이와 같은 리더십 귀인 이론은 교육훈련을 통해 효과적으로 리더십을 발휘하는 기법을 가르침으로써 어떤 사람이 더 효과적으로 리더십을 발휘하는 데 도움을 줄 수는 있지만, 그것만으로는 부족함을 시사한다. 즉, 리더십은 부하들의 의도나 행동 또는 성과가 팔로어들에게 어떻게 인지되는가에 의해서도 영향을 받기 때문에 팔로어들이 리더에 대해 어떠한 생각을 하고 있는지를 감지할 수 있도록 타인에 대한 감수성을 길러주어야 한다는 것이다.

또한 팔로어들이 리더의 의도와 행동을 올바로 귀인할 수 있도록 의사소통 등을 통해 정확한 정보를 제공해주어야 한다. 리더가 조직 또는 팔로어들을 위해 아무리 올바른 목표를 제시하고, 목표 달성을 위해 노력한다고 하더라도 그것을 리더 자신의 개인적 이익을 위해 또는 상관에게 잘 보이기 위해 하는 행동으로 귀인한다면 그러한 노력이 성과를 거둘 수 없을 것이기 때문이다.

2) 암묵적 리더십 이론

암묵적 리더십 이론(implicit leadership theory)은 효과적인 리더십이 무엇인지에 대한 믿음과 전제, 즉 리더십 특성이나 행동에 대한 고착된 패러다임 또는 고정관념이라고 할 수 있다(Yukl, 2006: 129-130). 이러한 암묵적 이론들은 리더와의 실제 경험, 리더십 관련 문헌, 리더십 교육을 통한 지식, 가정이나 학교 또는 사회생활 등에서의 다양한 경험을 통해 형성된다. 또한 개인의 가치관 및 성격, 사회문화적 특성도 암묵적 리더십 이론 형성에 영향을 미친다.

팔로어가 가진 암묵적 리더십 이론이 중요한 이유는 팔로어의 리더에 대한 역할기대(role expectation)와 팔로어가 리더를 어떻게 생각하는가에 영향을 미치고, 결국 리더십 효과성을 저하하기 때문이다. 즉 리더가 객관적으로 상황에 적합한 리더십을 잘 발휘하고 있더라도 그러한 리더십이 팔로어가 가진 암묵적 리더십 이론과 일치하지 않는다면 팔로어가 그러한 리더를 존경하거나 신뢰할 수 없을 것이기 때문이다. 따라서 리더는 팔로어들이 어떠한 암묵적 리더십 이론을 갖고 있는가를 파악하여 잘못된 암묵적 리더십 이론을 갖고 있다면 그것이 잘못되었다는 것을 깨닫게 해주고, 올바른 암묵적 리더십 이론을 갖도록 노력해야 한다.

아마도 한국 사람들 대부분이 가진 암묵적 리더십 이론은 가부장적(家父長的) 리더십일 것이다. 즉 한국인의 암묵적인 리더 상(像)은 전통적으로 가정에서 대부분 아버지가 보여주었던 권위적이고 엄하고, 때로는 강압적이기도 한 모습이라고 할 수 있다. 옛날부터 가정에서 아버지는 엄격하고 어머니는 자애로워야 한다는, 다시 말해 부성애는 강하고 모성애는 부드러워야 한다는 엄부자친(嚴父慈親)의 전통이 있다. 이러한 전통에 의해 형성된 아버지의 가부장적 태도와 행동이 바로 한국인의 암묵적 리더십이 되었다고 할 수 있다.

한편 한국군 장병들의 암묵적 리더십 이론은 이와 같은 가부장적 리더십과 창군기에 일본군 출신의 장교 및 부사관으로부터 습득한 권위적·강압적 리더십의 전통이 결합하여 형성된 부정적 의미가 강한 카리스마적 리더십이라고 할 수 있다. 예컨대, 한국군 장병들의 대표적인 암묵적 리더십 이론을 들면 "군 리더십은 일반 리더십과 다르다", "전장에서 전투를 효과적으로 수행하기 위해서는 권위적·강압적 리더십이 필요하다", "용사들은 1% 지시하고, 99% 확인 감독해야 한다", "군에서는 과정보다 결과가 중요하다" 등이다. 그러나 이러한 암묵적 리더십 이론들은 이론적으로 맞지 않을 뿐만 아니라 실증적으로도 틀린 이론들이라고 할 수 있다.

따라서 이와 같은 잘못된 암묵적 리더십 이론들을 찾아내어 장병들에게 그것이 잘못된 이론임을 깨닫게 해줌으로써 리더십에 대해 올바른 인식을 하도록 해야 한다.

3) 팔로어십 이론

(1) 팔로어십의 중요성

웹스터(Webster)사전은 팔로어(follower)를 "다른 사람의 의견이나 가르침을 따르는 사람"으로 정의하고 있고, 일반적으로 팔로어를 그러한 사람으로 인식하고 있다. 그런데 이러한 팔로어에 대한 인식은 리더의 명시적인 지시를 받아 무조건 따르는 수동적인 파트너라는 의미를 내포하고 있다. 그러나 팔로어라는 단어는 원래 '돕다', '후원하다', '공헌하다'라는 의미의 고대 독일어인 'follaziohan'에서 유래되었다고 한다(Kelley, 1994). 즉 어원에 따르면 팔로어란 "남의 도움을 필요로 하는 리더를 돕는 존재"이고, 리더와 팔로어는 서로 대등한 관계였다고 할 수 있다. 따라서 팔로어란 "리더를 따르는 동시에 보좌하고, 때로는 협조하고 때로는 견제하는 파트너이며, 단순히 주종관계나 수직관계가 아닌 공동의 목표를 향해 함께 나아가는 협조자"라고 할 수 있다.

조직이나 집단 활동 과정에서 팔로어보다는 리더의 역할이 더 눈에 띄기 때문에 대부분의 리더십 관련 연구에서는 리더의 역할을 지나치게 강조한 나머지 조직목표 달성 과정에서 팔로어의 역할을 과소평가해왔다. 그러나 "팔로어 없는 리더는 있을 수 없다"(Kellerman, 2007)라는 말처럼 팔로어는 리더와 불가분의 관계를 맺고 있기 때문에 리더만이 조직의 성과를 이루어냈다고 생각한다면 크게 잘못된 것이다. 즉, 조직에서 리더십을 효과적으로 발휘하기 위해서는 효과적인 팔로어십(followership)[3]이 있어야 한다.

실제로 조직에서 발생하는 많은 문제가 리더십의 문제라기보다는 구성원의 가치관과 태도, 책임감, 팀원 간의 조화와 협동 등 팔로어로 인해 발생하는 팔로어십 문제들이다. 또한 많은 학자와 실무자들이 높은 성과를 내는 조직은 훌륭한 리더뿐만 아니라 훌륭한 팔로어를 갖고 있다는 데 의견을 같이하고 있다. 그런데 훌륭한 팔로어

---

[3] '리더십'에 반대되는 말로, "팔로어가 가진 성향이나 행동방식 또는 사고체계" 등을 포괄적으로 지칭하는 용어다.

는 리더에게 모든 초점을 맞추기보다는 자신이 속한 조직, 조직에서 수행해야 할 일에 더 초점을 맞추는 사람이다(Kelley, 1994; Kellerman, 2007). 그렇기 때문에 리더의 일방적인 지시를 무조건 따르는 것이 아니라 자신의 의견을 제시하여 부족한 곳을 보완해주고, 대안을 제시하며, 적극적으로 리더를 지원하는 파트너로서의 역할을 수행한다. 다시 말해 팔로어는 리더의 또 다른 이름이고, 팔로어십 역시 리더십의 또 다른 이름이라고 할 수 있다.

(2) 팔로어십 유형

▌켈리의 팔로어십 유형

켈리(Kelley, 1994)는 "조직의 성공에 리더가 기여하는 것은 20% 정도이고, 나머지 80%는 팔로어의 기여라고 볼 수 있다. 아무리 직함이나 보수가 높은 사람이라 할지라도 리더로 일하는 시간보다 팔로어로 일하는 시간이 더 많다. 즉, 다른 사람으로부터 보고받는 시간보다 다른 사람에게 보고하는 시간이 더 많다"라고 주장하면서 리더십의 환상에서 벗어나 팔로어십의 중요성을 인식할 것을 강조하고 있다. 그리고 "20세기가 우리에게 이미 가르친 것이 있다면 그것은 대부분 사람이 리더이자 팔로어"라는 것이다.

팔로어와 리더의 역할이 더 이상 과거처럼 확연하게 구분되지 않기 때문에 "팔로어십을 배제하고 리더십만 강조하는 것은 맹목적인 순응주의를 낳는다"라고 주장했다. 켈리(Kelley, 1994)는 〈그림 6.2〉와 같이 팔로어가 '얼마나 독립적 · 비판적 사고(critical thinking)[4]를 하는가?'와 '얼마나 적

〈그림 6.2〉 켈리의 팔로어십 유형 분류

---

[4]　여기서 독립적 · 비판적 사고는 "독립적으로 생각하고, 조직의 비전과 목표 달성에 자신 또는 다른 사람의 행동이 미치는 영향을 염두에 두는 것"을 의미한다. 즉 스스로 생각하고, 건설적인 비판을 하며, 자기 나름의 개성이 있고, 혁신적이며, 창조적인 사고를 하는 것을 말한다.

극적으로 행동하는가?'라는 두 가지 분류기준에 따라 소외형(alienated follower), 수동형(passive follower), 순응형(conformist), 실무형(pragmatic survior), 모범형(effective follower)의 5가지 유형으로 분류했다.

첫째, 소외형은 독립적이고 비판적 사고를 하지만 적극적으로 관여하여 실행하지 않는, 말하자면 불평형이다. 유능하지만 냉소적인 소외형 팔로어들은 리더의 노력을 빈정거리거나 비판하면서도 스스로는 노력하지 않거나 서서히 불만스러운 침묵 속으로 빠져드는 것이 보통이다.

둘째, 순응형은 열심히 방침을 따르지만 독립적 사고가 부족하여 리더에게 의존하는 예스맨 스타일이다. 이들은 리더의 권위에 순종하고, 리더의 견해나 판단을 따르는 데 지나치게 열중한다. 그들은 부하가 권한을 가진 리더에게 복종하고 순응하는 것은 의무라고 생각한다. 엔론사가 대표적인 예다. 엔론의 창립자인 케네스 레이 회장은 카리스마적인 경영을 펼쳤고, 그를 거쳐간 수많은 임원은 그저 '예스맨'일 뿐이었다. 그들은 똑똑하고 능력이 있었지만, 부정과 잘못된 의사결정에 '침묵의 팔로어' 역할만 수행했다. 결과적으로 그들은 역사상 최대 규모의 파산을 만든 주인공들이 되었다.

셋째, 실무형은 운영방침 등의 변화에 민감하고 자신의 이익을 위해서는 다른 사람과 조직을 교묘하게 조종하는 모사꾼이라고 한다. 실무형은 강력한 입장을 취하거나 유력인사와 대립하는 일은 피한다. 의견대립은 최소한으로 억제하고 어떤 실패에 대해서도 언제나 변명할 수 있는 자료를 주도면밀하게 준비해두고 있다. 더 나쁘게 말하면 실패하려고 하지 않는다. 그들은 목표를 낮게 잡고, 반드시 자기보다 남이 먼저 책임을 지고 사직하게 만든다.

넷째, 수동형은 비판적 사고도 없고 열심히 참여도 하지 않는 대책 없는 팔로어다. 이들은 생각하는 일은 리더에게 맡기고 과업을 열정적으로 수행하지 않는다. 책임감이 결여되어 있고, 솔선하지 않으며, 지시 없이는 주어진 임무를 수행하지 못한다. 맡겨진 일 이상은 절대로 하지 않는다.

마지막으로 모범형은 리더에게 비판적 의견을 제시하면서도 건설적이고 적극적으로 역할을 해내는 팔로어다. 리더나 그룹으로부터 독립해 자주적이고 비판적으로 사고한다. 리더와 동료들의 눈에는 '스스로 생각하는 사람'으로 비친다. 독립심이 강하고, 혁신적이고 독창적이며, 건설적인 비판을 내놓으며 리더와도 용감하게 맞서는 사람이다. 그들은 솔선수범하고 주인의식을 갖고 있으며, 팀과 리더를 도와주고, 자기가 맡은 일보다 훨씬 많은 일을 한다는 평을 듣는다. 이와 같이 모범형 팔로어는 리더의 결정을 무조건 수용하지는 않지만 리더의 결정에 동의할 경우에는 적극적으로 리더를 지원하고, 리더의 결정에 동의하지 않는 경우에도 조직에 도움이 되는 건설적 대안을 제시하며 역할에 충실한 가장 바람직한 팔로어 유형이다.

켈리(1994)는 이와 같은 모범형 팔로어가 되기 위한 기본 요건은 독자적인 비판적 사고와 적극적 참여이고, 이 중에서 어느 하나라도 제대로 구비되지 않으면 모범형 팔로어가 될 수 없다고 한다. 또한 '용기 있는 양심'[5]이 있어야 진정한 의미의 모범형 팔로어라고 할 수 있다고 한다.

▎켈러먼의 팔로어십 유형

켈러먼(Kellerman, 2007)은 "리더가 없는 팀은 존재해도 팔로어가 없는 팀은 존재할 수 없다"라고 하면서 팔로어는 리더보다 적은 권력·권한·영향력을 갖고 있지만, 맹목적으로 명령에 따르거나 의존적인 존재가 아닌 자유로운 주체라고 주장한다. 그리고 팔로어는 조직에서의 직위 또는 계급을 기준으로 "자신의 상사보다 적은 권력·권한·영향력을 갖고 있으면서 조직에서 낮은 위치에 있는 사람"을 의미하지만, 그 스스로는 리더의 지시를 맹목적으로 따르는 의존적 존재가 아니라 자유로운 존재(free agents)로 여기면서 조직생활을 한다고 한다.

이러한 관점에서 켈러먼(2007)은 "조직 내 팔로어의 위치나 상황이 중요한 것이 아니라 조직 내 리더와 팔로어 사이의 관계가 더 중요하다"라고 주장하면서 팔로어를 분류하는 새로운 기준으로 조직이나 리더의 일에 얼마나 관심을 갖고 개입 또

---

[5] 일의 선악을 구별하는 능력이고, 옳다고 믿는 것을 향해 확신에 찬 발걸음을 내딛는 불굴의 정신이다. 이것은 신념뿐만 아니라 행동이 포함된 개념이며, 믿음에 따라 강력한 사회적 압력이 있어도 굽히지 않는다. 그리고 단순히 부정을 인식하고 바로잡는 소극적 기여에 그치지 않고, 조직 전체의 무관심이나 반대에 부딪혀도 새로운 아이디어를 밀고 나가 적극적으로 기여한다(Kelley, 1994).

는 헌신하는가를 나타내는 '개입 수준(level of engagement)'에 따라 다음과 같이 고립형(isolates), 방관형(bystanders), 참여형(participants), 행동형(activities), 골수분자형(diehards)의 5가지 유형으로 분류했다.

첫째, 고립형 팔로어다. 조직에서 어떤 일이 일어나고 있는지 전혀 관심이 없는 유형이다. 조직의 리더가 무엇을 하고 있는지, 어떤 비전을 갖고 있는지 전혀 관심을 기울이지 않는다. 그냥 자기 할 일만 할 뿐이다.

이러한 유형의 팔로어들은 규모가 큰 조직에서 더 많이 나타나는데, 이러한 팔로어들의 부정적 영향을 감소시키기 위해서는 공식·비공식 대화를 통해 고립형이 된 이유가 직무 스트레스 때문인지, 직장에 대한 불만족인지, 아니면 자신이 맡은 일에 관심이 없어서인지를 파악해야 한다. 그 원인을 해결하여 방관자 또는 소극적 참여자로 변화시켜야 한다.

둘째, 방관형 팔로어다. 이들은 자신의 관심사와 조금이라도 일치하면 관심을 갖지만, 대부분의 일에 무관심하면서 수동적인 태도를 갖는 일종의 무임승차자다. 외관상으로는 참가하고 따르는 것처럼 보이지만 적극적인 참여 의사를 갖고 있지 않은, 즉 내적으로 동기부여된 팔로어들이 아니다. 이들은 고립형과 달리 주변에서 일어나는 일에 대해 잘 알고 있지만, 관심은 없다. LA 도심에서 벌어진 살인사건을 목격한 수십 명 중 그 누구도 경찰에 신고하지 않은 사건에서 유래한 일명 '방관자 효과'를 조직에 퍼뜨리는 사람들이다.

이러한 유형들이 조용히 자기 일만 하는 생산자일 경우 조직에 이점으로 작용할 수 있지만, 입 다물고 열심히 일만 한다고 조직에 도움이 되는 것은 아니다. 따라서 이들이 적극적인 참가 수준으로 바뀔 수 있도록 '방관만 하는 이유'를 찾아내어 해결해야 한다.

셋째, 참여형 팔로어다. 어떤 방식으로든 참여는 하지만 적극적이지는 못한 부류다. 이들은 조직의 리더가 하는 일에 적극적으로 동의하고 협조할 뿐만 아니라 적극적으로 반대도 하는 '명확성'을 보여준다. 문제는 그들의 시간과 돈을 투자하지 않는다는 것이다. 이들은 개인적인 희망이나 열정에 따라 움직이는데, 이들의 개인적인 생각이 리더의 비전과 맞을 경우에는 열렬한 지지자로 변하지만, 그렇지 않으면 '열럴한 반대자'로 변하기 때문에 매우 가변적이다. 이들은 조직 차원에서 매우 복잡한 존재가 될 수밖에 없기 때문에 리더의 파트너로 참여할 기회를 더욱 넓히는 것이 중요하다.

넷째, 행동형 팔로어다. 참여형 팔로어가 그저 말뿐인 반면 행동형 팔로어는 말을 넘어 행동으로 보여준다. 리더의 의견에 동조하면 발 벗고 나서서 도와주지만, 반대하면 그를 사임시키고 물러나게끔 다양한 행동을 취한다. 조직에 이러한 유형의 팔로어가 단 몇 명만 있어도 조직의 방향 자체가 변화를 맞이할 수도 있다. 주변에 있는 다른 팔로어들에게 영향을 미치는 일종의 영향력 행사자이기 때문이다. 따라서 리더는 행동형 팔로어들이 자신의 의견에 동조하도록 할 필요가 있다. 그렇게 하려면 평소에 그들과 소통하기 위해 노력하고, 그들의 불만이 무엇인지 파악해야 한다.

다섯째, 골수분자형 팔로어다. 리더에게 전적으로 의존하고 동조하는 존재들이다. 이들은 역으로 자신의 리더를 쫓아내려고 고군분투하는 존재이기도 하다. 드물지만 모든 조직의 리더 옆에는 이러한 골수분자형 팔로어가 존재한다. 과거 나치 정권의 히틀러 옆에 있던 괴벨스(Paul J. Goebbels)처럼 위험을 무릅쓰고 리더를 따른다. 하지만 역으로 '내부고발자형'으로 나타나 조직의 암적 현상을 외부로 드러내는 역할을 하기도 한다. 따라서 리더의 수족으로 이용할 필요도 있지만, 그것이 곧 '호랑이 새끼를 기르는 꼴'로 둔갑할 수도 있음에 주의해야 한다.

그렇다면 어떠한 팔로어가 훌륭한 팔로어(good follower)이고, 어떠한 팔로어가 나쁜 팔로어(bad follower)인가? 켈러먼(2007)은 훌륭한 팔로어는 효과적이고 윤리적인 리더를 적극적으로 지원하고, 비효과적이고 비윤리적인 리더에게는 적극적으로 반대 의견을 개진하는 사람이라고 한다. 또한 훌륭한 팔로어는 리더가 어떠한 사람인가와 그가 추구하는 것이 무엇인지를 판단하는 데 시간과 노력을 투자한다. 그러고 나서 적절한 행동을 한다. 반대로 나쁜 팔로어는 집단이나 조직에 아무런 공헌도 하지 않고, 훌륭한 리더(good leader)가 하고자 하는 일을 적극적으로 방해하며, 나쁜 리더(bad leader)를 적극적으로 지원하는 사람이다.

실습 6.1

팔로어십 진단

1. 방법

1) 현재 또는 과거의 상관을 선택한 후 그 사람을 생각하며 진단 문항별로 이를 규칙적으로 하는 정도에 따라 1~5점을 부여한다.

1: 결코 그렇지 않다 2: 대체로 그렇지 않다 3: 중간 정도다 4: 대체로 그렇다 5: 확실히 그렇다

---

1. (　　　) 일이 잘되지 않고 있을 때도 나의 상관에게 지지와 격려를 보낸다.
2. (　　　) 요청받지 않아도 정상적인 나의 직무보다 더 많은 일을 하기 위해 주도권을 잡는다.
3. (　　　) 새로 오거나 경험이 없거나 상관이 도움을 필요로 하는 독특한 상황에서는 적절한 시기에 상관을 상담하고 코치해준다.
4. (　　　) 상관이 나쁜 아이디어를 갖고 있을 때, 단순히 잘못된 결정을 시행하기보다는 우려를 표시하고 계획을 발전시키기 위해 노력한다.
5. (　　　) 피드백을 피하거나 주어진 피드백에 대해 방어적으로 반응하기보다는 상관에게 솔직한 피드백을 줄 것을 요구한다.
6. (　　　) 상관이 나에게 기대하는 것과 나의 성과 표준에 대한 것을 확실히 이해함으로써 업무에서 나의 역할을 분명히 하기 위해 노력한다.
7. (　　　) 상관이 나에게 이익이 되는 행동을 하면 감사하다고 말하는 것과 같이 상관에게 나의 감사를 표시한다.
8. (　　　) 상관에게 모든 정보를 전한다. 즉, 나쁜 소식이라도 숨기지 않는다.
9. (　　　) 상관의 부적절한 영향에 저항한다. 요청해도 불법이나 비윤리적인 것은 하지 않을 것이다.

출처: Achua & Lussier (2010); 크리스토퍼 F. 아추아 등, 차동욱 등 옮김(2011), 『리더십』, 한경사, 293-294쪽 재인용

2) 각 문항의 점수를 합산한다. [팔로어십 점수:　　　　　]

2. 결과 해석

1) 최고 점수인 45점에 가까울수록 효과적인 팔로어임을 의미한다.

2) 최하 점수인 9점에 가까울수록 비효과적인 팔로어임을 의미한다.

(2) 훌륭한 팔로어가 되기 위한 전략

"남을 따르는 법을 모르는 사람은 훌륭한 리더가 될 수 없다."

– 아리스토텔레스

"훌륭한 부하(good subordinate)가 되는 것이 훌륭한 리더(good leader)가 되는 것의 일부다. 모두가 리더이자 팔로어다."

– 미 육군 리더십 교리 간행물(2016)

홀륭한 리더가 되는 것도 어렵지만, 훌륭한 팔로어가 되는 것도 쉽지 않다. 그것은 훌륭한 팔로어십을 발휘하기 위해서는 많은 위험이 따르는 반면 보상은 적기 때문이다. 그렇기 때문에 용기와 진실성 등과 같은 덕목들은 리더뿐만 아니라 팔로어에게도 요구되지만, 팔로어는 지위가 낮기 때문에 리더보다 훨씬 더 많이 요구받는다.

훌륭한 팔로어는 자신의 행동과 그것이 조직에 미치는 영향에 대해 책임감을 가지며, 리더가 조직을 위해 봉사하고 헌신하는 것처럼 팔로어도 조직을 위해 봉사하고 헌신해야 한다. 그러나 리더와 좋은 관계를 유지하기 위해 자신의 양심이나 조직의 이익을 희생시키지 않는다(Chaleff, 1995). 훌륭한 팔로어가 되려면 비록 자리를 잃거나 직위를 박탈당할 위험이 있더라도 율곡 이이(栗谷 李珥)가 선조 임금에게 올린 다음 상소문에서 보는 바와 같이 리더에게 자신의 아이디어나 의견을 표명할 수 있어야 한다는 것이다.

"… 전하께서는 위로는 황천(皇天)과 조종(祖宗)이 맡겨주신 책임에 부응하고, 아래로는 신하와 백성의 간절한 소망에 보답할 만한 치안(治安)의 방책을 끝내 마련하지 않고 계십니다. 전하께서 위망의 상태를 모르고 계신다고 한다면 지금 국세가 위급하다는 것은 어린아이들도 알고 있는 터인데, 성명(聖明)께서 어찌 모르실 리가 있겠습니까? 전하께서 이미 알고 계신다고 한다면 무엇을 믿고 정사를 잘 다스려 나라를 보전할 수 있는 계책을 마련하지 않고 계십니까? 나라가 매우 위태롭습니다. 위망의 상태에 대해 신은 주벌(誅罰)을 무릅쓰고 한번 대체적인 것을 아뢰어 보겠습니다. (중략) 2백 년 역사의 나라가 지금 2년 먹을 양식이 없습니다. 그러니 나라가 나라가 아닙니다. 이 어찌 한심하지 않겠습니까? …"[6]

– 율곡 이이, 「진시폐소(陳時弊疏)」에서 일부 발췌

이처럼 훌륭한 팔로어는 만일 리더의 행동이나 결정이 공익에 반하는 것이라면 자신의 안위보다 공익을 우선시하여 리더에게 사실을 정확히 알려주고, 자신의 의견을 분명하게 밝힌다. 그리고 리더의 부적절한 영향력 시도에는 저항한다. 그러한 사람이 훌륭한 팔로어다.

리더가 팔로어를 어떻게 관리하느냐가 중요한 만큼 팔로어가 자신의 리더를 어떻게 관리하느냐도 중요하다. 대부분의 팔로어가 리더의 결점을 남몰래 비판하지만, 훌륭한 팔로어는 리더를 비판하기보다는 리더가 잘되도록 도와준다. 그리고 훌륭한 팔로어는 리더와 팔로어의 관계를 옛날의 가족관계처럼 위계적으로 형성할 수 있지만, 권한을 기반으로 한 위계적 관계가 아니라 사랑과 존중을 바탕으로 상호신뢰의 동반자 관계로 리더와의 관계를 발전시키기 위해 다음과 같은 전략을 사용한다(Daft, 2005: 269-272).

첫째, 리더의 목표 달성 수단이 된다. 조직의 사명과 목표를 달성하는 방향으로 모든 행동을 한다. 그들은 리더에게 조직의 비전과 목표가 무엇인지를 확인하고, 그것을 달성하도록 돕는다. 그리고 자신의 강점으로 리더의 약점을 보완해주고, 리더에게 자신의 아이디어, 신념, 욕구 그리고 약점을 알려준다. 리더와 팔로어가 서로의 활동과 문제에 대해 더 많이 알수록 서로에게 더 좋은 동반자가 될 수 있다.

둘째, 훌륭한 리더가 되도록 돕는다. 훌륭한 팔로어는 리더의 상담자가 되려고 하고, 리더가 리더십 역량을 개발하도록 돕는다. 그리고 자신이 생각하는 것을 리더에게 말해주고, 리더가 경청, 보상, 인정 등을 해줄 때 고마움을 표현할 줄 안다. 팔로어와 마찬가지로 리더도 인정받는 것을 좋아하기 때문에 팔로어들이 고마움을 느낀다는 것을 알면 그러한 행동을 반복하게 되고, 더 훌륭한 리더가 된다.

---

6 율곡 이이가 47세 되던 해인 선조 15년(1582) 9월에 올린 상소문인 「진시폐소」의 일부 내용이다. 율곡은 처벌받을 위험을 무릅쓰고 이 같은 상소문을 재임 기간 중 130편이나 올렸다.

셋째, 리더와 상호신뢰 관계를 형성한다. 리더와 신뢰 관계를 형성했을 때 팔로어가 조직을 위해 더 많은 기여를 할 수 있다. 그리고 권한과 복종으로 맺어진 관계가 아니라 상호존중하는 관계가 된다. 그러기 위해서는 자신의 의견을 리더에게 솔직하게 피드백해주고, 리더의 비판을 겸허히 받아들여야 한다.[7]

넷째, 리더를 있는 그대로 바라본다. 리더의 이상적인 모습을 포기하는 것이다. 리더도 약점이 있고, 잘못이나 실수할 수 있다는 것을 인정한다면 더욱더 리더를 이해할 수 있게 된다. 그리고 다른 사람에게 자신의 리더를 비판하지 않는다. 다른 사람에게 리더를 비판하면 자신이 스스로 소외를 느끼게 되고, 소외된 팔로어의 부정적인 마인드셋을 강화시켜 자신은 물론 리더와 조직에도 부정적인 영향을 미친다. 따라서 다른 사람에게 자신의 리더를 비판하기보다는 차라리 리더와 직접적으로 의견 충돌을 일으키는 것이 훨씬 더 좋다.

---

7   팔로어가 리더의 잘못된 결정이나 비윤리적 행동에 대해 이의를 제기할 경우 상하간에 신뢰관계가 형성되어 있지 않다면 상당한 위험(질책, 근무평정 불이익 등)을 감수해야 한다. 그러나 평소에 리더와 신뢰와 존중의 관계가 형성되어 있다면 팔로어의 반대나 비판을 복종심 부족이나 불만으로 받아들이기보다는 자신에 대한 진정한 충성심이나 조직목표 달성을 위한 노력으로 받아들일 것이다.

미 공군의 팔로어십 10원칙

① 상관의 인기 없는 결정이나 정책(방침)에 대해 비난하지 말라. 부하가 할 일은 지휘관의 권위를 약화시키는 것이 아니라 지원하는 것이다.

② 필요하다면 상관과 싸워라. 그러나 다른 사람이 없는 데서 하고, 난처한 상황을 만들지 말라. 그리고 서로 이야기한 내용을 다른 사람이 절대 알게 하지 말라.

③ 결정하라. 그리고 나서 상관에게 알려줘라. 주도적으로 일하라.

④ 자신이 제안한 일에 대해서는 책임질 각오를 하라.

⑤ 진실을 말하라. 그리고 변명하지 말라. 상관은 당신이 말한 것을 토대로 지휘계통에 따라 지침을 내릴 것이다.

⑥ 미리 준비(연구, 검토 등)하라. 상관이 결심하는 데 필요한 모든 정보를 주어라. 그리고 예상 질문에 답할 준비를 하라.

⑦ 제안할 때는 그것을 누군가 실행해야 한다는 것을 명심하라. 이것은 자신의 강점뿐만 아니라 한계와 약점을 알아야 한다는 것을 의미한다.

⑧ 부대(부서)에서 일어나고 있는 모든 일에 대해 상관에게 알려주어라. 사람들은 상관에게 자기 일에 대해 말하기를 꺼리기 때문이다. 내가 말하지 않더라도 누군가가 지휘관에게 보고할 수 있다.

⑨ 어떤 문제를 발견했다면 그것을 해결하라. 비난받거나 또는 찬사를 받을 사람에 대해 걱정하지 말라.

⑩ 부대에서 열심히 근무하는 것만이 아니라 가정에도 관심을 가져라. 가족이 원하는 것이 무엇인지 잊지 말라. 가족들이 불행하다면 나도 불행할 것이고, 그것이 업무 성과에 영향을 미친다.

출처: https://www.epmsonline.com에서 재인용

2. 관계 중심 이론

앞에서 기술한 리더십 이론들은 리더십 과정을 리더 또는 팔로어의 관점에서 설명하면서 리더는 모든 팔로어를 차별 없이 동일한 태도로 대한다는 전제를 하고 있다. "리더가 모든 팔로어에게 동등한 영향력을 행사한다"라는 것은 팔로어 모두를 하나의 전체로 보고 동일한 리더십을 행사하므로 팔로어들이 리더의 리더십을 동일하게 인식하게 되기 때문에 리더십 효과성도 동일하게 나타난다는 것을 의미한다. 이러한 전제를 바탕으로 리더십 연구 시 부하들에게 리더십을 평가하도록 한 후 집단 평균값을 사용한다.

기존의 리더십 이론들이 리더가 모든 팔로어를 차별 없이 동등하게 대한다는 전제를 하고 있지만, '과연 그러한가?'라는 의문에서 리더나 팔로어의 특성이나 행동이 아니라 리더와 팔로어 간 관계의 질에 초점을 맞추어 리더십을 설명하는 리더-멤버 교환(LMX: Leader-Member Exchange) 이론이 등장했다.

1) 초기의 LMX 이론

LMX 이론은 초기에는 리더와 특정 팔로어 간의 수직적인 양자관계(dyadic relationship)에 초점을 맞추어 리더십 과정을 분석했기 때문에 '수직적 양자관계(VDL: Vertical Dyadic Linkage) 이론'이라고 불렀다.

VDL 이론에서 리더는 팔로어들과 동일한 관계를 맺는 것이 아니라 서로 다른 관계를 형성할 것이라는 가정을 하고 있다. 예컨대, 같은 소대원이라고 하더라도 어떤 소대원은 소대장과의 관계가 좋은 반면, 어떤 소대원은 소대장과 관계가 나쁘다는 것이다. VDL 이론은 이와 같이 한 리더가 자신의 팔로어들에게 서로 다른 리더십을 발휘하는 이유를 설명하는 데 초점을 맞추고 있다. 다시 말해 리더가 팔로어들과 어떻게 일대일 관계를 형성하고, 어떻게 내집단(in-group)과 외집단(out-group)을 만들어가는가를 설명하려고 했다.[8]

이러한 리더와 팔로어의 교환관계 형성에는 성격 등 개인적 특성의 유사성이 영향을 미친다.[9] 리더와 팔로어가 성격이 유사할 경우 내집단 교환관계가 형성될 확률이 높다. 또한 팔로어가 리더와 함께 공식적으로 규정된 역할 이상의 확대된 역할을 하려고 하고, 집단을 위해 기꺼이 무엇인가를 하려고 하는 팔로어가 리더와 내집단 관계를 형성할 가능성이 크다.

리더와 팔로어의 직접적인 관계만이 아니라 리더의 상관과의 상향적 관계도 부하와의 하향적 관계에 영향을 미친다. 상관과 좋은 관계를 맺고 있는 리더가 부하들과도 좋은 관계를 맺을 가능성이 크다는 것이다. 그것은 리더가 자신의 상관과 관계가 좋으면 상관으로부터 부하들을 위해 더 많은 혜택을 확보할 수 있고, 부하들이 바라는 방향(자율성 등)으로 더 많은 재량권을 행사할 수 있기 때문이다.[10]

이러한 리더와 팔로어의 관계 유형에 따라 리더가 팔로어에게 사용하는 권력의 원천과 태도, 행동이 달라진다. 즉 영향력을 행사하기 위해 내집단에는 전문적 권력, 준거적 권력, 보상적 권력을 주로 사용하지만, 외집단에는 대부분 보상적 권력, 합법적 권력, 강제적 권력을 주로 사용한다. 그리고 내집단 관계인 팔로어는 중요한 의사결정에 참여시키고, 더 많은 권한과 책임을 부여하며, 리더와 더 많은 접촉 기회를 갖는다. 그러나 외집단 관계인 팔로어는 공식적으로 규정된 역할과 책임만 부여되고, 리더와 접촉 기회도 적다. 또한 외집단 관계인 팔로어는 내집단 관계인 팔로어보다 긍정적인 상호작용이나 영향력을 행사할 기회가 적다.

---

[8] 단서로 등(Danserau et al., 1975)의 연구 결과, 리더가 팔로어와 관계를 맺을 때 개인별로 역할형성 과정(role-making process)을 거치면서 두 가지 유형의 관계를 맺는다는 것을 발견했다. 하나는 공식적 역할에 따른 낮은 수준의 교환관계만 맺는 '외집단'이고, 다른 하나는 공식적 역할 이상의 역할을 하는 높은 수준의 교환관계를 맺는 '내집단'이다.

[9] 한국에서는 업무수행 능력이나 열의만이 아니라 출신 지역, 출신 학교 등이 같거나 리더에 대한 공식적 업무 관계를 뛰어넘는 충성심을 보일 때 내집단 관계가 더 잘 형성되는 경향이 있다.

[10] 이는 부하들과 좋은 관계를 형성하기 위해서는 부하만이 아니라 상관과도 좋은 관계를 유지하도록 노력해야 한다는 것을 시사해주고 있다.

내집단과 외집단의 차이는 관계의 상호성이나 교환관계에서도 나타난다. 내집단 팔로어는 외집단 팔로어보다 리더와 원활한 의사소통과 상호 협조관계가 이루어진 다. 그리고 더 많은 혜택(보수, 평정, 포상 등)과 신임, 인정을 받고, 이에 대한 보답으로 내 집단 팔로어는 외집단 팔로어보다 더 많은 의무와 부담을 지게 되고, 더 충성하며, 더 열심히 업무를 수행한다. 이러한 교환관계가 지속되는 한 높은 수준의 상호작용 및 상호 지원관계는 지속된다.

연구 결과 내집단 관계인 팔로어들은 리더와 공식적인 관계만 맺는 외집단 팔로 어들보다 훨씬 더 높은 수준의 성과를 내고, 이직률도 낮으며, 높은 직무만족도를 나 타내는 것으로 나타났다.

2) LMX 이론의 발전

LMX 이론은 수직적 양자관계(VDL) 이론을 발전시킨 이론으로, 리더와 팔로어 간 관계의 질과 시간이 지남에 따라 조직 성과에 미치는 영향에 초점을 맞춘다. 즉 리더 는 서로 다른 팔로어들과 특별한 관계를 형성하는데, 이러한 관계의 질이 리더가 팔 로어들을 어떻게 대할 것인가를 결정하고, 그것이 성과로 연결된다는 것이다.

LMX 관계의 본질은 팔로어가 내집단에 속하는지 또는 외집단에 속하는지를 결 정한다. 내집단에 속한 팔로어들과는 상호신뢰, 존중, 그리고 상호 영향력을 바탕으 로 관계를 맺지만, 외집단에 속한 팔로어들에게는 전통적인 통제적 접근방법을 사용 한다. 그리고 외집단 팔로어들은 조직이 요구하는 최소한의 요구를 충족시키는 범위 내에서만 일한다.

그레인과 울바인(Graen & Uhl-Bien, 1995)은 LMX의 질이 리더의 특성이나 행동보다 조직 성과의 차이를 더 잘 설명해주기 때문에 리더십을 연구하는 새로운 접근방법 이라고 주장했다. 이러한 관점에서 25년 동안 종단 연구를 실시한 결과 리더-팔로어 간의 관계가 좋을수록 팔로어들의 이직률이 낮고, 업적 평가가 좋았으며, 승진율과 조직 헌신성이 높았다. 그리고 더 좋은 보직을 받고, 직무 태도가 더 좋았으며, 리더로부터 더 많은 관심과 지원을 받으며, 참여도가 높다는 것을 발견했다.

이러한 연구 결과는 리더와 팔로어 간의 관계가 좋을수록 팔로어들의 만족도 및 몰입도가 높고, 직무 성과가 높아지기 때문에 리더는 소수의 팔로어가 아니라 모든 팔로어와 특별한 교환관계를 형성하도록 노력해야 한다는 것을 시사해주고 있다. 리더는 팔로어들을 내집단과 외집단으로 구분하여 차별적으로 관리할 것이 아니라 각자에게 개별적인 관심을 보이고, 효과적인 의사소통과 적합한 역할과 책임을 맡기는 등의 방법으로 팔로어들과의 관계를 단순히 공식적인 업무 관계를 뛰어넘어 상호존경과 신뢰의 관계를 형성해야 한다는 것이다. 그렇게 하면 일부 팔로어들과 특별한 관계를 형성함으로써 야기될 수 있는 불공정성 문제를 방지할 수 있다. 또한 모든 팔로어가 자신이 내집단에 속해 있다는 것을 느껴 잠재능력을 최대로 발휘함으로써 공식적으로 부여된 과업 이상의 성과를 창출하게 된다.

그러나 모든 팔로어와 동시에 좋은 관계를 형성하는 것은 현실적으로 어렵기 때문에 초기에는 임무를 수행하는 데 핵심적인 역할을 할 팔로어들과 차별적인 특별한 관계를 유지하면서, 한편으로 다른 팔로어들과도 상호신뢰, 존경, 충성의 관계를 유지하도록 노력해야 한다. 모든 팔로어를 똑같이 대할 수도 없고 반드시 그럴 필요도 없지만, 모두가 조직에서 중요하고 소중한 존재라는 사실을 인식시켜 조직에서 소외감을 느끼는 팔로어가 발생하지 않도록 노력해야 한다.

3) LMX 이론의 평가와 군 리더십 적용

이상과 같은 LMX 이론은 리더나 팔로어의 특성이나 행동만이 아니라 리더와 팔로어의 관계에도 관심을 갖도록 했다는 강점과 함께 다음과 같은 한계를 갖고 있다.

첫째, 수직적 양자관계에만 초점을 맞추었다는 것이다. 따라서 수직적 양자관계만이 아니라 동료관계도 포함하는 사회적 네트워크 이론(social network theory)으로 발전시킬 필요가 있다.[11] 사회적 네트워크 이론은 리더십을 "사회적 네트워크 현상으로 설명될 수 있는 영향력의 과정"(Brass & Krackhardt, 1999)으로 보고, 수직적 관계만이 아니라 폭넓은 사회적 맥락 속에서 양자관계가 어떻게 발전해나가는지를 설명해주기 때문이다(Sparrowe & Lieden, 1997). LMX 이론을 포함한 전통적 리더십 이론들이 암묵적으로 리더와 부하의 수직적 관계에서 하향적 방식의 리더십을 다루고 있는 반면, 사회적 네트워크 이론은 팔로어들과의 수직적 관계만이 아니라 직간접적인 수평적 관계(동료관계 등)도 포함함으로써 팀 또는 조직 전체의 사회적 맥락에서 리더의 위치와 팀 프로세스와 성과에 미치는 영향을 잘 설명해준다(Balkundi et al., 2009).

우리 군의 경우 "병 상호 간에는 직무에 관한 권한이 부여된 경우 이외에는 명령, 지시 등을 하여서는 아니 된다"(군인복무기본법 제35조)라고 규정함으로써 병 상호 간 수평적 관계의 폭이 확대되고 있다. 따라서 병 동기제나 동기내무반 같은 제도적ㆍ환경적 변화를 함께 고려하여 용사들의 사회적 네트워크가 어떻게 변화하고 있는지 연구할 필요가 있다. 또한 군대의 상급자와 하급자의 수직적 관계 역시 업무와 관련되지 않는 활동에 대해서는 경직성이 완화되고 있는 추세이므로 더욱 수평적이고 유연한 상하관계가 형성될 수 있도록 노력해야 할 것이다.

둘째, LMX 이론의 또 다른 한계는 조직 내에서 리더를 중심으로 한 파벌 현상을 잘 설명해주고 있지만 언뜻 보기에 우리 군에서 문제가 되었던 '하나회' 같은 파벌을 조장할 우려가 있다는 것이다. 그러나 LMX 이론은 실제로 외집단이 내집단으로 진입하지 못하도록 장벽을 만들지 말 것과 모든 구성원과 내집단 관계를 형성해나가도록 권장하고 있기 때문에 이러한 문제는 기우일 수 있다. 군 리더들은 소대급 단위 구성원들의 친소관계를 파악하기 위해 실시하는 신인성검사 등과 같은 방법을 통해 구성원 중에 소외된 인원이나 과도한 영향력을 행사하는 인원이 있다면 상담이나 편성 변경 등의 조치를 통해 사전에 부작용을 방지할 필요가 있다. 아울러 파벌이 없는

---

[11] 사회적 네트워크 개념은 집단역동성과 사회적 자본이론을 바탕으로 형성되었다. 사회적 네트워크는 개인이 보유하고 있는 모든 사람을 의미하는 것이 아니라 개인이 자신에게 도움이 된다고 인정한 관계들로 구성되기 때문에 '자아 네트워크(ego network)'라고도 한다. 학자들 간에 차이가 있지만, 선행연구에서의 정의들을 종합해보면 사회적 네트워크란 "네트워크에서 행위자들이 개인의 이익(지식, 정보, 신뢰, 감정 등)을 얻기 위해 상호작용하는 형태와 구조"라고 할 수 있다.

전사공동체가 형성될 수 있도록 소통과 단합을 위한 다각도의 노력과 함께 공정하고 투명한 업무처리와 보상체계를 구축해야 한다.

셋째, LMX 이론은 교환과정에 영향을 미칠 수도 있는 상황요인들에 거의 관심을 두지 않는 일반이론이라는 것이다(Graen et al., 1996). 그러나 조직과 집단의 성과는 리더와 팔로어의 양자관계에 의해서만 결정되지 않기 때문에 LMX 이론의 한계를 극복하려면 리더와 구성원 간 관계의 질에 영향을 미치는 상황요인은 물론 리더나 팔로어의 특성, 과업의 특성, 그리고 조직문화 등 다양한 상황요인을 함께 고려해야 한다. 군 조직의 경우 부대의 위치, 기능, 근무 여건 등 다양한 환경적 요소들이 LMX에 영향을 미치므로 교환관계의 질이 나쁘다고 이러한 원인을 부하에게만 돌리는 우를 범해서는 안 된다.

요약

팔로어 중심 이론은 특성 이론이나 행동 이론처럼 리더가 중심이 되는 대부분의 리더십 이론들과 달리 팔로어가 강조되는 리더십 이론이다. 즉 팔로어를 수동적·소극적 역할을 하는 존재가 아니라 적극적·능동적인 역할을 하는 존재로 보고, 리더십 효과성 또는 성과에 중요한 영향을 미치는 파트너로서 인식하는 이론이다. 대표적인 팔로어 중심 이론으로는 리더십 귀인 이론, 암묵적 리더십 이론, 팔로어십 이론 등이 있다.

리더십 귀인 이론은 리더십 효과성이 리더에 의해 결정되는 것이 아니라 팔로어들이 리더를 어떻게 지각하는가에 달렸다고 주장한다. 즉 팔로어들은 리더의 능력뿐만 아니라 리더의 의도에 대해서도 판단하는데, 팔로어들이 유능하다고 판단한 리더는 더 많은 영향력을 갖게 되지만 그렇지 않은 리더는 팔로어들이 잘 따르지 않게 된다는 것이다.

암묵적 리더십 이론은 효과적인 리더십 특성이나 행동에 대해 팔로어들이 가지고 고착된 패러다임 또는 고정관념인 암묵적 리더십이 리더십 효과성을 결정한다는 이론이다. 팔로어들이 가지고 있는 암묵적 리더십이 리더에 대한 역할 기대와 평가에 영향을 미쳐 결국 리더십 효과성에 영향을 미친다는 것이다.

팔로어십 이론은 팔로어가 리더와 불가분의 관계를 맺고 있기 때문에 리더만이 조직의 성과를 결정하는 것이 아니라 효과적인 팔로어십이 있어야 한다는 이론이다. 켈리(1994)는 팔로어가 '얼마나 독립적·비판적 사고를 하는가?'와 '얼마나 적극적으로 행동하는가?'라는 두 가지 분류기준에 따라 소외형, 수동형, 순응형, 실무형, 모범형의 5가지 유형으로 구분했다. 이 중에서 리더의 결정을 무조건 수용하지는 않지만 리더의 결정에 동의할 경우에는 적극적으로 리더를 지원하고, 리더의 결정에 동의하지 않는 경우에도 조직에 도움이 되는 건설적 대안을 제시하는 모범형을 가장 바람직한 팔로어 유형으로 제시했다. 한편 켈러먼(2007)은 조직이나 리더의 일에 대한 팔로어의 '개입 수준'에 따라 고립형, 방관형, 참여형, 행동형, 골수분자형 등으로 팔로어를 구분했고, 훌륭한 팔로어는 효과적이고 윤리적인 리더를 적극적으로 지원하고, 비효과적이고 비윤리적인 리더에게는 적극적으로 반대 의견을 개진하는 사람이라고 주장했다.

LMX 이론으로 대표되는 관계 중심 이론은 부하마다 다르게 형성될 수 있는 리더와 팔로어 간의 관계에 초점을 맞춘 리더십 이론이다. LMX 이론은 리더와 팔로어 간 관계의 질에 의해 리더섭 효과성이 결정된다고 주장한다. 리더는 내집단에 속하는 팔로어들과 상호신뢰, 존중, 그리고 상호 영향력을 바탕으로 관계를 맺지만, 외집단에 속한 팔로어들에게는 전통적인 통제적 접근방법을 사용한다. 연구 결과 내집단 관계인 팔로어들이 외집단 팔로어들보다 훨씬 더 높은 수준의 성과를 내고, 이직률도 낮으며, 높은 직무만족도를 보이는 것으로 나타났다.

LMX 이론이 궁극적으로 주장하는 효과적인 리더십은 내집단과 외집단을 구분하여 차별하자는 것이 아니라 가능한 한 많은 인원이 내집단 팔로어가 될 수 있도록 관심과 지원을 아끼지 않는 리더십을 발휘해야 한다는 것이다. 리더가 모든 팔로어와 동시에 좋은 관계를 형성하는 것은 현실적으로 어렵지만, 팔로어 모두가 조직에서 중요하고 소중한 존재라는 사실을 인식시켜 조직에서 소외감을 느끼는 팔로어가 발생하지 않도록 노력해야 한다는 것이다.

질문 및 토의

1. 리더에게 요구되는 리더십 특성이나 행동에 대한 암묵적 리더십 이론은?

2. 자신이 가장 선호하는 팔로어의 유형은? 자신은 어떤 유형의 팔로어라고 생각하는가?

3. 리더와 팔로어의 관계 측면에서 기업 같은 일반 조직과 군 조직은 어떠한 공통점과 차이점이 있는가? 군에서의 리더-부하 관계는 최근 어떻게 변화하고 있는가?

4. 군에서 효과적인 리더십 발휘를 위한 LMX 이론 적용 방안은?

5. 다음 〈실전 리더십 사례 토의 6〉을 읽고 리더로서 선택할 수 있는 각각의 조치 방법들(1~9번)에 대한 적절성 정도를 판단하고, 1~9점 중 하나를 선택하여 각 번호 뒤에 점수를 기록한 후 각자의 점수 부여 이유에 대해 토의한다.

당신은 소대장이다. 당신의 중대장은 매일 일찍 퇴근하면서 소대장들, 특히 당신에게 특별히 많은 업무를 지시하곤 한다. 또한 소대장이 잘못했을 경우에는 용사들 앞에서 큰 목소리로 화를 내고 인격모독을 하기도 한다. 하지만 당신은 중대장과 긍정적인 관계를 유지하기를 원하고 있다. 이 상황에서 당신은 어떻게 하겠는가?

1		동료 소대장들과 협력하여 업무에 대해 서로 도움을 주고받는다.
2		중대장이 업무를 시키기 전에 먼저 업무를 파악하여 실시한다.
3		개인적으로 찾아가 중대장의 행동에 대해 느끼고 있는 생각을 솔직하게 말한다.
4		중대 행정보급관에게 이러한 문제에 대해 중대장에게 조언해주도록 부탁한다.
5		운동, 식사 등 사적인 자리에서 중대장의 행동에 대해 느끼고 있는 바를 우회적으로 표현한다.
6		소대장의 고충을 편지 등의 글로 표현하여 전달한다.
7		중대장이 지시한 업무보다는 소대장 자체 업무에 우선순위를 두어 처리한다.
8		소대장 모두가 중대장에게 면담을 요청한다.
9		소대장은 중대장에 충성해야 한다고 지속적으로 생각한다.

1	2	3	4	5	6	7	8	9
매우 부적절함		다소 부적절함		보통		다소 적절함		매우 적절함

〈결과 해석〉: 이 책의 마지막 부록에 포함된 실전 리더십 사례 토의 모범답안 참조.

7장

상황 중심 이론

> "전투 시 상황에 따라 융통성 있게 새로운 명령을 내리고,
> 정법(正法)과 기법(欺法)을 적절히 선택하여 사용하라."
>
> – 『어제병장설(御製兵將說)』, 「유장편(論將篇)」

리더십 특성 이론과 행동 이론에 기반한 연구 결과 어떤 상황에서나 보편적으로 효과적인 리더십 특성이나 리더십 행동 유형은 존재하지 않는 것으로 나타났기 때문에 리더십 효과성을 상황과 연결하려는 리더십 상황 이론이 등장하게 되었다.

이러한 관점의 리더십 이론에는 상황에 따라 효과적인 리더십 특성을 규명하려는 피들러 (Fiedler, 1967)의 상황적합 이론(contingency theory), 상황에 따라 효과적인 리더십 행동이 어떻게 달라져야 하는가를 설명하는 경로-목표 이론(path-goal theory)과 상황적 리더십 이론(situational leadership theory), 그리고 리더십 행동이 어떤 상황에서는 효과적이고 어떤 상황에서는 비효과적인지를 설명해주는 리더십 대체 이론(substitutes for leadership) 등이 있다.

1. 상황적합 이론

1) 상황적합 이론의 개요

상황 중심 리더십 이론 중 가장 널리 알려진 이론은 피들러(Fiedler, 1964, 1967)의 상황적합 이론(contingency theory)이다. 그는 상이한 상황, 특히 군에서 근무하는 리더들의 행동 유형에 대한 연구를 통해 이 이론을 개발했다. 이 이론은 조직의 성과는 리더가 어떠한 리더십을 발휘하는가와 상황이 얼마나 리더에게 유리한가에 따라 달라진다고 보기 때문에 리더의 특성[1]과 상황을 통합한 이론이라고 할 수 있다.

피들러(1967)는 리더십 유형을 LPC 점수를 이용하여 관계지향적 리더십과 과업지향적 리더십으로 분류했다.[2] 그리고 어떤 리더십 유형이 효과적일지 아닐지에 영향을 미치는 상황 요소로는 〈표 7.1〉과 같이 '리더-성원 관계(leader-member relations)', '과업구조(task structure)', 그리고 리더의 '직위권력(position power)'의 3가지 요소로 보았다. 그러나 구성원의 동기부여 정도, 리더와 구성원의 가치관, 경험 등과 같은 다른 상황 요소들은 고려하지 않았다.

'리더-성원 관계'는 집단의 분위기를 나타내는 요소로 구성원이 리더에 대해 갖는 신뢰와 존경, 친밀감의 정도를 포함한다. 리더가 구성원과 잘 지내고, 구성원들이

---

[1] 리더십 유형을 팔로어들이 직접 관찰한 리더의 행동이 아니라 'LPC(Least Preferred Co-worker)'라고 불리는 성격 진단도구로 과업지향적인 리더(low LPC)와 관계지향적인 리더(high LPC)를 구분하기 때문에 상황적합 이론은 리더의 특성과 상황을 통합한 이론이라고 할 수 있다.

[2] LPC 점수는 리더가 가장 싫어하는 동료작업자(LPC: Least Preferred Co-worker)를 어떻게 평가하는가에 대한 점수로, 리더가 관계지향적 특성을 갖고 있는지 과업지향적 특성을 갖고 있는지를 판단하는 기준이 된다. 20여 개 설문 항목에 대한 점수를 종합해서 LPC 점수를 산출하며, LPC 점수가 높은 리더, 즉 리더가 가장 싫어하는 동료작업자에 대해 좋은 점수를 주는 리더는 관계지향적 리더가 된다. 이러한 리더는 아무리 나쁜 동료작업자라도 어떤 긍정적인 속성을 지니고 있는 것으로 평가할 의사가 있다는 것이며, 관심과 사랑으로 리더와 구성원의 관계를 결속시키려 한다. 반면에 LPC 점수가 낮은 리더는 과업지향적 리더로 분류되는데, 이러한 리더는 과업의 성취에서 만족을 얻으려는 리더이며, 구성원에 대한 관심보다는 과업에 대한 관심이 우선이다.

<표 7.1> 리더십 상황별로 본 효과적인 리더십 유형

리더-성원 관계	좋음				나쁨			
과업구조	높은 과업구조		낮은 과업구조		높은 과업구조		낮은 과업구조	
직위권력	강한 권력	약한 권력	강한 권력	약한 권력	강한 권력	약한 권력	강한 권력	약한 권력
상황 유형	I	II	III	IV	V	VI	VII	VIII
효과적인 리더십 유형	낮은 LPC (과업지향)				높은 LPC (관계지향)			낮은 LPC (과업지향)

출처: Fiedler(1967) 수정

리더의 개성이나 특성 및 능력 때문에 리더를 존경한다면 공식적인 지위나 권한에 의존할 필요가 없게 된다. 반면에 구성원들이 싫어하고 비난하는 리더는 비공식적으로 이끌어갈 능력이 없기 때문에 과업을 달성하기 위해서는 공식적인 권한에 의한 지시에 의존할 수밖에 없을 것이다.

'과업구조'는 과업의 일상성 또는 복잡성을 의미하며, 목표의 명확성, 목표-경로의 다양성, 과업 수행을 위한 단계적인 절차나 지시 등에 의해 결정된다. 이러한 과업의 구조화 정도가 높은 경우는 과업 수행에 대한 절차나 지시 등이 명확하고, 과업 수행 정도의 평가에 대한 지침이 명확하기 때문에 리더는 자동으로 많은 권한을 갖게 된다. 반면에 과업의 구조화 정도가 낮은 경우에는 구성원들의 역할이 모호하고, 과업 수행의 지침이 명확하지 않기 때문에 리더의 권한이 약화되며, 구성원들은 리더의 지시에 대해 의문을 품거나 따르지 않을 수 있다.

'직위권력'은 리더의 직위에 부여된 힘이다. 즉 리더의 역할을 수행하는 데 필요한 것으로 구성원에 대한 지시, 평가, 보상 및 벌 등을 주는 공식적인 권한이다. 이러한 직위권력에 따라 리더에게 갖는 성원들의 태도 및 상황적 호의성이 달라지게 된다. 직위권력이 큰 경우에는 구성원들에 대한 리더의 영향력이 커지기 때문에 리더의 과업이 더욱 쉽게 이루어질 수 있지만, 직위권력이 약한 경우에는 리더의 영향력이 적기 때문에 리더가 과업을 수행하기 어려워진다.

이상 3가지 요소의 조합이 리더에 대한 상황적 호의성을 결정하게 된다. 피들러는 '상황적 호의성(situational favorability)'이라는 것을 "그 상황이 리더가 자기 집단에 대해 영향력을 행사할 수 있게 하는 정도"라고 정의하고 있다. 여기서 리더-성원 관계가 좋은가 나쁜가, 과업구조가 상대적으로 잘 구조화되어 있는가 안 되어 있는가, 그리고 직위권력이 상대적으로 강한가 약한가에 따라 집단을 분류할 수 있는데, 각각에서 두 개씩의 조합이므로 〈표 7.1〉에서 보는 바와 같이 8가지 리더십 상황이 나타나게 된다.

이 8가지 중 가장 리더십을 잘 발휘할 수 있는 호의적인 상황은 구성원들이 모두 리더를 좋아하고(리더-성원 관계 양호), 명확한 직무지시에 따라 직무수행이 가능하며(높은 수준의 과업구조화), 또한 리더가 강력한 직위권력을 보유한 상황이다. 피들러는 8가지 리더십 상황과 리더십의 두 가지 유형(높고 낮은 LPC)을 대응시켜 각 상황에서 가장 적합한 효과적인 리더십 유형을 발견하고자 했다.

2) 상황적합 이론의 평가와 군 리더십 적용

상황적합 이론의 타당성 검증을 위해 수많은 연구가 수행되었으며, 많은 연구에서 이론의 신뢰성과 타당성을 입증해주었다.

연구 결과에 따르면 첫째, 과업지향적인 리더는 상황이 아주 호의적인 경우(I, II, III)이거나 아주 비호의적인 경우(VIII)에는 관계지향적인 리더보다 효과적이고, 관계지향적인 리더는 상황의 호의성이 중간(IV, V, VI)일 때 과업지향적인 리더보다 효과적이라는 것이다.

둘째, 리더십의 효과성은 리더만이 아니라 상황이 리더에게 얼마나 호의적인가에 영향을 받기 때문에 리더십 효과성을 높이기 위해서는 리더십 유형을 상황에 맞도록 변화시키거나, 리더십 유형에 맞도록 리더십 상황 요소를 변화시켜야 한다는 것이다(Fiedler & Chemers, 1974: 80).[3]

---

[3] 이 이론의 기본 가정은 리더가 성공하는 데 기여한 과거의 리더십 유형을 바꾼다는 것이 매우 어렵기 때문에 리더십 유형을 바꾸려는 노력은 비효율적이거나 소용이 없다고 한다. 따라서 리더십 교육을 통해 상황에 맞추어 융통성 있게 리더십 유형을 변화시키는 방법을 교육하기보다는 상황을 리더에 맞춰 변화시키는 상황 엔지니어링(situational engineering)이 바람직하다고 한다.

이러한 피들러의 상황 이론은 어떤 리더십 유형을 가진 리더가 왜 어떤 상황에서 더 효과적인지에 대한 설명을 제대로 하지 못하고 있고, LPC 점수의 측정 방법에 대한 설득력이 부족하며, 리더십 유형의 변화가 어렵다는 전제를 하고 있는데, 이에 대한 실증적 연구가 결여되었다는 등의 비판을 받고 있다(Stinson & Tracy, 1972: 182-184; Graen et al., 1971: 196-201).

리더십 특성 이론이나 행동 이론들이 모든 상황에서 효과적인 리더십 특성이나 유일하고도 최선의 리더십 행동을 찾으려는 데 초점을 맞추었지만, 상황적합 이론은 리더십 유형과 상황특성 간의 적합 관계, 즉 리더와 상황 간의 적합 관계를 찾는 데 관심을 두게 했다. 또한 모든 상황에 적합한 한 가지 리더십 유형은 존재하지 않기 때문에 적재적소(適材適所) 보직 원칙에 따라 주어진 상황(직위 또는 부대)에 적합한 리더를 배치하고, 만일 어떤 리더가 적합하지 않은 상황에 배치된 것으로 판단될 경우 상황을 변화시키거나 적합한 상황으로 그 리더의 보직을 변경해야 한다는 것을 시사해 주고 있다.

상황에 맞춰 적절히 대처하는 3가지 전술

① '모든 상황에 같은 치수의 옷을 입히는' 해결책을 지양하라

모든 상황에 들어맞는 만병통치약은 없다. 각 상황을 적절히 파악한 후, 최상의 지령과 방침을 채택하는 것이 리더의 역할이다.

② 융통성을 발휘하라

끊임없이 상황을 뒤흔들어놓으며 전략을 바꾸는 계획을 세워서는 안 된다. 신속하고 융통성 있게 상황변화에 대처할 준비를 갖추라. 상황에 따라 방향을 선회할 수 있도록 대비하라는 뜻이다.

③ '과거와 같은 방식'으로 싸우지 말라

불확실한 시기일수록 '기본에 충실하자'라는 방침은 적절하지 않다. 어려운 상황에 직면할 경우, 수많은 리더가 익숙한 방법으로 회귀해버리는 함정에 빠진다. 단지 익숙하다는 이유로 정형화된 대처방식을 고수하지 말라.

출처: Oren Harari(2008: 100-101)

2. 상황적 리더십 이론

1) 상황적 리더십 이론의 개요

'상황적 리더십 이론(situational leadership theory)'은 허시와 블랜차드(Hersey & Blanchard, 1969)가 블레이크와 머튼(Blake & Mouton, 1964)의 '관리격자 모형'과 레딘(Reddin, 1967)의 '3-D 관리유형 이론',[4] 그리고 아지리스(Argyris, 1957)의 '성숙-미성숙 이론'[5]을 기반으로 개발한 이론이다. 블랜차드(Blanchard, 1985)가 이를 바탕으로 개정된 '상황적 리더십 이론 II (Situational Leadership II)'를 발표했다. 이 이론에서는 상황에 따라 리더십 유형이 달라져야 한다는 전제하에 "리더십 행동 유형은 팔로어의 발달 수준(development level)에 맞추어야 한다"라고 주장한다.

따라서 〈그림 7.1〉과 같이 리더십 행동 유형을 크게 지시적 차원(directive dimension)과 지원적 차원(supporting dimension)의 두 가지로 분류하고, 각각에 대응하는 리더십 행동 유형을 '지시형(S1)', '코칭형(S2)', '지원형(S3)', 그리고 '위임형(S4)'으로 명명했다.

또한 팔로어의 발달 수준에 따라 열성적인 초보자(D1: 낮은 역량, 높은 의욕), 좌절한 학습자(D2: 약간의 역량, 낮은 의욕), 능력은 있지만 조심스러운 업무수행자(D3: 상당한 역량, 불안정한 의욕), 자기주도적 성취자(D4: 높은 역량, 높은 의욕)의 4가지 유형으로 구분했다. 여기서 발달 수준은 팔로어가 주어진 과업이나 활동을 수행하는 데 필요한 역량(competence)과 과업 수행에 대한 헌신 의지(commitment)를 가진 정도를 말한다. 다시 말해 과업을 수행하는 데 필요한 지식과 기술을 갖고 있는지 여부와 과업을 수행하려

---

[4] 오하이오 주립대학의 리더십 행동 유형인 구조주도와 배려 차원에 리더십 효과성 차원을 추가하여 리더십 행동 유형과 상황변수를 통합하여 설명하고 있으며, 효과적인 리더십 행동은 상황에 따라 달라진다는 이론이다.

[5] 건강한 개인의 경우 유아 시절에는 미성숙 상태의 인간이었다가 성인으로 성장해가면서 성숙한 상태로 변화된다는 가정하에 조직이 개인의 이러한 변화과정을 인식하고, 이에 맞는 환경을 제시해주어야만 개인과 조직 간의 갈등이 줄어들 것이라는 이론이다.

는 의지 또는 열의가 얼마나 있는가를 의미한다(Blanchard, 1985).

이 이론에서는 자전거를 처음 타는 사람에게 자전거 타는 방법을 가르칠 때 숙달 수준에 따라 가르치는 방법을 달리하는 것처럼 팔로어의 발달 수준에 따라 〈그림 7.1〉과 같이 효과적인 리더십 유형이 달라져야 한다고 한다.

첫 번째 단계는 열성적인 초보자(D1)로, 지시형 리더십(directing style: S1)을 발휘해야 한다. 이는 회사에 신입사원이 들어왔거나, 부대에 신병이나 초임장교가 전입해왔을 때의 상황이라고 할 수 있다. 조직에 처음 들어왔기 때문에 자신이 수행해야 할 과업에 대해서는 잘 모르지만, 배우려는 의욕이 높아 모든 일에 호기심이 많다. 과업에 대해 잘 모르기 때문에 교육을 받고, 조직의 규칙이나 절차 등에 친숙해져야 한다. 이러한 사람들에게는 모든 것을 일일이 알려주고 지시하는 '지시형' 리더십이 바람직하다.

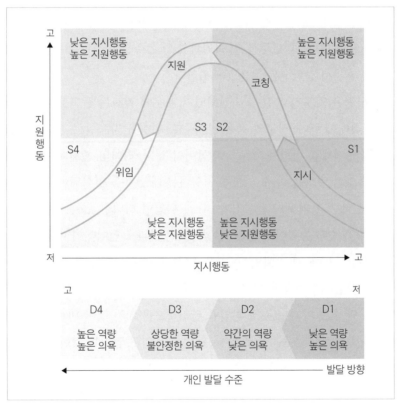

출처: Blanchard(1985)

〈그림 7.1〉 상황적 리더십 모형

두 번째 단계는 좌절한 학습자(D2)로, 코칭형 리더십(coaching style: S2)을 발휘해야한다. 이는 자신의 과업에 대해 알아가기 시작하는 단계다. 팔로어가 과업에 대해 이해하기는 했지만 자신이 생각한 것보다 능력을 갖추는 것을 어렵게 여겨 의기소침해지기도 한다. 때로는 과업 수행 과정에서 좌절감을 느끼기도 한다. 이러한 상황이 의욕을 떨어뜨리기도 한다.

이 단계에 있는 사람에게는 지시와 지원 수준을 한 차원 높이는 코칭형(coaching) 리더십이 필요하다. 즉, 팔로어에게 조언하는 동시에 질문이나 제안을 할 수 있도록 유도하기 위한 쌍방향 의사소통을 늘려가야 한다. 또한 자신감을 심어주고, 잃어버린 의욕을 되찾아주기 위해 인정과 칭찬을 많이 해주어야 한다.

세 번째 단계는 능력은 있지만 조심스러운 업무수행자(D3)로, 지원형 리더십(supporting style: S3)을 발휘해야 한다. 과업에 어느 정도 익숙해졌고, 과업 수행 능력도 많이 향상된 상태다. 그러나 자신감은 여전히 부족해서 혼자서 업무를 수행할 수 있을지 의문을 품고 있다. 즉 업무를 잘 파악하고 있고 충분한 역량을 구비했다고 보이지만, 본인은 혼자서 감당하는 것을 두려워한다.

이러한 사람은 업무가 충분히 숙달되었기 때문에 지시는 줄이고 지원을 늘려서 자신감을 고취해야 한다. 사고의 폭을 넓혀주고, 위험을 감수할 수 있도록 격려함으로써 스스로 문제해결 방안을 찾도록 만들어야 한다. 리더의 존재 이유는 팔로어가 스스로 할 수 없는 일들을 할 수 있도록 지원하는 데 있음을 명심해야 한다.

네 번째 단계는 자기주도적 성취자(D4)로, 위임형 리더십(delegating style: S4)을 발휘해야 한다. 과업 수행 능력이 향상되고, 성공적인 결과도 얻어내기 때문에 적당한 자신감이 형성된 단계다. 자기 일만 하는 것이 아니라 다른 사람들이 일을 잘하도록 격려해주기도 한다. 이러한 단계에 있는 사람에게는 일상적인 의사결정과 문제해결에 대한 책임을 맡기고, 자기 스스로 과업을 관리하도록 하는 것이 바람직하다. 권한을 위임하여 자기 스스로 능동적으로 일할 수 있도록 믿고 맡기는 것이다. 그리고 과업을 수행하는 데 필요한 지원을 해준다.

이상에서 설명한 발달 수준은 특정 과업에 한정된 사항이다. 즉, 발달 수준을 평가할 때 사람 자체를 평가하는 것이 아니라 특정 과업에 대해 평가해야 한다. 다시 말해 한 사람이 수행하는 과업에 따라 여러 가지 서로 다른 발달 수준을 가질 수 있다. 한 과업에서는 발달 수준이 높지만 다른 과업에서는 발달 수준이 낮을 수 있기 때문에 사람마다 서로 다른 리더십을 발휘해야 할 뿐만 아니라 같은 사람이라고 할지라도 과업에 따라서는 다른 방법을 적용해야 한다. 이러한 리더십을 발휘할 경우 일관성이 없다고 할 수도 있지만, 일관성이란 '유사한 상황에 대해 동일한 리더십을 발휘하는 것'이지 동등하지 않은 것을 동등하게 대우하는 것이 아니다.

2) 상황적 리더십 이론의 평가와 군 리더십 적용

앞에서 설명한 리더십 특성 이론과 피들러의 상황적합 이론(contingency theory)이 고정된 리더십 행동 유형을 주장하는 반면, 상황적 리더십 이론은 상황이나 팔로어의 발달 수준에 따라 리더십 행동 유형을 융통성 있게 변화시켜야 한다고 주장하기 때문에 많은 관심을 불러일으켰다. 그러나 리더와 팔로어의 관계에 영향을 미치는 많은 상황변수를 무시하고 팔로어의 발달 수준 하나만 고려했고, 현실적으로 발달 수준을 측정하기가 어렵다는 등의 비판을 면하기 어렵다(Barrow, 1977: 236).

또한 리더가 팔로어들의 발달 수준에 따라 리더십 행동을 변화시켜야 한다고 하는 주장은 얼핏 그럴듯해 보이지만, 사실상 이 모형은 결함이 있다고 할 수 있다(Hambleton & Gumpert, 1982; Graeff, 1983). 예컨대 리더가 일하기 싫어하고 능력도 없는 팔로어, 즉 발달 수준이 낮은 팔로어에게 많은 지시를 내리고 인간적인 관심은 적은 '지시형' 리더십을 발휘한다면 과연 그 팔로어가 발달 수준이 높아지도록 동기부여를 해줄 수 있겠는가?

허시와 블랜차드(Hersey & Blanchard, 1988)는 발달 수준이 낮은 팔로어에게 인간적인 관심을 많이 가지면 성과가 낮아진다고 주장한다. 이러한 주장은 발달 수준이 낮은 어린아이들에게 부모나 교사가 아이들이 잘할 때까지 지시형으로 리더십을 발휘해야 한다는 말이 된다. 그런데 이러한 논리는 피그말리온 효과를 고려하지 않고 있다. 맥그리거(McGregor, 1960)가 X-Y 이론에서 주장한 바와 같이 리더는 팔로어가 소극적으로 일하고 있다고 믿으면 지시와 통제 위주의 리더십 행동을 하게 되고, 팔로어의 소극성은 지속적으로 강화되는 역기능이 발생하게 된다는 사실을 간과하고 있다.

또한 이 이론에 따르면 리더가 팔로어의 발달 수준을 어떻게 평가하는가에 따라 리더십 행동이 달라진다. 그런데 리더가 팔로어의 발달 수준에 대한 판단이 옳은지 그른지를 어떻게 검증할 것인가에 대해서는 고려하지 않고, 암묵적으로 리더의 판단은 통상 옳다는 전제를 하고 있다. 즉 리더가 팔로어에게 어떻게 영향력을 행사할 것인가에만 초점을 맞추고 있고, 다른 방향에서 행사되는 영향력의 중요성은 무시하고 있다(Bolman & Deal, 2003: 419-420).

이와 같이 상황적 리더십 이론은 여러 가지로 비판을 받고 있고, 많은 검증연구가 이루어지지는 않았지만 팔로어의 발달 수준에 따라 리더십 행동이 달라져야 한다는 것을 인식하게 해주었다. 또한 리더가 상황에 적응해야 할 뿐만 아니라 팔로어가 능력을 개발하도록 도와주고, 자신감을 갖게 하는 등의 방법으로 발달 수준을 높임으로써 상황을 변화시킬 수도 있다는 다소 혁신적인 생각을 갖게 해주었다는 데 의의가 있다.

특히 계급 및 복무 구분(단기복무인가, 장기복무인가) 등에 따라 장병들의 발달 수준이 다른 우리 군에 상황적 리더십 이론이 시사해주는 바가 크다고 할 수 있다. 즉, 이 이론에 따르면 군 경험이 부족하여 발달 수준이 낮은 신병과 상대적으로 군 복무기간이 길어 발달 수준이 높아진 병장들에게는 상이한 리더십을 적용해야 한다. 또한 장기복무자에 비해 상대적으로 군 복무에 대한 열의가 낮다고 할 수 있는 단기복무 장교와 장기복무 장교에 대한 리더십도 달라야 한다고 할 수 있다.

그러나 사람에 따라 과업에 대한 전문성과 열의가 다를 뿐만 아니라 수행하는 과업이 변경되면 그에 따라 과업 수행 능력과 과업 수행에 대한 열의도 달라지게 된다. 따라서 계급이나 복무기간(장기인가, 단기인가)을 기준으로 발달 수준을 집단적으로 일반화시켜 판단하기보다는 개인별로 발달 수준을 고려하여 리더십 유형을 달리하는 것이 바람직하다. 또한 부하들의 역량을 개발하고 동기를 유발하여 과업 수행에 대한 열의를 높임으로써 위임형 리더십을 발휘할 상황을 조성하도록 해야 한다.

3. 경로-목표 이론

1) 경로-목표 이론의 개요

경로-목표 이론(path-goal theory)은 기대이론(expectancy theory)[6]에 기반을 둔 이론으로, 에반스(Evans, 1970)의 연구를 기초로 하우스(House, 1971) 등에 의해 발전한 이론이다. 상황에 따라 적합한 리더십을 발휘해야 한다는 피들러(Fiedler, 1967)의 상황적합 이론과 팔로어의 성숙도에 따라 리더십 행동을 달리해야 한다는 허시와 블랜차드(Hersey & Blanchard, 1982)의 상황 이론과 달리 리더의 리더십 행동 유형과 팔로어의 특성 및 상황과의 관계를 강조한다.

하우스(House, 1971)는 리더가 과업 완수와 과업 완수에 따른 보상 가능성을 높여주고, 과업을 완수할 상황을 조성함으로써 팔로어들의 노력과 만족, 그리고 성과를 더 높일 수 있다고 주장한다. 즉 리더가 조직이 처한 상황변수(과업 특성, 부하 특성 등)를 고려하여 '노력-성과', '성과-보상' 사이의 관계를 얼마나 명확히 해줄 수 있느냐에 따라 팔로어의 노력과 성과가 결정된다는 것이다. 리더가 목표(goal)로 가는 경로(path)를 명확히 해줌으로써 팔로어들의 '과업 성과와 만족도'를 높일 수 있다는 것이다.

한편 하우스와 미첼(House & Mitchell, 1974)은 리더십 행동을 지시적·후원적·참여적·성취지향적 행동의 4가지 차원으로 분류하고, 〈그림 7.2〉에서 보는 바와 같이 이들 행동 차원과 성과의 관계를 팔로어의 특성 및 과업 중요도 같은 상황 요인을 고려하여 연구했다.[7] 즉 팔로어의 특성이 리더의 행동에 영향을 줌으로써 리더와 팔로어

---

[6] 개인은 자신의 노력이 부여된 과업을 성공적으로 완수할 수 있을 것이라는 기대(expectancy), 즉 노력과 성과의 연계성이 높고, 과업을 완수했을 때 본인이 원하는 보상(봉급 인상, 보너스, 진급, 인정 등)을 받을 가능성을 의미하는 유인가(valence)가 높을 때 동기부여가 된다는 이론이다.

[7] 초기 이론에서는 리더십 유형을 '구조 중심-배려'로 분류하고, 리더십 행동을 팔로어들의 경로-목표 관계를 명백히 해주는 기능과 경로-목표를 촉진시켜주는 기능으로 구분했다. 경로-목표 관계를 명백히 해주는 역할은 리더

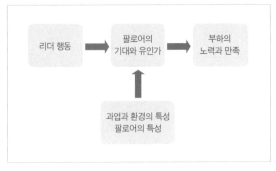

<図림 7.2> 경로-목표 이론의 인과관계

간의 상호작용에 영향을 미치고, 과업과 환경 특성(과업성격, 집단성격, 조직구조 등)도 리더십 과정에 중요한 역할을 한다. 다시 말해 경로-목표 이론은 리더십 상황에 따라 요구되는 효과적인 리더십 행동이 다르다는 것을 강조한다.

경로-목표 이론에서는 리더십 행동 유형을 다음과 같이 크게 지시적 리더십, 지원적 리더십, 참여적 리더십, 성취지향적 리더십의 4가지 유형으로 분류하고 있다.[8]

첫째, 지시적 리더십(directive leadership)이다. 오하이오 주립대학 연구의 구조주도 행동과 유사하며, 팔로어들에게 과업의 목표를 제시하고, 과업을 어떻게 수행할 것인가를 명확하게 말해준다.

둘째, 지원적 리더십(supportive leadership)이다. 오하이오 주립대학의 배려 행동과 유사하며, 팔로어 개개인을 배려하고, 그들의 욕구 충족과 복지 향상에 관심을 둔다. 또한 팔로어들이 즐겁게 일할 수 있도록 지원하고, 인격적으로 대한다.

셋째, 참여적 리더십(participative leadership)이다. 의사결정 과정에 팔로어들의 아이디어와 의견을 구하고, 리더가 의사결정 시 반영한다.

넷째, 성취지향적 리더십(achievement-oriented leadership)이다. 팔로어들에게 도전적인 목표를 제시하고, 지속적으로 성과 향상을 위해 노력한다. 또한 팔로어들에게 할 수 있다는 자신감을 갖게 해준다.

하우스와 미첼(1974)은 이러한 4가지 리더십 행동 유형 중에서 상황(팔로어 특성과 과업 특성)에 적합한 유형을 선택해야 한다고 주장한다. 즉 특성 이론이나 행동 이론은

의 구조 중심적 행동에 해당한다고 볼 수 있고, 경로-목표 달성 과정을 순조롭게 이끌어가는 기능은 배려 행동에 해당한다고 할 수 있다.

8 하우스(House, 1996)는 여기서 제시하는 4가지 행동 외에 과업의 촉진 행동, 집단적 의사결정 행동, 집단 대표 및 네트워킹 행동, 가치 중심의 리더십 행동을 추가하여 8가지 유형의 리더십 행동이 포함된 수정된 경로-목표 이론을 발표했다.

모든 상황에 적용할 수 있는 효과적인 리더십 특성이나 행동이 있다고 전제하지만, 경로-목표 이론은 상황에 따라 효과적인 리더십 유형이 다르다고 주장한다.

리더십 행동 유형을 선택하는 데 영향을 미치는 과업 특성으로는 과업의 구조, 공식적인 권한 관계, 1차적 과업집단(primary work group) 등이 있는데, 이러한 과업 특성들이 복합적으로 리더십에 영향을 미치게 된다. 만약 명백하게 과업이 구조화되어 있고, 공식적인 권한 관계가 확립되어 있으며, 과업집단의 응집력이 높다면 팔로어들이 목표 달성 경로를 잘 알 것이기 때문에 지시적 리더십보다는 지원적 리더십이 효과적일 것이다. 그러나 과업 내용이 불명확하거나 모호하고 권한 관계가 불명확할 경우에는 과업 목표를 제시해주고 수행 방법을 알려주는 지시적 리더십이 더 효과적일 것이다.

이와 같이 경로-목표 이론에서 리더의 바람직한 역할은 팔로어들이 목표를 달성하는 과정에서 당면하는 과업의 불명확성, 역할 모호성, 결속력이 약한 집단규범 등과 같은 장애물들을 제거하거나 극복할 수 있도록 도와주는 것이다. 팔로어들 앞에 나타난 장애물을 제거할 수 있도록 도와주면 과업 완수 또는 목표 달성에 대한 팔로어들의 기대가 증진되고, 직무만족도 증대될 것이기 때문이다.

한편 팔로어의 특성, 즉 통제위치(LOC: Locus Of Control),[9] 친화욕구, 과업수행 능력에 대한 자기인식 등도 효과적인 리더십 행동 유형을 선택하는 데 영향을 미친다. 예컨대, 팔로어가 내부통제형인 경우에는 참여적 리더를 좋아할 것이고, 외부통제형인 경우에는 지시적 리더를 더 좋아할 것이다. 그리고 친화욕구가 높은 사람은 지원적 리더를 선호하고, 친화욕구가 낮은 사람은 지시적 리더를 더 선호할 것이다. 또한 자신이 과업을 잘 수행할 능력이 있다고 생각하는 사람은 과업에 대해 일일이 지시하고 감독하는 지시적 리더를 싫어한다. 그것은 혼자서도 잘할 수 있는데 지나치게 통제하고 간섭하는 것으로 느끼기 때문이다. 또한 팔로어가 남보다 탁월하고 싶어 한

---

[9] "자신에게 영향을 미치는 사건을 자기가 통제할 수 있다고 믿는 정도"를 말한다. 다시 말해 어떤 결과가 나왔을 때 그것이 '스스로 통제할 수 있는 원인 때문인지' 또는 '자기가 통제할 수 없는 외부의 원인 때문인지'에 관한 각자의 신념을 나타낸 것이다. 이러한 통제위치는 1차원 직선상의 양극단인 '내부-외부' 사이로 정의되는데, 외부 통제위치(external LOC)는 자신에게 일어나는 사건들이 우연, 운명 또는 외부요인에 의해 결정된다고 믿는 것이다. 반면, 내부 통제위치(internal LOC)는 자신에게 일어나는 사건들에 대한 책임이 자신에게 있다고 믿는 것이다.

다면 리더가 성취지향적 리더십을 발휘하기를 바랄 것이다.

2) 경로-목표 이론의 평가와 군 리더십 적용

경로-목표 이론은 좀 복잡하기는 하지만 현장에서 효과적으로 적용될 수 있는 실용적인 리더십 이론이라고 할 수 있다. 즉 효과적으로 리더십을 발휘하기 위해서는 과업의 목표를 명확히 제시해주고, 목표를 달성하는 경로를 잘 알려주어야 한다는 것을 가르쳐주고 있다. 또한 리더의 역할은 목표 달성 과정에서 장애물이 나타날 때 이를 제거해주거나 장애물을 극복할 수 있도록 도와주어야 한다는 것을 상기시켜주고 있고, 효과적인 리더십을 발휘하기 위해서는 팔로어의 특성과 과업의 특성을 심도 있게 분석하고 나서 적합한 리더십 유형을 선택해야 한다는 것과 적합한 리더십 유형을 선택하는 방법을 알려주고 있기 때문이다.

그러나 이러한 경로-목표 이론은 다음과 같은 한계를 내포하고 있다. 첫째, 경로-목표 이론의 기반이 되는 기대 이론에 따르면 팔로어들은 자신이 과업을 잘 수행할 수 있다는 유능감을 느끼고, 노력에 의해 과업을 완수 또는 목표를 달성할 수 있다는 신뢰가 생길 때 동기부여가 된다고 한다. 그런데 경로-목표 이론은 어떤 리더십 유형이 팔로어가 유능감과 신뢰를 갖도록 도움을 줄 수 있는지 설명하지 않고 있다.

둘째, 경로-목표 이론의 기본 전제가 보편적인 것이 아니라 일부 경우에만 적용될 수 있다는 것이다. 예컨대, 역할 모호성은 팔로어들이 싫어하는 것이기 때문에 리더가 역할 모호성을 감소시킴으로써 팔로어의 기대와 노력을 증대시킬 수 있다고 가정하고 있지만, 오히려 업무수행 방법이나 절차 등을 구체화하는 것을 원하지 않는 사람도 있다.

셋째, 리더의 동기부여 기능에만 초점을 맞추고 있고, 성과에 많은 영향을 미치는 교육훈련이나 조정 활동 같은 또 다른 리더십 행동을 고려하지 않고 있다.

넷째, 과업의 구조화 정도, 목표의 명확성, 과업 수행자의 능력, 공식적 권한 관계 등 여러 가지 상황 요인을 통합하여 리더십 유형을 선택해야 한다고 하는데, 현실적으로 이러한 상황 요인들을 모두 고려하여 적합한 리더십 유형을 선택하기는 매우 어렵다.

이상과 같은 비판에도 불구하고 경로-목표 이론은 리더십 과정의 중요한 상황변수를 밝히는 개념적 틀을 제공해주고 있을 뿐만 아니라 여러 유형의 상황적 조건에서 효과적인 리더십 행동이 무엇인지를 설명해줌으로써 리더십을 이해하는 데 큰 도움을 주고 있다. 즉 어떤 경우에 지시적 리더십을 발휘해야 하고, 어떤 경우에 지원적 리더십을 발휘해야 하는가를 알려주고 있다.

군 조직은 장교, 부사관, 병, 군무원 등 다양한 신분의 인원이 다양한 부대에서 매우 세분화된 업무를 수행하고 있다. 또한 위계적 조직 특성으로 인해 구성원들의 계급 및 직급의 폭이 넓기 때문에 군 리더들이 이끌어야 하는 부하들의 특성과 그들이 수행하는 과업의 특성은 매우 다양할 수밖에 없다.

경로-목표 이론이 주장하는 효과적인 리더는 목표로 가는 경로를 명확히 하여 부하의 만족도와 노력의 투입을 향상시키는 리더다. 따라서 군의 리더들에게 가장 선행되어야 할 리더십 행동은 바로 부하에 대한 관심이며, 이를 통해 부하들 각자의 목표와 그들이 수행하는 과업 특성을 최대한 이해하려고 노력해야 할 것이다. 아울러 경로-목표 이론의 이론적 기반이 되는 기대 이론에 입각하여 부하들이 선호하는 보상 발굴, 성과와 보상을 연결해주는 성과관리 시스템 구축, 그리고 성과 달성에 필요한 자신감 부여와 역량 개발 노력을 함께 기울여야 할 것이다. 이러한 노력은 특히 의무복무를 위해 비자발적으로 군에 입대한 장병들의 동기를 부여하는 데 매우 유용하게 활용될 수 있을 것이다.

경로-목표 이론 리더십 자기 진단

1. 방법

1) 진단 문항별 자신의 행동을 어느 정도로 나타내고 있는지에 따라 1~7점을 부여한다.

1: 결코 그런 적 없다   2: 거의 그런 적 없다   3: 좀처럼 그러지 않는다   4: 때때로 그렇게 한다

5: 가끔 그렇게 한다   6: 보통 그렇게 한다   7: 항상 그렇게 한다

---

1. (   ) 나는 성원들에게 그들에게서 기대하고 있는 것이 무엇인지를 알려준다.
2. (   ) 나는 성원들과 우호적인 작업상의 관계를 유지하고 있다.
3. (   ) 나는 어려운 문제에 봉착했을 때 성원들과 상의한다(성원들의 자문을 구한다).
4. (   ) 나는 수용적인 자세로 성원들의 아이디어나 제안을 경청한다.
5. (   ) 나는 성원들에게 무슨 일을 어떻게 수행해야 하는지에 대해 알려준다.
6. (   ) 나는 성원들에게 최고 수준의 업무수행을 기대한다고 말한다.
7. (   ) 나는 나의 성원들과 상의 없이 나 나름대로 결정하고 행동한다.
8. (   ) 나는 우리 집단의 성원이 된 것을 즐겁고 행복하게 느끼도록 하기 위해 할 수 있는 일들을 다 한다.
9. (   ) 나는 성원들에게 표준적인 규칙이나 규정을 따르도록 요구한다.
10. (   ) 나는 꽤 도전적인 성원들의 업적목표를 설정하고 있다.
11. (   ) 나는 성원들의 개인감정을 상하게 할 만한 말들을 하곤 한다.
12. (   ) 집단과업을 어떻게 수행할 것인지에 관한 제안이나 아이디어를 제출하도록 성원들에게 요청한다.
13. (   ) 나는 성원들에게 그들의 업무수행에서 계속적인 개선을 위해 노력하도록 고무한다.
14. (   ) 나는 성원들에게 그들에게서 기대하고 있는 업적 수준이 어느 정도인가에 대해 설명(말) 해준다.
15. (   ) 나는 성원들을 도와 그들의 과업 수행에 방해가 되는 문제들을 극복하도록 해준다.
16. (   ) 나는 성원들에게 그들의 목적달성 능력에 대한 나의 의심을 나타내 보인다.
17. (   ) 나는 성원들에게 업무 할당을 어떻게 해야 하면 좋은지에 대한 제안을 하도록 요청한다.
18. (   ) 나는 성원들에게 직무상 그들에게서 기대하고 있는 것이 무엇이라는 것을 적당하게 (대충) 설명해준다.
19. (   ) 나는 성원들에게 도전적인 목표를 일관되게 설정해준다.
20. (   ) 나는 성원들의 개인적인 욕구(요구)의 충족을 위해 한결같이 마음을 쓴다.

출처: Indvik (1985) & Indvik (1988); 피터 G. 노스하우스, 김남현 옮김(2018), 『리더십 이론과 실제』, 경문사, 182–183쪽 재인용

2) 리더십 유형별로 점수를 합산한다.

　　① 문항 7, 11, 16, 18의 점수를 뒤바꾼다(예: 1 ↔ 7, 2 ↔ 6, 3 ↔ 5).

　　② 문항 1, 5, 9, 14, 18의 점수를 합산한다. [지시적 리더십:　　　]

　　③ 문항 2, 8, 11, 15, 20의 점수를 합산한다. [지원적 리더십:　　　]

　　④ 문항 3, 4, 7, 12, 17의 점수를 합산한다. [참여적 리더십:　　　]

　　⑤ 문항 6, 10, 13, 16, 19의 점수를 합산한다. [성취지향적 리더십:　　　]

2. 결과 해석

　1) 지시적 리더십: 28점 이상=높은 점수, 중간치 점수=23, 18점 이하=낮은 점수

　2) 지원적 리더십: 33점 이상=높은 점수, 중간치 점수=28, 23점 이하=낮은 점수

　3) 참여적 리더십: 26점 이상=높은 점수, 중간치 점수=21, 16점 이하=낮은 점수

　4) 성취지향적 리더십: 24점 이상=높은 점수, 중간치 점수=19, 14점 이하=낮은 점수

4. 리더십 대체 이론

1) 리더십 대체 이론의 개요

기존의 대부분 리더십 이론과 모형들은 팔로어의 성과와 만족에 미치는 리더의 행동 또는 특성의 영향을 확인하고 설명하는 데 초점을 맞추고 있다. 또한 어떤 상황에서는 어떤 리더십 행동들이 비효과적인 경우도 있지만, 리더십은 항상 중요하다는 전제를 하고 있다.

그러나 어떤 리더십 행동이 어떤 상황에서는 효과적이고, 어떤 상황에서는 비효과적인지를 체계적으로 설명해주지 못하고 있다는 공통점을 갖고 있다. 물론 상황에 따라 리더십 효과성이 왜 차이가 있는지를 설명하려는 연구들이 있었지만, 주로 소집단에서의 연구를 중심으로 이루어져왔다.

리더십 대체 이론(substitutes for leadership)은 이러한 리더십 연구의 한계를 극복하려는 시도에서 출발한 이론이라고 할 수 있다(Kerr & Jermier, 1978; Howell & Dorfman, 1981). 즉 리더십 대체 이론은 리더십에 대한 미시적 연구의 한계를 극복하기 위해 조직의 거시적 요소를 포함하여 리더십을 설명하려는 시도의 하나라고 볼 수 있다.

커와 저마이어(Kerr & Jermier, 1978)는 리더십 상황요인을 리더십을 불필요하게 만드는 대체요인(substitutes)과 리더십 영향력을 약화시키거나 무력화시키는 중화요인(neutralizer)으로 범주화하고, 리더십 유형을 도구적 리더십과 지원적 리더십으로 구분하여 대체요인과 중화요인을 식별했다.[10]

리더십 대체요인은 리더의 행동을 불필요하게 또는 중요하지 않게 만드는 요인

---

[10] 후속 연구에서는 리더십의 중요성을 감소시키는 대체요인과 중화요인만이 아니라 리더의 영향력을 강화하거나 촉진하는 강화요인(enhancer)을 추가로 포함했다. 그리고 도구적 리더십과 지원적 리더십뿐만 아니라 보상 및 처벌의 리더십 행동과 카리스마 리더십을 추가했다. 그런데 지원적 리더십은 배려적 리더십 또는 인간 중심 리더십과 유사하고, 도구적 리더십은 구조주도적 리더십 또는 과업 중심 리더십과 유사하다.

이다. 따라서 대체요인을 증가시킨다면 리더십을 완전히 불필요하게 만들 수 있다고 한다. 예컨대, 동기부여 수준이 높고, 과업 수행 방법을 잘 알고 있는 교수, 연구원, 의사, 변호사, 조종사 등과 같은 고학력 전문직 종사자들에게는 과업의 목표나 수행 방법을 지시하거나 열심히 일하도록 격려하지 않아도 스스로 알아서 할 것이기 때문에 리더가 필요 없을 것이다. 사전에 많은 교육훈련을 받았기 때문에 스스로 알아서 할 수 있는 사람과 업무수행 규정과 절차, 방침이 명확하게 규정되어 있는 업무수행자도 자율적으로 업무를 수행할 수 있기 때문에 리더의 지시가 거의 필요 없을 것이다. 또한 팀원들이 자율적으로 업무를 수행하는 자율작업팀의 경우 리더의 역할은 거의 불필요해지고, 리더는 지원자로서의 역할만 수행하면 된다.

리더십 중화요인은 리더십 영향력이 발휘되는 것을 방해하거나 그 효력을 중화시키는 요인이다. 예컨대, 멀리 떨어진 곳에 있다면 팔로어에게 지시하거나 지원하는 리더십의 영향력이 미치기 어렵게 된다. 보상이나 진급이 연공서열에 의해 이루어지거나, 직속상관이 아니라 차상급자나 차차상급자에 의해 보상이 통제된다면 직속상관의 리더십은 약화된다.

〈표 7.2〉는 상황변수인 팔로어, 과업, 그리고 집단 및 조직 특성들이 두 가지 리더십 유형, 즉 도구적 리더십과 지원적 리더십에 어떠한 요인으로 작용하는가를 보여

〈표 7.2〉 리더십 대체요인과 중화요인

상황변수		도구적 리더십	지원적 리더십
팔로어 특성	• 높은 전문성 • 훈련, 경험, 능력 • 보상에 대한 무관심	• 대체요인 • 대체요인 • 중화요인	• 대체요인 • 영향 없음 • 중화요인
과업 특성	• 매우 구조화된 과업 • 자동으로 피드백되는 과업 • 내적 만족을 주는 과업	• 대체요인 • 대체요인 • 영향 없음	• 영향 없음 • 영향 없음 • 대체요인
집단 및 조직 특성	• 집단 응집력이 높은 조직 • 높은 공식화(역할과 절차) • 유연성 부족(규정과 정책) • 낮은 직위권력 • 물리적 분산	• 대체요인 • 대체요인 • 중화요인 • 중화요인 • 중화요인	• 대체요인 • 영향 없음 • 영향 없음 • 중화요인 • 중화요인

출처: Kerr & Jermier(1978)

주고 있다.

첫째, 팔로어의 특성이다. 팔로어들이 연구소의 연구원처럼 고도의 전문성을 구비한 경우에는 리더십 유형이 별로 중요하지 않다. 그들은 지시하거나 지원할 필요가 없기 때문이다. 또한 팔로어들이 리더가 제공하는 보상에 무관심할 경우에는 도구적 리더십과 지원적 리더십 모두에 중화요인으로 작용한다. 예를 들어 휴가에 관심이 없는 용사에게는 훈련이나 업무 성과에 따라 휴가를 보내준다고 해서 동기부여가 되지 않는다.

둘째, 과업의 특성이다. 과업이 고도로 구조화되어 있거나 단순하고 반복적일 경우, 그리고 과업 수행 결과가 자동으로 피드백이 이루어지는 경우에는 리더가 일일이 지시하거나 피드백하지 않아도 과업을 잘 수행할 수 있기 때문에 도구적 리더십을 대체하게 된다. 또한 과업이 재미있고 흥미가 있어 직무만족도가 높은 과업일 경우에는 리더의 관심이나 격려가 없어도 과업 자체에 의해 동기부여가 되기 때문에 지원적 리더십을 대체하게 될 것이다. 경리업무처럼 고도로 구조화되고 일상적인 과업인 경우에는 리더가 팔로어들에게 관심을 갖고 지원해야 하지만, 과업 자체에 만족할 경우에는 리더가 많은 관심을 가질 필요가 없다.

셋째, 집단 및 조직의 특성이다. 팔로어들이 집단에 몰입되어 집단규범을 준수하고, 집단목표 달성에 기여하는 사회적 압력이 높다면 강한 응집력은 도구적 리더십과 지원적 리더십의 대체요인으로 작용할 것이다. 그러나 집단 구성원들과 리더의 관계가 나쁘고, 구성원들이 집단 또는 조직목표와 다른 방향으로 사회적 압력을 가한다면 집단 응집력은 중화요인으로 작용할 수 있다.

또한 직위권력이 제한적일 경우에는 도구적 리더십이나 지원적 리더십을 발휘하는 데 한계가 있어 중화요인으로 작용하고, 공식화된 규정과 절차는 도구적 리더십의 대체요인이 될 수 있다. 그것은 규정과 절차가 팔로어들이 무엇을 어떻게 할 것인가를 잘 알려주고 있기 때문에 리더의 지시나 통제가 거의 필요 없게 되기 때문이다. 그러나 규칙과 방침이 너무 경직되게 운영되어 리더가 재량권을 행사할 수 없다면 대체요인으로만이 아니라 중화요인으로 작용할 수 있다.

2) 리더십 대체 이론의 평가와 군 리더십 적용

리더십 대체 이론에 따르면, 리더는 과업의 요구와 팔로어의 요구가 충족될 수 있도록 조직 상황에 따라 적합한 리더십을 발휘해야 한다는 것을 시사해주고 있다. 예컨대, 경리업무처럼 공식화 정도가 높고, 업무에 대한 융통성이 별로 없으며, 매우 구조화되어 있는 과업을 수행하는 조직의 리더일 경우에는 이미 조직이 업무를 구조화하고 지시하고 있기 때문에 도구적 리더십이 아니라 지원적 리더십을 발휘하는 것이 바람직할 것이다.

하웰 등(Howell et al., 1990)의 연구에 따르면, 어떠한 상황에서는 중화요인이 너무 많아서 어떤 리더라도 성공하기가 어렵거나 불가능할 수 있다고 한다. 따라서 이런 경우에는 리더를 바꾸거나 리더십 교육을 하기보다는 상황을 변화시켜야 한다고 한다. 즉, 리더십 영향력을 제약하는 중화요인을 제거하거나 리더십 대체요인을 증가시켜 리더십의 중요성을 감소시키는 것이다.

이상과 같은 리더십 대체 이론은 개념이 너무 복잡하고 검증하기 어렵다는 개념적 취약성을 갖고 있지만, 공식적인 리더의 영향력이 직무설계, 보상체계, 자율관리 등에 의해 리더십을 대체할 수 있음을 보여줌으로써 교육훈련만이 아니라 조직의 제도 또는 시스템 개선을 통해서도 리더들의 리더십 역량 부족 문제들을 상당 부분 해소할 수 있다는 가능성을 보여주었다.

한편 리더십 대체 이론은 군 초급간부들의 리더십 역량 부족 문제를 해결하는 데 중요한 시사점을 주고 있다. 하나는 리더십 강화요인을 추가로 제공하라는 것이다. 예컨대, 단기간의 양성교육으로 인한 초급장교들의 리더십 부족 문제를 해결하기 위해 '리더십 역량 인증제'[11] 등과 같은 제도적 장치를 도입하여 용사들에 대한 초급간부들의 영향력을 강화해주는 것이다.

또 다른 하나는 리더십을 불필요하게 또는 중요하지 않게 만드는 대체요인을 추

---

[11] '리더십 역량 인증제'는 분대장, 소대장 및 중대장 등 지휘경험자를 대상으로 소양시험과 다면평가에 의한 실기평가를 하여 합격 기준을 통과한 장병들에게 국방부 장관이 인증서를 수여하는 제도로, 실기평가 시 소·중대장 및 소대간부들이 평가자로 참여하게 되므로 소·중대장의 영향력이 강화될 수 있다. 리더십 역량 인증제 도입 방안에 대해서는 최병순 등(2008), 『국가 경쟁력 강화를 위한 리더십 역량 강화 방안』, 국방부 용역과제 연구보고서 참조.

가하는 것이다. 예컨대, 용사들의 셀프 리더십 역량을 강화함으로써 간부들의 지시와 통제가 없어도 자율적으로 임무를 수행하도록 만드는 것이다. 그리고 간부처럼 용사들에게도 체계적으로 리더십 교육을 하여 간부에 의한 감독과 통제가 아니라 용사에 의한 용사관리가 이루어지는 자율통제 시스템을 구축하는 것이다. 이렇게 한다면 소대장 등 간부의 리더십이 불필요하게 되므로 초급간부 리더십 역량 부족으로 인해 야기되는 문제점들을 해소할 수 있을 것이다.

요약

상황 중심 리더십 이론은 모든 상황에서 보편적으로 효과적인 특성이나 행동을 찾으려 한 특성 이론이나 행동 이론의 한계를 극복하기 위해 등장했다. 즉, 리더는 다양한 상황 요인을 분석해 그 상황에 가장 적합한 리더십을 발휘해야 한다는 이론이다.

피들러의 상황적합 이론은 직위권력, 과업구조, 리더-성원 관계라는 3가지 상황 요소에 따라 상황적 호의성을 나타내는 8가지 리더십 상황 유형이 결정되며, 각 상황에 따라 효과적인 리더십 유형이 달라진다는 이론이다. 연구 결과에 따르면 상황이 아주 호의적인 경우이거나 아주 비호의적인 경우에는 과업지향적인 리더가 효과적이고, 관계지향적인 리더는 상황의 호의성이 중간일 때 효과적인 것으로 나타났다. 한국군을 대상으로 한 연구를 살펴보면, 평시상황에서는 주로 대인관계에 관련된 관계지향적 행동들이 효과적인 반면, 전투 상황에서는 임무수행(전투)과 관련성이 높은 과업지향적 행동들이 효과적인 리더십 행동으로 식별되었다. '부하에 대한 배려'는 전 · 평시를 막론하고 한국군 소부대 지휘관의 효과적인 리더십 행동으로 나타났다.

허시와 블랜차드의 상황적 리더십 이론은 팔로어의 심리적 성숙도(의욕)와 직무적 성숙도(능력)에 의해 결정되는 팔로어의 발달 수준을 상황 요소로 설정했다. 팔로어의 발달 수준에 따라 열성적인 초보자(D1: 낮은 역량, 높은 의욕), 좌절한 학습자(D2: 약간의 역량, 낮은 의욕), 능력은 있지만 조심스러운 업무수행자(D3: 상당한 역량, 불안정한 의욕), 자기주도적 성취자(D4: 높은 역량, 높은 의욕)의 4가지 유형으로 구분하고, 각각에 대응하는 효과적 리더십 행동 유형으로 지시형, 코칭형, 지원형 그리고 위임형 리더십을 제시했다. 리더는 부하들의 역량을 개발하고, 동기를 유발하여 과업 수행에 대한 열의를 높임으로써 위임형 리더십을 발휘할 수 있는 상황을 조성하도록 해야 한다는 시사점을 준다.

경로-목표 이론은 기대 이론에 기반을 둔 상황 중심 이론으로, 리더가 조직이 처한 상황변수(과업 특성, 부하 특성 등)를 고려하여 '노력-성과', '성과-보상' 사이의 관계를 얼마나 명확히 해줄 수 있느냐에 따라 팔로어의 노력과 성과가 결정된다는 이론이다. 즉, 리더가 목표로 가는 경로를 명확히 해줌으로써 팔로어들의 '과업 성과와 만족도'를 높일 수 있다고 주장한다. 이 이론을 군 조직에 적용해보면, 군의 리더들에게 가장 선행되어야 할 리더십 행동은 바로 부하에 대한 관심이며, 이를 통해 부하들 각자의 목표와 그들이 수행하고 있는 과업의 특성을 최대한 이해하려고 노력해야 한다. 기대 이론에 입각하여 부하들이 선호하는 보상 발굴, 성과와 보상을 연결해주는 성과관리 시스템 구축, 그리고 성과 달성에 필요한 자신감 부여와 역량 개발 노력을 함께 기울여야 한다.

리더십 대체 이론은 리더십 상황요인을 리더십 노력을 기울이지 않아도 효과성을 창출하는 대체요인과 리더십 영향력을 약화시키거나 무력화시키는 중화요인으로 범주화한 이론이다. 리더십 대체 이론은 개념이 너무 복잡하고 검증하기 어렵다는 개념적 취약성을 갖고 있지만, 직무설계, 보상체계, 자율관리 등에 의해 리더십을 대체할 수 있음을 보여준다. 즉, 교육훈련만이 아니라 조직의 제도 또는 시스템 개선을 통해서도 리더들의 리더십 역량 부족 문제들을 상당 부분 해소할 수 있다는 가능성을 보여주었다.

질문 및 토의

1. 상황적합 이론, 상황적 리더십 이론, 경로-목표 이론, 리더십 대체 이론의 주요 차이점은?

2. 군 리더들의 리더십 효과성에 가장 큰 영향을 미치는 상황적 요인은 무엇이라고 생각하는가?

3. 평시와 전시의 효과적인 리더십은 어떠한 차이가 있다고 생각하는가?

4. 상황 중심 리더십 이론들이 군 리더들의 리더십 개발에 주는 시사점은?

5. 다음 〈실전 리더십 사례 토의 7〉을 읽고 리더로서 선택할 수 있는 각각의 조치 방법들(1~10번)에 대한 적절성 정도를 판단하고, 1~9점 중 하나를 선택하여 각 번호 뒤에 점수를 기록한 후 각자의 점수 부여 이유에 대해 토의한다.

당신은 중대장이다. 연대와 거리가 많이 떨어진 독립중대이며, 1개 소대는 연대 주둔지 경계를 담당하고 있다. 상급부대 방문이나 검열이 거의 없다 보니 간부들은 타성에 젖어 있고 중대원들도 변화를 거부한다. 그리고 자체 진단 결과 중대 전반에 걸쳐 많은 문제가 있는 것으로 드러났다. 당신은 중대를 변화시키고 싶다. 당신은 어떻게 하겠는가?

1	중대원 전원을 집합시켜 변화의 필요성에 교육한다.
2	장기적인 관점에서 변화를 추진할 수 있도록 목록화하여 하나씩 변화시켜나간다.
3	매일 결산을 통해 간부들을 설득하고 지침을 명확히 제시한다.
4	행정관의 의견을 듣고 어떻게 해결해나갈지 토의한다.
5	만일 중대장 지시가 오해의 소지가 발생한다면 전 병력을 대상으로 설명한다.
6	연대장님께 매주 지휘보고를 드려 중대에서 이뤄지는 사항들에 대해 홍보하고, 모범적인 간부에 대해 표창 건의한다.
7	원리원칙과 규정에 입각하여 이에 벗어난 행동을 한 인원에게 징계조치하여 기강을 세우도록 한다.
8	용사는 포상휴가 또는 징계, 간부는 근무평정으로 중대장을 따르도록 협박한다.
9	중대장이 변화의 중심에 서서 나태해지지 않도록 솔선수범한다.
10	중대원들의 의욕을 고취시킬 수 있는 공동의 목표를 제시하고 이를 추진한다.

1	2	3	4	5	6	7	8	9
매우 부적절함		다소 부적절함		보통		다소 적절함		매우 적절함

〈결과 해석〉: 이 책의 마지막 부록에 포함된 실전 리더십 사례 토의 모범답안 참조.

III

군
리더십
실제

8장

조직 인식틀과
리더의 역할

우리가 어떤 인식틀(frame)을 갖고 있는가에 따라
사람과 조직을 대하는 태도와 행동, 그리고 삶에 대한 태도가 달라진다.

– 본문 중에서

인간은 각기 서로 다른 문화권에서 다른 성격을 타고났으며, 서로 다른 경험을 하고 지식을 습득하면서 성장해왔기 때문에 각자가 인간, 조직, 그리고 세상을 보는 상이한 인식틀을 갖고 있다.

이 장에서는 먼저 인식틀의 개념과 기능, 그리고 인식틀을 바꾸는 리프레이밍(reframing)의 중요성에 대해 설명한다. 이어서 시스템 인식틀을 활용하여 한국군의 특성을 분석해본다. 그리고 볼먼과 딜(Bolman & Deal)의 4가지 조직 인식틀의 기본 가정과 이론적 배경, 그리고 조직 인식틀에 따른 리더의 역할을 설명한다.

1. 인식틀의 기능과 중요성

1) 인식틀의 개념과 기능

인식틀 또는 프레임(frame)은 "인간이 실제로 존재하는 것들을 이해하도록 해주고, 때로는 인간이 실재(實在)라 여기는 것들을 창조하도록 만드는 심적 구조"이다[1] (Lakoff, 2004). 즉 사람이 세상을 바라보는 '마음의 창'이고, 세상을 보는 '안경'과 같다. 세상, 조직, 인간 그리고 어떤 문제나 사건을 바라보는 관점(perspective), 접근방법(approach) 등과 같은 의미로도 사용되고, 패러다임(paradigm), 이론(theory), 사고방식(the way of thinking), 마인드셋(mindset) 또는 고정관념 등과 같은 의미로도 사용된다(최인철, 2007).

우리 인간은 각기 서로 다른 문화권에서 다른 성격을 타고났으며, 서로 다른 경험을 하고 지식을 습득하면서 성장해왔다. 이러한 삶의 배경의 차이가 인식틀을 형성하는 데 많은 영향을 미치기 때문에 각자가 인간, 조직 그리고 세상을 보는 다른 인식틀을 갖고 있을 수밖에 없다.

이러한 인식틀은 세상에 존재하는 온갖 다양한 정보로부터 중요한 정보를 식별하고, 그 의미를 해석하는 기능을 한다(Barker, 1992: 150-158). 검은색 안경을 끼고 사물을 보면 검게 보이고, 붉은색 안경을 끼고 세상을 보면 붉게 보이는 것처럼 인식틀은 우리가 어떠한 문제를 인식하고 해석하는 데 영향을 미친다. 즉, 인식틀은 우리가 인식하는 대상을 이해하거나 설명하는 사고의 틀이다. 물이 절반만 들어 있는 컵을 보고 어떤 사람은 "절반밖에 안 남았네"

1 　조지 레이코프(George Lakoff)는 미국의 인지언어학자로 개인들의 삶은 복잡한 현상을 설명할 때 이용하는 핵심적 은유에 영향을 받는다는 이론을 제시했다.

라고 말하고, 다른 사람은 "절반이나 남았네"라고 말한다. 그것은 두 사람이 서로 다른 인식틀로 컵 속의 물을 바라보고 있기 때문이다.

또한 인식틀은 개인이나 조직이 직면한 문제나 사건을 어떻게 해결할 것인가, 조직 구성원을 어떻게 다룰 것인가 등의 틀(framework)을 제공해준다. 또한 우리가 잘 모르는 어느 곳을 찾아갈 때 지도를 이용하는 지도처럼 인식틀은 우리가 가야 할 방향과 가야 할 길을 제시해주는 기능을 한다.

이처럼 우리가 갖고 있는 인식틀에 따라 동일한 어떤 대상(사물, 사건 등)에 대해 서로 다르게 인식할 수 있다. 그리고 같은 사실을 서로 다르게 해석하고, 서로 다른 해결책을 제시할 수 있다. 서울에서 부산으로 가는 방법이 여러 가지 있듯이 세상에 정답이 하나밖에 없다고 생각하거나, 나는 맞고 상대방은 틀렸다고 생각하는 것은 옳지 않다. 상대방이 틀린 것이 아니라 나와 다른 인식틀을 갖고 있기 때문에 서로 다르게 인식하고, 나와 다른 해결책을 제시할 수 있다는 것을 인정해야 한다.

그런데 사람들은 오랜 시간 색안경을 끼고 있으면 안경을 낀 사실 자체를 잊어버릴 수 있는 것처럼 자신의 인식틀을 인식하지 못한다. 그리고 〈그림 8.1〉과 같이 그러한 인식틀로 인간과 조직 그리고 세상을 인식하고, 어떻게 반응(태도, 행동 등)할 것인가를 결정한다. 성격, 경험, 연령, 지식, 문화 등의 차이 때문에 서로 다른 인식틀을 가질 수밖에 없지만, 대부분의 사람은 자신이 인식하는 것만이 옳다고 생각하고 다음 일화에서와 같이 서로 다른 인식틀을 통해 세상을 보고, 대상을 인식한다.

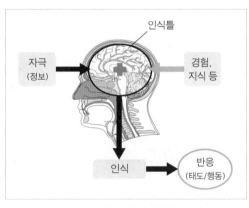

〈그림 8.1〉 인간의 인식 및 행동화 과정

태조 이성계와 무학대사가 여행 중에 잠시 휴식하다가 태조가 "오늘 이 자리에는 오직 스님과 과인 두 사람 외에 듣는 사람이 아무도 없으니 서로 상대방을 놀리는 농담이나 합시다"라고 제안했다. 무학대사가 웃으면서 "그렇게 하시지요"라고 말했다. 그러자 태조가 무학대사를 바라보면서 "과인이 스님을 바라보니 굶주린 개가 칙간을 바라보는 것 같고, 멧돼지가 산비탈을 지고 가는 것 같소(飢狗望厠之象 山猪負隅之象)"라고 말했다.

이에 무학대사가 "그러십니까? 저는 상감마마께서 꼭 부처님처럼 보입니다"라고 말했다. 그러자 태조가 "아니 농담이나 하면서 한번 웃자는 것인데 어찌 약속대로 하지 않습니까? 과인은 스님을 개와 돼지에 빗대어 놀렸는데, 어찌 스님은 과인을 부처님 같다고 하십니까?"라고 하자 무학대사가 "예, 부처님 눈으로 보면 모든 것이 부처님으로 보입니다"라고 답변했다.

위의 일화는 사람들은 인식의 대상을 있는 그대로 객관적으로 보는 것이 아니라 색안경과 같은 자신의 인식틀을 통해 주관적인 입장에서 보고, 자신이 인식한 바에 따라 자신의 태도와 행동을 결정한다는 것을 시사해주고 있다. 즉 자신의 성격, 경험과 지식 등에 의해 형성된 인식틀이 사람과 삶, 그리고 조직과 세상을 보는 인식에 영향을 미치고, 리더로서 조직에서 어떠한 리더십 발휘를 할 것인가에 영향을 미친다.

따라서 리더는 자신과 상대방의 인식이나 생각에 차이가 있을 때 자신의 인식틀 (frame)을 리프레이밍(reframing)함으로써 상대방이 틀린 것이 아니라 나와는 다른 인식틀을 갖고 있기 때문에 서로 다를 수 있다는 것을 인정해야 한다. 그러한 바탕 위에서 우리 모두가 더불어 살아갈 수 있고, 리더십을 효과적으로 발휘할 수 있다.

2) 리프레이밍의 중요성

사람들은 외부에서 들어온 자극이나 정보를 자신만의 인식틀을 통해 인식하고 해석한 후 자신이 어떠한 반응(태도, 행동 등)을 할 것인가를 결정하기 때문에 어떤 사람의 태도와 행동, 그리고 리더십을 바꾸려면 다음 일화에서 시사하는 바와 같이 인식틀(frame)의 전환, 즉 리프레이밍(reframing)이 먼저 이루어져야 한다.

어느 화창한 토요일 아침, 그는 평상시처럼 산속에 있는 통나무집을 향해 차를 몰았다. 위험한 커브길에 이르자, 그는 약 200m 전방에서 속도를 줄이고 회전에 대비해서 브레이크 위에 발을 올려놓았다. 그런데 갑자기 맞은편 모퉁이에서 고장 난 것처럼 보이는 자동차가 이쪽을 향해 오고 있었다. 그 차는 거의 절벽에 떨어질 듯하더니, 그의 차로로 뛰어들었다가 다시 자기 차로로 돌아가는 듯싶다가 또다시 그의 차로로 넘어오는 것이었다.

"아이고! 저러다가 부딪칠지도 모르겠는데!" 그는 이렇게 생각하면서 거의 정지하다시피 서서히 차를 몰았다. 맞은편 자동차는 그를 향해 달려오다가는 잠시 멈추고, 잠시 멈추는 듯싶더니 다시 앞으로 달려오고 그런 식으로 계속 달려오고 있었다. 그러다가 거의 부딪치기 직전에 자기 차로로 돌아갔다.

그 차가 그의 옆을 지나가는 순간, 한 여자가 차창 밖으로 머리를 내밀고는 그를 향해서 큰소리로 "수퇘지!"라고 외치는 것이었다. "뭐! 아니 저 여자가 뭐라고 그러는 거야!" 그는 그녀의 모욕적인 말에 화가 치밀었다. 그래서 즉시 길을 따라 달려가고 있는 그녀의 뒤통수에 대고 이렇게 소리쳤다. "암퇘지! 차로를 지키지 않은 주제에 큰소리야!"라고 그는 혼잣말로 중얼거렸다. 그리고 그녀의 무례함에 앙갚음했다는 생각에 기분이 좋아져서 미소를 지었다. 잠시 후 그는 커브길을 돌다가 결국 달려오는 수퇘지와 부딪쳤다.

- Barker(1992: 210-212)에서 발췌

위의 일화는 리프레이밍의 중요성을 알려주고 있다. 이 일화 속의 남자는 그 여자가 자신을 '수퇘지'라고 욕했다고 생각했지만, 사실은 자신이 거의 죽을 고비를 넘겼음에도 커브길에 돼지가 있다는 사실을 그에게 알려주려고 한 것이다. 그는 자신의 인식틀을 바꾸려 하지 않았기 때문에 그녀가 자신에게 욕을 했다고 생각하고 욕설로 앙갚음을 하고는 차로에 있는 돼지에 대비하지 않은 것이다. 만일 그가 인식틀을 바꾸어 여자의 외침을 듣고 "앞에 무슨 일이 있나?"라고 생각하고, 커브길을 달릴 때 조심스럽게 차를 몰았다면 돼지와 부딪치지 않았을 것이다.

이 일화에서처럼 팔로어들이 커브길 주변에서 너무 바쁜 나머지 정지해서 자세히 설명해주지 않고 고함을 칠 것이다. 그 고함이 무엇을 의미하는지 이해하는 것은 리더의 몫이다. 만일 리더가 경직된 인식틀을 가지고 있다면 이 일화에서처럼 팔로어들의 창의적인 의견이나 조언이 기분 나쁘게 들리거나 자신에게 도전하는 것으로 들릴 것이다. 만일 인식틀을 유연하게 바꿀 수 있다면 그 말은 리더에게 주어진 기회가 된다. 어떻게 이해하는가는 전적으로 리더 자신에게 달려 있다.

인식틀을 바꾸는 리프레이밍(reframing)의 중요성은 리더십 교육에서도 잘 나타나고 있다. 사회 각 분야에서 리더십 교육의 중요성을 인식하고 리더십 교육을 강화하고 있지만, 리더십 교육 후 리더들의 태도와 행동이 변화되지 않고, 조직 성과도 향상되지 않는다고 불만을 제기하는 경우가 많다. 그리고 태도와 행동에 변화가 있더라도 그러한 태도와 행동이 지속되지 않고 단기간에 원래 상태로 돌아가는 사람이 많기 때문에 리더십 교육의 무용론을 말하는 사람도 있다. 이처럼 리더십 교육을 받고도 리더의 태도와 행동이 바뀌지 않고, 조직 성과가 오르지 않는 이유는 리더 자신의 그릇된 인식틀을 리프레이밍하려는 노력은 하지 않고 조직의 구조나 프로세스만을 바꾸라고 하거나, 겉으로 드러나는 태도와 행동을 변화시키거나 리더십 스킬을 가르치는 데 교육의 초점을 맞추었기 때문일 수 있다.

사람을 전인격적인 소중한 인격체로 보지 않고 기계의 부속품처럼 조직 목표 달성의 수단, 계급, 직위 또는 물건으로 인식하는 인식틀을 가진 리더는 인간중심의 리더십, 서번트 리더십, 진성 리더십 같은 최신 리더십 이론과 기법을 배워서 잘 알고 있더라도 그것을 활용하지 않을 것이다. 예컨대, 군인을 소중한 인격체가 아니라 계급이나 관물(官物)[2]로 인식하거나 X이론적 관점[3]에서 군인을 보는 인식틀을 갖고 있는 리더가 있다면 그는 군에서 인간존중의 리더십과 임무형 지휘를 강조하더라도 부대원들에게 비인격적인 언행을 하고, 감독과 통제 위주의 리더십을 발휘할 것이다.

이와 같이 개인과 조직에서 발생하는 많은 문제의 근본적인 원인이 시대에 뒤떨

---

[2] 미군에서 용사들을 '관급품'이라는 의미의 'GI(Govermant Issue)'라고 하고, 군 인사관리 5대 기능을 설명할 때 '획득(acquisition)', '분리(separation)' 같은 용어를 사용하는 것은 군인을 관물(官物) 또는 군수품으로 보는 인식틀에서 나온 용어라고 할 수 있다.

[3] 맥그리거(D. McGregor)는 전통적 인간관을 'X이론', 새로운 인간관을 'Y이론'이라고 지칭했다. X이론은 인간은 본래 일하기 싫어하고 지시받은 일밖에 실행하지 않기 때문에 리더는 금전적 보상을 유인으로 사용하고 엄격한 감독, 상세한 명령으로 통제를 강화해야 한다고 한다. 반면에 Y이론은 인간에게 노동은 놀이와 마찬가지로 자연스러운 것이며, 인간은 노동을 통해 자기의 능력을 발휘하고 자아를 실현하고자 하기 때문에 리더는 팔로어들이 자율적이고 창의적으로 일할 수 있도록 리더십을 발휘할 것을 제안했다(McGregor, 1960).

어지거나 그릇된 인식틀, 또는 편협한 인식틀 때문에 발생하는 문제일 수 있다. 그렇다면 사람들의 인식틀은 바뀌거나 남이 바꿀 수 있는 것인가? 코페르니쿠스가 지동설을 주장하기까지는 거의 모든 사람이 "지구가 우주의 중심"이라는 인식틀을 갖고 있었고, 우주선 아폴로호가 달에 착륙하기 전까지는 인간은 달에 갈 수 없다는 인식틀을 갖고 있었다. 하지만 이러한 인식틀은 오늘날에는 틀린 인식틀이 되고 말았다. 물론 어떤 인식틀은 쉽게 바꿀 수 있고 어떤 인식틀은 바꾸기가 어렵지만, 우리가 실외에서 끼고 있던 색안경을 실내로 들어갈 때는 색이 없는 다른 안경으로 바꾸어 끼는 것처럼 끊임없이 노력한다면 스스로 자신의 인식틀을 리프레이밍할 수 있다. 머리로는 자전거 페달을 밟아야 한다는 것을 알지만 그렇게 하지 못하다가 여러번 연습하다보면 어느 순간 넘어지지 않고 자전거를 탈 수 있게 되는 것처럼 처음에는 지식으로만 알고 있다가 자기도 모르는 사이에 리프레이밍이 이루어질 수 있다는 것이다. 그리고 인식틀을 리프레이밍하여 다른 사람을 나처럼 욕구, 희망, 그리고 근심거리를 가진 한 인격체로 보는 순간에 상자 밖으로 나올 수 있다. 그리고 내가 상자 밖으로 나올 때 다른 사람과의 공존방식이 근본적으로 변하게 된다(아빈저연구소, 2006). 미국의 철학자이자 심리학자인 윌리엄 제임스(William James)가 "이 시대의 가장 큰 발견은 인간이 자신의 태도를 바꿈으로써 자신의 삶을 바꿀 수 있다는 것이다"라고 말한 것처럼 인식틀을 리프레이밍하면 삶이 바뀌고, 태도와 행동이 변하게 되는 것이다.

옛말에 "보는 것이 믿는 것이다(Seeing is Believing)"라는 말이 있다. 그러나 "믿는 것이 보는 것이다(Believing is Seeing)"라는 말이 더 정확하다. 예컨대, 어떤 부대원이 첫인상이 좋지 않았다면 그 사람의 장점은 간과하고 단점만을 찾게 되어 결국은 자신의 판단이 옳았다고 생각하게 된다. 이처럼 무의식적으로 우리 인간은 자신의 믿음대로 인지하려고 한다. 즉 인지부조화 이론(cognitive dissonance theory)[4]처럼 자신의 첫인상에 대

---

[4] 인지부조화 이론은 1950년대 미국의 심리학자 페스팅거(Leon Festinger)가 제시한 이론으로 "자신의 행동과 신념이 충돌(부조화)할 경우 심리적 불편함을 덜기 위해 자신의 행동을 정당화하거나 거짓된 사실을 믿게 되기 쉽다는 것을 설명하는 이론"이다. 예를 들어 사람들은 담배가 몸에 나쁘다는 것을 알면서도 담배를 계속 피운다. 그 이유가 무엇일까? 그것은 담배를 피우는 사람은 담배가 건강에 나쁘다는 것을 알기 때문에 심리적 부조화를 일으킨다. 그렇기 때문에 담배를 피우고도 장수한 사람들을 떠올리면서 담배가 몸에 나쁘다는 생각을 지워버리고 자기합리화를 시킨다. 그래도 담배는 여전히 건강에 해롭다.

한 믿음을 입증하기 위해 그 사람의 언행, 업무 태도, 심지어는 외모에서도 잘못된 것을 찾게 되기 때문이다. 이와 같이 "잘못될 가능성이 있는 것은 꼭 잘못되고야 만다"라는 '머피의 법칙(Murphy's Law)'을 믿는다면 그대로 이루어질 것이다. 하지만 성공하는 사람들은 반대로 "잘될 가능성이 있는 것은 항상 잘된다"라는 '샐리의 법칙(Salley's Law)'을 믿는다. 우리는 상황의 창조물이 아니라 상황의 창조자들이다. 즉, 우리에게 발생하는 상황은 우리의 생각대로 만들어진다는 것이다(론다 번, 김우열 옮김, 2007). 부정적인 사람이 문제점을 보는 곳에서 긍정적인 사람은 기회를 본다. 긍정적인 정신자세로 세상을 보는 사람은 주어진 상황에 대한 가장 바람직하고 정직한 생각, 행동 또는 반응을 한다.

리더는 자신의 인식틀을 일시적으로 포기할 필요가 있다. 리더가 자신을 변화시킬 때 팔로어들이 리더를 보는 방식과 리더에게 반응하는 방식을 변화시킬 수 있고, 세상을 변화시킬 수 있다. 그러기 위해서는 잠시 자신의 입장은 접어두고 상대방의 입장이 되어볼 필요가 있다(Deering, Dilt & Rusell, 2002: 90; Quinn, 2004: 24).

실제로 다른 사람들이 가진 인식틀을 리프레이밍하는 것은 매우 어렵다. 단지 영향을 미칠 수 있을 뿐이다. 압력이나 죄책감을 느끼게 하는 것으로 단기적인 변화를 유도할 수는 있지만, 근본적인 변화를 하도록 하기 위해서는 장기적으로 다른 사람들이 마음속으로 다른 그림을 그릴 수 있도록 도와주어야 한다. 마찬가지로 리더는 팔로어들이 진정으로 가기를 원하는 곳이 어디인지를 알도록 도와주어야 한다. 그리고 어떠한 태도와 행동이 추구하는 결과를 얻는 데 가장 효과적인가를 가르쳐주어야 한다. 즉, 내부와 외부를 함께 변화시켜야 한다. 내부의 인식틀을 리프레이밍하지 않으면 외부의 행동, 즉 결과를 개선할 수 없다. 군뿐만 아니라 기업과 정부 등 많은 조직에서 혁신을 실시해왔지만 지속적으로 성공하지 못한 것은 사람들의 인식틀이 바뀌지 않아 태도와 행동이 변화되지 않았기 때문이다. 따라서 태도와 행동을 변화시키려면 먼저 인식틀을 리프레이밍해야 한다.

이상과 같이 우리가 사람과 세상을 어떠한 인식틀로 보는가에 따라 사람을 대하는 태도와 행동, 그리고 삶에 대한 태도가 달라진다. 마찬가지로 조직의 리더가 조직을 어떠한 인식틀로 보는가에 따라 조직에서 발생하는 많은 복잡한 문제들을 서로 다르게 인식하게 되고, 이에 따라 문제해결 방안도 달라지게 된다.

그동안 많은 학자가 다양한 조직 인식틀을 제시하여 조직에서 발생하는 문제의 본질을 다양한 시각에서 이해할 수 있게 해주었다. 그리고 다양한 조직 인식틀을 통해 조직이 어떻게 되어야 하는가에 대한 방향을 제시해주고, 조직의 효율성과 효과성을 높이기 위한 아이디어와 기법들도 제공해주었다. 그러나 각 조직 인식틀은 조직이 갖고 있는 한쪽 측면은 잘 볼 수 있도록 해주지만, 또 다른 중요한 측면들을 간과하게 만든다. 즉, 한쪽 측면의 해석을 강조하는 과정에서 다른 측면의 중요성을 간과하게 만든다는 것이다. 예컨대 어떤 사람을 '호랑이같다'라고 말할 경우 그 사람이 가진 용맹성과 힘, 그리고 공격성에만 주목하게 함으로써 그 사람이 가진 과묵함, 인간미, 정치력, 신뢰성 등을 보지 못하게 만든다는 것이다. 이처럼 조직 인식틀은 조직에 대한 통찰력을 제공해주기도 하지만, 다른 한편으로는 조직에 대한 왜곡된 이미지를 제공해주기도 한다. 왜냐하면 특정한 인식틀로 조직을 본다는 것은 결국 다른 방식으로 조직을 보지 못하게 만든다는 것을 의미하기 때문이다(Morgan, 1997: 20). 그렇지만 우리가 이러한 사실을 깨닫고, 조직 인식틀을 리프레이밍한다면 조직에서 발생하는 문제의 본질을 좀 더 정확하게 진단하고, 문제를 효과적으로 해결할 수 있을 것이다.

이러한 맥락에서 다음 절에서는 조직의 리더들이 편협한 시각에서 벗어나 조직을 다양한 시각에서 전체적으로 접근할 수 있도록 도와주는 조직 인식틀인 캐스트와 로젠바이크(Kast & Rosenzweig, 1979)의 시스템 인식틀과 볼먼과 딜(2003)의 4가지 조직 인식틀을 살펴보고, 이러한 조직 인식틀을 바탕으로 리더의 다양한 역할을 제시한다.

2. 시스템 인식틀로 본 한국군 특성

우리는 자연과학, 공학, 사회과학 분야뿐만 아니라 일상생활 속에서도 '시스템 (system)'이라는 용어를 많이 사용하고 있다. 시스템이라는 용어는 독일의 생물학자 베르탈란피(Bertalanffy, 1971)가 생물학, 물리학, 화학 등 자연과학은 물론 사회과학을 포함한 다양한 학문 분야를 통합할 수 있는 공통적인 사고와 연구의 틀을 찾으려는 노력 끝에 시스템의 속성과 법칙을 묶어 일반시스템 이론(general system theory)을 제시한 데서 비롯되었다.

이 절에서는 시스템의 개념과 특성, 그리고 조직을 하나의 시스템으로 보는 캐스트와 로젠바이크(1979)의 시스템 인식틀을 활용하여 한국군의 특성과 요구되는 리더십이 무엇인지를 살펴본다.

1) 시스템의 개념과 특성

(1) 시스템의 개념

시스템(system)[5]은 "상호 연관성을 갖고 있고, 상호 의존적인 부분들의 집합이나 통합된 전체"(Robbins, 1983: 20) 또는 "둘 이상의 상호의존적인 부분(구성요소 또는 하위시스템)으로 구성되어 있고, 외부 환경과 구분되는 경계를 가진 하나의 조직화되고 통합된 완전체(完全體, unitary whole)"이다(Kast & Rosenzweig, 1979: 93). 이러한 시스템의 정의에 비추어보면 각종 생물체나 인간도 하나의 시스템이고, 조직이나 사회, 그리고 국가나 우

---

[5] 라틴어 'systema(여러 개의 조합)'라는 단어에서 유래한 용어로 시스템, 체계(體系), 체제(體制), 계(系) 등 다양하게 번역되어 사용되고 있지만, 이 책에서는 '시스템'이라고 번역한다.

주도 하나의 시스템이다. 그리고 우리 주변에는 자동차 시스템, 교통 시스템, 상수도 시스템, 경영정보 시스템, 무기 시스템, C4I 시스템 등 수많은 시스템이 있다.

이러한 시스템의 중요한 속성 중 하나는 위의 정의에서와 같이 시스템은 그것을 구성하고 있는 여러 부분의 단순한 합(合)이 아니라 각 구성요소 상호 간에 긴밀한 관계를 맺고 있고, 하나의 완전한 기능을 수행하는 통합된 완전체라는 것이다. 사람이 하나의 시스템으로서 그 자체가 완전한 기능을 수행하는 것처럼 시스템은 그 자체가 완전한 기능을 발휘한다. 예컨대, 군은 외부 환경인 일반사회와 구분되는 하나의 시스템으로서 독립적으로 완전한 기능을 수행하고 있다. 그리고 한국군 전체 시스템을 구성하고 있는 하위시스템인 육·해·공군도 국방부뿐만 아니라 타군과도 상호 연관성을 갖고 있지만, 독립적으로 운영되고 있다.

이러한 시스템은 외부 환경과의 상호작용 정도에 따라 열린 시스템(open system)과 닫힌 시스템(closed system)으로 구분할 수 있는데, 외부 환경과 상호작용을 많이 하는 시스템을 '열린 시스템(개방체계)'이라고 하고, 외부 환경과 상호작용을 적게 하는 시스템을 '닫힌 시스템(폐쇄체계)'이라고 한다. 그러나 열린 시스템과 닫힌 시스템의 구분은 절대적인 개념이라기보다는 환경과 상호작용이 얼마나 많은가 적은가에 따른 상대적인 개념이다.

이러한 기준에서 본다면 〈그림 8.2〉와 같이 모든 조직은 정도의 차이일 뿐 외부 환경으로부터 인적·물적 자원을 획득하여 투입(input)하고, 이를 조직에서 변환(transformation)시켜 산출물(output)을 외부로 내보내기 때문에 모두 열린 시스템이라고 할 수 있다. 군은 용사의 경우 자유롭게 외출·외박을 할 수 없고, 보안 때문에 외부인의 영내 출입이나 정보의 유출과 유입을 엄격히 제한하고 있기 때문에 전형적인 닫힌 시스템이라고 할 수 있다. 그러나 군 역시 외부 환경과 상호작용의 정도가 다른 조직에 비해 상대적으로 적을 뿐 환경과 상호작용하는 열린

〈그림 8.2〉 열린 시스템 모형(Open System Model)

시스템이다. 또한 과거에는 언론통제가 많았기 때문에 군에서 일어나는 사건들이 거의 사회에 알려지지 않았지만, 지금은 군에서 일어나는 각종 사고나 사건들이 거의 실시간으로 공개되고 있고, 용사들이 부대에서 일과 후 핸드폰을 사용할 수 있게 되어 외부와의 소통이 용이하게 이루어지고 있기 때문에 과거보다 더욱더 열린 시스템이 되었다고 할 수 있다. 이러한 군의 변화는 보안이 매우 중요한 군의 특성 때문에 한계가 있지만, 조직의 민주화 추세와 지식정보화사회로의 변화에 대응하기 위해 우리 군도 현재보다 더욱더 열린 시스템으로의 변화가 불가피하다고 할 수 있다.

(2) 열린 시스템의 특성

한국군도 일반 조직과 정도의 차이는 있지만, 외부 환경과 상호작용하는 열린 시스템이기 때문에 성공적으로 조직관리를 하기 위해서는 군의 리더들은 다음과 같은 열린 시스템의 특성을 잘 이해해야 한다(Kast & Rosenzweig, 1985).

첫째, 열린 시스템은 시스템과 외부 환경을 구분해주는 경계(boundary)가 있고, 이를 통해 외부 환경과 상호작용한다. '경계'는 국가의 국경선이나 부대의 울타리와 같이 가시적·물리적인 것일 수도 있고, 군인의 제복과 같이 다른 집단과 구분해주거나 차별적으로 생각하는 집단의식 같은 심리적인 것일 수도 있다. 그리고 조직의 일원이 되기 위해 거쳐야 하는 선발시험 같은 제도적인 것일 수도 있다. 이러한 경계를 통해 열린 시스템은 외부 환경으로부터 영향을 받기도 하고 영향을 미치기도 한다.

둘째, 열린 시스템은 유기적인 상호 연관성을 가진 여러 개의 부분(구성요소), 즉 더 큰 상위시스템(suprasystem)과 시스템을 구성하는 두 개 이상의 하위시스템(sub-system)으로 구성된다. 예컨대, 국방부의 상위시스템은 정부 조직이고, 육·해·공군은 국방부의 하위시스템이다. 그리고 국방부는 육·해·공군의 상위시스템이다.

셋째, 열린 시스템은 전체성(全體性, wholism)을 갖고 있다. 즉, 시스템은 하위시스템 간의 상호 의존성 또는 상호 연관성 때문에 단순한 부분의 합이 아니라 여러 구성요소가 상호 간에 유기적인 관계를 맺고 있고, 상승작용(synergism)을 하는 하나의 완전한 집합체다.

넷째, 열린 시스템은 순환적 특성을 갖고 있다. 모든 시스템은 〈그림 8.2〉와 같이 외부 환경으로부터 인력, 물자, 예산, 정보, 에너지 등의 투입물(input)을 받아들이고, 이를 변환시켜 재화와 용역 등의 산출물(output)로 외부로 내보낸다. 그리고 산출물에 대한 외부 평판 등의 정보가 피드백(feedback)되어 투입요소로 재투입됨으로써 변환과정에 반영되는 순환과정이 이루어진다. 닫힌 시스템에서는 투입과 산출이 한 번으로 일단락되지만, 열린 시스템에서는 피드백 과정을 통해 투입이 계속적으로 이루어짐으로써 시스템이 지속적으로 유지·성장할 수 있게 된다.

다섯째, 열린 시스템은 엔트로피(entropy)[6]를 감소시킨다. 열린 시스템은 경계를 통해 외부 환경으로부터 투입물을 받아들이고, 산출물을 내보낼 수 있기 때문에 엔트로피를 감소시켜 지속적으로 유지되고 성장할 수 있다. 그러나 인간이 평소처럼 먹지 않고 배설하지 않는다면 엔트로피가 증가하여 결국 죽게 되는 것처럼 조직도 외부와 상호작용하지 않는 닫힌 시스템으로 운영된다면 엔트로피가 증가하여 결국은 소멸하게 된다는 것이다.

여섯째, 열린 시스템은 안정상태(steady state) 또는 항상성(homeostasis)[7]을 유지하려는 경향이 있다. 닫힌 시스템은 엔트로피가 증가하여 결국은 시스템이 사멸하는 정적 평형상태(static equilibrium)에 이르게 된다. 그러나 열린 시스템은 지속적으로 새로운 인력, 자원, 정보 등을 투입하고, 산출물을 밖으로 내보냄으로써 엔트로피를 감소시켜 동태적 균형상태(dynamic equilibrium)를 유지한다. 즉, 투입과 산출이 계속적으로 진행되는 동태적 활동이 이루어지더라도 시스템이 균형상태를 유지함으로써 시스템 특성은 변함이 없게 된다.

일곱째, 열린 시스템은 성장하고 확장하려는 경향이 있다. 열린 시스템은 존속을

6　엔트로피(entropy)는 "열역학에서 물체가 열을 받아 변화했을 때의 변화량" 또는 "열의 이동과 더불어 유효하게 이용할 수 있는 에너지의 감소 정도나 무효(無效) 에너지의 증가 정도를 나타내는 양"을 의미하는 물리학 용어이지만, 시스템의 '무질서(disorder)' 또는 '혼돈(chaos)'의 정도를 나타내는 용어로도 사용되고 있다. 열역학 제2법칙에 따르면 우주 안의 물질과 에너지는 유용한 상태에서 무용한 상태로, 획득 가능한 상태에서 획득 불가능한 상태로, 질서 있는 상태에서 무질서한 상태로만 변하는 엔트로피 증가 현상이 나타나는데, 이를 '엔트로피 증가의 법칙'이라고 한다.

7　'항상성(恒常性)'은 생물 시스템이 최적 상태로 안정성을 지속적으로 유지하려는 특성을 말한다. 예컨대, 사람이 더울 때는 땀을 흘리고, 추울 때는 소름이 돋아 체온을 유지하는 것과 같은 현상을 말한다.

보장하기 위해 현재의 상태에 만족하지 않고 산출물을 만드는 데 소비된 것 이상으로 투입물을 확보하려는 경향이 있다. 예컨대, 인체가 소비하는 것 이상으로 음식물을 섭취하여 지방질을 비축하고, 많은 조직이 성장과 확장을 통해 여유 자원을 확보해나가는 것과 같다.

그러나 인간이 성장한다고 해서 인간의 본질이 변하지 않고, 군이 규모가 커진다고 해서 군의 고유한 특성이 변하지 않는 것과 같이 양적 성장과 확장이 이루어지더라도 시스템의 기본적 특성은 변화하지 않는다.

여덟째, 열린 시스템은 이인동과성(異因同果性, equifinality)을 갖고 있다. 닫힌 시스템은 기계나 컴퓨터의 디폴트 값(default value)[8]처럼 처음에 부여한 조건에 따라 결과를 산출한다. 그러나 열린 시스템은 다양한 투입과 변환 활동으로도 동일한 결과를 가져올 수 있다. 즉, 열린 시스템은 목표를 달성하기 위해 다양한 투입과 변환 방법을 선택할 수 있다는 것이다. 이러한 특성은 조직에서 목표를 달성하거나 문제를 해결할 때 한 가지 최선의 방법만 있는 것이 아니라 다양한 해결책이 사용될 수 있음을 시사해주고 있다.

이상과 같은 열린 시스템의 특성은 군 리더들에게 군(부대)을 사람 또는 부서들의 단순한 집합체가 아니라 상호작용하는 구성요소(부분)들로 구성된 하나의 시스템으로 보는 개념적인 틀(conceptual framework)을 제시해주고, 다음과 같은 사실들을 일깨워주고 있다.

첫째, 군(부대)에 영향을 미치는 외부 환경에 대해 많은 관심을 가져야 한다는 것이다. 과거에는 군이 성역화(聖域化)되어 군 외부와의 상호작용이 적었기 때문에 군 리더들은 군 내부의 관리에만 관심을 가져도 되었다. 그러나 1980년대 후반 이후의 민주화 추세는 군을 '탈성역화'시켰고, 오히려 '역성역화'의 대상이 되었다(한국국방연구원 편집부, 2003).

따라서 군이 외부 환경 변화에 능동적으로 대응하기 위해 군 리더들은 조직 내부의 관리자로서 역할만이 아니라 경계관리 역할(Boundary Spanning Role)[9]에도 많은 관심

---

8   별도 설정을 하지 않은 '초깃값', 즉 '기본 설정값'을 말한다.

9   '경계관리' 활동이란 "조직과 외부 환경 간에 정보와 자원을 교환함으로써 조직 활동을 조정하고 불확실성을 감소

을 가져야 한다.

둘째, 군에서 발생하는 모든 문제는 한 가지 요인만이 아니라 여러 가지 요인의 상호작용에 의해 발생한다는 것이다. 따라서 〈그림 8.3〉과 같이 문제를 단순한 선형적 인과관계로 보

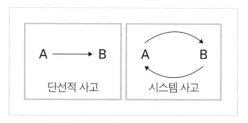

<그림 8.3> 단선적 사고와 시스템 사고

는 단선적 사고가 아니라 상호의존적인 요인들의 복잡한 인과관계로 보는 시스템 사고(system thinking)를 해야 한다. 즉 현재는 과거의 산물이고, 모든 것은 다른 모든 것과 상호 연관성을 갖고 있기 때문에 문제가 발생한 역사적 맥락을 보면서 다양한 관점에서 문제의 원인을 진단하고, 해결책을 마련해야 한다.

셋째, 군의 상위시스템과 하위시스템 상호 간에 유기적인 관계를 맺고 있기 때문에 리더의 결정이나 행동이 자기가 소속된 군이나 부대(부서)에만 영향을 미치는 것이 아니라 다른 군이나 부대, 나아가 일반사회나 국가에도 영향을 미친다는 것이다.

따라서 군 리더는 자신이 임무를 수행하거나 의사결정 시 자신의 군이나 부대(부서)만을 생각하는 집단 또는 부서 이기주의[10]에서 벗어나 다른 부대(부서)나 군뿐만 아니라 일반사회나 국가에 어떠한 영향을 미칠 것인가에 대해서도 고려하는 전체적 관점(total system perspective)을 가져야 한다.

2) 한국군 특성과 리더십

베르탈란피(Bertalanffy, 1971)는 '일반시스템 이론(General System Theory)'에서 살아있는

시키는 기능을 담당하는 것"으로, 기업에서는 구매부서(재료 구입 등), 인적자원관리부서(모집, 선발 등), 마케팅부서(광고, 판매, 서비스 등)가 변경조직으로서 그러한 역할을 수행한다. 군에서는 공보기능을 담당하는 공보정훈참모나 민사참모 등이 그러한 역할을 한다.

10 집단(조직) 또는 부서 이기주의는 전체 조직 또는 공동체의 권리나 이익을 돌보지 않고 자신이 속한 집단(조직)이나 부서의 이익만을 추구하는 생활태도다. 예로 공공의 이익에는 부합하지만 자신이 속한 지역에는 이롭지 않은 일에 반대하는 행동을 하는 지역 이기주의, 즉 님비(NIMBYs: Not In My Backyard Syndrome) 현상도 집단 이기주의 때문에 발생한다.

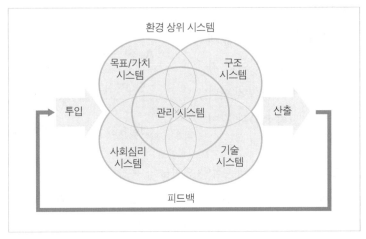

출처: Kast & Rosenzweig(1979: 107-111)

〈그림 8.4〉 열린 시스템 조직

유기체를 시스템으로 설명함으로써 조직에 대한 생물학적 은유를 확산시켰다. 이러한 일반시스템 이론을 바탕으로 캐스트와 로젠바이크(Kast & Rosenzweig)가 시스템 인식 틀로 조직을 설명하고, 조직관리에 활용할 수 있게 해주었다. 즉, 군을 포함한 모든 조직은 〈그림 8.4〉와 같이 외부 환경과 지속적으로 상호작용하면서 유기적인 상호관계를 맺고 있는 다섯 개의 하위시스템(구성요소)으로 구성된 열린 시스템이라는 것이다(Kast & Rosenzweig, 1979: 107-111).[11]

따라서 모든 조직은 '투입(input)-변환(transformation)-산출(output)'이라는 교환과정을 통해 외부 환경과 상호작용한다. 투입(投入)이란 외부 환경으로부터 조직의 생존과 발전에 필요한 인적 · 물적 자원, 돈(예산), 에너지, 정보 등이 들어오는 것을 말한다. 변환(變換)이란 조직 내부 시스템을 활용하여 투입을 산출로 변화시키는 것을 말한다. 예컨대 기업에서 투입된 원재료를 활용해서 공장의 생산 설비와 기술을 이용하여 제품을 만들어내는 것처럼 군에서 양성교육 과정을 통해 장병을 양성하고, 각 부대에서 교육훈련을 통해 전투력을 창출하는 과정 등이 변환 과정이다. 그리고 산출(産出)이란 조직에 투입된 자원을 변환 과정을 통해 만들어낸 결과물로 기업의 제

---

11 캐스트와 로젠바이크(Kast & Rosenzweig, 1979)의 조직 시스템 모형은 조직 진단 및 발전 방향 모색 시 유용한 도구로 활용할 수 있다.

품과 서비스, 군의 전투력, 전역 장병, 환경오염 물질 등이다.

피드백(feedback)은 모든 조직은 산출 결과가 다시 투입되는 순환적인 성격을 띠고 있고 있는데, 이러한 순환적 성격을 나타내주는 개념이다. 즉, 조직의 변환 결과인 산출물에 대해 사회적 평판 등을 입력 과정을 통해 다시 반영함으로써 조직이 동태적 균형상태(dynamic equilibrium)[12]를 유지하도록 하는 것이다.

환경 상위시스템(environmental suprasystem)은 조직의 경계(boundary) 밖에서 조직에 영향을 미치는 모든 요인을 말한다. 이러한 외부 환경은 모든 조직에 공통적으로 영향을 미치는 일반 환경(general environment)과 특정 조직에만 직접적으로 영향을 미치는 과업 또는 특수 환경(task or specific environment)으로 구분할 수 있다.

일반 환경으로는 정치 · 경제적 환경, 문화적 환경, 기술 환경, 교육 환경, 법적 환경, 사회적 환경 등을 들 수 있고, 과업 환경으로는 기업의 경우 고객, 공급자, 경쟁자, 해당 산업의 기술변화 및 정부 규제 등이 해당한다. 그리고, 군의 경우에는 국민(특히 군 복무자 가족, 지역 주민 등), 병역의무 대상자나 직업군인 희망자, 무기체계를 공급하는 방산업체, 우리 군의 경쟁자라고 할 수 있는 북한군 및 주변의 가상 적국의 동향과 미국 등 우방국의 국방정책과 군사전략, 무기체계에 영향을 미치는 국방과학기술의 변화, 군에 직접 영향을 미치는 「국군조직법」, 「군 인사법」, 「군인복무기본법」 같은 군 관련 법규 등이 과업 환경이다.

목표 · 가치 하위시스템(goal & value subsystem)은 "조직이 나아갈 길을 제시하는 근본적인 존재 이유"인 조직의 사명(mission)과 이를 구현하기 위한 조직의 목표, 그리고 조직원들의 사고와 행동을 조직 목표를 달성하는 방향으로 정렬시켜주는 핵심가치(core value)로 구성되어 있다. 이러한 조직의 사명, 목표, 그리고 핵심가치가 조직의 다른 구성요소인 구조 · 기술 · 사회심리 · 관리 하위시스템에 영향을 미치기 때문에 리더는 구성원들에게 조직의 사명과 목표를 명확히 인식시키고, 핵심가치가 조직 구성원들에게 공유되도록 해야 한다.

구조 하위시스템(structural subsystem)은 조직의 목표를 달성하는 데 관련된 과업과 권

---

12 '동태적 균형(dynamic equilibrium)'이란 열린 시스템은 환경과 시스템 간에 불균형이 발생했을 때 이를 해소하고 균형을 이루기 위해 투입이 발생하게 되고 '전환-변환-피드백' 과정을 거쳐 결국 균형을 이루는 것을 말한다.

한의 분화와 통합, 그리고 의사소통, 과업의 흐름 등과 관련된 것이다. 이것은 조직도, 직무기술서, 규정 및 절차 등으로 표시되고, 기술 하위시스템과 사회심리 하위시스템 간의 관계를 공식화해준다. 이러한 조직구조는 앞에서 언급한 것처럼 환경 상위시스템, 목표·가치 하위시스템, 기술 하위시스템, 그리고 사회심리 하위시스템에 따라 결정되고, 조직이 어떠한 구조 하위시스템을 갖고 있는가에 따라 사회심리 하위시스템에 영향을 미친다.

기술 하위시스템(technological subsystem)은 "조직의 과업 수행을 위해 필요한 투입물을 산출물로 변환시키는 과정 또는 방법"을 말하는 기술(technology)과 지식, 설비 및 작업 방법 등을 모두 포함하는 개념이다(Kast & Rozensweig, 1979). 이러한 기술 하위시스템은 조직의 목표와 과업이 무엇인가에 따라 다르다. 예컨대 기업은 무엇을 생산하는가에 따라 서로 다른 유형의 기계와 장비, 생산기술 등을 갖고 있다. 그리고 교육기관은 교과과정과 교수법, 교육시설 등이 투입을 산출로 변환시키는 기술 하위시스템의 구성요소다. 그러나 군의 경우에는 전투력 발휘를 위해 보유하고 있는 교육시설 및 장비, 군사지식 또는 교리, 무기체계나 교육훈련 방법 등이 기술 하위시스템이라고 할 수 있다.

사회심리 하위시스템(psycho-social subsystem)은 구성원의 태도, 행동 및 동기부여, 신분 및 규범, 역할 관계, 그리고 구성원들 간의 관계 등이다. 이러한 사회심리체계는 조직 내부 구성요소인 기술, 구조, 과업 등에 의해서뿐만 아니라 외부환경에 의해서도 영향을 받는다. 예컨대 군대처럼 기계적 구조를 가진 조직에서는 구성원들의 사고나 행동, 상하관계가 더욱 경직되고 형식적인 경향이 있다. 그리고 사고가 발생할 위험이 큰 기술을 사용하는 부대(부서)는 긴장상태를 유지하기 위해 구성원들의 상하관계가 더 엄격화되는 경향이 있다.

관리 하위시스템(managerial subsystem)은 조직을 환경 상위시스템과 연결할 뿐만 아니라 하위시스템 간의 조정 및 통합 역할을 한다. 그리고 목표를 달성하기 위해 필요한 활동 등을 계획(planning), 조직화(organizing), 인사 배치(staffing), 지휘(leading), 통제(controlling)하는 5가지 기능으로 구성되어 있다(Koontz et al., 2020). 즉, 목표를 달성하기 위한 계획 수립, 계획을 실천하기 위한 필요조건과 관계를 구축해나가는 조직화(組織

化), 유능한 인재 선발 · 교육 · 보직 · 평가 · 보상하는 등의 인적자원 관리기능, 목표를 달성하는 방향으로 구성원들이 따라오도록 하는 리더십, 실제 조직 활동이 계획대로 이루어지고 있는가를 평가하고 수정하는 통제 활동들이다.

이와 같이 한국군도 다른 조직과 마찬가지로 끊임없이 외부 환경과 상호작용하는 하나의 열린 시스템이다. 따라서 여기서는 시스템 인식틀을 활용하여 한국군의 상위시스템인 외부 환경과 하위시스템인 목표 · 가치, 구조, 기술, 그리고 사회심리 시스템이 관리 시스템의 주요 기능인 리더십에 어떠한 영향을 미치는지를 살펴본다.

(1) 군 외부 환경 변화와 리더십

모든 조직은 열린 시스템이기 때문에 환경 상위시스템(environmental suprasystem), 즉 외부 환경의 변화는 조직의 하위시스템(구성요소)에 영향을 미친다. 예컨대, 번스와 스토커(Burns & Stalker, 1961)의 연구에 따르면 환경 변화가 단순하고 안정적인 환경에서는 기계적 조직구조가 더 적합한 반면, IT산업처럼 기술 발전 속도가 매우 빠른 동태적 환경 속에 있는 조직에서는 유기적 조직구조가 더 적합하다고 한다. 이러한 연구 결과는 가장 효과적인 조직구조는 기계적 구조나 유기적 구조 중 어느 하나가 아니라 조직이 직면한 환경의 특성에 적합한 구조라는 것이다.

이러한 연구 결과처럼 군대조직은 기업에 비해 상대적으로 환경 변화가 안정적이고, 불확실성이 낮기 때문에 기계적 조직구조의 특성을 갖는 경향이 있다. 그러나 군의 외부 환경이 과거와 달리 동태적이고, 불확실성이 높아지는 방향으로 변화되고 있기 때문에 군의 조직구조도 좀 더 유연한 유기적 조직구조로 변화할 필요가 있다.

한편 다양한 외부 환경요인들이 군에 직간접적으로 영향을 미치고 있지만, 군 리더십에 많은 영향을 미치는 환경요인으로는 가치관, 전통, 관습 등과 같은 사회적 태도나 행동, 사회제도 등과 같은 사회문화적 환경, 특히 〈표 8.1〉과 같이 장병으로 충

---

13 베이비붐 세대: 전쟁 후 출생자가 급증하는 베이비붐 시기에 태어난 세대
    386세대: 과거 이 명칭이 처음 만들어졌을 당시 "30대, 1980년대 학번, 1960년대생인 세대"를 줄여 386세대로 불렀음. 486, 586세대라고 부르기도 했으며 86세대라고도 함.

세대	출생 연도	특징
베이비붐 세대	1955~1963	• 빈곤과 고속 경제성장 함께 경험. 지금은 60대가 되어 퇴직과 노후를 겪는 세대 • 전반적으로 보수안정적 경향이 있음
386세대	1960년대	• 민주화 운동 앞장. 정치적 이념 중시. 집단주의 문화
X세대	1970~1980년대 초반	• 개인주의 문화 시작. 개성 중시 • 조직에는 비교적 순응
밀레니얼세대 (Y세대)	1980년대 중반 ~1990년대	• 저성장 시대, 취업난 경험. 조직 밖에서 자아실현 욕구 • 소셜미디어 등 디지털 문화에 익숙
Z세대	1990년대 후반	• 출생 시부터 디지털 기기 사용한 디지털 네이티브 • 유튜브 세대

출처: 김미향(2019)

원되는 밀레니얼세대와 Z세대 젊은이들의 가치관과 삶의 방식 변화라고 할 수 있다.[14] 이러한 신세대 젊은이들이 군내에 계속적으로 유입되어 가치관이 다른 기성세대 간부와 갈등을 일으키고, 사회와 다른 문화를 가진 군대에 들어와 문화적 충격(culture shock)[15]을 받게 된다는 것이다.

신세대와 기성세대의 특징을 비교 분석한 연구로는 삼성경제연구소에서 실시한 연구가 있다. 여기서는 회사원들을 대상으로 인터뷰와 설문조사를 통해 〈그림 8.5〉와 같이 기성세대와 1980년대 전후에 태어난 신세대 사이에 명확히 구분되는 신세대의

X세대: 기존에 없던 새로운 특성을 가진 세대, 무엇으로 정의할 수 없는 미지수 같은 세대라는 의미
밀레니얼세대: 인류의 새로운 천년(Millennial)인 2000년대(Y2K)가 시작될 때의 첫 세대라는 의미. X세대를 잇는다는 의미로, 다음 알파벳인 Y를 따서 'Y세대'라고도 함
Z세대: 알파벳 순서상 X세대와 Y세대(밀레니얼세대)에 이어져 있어 Z세대로 명명. 넓게 보면 밀레니얼세대에 포함할 수도 있지만, 이들이 10대가 되고 영향력이 커지면서 밀레니얼세대와 구분하기 위해 Z세대로 분리. 세대 구분에 대한 자세한 내용은 김용섭(2019) 참조.

14 신세대(新世代)는 사전에서는 '20대 이하의 젊은 세대'로 연령에 의해 구분하고 있지만, 일반적으로는 주류 문화가 구세대와 다른 것을 경험하는 세대를 일컫는 개념이다. 세월의 변화에 따라 신세대 사람들은 사회의 중심을 이루며 기성세대로 변하고, 그들의 자녀가 신세대가 되는 순환이 반복된다. 여기서는 〈표 8.1〉의 밀레니얼세대(Y세대)와 Z세대를 통칭하여 'MZ세대'라고도 한다. 이러한 신세대들이 2019년 기준 연간 현역병으로 약 22만 명이 입대하고, 장교 약 6천 명이 임관한다(출처: 2020 병무청 통계 연보).

15 개인 또는 사회적 기준에서 이질적 문화를 접했을 때 나타나는 심리적 변화 및 감정동요 현상으로, 사람들이 완전히 다른 문화를 접할 때 느끼는 감정의 불안이나 무엇을 해야 할지 판단 부재의 상태에 놓이는 것을 말한다.

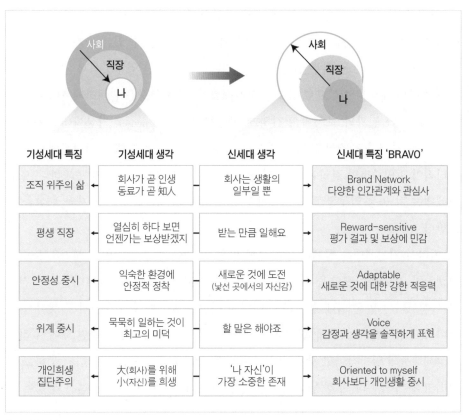

기성세대 특징	기성세대 생각	신세대 생각	신세대 특징 'BRAVO'
조직 위주의 삶	회사가 곧 인생 동료가 곧 知人	회사는 생활의 일부일 뿐	Brand Network 다양한 인간관계와 관심사
평생 직장	열심히 하다 보면 언젠가는 보상받겠지	받는 만큼 일해요	Reward-sensitive 평가 결과 및 보상에 민감
안정성 중시	익숙한 환경에 안정적 정착	새로운 것에 도전 (낯선 곳에서의 자신감)	Adaptable 새로운 것에 대한 강한 적응력
위계 중시	묵묵히 일하는 것이 최고의 미덕	할 말은 해야죠	Voice 감정과 생각을 솔직하게 표현
개인희생 집단주의	大(회사)를 위해 小(자신)를 희생	'나 자신'이 가장 소중한 존재	Oriented to myself 회사보다 개인생활 중시

출처: 예지은 등(2009: 5)

〈그림 8.5〉 신세대의 특징: BRAVO My Life

5가지 특징을 영문 첫 글자를 따서 'BRAVO'라고 명명했다(예지은 등, 2009).[16]

첫째, 신세대는 폭넓은 인간관계를 맺고, 다양한 관심사가 있다(broad network). 기성세대는 업무를 위한 인맥 구축을 중시하는 반면, 신세대는 인간적인 정(情)보다 자신의 관심사에 따라 네트워크를 구축하기 때문에 업무와 직접적으로 상관없는 친구, 지인들도 자주 만난다. 또한 신세대는 기성세대보다 자신에 대한 투자에 훨씬 더 적극적이어서 다양한 취미활동, 미래를 위한 학습, 최첨단 유행의 디지털 기기 구입 등 자신의 관심 분야에 대한 투자를 아끼지 않고, 전문가 이상의 식견을 지닌 마니아가 많다.

---

[16] 이 연구에서는 연령과 직급을 고려하여 35세 미만의 대리와 사원을 '신세대', 나이가 35세 이상이거나 직급이 과장과 차장은 '중간세대', 그리고 부장과 임원은 모두 '기성세대'로 구분했다.

이러한 신세대의 폭넓은 인간관계와 다양한 취미활동은 업무에 필요한 정보를 쉽게 확보할 수 있게 해주고, 창의적인 아이디어를 발현할 수 있는 잠재적인 기반이 된다. 그리고 다채로운 외부 활동을 통해 기존의 획일적인 업무방식과 고정된 시각에서 벗어나 새로운 방식으로 업무를 생각해볼 수 있는 역량을 습득하게 해준다.

둘째, 평가 결과와 보상에 민감하게 반응한다(reward-sensitive). 기성세대는 추가적인 보상이 없더라도 조직을 위해 헌신할 의지가 있지만, 신세대는 기성세대보다 더 합리적이고 민주적인 경향이 있기 때문에 상대적으로 그러한 의지가 부족하다. 또한 신세대는 팀 공통 업무를 하더라도 개인별 실적과 기여도에 따른 평가와 보상을 선호한다.

따라서 기성세대는 신세대가 자신이 맡은 일 외에는 관심이 없고 시간과 노력을 희생하지 않으려는 모습을 보고 이기주의적이라고 생각하지만, 신세대는 무조건적인 헌신보다는 맡은 일에 충실하고 나머지 시간은 자기개발에 투자하는 것이 합리적이라고 생각한다. 예컨대, 신세대는 "우리도 다 그렇게 했어", "하라면 해야지"라는 기성세대들의 일방적이고 강제적인 업무 부여 방식에 대해 쉽게 이해하지 못하고 따르려고 하지 않는다. 또한 납득되지 않는 문제에 대해 '왜(why)?'라고 묻는 성향이 강하지만, 자신이 공감하고 동의한 일에 대해서는 강한 열정을 보이기도 한다.

셋째, 새로운 것에 강한 적응력을 갖고 있다(adaptable). 신세대는 우수한 어학 실력과 해외 경험을 바탕으로 글로벌 마인드를 갖고 있고, 외국 생활 등에 대해 강한 자신감을 보유하고 있다. 또한 신세대는 학생 시절부터 컴퓨터, 인터넷, 디지털카메라 등 디지털 IT 기기를 일상의 생활도구로 사용했기 때문에 새로운 IT 기술을 학습하고 응용하는 능력이 탁월하고, 새로운 것에 강한 적응력을 갖고 있다.

따라서 신세대는 이러한 역량을 바탕으로 기성세대보다 변화를 즐기고 새로운 것에 빠르게 적응하며, 혁신을 추구하는 경향이 높다. 또한 공통 관심사를 가진 사람들끼리 모여 정보를 공유하고 새로움을 추구하며 여론을 형성하여 이를 전파하기도 한다.

넷째, 자신의 감정과 생각을 솔직하게 표현한다(voice). 과거에는 자신의 감정을 드러내지 않는 것이 미덕이라고 여겼으나, 신세대는 자신의 감정을 표현하는 것이 자연스럽고 당연하다고 생각한다. 그리고 자신의 의견 표현에 익숙한 만큼 자신이 하는 일에 대해 상사도 지속적으로 확인과 코칭(coaching)을 해주기 바란다.

따라서 작은 일에 대해서도 자주 칭찬과 격려를 받고 싶어 하고, 업무 결과에 대한 구체적인 피드백을 바라기 때문에 감정을 자극하는 강한 말이나 질책은 오히려 신세대의 업무 몰입과 동기부여에 저해 요인이 된다.

다섯째, 조직보다 개인 생활을 중시한다(oriented to myself). 기성세대는 조직과 자신을 동일시하고 조직을 위한 희생을 어느 정도 당연하게 여기지만, 신세대는 조직 생활은 인생의 일부일 뿐이고, 조직을 위해 희생하기보다 개인 시간을 갖고 삶을 풍요롭게 하는 것이 인생의 목적이라 인식한다. 예컨대, 신세대는 조직이라는 커다란 톱니바퀴의 일부가 되기보다는 자율성을 갖고 독립적으로 일하기를 원하기 때문에 상급자가 조직관리를 이유로 사생활, 특히 이성 관계, 퇴근 후 생활, 휴가 등에 대해 묻는 것은 부당하다고 생각한다.

이러한 신세대의 특징, 특히 '기여도에 따른 적절한 보상 요구'와 '조직보다는 개인 생활 중시' 등과 같은 특징은 군은 기업과 달리 개인의 노력이나 기여도에 따라 적절한 보상(보수, 진급 등)을 하기 어렵지만, 임무 완수를 위해서는 목숨까지도 기꺼이 희생을 요구해야 하기 때문에 군 리더들의 리더십 발휘에 부정적인 영향을 미칠 수 있다. 그러나 '다양한 인간관계와 관심사', '새로운 것에 대한 강한 적응력', '자신의 감정과 생각에 대한 솔직한 표현' 등과 같은 신세대의 특징은 잘 활용한다면 군에 긍정적 기여를 할 수 있기 때문에 이러한 신세대의 특징을 잘 활용할 수 있도록 군의 문화와 리더십의 변화가 요구되고 있다.

(2) 군의 사명 · 목표 · 핵심가치와 리더십

군의 목표 · 가치 하위시스템(goal & value subsystem)은 군의 사명, 목표, 핵심가치 등으로 구성되어 있다. 한국군의 사명은 헌법(제5조)에 "국가의 안전보장과 국토방위의 신성한 의무의 수행", 그리고 「군인기본법」(제5조)에는 "국군은 대한민국의 자유와 독립을 보전하고 국토를 방위하며 국민의 생명과 재산을 보호하고 나아가 국제평화의

국방 목표
1 외부의 군사적 위협과 침략으로부터 국가보위
2 평화통일 뒷받침
3 지역안정과 세계평화에 기여

국방부 장관 임무
대통령의 국군통수 보좌 1
군정 및 군령에 관한 사무관장 2
합참의장과 각 군 참모총장 지휘감독 3

국방 비전
"유능한 안보, 튼튼한 국방"

국방 운영 목표
"강한 안보, 자랑스러운 군, 함께하는 국방"

국방 운영 중점

▸ 전방위 국방태세 확립과 한반도 평화정착 보장
▸ 한미동맹 발전 및 국방협력 강화
▸ 미래주도 국방역량 구축
▸ 행복한 국방환경 조성
▸ 국민으로부터 신뢰받는 군대

출처: 국방부 홈페이지(2021)

〈그림 8.6〉 국방목표와 국방 운영목표

유지에 이바지함"이라고 규정되어 있다.

이러한 군의 사명을 완수하기 위해 우리 군은 〈그림 8.6〉과 같이 "유능한 안보, 튼튼한 국방"이라는 국방 비전을 제시하고, 국방목표로 "외부의 군사적 위협과 침략으로부터 국가보위, 평화통일을 뒷받침, 지역안정과 세계 평화에 기여"를 설정하고 있다. 그리고 이를 실현하기 위해 국방 운영목표를 "강한 안보, 자랑스러운 군, 함께하는 국방"으로 정하고, 5가지 국방 운영의 중점을 제시하고 있다.

이와 같이 우리 군의 사명과 목표는 적의 위협으로부터 국토를 방위하고, 국민의 생명과 재산을 보호하는 것만이 아니라 나아가 지역 안정과 세계평화 유지에도 기여하는 것이다. 이러한 국방목표에 따라 우리 군은 현재 5개의 UN 평화유지활동 임무

<표 8.2> 육 · 해 · 공군의 목표 및 핵심가치

구분	목표	핵심가치
육군	대한민국 육군은 국가방위의 중심군으로서 • 전쟁 억제에 기여한다. • 지상전에서 승리한다. • 국민 편익을 지원한다. • 정예강군을 육성한다.	위국헌신 책임완수 상호존중
해군	대한민국 해군은 국가보위와 민족 번영을 뒷받침하는 핵심전력으로서 • 자주적인 해군력을 구축하여 전쟁을 억제한다. • 해양 우세권을 확보하여 전승을 보장한다. • 해양활동을 보호하여 국가이익을 증진한다. • 해군력을 현양하여 국위를 높인다.	명예 헌신 용기
공군	대한민국 공군은 국가방위의 핵심전력으로서 • 전쟁을 억제한다. • 영공을 방위한다. • 전쟁에서 승리한다. • 국익을 증진한다.	도전 헌신 전문성 팀워크

출처: 각 군 본부 홈페이지(2021)

단(PKO: Peace Keeping Operations)에 582명을 파견하여 평화유지 활동을 하고 있다.[17]

그리고 각 군은 〈표 8.2〉와 같이 국방목표 구현을 위해 목표를 설정하고, 각급 예하 부대(또는 기관) 역시 이러한 국방목표와 소속 군의 목표를 달성할 수 있도록 부대별(또는 기관별) 목표를 수립하도록 함으로써 각급 예하 부대의 모든 활동이 군의 사명 완수와 국방목표 달성을 지향하도록 하고 있다.

또한 각 군은 〈표 8.2〉와 같이 별도로 "구성원들의 사고와 행동, 그리고 의사결정의 판단 기준이며, 군의 사명과 비전 달성을 위해 내재적으로 공유해야 할 공통분모로서의 가치"인 핵심가치(core value)를 제정했다. 그러나 이러한 핵심가치는 제정하는 것으로 끝나는 것이 아니라 구성원들이 그것을 신념화하고, 행동으로 실천하여 공유가치가 되도록 함으로써 각 군이 '가치기반의 전사 공동체'로 거듭나는 밑바탕이 되

---

[17] 분쟁 지역에 이해관계를 갖지 않는 UN 회원국들이 UN 사무총장의 요청을 받아 자발적으로 군인과 민간인을 파견하여 UN의 주도하에 평화적으로 분쟁을 수습해나가는 활동이다. 한국군은 2020년 말 현재 총 5개의 유엔 PKO 임무단을 파견하고 있는데, 그중 2개 임무단은 부대 단위 파견(레바논 동명부대, 남수단 한빛부대)이고, 인 · 파 정전감시단(UNMOGIP), 남수단 임무단(UNMISS), 수단 다푸르 임무단(UNAMID), 레바논 평화유지군(UNIFIL), 서부사하라 선거감시단(MINURSO)은 개인 파견이다(출처: 외교부).

도록 하는 것이 중요하다.[18]

(3) 한국군 조직구조와 리더십

한국군의 구조 하위시스템(structural subsystem), 즉 조직구조(organizational structure)는 "조직의 구성요소 또는 부분들 사이에 확립된 관계의 유형"으로 〈그림 8.7〉과 같은 조직도와 제도, 규정과 절차, 직무기술서 등으로 나타난다. 조직구조는 〈표 8.3〉과 같이 기계적 구조(mechanistic structure)와 유기적 구조(organic structure)로 구분할 수 있는데, 군대조직은 전형적인 관료제 조직으로서 기계적 구조의 특성을 갖고 있다(Kast & Rozensweig, 1979: 230).

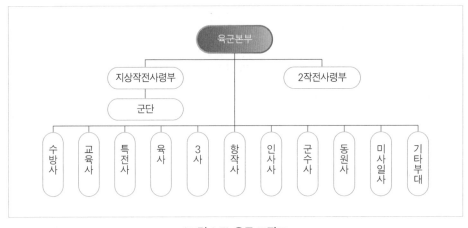

〈그림 8.7〉 육군 조직도

기계적 조직은 기계적 구조를 가진 조직으로 군대조직처럼 조직구조가 수평적 · 수직적 분화가 많이 이루어져 복잡성이 높고, 공식화 정도가 높으며, 권한이 상층부

---

18 각 군이 핵심가치를 서로 다르게 제정하고 있는데, 소속 군이 다르더라도 군인의 사명과 국방목표는 동일하기 때문에 공통적인 사고와 행동 기준이 있어야 한다. 따라서 핵심가치를 군별로 완전히 달리하는 것보다는 국방부에서 모든 군인에게 공통적으로 적용할 핵심가치를 정하고, 군별로 각 군의 특성을 반영한 핵심가치를 추가하는 것이 바람직할 것이다.

에 집중해 있는 집권화된 조직이다. 또한 이러한 조직은 계층에 따른 통제가 이루어지고, 공식적 명령체계를 갖고 있다.

반면에 유기적 조직은 유기적 구조를 가진 조직으로 대학이나 연구소처럼 복잡성과 공식화 정도가 낮고, 분권화되어 있는 조직이다. 이러한 조직에서는 규칙이나 공식적인 통제 시스템이 많지 않아 의사소통이 수평적으로 이루어진다. 그런데 베버(Max Weber)가 이념형(ideal type)[19]으로서 제시한 관료제(breaucracy)의 특징은 분업에 의한 업무 전문화, 직무의 계층화, 문서화된 법규에 의한 업무 수행, 공사(公私)의 엄격한 구분, 능력을 기준으로 한 선발과 승진, 장기근속의 보장 등이다(Weber, 1964).

〈표 8.3〉 기계적 구조와 유기적 구조의 특징

구 분		기계적 구조	유기적 구조
복잡성	과업 · 역할 · 기능	명확히 정의됨	신축적
	업무 · 활동의 분화	세분화된 독립적 업무 수행	유연하고 탄력적인 업무 수행
	조직 계층	계층이 많고, 경직적	계층이 적고, 유연
공식화	업무 수행	높은 공식화	낮은 공식화
	구성원 행동	통제 많음	통제 적음
	문서화(규정 등)	많음	적음
집권화	권한구조	집중적 · 위계적	분산, 복합적
	의사결정권	상부에 집중	조직 전반에 분산
	상호작용 · 영향력	상하 일방관계 · 위계적	수평적 · 대각적

출처: Kast & Rosenzweig(1979: 230) 수정

이러한 관료제의 특성을 기준으로 한국군의 조직구조를 살펴보면 다음과 같은 특성을 갖고 있다(Gouldner, 1954; Bennis, 1973; Thompson, 1977; Merton, 1978; 안석기 · 이태섭, 2013).

첫째, 분업의 원리에 따라 업무와 권한을 수직적 · 수평적으로 나누고, 모든 직위의 권한과 직무 범위를 법규로 명확히 규정하고 있다. 수직적으로는 대대, 중대, 소대, 분대 등으로 제대(梯隊)를 편성하여 지휘체계를 만들고, 수평적으로는 인사, 정보,

---

[19] "복잡한 사회 현상의 특징이나 모습을 파악하기 위해 개념적으로 설정된 이상적 모형"을 의미한다.

<표 8.4> 한국군 병과 분류

구분		육군	해군	공군
전투병과		보병, 기갑, 포병, 방공, 정보, 공병, 정보통신, 항공	함정, 항공, 정보	조종, 항공통제, 방공포병, 정보
근무병과	기술병과	화생방, 병기, 병참, 수송, 군수	병기, 보급, 공병, 조함, 정보통신	군수, 정보통신, 기상, 공병
	행정병과	인사, 재정, 공보정훈, 군사경찰	재정, 군사경찰, 공보정훈	재정, 공보정훈, 군사경찰, 인사교육
특수병과		의무(군의, 치의, 수의, 의정, 간호) 법무, 군종	의무, 법무, 군종	

주) 해병대: 보병, 포병, 기갑, 항공, 정보, 공병, 정보통신, 군수, 재정, 정보정훈, 군사경찰과
출처: 「군인사법」 제5조(2020.12.22), 「군인사법 시행령」 제2조(2021.3.16)

작전, 군수 등으로 나누어 참모 업무를 수행하도록 하고 있다.[20] 그리고 군사 업무를 〈표 8.4〉와 같이 수행하는 업무 특성에 따라 병과(兵科)로 구분하고, 군사특기(MOS: military occupational specialty)[21]를 부여하여 교육, 보직, 진급 등에서 차별화된 인사관리를 하고 있다.

이와 같이 수직적 · 수평적 분화(分化)에 의한 군사 업무 수행의 장점은 전문성과 효율성을 높일 수 있다는 것이다. 또한 직위별로 권한과 직무 범위를 법규로 명확히 규정하고 있기 때문에 업무 관계가 명확해지고, 새로운 직위에 보직되더라도 업무를 신속하게 파악하고 수행할 수 있다.

그러나 수직적 · 수평적 분업으로 인해 특정 분야의 전문성에만 치우쳐서 시야가 좁아지고, 소속 군과 자신의 병과나 특기 이외에는 잘 알지 못하는 이른바 '훈련된 무능력(trained incapacity)' 현상을 초래할 수 있다. 또한 육 · 해 · 공군으로 군을 구분하고 군별로 병과와 특기를 구분하여 인사관리를 함으로써 소속 군이나 병과 또는 특기만을 생각하는 집단 이기주의 또는 분파주의를 초래할 수 있다.

---

20 보병 사단에는 일반참모로 인사, 정보, 작전, 군수 참모 등이 있고, 특별참모로는 민사참모, 부관참모, 정훈참모, 헌병참모, 경리참모, 법무참모, 감찰참모, 병참참모, 공병참모, 병기참모, 통신참모, 의무참모, 화학참모, 군종참모 등이 있다.

21 병과처럼 수행하는 주요 임무에 따라 분류한 것으로 장교, 준사관(준위), 부사관, 병 모두에게 번호가 부여되는데, 신분에 따라 해당하는 번호와 특기가 각기 다르다.

둘째, 계층제의 원리에 따라 〈그림 8.8〉과 같이 피라미드 형태의 계층을 이루고, 상하 간에는 직무상의 명령-복종 관계를 갖도록 하고 있다. 즉, 군대조직은 계급[22]과 직위에 부여된 합법적 권한에 따라 상관의 정당한 명령에 대해 복종하도록 하는 위계적 집단이다(Janowitz, 1960).[23] 예컨대 일반조직에서와 달리 적전(敵前)에서 명령 위반자는 사형까지 처할 수 있도록 군 형법에 규정하고 있고,[24] 군인들의 진급에 결정

〈그림 8.8〉 육군 사단의 계층(제대)

적 영향을 미치는 근무평정권을 2차 지휘관까지 부여하여 지휘권을 확립하도록 하고 있다. 이처럼 군에서 특히 상명하복(上命下服)을 통한 지휘권 확립을 중요시하고 있는 것은 목숨이 위태로운 전투 상황에서 임무를 수행하기 위해서는 엄정한 군기 확립이 요구되기 때문이다. 그러나 이러한 정당한 명령에 대한 상명하복 규정과 근무평정권이 악용될 경우 상부지향적 사고와 행동을 하게 만드는 역기능이 나타날 수 있다.

또한 군에서 상하 간의 의사소통은 지휘 일원화(unity of command) 원칙, 즉 "한 사람의 상관에게만 지시·명령을 받고, 보고를 해야 한다는 원칙"에 의해 계층화된 지휘계통을 따라 직속상관이 지시·명령하고, 직속상관에게만 보고하도록 하고 있다. 이와 같은 군의 지휘 일원화 원칙은 일사불란한 지휘를 하게 해주고, 예하 부대와 부서

---

[22] 군에서의 계급은 지휘와 통제를 가능케 하는 군 조직의 근간으로 전투 상황에서 지휘자 유고 시 지휘체계를 확립하기 위한 지휘서열을 의미하기 때문에 계급의 권위가 존중되어야 한다.

[23] '상관'이란 명령-복종 관계에서 명령권을 가진 사람을 말하며, 명령-복종 관계가 없는 경우의 상위 계급자와 상위 서열자는 상관에 준한다(군 형법 제2조 제1항).

[24] 「군 형법」 제44조(항명): 상관의 정당한 명령에 반항하거나 복종하지 않은 사람은 다음 각 호의 구분에 따라 처벌한다. ① 적전인 경우: 사형, 무기 또는 10년 이상의 징역, ② 전시, 사변 시 또는 계엄 지역인 경우: 1년 이상 7년 이하의 징역, ③ 기타의 경우에는 2년 이하의 징역
「군 형법」 제46조(상관의 제지 불복종): 폭행을 하는 자가 상관의 제지에 복종하지 아니한 때는 3년 이하의 징역에 처한다.
「군 형법」 제47조(명령위반): 정당한 명령 또는 규칙을 준수할 의무가 있는 자가 이를 위반하거나 준수하지 아니한 때는 2년 이하의 징역이나 금고에 처한다.

간 활동을 효과적으로 조정할 수 있게 해주는 장점이 있다.[25] 그러나 다단계의 보고 과정에서 다음 사례와 같이 의사소통이 지연되고, 상관의 의도를 고려한 보고를 위해 의사소통이 왜곡되는 등의 문제를 야기할 수 있다.

> "지역 통합방위작전 책임이 있는 육군 ○○사단의 보고체계가 제대로 작동되지 않았다. ○○사단 당직자는 오전 7시 15분 최초 상황을 1함대로부터 접수하고, 휴가 중인 사단장의 직무대리인 행정 부사단장에게 관련 상황을 보고하지 않았다. 특히 대량문자전송서비스(크로샷) 및 고속상황전파체계를 이용하지 않고, 7시 22분 해안대대에 관련 상황을 전화 통화로 전파했다. 해안대대는 오전 7시 25분 화상회의(VTC)시스템으로 모든 소초에 전파했고, 사단으로부터 소초까지 전파되는 데 10분이 소요됐다. ○○사단 초동조치부대가 현장에 도착하는 데 소초가 상황을 접수한 기준으로는 20분, 사단을 기준으로는 30분이 소요됐다. ○○함대 통신실은 오전 7시 함대 지휘통제실에 전달했는데, 15분 후에야 합참에 보고했다."
>
> – 연합뉴스(2018.7.3)

셋째, 문서화된 법과 규정 및 절차에 따라 업무를 수행하도록 하고 있다. 이와 같이 업무처리 기준과 절차를 명확히 규정함으로써 자의적인 판단을 방지하여 민주성과 공정성을 높이고, 부정부패를 방지할 수 있다. 또한 공식적인 규정과 절차에 따라 모든 업무가 처리되기 때문에 업무의 일관성과 예측 가능성이 높아져 부대가 안정적으로 운영될 수 있다.

그러나 지나친 규정과 절차의 강조는 군인에게 최저수준으로 용인되는 행위만 하는 소극적인 업무 수행으로 업무 성과를 저하시키고, 변화와 혁신을 꺼리게 만들수 있다. 또한 목표 달성 수단인 규정과 절차를 지나치게 강조함으로써 목표와 수단의 전치(轉置) 현상이 발생할 수 있고, 시대에 뒤떨어지거나 우발적 상황을 고려하지 못한 법규와 절차의 준수를 강조함으로써 새로운 환경 변화에 적응하고, 우발적 상황에 신속히 대응하는 것을 방해할 수 있다.

---

[25] 조직의 성과가 아니라 조직 통제의 관점에서만 본다면 관료제 같은 기계적 구조가 모든 상황에서 가장 적절한 조직구조다(Robbins, 1983: 183).

넷째, 공사(公私)를 엄격히 구분하도록 하고 있다. 「군인기본법」 제36조(상관의 책무)에 "상관은 직무와 관계가 없거나 법규 및 상관의 직무상 명령에 반하는 사항 또는 자신의 권한 밖의 사항 등을 명령하여서는 아니 된다"라고 규정하고 있기 때문에 상관이라도 부하들에게 공적 업무와 관계없는 사적인 업무를 지시할 수 없다.

다섯째, 능력을 기준으로 한 선발과 승진을 하도록 하고 있다. 우리나라는 징병제이지만 군 간부와 특기병은 규정에 따라 공개적인 절차를 거쳐 선발하고 있고, 간부들은 계급별로 진급심사위원회를 구성하여 공정하고 객관적인 진급 심사가 이루어지도록 하고 있다.[26] 그리고 군별·신분별 특성을 고려하여 만들어진 근무평정, 경력관리, 교육성적, 잠재 능력 등의 평가요소를 계량화하고, 이러한 평가요소들을 종합적으로 평가하도록 함으로써 진급의 객관성과 공정성을 높이고 있다.

여섯째, 장기근속을 보장하고 있다. 직업공무원제(職業公務員制)[27]를 채택하고 있는 우리나라에서 공무원의 신분을 보장하는 것은 직업성을 보장해줌으로써 우수 자원을 확보하고, 장기적인 경력관리를 통해 전문성을 높이는 데 있다. 직업군인도 공무원 신분[28]이기 때문에 직업공무원제의 취지에 따라 「군 인사법」 제44조(신분보장)에 "① 군인은 법률에서 정하는 바에 따라 신분이 보장되며, 그 계급에 걸맞은 예우를 받는다. ② 군인은 이 법에 따른 경우 외에는 그 의사(意思)에 반(反)하여 휴직되거나

〈표 8.5〉 한국군의 계급별 정년

구분	하사	중사	상사	원사	준위	소위	중위	대위	소령	중령	대령	준장	소장	중장	대장
연령정년	40	45	53	55		43			45	53	56	58	59	61	63
근속정년	-				32	15			24	32	35	-			
계급정년	-											6	4	-	

출처: 「군 인사법」(2021)

---

[26] 육군은 갑·을·병 3개 추천위원회와 별도의 선발위원회로 4개 위원회를 구성하여 진급 심사를 하는 '사심제(四審制) 진급제도'를 운영하고 있다.

[27] 공무원이 자기 직업에 대해 자긍심을 가지고 평생 근무할 수 있도록 하기 위한 일체의 제도

[28] 직업군인은 공무원 중 경찰이나 소방공무원 등과 같은 특정직 공무원(담당업무가 특수하여 자격·신분보장·복무 등에서 특별법이 우선 적용되는 공무원)이지만, 특별법인 「군 인사법」에 의해 계급별로 정년이 다르게 정해져 있다.

현역에서 전역되거나 제적되지 아니 한다"라고 규정하여 직업군인의 장기근속이 가능하도록 하고 있다.

그러나 공무원은 직급에 관계 없이 60세까지 정년이 보장되는 반면에 직업군인은 〈표 8.5〉와 같이 「군 인사법」에 따라 계급별로 연령 정년과 근속 정년이 있어서 소령 미진급자는 39세, 중령 미진급자는 45세에 전역하도록 하고 있다. 그러나 대부분 직업군인이 사회 진출 시 취업이 어려워 직업성 보장이 미흡한 실정이기 때문에 우수 자원들이 직업군인을 기피하여 직업군인단의 질이 저하되고, 직업군인으로서 소명의식을 떨어뜨리기 때문에 직업군인의 정년을 연장하는 것이 바람직하다.[29]

그러나 적절한 통제 장치 없이 무조건적으로 신분보장을 해줄 경우 새로운 일을 하려는 적극성이나 창의성을 발휘하지 못하고, 소극적인 업무 수행이나 무사안일주의에 빠질 수 있기 때문에 적절한 동기부여 방안과 함께 통제 방안을 마련할 필요가 있다.[30]

이상과 같이 우리 군은 전형적인 관료제 조직으로서 기계적 구조가 가진 순기능과 역기능을 함께 갖고 있다. 따라서 군 리더들은 일사불란한 지휘권 보장, 군사업무 수행의 공정성 · 효율성 · 민주성 · 예측 가능성 등과 같은 관료제의 기계적 구조가 가진 순기능은 효과적으로 활용하고, 기계적 구조의 역기능인 융통성 · 창의성 저하, 목표와 수단의 전치 현상, 소극적 업무 수행, 변화와 혁신 저항 등이 발생하지 않도록 리더십을 발휘해야 한다.

(4) 군의 기술과 리더십

군의 기술 하위시스템(technological subsystem)은 "유도무기, 전차, 항공기, 함정 등 전장에서 전투력을 발휘하기 위한 무기와 이를 운영하는 데 필요한 인원, 장비, 부품, 시설, 소프트웨어, 종합군수지원 요소, 전략 · 전술 및 훈련 등 제반 요소를 통합한 전

---

29 구체적인 직업군인의 정년 연장 필요성과 방안에 대해서는 최병순 등(2002) 참조.

30 교수 재임용제도처럼 진급 시기 경과자에 대해서는 복무심사를 한 후 정년 연장을 해주거나, 현재 실시하고 있는 '명예진급제도' 같은 적절한 동기부여제도를 마련할 필요가 있다.

체 체계"인 무기체계(武器體係, Weapon System)와 전투력을 창출하기 위한 교육훈련 제도와 방법 등이다.

기업에서 연구 결과에 따르면 조직의 생산기술은 조직구조와 구성원의 사회심리에 영향을 미친다. 조직의 기술이 복잡할수록 관리자와 관리계층이 많아지고, 사무직과 관리직의 비율이 더 높은 경향이 있다(Woodward, 1958). 또한 요구되는 과업과 전문화의 정도, 과업 집단의 규모와 구성 방법, 구성원 상호 간의 접촉 범위, 그리고 구성원의 역할과 지위에 영향을 미치게 되고, 나아가 동기부여, 직무만족 등 구성원의 사회심리에도 영향을 미친다(Hall, 1982: 167).

조직의 생산기술만이 아니라 경영정보시스템(MIS: Management Information System) 같은 정보기술도 조직구조와 구성원의 사회심리에 영향을 미친다. 즉 조직의 리더에게 종합적인 경영정보가 제공되므로 기능별 또는 지역별로 분화된 조직구조의 통폐합 등이 이루어지고, 의사결정 기능이 최고위층에서 이루어지므로 중간관리층이 감소하는 등 집권화와 공식화가 높아지는 경향이 있다. 또한 컴퓨터를 통해 대부분 업무가 처리되기 때문에 조직 구성원 간의 대면적 상호작용이 감소하여 구성원 간의 친밀감이나 집단의식이 약화하는 등 사회심리에도 영향을 미치게 된다.

이러한 연구 결과는 우리 군의 정보기술인 C4I[31] 체계 발전으로 전장에서 예하부대 상황을 실시간으로 확인할 수 있고, 지휘관이 기동하면서도 실시간으로 지휘통제할 수 있는 능력이 향상되었기 때문에 C4I 체계 발전이 군 구조와 군인들의 사회심리에 어떠한 영향을 미치고, 전장에서 효과적인 리더십이 무엇인지에 대한 연구가 필요하다는 것을 시사해주고 있다.[32]

한편 우리 육·해·공군은 목표와 임무가 다르기 때문에 목표 달성에 적합한 무기체계를 갖고 있다. 육군과 해병대는 소총과 화포처럼 단순한 기술의 무기체계를

---

[31] C4I 체계란 Command, Control, Communication, Intelligence의 머리글자인 C3I에 Computer를 합쳐 만든 약자다. 이와 같은 지휘, 통제, 통신 및 정보의 4가지 요소를 유기적으로 통합하고 전산화함으로써 지휘관이 실시간 작전 대응능력을 갖도록 지원하는 통합 전장관리체계다.

[32] C4I 체계의 발달로 상급 부대 지휘관이 예하 부대의 상황을 실시간으로 확인이 가능함에 따라 우리 군에서 임무형 지휘를 권장하고 있지만, 오히려 상급 지휘관의 간섭이 강화될 수 있다. 한편으로는 임무형 지휘가 바람직하지만, 상황에 따라서는 예하 지휘관에게 권한을 위임하기보다 군사적 경험과 지식이 많고, 전장 상황에 대한 더 많은 정보를 가진 상급 지휘관이 직접 지휘하는 것이 더 바람직할 수도 있다.

주로 사용하기 때문에 전문성이 낮은 군인들로도 운영이 가능한 병력집약형 군대다. 그러나 해군과 공군은 매우 복잡한 첨단과학기술의 무기체계인 함정과 항공기를 운용해야 하기 때문에 구성원들에게 높은 전문성이 요구되는 기술집약형 군대다.

이와 같이 군별로 무기체계에 차이가 있기 때문에 병력 중심인 육군·해병대와 기술군인 해·공군은 조직구조와 병력충원제도, 조직문화 등에 차이가 있다. 예컨대, 소장이 지휘하는 부대를 육군은 사단, 해군은 함대, 공군은 비행단이라고 하고, 핵심 전투원이 육군은 병(兵)이지만 해군은 부사관, 공군은 장교(조종사)다. 또한 육군은 기술행정병, 전문특기병 등만 지원을 받아 선발하지만, 해·공군은 전원을 지원자 중에서 선발하여 충원하고 있다. 특히 해군은 육군이나 공군과는 달리 함정의 좁은 공간에서 장기간 생활하는 특성 때문에 함정 지휘관인 함장의 권위가 절대적이고,[33] 장교단 내의 위계가 타군에 비해 강하다. 그리고 다음과 같은 해군만의 독특한 문화를 갖고 있다.

첫째, 함정에서 사관실을 신성시하고, 배에 탈 때는 현문(舷門)을 통과하면서 함미 갑판에 게양된 국기에 경례해야 한다.

둘째, 사용하는 언어도 타군과 차이가 있는데 해군에서는 휴가나 외박을 '상륙'이라고 하고, 장군(general)을 '제독(admiral)'이라고 한다. 예컨대, 해군은 '이순신 장군'을 '이순신 제독'이라고 부른다.

셋째, 해군에는 출항과 과업, 집합, 당직교대 등 거의 모든 분야에서 적용되는 '15분 전, 5분 전' 문화가 있어 정각이 아니라 5분 전에 모든 집합이 완료되고, 업무 시작 준비가 완료되어야 한다.[34]

넷째, 함정의 복도가 좁아서 생긴 것으로 '길 차려'라는 문화가 있는데 복도에서 상급자와 만났을 때 상급자가 먼저 지나갈 수 있도록 하급자가 벽에 붙어 길을 비켜 주는 것이다.

---

33 사관실과 조타실의 함장석은 함장의 권위를 존중해주기 위해 함장 외에는 함장의 허락 없이 다른 사람은 앉을 수 없다.

34 해군에서 출항 15분 전은 출항 준비가 완료됐다는 뜻이고, 5분 전 방송이 나오면 육상과 연결된 현문이 철거되고 홋줄이 걷히며 함정은 출항한다.

이와 같이 각 군의 기술체계, 특히 무기체계의 차이가 각 군의 조직구조와 구성원의 사회심리, 그리고 관리체계의 차이를 가져오고 있다. 따라서 우리 군도 첨단과학기술을 사용하는 무기체계와 C4I 같은 정보시스템[35]을 도입하여 첨단정보과학기술군으로 변화함에 따라 군 구조를 개편하고 인력운영체계를 개선하여 첨단과학기술 중심의 스마트군으로 전환하고, 인권존중의 리더십을 발휘하는 병영문화를 조성하기 위해 국방개혁을 추진하고 있다.

(5) 장병들의 사회심리와 리더십

▍한국 사회의 특성과 장병의 사회심리

우리 군은 해방 후 군 창설 과정에서 일본 제국군 출신들이 간부의 대부분을 차지함으로써 이들을 통해 일본 군국주의 군대의 권위적인 병영문화와 상하관계, 그리고 리더십이 전수되었기 때문에 우리 군의 문화와 장병들의 사회심리, 그리고 리더십 형성에 일본 제국군의 영향을 받지 않을 수 없었다.

그러나 한국군의 대표적 특성인 권위적 특성은 일본제국 군대의 영향만이라고 할 수는 없다. 우리 사회의 장유유서의 위계적 유교 윤리, 반상의 신분 구분 같은 권위적 유교문화와 산업화 과정에서 만들어진 조직의 획일적인 가치관, 기계적 구조, 일상적·반복적인 단순 기술시스템 등으로 인해 형성된 권위주의(authoritarianism)[36]도 영향을 미쳤다(오세철, 1982: 256). 또한 이러한 사회적 영향만이 아니라 전형적인 관료제 조직인 군의 기계적 조직구조도 한국군의 권위주의적 특성을 형성하는 데 일조했다고 할 수 있다.

군에서 권위주의는 계급과 직위의 권위가 존중되고, 상관의 명령에 복종하게 함

---

[35] 경영정보시스템(MIS)의 도입이 집권화를 강화시킨다는 주장이 있는 반면에 각 계층의 리더들이 필요로 하는 정보를 제공해줌으로써 그들의 판단과 의사결정에 도움을 주기 때문에 분권적 리더십 발휘를 가능하게 해준다는 견해도 있다(이학종, 1993: 250-257).

[36] 권위주의는 "어떤 일에 대하여 권위를 내세우거나 권위에 순종하는 사고방식이나 행동양식"이다(출처: 두산백과사전).

으로써 의사소통의 비용을 줄이고 업무의 효율성을 높여주는 순기능이 있다. 그러나 상관에 대한 부하들의 복종이 상관의 권위에 대한 두려움 때문이라면 그것은 진정한 복종이 아니기 때문에 그러한 부대에서 높은 전투력이 발휘되리라 기대할 수 없다. 상관으로서 권위를 확립해야 하지만 상관에 대한 존경과 신뢰로부터 자발적으로 우러난 권위에 대한 인정이 아니라 처벌이나 징계에 대한 두려움 때문에 만들어진 권위인 경우에는 상관에 대한 존경과 신뢰를 떨어뜨리고, 전장에서는 미군의 베트남전에서 발생한 프래깅[37] 사건 같은 하극상을 초래할 수도 있다.

우리 군의 또 다른 대표적 특성인 집단주의는 우리 사회가 전통적으로 공동체를 중시하는 집단주의 경향이 강하기 때문에 군만의 고유한 특성이라고 할 수는 없다. 그러나 군은 대부분이 영내에서 통제된 집단생활을 하고 있고, 팀워크에 의해 전투력이 발휘되기 때문에 개인의 실수도 전체의 잘못으로 간주하여 연대책임을 묻는 등 개인보다는 집단을 우선시하는 집단주의 경향이 더욱 강하다. 이러한 집단주의는 협동과 양보, 희생 등을 통해 집단 공동체에 긍정적인 기여를 할 수 있지만, 집단주의는 개인의 개성(생각, 성격, 감정 등)이 무시되고, 창의성 저하와 집단사고(group thinking) 유발 같은 역기능을 가져오기 때문에 지나친 집단주의는 지양해야 한다. 그런데 우리 사회에 서양의 개인주의 문화가 유입되고 지식정보사회로 발전하면서 개인주의 문화가 확산하고, 그러한 영향을 받은 신세대 장병들이 우리 군의 대부분을 구성하고 있기 때문에 집단주의의 장점을 유지하면서도 장병 개개인의 다양성을 존중하고 포용하는 리더십이 요구된다.

▌신세대 장병의 사회심리와 리더십

직업군인과 달리 우리 군의 신세대 초급간부와 용사는 대부분 병역의무 이행을 위해 비자발적으로 입대한 단기복무자다. 따라서 장기복무자인 직업군인에게는 표창, 진급, 보수, 복리후생 등의 보상 시스템과 감봉, 근무평정 불이익 등의 징계 시스템을 적용할 수 있지만 단기복무자에게는 직업군인 같은 보상 및 징계제도가 없기

---

37 프래깅(fragging)이란 "군대에서 본인의 지휘계통으로 부대의 구성원을 죽이거나 죽게 되는 상황으로 몰아 넣는 행위, 특히 상관 살해 행위"를 가리키는 미군의 은어이다.

때문에 군 복무 동기를 유발하고, 군기를 유지하는 데 어려움이 있다.

따라서 단기복무 장병들의 복무 열의를 불러일으키기 위해서는 군 복무기간이 인생의 공백기가 아니라 자신의 성장과 발전에 도움이 되는 기간이 될 수 있도록 선발, 교육훈련, 보직, 진급 등의 군 인력관리시스템을 개선해야 한다. 또한 군 인력관리체계의 개선과 지휘관의 리더십만으로는 군 복무 열의를 불러일으키는 데 한계가 있기 때문에 병역의무를 성실하게 수행한 장병에게는 사회에서 그에 상응한 보상이 주어질 수 있도록 국가적 차원의 인센티브 시스템을 구축하도록 해야 한다.

또 다른 한국군 장병의 특성은 과거와 달리 대부분의 용사가 대학 이상의 고학력자라는 것이다.[38] 따라서 용사들을 보호 및 통제의 대상으로만 볼 것이 아니라 그들이 가진 능력을 군에서 발휘할 수 있도록 적재적소에 배치(병과 및 특기 부여, 부대 배치 등)하고, 적절한 권한과 책임을 부여할 필요가 있다. 물론 병역의무 이행을 위해 단기 복무하는 용사에게 많은 권한과 책임을 부여하는 것은 바람직하지 않을 수 있지만, 각자의 능력을 고려하여 역할을 맡기고 권한과 책임을 부여하면 적극적인 군 복무를 하도록 동기부여를 할 수 있을 것이다.

우리 군의 용사가 교육수준이 높다는 것은 그만큼 교육훈련이나 임무를 효과적으로 수행할 능력을 갖고 있다는 긍정적인 측면이 있는 반면, 간부들의 자질도 그만큼 향상되어야 할 필요성이 제기된다. 과거에는 용사의 학력수준이 낮았기 때문에 상대적으로 학력이 높은 간부들이 계급이 높은 것만으로도 권위를 인정받을 수 있었다. 그러나 용사의 학력이 간부보다 높은 경우도 많아졌기 때문에 간부들의 권위를 인정받기 위해서는 선발 및 임관 제도를 개선하고, 간부(특히 부사관)들의 자질향상 교육을 강화해야 한다.[39]

이상과 같이 장병들의 대부분이 단기복무자이고, 용사들이 고학력화되고 있다는 것과 함께 또 다른 중요한 특성은 〈그림 8.5〉에서 본 바와 같이 군에 들어오는 신

---

[38] 2019년 입영자원 10만 7,269명 중 76.8%가 대졸 이상, 22.7%가 고졸, 0.5%가 고퇴 이하였다(병무청 2020, 2019 병무통계 연보). 그리고 장교는 대졸 이상, 부사관은 고졸 이상인 자를 선발하고 있다.

[39] 장교 및 부사관의 인력관리체계 개선 방안은 최병순 등(2002), 『국방인력관리체계 발전방안: 참모사관 및 참모형 장교제도 도입을 중심으로』 참조.

세대의 가치관과 생활습관이 기성세대와 다른 특성을 갖고 있다는 것이다. 따라서 군 리더들은 이들의 특성을 잘 이해하도록 노력하고, 그들이 가진 강점을 활용할 수 있도록 다음과 같은 방향으로 리더십을 발휘하고 병영문화를 혁신해야 한다.

첫째, 기성세대 가치관의 잣대로 신세대 장병들의 태도와 행동을 해석하지 말고 차이를 인정해야 한다. 신세대는 기성세대와 완전히 다른 사회적 배경에서 성장했으므로 서로 다른 가치관과 태도를 갖는 것은 오히려 자연스러운 현상이다. 따라서 기성세대가 자라온 사회적 배경에 근거해 신세대 장병을 부정적으로만 바라보지 말고 역지사지(易地思之)하여 그들의 생각과 행동을 이해하도록 노력해야 한다.

둘째, 신세대 장병은 다음 인터뷰 내용처럼 기성세대 장병과 달리 군을 위해 무조건적으로 자신을 희생하려고 하지 않는다. 따라서 군인이라는 이유로 부대(부서)를 위해 무조건적인 희생만을 요구할 것이 아니라 개인과 부대(부서)가 함께 승-승(win-win)할 수 있도록 노력과 성과에 대한 평가와 보상을 공정하고 투명하게 실시해야 한다.

> "초과근무에 대한 보상은 당연한 것 아닌가. 이게 왜 논쟁의 대상이 되는지 잘 모르겠다. 물론 제도적으로 잘 다듬어서 부작용 문제는 해결하는 게 맞지만, 보상하는 것 자체에 대한 막연한 거부감을 느끼는 간부들의 생각은 잘 이해되지 않는다."
>
> — ○○사단 용사 인터뷰(2019)

셋째, 신세대 장병은 자기표현에 익숙하고, 다음 인터뷰 내용처럼 상대방도 자기 생각과 감정을 표현하는 쌍방적 의사소통을 기대하고 있다. 그리고 "이 일을 왜 하는가?", 즉 일하는 이유(why)와 의미(meaning)를 중요시한다.[40]

> "내가 그 일을 왜 해야 하는지 납득되지 않으면 몸이 잘 움직이지 않는다. 뭐 사소한 걸 하나 하더라도 '왜(why)' 해야 하는지를 명확하게 설명해주었으면 좋겠는데, 그런 경우가 사실 적다. '그냥 해'라고 일방적으로 지시하는 경우가 대부분이다."
>
> — ○○사단 용사 인터뷰(2019)

---

[40] 신세대 장병들을 대상으로 "임무 수행 시 가장 중요하게 생각하는 것은?"이라는 설문조사를 실시한 결과 58.5%가 "이 일을 왜 하는가?"를 가장 중요하게 생각하는 것으로 나타났다(제53사단, 2019: 57-33).

기성세대 간부들은 이처럼 종종 상관이 내린 지시나 명령에 대해 이유를 알려주기를 원하는 신세대 장병을 보고 '나 때는 하라면 그냥 했는데'라고 생각하거나, "나도 몰라. 대대장님께서 하라신다. 하라면 해야지!", "뭘 원하시는지 나도 잘 모르겠다. 알아서 잘 해봐"라고 말하기도 한다(제53사단, 2019). 그러나 신세대 장병은 아래 일화와 같이 육체적 고통보다 의미 없는 일을 반복하는 심리적 고통을 더욱 견디기 힘들어한다.

> "스탈린 치하의 알렉산드로 솔제니친의 소설 『이반데니소비치의 하루』에는 수용소 죄수들의 벽돌 옮겨 쌓기 일화가 나온다. 중죄수에게 시킨 일은 다음과 같았다. 우선 한 곳에 벽돌을 쌓게 만든다. 그다음 쌓은 벽돌을 허물고 그 벽돌을 다른 장소에 쌓게 한다. 그곳에서 벽돌쌓기가 끝나면 그 벽돌을 허물어 원래 자리에 다시 쌓는다. 이 일을 끝도 없이 반복하게 한다. 이 벽돌쌓기에 동원되었던 사람들은 몇 해를 넘기지 못하고 대부분 죽게 된다. 이들의 벽돌쌓기 노동이 육체적으로 힘들었기 때문이 아니라 정신적으로 감당키 어려웠기 때문이다. 이들은 끊임없이 되풀이되는 벽돌쌓기와 허물기 속에서 일에 대한 의미(meaning)를 전혀 발견할 수 없었기 때문이다."

따라서 평소에 보안 등의 불가피한 경우를 제외하고는 부대 운영 정보를 알려주고, 임무 부여 시 그것을 해야 하는 이유와 의미를 명확하게 알려주어야 한다.[41] 그리고 부하들의 의견을 경청하는 쌍방향 의사소통을 함으로써 상관에 대한 부하들의 존경과 신뢰가 쌓여 긴박한 극한 상황에서 이유를 설명하지 않더라도 상관의 명령에 따르게 된다.

넷째, 군의 대부분을 구성하고 있는 신세대 장병은 1980년 전후에 태어나 급속한 글로벌화, 정보통신기술의 발달, 1~2자녀 가구, 경제적 풍요 등 기성세대와는 완전히 다른 환경에서 성장했다. 따라서 군의 복무 여건이 과거에 비해 많이 개선되었지만 신세대 장병들이 군의 복리후생 시설이나 집단생활, 그리고 육체적인 훈련 등

---

[41] 조직 구성원들의 동기부여를 위해서는 구성원이 조직의 공동목표를 분명하게 인식하도록 해야 한다. 그리고 그러한 목표를 달성하는 데 자신의 임무(mission)가 무엇인지를 명확히 알려주고, 자신이 하는 일이 중요하다는 의미(meaning)를 느끼도록 해야 한다(권석만, 2008: 532).

에서 느끼는 심리적·육체적 고통의 정도는 기성세대의 장병이 느꼈던 것보다 더 클 수 있다.

이러한 신세대 장병에게 애국심이나 충성심 또는 인내심만으로 군 복무 열의를 불러일으키고, 군기를 유지하는 것은 한계가 있기 때문에 사회적 발전 속도에 맞추어 생활관 등 복리후생 시설과 통제 지향적인 각종 법규를 개선하고, 이들의 육체적·정신적 능력에 맞추어 합리적이고 과학적인 교육훈련을 실시하도록 해야 한다.

실습 8.1

시스템 인식틀을 활용한 조직(부대) 진단

구분	진단 요소	분석/진단	발전 방안
투입 (input)	병력, 예산 등		
환경	일반 환경(정치/경제/사회 등) 과업 환경(상급부대, 지역주민, 관련 기관 및 법규 등)	• 기회요인 • 위협요인	
목표/ 문화	조직목표, 공유가치, 의례의식 등		
구조	편제, 업무 분담, 내규(SOP) 등		
기술	무기, 시설, 장비, 교육훈련 방법 등		
사회심리 (구성원)	인간관계, 사기, 응집력, 군기 등		
관리	행정체계(계획-집행-통제) 지휘관 리더십 등		
산출 (output)	전투력, 사고율, 외부 평판 등		

3. 리더의 역할

앞 절에서 살펴본 캐스트와 로젠바이크(Kast & Rosenweig, 1979)의 시스템 인식틀 외에도 여러 가지 유형의 조직 인식틀이 있다. 대표적으로 볼먼과 딜(Bolman & Deal, 2021)은 사회학, 심리학, 정치학, 인류학 등의 이론적 연구와 실무경험을 토대로 〈표 8.6〉과 같이 조직 인식틀을 구조적 인식틀, 인적자원 인식틀, 정치적 인식틀, 상징적 인식틀의 4가지 유형으로 분류했다.[42] 여기서는 4가지 유형의 조직 인식틀의 특징을 살펴보고, 이에 따른 리더의 역할을 설명한다.

〈표 8.6〉 조직 인식틀과 리더의 역할

구 분	조직 은유	관련 학문	중심 개념	리더십 기본 과제	리더의 역할
구조적 인식틀	기계 공장	과학적 관리 사회학	역할, 목표, 정책, 기술, 환경	과업, 기술, 환경과 구조의 적합관계 구축	설계자 · 건축가
인적자원 인식틀	가정	심리학	개인욕구, 역량, 상호관계, 집단역학	조직목표와 개인욕구의 조정	인적자원관리자 (농부 · 정원사)
정치적 인식틀	정글 경기장	정치학	권력, 갈등, 경쟁, 조직정치	의제와 권력 기반의 개발	정치가
상징적 인식틀	연극무대 극장	문화인류학	문화, 신화, 의례 · 의식, 일화, 영웅	상징, 의미의 전달과 창조	연출가 · 배우

출처: Bolman & Deal(2021) 수정

---

[42] 모건(Morgan, 1997)은 인식틀과 같은 의미를 가진 '이미지(image)'라는 용어를 사용하여 조직을 기계장치, 유기체, 두뇌, 문화, 정치체계, 심리적 감옥, 흐름과 변화 과정의 8가지 유형으로 분류했다.

1) 구조적 인식틀과 설계자로서 역할

(1) 구조적 인식틀의 기본 가정

구조적 인식틀로 보면 조직은 조직의 목표를 달성하기 위해 존재하는 것이다. 그리고 조직 구성원은 조직 목표를 달성하기 위한 수단이자, 기계의 부속품과 같은 것이다.[43] 이러한 인식틀을 가진 전형적인 군 리더는 「크림슨 타이드(Crimson Tide)」라는 영화에 나오는 핵 잠수함 알라바마함의 렘지 함장이다.

함장인 렘지는 그동안 군인으로서 임무를 훌륭히 수행해왔고, 실제 전투 경험도 있다. 그는 기계의 부속품이 제대로 기능하지 않으면 교체해버리는 것처럼 부함장이 자신의 마음에 들지 않는다고 여러 명을 교체했다. 그리고 항해 중 식당에서 화재가 발생했을 때 실전 같은 훈련을 한다는 이유로 화재 진압이 완료되기도 전에 미사일 발사훈련을 실시하도록 한다. 결국 병사 한 명이 심장 발작으로 훈련은 중단되었고, 그 병사는 사망한다. 렘지 함장에게 승조원들은 알라바마함에 주어진 목표 또는 임무 달성을 위한 수단에 지나지 않았다.

또한 구조적 인식틀은 조직목표를 효과적으로 달성하기 위한 방법으로 조직이 처한 상황에 적합하도록 조직구조(조직표, 업무분장, 법규, 제도 등)를 만드는 것을 중요시한다. 그것은 조직 환경의 변화나 인간적 요소를 반영한 합리적인 조직구조가 구성원들이 제멋대로 행동하는 것을 막아주고, 목표 달성에 집중하도록 해주는 등 조직이 기능을 잘 발휘할 수 있도록 해준다고 보기 때문이다. 따라서 조직에서 문제가 발생

---

43 조직은 그 자체가 목적인 경우는 많지 않고, 대개의 경우 다른 목적을 달성하기 위해 창조된 도구일 뿐이다. 이러한 사실은 조직이라는 단어인 'organization'이라는 단어의 어원이 '도구', '연장'을 의미하는 'organon'이라는 데서도 잘 알 수 있다(Morgan, 1986: 23).

하는 원인의 대부분은 조직구조가 부적합하기 때문
이라고 본다. 즉, 기계가 제대로 작동하지 않고 고장
이 나는 이유는 설계의 잘못이거나 설계 당시의 조
건이 변경되었기 때문인 것처럼 기계의 설계도 같은
조직구조가 잘못되었기 때문에 조직에서 문제가 발
생한다는 것이다. 그렇기 때문에 조직에서 발생하는 문제의 해결도 조직구조를 재설
계하거나 재조직화(reorganization)하는 데 초점을 맞춘다(Bolman & Deal, 2017).

이러한 구조적 인식틀은 언뜻 생각하면 융통성이 없고, 흔히 틀에 박힌 일상적인
업무 수행이 연상된다. 그리고 구조적 인식틀을 바탕으로 하는 대표적인 조직 형태
인 '관료제'라는 단어는 흔히 비능률과 경직성이라는 이미지를 연상시킨다. 그러나
구조적 인식틀은 합리성(合理性, rationality)에 대한 믿음을 바탕으로 하고 있고, 상황에
맞도록 조직구조를 잘 설계함으로써 조직에서 발생하는 문제를 미연에 방지하고, 조
직의 효율성과 성과를 높일 수 있다는 전제를 하고 있다.

이상과 같이 구조적 인식틀(structural frame)은 조직의 구조적 측면을 중시하는 인식
틀이다. 따라서 조직이 성공적으로 운영되려면 기계가 잘 작동되고, 공장이 일사불
란하게 돌아가려면 설계자가 설계를 잘해야 하는 것처럼 조직이 잘 운영되려면 리더
가 조직구조(organizational structure)[44]를 잘 설계하고, 조직에 문제가 발생하면 다음 사례
와 같이 조직구조에 문제의 원인이 있기 때문에 조직구조를 재설계해야 한다.

군의 양성교육기관인 ○○학교에서는 A부서에 보직된 용사들이 교실 청소와 함께
형광등 교체 등과 같은 교실 관리 업무를 해왔다. 그런데 군 병력 감축 계획에 따라 학교
전체 용사의 보직 인원 감소에 따른 편제 조정과정에서 교실 관리를 담당하던 용사 수
를 감소시키고, 소속을 B부서로 변경했다. 그러나 편제 조정을 하면서 업무분장 내규를
개정하지 않았기 때문에 원래대로 교실 관리는 A부서에서 수행하게 되어 있었다.

어느 날 A부서 책임자와 B부서 책임자가 교실 관리 책임이 어느 부서에 있는지를 두
고 말다툼을 한 후 서로 인사도 하지 않고 지내고 있었다. B부서 책임자는 원래보다 적

---

44 조직구조는 사람에 비유하면 사람의 형태를 만들어주는 골격 또는 뼈대 같은 역할을 한다.

은 인원을 배정했기 때문에 교실 청소만 하기도 벅차고, 업무 내규에 엄연히 교실의 비품 관리는 A부서에서 하도록 되어 있다는 것이었다. 반면에 A부서 책임자는 용사들이 소속되어 있어서 그동안 자기 부서에서 교실 비품 관리를 한 것이기 때문에 현재 용사들이 소속되어 있는 B부서가 형광등 관리 업무를 담당해야 한다는 것이었다.

위의 사례와 같이 많은 조직에서 편제 또는 업무 분담 규정의 불명확성, 즉 구조적 불합리성 때문에 조직(부서) 또는 구성원 사이에 종종 갈등이 발생한다. 만일 인적 자원 인식틀만 가진 리더라면 위 사례의 A부서와 B부서 책임자 사이의 갈등 원인을 사람 때문이라고 보고 업무에 대한 열정이나 희생정신 또는 협조정신의 부족으로 간주할 것이다. 그래서 두 사람을 불러놓고 훈계하고, 서로 화해하게 한 후에 협조적으로 업무를 수행할 것을 당부하는 식으로 문제를 해결하려고 할 것이다.

그러나 구조적 인식틀을 가진 리더는 이러한 문제의 원인을 사람의 문제로 보지 않고 조직구조, 즉 편제 조정과정에서 인력 조정이 부적절했고, 업무 내규를 수정하지 않은 구조적인 문제로 보고 편제나 규정을 바꾸려고 할 것이다. 즉 A부서 책임자 주장처럼 업무를 수행하던 용사들이 소속이 변경되었기 때문에 교실 관리 업무를 B부서에서 수행하도록 업무분장 내규를 수정하거나, 교실 비품을 관리할 수 있는 최소한의 인력을 A부서에 다시 배치하도록 편제를 조정함으로써 두 부서 간의 갈등 원인을 근본적으로 해소하려고 할 것이다. 구조적 인식틀은 이처럼 조직에서 발생하는 문제의 원인을 구조적 불합리성에서 찾고, 어떻게 최적의 조직구조를 만들 것인가에 초점을 맞춘다.

이상과 같은 구조적 인식틀을 바탕으로 칭기즈칸(Chingiz Khan)은 인치(人治)가 아니라 한비자(韓非子)[45]가 주장한 법치(法治)의 원리를 적용하여 거대한 몽골제국을 다스렸다. 예컨대, 대제국을 통치하기 위해 낡은 과거를 청산하고 고쳐야 할 문제들을

---

[45] 전국시대의 사상가로 법가 사상을 집대성했으며, 본명은 한비(韓非)다. 사람은 이기적 존재이기 때문에 도덕성이 아니라 법에 의해 강제, 즉 법치(法治)를 해야 한다고 주장했다. 그는 '법(法)'이란 모든 사람이 지켜야 할 행위의 준칙이자, 군주의 통치 도구로서 현실적 실용성을 기준으로 만들어야 하고, 능력과 실적에 따라 누구에게나 공평하게 법에 따라 신상필벌(信賞必罰) 할 것을 강조했다. 그리고 군주가 인위성을 배제하고 순리(順理)에 따라 만들어진 법으로 나라를 다스릴 것을 주장했다.

36개 조항으로 정리하여 『대자사크(Yeke Jasag)』[46]라는 법전을 만들어 엄격히 시행하도록 하고, 천호제(千戶制)[47]와 역참제(驛站制)[48] 등의 제도를 만들었다(김종래, 2002: 95-108).

오늘날 미군 역시 이러한 구조적 인식틀을 바탕으로 한 다음과 같은 각종 보상제도를 만들어 충성과 희생을 이끌어내고 있다.

> 미국이 군인들로부터 충성과 희생을 이끌어내는 방법은 여러 가지가 있겠지만, 해답은 보상제도라고 할 수 있다. 나라를 위해 목숨을 바치면 영웅으로 기록될 뿐만 아니라 남겨진 가족들이 충분히 살아갈 수 있도록 최대한 배려한다.
>
> 전쟁 중 군인이 사망하면 전사와 사고사, 즉 사망 장소를 가리지 않고 테러와의 전쟁을 치른 것으로 간주해 전시는 물론 훈련 중 사망해도 같은 보상 기준을 적용해 전사자 1인당 정부 조의금 10만 달러와 미군이 집단으로 가입한 생명보험금 40만 달러 등 50만 달러를 지급한다. 조의금은 전선에서 전사했을 때는 물론, 군사훈련 중 사고사한 경우까지 사실상 모든 현역 미군에게 적용되고, 조의금 10만 달러는 해당 군인이 사망한 지 24시간 안에 배우자에게 전달된다. 배우자가 없을 때는 그의 자녀, 부모 순서로 전달하게 된다. 미국 정부에서는 이런 지원만 전담하는 CAR(Casualty Assistance Representative)이라는 조직과 요원들이 있다. 유가족은 살고 있던 군부대 관사 또는 아파트 등 주택에 해당 미군이 사망한 날로부터 6개월까지는 계속 거주할 수 있게 해주고, 다른 곳으로 이주하기를 원하면 6개월 동안의 거주지 경비를 지원해준다. 또한 전사자의 유가족은 사망일로부터 1년 동안 군 의료 시설에서 의료 및 진료, 처방약 혜택을 계속 받을 수 있다.
>
> 한편 미군은 몽고메리 GI 법에 따라 2년 복무하고, 고등학교 졸업장을 가진 미군은 3년간 5만 달러 가까운 대학 학비를 무상으로 지원받는다.
>
> 출처: 한면택(2021)에서 발췌

---

[46] 『대자사크』(Yeke Jasag, Yeke=大, Jasag=법)는 칭기즈칸이 몽골제국의 근간을 다진 후 자신의 통치 철학을 반영하여 대제국을 이끌어가기 위해 성문화한 법전이다.

[47] 몽골제국의 제도로 칸을 중심으로 하는 계층적 지배구조다. 십진법에 기초를 두어 10단위로 편성하여 십호장, 백호장, 천호장을 조직원들 스스로 뽑도록 한 군대조직의 구조임과 동시에 사회조직의 구조다.

[48] 새로운 정복지가 생겨날 때마다 40~50km마다 역참(驛站)을 만들고 그사이를 말들이 달리게 한 것으로 칸의 명령·보고 사항들을 역에서 역으로 연결하여 신속하게 광활한 대지를 하나로 묶어주었다. 오늘날의 정보 인프라이자, 물류 시스템이고 군사고속도로라고 할 수 있다(김종래, 2002: 109-117).

위의 사례에서와 같이 미군이 애국심에만 호소하지 않고 최고의 보상을 받을 수 있는 보상제도를 만들어 직업 선호도를 높여 장병들을 충원하고, 충성과 희생을 이끌어내고 있다는 것은 미비한 보상제도를 운영하면서 인적자원 인식틀에 기반한 정신교육을 통해 애국심과 희생정신 등의 정신전력을 강화하려는 우리 군에 많은 것을 시사해주고 있다. 자신이 훈련이나 임무 수행 중 부상을 입거나 전사했을 경우 국가에서 적절한 보상이 주어지지 않는다면 실전 같은 훈련에 적극적으로 참여하고, 극한 상황에서 목숨을 내놓고 임무를 수행하도록 할 수 있겠는가? 물론 이러한 미군의 보상제도를 우리 군에서 그대로 도입하는 것은 국방 예산 등 현실적 제약 때문에 어렵겠지만, 군 리더들은 군인들의 충성과 희생을 이끌어내기 위해 정신교육만으로는 한계가 있다는 것을 인식하고, 이러한 선진 외국군의 제도를 벤치마킹해서 희생과 봉사에 대한 합당한 보상이 이루어지도록 제도적 개선을 하도록 노력해야 한다.

이상과 같은 구조적 인식틀로 보면 리더는 기계나 건물의 설계자 · 건축가처럼 조직목표를 설정하고, 상황에 맞는 합리적인 조직구조를 만들어 조직목표를 효율적이고, 효과적으로 달성할 수 있도록 하는 사람이라고 할 수 있다.

(2) 구조적 인식틀의 이론적 배경

구조적 인식틀의 대표적인 이론적 배경은 테일러(F. W. Taylor, 1865~1915)의 과학적 관리(Scientific Management)와 막스 베버(Max Weber, 1864~1920)의 관료제(bureaucracy)이다. 여기서는 과학적 관리와 관료제의 핵심 내용, 그리고 장점과 단점이 무엇인지를 살펴본다.

테일러

| 과학적 관리

테일러(Taylor, 1911)는 『과학적 관리의 원칙(The Principles of Scientific Management)』에서 일상생활이나 조직에서의 비

능률은 과업 수행자의 잘못이 아니라 비효율적인 조직구조와 주먹구구식인 비과학적인 관리 때문이라고 생각하고 과학적 관리(Scientific Management)를 주장했다.

테일러는 기존의 조직관리 방식은 과업에 대한 모든 책임을 과업 수행자에게 부과하고, 경험에 의해 과업을 수행한 후 성과에 따라 대가를 지불하는 방식으로 생산성 향상을 도모하는 솔선과 격려에 의한 주먹구구식 경영(rule of thumb)이었다고 비판했다. 이러한 비능률을 제거하여 노사의 공동 번영, 나아가 전체 사회가 번영하기 위해서는 특별한 재능을 가진 인재를 찾기보다는 다음과 같이 조직구조와 관리시스템을 체계적이고 과학적인 테일러 시스템(Taylor System)으로 바꿀 것을 제안했다.

첫째, 관리자와 과업 수행자인 노동자가 과업을 분담하는 과업관리(task management)를 해야 한다. 관리자는 직무를 설계하고 효율적인 직무수행 방법을 구체적으로 제시하는 계획 업무(planning)와 과업이 제대로 수행되었는가를 평가 및 시정하는 업무(seeing)에 집중하고, 과업 수행자인 노동자는 관리자가 계획한 대로 과업을 수행(doing)하는 일에 전념하도록 해야 한다는 것이다. 즉, '시간 및 동작 연구(Time & Motion Study)'[49]를 통해 최소한의 시간과 동작으로 최대한의 과업 성과를 올릴 방법을 연구하는 것이 정신 노동자인 관리자의 역할이라는 것이다. 이와 같이 관리자와 과업 수행자의 직무와 기능을 명확히 구분함으로써 과업 수행자의 임의적인 판단을 방지하고, 관리자가 과학적인 방법으로 직무연구와 직무설계를 함으로써 과업 수행자가 효율적으로 과업을 수행할 수 있다는 것이다.

둘째, 과학적인 선발과 훈련을 해야 한다. 시간 및 동작연구에 의해 설계된 직무를 효과적으로 수행하는 데 필요한 자격요건을 명시하고, 이에 따라 과업 수행자를 선발하여 자신의 직무를 최고 수준으로 수행할 수 있도록 훈련하고 능력을 개발해야 한다는 것이다.

셋째, 차별성과급제(differential piece-rate system)를 도입해야 한다. 사람을 동기부여(motivation)시키는 가장 효과적인 수단은 경제적 보상인 임금이기 때문에 과업의 표준 작업량을 과학적으로 설정하고, 이를 기준으로 표준임금률에 따라 임금을 지급해야

---

[49] 하나의 작업 또는 일련의 작업을 수행하는 데 소모되는 시간과 동작을 과학적으로 분석하여 최소의 시간과 최소의 동작으로 과업을 수행하는 방법을 찾는 것이다.

한다는 것이다. 이 제도는 생산량에 따라 임금을 지급하는 일종의 성과급제도이지만, 과업목표를 달성한 사람에게는 높은 임금률을 적용하고, 미달한 사람에게는 낮은 임금률을 적용하게 된다. 따라서 목표를 초과한 부분에 대해서만 초과수당을 지급하는 종전의 단순성과급제도와는 차이가 있다. 이와 같이 성과에 따라 차별적 보상을 하기 때문에 열심히 일할수록 더 많은 임금을 받게 되므로 과업 수행자들은 더욱더 열심히 일하게 된다는 것이다.

넷째, 기능에 따라 일선 감독자를 임명해야 한다. 권한의 원천은 전문성이기 때문에 한 사람의 감독자가 모든 과업을 감독하도록 하는 것은 바람직하지 않다는 것이다. 즉, 한 사람이 여러 분야의 과업을 감독하게 되면 업무 과중의 문제가 발생할 뿐만 아니라 전문성의 부족으로 효과적인 감독이 이루어질 수 없다는 것이다. 따라서 관리자와 과업 수행자의 과업을 분담한 것처럼 일선 감독자의 직무도 분업의 원리 또는 전문화의 원리에 따라 일선 감독자는 감독 업무에만 전념하고, 생산계획이나 품질검사, 교육훈련 등의 업무는 이를 담당하는 전문가가 맡도록 해야 한다는 것이다.

이상과 같은 과학적 관리는 조직관리의 과학화, 작업환경의 개선, 그리고 노사 간의 화합을 강조함으로써 생산성 향상에 기여했고, 오늘날에도 널리 활용되고 있지만, 다음과 같은 한계를 갖고 있다. 첫째, 사람을 기계화했다. 영화 「모던 타임즈(Modern Times)」는 산업현장에서 널리 적용되고 있는 3S[50]로 표현되는 과학적 관리 방식의 역기능을 잘 묘사하고 있다.

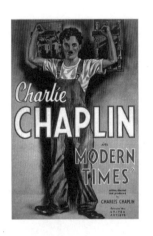

주인공 찰리 채플린은 과학적 관리의 원칙이 잘 적용된 공장에서 온종일 나사를 조이는 일을 하는 노동자다. 그는 사장이 조정하는 컨베이어 벨트의 속도에 따라 기계의 부품처럼 나사를 조이는 단순 작업을 반복하고 있다. 찰리 채플린은 사장이 통제하는 벨트의 작업 속도를 따라가다가 기계 속으로 빨려들어가기도 한다. 결국 나사를 조이는 단순 반복 작업으로 인해 나사처럼 보이는 것들은 모두 조이려고

---

[50] 3S: 전문화(Specialization), 단순화(Simplication), 표준화(Standarzation)

하는 강박관념에 빠져 급기야 정신병원에 가게 된다.

영화 속에서 찰리 채플린은 온종일 나사를 돌리지만, 자신이 무엇을 만드는지도 모른다. 오직 나사를 돌리는 일만 지루하게 반복한다. 창조의 기쁨은 없고, 오직 지루함과 피곤함만 있다. 이처럼 과학적 관리는 체계적인 조직관리로 생산성을 높여주기는 하지만, 사람을 기계화함으로써 사람의 존엄성을 무시하고, 노동으로부터 사람을 완전히 소외(alienation)[51]시킨다.

둘째, 과학적 관리는 사람이 경제적 유인에 의해서만 동기유발되는 것을 전제로 하고 있다. 그러나 사람은 단순히 경제적 욕구만을 가진 단순한 존재가 아니라 다양한 욕구를 가진 복잡한 존재다.

셋째, 업무의 표준화·규격화, 절차의 합리화 등에 의한 효율성 향상을 추구한 나머지 사람의 사회심리적 측면, 즉 조직 내의 비공식 집단이나 인간관계를 소홀히 취급했다는 것이다.

넷째, 조직 전체의 관리보다는 일선의 과업(생산) 현장에서의 효율성 향상에만 초점을 맞추었다는 것이다.

이상과 같은 문제를 갖고는 있지만 과학적 관리법은 미국 전역으로 퍼져 미국 기업의 생산력이 유럽을 앞서는 데 크게 기여했고, 포드자동차의 대량생산시스템 도입과 함께 미국이 번성하는 데 결정적으로 공헌했다. 그리고 점차 유럽 다른 나라에도 확산되어 테일러는 오늘날 '경영학의 아버지'로 불리게 되었다.

물론 과학적 관리법이 전문적인 지식과 역량이 요구되는 일에는 부적합하며, 노동자의 자율성과 창의성은 무시한 채 효율성의 논리만을 강조했다는 비판을 받는다. 그러나 생산성(효율성) 향상을 위해 과거의 주먹구구식 관리 방식을 버리고 가장 과학적이고 효율적인 방향으로 혁신을 추구해야 한다는 조직관리의 기본원칙과 공평한 이익분배를 통해 노사의 공동 번영을 가져올 수 있다는 경영철학[52]은 오늘날에도 조

---

51   소외(疏外)는 사회과학에서 "자신의 주변, 노동 및 노동의 산물, 자아로부터 멀어지거나 분리된 듯한 감정상태"를 가리키는 말이다.

52   테일러(Taylor, 1911)는 경영의 목적이 노사의 공동 번영, 즉 노동자에게는 더 많은 보수, 경영자에게는 더 많은 이

직관리자들에게 시사해주는 바가 크다고 할 수 있다.

(2) 관료제

베버

독일의 사회학자 막스 베버(Max Weber, 1964)는 복잡한 현대 조직을 관리하는 데 가장 이상적인 조직 형태(ideal type)로 '관료제(bureaucracy)'를 제시했다. 그 당시 대부분 조직은 전근대적인 형태를 벗어나지 못했기 때문에 합리성(rationality)보다는 전통적 권한이나 절대적 권한을 가진 카리스마적 인물이 모든 조직원에 대해 일방적으로 보상, 처벌, 승진, 해고 등의 전권을 행사하고 있었다.

따라서 베버는 지배와 복종의 관계를 합리화하는 대안으로 합리주의에 근거한 조직구조를 특징으로 하는 관료제를 제시했다.[53] 군대조직이 바로 전형적인 관료제인데 공식적인 분업체계, 직무의 계층화, 성과 달성 및 평가에 관한 공식적인 규칙체계, 공사(公私)의 엄격한 구분, 혈연 및 연고를 배제한 능력을 기준으로 한 선발과 승진, 장기근속의 보장 등을 그 특징으로 한다(Hall, 1963: 33).

이러한 특징 때문에 관료제 조직은 다음과 같은 장점이 있다. 첫째, 분업 또는 업무의 전문화로 업무의 효율성을 높일 수 있다. 둘째, 규정과 절차에 의해 업무가 구조화됨으로써 업무 관계가 명확해진다. 셋째, 공식적인 규정과 절차에 따라 모든 업무가 처리되므로 업무의 일관성을 유지하게 되고, 업무에 대한 예측 가능성이 커져 조직 내의 불확실성을 제거할 수 있다. 넷째, 능력에 의해 개인에 대한 평가가 이루어지므로 어느 정도 공정성이 보장된다. 다섯째, 업무처리 기준과 절차를 명확히 규정함으로써 자의적인 판단을 방지하여 민주성과 공정성을 높이고, 부정부패를 방지할 수

윤을 보장하여 제3의 집단인 사회 전체(소비자)가 번영하도록 하는 데 있다고 생각했다.

[53] 베버가 염두에 두었던 관료제는 합리성을 따랐을 때 나타날 수 있는 한 가지 조직 형태이지 반드시 그렇게 되어야 한다는 당위로서의 조직 형태는 아니었다.

있다.

관료제는 이와 같은 순기능이 있는 반면, 다음과 같은 역기능을 초래할 수 있다. 첫째, 규정과 절차의 강조가 조직 성원에게 최소한으로 용납되는 행위를 하게 만들어 조직목표 달성 수준을 저하시키고, 결과적으로 철저한 감독과 통제를 하게 만든다(Gouldner, 1954). 또한 규정과 절차에 얽매이게 되어 결국 수단과 목표의 전치(轉置) 현상이 발생할 수 있다(Merton, 1978).

둘째, 관료제는 조직목표의 달성을 저해하는 관료병리현상(bureau-pathology)을 조장하는 경향이 있다. 그런데 관료병리적 현상은 승진을 위한 경쟁, 높은 수준의 목표 달성 요구, 그리고 자기보다 높은 수준의 기술과 지식을 가진 부하들에게 지시해야 하는 불안감 등으로 인해 발생한다(Thompson, 1977).

이 외에도 관료제는 개인적 성장과 성숙한 인격의 발달 저해, 순종과 집단사고의 형성, 비공식 조직과 긴급하고 예기치 않은 문제의 미고려, 계층 간의 불화로 인한 의사소통 왜곡 등의 역기능이 발생할 수 있다(Bennis, 1973).

2) 인적자원 인식틀과 인적자원관리자로서 역할

(1) 인적자원 인식틀의 기본 가정

인적자원 인식틀(Human Resource Frame)은 조직구조를 중시하고, 사람을 관리 또는 통제의 대상으로 보는 구조적 인식틀과 달리 조직 구성원들을 무한한 잠재력을 가진 매우 중요한 존재로 본다. 또한 구조적 인식틀이 조직을 일사불란하게 움직이는 기계나 공장 같은 것으로 보고, 기계의 부속품과 같이 구성원들을 목표 달성을 위한 수단으로 인식하는 반면에 인적자원 인식틀은 다음의 콜린 파월(Colin L. Powell) 장군의 말처럼 구성원들을 파트너로 보고 서로 사랑하고 존중하며, 소중한 존재로 인식하고, 서로를 진심으로 위하는 가족처럼 생각한다. 그리고 행복한 가정 같은 조직을 만드는 것을 목표로 한다.

"성공적으로 임무를 수행하는 능력은 무엇보다 부하들의 자질에 달려 있다. 우리 모두는 유능한 가족의 일원이며 한 가족으로서 함께 일한다. 또한 구성원 하나하나가 모두 똑같은 소중한 사람들이다."

출처: 오렌 하라리, 안진환 · 조병호 옮김(2004: 114)

사람과 조직의 관계에 대해서도 구조적 인식틀이 조직목표 달성에 적합한 조직구조를 설계하는 데 초점을 맞추는 반면, 인적자원 인식틀은 조직과 사람 사이의 상호작용과 적합 관계를 중시하고, 사람의 잠재능력과 태도가 조직의 성패를 결정하는 데 매우 중요한 요소라고 본다. 하지만 조직은 사람의 잠재능력을 제대로 발휘하지 못하게 하기도 하고, 삶을 왜곡시키기도 한다. 그러나 리더의 리더십에 따라 조직과 개인의 역량을 강화시킬 수 있을 뿐만 아니라 조직을 행복하고, 의미 있는 곳으로 만들 수 있다고 본다(Bolman & Deal, 2003: 119-120).

이와 같이 사람을 조직의 핵심 전략자원으로 인식하고 사람에게 관심을 갖는 인적자원 인식틀이 형성된 것은 1924~1932년 미국 시카고 교외에 있는 웨스턴 일렉트릭사의 호손공장에서 실시된 호손실험(Hawthorne experiment)으로부터였다고 할 수 있다.

호손실험은 왜 어떤 사람은 열심히 일하고 어떤 사람은 열심히 일하지 않는가에 대한 이유를 연구하기 위한 것이었다. 연구자들은 한 작업실 안에서는 조명의 밝기를 다양하게 조절했고, 다른 작업실에서는 조명을 계속 일정하게 유지했다. 그리고 나서 두 집단의 작업 성과를 비교해보았는데, 두 집단 모두의 생산성이 증가했다. 심지어 실험집단의 조명 밝기를 낮추었음에도 생산성은 양쪽 모두 향상되었다. 이 실험 결과는 조직 성과는 경제적 보상시스템이나 작업환경 같은 구조적 요인만이 아니라 리더십, 동료관계, 사기, 감정 같은 사회적 · 심리적 요인과 비공식 집단에 의해서도 많은 영향을 받는다는 것을 시사해주었다(Roethlisberger & Dickson, 1939: 86-89).

이러한 호손실험 결과 때문에 인간관계 운동(Human Relations Movement)이 일어나기 시작했고, 사람이 조직에서 가장 중요한 요소이며, 사람은 경제적 요인만이 아니라 사회적 · 심리적 요인에 의해 동기부여가 된다는 것을 인식하게 되었다. 그리고 이러한 호손실험 결과를 계기로 행동과학(Behavioral Science)[54] 연구가 이루어지기 시작했다.

인적자원 인식틀은 호손실험 결과와 행동과학 연구 성과, 그리고 인간 존중에 뿌리를 두고 조직과 사람에 대해 다음과 같은 가정을 한다(Bolman & Deal, 2017).

첫째, 조직은 조직목표 달성을 위해서가 아니라 구성원의 욕구를 충족시키기 위해 존재한다.

둘째, 조직과 구성원은 서로를 필요로 한다. 조직은 구성원들의 아이디어, 힘, 그리고 능력을 필요로 하고, 구성원은 일할 기회, 경력, 보수 등을 필요로 한다.

셋째, 구성원과 조직 사이에 적합 관계가 형성되지 않으면 구성원과 조직의 어느 한쪽 또는 양자가 모두 고통을 받는다. 즉, 구성원이 조직으로부터 착취당하거나 구성원이 조직을 자신의 목표 달성 수단으로 이용하려고 한다. 또는 두 가지 경우 모두가 발생할 수 있다.

넷째, 구성원과 조직 사이에 적합 관계가 이루어진다면, 양자 모두에게 이롭다. 즉 구성원은 의미 있고 만족스러운 일을 찾게 되고, 조직은 필요로 하는 구성원의 능력과 힘을 얻게 된다.

실화를 바탕으로 제작된 「패치 아담스(Patch Adams)」라는 영화는 주인공인 패치 아담스를 통해 인적자원 인식틀이 어떠한 것인지를 잘 보여주고 있다.

영화는 헌터 아담스(로빈 윌리엄스 분)가 정신병원에 수감되면서 시작된다. 삶의 방향을 잃고 방황하던 그는 동료 환자로부터 주관을 버리고 사물을 객관적으로 보도록 영감을 받고 '상처를 치유하다'라는 의미의 '패치 아담스'로서의 새 인생을 시작하게 된다.

버지니아 의과대학에 입학한 괴짜 의대생 '패치'는 3학년이 되어서야 환자를 만날 수 있다는 규칙을 무시하고, 정신병

원에서 스스로 환자의 정신적 상처에 대한 치유를 통해 얻은 아이디어와 다정다감함으로 환자들의 마음까지 따뜻하게 치유하려고 환자들을 만난다. 이 사실을 안 학교 측이 몇 번의 경고 조치를 내리지만 그는 아랑곳하지 않는다. 3학년이 되어서는 자신에게 정신적 영감을 준 사람의 도움으로 의대생 친구들과 함께 소외되고 가난한 이들을 위한 무료 진료소를 세운다. 그러나 의사면허증이 없는 상태에서 진료행위를 한 것이 학교 측에 발각되어 패치 아담스에게 퇴학 처분을 내리기 위한 징계위원회가 소집된다.

이사회에서 패치 아담스는 환자를 병명으로 바라보지 말 것을 주장한다. 또한 의사만 환자에게 도움을 주는 것이 아니라 환자도 의사에게 도움을 줄 수 있는 존재라는 사실을 강조하고, 패치 자신은 인간적이고 진정한 의료정신이 살아있는 의사가 되길 원하기 때문에 반드시 졸업하고 싶다고 말한다.

영화 속에 등장하는 학교 관계자나 의대 교수들은 구조적 인식틀을 갖고 있기 때문에 환자들을 단순히 조직목표 달성을 위한 수단 또는 기계의 부속품처럼 치료(수리)의 대상으로만 보고 있다. 예컨대, 교수가 학생들을 데리고 회진하면서 환자의 이름은 부르지도 않고,[55] 병명을 말하면서 환자가 듣고 있는데도 "상태가 심해지면 다리를 잘라야 한다"라고 말하기도 한다.

그러나 인적자원 인식틀을 가진 패치 아담스는 의사가 되려는 이유가 다른 이들을 섬기기 위해서였고, 단지 의술로 환자의 죽음을 막는 것만이 아니라 삶의 질을 향상시켜주기 위해서였다. 이러한 인식틀을 갖고 있었기 때문에 패치 아담스는 환자들과 거리를 둠으로써 의사로서 권위를 지키려고 하는 다른 의사들과 달리 회진 시 병명이 아니라 환자의 이름을 물어보고, 환자에게 인사를 건넨다. 그리고 어린 환자들의 눈높이에 맞추어 광대놀이를 하면서 어린 환자들을 즐겁게 만들어주는 등 환자 입장에서 치료한다.

이러한 영화 속의 병원뿐만 아니라 실제로 많은 조직에서 조직 구성원이나 고객

---

[55] 사람의 이름을 알려는 기본적인 관심조차 없다면 그것은 그 사람을 하나의 사람으로 보기를 거부한다는 것이다. 내가 어떤 사람의 이름을 기억하더라도 여전히 그를 단지 대상으로 생각하고 대할 수도 있다. 하지만 그 사람의 이름을 기억하려는 노력조차 하지 않는다면 그런 사실 자체는 내가 그를 단지 대상으로 보고 있을 뿐이다(아빈저연구소, 2006: 78-79).

을 소중한 한 명의 인격체로서보다는 목표 달성을 위한 수단 또는 관리의 대상으로 보는 경향이 있다. 그러나 인적자원 인식틀은 패치 아담스처럼 사람을 조직목표 달성의 수단 또는 관리의 대상으로 보는 것이 아니라 사람 자체를 하나의 소중한 존재로 보고 사람의 욕구를 충족시키는 데 관심을 둔다. 따라서 조직의 효과성을 높이는 방법은 사람들이 자신들이 하는 일에 대해 만족을 느끼면서 행복하게 일할 수 있게 해주는 조직을 만드는 것이라고 본다.

이상과 같은 인적자원 인식틀로 보면 리더는 농작물이나 나무의 특성에 따라 적절한 물과 거름을 주고, 사랑과 정성으로 가꾸어 많은 수확을 얻고, 아름다운 정원을 만드는 농부나 정원사처럼 사람들이 가진 각자의 개성과 욕구를 존중하고, 잠재능력을 잘 발휘할 수 있도록 도와주는 인적자원관리자이다.

(2) 사람에 대한 다양한 인식틀

인적자원 인식틀이 중요시하는 리더십 발휘의 주체이자 대상인 사람은 매우 복잡한 존재이기 때문에 한마디로 완전하게 정의하기가 어렵다. 따라서 철학, 심리학, 사회학 등 다양한 학문적 접근을 통해 사람에 대한 다양한 인식틀이 제시되었다.

▍철학적 인간관

플라톤(Platon)과 아리스토텔레스(Aristotle) 이래 많은 철학자에 의해 사람의 본성이 무엇인가에 대한 연구가 이루어져왔다. 그동안 사람의 본성에 대한 철학자들의 주장들은 크게 성악설(性惡說), 성선설(性善說), 백지설(白紙說)로 구분해볼 수 있다(이수용 등, 1984: 11-49).

성악설(性惡說)은 '사람은 선천적으로 악한 존재'라는 것이다. 대표적인 학자는 중국의 순자(荀子)인데, 성악설을 주장하는 학자들은 사람이 나쁜 짓을 하거나 악한 짓을 하는 것은 사람의 본성 자체가 원래부터 악하기 때문이라는 것이다. 따라서 사람을 악하지 않은 덕성을 갖춘 사람이 되도록 훈련시켜 선한 사회를 건설하도록 노력해야 한다는 것이다. 즉, 교육을 통해 사람의 인격을 도야할 수 있다고 믿는다.

성선설(性善說)은 앞에서 주장한 성악설과 정반대로 '사람은 본래 선한 존재'라고 본다. 대표적인 학자는 맹자(孟子)와 루소(J. J. Rousseau)인데, 이들은 사람의 본성은 본래부터 악한 것이 아니라 선하다고 주장한다. 즉, 태어날 때는 선하지만 환경에 의해 악해질 수 있기 때문에 교육을 통해 선한 본성을 따르도록 함으로써 타락을 방지해야 한다고 한다.[56]

백지설(Tabula Rasa Theory) 또는 성무선악설(性無善惡說)은 사람의 본성은 출생 시에는 아무것도 써 있지 않은 하얀 백지(白紙)와 같다는 것이다. 즉, 사람이 태어날 때는 선하지도 악하지도 않다는 것이다. 대표적인 학자로는 로크(John Locke)와 중국의 고자(告子)를 들 수 있는데, 이들은 사람은 출생 시에는 본성이 백지상태이기 때문에 환경의 자극을 받아 후천적으로 성품이 결정된다고 한다. 따라서 백지설은 교육을 통해 사람의 모든 면을 형성 · 변화시킬 수 있다는 '교육 만능설'의 근거가 되고 있다.

▌심리학적 인간관

많은 심리학자가 사람의 심리와 행동을 이해하기 위해 노력해왔는데, 이들의 인간관을 분류해보면 정신분석적 인간관, 행동주의적 인간관, 인본주의적 인간관, 그리고 인지주의적 인간관으로 구분할 수 있다(한국심리학회 편, 1997: 28-35; 이수용 외, 1984: 42-49).

• 정신분석적 인간관: 프로이트(G. Freud), 융(C. Jung), 아들러(A. Adler) 등과 같은 정신분석학자들은 모든 사람의 행동이 무의식적이고 비이성적인 과정에 의해 지배된다고 가정하고 있다. 특히 프로이트는 사람들이 충동, 공포, 원망, 공격성, 성욕 같은 원초적 본능(basic instinct)인 무의식을 인식하지는 못하지만, 무의식이 사람의 심리와 행동에 영향을 미친다고 주장했다. 본능이 정신생활을 전적으로 좌우하기 때문에 사

---

[56] 동양 철학의 대표적 학파인 유가(儒家)에서는 모든 사람은 도덕적 본성으로 인의예지(仁義禮智)를 갖추고 있다고 본다. 그러나 마치 맑은 거울에 때가 묻듯이 사람의 본성도 더럽혀질 수 있으므로 이것을 씻어내기 위해 사람은 끊임없는 수기(修己)와 수양(修養)을 통해 본성을 회복해야 한다고 한다. 즉 사람이 하늘로부터 부여받은 성품은 순수한 선(善)이고, 보편적인 이치이지만 욕망과 연결되어 있는 육신은 이탈하기 쉬운 충동적 존재이기 때문에 끊임없는 공부와 수양을 통해 극기복례(克己復禮)를 해야 한다고 한다. 그리고 유가의 이상적인 인간상인 성인(聖人)과 군자(君子)가 바로 오늘날의 이상적인 모습의 리더(leader)라고 할 수 있다.

람은 본능적 존재(instinctic being)이고, 본능은 무의식적 차원에서 그 충족만을 목표로 하지만 그 대상은 제한되어 있기 때문에 갈등을 피할 수 없는 존재라고 본다.

이러한 정신분석적 인간관은 비과학적인 연구 방법과 지나치게 성(性, sex)을 강조했다는 비판을 받기도 하지만 심리학, 정신의학, 문학, 예술 등 다양한 분야에서 그 가치를 인정받고 있다. 이러한 관점은 오늘날 우리 사회와 조직에서 정신건강이 심각한 문제로 대두되고 있는데, 리더가 팔로어들의 정신건강에 관심을 가져야 하고, 특히 그 원인이 조직의 억압으로부터 나타난 것이라면 정신건강의 회복에 책임을 져야 한다는 것을 시사해주고 있다(오세철, 1982: 53). 군에서 각급 부대에 전문상담관을 배치하여 상담 기능을 강화하고, 간부들에게 상담교육을 실시하여 상담 지식과 기법을 습득하도록 하는 것은 이러한 정신분석적 관점을 바탕에 깔고 있다고 할 수 있다.

상담 기능의 강화는 개인적인 문제를 해소하려는 미시적인 접근이라고 할 수 있는데, 사실 조직에서 더 중요한 것은 정신건강과 욕구 불만을 초래하는 조직의 권력구조 또는 과업구조다. 예컨대 상담관과 상담을 한 후 일시적으로 욕구 불만이 해소되었더라도 다시 생활관에 돌아갔을 때 간부 및 선임병들과의 인간관계가 위계적·강압적인 관계라면 상담 등을 통한 개인적 해결방식은 미봉책에 지나지 않는다. 따라서 상하관계에서의 위계적·강압적인 권력구조와 과업구조를 변화시키는 것, 즉 부대원들이 서로 사랑하고 존중하는 관계로 병영문화를 혁신하는 것이 근본적인 해결책이라고 할 수 있다.

• **행동주의적 인간관**: 행동주의적 인간관을 가진 대표적인 심리학자는 스키너(B. F. Skinner), 왓슨(J. B. Wattson) 등이다. 이들은 눈에 보이지 않는 사람의 내부에서 일어나는 신경계 변화, 호르몬 변화, 정보처리과정, 무의식, 자유의지 등과 같은 과정은 무시하고, 오로지 측정 및 관찰이 가능한 외부 자극과 그로 인해 유발되는 인간 행동만을 연구대상으로 했다. 그리고 이들은 인간의 행동이 인간의 내부적 과정에 의해 결정된다는 내면적 결정론을 배격하고 외부의 자극에 의해 인간의 행동이 결정된다는 환경결정론적 입장을 취한다.

따라서 이들은 인간을 외부 자극에 반응하는 객체로 본다. 즉, 인간은 외부 자극에 따라 결정지어지는 수동적 존재라는 것이다. 유전적 소질은 인정하나 미리 결정된 것은 아무것도 없고, 유전적 소질의 개발이나 그 방향성은 전적으로 외부 환경에 의해 결정된다. 인간은 단지 환경 자극에 수동적으로 반응하는 반응체일 뿐이라는 것이다. 그렇기 때문에 문화나 보상체계 등과 같은 환경적 자극만 바꾸면 인간의 행동을 변화시킬 수 있다고 본다. 더욱이 행동의 결과가 좋으면 그러한 행동은 강화되고, 결과가 나쁘면 나쁜 결과를 가져온 행동은 감소한다고 가정하기 때문에 보상과 처벌이 인간 행동을 변화시킬 수 있는 가장 강력한 도구라고 한다.

이러한 행동주의적 인간관은 사람이 환경을 심리적으로 변화시키는 정보선택자이고, 환경에 무조건적으로 반응하는 것이 아니라 환경과 계속적으로 상호작용한다는 것을 간과하고 있다. 즉, 사람의 자율성 또는 자유의지를 부정하고 있기 때문에 인본주의자들로부터 '인간을 비인간화'시킨다는 비판을 받고 있다(오세철, 1982a: 68-69).

그러나 행동주의적 인간관은 리더가 조직의 문화나 구조 등의 환경 자극을 변화시키고, 팔로어의 행동 결과에 따른 보상을 통제함으로써 사람의 행동을 변화시킬 수 있다는 시사점을 준다. 앞에서 소개한 과학적 관리나 군, 정부, 기업, 학교 등 모든 조직에서 활용하는 상벌제도는 이러한 행동주의적 인간관을 바탕으로 하고 있다. 또한 군에서 실시하고 있는 각종 훈련이나 정신전력을 강화하기 위해 실시하고 있는 정신교육은 통제된 상황에서 반복적인 자극을 줌으로써 군이 원하는 행동을 하는 군인을 만들 수 있다는 '자극-반응의 법칙'을 바탕으로 하고 있다고 할 수 있다.

• 인본주의적 인간관: 인본주의적 인간관은 미국의 심리학자 매슬로(A. Maslow)와 로저스(C. Rogers) 등의 인본주의 심리학자(humanist)들의 주장에서 비롯되었다. 이들은 사람에게는 자신의 행동과 결정을 스스로 조절하고 통제할 힘 또는 능력인 '자유의지(free will)'가 있다고 전제한다. 따라서 사람을 무의식적인 동기와 통제할 수 없는 환경적 자극에 의해 움직여지는 수동적 존재가 아니라 스스로 통제할 능력을 가진 자유로운 행위자(free agent)로 본다. 즉, 사람은 자유롭게 선택하고 미래지향적이고 자기통제적인 목표를 향해 움직이는 능동적이고 자율적인 존재라는 것이다. 또한 사람은 내재적 잠재력을 갖고 태어나고, 자신의 잠재력을 실현하려는 경향성을 갖고 있다고

한다. 이러한 인본주의 인간관은 '인간적인 조직', '조직의 인간화', '조직 민주화' 등과 같은 개념과 구호를 사용하게 하는 데 기여했고, 조직에서 자아실현 같은 고차원의 욕구를 충족시켜주는 동기유발시스템을 구축하고, 인간중심의 리더십 또는 참여적 리더십 등의 이론적 기초를 제공했다.

• **인지주의적 인간관**: 인지주의적 인간관은 '인간의 정보처리(information processing)에 관한 과학'인 인지심리학(cognitive psychology)의 인간관으로 대표적인 학자들로는 피아제(J. Piaget), 쾰러(W. Köhler), 레빈(K. Lewin) 등이 있다.

인지심리학은 사람의 여러 가지 고차원적 정신과정의 성질과 작용방식을 규명하는 데 초점을 맞춘 과학적·기초적 심리학의 한 분야다. 1950년대 들어 '정보(information)' 개념의 도입과 함께 통신공학, 정보처리공학, 언어학 등의 영향을 받아 마음의 내부구조와 과정을 직접 설명하려는 인지심리학이 발전하기 시작했다. 이러한 인지심리학의 등장으로 정신분석학의 생물학적 결정론과 행동주의 심리학의 환경적 결정론에서 벗어나 개인의 사고 또는 인지(cognition)가 감정과 행동에 어떠한 영향을 미치는가에 대해 초점을 맞추게 되었다.

행동주의가 사람을 하나의 기계에 비유한 반면, 인지주의에서 보는 사람은 '생각하는 존재'다. 행동주의 심리학의 지나친 환경결정론과 경험주의적 인간관에서 벗어나 눈으로 보이는 행동 자체보다 사람의 내부에서 일어나는 사고의 과정인 천성적 능력, 주체적 능동성, 창조성 등의 측면에도 관심을 둔다. 행동의 변화는 관찰 가능하지만, 그것은 행위자의 머릿속에 무엇이 진행되고 있는지를 알려주는 겉으로 드러난 징표에 불과하다고 본다. 사람의 행동은 실제로 일어나고 있는 객관적 사건(원인)에 영향을 받는 것(결과)이라기보다 그 사건을 행위자가 어떻게 생각하느냐 하는 사고방식(인지)에 영향을 받는다는 것을 강조한다.

이러한 인지주의적 인간관은 리더와 팔로어 사이에 업무 결과에 대한 평가와 그 원인에 대한 차이가 왜 발생하는가를 이해하게 해주고, 조직 갈등의 원천을 이해하는 데 도움을 주고 있다. 또한 앞에서 설명한 리더십 귀인이론 및 카리스마 리더십이론의 이론적 기반을 제공했다.

3) 정치적 인식틀과 정치가로서 역할

(1) 정치적 인식틀의 기본 가정

정치적 인식틀(political frame)은 주로 정치학자들에 의해 만들어진 인식틀이다. 정치적 인식틀로 보면 조직은 이해관계자들이 조직 내의 희소 자원을 차지하기 위해 서로 다투는 싸움터인 정치판이나 정글 또는 경기장이고, 조직 스스로 정치적 행위를 하는 정치 행위자이기도 하다(Bolman & Deal, 2017).[57]

이러한 싸움터에서 승패는 합리성(rationality)보다는 이해관계자들 간의 역학관계(力學關係, power dynamics)에 따라, 정글이나 경기장에서처럼 누가 더 많은 권력 또는 힘(power)[58]을 갖고 있는가에 따라 힘이 센 사람이나 집단이 승리하게 된다.

따라서 사람들은 권력 또는 힘을 강화하기 위해 담합집단(coalition)[59]을 만들게 되고, 자원의 희소성 때문에 의사결정이나 이해관계 조정과정에서 당사자들 사이에 협상과 타협이 불가피하다고 본다.

이와 같이 조직 내외에서 개인이나 집단의 이익을 증진시키기 위한 정치적 행위를 하면서도 사람들은 공식석상에서는 그러한 사실을 겉으로 드러내지 않는다. 그것은 일반적으로 조직은 공동의 목표를 추구해나가는 합리적인 실체라고 인식하기 때

---

[57] 정치적 행위를 하는 대표적인 조직으로는 이익단체(interest group)로 회원들의 이익 증대를 위해 움직이는 전국경제인연합회, 노동조합, 재향군인회 등과 같은 조직이다.

[58] '권력' 또는 '힘(power)'은 "개인이 어떤 결정을 내리거나 어떤 과업이 완수되도록 하기 위해 다른 사람이나 조직을 움직일 수 있는 능력"으로 제1장 제2절에서 설명한 보상적 권력, 강압적 권력, 합법적 권력, 전문적 권력, 준거적 권력과 희소성, 정보와 전문성, 인맥, 의제의 접근과 통제 능력 등도 권력의 원천이 된다.

[59] '담합집단'은 특정한 이슈나 사건, 의사결정과 관련하여 서로 협력하기 위해서나 특정한 가치와 이념을 도모하기 위해 뜻을 같이하는 사람들로 구성된 공식 또는 비공식 집단이다. 예컨대 군에서 장교, 부사관, 병 또는 육·해·공군이나 병과 등과 같은 공식집단만이 아니라 학연, 지연, 혈연, 연령, 종교, 취미 등으로 형성된 비공식 집단도 담합집단이 된다. 그런데 이러한 담합집단들은 특정한 이해관계나 이슈에 따라 일시적으로 형성되었다가 사라지기도 한다.

문에 정치적 행동을 하는 것을 터부시하기 때문이다.[60]

그러나 다음 사례들은 조직 내외에서 정치적 행위는 불가피하기 때문에 조직의 리더는 인격과 업무에 대한 전문성뿐만 아니라 정치적 역량 또는 수완도 구비해야 한다는 것을 시사해주고 있다.

> 한 국립대학에서 총장의 임기가 만료되어 후임 총장을 선발하게 되었다. 관례에 따라 교수협의회에서는 교내 교수나 외부의 명망 있는 교수 중에서 총장을 임명할 것을 주장했다. 그러나 보직 교수들은 학교에서 당면하고 있는 몇 가지 과제를 해결하기 위해서는 영향력 있는 정치인을 총장으로 영입할 것을 주장했다. 많은 논란 끝에 결국 장관을 역임한 정치인을 총장으로 영입하게 되었다. 신임 총장이 부임하면서 실무자들이 대학의 정원과 전공 개설 여부를 결정하는 교육부와 업무 협조하기가 매우 수월해졌다. 과거에는 총장이나 실무자들이 교육부의 말단 실무자부터 업무를 협조해야 했다. 전임 총장들이 교육부를 직접 방문해서도 해결되지 않았던 일들이 전화만으로도 해결되었고, 학교의 여러 가지 현안문제를 해결해냈다. 이후로는 교수들이 정치인 총장을 영입하는 것을 오히려 환영하게 되었다.

이 사례의 대학교수들이 정치인을 총장으로 영입하는 데 반대한 것은 구조적 인식틀이나 인적자원 인식틀로 총장 선발 문제를 보았기 때문이다. 따라서 기존의 총장 선발 규정을 준수해야 하고, 총장의 자격 조건은 박사학위를 갖고 있고, 교육과 연구 경력이 있는 교수가 총장이 되어야 한다고 생각했다.

그러나 보직 교수들은 학교 예산을 증액하고, 학과를 증설하거나 정원을 확대하는 등의 현안 과제를 해결하기 위해서는 교수 출신의 총장으로는 한계가 있다는 것을 잘 알고 있었다. 즉, 대학총장은 교육자로서의 역할보다는 정치적 역량을 발휘해서 학교의 현안 과제를 해결하는 정치가로서의 역할이 더 중요하다는 인식을 하고 있었다. 따라서 대학의 현안업무를 해결하기 위해서는 관계 부서에 정치적 영향력을

---

[60] '정치(politics)'는 부정적인 이미지를 갖고 있지만, 원래 의미의 '정치'는 다양한 이해관계가 존재하는 사회 속에서 각 개인이 협의와 협상을 통해 상이한 이해관계를 조정해나가는 수단이다. 다시 말해 다양성 속에서 질서를 창조해내는 수단을 제공해주는 것이다(Morgan, 1997).

행사할 수 있는 정치인 출신인 전직 장관이 영입되어야 한다고 생각했다.

다음 사례는 국방부에서 정치적 인식틀의 중요성을 간과하고 구조적 인식틀만으로 정책을 추진했기 때문에 실패한 사례다.

국방부는 현재 28개월인 ROTC 장교의 복무기간을 36개월로 늘리고 연간 선발인원을 현재의 3,700명 선에서 3천 명 선으로 줄이는 것을 골자로 하는 ROTC제도 개선안을 확정하여 내년부터 시행키로 한 것으로 알려졌다. 국방부의 이 같은 방침은 ROTC 장교들이 다른 장교들에 비해 복무기간이 짧아 형평에 문제가 있고, 숙련된 장교로서 병사들을 지휘하는 데 한계가 있어 이에 대한 개선이 필요하다는 군 개혁위원회와 육군의 건의에 따른 것이다. 군의 한 관계자는 "복무기간이 늘어남에 따라 지원자가 줄겠지만, 군에서 필요한 ROTC 장교도 연간 700명 정도 감소돼 충원에는 별 문제가 없을 것으로 본다"라고 말했다.

전국의 학군단에서 지난달 1일부터 내년도 ROTC 지원자들을 모집했으나 복무기간 연장이 지난달 27일 확정돼 지원서를 접수한 뒤에야 이 사실을 통보하자 "국방부가 유예기간이나 경과조치도 없이 이같이 결정한 것은 졸속행정"이라고 반발하면서 지원자들이 지원을 포기하는 사례가 늘고 있다.

한편 ROTC 예비역중앙회는 4일 저녁 육군회관에서 ROTC 출신 국회의원 등 100여 명이 참석한 가운데 확대 회장단 회의를 열고 "국방부의 이번 결정은 ROTC 제도의 특성과 기본 취지에 어긋난 부당하고 비합리적인 처사"라며 "ROTC 의무복무기간을 8개월이나 연장한 것은 우수인력이 ROTC 지원을 포기하도록 하는 부작용을 초래할 것이고, 1996년도 지원생들의 모집 마감 이후 복무기간 연장 결정을 발표하면서 공청회 등 절차도 밟지 않은 졸속행정의 전형"이라고 주장했다. 그리고 회장단은 대책위원회를 구성해 청와대, 국회 등 관계 요로와의 협의를 거쳐 반대 활동을 펴나갈 것을 결의했다.

이러한 반발에 따라 정부와 민자당은 11일 복무기간을 연장하려던 당초 방침을 유보키로 했다. 그리고 정부는 20일 국방부 제1차관보를 해임했는데, 이것은 최근 ROTC 복무기간 연장 문제가 물의를 빚은 데 대한 문책성 인사로 풀이되고 있다.

출처: 조선일보(1995.5)

이는 국방부 관계자들이 구조적 인식틀만으로 ROTC 출신 장교들의 군 복무기간 연장 문제를 보고「군 인사법」에 이미 3년으로 규정되어 있고, 복무기간을 연장함으로써 효율적인 인력관리와 예산 절감 등의 장점이 있기 때문에 합리적인 정책이라는 결론을 내리고 이해관계자의 동의나 공청회 등의 절차 없이 이를 추진하겠다고 언론에 발표했기 때문에 실패한 사례다.

군 관계자들이 구조적 인식틀로 복무기간 연장과 선발인원 감소의 장점만을 보고 이러한 정책을 추진한 것과는 달리 ROTC 예비역중앙회에서는 정치적 인식틀로 이러한 정책 추진 시 ROTC 중앙회에 미치는 부정적 영향을 보았기 때문에 반대한 것이다. 즉 구조적 인식틀로 보면 복무기간 연장과 선발 축소에 합리성이 있지만, 정치적 인식틀로 보면 복무기간 연장과 선발인원 축소가 현실화되면 우수 자원이 ROTC 지원을 기피하고, ROTC 전역자가 감소하게 되어 ROTC 중앙회의 힘의 원천인 회원 수가 감소될 것이기 때문에 ROTC 중앙회의 영향력이 약화되는 부정적 결과를 가져온다는 것이다.

이러한 정책을 추진했던 관계자들은 구조적 인식틀뿐만 아니라 정치적 인식틀을 활용하여 언론에 발표하기 전에 정책 추진과 관련된 이해관계자(ROTC 중앙회, 국회, 지원자 등)가 누구인지를 먼저 파악했어야 했다. 그리고 언론에 발표하기 전에 대표적인 이해관계자인 ROTC 중앙회와 관계자들에게 군 복무기간 연장과 선발인원 축소의 필요성과 이에 따른 문제점을 해소할 방안을 설명하고, 협상을 통해 타협안을 마련했더라면 국방부가 계획한 대로는 아니더라도 정책이 일부 조정되어 추진되었거나 적어도 국방부 책임자가 해임되는 일은 없었을 것이다.

이 사례에서처럼 군인들은 틀에 박힌 군대 생활을 하다 보면 자신도 모르게 구조적 인식틀로 조직에서 발생하는 문제나 사건을 진단하고 해결하려는 경향이 있다. 또한 정치를 멀리해야 한다는 인식이 강하기 때문에 협상 같은 정치적 행위를 통해 문제를 해결하려는 것을 터부시하는 경향이 있다.

그러나 군 역시 사람들의 집합체로 군에서 발생하는 많은 문제가 개인이나 집단 간의 이해관계나 역학관계 등과 같은 정치적인 이유로 발생한 경우가 많다. 그리고 국방정책을 수립하고 집행하는 과정, 예컨대 국방비 증액, 군사시설 관리, 군 기지 이

전, 병역제도 등과 같은 정책을 추진할 때 군 밖의 많은 이해관계자(일반 국민, 이익단체, 지역주민 등)의 이해관계 때문에 갈등이 발생할 수밖에 없다. 따라서 군 리더들도 정치적 인식틀의 활용을 터부시할 것이 아니라 이를 효과적으로 활용할 수 있도록 정치적 역량을 개발해야 한다.

이상에서 살펴본 바와 같이 정치적 인식틀로 보면 조직은 개인과 집단의 이해관계에 따라 경쟁하는 정치판, 정글 또는 경기장이다. 그리고 조직과 조직 내 활동에 대해 다음과 같은 기본 가정을 하고 있다(Bolman & Deal, 2017). 첫째, 조직은 다양한 개인과 이익집단으로 구성된 담합집단(coalition)의 집합체다. 둘째, 개인이나 집단 사이에는 가치관, 선호, 믿음, 정보 및 현실 인식에 있어 지속적인 차이가 존재한다. 그리고 그러한 차이는 쉽게 소멸하지 않는다. 셋째, 조직에서 이루어지는 대부분의 중요한 의사결정은 희소자원의 배분과 관계된다. 즉, 누가 무엇을 얻는가에 대한 결정이 그것이다. 넷째, 희소자원, 그리고 견해 차이로 인해 조직에서 갈등은 불가피하고, 이러한 갈등은 역학관계에 의해 조정되기 때문에 권력 또는 힘(power)이 가장 중요한 자원이다. 다섯째, 조직의 목표 설정과 의사결정은 상이한 담합집단과 조직원 간의 협상과 교섭을 통해 이루어진다.

이상의 논의와 기본 가정을 종합해보면 조직 내외에서 희소자원의 배분에 따른 이해관계의 갈등이 발생하고, 이러한 갈등을 해결하는 과정에서 역학관계가 작용하기 때문에 조직 정치(organizational politics)는 불가피한 현상이라고 할 수 있다. 따라서 리더의 중요한 역할의 하나는 정치가 역할이고, 리더에게는 조직 정치를 잘 이해하고 효과적으로 관리할 수 있는 정치적 역량이 요구된다.

(2) 정치적 인식틀의 이론적 배경

▎조직 정치

조직 정치(organizational politics)는 "조직 구성원 자신의 이익을 극대화하기 위해 의도적으로 계획된 행위"(Ferris & Kacmar, 1992) 또는 "이익을 추구하기 위해 조직 내에서 허용되지 않는 비공식적 방법으로 경쟁과 갈등을 유발하는 활동 또는 행동"(Andrew & Kacmar, 2001)을 말한다. 즉, 조직 전체의 이익보다는 특정 개인이나 집단의 이익을 보호 또는 증진시키기 위해 공식적으로 승인받지 못한 방식으로 권력을 행사하는 활동 또는 자기 이익을 극대화하기 위해 공식적으로 부여된 권한 이상으로 자기가 지닌 권력을 행사하는 것을 말한다. 만일 조직에서 어떤 사람이 공식적으로 부여된 행동 외에 자신의 이익에 영향을 미치는 행동을 했다면 그것은 정치적 행동(political behavior)이라고 할 수 있다. 예컨대, 직무수행을 위해 반드시 필요한 행동이 아닌 행동, 당사자의 이익을 위해 권력을 행사하는 행동, 자신의 이해관계에 얽힌 의사결정에 영향을 미치는 행동을 조직 정치 활동이라고 한다(임창희, 2004: 339).

이러한 조직 정치 활동이 없는 조직은 현실적으로 상상하기 힘들고, 조직 정치는 조직 운영의 일부이며 매우 일상적인 일이다. 조직에서 조직 정치가 불가피하게 발생하는 이유는 첫째, 조직 내외 자원의 희소성(稀少性, scarcity),[61] 상호 의존성, 견해 차이, 권력관계 때문이다. 특히 인적·물적 자원, 예산 등 조직 내외 자원의 희소성 때문에 개인이나 집단 사이에 이해관계가 상충하여 갈등이 발생하고, 이해관계자 사이에 의견 차이가 있기 마련이다. 예컨대, 유사 기관이나 부서를 통폐합할 때 관련 조직이나 부서 간에 합의가 잘 안 되는 이유가 바로 통폐합에 따른 이해관계가 서로 다르고, 해결 방안에 대한 의견 차이가 있기 때문이다.

둘째, 조직 내외의 자원 할당에 대한 의사결정이 모호하거나 복잡해서 자원을 할당받으려는 개인이나 집단이 자원 할당 과정에 영향력을 행사하기 위해 정치적 수완을 발휘하기 때문이다. 예컨대, 조직변화 과정에서는 기존의 자원 할당 또는 분배 규칙과 관행을 새롭게 바꾸게 되기 때문에 불확실성과 모호성이 높아지게 된다. 따라서 자신들이 그동안 갖고 있던 자원이나 지위와 역할, 그리고 자신의 이미지 등을 보호하기 위해 조직 정치가 활발히 이루어지게 된다.

셋째, 사람의 능력과 성과를 평가하는 방법이 아무리 발전해도 결국은 최종적인 평가는 사람이 하기 때문이다. 사람은 정치적인 존재일 뿐만 아니라 논리적 동물이

---

61 '희소성'이란 "사람들이 원하는 것은 많은데 그것을 모두 가지지 못하는 상태"를 말한다.

아니라 감정의 동물이다. 심지어 편견에 가득 차 있으며, 자존심과 허영심에 의해 행동한다(데일 카네기, 최염순 옮김, 2004: 47). 따라서 리더가 조직을 잘 관리하고, 조직에서 살아남기 위해서는 정치적 수완이 필요하다. 얼마나 능력이 있고, 얼마나 조직 또는 업무에 기여했는지는 자신이 평가하는 것이 아니라 정치적이고 감정적인 경향이 있는 다른 사람의 평가에 달려 있기 때문이다. 실제로 조직에서 조직 정치를 용인하는 조직 분위기나 관행이 있을 경우 조직 정치가 만연하여 인격과 능력을 갖춘 사람이 조직 정치를 하지 않아서 진급이 안 되고, 인격과 능력은 부족하지만 정치적 수완이 좋아서 처세나 인맥관리를 잘하는 사람이 진급되는 경우도 종종 있다.

그러나 이와 같이 조직에서 공익(公益)이 아니라 사익(私益)을 위한 조직 정치가 만연하면 구성원들이 조직에서 일을 충실히 수행하려고 하기보다는 사익을 추구하는데 집중하게 되고, 사익을 추구하는 사람들이 조직의 중요한 자리를 차지하게 되어 조직을 망하게 할 수 있다. 또한 사익을 위한 조직 정치가 용인된다면 이러한 행위를 눈치 채거나 이러한 행위 때문에 피해를 본 구성원들이 불만을 품게 되어 조직 구성원 사이에 갈등과 냉소주의가 발생하고, 조직에 대한 신뢰를 저하시키게 된다(배성현 · 김미선, 2009; 이근환 · 장영철, 2012).

공익이 아니라 사익을 추구하는 조직 정치의 이러한 역기능 때문에 많은 사람이 조직 정치를 부정적인 것으로 바라보지만, 조직 정치는 조직 내 의사소통과 신속한 문제해결을 도와주는 윤활유 같은 순기능을 하기도 한다(윤원섭 · 윤선영, 2015). 즉 평소에 조직 이해관계자나 업무 관계자, 상급자와 하급자 또는 동료 간에 형성된 끈끈한 인적 유대관계를 이용해서 비공식적으로 신속하게 의사소통이 이루어지고, 중요한 업무를 수행하거나 어려운 일에 직면했을 때 관계자의 적극적인 도움을 받을 수 있다.

따라서 조직의 리더는 조직 내외에서 조직 정치의 불가피성을 이해하고, 어떠한 유형의 조직 정치가 이루어지고 있는가를 파악하여 부정적인 조직 정치가 이루어지지 않도록 리더십을 발휘해야 한다. 그리고 '최대 다수의 최대 행복' 또는 '보편적이고 포괄적인 도덕적 원칙(moral principle)'[62]에 따라 사익이 아니라 공익을 위한 긍정적

---

[62] 콜버그(Lawrence Kohlberg)는 도덕을 "도덕 판단에 기초를 둔 의사결정"이라고 정의했다. 그리고 도덕성 발달 단계를 6단계로 구분했는데, 가장 높은 수준인 6단계는 '보편적 도덕원리 지향(Conscience or Principle Orientation)'

조직 정치를 하는 정치가가 되어야 한다.

▌담합집단으로서 조직

구조적 인식틀은 조직을 "공동의 목표를 추구해나가는 합리적인 시스템"으로 보고, 인적자원 인식틀은 "구성원들의 욕구 충족을 위해 존재하는 것"으로 본다. 반면에, 정치적 인식틀은 조직을 "사익을 추구하기 위해 다양한 이해관계를 가진 사람들이 모인 느슨한 네트워크"로 본다. 즉, 사람들은 조직에서 자신이 원하는 목표를 달성하기 위해 다양한 담합집단 또는 연합체를 구성하기 때문에 어떤 의미에서 조직은 그 자체가 다양한 이해관계를 중심으로 결성된 담합집단들로 구성되어 있는 하나의 담합집단이라는 것이다(Bolman & Deal, 2017).

그리고 정치적 인식틀은 이러한 담합집단들이 정글이나 경기장에서처럼 조직 내외에서 권력과 희소자원을 차지하기 위해 서로 경쟁한다고 본다. 정글에서는 약육강식(弱肉強食)의 논리에 따라 힘이 센 동물만이 살아남는 것처럼 조직에서도 자원의 희소성 때문에 대부분의 의사결정이 합리적으로 이루어지기보다는 역학관계(power dynamics)에 따라 힘이 강한 개인 또는 집단에 유리한 방향으로 결정된다는 것이다. 예컨대, 조직 통폐합을 하면서 어떠한 조직구조를 만들 것인가를 결정할 때 상황적 요소는 50~60%만 반영되고, 나머지는 가장 힘이 강한 담합집단의 이해관계가 많이 반영된 조직구조가 선택된다는 연구 결과에서처럼 겉으로는 합리성과 효율성을 내세우지만 실제로는 이해관계자들 간의 역학관계에 의해 힘이 센 개인이나 집단에 유리한 방향으로 결정된다(Robbins, 2001).

2019년 타결됐어야 하는 협정이 1년 넘게 지연된 것은 한국의 분담금을 증액하라는 트럼프 전 대통령의 터무니없는 압박 때문이었다. 바이든 대통령은 후보 시절부터 트럼프 대통령의 요구는 '갈취'라며 합리적 수준에서 조속히 협상을 마무리하겠다는 입장을

단계다. 이 단계에서는 자신이 지닌 도덕적 원리를 어기는 데서 비롯한 자책감에 대한 관심이 도덕적 행위의 동기가 된다. 도덕적으로 옳은 행위는 정의의 보편적 원리, 인권의 평등성, 사람의 존엄성 같은 보편적 윤리 원칙에 따라 행동하는 것이다. 즉 올바른 도덕적 행위란 도덕적 지식의 기초 위에서 도덕적 판단을 하고 이 판단에 따른 행위가 이루어졌을 때를 말하는데, 그것은 보편적 도덕 원칙이 삶의 원칙으로 타당하기 때문이다

밝혔다. 바이든 대통령 취임 후 협상을 통해 주한미군 방위비 분담금이 작년보다 13.9% 오른 1조 1,833억 원으로 정해지고 앞으로 4년간 매년 국방비 인상률을 반영해 올리기로 했다. 또 2025년까지 적용되는 분담금 협상에 합의하면서 안정적인 주한미군 운용이 가능해졌고, 지난해 방위비 분담금 협상이 타결되지 못하면서 벌어졌던 주한미군 한국인 노동자의 무급휴직 사태가 더 이상 발생하지 않게 되었다.

한국과 미국은 이런 내용을 골자로 한 제11차 방위비분담특별협정(SMA)을 5~7일 미국 워싱턴에서 열린 9차 회의에서 타결했다고 외교부가 10일 발표했다. 한미동맹재단과 주한미군전우회는 10일 성명을 내고 "그간 타결이 지연되어온 방위비분담특별협정이 바이든 정부 출범을 계기로 합리적이고 공평하며, 상호 간에 수용 가능한 방향으로 조기 타결된 것을 적극 환영한다"라고 밝혔다. 이들은 "이번 합의는 한미 양국 간 동맹 정신에 기반해 상호 윈윈(win-win)하는 결과"라고 평가했다. 그러나 일부 시민단체에서는 13.9%의 방위비 분담금 인상률을 문제 삼으면서 "미국의 이익을 보장하기 위한 역대 최악의 굴욕 협정"이라고 주장했다.

출처: 연합뉴스(2021.3.10) 발췌

위의 주한미군 주둔 방위비 분담금 협상 사례는 개인과 집단 간뿐만 아니라 조직(국가) 간에도 중요한 의사결정이 합리성을 바탕으로 한 최적해(optimal solution)가 아니라 힘(power)의 논리를 바탕으로 한 협상에 의해 힘이 센 조직(국가)에 유리한 방향으로 서로가 만족해(satisfying solution) 수준에서 의사결정이 이루어진다는 것을 보여주고 있다.

이와 같이 합리성이 아니라 힘의 논리에 의해 개인이나 집단 또는 조직의 의사결정이나 협상이 이루어지는 것은 바람직하지 않고, 비윤리적이라고 비난할 수 있다. 그러나 현실은 일상생활이나 조직에서 힘의 논리에 의해 의사결정이 이루어지고, 이해관계가 조정되는 경우가 매우 많다.

따라서 리더는 개인의 이익이 아니라 집단 또는 조직의 이익, 즉 공익을 위한 긍정적 조직 정치를 잘 수행하기 위해 자신, 집단 또는 조직의 힘(지식, 경험, 정보, 인맥, 담합 집단 형성 등)을 기르고, 이를 효과적으로 사용할 수 있는 정치적 역량 또는 수완을 개발해야 한다.

4) 상징적 인식틀과 연출가·배우로서 역할

(1) 상징적 인식틀의 기본 가정

상징적 인식틀(symbolic frame)은 문화인류학(anthropology)에 기반을 둔 인식틀로 구조적 인식틀이 중시하는 합리성을 부정한다. 그리고 조직은 연극무대이고, 구성원들은 연극에서 역할을 맡은 배우로 본다. 왜냐하면 조직은 제도나 규칙 같은 조직구조나 리더의 권한 등에 의해 움직이기보다는 의례, 의식, 일화, 영웅 그리고 신화 등에 의해 형성되는 조직문화가 조직을 움직이는 데 중요한 역할을 하는 것으로 보기 때문이다.

조직 구성원들은 이러한 조직 안에서 연극무대의 배우처럼 드라마를 연기하고, 조직 외부의 관객은 연극무대인 조직에서 벌어지는 일들을 관람하면서 조직에 대한 이미지를 형성한다. 따라서 상징적 인식틀은 배우들이 자신의 역할을 제대로 연기하지 못할 때, 상징(symbol)들이 그 의미(meaning)를 상실할 때, 그리고 의식이나 행사가 그 의미를 잃을 때 조직에 문제가 발생한다고 본다. 따라서 조직의 내면적 혹은 정신적 측면을 바람직하게 재구성하기 위해 상징이나 신화, 때로는 주술적인 방법도 사용할 필요가 있다고 본다.

상징적 인식틀은 전통적인 조직이론에서 강조하는 합리성, 확실성 그리고 선형성과는 매우 다른 세계를 보여주고 있고, 조직과 사람들의 행동 본질에 대해 전통적 조직이론과 달리 다음과 같은 가정을 하고 있다(Bolman & Deal, 2017: 244).

첫째, 조직에서 일어나는 많은 사건과 활동들에서 가장 중요한 것은 다음 사례에서와 같이 그 내용이 무엇이고, 실제로 무엇을 했는가가 중요한 것이 아니라 그 의미가 무엇인가가 중요하다는 것이다.

림팩(RIMPAC) 훈련 참가를 위해 미국 하와이에 파견 중인 해군 간부들이 현지에서 가족 동반 관광을 다닌 것으로 알려져 파문이 확산하고 있다. 군 당국에 따르면 다국적 해군 연합기동훈련인 림팩(RIMPAC)에 참가하기 위해 미국 하와이에 정박 중인 ○○함에 승선한 장교 두 명과 준사관 및 부사관 28명 등 총 30명은 국내에서 온 가족 51명과 함께 4박 5일 동안 하와이의 관광지를 다니며 쇼핑과 여행, 해양 스포츠 등을 즐겼다. 가족들은 1인당 300만 원 상당의 여행 상품을 자비로 구입해 해군의 출장 일정에 맞춰 현지에서 장병들과 합류한 것으로 확인됐다.

한 해군 관계자는 "당초 ○○함은 7월 초부터 40여 일 동안 림팩 훈련을 마치고 9월 초에 귀국할 예정이었으나 이번에는 ○○함의 성능시험을 위해 5월 초에 조기에 투입되면서 파견 기간이 당초 두 달에서 넉 달로 늘어났다. 가족들과 오랜 기간 떨어져 있다보니 사기 진작 차원에서 간부들의 주말 외출을 허용한 것"이라고 해명했다. 하지만 해군이 천안함 사태 이후 '필승 50일 작전'을 통해 최고의 경계태세를 유지하며 자숙의 시간을 보내는 중에 ○○함 승선 간부 절반이 가족 동반 관광을 한 것은 극히 부적절한 처신이라는 지적이다.

- 경향닷컴(2010.6.4)

이 사건은 해군 관계자가 해명한 것처럼 간부들의 사기를 진작시키기 위해 규정에 따라 외출을 나가 가족들과 시간을 함께 보내도록 배려한 것이다. 구조적 인식틀로 보면 규정을 위반하지 않았기 때문에 전혀 문제가 없는 사건이다. 또한 인적자원 인식틀로 보면 가족과 떨어져 4개월 동안 계속되는 힘든 해상훈련을 한 간부들에게 사기 앙양 차원에서 휴가를 준 것은 너무도 당연한 일이다. 이와 같이 구조적 인식틀이나 인적자원 인식틀로 보면 아무런 문제가 안 되는 사건이다.

그러나 언론이 사용한 상징적 인식틀로 보면 세계적인 관광지인 하와이에서 군인들이 가족과 함께 지낸 것은 휴가가 아니라 천안함 사태 이후 최고의 경계태세를 유지하며 자숙의 시간을 보내는 중에 가족들과 관광을 했다는 의미가 된 것이다. 이와 같이 상징적 인식틀은 사건의 내용이 아니라 겉으로 드러나는 의미를 중요시한다.[63]

둘째, 사건과 의미가 항상 일치하는 것은 아니다. 즉, 동일한 사건들도 경험을 해석할 때 그 사람이 사용하는 인식틀에 따라 매우 다른 의미를 가질 수 있다. 위의 사례에서 해군 입장에서는 훈련 중 간부들에게 가족과 함께 휴가를 보내도록 한 것은

---

63 조직 내에서 이루어지는 여러 가지 활동이 실제로는 의도한 대로 이루어지지 않더라도 상징적 인식틀은 그러한 활동들이 또 다른 의미가 있음을 알려준다. 그것은 조직의 구조와 활동, 그리고 사건들은 단순히 특정 목적 달성을 위한 수단만이 아니라 조직이라는 연극무대의 구성요소로서 사람들을 즐겁게 해주고, 의미를 창조하고, 그리고 조직의 모습을 그럴듯하게 보여주는 한 편의 의미 있는 드라마다.

조직문화와 리더십

경쟁가치모형(Competing Value Model)은 모순적이고 배타적인 다양한 조직문화 유형을 포괄적인 관점에서 분석할 수 있는 기준을 제공해준다. 이 모형에서 수직축은 통제의 수준, 수평축은 방향성이라는 두 가지 상반된 차원을 나타낸다. 수직축의 개성/유연성은 분권화와 다양성을 강조하는 반면, 안정성/통제는 집권화와 통합을 강조한다. 수평축의 내부지향성은 조직 유지를 위한 조정과 통합을 중요시하고, 외부지향성은 조직 환경에 대한 적응, 경쟁, 상호관계를 강조한다. 이러한 두 가지 차원의 결합에 의해 4가지 조직문화의 유형이 결정된다. 즉, 경쟁가치모형에서 조직은 기존 조직의 내부 통합과 조정을 특징으로 하는 내부지향적 조직과 외부 환경과의 관계 및 적응을 특징으로 하는 외부지향적 조직, 그리고 조직의 운영 관점에서 안정과 통제, 유연성과 개인 존중(자율성)을 특징으로 하는 조직으로 구분되어 조직문화가 4가지 유형으로 구분된다.

이러한 경쟁가치모형은 모순적이고 배타적인 다양한 조직문화의 가치요소들을 포괄적으로 분석할 수 있는 틀을 제공해주고, 유형별로 리더십, 동기부여, 조직효과성 기준이 상이하다는 전제를 하고 있다.

첫째, 공동체 문화(Clan Culture)다. 구성원들의 신뢰, 팀워크를 통한 참여, 충성, 사기 등의 가치를 중시한다. 이러한 문화유형에서는 무엇보다 조직 내 가족적인 인간관계의 유지와 협동에 최대의 역점을 둔다. 의사결정 과정에 조직 구성원의 참여 등이 중시되며, 개인의 능력개발에 대한 관심이 높고 조직 구성원에 대한 인간적 배려와 가족적인 분위기를 만들어내는 특징을 가지고 있다.

둘째, 혁신 문화(Adhocracy Culture)다. 조직의 변화와 유연성을 강조하면서 조직이 당면하고 있는 창조적인 활동에 중점을 둔다. 외부 환경에 대한 변화지향성과 신축적 대응성을 기반으로 조직 구성원의 도전의식, 모험성, 창의성, 혁신성, 자원획득 등을 중시하며 조직의 성장과 발전에 관심이 높다.

셋째, 위계 문화(Hierachy Culture)다. 공식적 명령과 규칙, 집권적 통제와 안정 지향성을 강조하는 관료제의 가치와 규범을 반영한다. 위계질서에 의한 명령과 통제, 업무 처리 시 규칙과 법 준수, 관행, 안정, 문서와 형식, 보고와 정보관리, 명확한 책임소재 등을 강조하는 관료적 문화의 특성을 지니고 있다. 위계 지향 문화는 전통적인 관료제적 조직문화를 대표하며, 계층제적인 강력한 감독체계와 보편적인 서비스, 예측된 규범과 절차를 문화적 속성으로 하기 때문에 무엇보다 안정성과 통제에 대한 필요성과 조직 내부적 유지와 통합에 초점을 둔다.

넷째, 시장 문화(Market Culture)다. 조직의 성과목표 달성과 과업 수행에서의 생산성을 강조한다. 이러한 문화적 특성이 지배적인 조직은 목표 달성, 계획, 능률성, 성과 보상의 가치를 강조한다. 외부지향성의 관점에서 경쟁, 성과통제의 관점에서 목표 달성을 강조하며, 생산성과 능률성의 기준이 목표 달성에 중요하다. 따라서 주로 공급자나 고객, 규제자 등 외부관계자와의 거래에 강조점을 두며, 경쟁력과 생산성이 핵심가치가 된다.

개성/유연성

내부지향	문화 유형: 공동체 주요 활동: 협동	문화 유형: 혁신 주요 활동: 창조	외부지향
	문화 유형: 위계 주요 활동: 통제	문화 유형: 시장 주요 활동: 경쟁	

안정성/통제

출처: Cameron, K. S., Quinn, R. E,, Degraff, J.(2014: 8)

군 간부뿐만 아니라 가족까지도 배려한다는 것을 다른 간부와 군인 가족들에게 보여주는 의미 있는 상징적 행사였다. 그러나 비판적 인식틀로 군을 보는 기자들에게는 해군 간부들이 자숙 기간에 자숙하지 않고 해외에 나가 가족까지 휴양지에 불러서 관광을 한 것으로 보였다.

다음의 "태극기를 입는다 … '말이 돼?' vs. '왜 안 돼?'"라는 논쟁도 조직에서 상징 (symbol)의 중요성과 동일한 사실에 대해 어떠한 인식틀을 사용하느냐에 따라 그 의미를 서로 다르게 해석함을 잘 보여주고 있다.

광복절을 맞아 네티즌으로 구성된 '사이버 의병'은 서울, 부산, 대구, 광주에서 대대적인 '태극기몹'[64]을 펼친다. 태극기몹이 펼쳐지는 곳에서는 '태극기를 들고 입고 걸치고 두르는' 등 태극기의 다양한 변신을 볼 수 있다. 이런 모습은 불과 몇 년 전만 해도 상상도 하지 못할 일이었다. 태극기는 신성하게 모시듯 다루어야 한다고 여겼기 때문이다.

지난 2002년 월드컵을 거리에서 온몸으로 느끼며 태극기를 휘둘렀던 젊은 세대들은 태극기의 변신에 대해 "말이 돼?", "왜 안 돼?"라며 논쟁 중이다. 포털사이트의 태극기몹 관련 기사에도 네티즌의 찬반 의견이 팽팽히 맞서고 있다.

"태극기를 못 그리는 국민이 많은 이유는 그동안 태극기를 신성시한 점이 가장 크다고 본다. 벽에다만 걸어놓고 장롱 속에만 넣어놓고 있으니 볼 일이 거의 없었다. 이런 일들을 통해 태극기와 친근하게 하고 자주 접해야 제대로 그릴 수도 있는 거라고 생각한다."

"태극무늬라는 것은 우리나라에서 예부터 내려오는 전통 문양인데, 그것을 표상한 태극기를 몸에 감는 것이 국치라고? 국기는 성스러운 깃발이기 전에 우리와 함께하는 생활이 되어야 한다."

"근데 신성한 국기를 저런 식으로 해도 되나? 태극기를 새긴 티셔츠라면 몰라도 저건

진짜 국기인데, 더럽혀지면 어쩌려고….”

– 오마이뉴스(2005.8.12)

국기에 대한 관리 규정은 대통령령이었다가 지금은 「대한민국 국기법」(2007.1.26 신설)으로 승격되었다. 위의 찬반 의견처럼 태극기는 단순한 깃발이 아니라 국가를 상징하는 상징물이다.[65] 따라서 반대하는 사람들은 태극기로 치마를 만들거나 자르고 오리는 등의 행위는 해서는 안 된다고 주장한다. 어떻든 간에 국기는 한 나라를 대표하는 것이기 때문이다.

그러나 다른 한편에서는 “태극기를 가까이하는 것은 민족문화를 아는 것”이라고 주장한다. 장롱 속에 고이 모셔진 태극기를 거리로 끄집어내어 태극기를 가까이하는 것은 ‘애국심의 생활 속 표현’이라는 것이다.

셋째, 조직은 연극무대이고, 조직에서 이루어지는 활동들은 연극이라는 것이다. 연극에서는 실제 배우가 죽지 않고, 실제로 사랑을 하지 않더라도 배우들이 감동적인 연기를 함으로써 관객이 실제 죽거나 사랑하는 것처럼 느껴 눈물을 흘리고 감동한다. 이처럼 조직도 하나의 연극무대로서 연극을 공연하고 있다는 것이다. 즉, 조직의 다양한 상징적 활동을 통해 외부 이해관계자들에게 조직이 잘 운영되고 있음을 알려주는 것이다.

한미연합훈련인 연합지휘소훈련(CCPT)이 실시된다. 훈련 규모는 최소화됐으며, 야외 기동훈련도 없이 컴퓨터 시뮬레이션 방식으로만 열린다. 전시작전통제권 전환을 위한 미래연합사령부의 완전운용능력(FOC) 검증도 이번에 빠졌다. 한미의 대규모 야외 훈련이 사실상 ‘올스톱’되고 대대급 이하 소규모 훈련만 실시되면서 대북 작전능력 유지에 경고등이 켜진 지 오래다. 성우회가 “대한민국 생존의 안전장치는 한미동맹이고, 그 핵심은 연합훈련”이라며 훈련 정상화를 요구한 것도 이런 까닭이다.

출처: 동아일보(2021.3.8) 발췌

---

[65] 제4조(대한민국의 국기) 대한민국의 국기(이하 “국기”라 한다)는 태극기(太極旗)로 한다.
제5조(국기의 존엄성 등) ① 모든 국민은 국기를 존중하고 애호하여야 한다. ② 국가 및 지방자치단체는 국기의 제작·게양 및 관리 등에 있어서 국기의 존엄성이 유지될 수 있도록 필요한 조치를 강구하여야 한다.

이와 같이 관객으로서 국민은 실제 훈련 내용과 그 성과에 관계 없이 드라마처럼 실전 같은 대규모의 야외 기동훈련을 하는 모습을 보여주지 않을 때 국가안보에 대한 불안감이 높아지고, 군에 대한 신뢰가 저하된다.

조직은 다음 사례에서처럼 심각한 문제가 발생하거나 문제점이 발견되어 위기에 처하면 위기관리 드라마를 연출한다.

동부전선 GOP 총기사건과 윤모 상병 폭행사망사건 등으로 총체적 위기에 놓인 군이 민·관·군이 함께 참여하는 '병영문화 혁신위원회'를 구성하고 본격적인 활동에 들어갔다. '병영문화 혁신위원회'는 민·관·군이 함께 힘을 모아 행복한 병영을 만들겠다는 의미로 '육군 클로버(Clover)위원회'로 이름 지었다. 이는 위원회의 활동지표인 '장병의 인권이 보장되고 개개인이 군복무의 가치를 실현하는, 행복한 병영'을 만드는 데 민·관·군이 협업하겠다는 것을 상징화한 것이다. 대통령 소속 지방자치발전위원장과 육군참모총장을 공동위원장으로 하는 '클로버위원회'는 복무제도 혁신, 병영생활·환경, 리더십·윤리증진 등 3개 분과로 구성됐다. 각 분과위에는 13~14명의 전문위원과 7~8명의 실무위원이 참여한다. 전문위원은 민·관으로 편성했다. 관련분야 민간 전문가와 정부 관련자, 예비역 병사 및 병사 부모가 포함됐다. 실무위원은 현역 장병과 병영생활 전문상담관으로 구성했다. 그리고 '클로버위원회' 활동 간 정책적 자문을 위해 별도의 자문단을 구성한다. 국회의원과 현역 기자, 사회단체 및 기업관계자 등 16명으로 편성된 자문단이 혁신안 수립 과정에서 의견을 제시한다.

출처: 대한민국 정책브리핑(2014.8.6)

상징적 인식틀에서 보면 관객인 국민은 '병영문화 혁신위원회'에서 군 혁신을 실제로 추진하고, 어떠한 성과를 낼 것인가보다는 연극의 배역이 누구이고, 누가 주연배우인가, 그리고 시나리오가 무엇인지에 관심이 있다. 즉 관객(국민)은 연극의 제목 (클로버위원회), 그리고 주연(지방자치발전위원장과 육군참모총장)과 배우(민·관·군 위원)들이 어떤 사람인지, 시나리오(행복한 병영)가 무엇인지를 보고 기대감을 갖고 잘되어갈 것이라는 신념을 갖게 된다.

이와 같이 조직의 구조, 활동, 그리고 조직에서 일어나는 사건들은 상징적 인식틀로 보면 하나의 연극으로 볼 수 있다. 그것들은 공포심을 갖게 하기도 하고, 희망과 기대를 품게 하기도 하고, 감정을 불러일으키기도 한다. 또한 불확실성을 감소시켜 안심하도록 해주기도 한다.

이러한 상징적 인식틀로 보면 리더는 연극무대와 연극의 시나리오를 만드는 연출가이자 시나리오의 의미를 연기를 통해 효과적으로 전달하는 배우의 역할도 수행해야 한다는 것을 알 수 있다.

(2) 상징적 인식틀의 이론적 배경

▌조직문화의 개념과 중요성

'문화(culture)'라는 말을 많이 사용하고 있지만, 그것이 무엇을 뜻하는지에 대해서는 다양한 정의가 있다. 이러한 정의들을 정리해보면 "개인이 지적 자질을 개발·발전시키는 것"으로 문명, 개화의 의미를 내포한 개념, "특정 문명권의 지적 소산의 총체를 가리키는 말"로서 문화유산, 문물, 무형문화 등을 모두 포함하는 개념, 그리고 "특정 사회에서 구성원들이 습득한 사고나 행동들의 집합"으로 우리 주변에서 어떤 일을 하는 방법으로 사용된다(한상복 외, 1986: 65).

이러한 거시적인 문화의 개념을 조직 수준에 적용한 것이 '조직문화(organizational culture)'[66]이고, 세 번째 정의가 '조직문화'의 개념에 가장 근접한 정의라고 할 수 있다.[67]

따라서 조직문화는 다음 사례와 같이 "조직 구성원의 행동을 지배하는 비공식적 분위기"로 조직구조처럼 공식적인 조직도나 규정에 있지는 않지만, "조직 구성원들의 가치관, 태도 및 행동, 대인관계 등을 결정하는 집단적 가치관이나 보이지 않는 규

---

[66] 인류학이나 사회학에서 연구되어온 문화이론을 조직 이론에 접목한 것으로, 군에서는 '군대문화' 또는 '병영문화'라는 용어를 사용한다.

[67] 조직문화에 대한 대표적인 정의들을 살펴보면, "구성원들이 상호작용 과정에서 보여주는 행동의 규칙성", "집단의 규범, 관례, 의식, 일화 등에 의해 명시되는 조직 성원들의 집합적 의지", 그리고 "조직 성원들이 모두 공유하고 있고 구성원 행동과 전체 조직의 행동에 기본 전제로 작용하는 조직체 고유의 가치관, 신념, 규범과 관습 그리고 행동 패턴 등의 거시적인 총체" 등과 같이 다양하게 정의하고 있다(이학종, 1989: 25).

범으로 조직목표 달성을 향한 구성원들의 행동을 조정하고 지배하는 것"이라고 할 수 있다.

> "어느 해인가 연말경에 회사 로비에 임직원을 소집하더군요. 회사생활 초짜라 무슨 일인가 했는데 입사 기수별로 직원들을 쭉 불러서 세우더니 그 자리에서 바로 승진을 시키더라고요. 오늘부로 5기는 과장, 10기는 주임 하는 식으로 호명하고 손뼉을 치고 했습니다. 지금 생각하면 황당하지만, 그때만 해도 기업문화가 워낙 군대식이어서인지 당연하게 받아들였습니다. 입사 초기에는 선배들한테 일 못 한다고 맞기도 많이 맞았습니다."
>
> 출처: 매일경제(2012.11.19)

한편 조직구조가 조직의 '뼈대'라면, 조직문화는 조직의 '가슴'이자 '얼'과 같다. 그리고 경영의 대가인 드러커(Peter Drucker)가 "전략은 문화의 아침 식사거리밖에 안 된다"라고 말한 것처럼 문화는 가치와 신념을 통해 목표를 전달하고, 모두가 공유하는 기본 전제(basic assumption)와 그 집단만의 규범을 통해 조직의 활동을 지배하기 때문에 조직의 성과를 결정하는 핵심요소다(그로이스버그 등, 2018).[68]

드러커가 문화의 중요성을 강조한 것처럼 사우스웨스트(Southwest)항공 사장인 켈러허(Herb Kelleher)도 "나폴레옹이 파리에서 부하들과 러시아 침공에 대해 논의한 것은 전략이고, 100만 군대를 러시아로 행군하게 만든 것은 문화였다. 무엇이 프랑스군을 움직이도록 했는가? 그것은 논리가 아닌 감정이었다. 감정은 문화의 중요한 요소이며, 감정(emotion)의 어원은 행동(motion)이다. 프랑스군을 행동으로 이끈 것은 결국 문화였다"라며 전략보다 조직문화가 더 중요함을 강조했다. 마찬가지로 IBM의 루이 거스너(Louis V. Gustner)도 "10년 가까이 IBM에 있으면서 나는 문화가 승부를 결정짓는 하나의 요소가 아니라 문화 자체가 승부라는 것을 깨닫게 되었다"라며 조직문화가 조직 경쟁력 자체임을 강조했다.

---

[68] 조직문화와 전략은 기업경쟁력을 좌우하는 두 축인데, 현실적으로 조직문화보다 전략에 더욱 집중하지만 조직문화가 전략보다 더 중요하다는 것을 강조하는 말이다. 조직에서 전략과 실행 계획을 수립하지만, 조직문화가 지닌 힘과 역동성을 이해하지 못한 탓에 실패하는 경우가 많다.

또한 애플(Apple)의 성공비결을 묻는 기자들의 질문에 대해 스티브 잡스의 "우리는 시스템이 없는 것이 시스템입니다. 그렇다고 프로세스가 없다는 뜻은 아닙니다. 애플은 규칙에 엄격한 회사이고, 훌륭한 프로세스가 존재합니다. 그러나 혁신은 이런 것과는 다른 문제입니다. 혁신은 사무실 복도에서 만들어지고, 밤 10시 반에 좋은 아이디어가 떠올랐다고 잠자는 동료를 깨우는 데서 나옵니다"라는 답변 또한 조직문화의 중요성을 새삼 일깨우고 있다. 제도나 시스템 중심의 혁신 활동은 일시적인 사기 진작이나 분위기 쇄신은 할 수 있어도 근본적인 해결책은 될 수 없다. 결국 혁신의 성공을 위해서는 조직문화가 뒷받침되어야 한다(드러커경영원, 2016).

한편, 조직문화와 조직 성과 간의 관계를 실증적으로 규명한 연구는 크게 3가지 유형이 있다(차윤석, 2012: 2055-2058). 첫째, 조직 성과에 기여하는 바람직한 문화 특성이 존재한다고 보는 특성론적 접근이다. 대표적인 연구로는 피터스와 워터맨(Peters & Waterman, 1982)[69] 그리고 오우치(Ouchi, 1981)[70]가 있는데, 이러한 연구들은 대부분 사례연구나 일화적인 소재를 통해 이루어졌기 때문에 연구 방법 면에서 비판을 받고 있다.

둘째, 긍정적인 조직문화 특성의 강도가 높을수록 성과도 향상된다고 보는 강한 문화 가설이다. 조직문화의 강도는 응집성, 동질성, 안정성, 일관성, 공유성 정도 등으로 정의하고 있는데, 소렌센(Sorensen, 2003)의 연구에 따르면 안정적인 환경에서는 강한 문화와 성과가 관련성이 높게 나타났지만, 변동성이 높은 산업 환경에서는 그런 관련성이 나타나지 않았다. 이것은 외부 환경의 변동성이 높을 경우 강한 문화는 오히려 조직의 적응을 어렵게 하는 역기능을 초래한다는 것을 시사한다.

셋째, 조직문화와 조직 성과 간의 관계는 조직이 어떤 상황에 놓여 있는지에 따라

---

[69] 미국의 우수기업들을 연구한 결과 ① 행동지향성, ② 고객 최우대 서비스, ③ 자율성과 기업가 정신, ④ 인간을 통한 생산성 향상, ⑤ 독특한 전통 가치의 중시, ⑥ 중점경영, ⑦ 간소한 조직, ⑧ 자율과 통제의 균형 등 공통적인 8가지 특성을 발견했다.

[70] 오우치(1981)가 미국에서 성공한 기업은 미국의 경영방식인 A 타입(종업원의 단기 고용, 유능한 직원의 빠른 승진, 전문화된 승진 코스, 명시적인 관리기구, 개인에 의한 의사결정 및 책임, 부분적인 인간관계 등)과 일본의 경영방식인 J 타입(종업원의 종신 고용, 느린 승진, 비전문화된 승진 코스, 비명시적인 관리기구, 집단에 의한 의사결정 및 책임, 전면적인 인간관계 등)의 장점을 조합하여 장기고용, 개인 능력보다 근면 중시의 인사고과, 느린 승진제도, 비전문적 경력, 집단적 의사결정, 명시적 관리시스템, 개인 책임 등의 특징을 갖는 새로운 경영방식을 사용하는 기업이라는 Z이론을 발표했다.

군(軍)과 문화인류학

미국은 문화인류학자를 아프간전쟁에 '참전'시켜 큰 효과를 보고 있다. 학자들은 현지 문화에 대한 미군의 이해를 높여 효율적인 전술을 구사하는 데 기여한다. 스미스 박사처럼 아프간전쟁에 문화인류학자가 투입되는 것은 작전 중 벌어질 각종 사고에 대처하기 위해 미국이 마련한 '주민 지역 연구(HTS: Human Terrain System)'의 하나다. 제2차 세계대전 때 이미 일본인 연구를 시작한 바 있는 미국은 베트남전 때는 '피닉스 프로그램'이라는 이름으로 인류학자를 작전에 가담시켰다. 미국 인류학자들이 칠레 내전에 개입한 적도 있다. 마거릿 미드나 『국화와 칼』의 저자 루스 베네딕트 같은 사람이 미국과 협력한 대표적인 인류학자다.

아프가니스탄과 이라크에도 사회과학자가 투입되어 있는데, 주로 문화인류학 전공자인 이들은 미군 지휘체계 아래에 있다. 인류학자와 언어 전문가를 포함해 군인과 정보 담당, 공익 업무 경력자 등 5~6명으로 구성된 HTS팀은 전투부대와 함께 이동한다. 문화인류학자가 가장 활발히 참여한 것은 이라크전쟁과 아프간전쟁이다. 케빈 주말리(29)는 미국 국적 아랍인으로 이민 3세대. 대학에서 인류학을 전공한 그는 군무원으로 이라크에 파견됐다. 계급장은 없지만, 군복을 입고 군인과 함께 순찰을 다닌다. 아랍어에 능통한 그는 순찰 중 들려오는 주민의 대화를 기록한다. 현지인 가택 수색 때는 누구를 먼저 만나야 하고 여성을 어떻게 다뤄야 하는지 군인들에게 알려준다. 심지어 어떤 장소에서는 군화를 벗고 들어가야 한다거나, 어느 방에는 코란이 있으므로 조심해야 한다고 알려준다.

미군의 '주민 지역 연구(HTS)'팀에서 활동하는 로버트 홀버트 소령이 아프간 나니 지역 주민을 만나 아프간 전통문화를 취재하고 있다. 처음 그를 본 사람은 미국인 아랍어 통역관으로 오해하기 쉽다. 그는 알카에다로 의심되는 현지인을 취조하는 과정에도 관여한다. 상대방 심리를 분석하는 일로 흔히 '프로파일러'라고 불린다. 그는 "나는 전쟁 중 군인들이 알기 어려운 현지인의 심리와 문화를 알려줘 작전에 반영하게 하는 조언자다. 불필요하게 생기는 군인과 주민 사이 충돌을 막고 문화적 다리 구실을 한다"라고 말했다.

HTS 프로그램의 기본 취지는 이처럼 현지 문화에 대한 미군의 이해를 높여 효율적인 전술을 구사하는 데 있다. 복잡한 종족·종파 갈등이 첩첩으로 깔려 있는 아프간 같은 지역을 군사 행동으로만 다룰 수 없다는 인식에서 출발했다. 아프간 한 지역은 인류학자가 투입된 뒤 군사 충돌이 60%가량 줄어든 것으로 나타났다. HTS 책임자인 퇴역 장군 스티브 폰다카로는 "사회 내 의사결정 방식과 행동양식 기원 등을 연구하는 문화인류학자들은 현지 사회의 시선으로 문제를 잘 파악하기 때문에 우리가 원하는 군사작전에 큰 도움이 된다"라고 말했다.

한편 미국 인류학계 내부에서는 학자가 전쟁에 참여하는 것은 '연구윤리'를 위반하는 일이라고 지적한다. '학문의 군사화', '용병 인류학', '종군 인류학자', '전쟁 인류학' 같은 신조어가 등장했다. '인류학자의 국가안보 활동 참여에 관한 특별위원회'는 HTS 참여가 연구 대상의 자발적 동의와 철저한 보호를 핵심으로 하는 인류학자의 윤리를 위반할 뿐 아니라 연구 결과가 미군의 현실을 정당화하는 데 쓰일 수 있다고 지적했다.

출처: 김영미(2010)에서 발췌

다르다는 상황론적 접근이다. 이러한 접근 방법은 조직문화의 외부 환경 및 내부 요소 간의 적합성을 강조하는 것으로 문화와 성과 간의 관계는 조직이 처한 상황에 따라 차이가 있다고 가정한다. 이러한 관점에서 문화와 성과 간의 관계를 연구한 코터와 헤스켓(Kotter & Heskett, 1992)은 성과가 높은 기업들은 문화와 환경 간의 적합성이 높은 것으로 나타났기 때문에 문화의 강도만으로는 성과를 예측할 수 없으며 환경과 적합성이 필요하다고 주장하고 있다.

▮조직문화의 기능

조직 성과와 밀접한 관계를 갖고 있는 조직문화는 다음과 같은 순기능도 있지만, 조직 발전을 저해하는 역기능도 있다.

조직문화의 순기능으로는 첫째, 조직문화는 구성원들 간의 일체감을 조성해준다는 것이다. 조직의 독특한 신화, 언어, 복장, 의례·의식 등이 다른 조직 구성원들과 차별화하고, 조직 구성원 간의 동질성을 높여 '우리(We)'라는 인식을 형성함으로써 조직에 대한 응집력과 몰입을 높여준다.

둘째, 조직 구성원들에게 행동의 기준과 방향을 제시해줌으로써 구성원들의 행동이나 태도를 인도하고 규정한다. 왜냐하면 조직문화는 조직 구성원들이 생각하고 행동하는 규범 또는 관습이기 때문이다. 행동 규범을 통해 조직원들에게 판단과 행동의 지침을 제시해주기 때문에 조직 활동에 대한 학습 시간을 단축시켜줌으로써 학습 비용을 감소해준다.

셋째, 구성원들에게 조직이 지닌 공통의 가치관을 지니게 함으로써 의사소통을 원활하게 할 수 있게 해준다. 구성원들이 공통의 가치관을 가짐으로써 세부적인 지시가 없어도 독자적으로 대응하는 것이 가능해지고, 공통적인 행동을 취할 수 있다. 따라서 의사소통을 위한 비용을 감소시키고, 시간을 단축할 수 있을 뿐만 아니라 의사소통 과정에서 발생할 수 있는 오류를 방지하게 해준다.

넷째, 조직문화는 조직 구성원들이 조직의 공식적인 규정이나 지침을 일탈할 때 규제하여 조직 구성원들이 조직목표에 합치되는 행동을 하도록 강요하는 통제 메커니즘의 역할을 수행한다.

이와 같은 순기능이 있지만, 너무 강한 조직문화나 지나치게 경직된 조직문화는 구성원들의 사고방식을 고착화시켜 다음 플라톤(Platon)의 『국가론(Politeia)』에 나오는 동굴처럼 새로운 조직문화의 창출과 조직의 변화와 혁신을 방해한다.

커다란 동굴이 하나 있고 그 안에는 사람들이 살고 있다. 이 사람들은 태어날 때부터 몸이 한 곳으로 고정되어 있어서 동굴 안쪽 벽만 바라볼 수 있다. 동굴 안 벽과 입구 중간 사이에는 나지막한 담이 있고, 담 바로 뒤에는 횃불이 켜져 있다. 이 담과 횃불 사이에서 한 무리의 사람들이 사물들을 들고 왔다 갔다 한다. 조금만 더 나아가면 동굴 입구가 있고, 동굴 밖은 태양이 비치는 빛의 세계다.

동굴의 죄수들은 동굴 안쪽 벽에 비친 그림자들을 실제로 착각하며 살아간다. 그런데 죄수 중 일부가 사슬에서 풀려나 동굴 바깥쪽으로 고개를 돌리게 된다. 그리고 횃불과 인형들을 보게 된다. 실재의 세계에 다다른 '해방된 죄인들'은 처음엔 고통스러워하다가 점차 태양에 적응하며 실재의 세계를 실제로 인식하게 된다. 그리고 동굴 안에서 그 세계가 진리인 줄 알고 살아가는 사람들에게 연민을 느끼고 그들을 동굴에서 벗어나게 하기 위해 다시 동굴 속으로 들어간다. 동굴 안으로 들어가서 자기 이웃들에게 이 동굴에서 나가면 정말 멋진 세계가 있으니 이 동굴에서 나가야 한다고 알린다. 그러나 동굴 생활에 익숙해진 사람들은 자신들이 살아온 동굴만이 현실이라고 생각하고, 그들의 말에 관심도 없고, 귀 기울이지도 않는다. 오히려 동굴 밖 세상을 보고 온 사람들을 미친 사람들이라 생각하고 그들을 비난한다.

여기서 플라톤의 동굴은 우리에게 한 곳만 바라보게 하는 그릇된 인식틀 또는 부정적 문화를 상징하는 것이다. 진실을 볼 수 없게 만드는 고정관념이나 집단사고(group thinking)를 의미한다. 그리고 심리적 감옥으로서 조직문화를 상징한다. 그리고 외부의 세계는 진실, 실재의 세계, 또는 발전된 미래의 모습을 의미한다. 시대에 뒤떨어진 낡고 경직된 조직문화, 부적합한 조직문화는 바로 동굴이고, 그 속에 사는 죄수는 바로 그 조직의 구성원들이다.

다섯째, 지나치게 조직의 정체성이나 단결심을 강조하는 조직문화는 조직 구성원들의 감정을 자극하여 다른 조직을 무시하고, 비난하며, 다른 조직과 협조적인 관계를 형성하지 못하게 하는 부작용을 유발할 수 있다.

앞에서 설명한 바와 같이 조직은 여러 측면을 갖고 있기 때문에 리더는 다양한 인식틀로 조직을 보아야 하고, 복잡한 조직을 효과적으로 관리하기 위해서는 다양한 역할을 수행해야 한다는 것을 알 수 있다. 그러나 이 책의 제2부에서 소개한 대부분의 리더십 이론들은 인적자원 관리자로서 리더의 역할에만 초점을 맞추고 있기 때문에 리더의 역할을 제대로 설명해주지 못하는 편협한 리더십 이론들이고, 리더의 역할을 제한적으로 설명하고 있다고 할 수 있다. 즉, 제2부에서 소개한 리더십 이론에 근거해서만 리더십을 발휘한다면 조직관리자로서 리더의 역할을 성공적으로 수행할 수 없다는 것이다.

따라서 복잡한 조직을 성공적으로 관리하기 위해서는 〈그림 8.9〉와 같이 리더는 구조적 인식틀, 인적자원 인식틀, 정치적 인식틀, 상징적 인식틀을 함께 구비해야 하고, 그러한 인식틀을 상황에 따라 적절히 조합해서 사용해야 한다. 그리고 조직구조

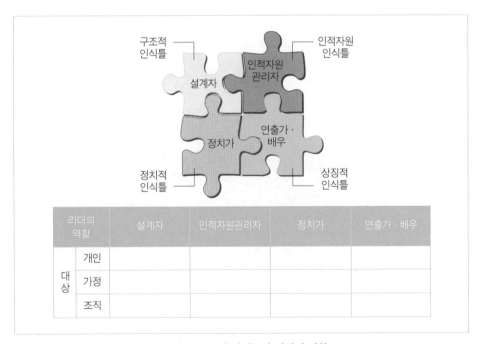

리더의 역할		설계자	인적자원관리자	정치가	연출가 · 배우
대상	개인				
	가정				
	조직				

〈그림 8.9〉 조직 인식틀과 리더의 역할

설계자, 농부나 정원사 같은 인적자원 관리자, 비전과 전략을 제시하고 네트워킹을 통해 힘을 기르고 혁신을 추진하는 정치가, 그리고 조직문화와 상징을 창출하고 전파하는 연출가 · 배우로서 복합적 역할을 함께 수행하는 멀티 플레이어(multi-player)가 되어야 한다. 또한 조직의 리더로서만이 아니라 자신의 삶과 가정의 리더로서도 이러한 인식틀을 활용해서 리더로서의 다양한 역할을 효과적으로 수행해야만 자신과 가정, 그리고 조직과 사회생활에서 행복하고 성공(成功)[71]하는 리더가 될 수 있을 것이다.

이러한 맥락에서 다음 9장부터 12장까지는 리더로서 4가지 다양한 역할(multiple-role)을 효과적으로 수행하기 위해 필요한 핵심역량을 소개한다.

---

[71] "목적이나 뜻을 이루는 것" 또는 "사회적 지위나 부(富)를 얻는 것"을 말하는데, 이 책에서는 전자의 의미로 사용한다.

요약

인식틀은 세상을 바라보는 '마음의 창'이고, 세상을 보는 '안경'과 같다. 세상, 조직, 인간 그리고 어떤 문제나 사건을 바라보는 관점, 접근방법 등과 같은 의미로도 사용되고, 패러다임, 이론, 사고방식, 마인드셋 또는 고정관념과 같은 의미로도 사용된다.

이러한 인식틀은 세상에 존재하는 온갖 다양한 정보로부터 중요한 정보를 식별하고, 그 의미를 해석하는 기능을 한다. 또한 개인이나 조직이 직면한 문제나 사건을 어떻게 해결할 것인가, 그리고 조직 구성원을 어떻게 다룰 것인가 등의 틀을 제공해준다. 따라서 리더는 상대방이 나와는 다른 인식틀을 갖고 있기 때문에 서로 다를 수 있다는 것을 인정해야 한다. 그러한 바탕 위에서 우리 모두 더불어 살아갈 수 있고, 리더십을 효과적으로 발휘할 수 있다.

리더가 사람과 세상을 어떠한 인식틀로 보는가에 따라 사람을 대하는 태도와 행동, 그리고 삶에 대한 태도가 달라진다. 마찬가지로 리더가 조직을 어떠한 인식틀로 보는가에 따라 조직에서 발생하는 많은 복잡한 문제들을 서로 다르게 인식하게 되고, 이에 따라 문제해결 방안도 달라진다. 그동안 많은 학자가 다양한 조직 인식틀을 제시하여 조직에서 발생하는 문제의 본질을 다양한 시각에서 이해할 수 있게 해주었다. 그리고 다양한 조직 인식틀을 통해 조직이 어떻게 되어야 하는가에 대한 방향을 제시해주고, 조직의 성과를 높일 수 있는 아이디어와 기법들도 제공해주었다. 그러나 각각의 조직 인식틀은 조직이 가진 한쪽 측면은 잘 볼 수

있도록 해주지만, 또 다른 중요한 측면들을 간과하게 만든다. 시스템 인식틀과 볼먼과 딜의 조직 인식틀은 리더들이 편협한 시각에서 벗어나 조직을 다양한 시각에서 전체적으로 접근할 수 있도록 도와준다.

시스템 인식틀은 조직을 열린 시스템으로 보고, 모든 조직은 외부 환경과 지속적으로 상호작용하면서 유기적인 상호관계를 맺고 있는 상위시스템인 외부 환경과 다섯 개의 목표·가치, 구조, 기술, 사회심리, 관리 하위시스템으로 구성되어 있다고 본다. 이러한 시스템 인식틀은 군(부대)을 사람 또는 부서의 단순한 집합체가 아니라 상호작용하는 구성요소들로 구성된 하나의 시스템으로 보는 전체적 관점을 가져야 한다는 사실들을 일깨워주고 있다.

한편 볼먼과 딜은 조직 인식틀을 구조적 인식틀, 인적자원 인식틀, 정치적 인식틀, 상징적 인식틀의 4가지 유형으로 분류하고, 각 인식틀을 상황에 따라 적절히 조합해서 사용해야 할 것을 강조했다. 이러한 인식틀에서 보면 리더의 역할은 조직구조 설계자, 농부나 정원사 같은 인적자원 관리자, 비전과 전략을 제시하고 네트워킹을 통해 힘을 기르고 혁신을 추진하는 정치가, 그리고 조직문화와 상징을 창출하고 전파하는 연출가·배우이다. 따라서 리더는 다양한 인식틀을 기반으로 4가지 역할을 복합적으로 수행하는 멀티 플레이어(multi-player)가 되어야 한다.

조직 인식틀을 활용한 리더십 유형 진단

다음 각 문항은 리더 또는 관리자로서 자신을 기술하는 것입니다. 문항별로 나열된 4개 항목에 대해 자신을 잘 나타낸다고 생각하는 정도에 따라 (　　　) 안에 1~4점을 부여하시오.

> **예** ┃ 정말 그렇다: 4점　　　그렇다: 3점　　　그렇지 않다: 2점　　　전혀 아니다: 1점

1. 내가 가진 가장 강력한 리더십 스킬은?
   - (　　　) a. 분석적 스킬
   - (　　　) b. 대인관계 스킬
   - (　　　) c. 정치적 스킬
   - (　　　) d. 드라마에 대한 재능

2. 나를 잘 표현하는 말은?
   - (　　　) a. 실무 전문가
   - (　　　) b. 훌륭한 경청자
   - (　　　) c. 노련한 협상가
   - (　　　) d. 영감적 리더

3. 내가 성공하는 데 가장 도움이 되었던 능력은?
   - (　　　) a. 의사결정을 잘하는 능력
   - (　　　) b. 태도를 변화시키고, 잠재능력을 개발해주는 능력
   - (　　　) c. 강한 인맥과 권력기반을 구축하는 능력
   - (　　　) d. 다른 사람에게 영감과 자극을 주는 능력

4. 사람들이 나에 대해 가장 많이 언급하는 것은?
   - (　　　) a. 세부사항에 주의(디테일에 강함)
   - (　　　) b. 사람에 대한 관심
   - (　　　) c. 갈등과 대립 상황을 성공적으로 해결
   - (　　　) d. 카리스마

5. 나의 가장 중요한 리더십 특성은?
   - (　　　) a. 명확하고 논리적인 사고
   - (　　　) b. 다른 사람에 대한 관심과 지원
   - (　　　) c. 강인함과 공격성
   - (　　　) d. 상상력과 창의력

6. 나를 가장 잘 기술한 것은?
   - (　　　) a. 분석가
   - (　　　) b. 인본주의자
   - (　　　) c. 정치가
   - (　　　) d. 비전제시자

자신의 리더십 유형(항목별 점수의 합계)	
• 구조적 리더십(설계자 · 건축가):	1a + 2a + 3a + 4a + 5a + 6a = (　　　)
• 인적자원 리더십(인적자원관리자):	1b + 2b + 3b + 4b + 5b + 6b = (　　　)
• 정치적 리더십(정치가):	1c + 2c + 3c + 4c + 5c + 6c = (　　　)
• 상징적 리더십(연출가 · 배우):	1d + 2d + 3d + 4d + 5d + 6d = (　　　)

출처: Bolman & Deal(2017), 저작권자의 허락을 받았음

질문 및 토의

1. 리더들에게 인식틀이 중요한 이유는?

_____

2. 시스템 인식틀이 리더들에게 주는 시사점은?

_____

3. 시스템 인식틀로 보면 무기체계의 첨단고도화가 한국군의 발전 방향에 미치는 영향은?

_____

4. 구조적 인식틀, 인적자원 인식틀, 정치적 인식틀, 그리고 상징적 인식틀의 기본 가정과 차이점은?

_____

5. 조직 인식틀과 연관 지어 리더의 역할을 설명한다면?

_____

6. 다음 〈실전 리더십 사례 토의 8〉을 읽고 리더로서 선택할 수 있는 각각의 조치 방법들(1~13번)에
   대한 적절성 정도를 판단하고, 1~9점 중 하나를 선택하여 각 번호 뒤에 점수를 기록한 후 각자의
   점수 부여 이유에 대해 토의한다.

당신은 신임 중대장으로 부임한 지 일주일이 지났다. 훌륭한 지휘관이자 효과적인 리더로 서 앞으로 부하들을 강하게 육성하기 위한 열의로 가득 차 있다. 최근 상급부대에서는 특급전 사를 많이 양성하라는 지시가 있었다. 중대의 사격과 체력단련 수준을 측정해보니 부하들의 수준이 형편없이 저조했다. 당신은 어떻게 할 것인가?

1	중대원의 사격과 체력단련 수준을 측정한 결과를 토대로 등급을 나누어 분류하고 각 등급에 맞는 훈련방법을 모색한다.
2	중대 행정관으로부터 조언을 받는다.
3	사격 교관과 체력단련 교관 희망자를 선발하여 해당 과목을 맡기고, 감독을 철저히 한다.
4	사격과 체력단련 수준을 획기적으로 향상시킬 수 있는 좋은 아이디어를 제공하는 중대원을 포상한다.
5	솔선수범하는 중대원을 공개적으로 칭찬하고 포상한다.
6	특급전사 양성을 효과적으로 실시하고 있는 인접 중대장의 조언을 듣는다.
7	사격 교관과 체력단련 교관 희망자를 선발하여 해당 과목을 맡기고, 이 간부에게 모든 재량권을 위임한다.
8	사격과 체력단련 과목에 집중하기 전에 다른 훈련과목을 검토한 후, 현 시점에서 어떤 훈련과목이 더 우선순위가 있는지를 판단한다.
9	해당 과목을 향상시킬 수 있는 교관으로서 누가 가장 적임자인지를 찾아내어 그를 임명한다.
10	특급전사 양성 방안을 결정하기 전에 모든 중대간부나 용사들의 아이디어나 제안사항을 듣는다.
11	중대원 전체에서 희망자 2명을 선발하여 해당 과목을 맡기고, 이 중대원에게 모든 재량권을 위임한다.
12	특급전사 양성 방안을 결정하기 전에 대대장에게 보고하여 그의 지침이나 제안사항을 듣는다.
13	중대원을 불러놓고 특급전사를 획득하게 되었을 때 받게 될 포상이나 이점에 대해 알려주고 선발 기준 제시 및 중대장의 의지를 강조한다.

1	2	3	4	5	6	7	8	9
매우 부적절함		다소 부적절함		보통		다소 적절함		매우 적절함

〈결과 해석〉: 이 책의 마지막 부록에 포함된 실전 리더십 사례 토의 모범답안 참조.

9 장

설계자로서 역할

리더의 역할은 머리를 써서 효율적이고 효과적으로
업무를 수행할 수 있도록 조직구조와 업무수행 방법을 설계하는 사람이다.

– 본문 중에서

구조적 인식틀을 가진 리더들은 조직의 구조적 측면에 관심을 두기 때문에 조직에서 발생하는 문제는 조직편성, 제도, 법규, 절차 등 조직구조의 미비나 조직구조가 상황에 부적합해서 발생한다고 본다.

따라서 조직원 간의 공식적인 역할과 관계의 기반이 되고 조직 운영의 기본 골격이 되는 효과적인 조직구조(조직편성, 권한과 업무의 분배, 제도, 규정, 업무 절차 등)를 만들고, 조직의 상황 변화에 따라 조직구조의 개편과 새로운 제도의 도입, 규정과 절차를 개선하거나 혁신하기 위해 많은 노력을 한다. 즉, 구조적 인식틀로 보면 리더의 역할은 설계자 · 건축가처럼 조직(부대 또는 부서)의 인적 · 물적 · 정보자원 등을 효율적이고도 효과적으로 활용할 수 있는 조직구조를 만드는 것이다.

이 장에서는 리더가 설계자 · 건축가로서 역할을 성공적으로 수행하기 위해 요구되는 조직설계 방법과 계획수립 및 시간 관리 방법에 대해 설명한다.

1. 조직설계

1) 조직구조의 구성요소

조직설계(organization design)란 "조직원들에게 공식적으로 기대되는 활동과 상호관계의 유형 또는 조직구성원 간의 유형화된 상호작용"을 의미하는 조직구조(structure)를 설계하는 것이다(Robbins et al., 2013: 398). 집을 지을 때 몇 층짜리 집을 것인지, 방의 개수와 크기, 그리고 창문의 수는 몇 개로 할 것인지 등을 설계하는 것처럼 조직설계는 리더가 "조직목표 달성에 적합한 조직구조를 만드는 활동"으로, 그 결과는 조직도나 직무기술서(job description)와 직무명세서(job specification),[1] 제도와 규정(내규 등) 등으로 나타난다.

이러한 조직구조는 복잡성(complexity), 공식화(formalization) 그리고 집권화(centralization)의 3가지 구성요소에 의해 결정된다(Robbins, 2009).

첫째, 복잡성은 "조직 내의 분화(differentiation) 정도"로 조직 내 업무의 수평적 분화(분업 또는 전문화 정도), 수직적 분화(계층 또는 제대 수), 그리고 공간적 분화(조직 단위의 지리적인 분산 정도) 정도에 의해 결정된다. 따라서 조직 내 업무의 부서화 또는 부문화(departmentation)가 많이 이루어지고, 계층(hierachy)이나 제대(echelon) 수가 많으며, 지리적 또는 공간적으로 분산되어 있을 경우 복잡성이 높은 조직구조라고 할 수 있다.[2]

---

1   직무기술서는 직무의 특성, 즉 직무의 개요(직무명, 소속부서, 직급 등)와 내용(핵심업무 활동, 수행방법 및 절차), 타 직무와의 관계 등을 기술한 문서다. 그리고 직무 수행과 관련된 인적요건(직무지식과 기술, 경력, 적성 등) 기술한 것을 직무 명세서라고 한다.

2   복잡성은 통제의 범위(span of control), 즉 "리더가 효과적으로 직접 통제할 수 있는 부하 수" 또는 "한 사람에게 직접 보고하는 부하 수"에 영향을 받는다. 통제범위가 좁으면 계층 수가 많은 고층구조(tall structure)가 만들어지고, 통제범위가 넓으면 계층 수가 적은 평면구조(flat structire)가 만들어진다. 그런데 통제범위는 리더와 부하의 능력, 업무의 특성 등에 따라 다르다. 복잡한 업무일 경우 4~6명, 반복적이거나 고정된 업무일 경우 15~20명이 효과적인 통제 범위이다(Bhasin, 2021).

둘째, 공식화는 "조직원들의 행동을 통제하기 위해 규칙이나 절차에 의존하는 정도" 또는 "조직 내의 업무 또는 직무가 표준화 또는 문서화되어 있는 정도"를 말한다. 조직에서 선발이나 근무 시간, 복장 등의 규정, 직무기술서, 교육훈련(신병훈련 등), 의례·의식(신고식, 수료식 등)을 통해 조직원들의 활동과 업무 활동을 통일하기 위한 업무 수행 절차와 방법을 표준화하는 것이다. 업무의 표준화 정도, 규정의 존재와 규정 준수에 대한 강요 정도, 문서화 정도 등이 높을수록 공식화 정도가 높은 조직구조라고 할 수 있다.

셋째, 집권화는 "권한(의사결정권)이 상급 기관 또는 조직의 상층부에 집중되어 있는 정도"를 의미한다. 권한이 조직의 상층부에 집중되어 있으면 집권화된 조직이고, 조직 전반에 분산되어 있으면 분권화된 조직이라고 할 수 있다. 예컨대, 대학과 연구소는 교수나 연구원 각자에게 많은 권한이 위임되어 있어 분권화된 조직이라고 할 수 있다. 그러나 군대나 정부 조직 같은 관료제 조직은 권한위임의 정도가 다른 조직에 비해 낮기 때문에 집권화된 조직이라고 할 수 있다.

이처럼 조직구조가 중요한 이유는 어떠한 조직구조를 갖고 있는가에 따라 다음과 같이 구성원들의 행동, 역할 기대, 상호관계, 그리고 조직성과에 많은 영향을 미치기 때문이다.

첫째, 조직구조는 조직 또는 조직원들이 할 수 있는 일과 할 수 없는 일을 명확하게 제시함으로써 자의적 행동을 방지해준다. 즉, 조직의 업무 수행과 조직원의 활동이 표준화되기 때문에 리더가 용이하게 통제할 수 있고, 조직원들의 행동에 대한 예측 가능성이 커진다. 예컨대, 군에 공식적인 업무 수행 관련 규정이나 지침이 없다면 부대별 또는 개인별로 자의적인 업무 처리가 이루어져 업무 수행의 통일성·일관성이나 공정성의 문제가 발생할 것이다. 또한 통일된 표준 일과표가 없다면 부대별로 출퇴근 시간, 식사 시간, 취침 시간 등이 서로 달라 업무를 효과적으로 수행할 수 없을 것이다.

이와 같이 조직구조가 순기능을 하지만 공식화 정도가 높을수록 조직원들의 자율성을 제한하기 때문에 창의성과 자발성이 저하되는 역기능이 발생할 수 있다는 것을 유의해야 한다.

둘째, 조직구조는 조직원들에 대한 역할 기대(role expectation), 즉 무엇을 해야 하는가를 명확하게 제시해준다. 만일 조직도가 없거나 조직 내의 각종 업무를 누가 수행해야 하는지, 그리고 업무를 어떻게 수행해야 하는지에 대한 규정이 없다면 부서나 조직원 간에 누가 그 업무를 수행할 것인가를 두고 혼란 또는 갈등이 발생할 수 있다. 또한 다음 사례와 같이 긴급 사태나 위기 상황에서 신속한 조치를 할 수 없다.

군 교육기관에 있는 한 건물에서 배전반 누전 차단기가 내려가 정전이 되었다. 그런데 건물 내에 있는 근무자들은 누군가가 조치할 것으로 생각하고 아무도 담당 부서에 전화하거나 누전 차단기를 확인하려고 하지 않았기 때문에 30분간이나 정전 상태가 지속되어 업무를 수행하지 못했다.

만일 건물에 정전이 발생했을 경우 조치방법에 대한 규정이 있거나 정전 시 책임자를 공식적으로 임명해 두었다면 신속하게 누전 차단기를 확인해서 위의 사례와 같이 30여 분간 업무를 제대로 수행하지 못하는 불편을 감수하지 않아도 되었을 것이다.

셋째, 조직구조는 구성원 간의 상호관계를 결정해준다. 명령이나 지시와 보고, 또는 업무협조 관계에 대한 명확한 규정이 없다면 누가 누구에게 명령하고 보고할 것인가, 그리고 누구와 업무협조를 할 것인가에 대해 혼란이 발생할 것이다. 따라서 군에서는 "명령은 지휘계통에 따라 하달해야 한다. 다만, 부득이한 경우에는 지휘계통에 따르지 아니하고 하달할 수 있고, 이 경우 명령자와 수명자는 이를 지체 없이 지휘계통의 중간지휘관에게 알려야 한다"[3]라고 규정하여 '지휘계통(the chain of command)'에 따라 명령과 보고가 이루어지게 함으로써 '지휘 일원화(unity of command)'가 이루어지도록 하고 있다.

이와 같이 조직구조는 업무 담당 부서 또는 담당자, 업무 수행 방법 및 절차, 권한관계 등을 명확히 보여줌으로써 업무의 효율성 · 예측 가능성 · 통일성 · 신뢰성 · 공정성을 높여주고, 조직원들에게 어떻게 행동할 것인지를 알려주는 기능을 한다.

---

3 「군인기본법」제24조(명령 발령자의 의무) ②항

바람직한 리더십 유형

독일군 총사령관이었던 에쿠오르트(Kurt von Hammerstein Equord) 장군은 〈표 9.1〉과 같이 머리를 주로 사용하는가, 몸을 주로 사용하는가, 즉 똑똑한가(clever), 어리석은가, 그리고 부지런한가(hardworking), 게으른가(lazy)의 4가지 조합에 따라 지휘관과 참모 유형을 똑부형, 똑게형, 멍부형, 멍게형의 4가지 유형으로 분류했다(Starr, 2020).

〈표 9.1〉 리더의 유형

구 분		몸	
		부지런함	게으름
머리	현명함	똑부형	똑게형
	어리석음	멍부형	멍게형

출처: Starr(2020) 수정

첫째, 멍게형 리더다. 상황판단 능력이나 문제해결 능력은 떨어지지만 나름대로 본인의 능력 범위 내에서 시키는 일을 한다. 따라서 정해진 일만 하면 되는 일상적인 임무를 수행하는 데 적합한 유형이다. 이러한 유형은 부하들을 괴롭히지 않기 때문에 부하들은 편하지만, 조직 발전에는 기여하지 못한다.

둘째, 멍부형 리더다. 가장 조심해야 할 유형으로 어리석으면서 열심히 일하는 유형이다. 이런 리더가 많은 조직은 망한다. 이런 리더들은 무개념, 무책임, 무계획이 특징이다. 리더가 이런 유형이면 정확한 상황판단을 하지 않고 쓸데없는 일에 시간과 노력을 낭비하기 때문에 조직에 손해를 끼치고, 부하들을 힘들게 할 것이기 때문에 중요한 직위에 보직하지 말아야 한다.

셋째, 똑부형 리더다. 똑똑하면서도 부지런히 일하는 유형이다. 이러한 리더는 업무에 대해 잘 알고 부지런하기 때문에

추진력 있게 업무를 수행한다. 그러나 지나치게 부지런한 경우 모든 일을 자신이 살펴보려 하고, 독불장군처럼 주도적으로 일할 수 있다. 따라서 일일이 지시하고 간섭하기 때문에 부하들의 능력을 활용하지 못하고, 잠재능력을 개발할 기회를 얻지 못하도록 한다. 그리고 이러한 리더 밑에 있는 부하들은 엄청난 스트레스를 받게 된다.

넷째, 똑게형 리더다. 똑부형처럼 똑똑하고 업무를 잘 알지만, 정신적 여유가 있고, 조급하거나 편협하지 않으며, 쓸데없는 자존심이나 공과에 연연하지 않는 유형이다. 머리를 써서 일하기 때문에 여기저기 바쁘게 돌아다니지 않아서 게으른 것처럼 보이지만, 머리를 써서 조직이 나아갈 방향을 모색하고, 효과적인 조직구조와 업무 수행 방법을 생각해내는 리더다. 즉 몸으로 일하는 것이 아니라 설계자처럼 머리를 써서 효과적인 조직구조를 설계하고, 효율적인 업무 수행 방법을 생각한다. 따라서 부하들이 가장 좋아하는 유형이고, 업무 전체를 총괄하고 부하들을 감독해야 하는 최고 지휘관으로 가장 이상적이라고 알려져 있는 리더의 유형이다.

위의 4가지 유형 중에서 가장 피해야 할 리더의 유형이 바로 '멍부형'이다. 멍부형 리더는 머리를 쓰지 않고, 누가 알려주어도 들으려고 하지 않는다. 그리고 비효율적이고 비효과적인 방법으로 조직을 운영하고 업무를 지시하며, 쓸데없는 일을 만들어 무조건 열심히 일하도록 다그치기 때문에 부하들을 힘들게 하기 때문이다. 즉 리더의 역할은 무조건 열심히 일하도록 하는 것이 아니라 머리를 써서 효율적이고 효과적으로 업무를 수행할 수 있는 조직구조와 업무 수행 방법을 설계하여 조직 구성원들이 즐겁게 일하고, 성과를 내도록 하는 것이기 때문이다.

2) 조직설계 방법과 조직유형

(1) 조직설계 방법

조직설계는 조직의 업무와 권한을 나누는 '분화(分化, differentiation)'와 조직 내 집단 (부서)과 조직원들의 활동을 조직목표를 달성하는 방향으로 한 방향 정렬하는 '통합 (integration) · 조정(coordination)' 과정을 통해 이루어진다.

첫째, 분화는 조직의 업무와 권한을 나누는 것이다. 즉, 조직원 각자의 역할과 책임을 나누고, 명령과 보고체계를 만드는 것이다. 이러한 분화는 〈그림 9.1〉과 같이 부서편성(부문화, departmentation)과 직무설계(job design)[4]를 통해 이루어지는 수평적 분화, 계층화 정도(계층 수)와 권한 위임(자유재량권 부여) 정도를 결정하는 수직적 분화, 그리고 물리적인 시설(사무실, 부대 등)과 인력의 분산 정도를 결정하는 공간적(지역적) 분화가 있다. 예컨대, 군에서 사단을 4개 여단(연대)으로 나누어 담당 지역별로 부대를 배치하고, 인사, 정보, 작전, 군수 등으로 참모부서를 편성하는 것이 수평적 분화다. 그리고 사단을 여단(연대), 대대, 중대, 소대, 분대 등으로 나누어 위계를 만드는 것이 수직적 분화다.

이와 같이 조직의 업무와 권한을 분화할수록 조직구조의 복잡성은 높아지지만, 유사한 업무들을 기준으로 세분화함으로써 업

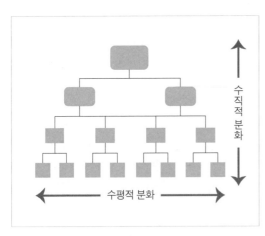

〈그림 9.1〉 수평적 분화와 수직적 분화

---

[4]　직무(job)의 사전적 의미는 "조직에서 직위(position)에 배당된 업무나 일"이다. 직무설계는 이러한 직무의 내용과 기능, 직무 간의 관계 등을 규정하는 것이다. 여기서 직무의 내용은 다양성, 자율성, 복잡성, 일상성, 위험성 등과 같은 직무의 일반적 성격이고, 직무의 기능은 직무에 대한 권한과 책임, 작업 방법 등과 같은 직무 수행의 필요요건과 방법 등이다. 그리고 직무 간의 관계는 다른 사람과 상호작용의 필요성과 정도, 팀워크 필요성 등이다. 이러한 직무설계 방법으로는 직무 전문화(분업), 직무 확대, 직무순환, 직무충실화 등이 있다(서남수 등, 1993: 205-215).

무 수행의 전문성과 효율성이 높아진다. 반면에 하위 조직(부서)들의 집단 이기주의 발생, 의사소통 지연, 관리 비용 증가 등의 문제점이 나타날 수 있다.

둘째, 조직의 업무와 권한의 분화 정도가 높을수록 하위 조직(부서)이나 조직원들 간에 상호의존성이 높아지기 때문에 조직의 모든 업무와 활동이 조직 전체의 목표를 달성하는 방향으로 한 방향 정렬이 되도록 하는 통합·조정[5]의 필요성이 높아진다. 따라서 대부분 조직에서는 관리 계층,[6] 규정과 절차, 계획과 목표 설정을 통해 기본적으로 통합·조정이 이루어지도록 하고 있다. 또한 필요 시 위원회, TF(Task Force),[7] 행렬조직(matrix organization)[8]을 편성하여 통합·조정이 효과적으로 이루어지도록 하고 있다.

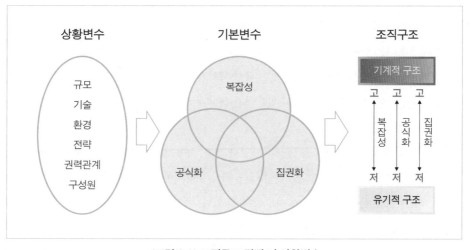

〈그림 9.2〉 조직구조 결정 시 상황변수

5 '통합'과 '조정'은 분화된 조직 활동을 전체 조직의 목표를 달성하는 방향으로 한 방향 정렬시켜 시너지 효과(synergy effect)를 내도록 한다는 점에서 같은 기능을 수행한다.

6 하위 조직이나 부서 간에 권한과 업무에 대한 의견이 다를 경우 상급자가 결정해주는 것이다.

7 "어떤 과제를 성취하기 위해 필요한 전문가들로 구성되고, 기한이 정해진 임시조직"으로, 군에서 특수작전을 위해 활용되었던 조직 형태에서 유래된 용어이다.

8 기능적 구조와 프로젝트 구조의 장점을 극대화하고 단점을 줄이기 위해 고안된 절충형 구조로, 영구적 형태와 임시적 형태가 있다. 업무의 할당은 프로젝트 관리자에 의해 수행되고, 업적평가는 기능관리자에 의해 수행됨으로써 효율적으로 인력을 활용할 수 있다. 예컨대, 군 교육기관의 교수가 대학 부설 연구소와 대학의 학과에 동시에 소속되어 두 명 이상의 책임자로부터 명령을 받는 것처럼 이중 지휘 시스템으로 운영된다.

한편 모든 조직에 적합한 최적의 조직구조가 따로 있는 것이 아니라 〈그림 9.2〉에서 보는 바와 같이 조직의 규모, 기술, 환경, 전략, 권력관계, 그리고 구성원 특성 등을 종합적으로 고려하여 복잡성, 공식화, 집권화 정도를 달리하여 조직의 상황에 가장 적합한 조직구조의 유형을 선택해야 한다(Robbins, 2009).[9]

맥도날드(McDonald)는 2021년 10월 현재 시카고를 본점으로 전 세계 120개국 3만 7천여 개의 매장에서 매일 6,900만 명의 고객에게 제품과 서비스를 제공하고 있는 퀵 서비스 레스토랑(Quick Service Restaurant)이자 세계 1위의 푸드 서비스 기업으로, 세계에서 가장 큰 패스트푸드(fast food) 체인점이자 다국적 기업이다. 이처럼 엄청난 규모에도 불구하고 맥도날드사는 고도로 집권화되어 있어 중요한 일은 본부에서 결정하고, 엄격한 통제 아래 운영되고 있다. 조리시간이나 햄버거의 빵을 만드는 재료의 함량 조절 등은 모두 기계가 하고, 체인점의 조리사들은 빅맥(Big Mac) 같은 기존 제품을 새롭게 변경하거나 응용하는 것이 원칙적으로 허용되지 않는다. 물론 지역 체인점에서 몇 가지 제품을 개발한 사례가 있긴 하지만, 그것은 극히 예외적인 경우에 해당한다. 미국의 본사는 모든 체인점이 표준조리법에 따라 만들어진 음식과 서비스를 제공할 수 있도록 지속적으로 감독한다.

이와 같은 방식으로 제품을 만들기 때문에 서울, 뉴욕, 도쿄, 런던, 파리, 모스크바 등 그 어디에서 빅맥을 사 먹더라도 맛이 같다. 외국 여행객이 음식이 입맛에 맞지 않을 경우 맥도날드를 찾아가는 이유가 바로 여기에 있다. 이처럼 빅맥의 맛을 똑같이 유지하기 위해서는 간혹 새로운 메뉴를 개발하여 채택하기 전에 시험적으로 조리하는 것을 허용하는 경우는 있지만, 정해진 조리방식에서 벗어나는 것을 일체 허용하지도 않고 묵과하지도 않는다. 시대가 변해도 전 세계적으로 제품의 품질을 동일하게 유지하기 위해서는 체인점의 관리자나 종업원의 자유재량권을 제한할 수밖에 없다.

---

[9] 조직설계 시 상황변수와 조직구조의 유형에 대한 자세한 내용은 조직론(organization theory)이나 조직행동론(organizational behavior) 책 참조.

이처럼 맥도날드는 군대조직과 같이 복잡성·집권화·공식화가 높은 전형적인 기계적 조직구조를 가진 조직이지만, 성공적으로 운영되고 있는 글로벌 기업이다. 맥도날드가 전형적인 기계적 조직구조를 가진 반면, 하버드 대학 같은 세계적인 명문대학들은 맥도날드처럼 여러 개의 단과대학으로 구성되어 있음에도 분권화되고, 공식화 정도가 낮은 유기적 조직구조를 갖고 있다.

대학에는 맥도날드의 체인점 같은 단과대학과 지점장 같은 학장이 있다. 또한 점원 같은 교수들이 있는데, 교수들은 자신이 맡은 과목의 교육 내용과 방법을 자율적으로 결정하도록 하고 있다. 심지어 일부 대학에서는 단과대학을 독립채산제로 운영하고, 재정에 관한 자율성도 부여하고 있다.

맥도날드의 경우 상부의 지시 없이는 그 누구도 햄버거의 품질에 영향을 미치는 행위를 해서는 안 되지만, 교수들은 본인이 담당하는 과목의 교육 내용과 방법, 연구 활동 등을 자신이 결정할 수 있다. 총장이나 학장이 어느 교수에게 교육 내용 또는 방법을 바꾸거나 새로운 과목의 개설을 요구할 경우에도 일방적인 명령을 통해서가 아니라 부탁하는 형식을 취한다. 이와 같이 대학은 전형적인 유기적 조직구조를 갖고 있다.

맥도날드처럼 제품의 품질에 표준화가 필요한 조직은 더 명확한 목표, 일사불란한 명령계통, 더욱 정교하고 광범위한 통제를 할 수 있는 기계적 구조가 적합하다. 그러나 대학 같은 조직은 일반적으로 다양하고 추상적인 목표와 불분명한 경계를 갖고 있기 때문에 비공식적으로 업무 조정을 하고, 자율성을 보장해주는 유기적 조직구조가 더 적합하다. 만일 대학에서 교수들에게 자율권을 주는 것처럼 맥도날드에서 조리사들이 각자 알아서 햄버거를 만들라고 한다면 동일한 맛을 내는 햄버거를 만들 수 없을 것이다. 그러나 맥도날드처럼 교수에게 자유재량권을 주지 않고, 대학의 교육방침에 따라 교육 내용과 방법을 엄격히 통제하는 대학이 있다면 그러한 대학에는 박사학위를 받은 교수가 필요 없을 것이고, 창의적인 교육과 연구가 이루어질 수 없을 것이다.

따라서 리더들은 새로운 조직(부대나 부서 등)을 창설하거나 개편할 경우 다음 사례에서처럼 선진 외국군이나 기업의 조직구조를 모방하여 우리 군의 특성과 상황을 고려하지 않고 무비판적으로 도입하지 않도록 해야 한다.

육군사관학교 정문

"육군사관학교는 1951년 10월 31일 진해에서 4년제 대학과정으로 재개교함에 따라 … 미 육사를 모델로 하여 기구와 제도를 편성했기 때문에 교육제도는 물론 운영방식에 있어서 미 육사와 유사했다.[10] 우선 이과(理科) 과목을 위주로 교육과정이 편성되었다. 그뿐만 아니라 미 육사의 테이어 제도(Thayer System)로 알려져 있던 교육방식 아래 일일시험(dayily check-up), 장말시험, 그리고 기말시험이 실시되었다. … 기초군사훈련, 자치근무제도, 명예제도 등을 핵심으로 하는 생도의 내무생활도 자율적인 인격 도야는 물론 명예와 의무를 존중하며 국가에 충성을 다하는 초급장교를 양성하는 학교의 기틀이 되는 제도가 되기에 충분했다."

출처: 육군사관학교 홈페이지(www.kma.ac.kr)

미 육사는 그 전신이 공병학교였기 때문에 입교하는 생도들의 자질과 교육 목표에 맞춰 입교 전에 혹독한 '생도기초훈련(Cadet Basic Training or Beast Training)'[11]을 실시하고, 입교 후에는 통제지향적인 생활관 생활을 하도록 하는 기계적 조직구조를 갖고 있었다. 그리고 졸업생의 활용 분야가 주로 철도, 교량, 항만 및 도로 건설이었기 때문에 교과과정도 토목공학을 중심으로 한 이과 과목 위주로 편성되어 있었다. 그러나 한국 육사의 입교자들은 입교 자질이 초기의 미 육사와 달리 매우 우수했고, 임관 후 졸업생들의 활용 분야도 토목공학 등 이공계 지식이 필요한 공병이 아니라 조직과 병력관리 지식이 더 많이 필요한 보병, 포병 등의 전투 병과였다.

따라서 군을 이끌어갈 정예 장교의 육성이라는 교육 목표와 생도들의 입교 동기

---

10 당시에는 4년제 대학 수준의 교육을 하는 사관학교가 미 육사 외에는 없었고, 밴플리트 장군이 6.25전쟁 중인 1951년 미 육사에서 교관으로 근무했던 미국 군사고문단의 맥키니(McKinney) 대령을 파견하여 육사의 재개교를 지원했기 때문에 미 육사의 제도를 벤치마킹할 수밖에 없었다.

11 짐승처럼 혹독하게 훈련시킨다고 하여 '동물병영(beast barrack)'이라고도 했다.

효과적인 조직구조와 리더십: 조정 경기 vs. 래프팅

물 위에서 배를 가지고 하는 경기이지만, 조정 경기와 래프팅(rafting)을 하는 방식은 완전히 다르다. 조정 경기는 잔잔한 호수에서 경기하고, 속도가 중요하기 때문에 빨리 가기 위해 선수들은 리더 역할을 하는 콕스(cox)의 지시에 따라 노를 젓는다. 조정 경기에서는 리더 혼자서만 나아가는 방향(목표)을 볼 수 있기 때문에 콕스의 지시와 통제를 따를 수밖에 없다. 즉 리더가 목표를 향해 가도록 방향을 지시하고, 일사불란하게 움직이도록 구령을 부치면 선수들은 그대로 따르기만 하면 된다.

그러나 래프팅 경기는 잔잔한 물이 아닌 물살이 매우 빠르고 변화무쌍하게 흐르는 급류에서 진행되기 때문에 속도도 중요하지만, 급류에 휩쓸리지 않고 안전하게 경기를 마치는 것도 중요하다. 또한 시시각각으로 물살이 바뀌기 때문에 리더의 지시를 받을 여유가 없다. 따라서 선수들 각자가 가는 방향을 바라보면서 스스로 판단해서 노 젓는 힘과 속도를 결정해야 한다.

이러한 조정 경기와 래프팅 경기 방식의 차이에 비유해서 많은 사람이 잔잔한 호수처럼 안정된 환경에서는 조정 경기에서처럼 지시적·통제적 리더십이 효과적이지만, 물살이 빨리 변하는 것과 같은 급변하는 환경에서는 래프팅처럼 참여적·자율적 리더십이 더 효과적이라고 한다. 따라서 오늘날과 같이 환경이 급변하는 디지털 시대에는 래프팅처럼 조직

구조를 팀제 같은 수평적 구조로 혁신하고, 자율적·참여적 리더십을 발휘하는 것이 바람직하다고 주장한다.

그러나 오늘날에도 조직 환경이 안정적이고, 직무가 단순하고 반복적인 업무를 수행하는 조직, 또는 군과 같이 통일성과 일사불란한 행동이 중요한 업무를 수행하고, 조직 구성원이 순응적인 조직에서는 조정 경기처럼 위계적·수직적 조직구조와 지시형·통제형 리더십이 더 효과적일 수 있다. 그러나 대학과 같이 창의성과 자율성이 중요한 조직에서는 과거나 지금이나 수평적 조직구조와 참여형·자율형 리더십이 더 효과적이다. 즉, 모든 상황에서 효과적인 조직구조와 리더십은 없다는 것이다. 리더는 조직이 처한 상황에 따라 적합한 조직구조와 리더십을 선택해야 한다. 그리고 상황이 변하면 조직구조와 리더십도 상황에 적합하도록 변화시켜야 한다.

일반적으로 군대조직은 모두 동일한 것으로 보고 조직구조나 리더십의 변화 방향을 제시하지만, 군별·병과별로 처한 환경과 조직 특성(수행 업무, 구성원 특성 등)이 다르기 때문에 효과적인 조직구조와 리더십은 서로 다를 수 있다. 예컨대, 육·해·공군의 편제가 다르듯이 군별로도 통일성과 일사불란함이 중요한 전투 부대와 교육기관이나 연구소처럼 자율성과 창의력이 중요한 조직에서의 효과적인 조직구조와 리더십은 다를 수 있다.

와 자질, 졸업 후 활용 분야 등을 종합적으로 고려하여 미 육사의 교육 및 훈육 시스템을 벤치마킹하더라도 우리 육사의 특성에 적합한 교육 및 훈육제도를 만들어야 했다. 그러나 개교 당시에는 현실적인 제약으로 불가피하게 육사의 제도를 거의 그대로 모방함으로써 미국 육사의 시행착오를 그대로 반복할 수밖에 없었다.[12]

(2) 조직구조의 특성에 따른 조직유형

오늘날 많은 조직이 급변하는 환경에 대응할 수 있도록 적응성과 유연성을 높이기 위해 신속한 의사결정이 가능하고, 조직원들의 창의성과 자발성을 높일 수 있도록 통제 위주의 피라미드식 위계조직에서 수평조직으로 조직구조를 혁신하고 있다. 또한 영구조직의 형태가 아니라 일정 기간 특정한 목적을 이루기 위해 임시로 조직형태를 유지하다가 해체되는 가상조직(virtual organization)[13]도 등장하고 있다.

그러나 앞에서 기술한 바와 같이 적합한 조직구조는 조직의 특성과 상황에 따라 달라지기 때문에 조직유형별로 특성과 장단점을 이해하고 상황에 적합한 조직유형을 선택해야 한다. 따라서 여기서는 조직구조의 특성에 따라 조직유형을 분류하고, 각 조직유형별 특징과 장단점을 살펴본다.

| 수직적 조직과 수평적 조직

조직구조는 권한과 역할의 배분, 계층 간의 명령 및 복종 관계의 정도에 따라 〈그림 9.3〉과 같이 수직적 조직(고층구조)과 수평적 조직(평면구조)으로 구분할 수 있다.

수직적 조직은 고층구조(tall structure)를 가진 피라미드 형태의 계층적 조직으로 군

---

12 미 육사는 제2차 세계대전 이후에 시대 변화와 군사 환경 변화를 반영하여 인문사회 분야의 교육은 물론이고 다양한 전공과정을 개설하여 선택적으로 이수하도록 했고, 입교 전 기초훈련과 훈육제도도 자율을 강화하는 방향으로 개선했다. 우리 육사도 1970년(30기)부터 이과뿐만 아니라 문과도 선발했으며, 통제지향적인 교육 및 훈육제도를 생도들의 자율성을 강화하는 방향으로 개선했다.

13 둘 이상의 조직이 전략적인 목적으로 제휴하여 일정 기간 특정한 목적을 이루기 위해 구성된 후 목표가 달성되면 해체되는 조직으로, 사이버 공간에서 활동하는 사이버 가상조직과 중앙에는 핵심관리 기능만 유지하고 구성원들은 전자 네트워크를 이용하여 업무를 수행하는 네트워크 가상조직 등이 있다.

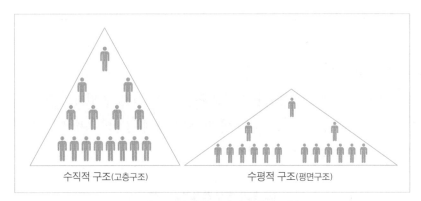

〈그림 9.3〉 수직적 조직과 수평적 조직

대조직처럼 계층(제대)이 많고, 수직적 통제가 이루어지는 조직을 말한다. 이러한 수직적 조직은 군대처럼 위계질서를 확립하여 철저한 통제와 일사불란한 업무 수행이 요구되고, 업무가 자동화되어 있거나 단순 반복 기술을 사용하는 조직에 효과적이다. 그러나 수직적 조직은 계층이 많기 때문에 계층에 따라 상하 간에 명령이나 보고가 이루어지는 과정에서 여과 효과(fliterring effect)[14]가 발생하여 정보를 누락시키거나 왜곡시키고, 신속한 의사소통과 의사결정을 방해할 수 있다는 단점이 있다.

한편 수평적 조직은 평면구조(flat structure)를 가진 조직으로 수직적 구조가 가진 경직성을 극복하고 수평적 의사소통이 이루어지도록 함으로써 조직원들의 자율성을 높여주고, 조직의 유연성과 환경 적응력을 높이기 위해 계층 수를 줄인 조직이다.

이러한 수평적 조직은 공수부대의 팀(team)[15]처럼 분야별 전문가로 구성하여 〈그림 9.4〉와 같이 팀장과 팀원이 스포츠의 주장과 선수처럼 파트너

〈그림 9.4〉 팀원 상호관계

---

14 조직에서 계층은 여과지(filter)처럼 상하 간 의사소통을 지연시키고, 정보를 걸러내는 역할을 한다.

15 공수여단은 4개의 대대와 3개의 직할대로 구성되어 있고, 각 대대는 소령이 지휘하는 3개의 지역대로 나뉜다. 지역대는 각 인원이 12명 정도인 5개의 중대로 구성되어 있으며, 중대를 '팀'이라고도 부른다. 팀마다 폭파, 통신, 의무, 정작(정보작전), 화기 등 5개 주특기가 있고, 주특기별로 2~3명씩 보직되어 있다. 따라서 1개 팀을 5명 정도로 구성된 2개의 조로 나누어 따로 작전을 수행할 수도 있고, 주특기만이 아니라 부특기 교육도 받기 때문에 작전 중 어느 주특기 대원의 임무 수행이 불가능해져도 임무 수행 능력을 유지할 수 있다.

관계로 운영되는 팀제 조직(team organization)이다. 이러한 팀제 조직은 환경의 변화 속도와 불확실성이 높은 조직, 자율성과 창의성이 요구되는 전문가 집단에 적합한 조직으로 다음 〈표 9.2〉에서와 같이 계층의 축소로 신속한 의사결정이 가능하고, 수평적·수직적 벽의 파괴로 의사소통과 정보공유가 활성화될 수 있다는 장점이 있다. 그러나 팀 간의 과도한 경쟁으로 집단 이기주의 발생과 팀장의 능력에 따라 목표 달성에 영향을 받을 수 있다는 등의 단점도 있다.

〈표 9.2〉 팀제 조직의 장단점

구분	장점	단점
내용	• 조직의 수평화로 신속한 의사소통 및 의사결정 가능 • 환경변화에 탄력적 대응 가능 • 자율성 강화로 팀원들의 전문성 및 창의성 발휘 • 직무 전문성 제고 및 능력 중심의 동기부여 가능	• 팀 간 경쟁에 따른 팀 중심의 집단 이기주의 발생 가능 • 팀장의 능력에 따라 성과에 영향 가능 • 조직보다는 일 중심 운영으로 조직에 대한 소속감 결여 우려

지휘-참모 조직

지휘-참모 또는 계선-참모(line-staff) 조직은 군의 전형적인 조직구조로 최고 지휘관으로부터 말단 용사에 이르기까지 직선적으로 연결되는 명령계통인 계선(지휘계통) 조직과 전문적인 지식을 활용해서 지휘관에게 조언하는 참모조직이 결합된 혼합형 조직이다.

군의 참모제도는 프로이센의 장군참모(general staff) 제도[16]에서 비롯된 것으로 대대급 이상 부대에는 참모조직이 편성되어 있다. 장교들은 지휘관이나 참모 역할을 하면서 대부분의 군 생활을 하게 되고, 참모로서 역할을 할 때는 인사, 정보, 작전, 군수 등의 참모 업무를 담당한다.[17]

---

[16] 1806년 예나 전투에서 나폴레옹 군대에 처참한 패배를 당한 후 프로이센은 전략·전술과 리더십에 대한 특별 훈련과 교육을 받은 장교들로 참모조직을 만들었다. 그것은 지휘관의 능력이 부족해도 총명하고 잘 훈련받은 참모가 있으면 지휘관의 능력을 보완할 수 있기 때문이었다(로버트 그린, 2007: 125).

[17] 우리 군에서는 장군이 지휘하는 부대, 즉 육군과 해병대는 사단(여단), 해군은 전단급 부대, 공군은 비행단급 부대에서 참모라는 명칭을 사용한다. 그리고 장군이 지휘하는 육군 및 해병대 부대의 참모는 G(General), 대령이 지휘하는 연대급 부대는 약자로 S(Staff)를 붙여 G-1, S-1(인사), G-2, S-2(정보), G-3, S-3(작전), G-4, S-4(군수) 등

참모는 해당 참모 업무 분야에서 지휘관을 보좌하는 업무를 담당하기 때문에 지휘관처럼 예하 부대에 직접 명령을 내릴 수 없고, 지휘관의 권한을 위임받아 자신의 참모 업무 분야에 한해서만 명령을 내릴 수 있다.[18] 또한 지휘관의 지휘권을 보장하기 위해 참모의 계급을 지휘관보다 두 단계 아래로 하거나 차하급 부대의 지휘관보다 한 단계 아래로 설정해놓는 것이 일반적이다. 예를 들면 대대참모는 대위급(대대장: 중령), 연대참모는 소령급(연대장: 대령), 사단참모는 중령급으로 보직한다.[19] 이러한 참모조직을 기업 같은 일반 조직에서도 회장이나 사장을 보좌할 수 있도록 기획조정실, 경영지원팀, 경영전략팀 등의 명칭으로 운영하고 있다.

▎공식 조직과 비공식 조직

조직은 인위적으로 만들어진 조직구조가 있는가, 아니면 자연발생적으로 만들어져 공식구조가 없는가에 따라 〈그림 9.5〉와 같이 공식 조직(formal organization)과 비공식 조직(informal organization)으로 구분할 수 있다.

공식 조직은 군대나 정부 조직 또는 기업처럼 둘 이상의 사람들이 공동의 목적을 달성하기 위해 만들어져 공식적인 조직구조를 가진 조직이다. 따라서 목표 달성을 위해 조직원들에게 각자의 업무와 역할, 권한과 책임이 명확하게 규정되어 있다. 또한 공식적인 계층구조가 있어 권한 관계를 결정해주고, 상급자는 이러한 계층에 따라 하급자들에게 합법적으로 권한을 행사한다. 또한 구성원 간의 의사소통도 정해진 공식 경로를 통해 이루어진다.

반면에 비공식 조직은 공식 조직 내에 비공식적으로 형성되는 조직으로 학연, 혈연, 지연, 취미 등 개인적인 관계로 만나고 상호작용하는 과정에서 자연적으로 만들

의 용어를 사용한다. 그러나 해군과 공군은 각 군의 영문 머리글자인 N(Navy), A(Air Force)를 사용한다.

[18] 미군의 경우는 지휘관이 전적으로 작전 결과에 대해 책임을 지지만, 독일군의 참모는 지휘관과 책임을 공유한다 (허먼 S. 네이피어 외, 김원호 옮김, 2002: 140).

[19] 사단급 이상 부대의 참모는 일반참모(인사, 정보, 작전, 군수참모)와 특별참모(부관, 공보정훈, 군종, 감찰, 법무, 군사경찰, 병기, 병참, 수송, 화학, 항공, 의무, 공병, 통신, 주임원사 등)로 구분되고, 부대 규모에 따라서는 예하 부대의 지휘관이 참모로서 임무도 수행한다. 예컨대, 사단에서 공병참모는 공병대대의 대대장, 통신참모는 통신대대의 대대장이다.

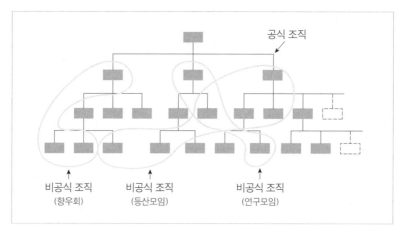

공식 조직

비공식 조직
(향우회)

비공식 조직
(등산모임)

비공식 조직
(연구모임)

〈그림 9.5〉 공식 조직과 비공식 조직

어지기 때문에 공식구조가 없고, '자생조직'이라고도 한다. 이러한 비공식 조직은 구
성원들 간의 소속감이나 정서적 유대감 등으로 만들어지기 때문에 모든 구성원이 평
등하고, 비공식적인 인간관계를 중시한다.

　공식 조직에는 자연스럽게 비공식 조직이 만들어지고, 공식 조직과 비공식 조직
은 상호작용하기 때문에 명확하게 공식과 비공식을 구별하기 어렵다. 공식 조직과
비공식 조직은 서로 공존하며 협조적인 관계인 경우도 있지만, 공식 조직의 목표와
비공식 조직의 목표가 달라서 갈등을 초래할 수도 있다. 따라서 조직의 리더는 공식
조직의 목표와 비공식 조직의 목표가 전체 조직의 목표를 달성하는 방향과 일치할
수 있도록 해야 한다.

2. 계획수립과 시간 관리

리더의 가장 중요한 임무는 조직의 목표를 달성하는 것이기 때문에 대부분 리더십의 정의에도 "조직의 목표를 달성하기 위해 …"라는 말을 포함하고 있다. 그런데 목표를 성공적으로 달성하기 위해서는 건축가들이 건물의 설계도를 보고 건축 계획을 수립하여 건물을 짓는 것처럼 리더는 목표를 달성할 수 있도록 효과적인 계획을 수립해야 한다.

계획수립(planning)은 목표를 달성하기 위해 실천할 구체적인 방법을 강구하는 과정, 즉 목표를 달성하기 위해 어떤 조치와 자원이 필요한지 미리 결정하는 과정으로 가시적으로 나타난 결과물이 계획(plan)이다. 계획수립이 중요한 이유는 계획수립 과정을 통해 미래의 불확실성과 변화에 대비할 수 있게 해주고, 개인이나 조직의 활동이 목표를 달성하는 방향으로 한 방향 정렬을 시켜주기 때문이다. 또한 개인이나 조직의 활동이 계획적으로 이루어짐으로써 인적·물적자원을 효율적으로 활용할 수 있게 해주고, 성과를 측정하고 평가할 수 있는 기준을 제공해줌으로써 통제 활동(controlling)[20]이 가능하다(Koontz et. al., 2020). 이러한 계획을 효과적으로 수립하기 위해서는 먼저 해야 할 일 혹은 달성하고자 하는 목표가 무엇인지를 결정해야 하고, 시간 관리를 통해 주어진 시간을 적절히 배분해야 한다.

따라서 이 절에서는 계획수립 과정과 목표 설정 방법, 그리고 효과적인 시간 관리 방법을 설명한다.

---

[20] 관리기능의 하나인 통제(controlling)는 계획을 실행하는 과정에서 나타난 결과가 계획(plan)대로 이루어지고 있는지 확인하고, 허용 범위를 벗어난 편차가 발생했을 때는 적절한 시정조치를 한다.

1) 계획수립

(1) 계획수립 과정

계획에 포함되어야 할 요소가 다를 수 있기 때문에 계획수립을 위한 과정은 계획 유형에 따라 다르다. 예컨대, 개인의 계획수립과 조직의 계획수립, 그리고 조직에서도 대규모 조직과 소규모 조직(하위 조직, 부서 등)에서의 계획 과정이 다를 수 있다.

그러나 효과적으로 계획을 수립하기 위해서는 일반적으로 〈그림 9.6〉과 같은 과정을 거치는 것이 바람직하다.

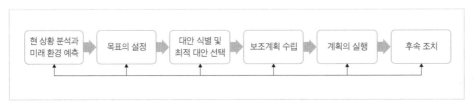

출처: Koontz et. al.(2020) 수정

〈그림 9.6〉 계획수립 과정

① 현재 상황의 인식

계획수립의 첫 번째 단계는 개인이나 조직이 처한 현재 상황을 정확히 인식하는 것이다. 계획을 수립하기 전, 특히 전략적 계획(strategic planning)을 수립하기 전에는 SWOT 분석[21]을 통해 조직의 강점과 약점, 외부 환경으로부터 오는 기회와 위협 등을 명확히 파악하고, 이를 토대로 목표를 설정해야 한다. 현실을 직시하지 않고 낙관적인 목표를 설정하고 계획을 수립한다면 '스톡데일 패러독스'[22]가 발생할 수 있다.

---

[21] SWOT 분석 방법에 대한 자세한 내용은 제11장 제1절 참조.

[22] 베트남전쟁에 참전했다가 8년간 포로수용소 생활을 견디고 돌아온 미군 장군 스톡데일(J. B. Stockdale)에게 수용소 생활을 견디지 못한 사람의 특징을 묻자 비관주의자가 아니라 근거 없는 낙관주의자들이라고 말했다. 곧 풀려날 것으로 생각한 낙관주의자들은 기약 없이 길어지는 수감 기간을 견디지 못했고, 장기 수감을 버틴 이들은 공통적으로 '냉혹한 현실을 직시하는 자세'가 있었다고 강조했다. 경영학자인 콜린스(J. C. Collins)가 그의 이름을 따서 '스톡데일 패러독스'라고 명명했다.

따라서 막연한 비관주의나 맹목적 낙관주의가 아니라 현실을 정확히 인식한 다음 목표를 설정하고, 계획을 수립해야 한다.

② 목표의 설정

현재 상황의 분석 결과를 바탕으로 개인이나 조직의 목표를 설정하고, 이러한 기본 목표(장기 목표)를 달성하기 위한 하위 목표(중·단기 목표)를 설정한다. 예컨대, 어떤 고등학생이 장군이 되겠다는 장기 목표를 설정했다면 단기 목표로 사관학교나 학군단(ROTC)이 있는 대학에 입학하겠다는 단기 목표를 세워야 한다. 그리고 국방부의 목표가 "외부의 군사적 위협과 침략으로부터 국가보위, 평화통일 뒷받침, 지역안정과 세계 평화에 기여"이고, 육군의 목표가 "국가방위의 중심군으로서 전쟁 억제에 기여한다. 지상전에서 승리한다. 국민 편익을 지원한다. 정예강군을 육성한다"이기 때문에 육군본부의 참모부서와 예하 부대(군, 군단, 사단 등)는 이러한 국방부와 육군의 목표를 달성하기 위한 제대별 하위 목표를 설정해야 한다.

③ 대안의 식별 및 최적 대안 선택

목표를 달성하는 방법은 하나만 있는 것이 아니라 여러 가지 방법이 있기 때문에 실행 가능한 여러 가지 대안을 찾아야 한다. 그리고 나서 각 대안의 장단점을 비교 분석한 후 목표를 달성하는 데 가장 적합한 최선의 대안을 선택해야 한다. 예컨대, 어떤 대안은 목표를 달성하는 데 가장 시간이 적게 소요되지만 비용(예산)이 많이 들 수 있고, 다른 대안은 비용이 적게 들지만 시간이 많이 소요될 수도 있다. 따라서 여러 가지 평가 기준(소요 시간, 소요 인력과 비용, 위험성, 윤리성, 수용성 등)을 선정해서 관계 전문가 의견, 통계 기법 등을 활용한 과학적 분석 결과와 리더의 경험, 직관적 판단 등을 종합해서 최선의 대안을 선택해야 한다.

④ 보조계획 수립

대안을 선택하여 기본계획이 수립된 후에는 기본계획을 지원하기 위한 보조계획

(supporting plan)을 수립해야 한다. 예컨대, 소요 인력을 확보하기 위한 인력수급 계획, 교육훈련 계획, 장비운용 계획, 예산 계획 등을 수립해야 한다.

⑤ 계획의 실행

계획수립의 실질적인 마지막 단계는 실행이다. 계획은 행동으로 실행될 때 현실이 되고, 실행하지 않으면 무용지물이 되기 때문이다. 계획을 효과적으로 실행하기 위해서는 계획 과정에서처럼 리더가 통합 · 조정과 팀워크 구축, 동기부여 등의 리더십 역량을 발휘해야 한다.

⑥ 후속 조치

계획수립 과정에서 가정한 외부 환경과 조직 여건이 다른 방향으로 변화된다면 아무리 훌륭한 계획이라도 계획대로 진행되지 못할 수 있다. 따라서 리더는 지속적으로 계획 실행 과정을 모니터링해서 계획과 실제 결과가 허용 범위를 벗어난다면 적시 적절한 방식으로 수정하거나 실현 불가능할 경우 원래 계획을 변경하도록 해야 한다.

(2) 목표의 설정

목표란 "개인이나 조직이 장래의 어떤 시점에서 도달하려는 또는 지향하는 바람직한 상태"로 얼마나 많은 노력을 기울여야 할지를 결정하는 기준을 제공함으로써 개인이나 조직원들을 동기부여시켜 모든 에너지를 목표 달성에 집중하게 만든다(Locke, 1968).

이와 같은 목표 설정의 중요성을 인식한 스티븐 코비(Steven Covey)는 성공하는 사람들의 7가지 습관 중의 하나로 "목표를 확립하고 시작하라(Begin with the End in Mind)"라고 제시했다. 그리고 효과적인 방법의 하나로 모든 결정을 내릴 때 기준이 되는 헌법 같은 역할을 하는 개인, 가족, 그리고 조직의 사명서(mission statement)를 작성할 것을 제안했다(스티븐 코비, 2017).[23] 따라서 〈표 9.3〉 같은 사명서를 작성하면 자신의 삶, 가정생활, 그리고 조직생활에서 중요한 것이 무엇인지 명확해지고, 주어진 대로 살기보다는 삶을 스스로 설계하도록 도와주기 때문이다.

〈표 9.3〉 개인·가족·조직 사명서(예)

- 개인 사명서: 나는 사람들에게 행복을 전달하는 행복 전도사다.
- 가족 사명서: 우리 가족은 이웃에게 봉사하는 삶을 산다.
- 조직 사명서
  - 한결같은 열정으로 명예를 소중히 여기고, 세상의 행복을 위한 참된 가치를 나침반으로 삼는다(마이다스 아이티).
  - 지속적인 혁신을 통해 건설산업의 가치를 창출함으로써 인류사회 발전에 공헌한다(한미글로벌).

그리고 성공학의 대가인 나폴레온 힐(Napoleon Hill)[24]도 "모든 성공의 출발점은 명확한 목표를 설정하는 것이다. 누구나 성공을 원하지만 100명 중에서 98명이 실패하는 것은 자신의 목표를 설정하지 않았기 때문이다. 커다란 성공을 거둔 모든 사람은 명확한 목표와 그 목표 달성을 위한 계획을 갖고 있었고, 자신의 모든 생각과 노력을 그 계획의 달성에 쏟아부었다"라고 하면서 "명확한 중점 목표를 설정하라"를 성공법칙의 하나로 제시하고 있다(나폴레온 힐, 2007).[25]

이와 같이 성공학의 대가들이 목표 설정을 성공법칙의 하나로 제시하고 있는 것은 개인이나 조직이 명확한 목표가 있다면 어떠한 유혹이나 역경이 있거나 하기 싫은 일을 하게 되더라도 다음 사례와 같이 모든 역량을 목표에 집중할 수 있도록 해

---

[23] 목표(goal)는 추상적인 정도에 따라 목적(purpose), 사명(mission), 목표(objective)로 구분하기도 한다. 목적은 사회적 맥락에서 결정되고, 사명은 좀 더 좁혀진 개념으로 목적을 어떻게 달성할 것인가에 초점을 맞춘 것으로 개인이나 조직의 '근본적인 존재 이유'다. 그리고 이러한 사명 구현을 위해 세부적이고 구체적으로 명시된 것이 목표이기 때문에 사명서를 먼저 작성할 것을 제안하고 있다(서남수 외, 1993: 112).

[24] 나폴레온 힐(Napoleon Hill, 1883~1970)은 세계적인 성공학 연구자로 세계 최고의 부자인 앤드루 카네기가 건네준 명단 507명을 직접 인터뷰와 조사하면서 성공법칙을 정립했다.

[25] 빅터 프랭클(Viktor Frankl)이 3년간의 지옥 같은 나치 수용소 생활에서 살아남을 수 있었던 것은 "나는 수용소에서 반드시 살아남아 나치의 잔혹성을 세계에 알리고, 인간의 병적인 정신상태를 치유하는 심리학자다"라는 삶의 목표가 있었기 때문이다(빅터 프랭클, 2020).

주고, 자기암시(autosuggestion) 효과[26]가 있어 목표를 달성할 수 있도록 도와주기 때문이다.

> 나는 정신교육 시간이나 부대 집중교육 시간에 중대원들에게 전역하는 자신의 모습과 10년 후 자신의 모습을 추상적인 모습이 아니라 구체적으로 그리도록 하고, 중대원 앞에서 발표하도록 했다. 그리고 주기적으로 이러한 교육을 하여 자신의 군 생활에 동기를 부여했다. 전역 시에 용사들이 찾아와 이러한 교육을 통해 많은 것을 깨달았고, 군 생활에 도움이 되었다고 했다.
>
> 출처: 김철진(2010: 141~142)

사명서를 작성하거나 목표를 설정할 때는 〈그림 9.7〉과 같은 3가지 사항을 종합적으로 고려해야 한다(에릭 시노웨이 · 메릴 미도우, 2013: 164).

첫째, 자신이나 조직원들이 진정으로 원하는 일(좋아하는 것)이어야 한다. 그것은 사명이나 목표가 자신이나 조직원이 원하는 것이 아니라 부모나 리더 혼자서 만든 것이라면 사명이나 목표 완수를 위해 자신의 역량을 집중하지 않을 것이기 때문이다.

둘째, 가치 있는 일(필요한 것)이어야 한다. 자신이나 조직이 진정으로 원하는 사명과 목표일지라도 그것이 다른 사람을 해치거나 조직과 사회에 악영향을 미치는 것이어서는 안 된다. 예컨대, 다른 사람에게 피해를 주더라도 무조건 부자가 되겠다거나 다른 조직에 해를 끼치는 목표를 설정해서는 안 된다.

셋째, 개인이나 조직이 잘할 수 있는 일이어야 한다. 예컨대, 좋아하는 것만으로 예술이나 스포츠에 타고난 재능이 없는 사람이 예술가나 스포츠 선수가 되겠다거나,

〈그림 9.7〉 사명/목표 설정 시 고려 사항

---

26 "바라는 바를 스스로에게 지속적으로 되뇌는 것으로, 의식적인 노력뿐만 아니라 무의식까지 길들여 목표를 이룰 수 있게 되는 상태"를 말한다.

군에서 군수물자를 생산하는 공장을 설립하겠다는 목표를 설정한다면 비록 진정으로 원한다고 하더라도 잘할 수 있는 것이 아니기 때문에 성공하기 어렵다.

이러한 기본적인 고려 사항과 함께 개인이나 조직의 목표를 설정할 때는 다음과 같은 SMART 공식[27]을 활용하는 것이 바람직하다.[28]

첫째, 목표는 구체적(Specific)으로 설정해야 한다. 예컨대, 막연히 "책을 많이 읽겠다"가 아니라 "매달 5권의 책을 읽겠다", 또한 "소대 전투력을 높이겠다"가 아니라 "소대 특급전사 비율을 80%로 높이겠다" 등과 같이 개인이나 조직 발전을 위해 필요한 부분을 찾아서 구체적으로 목표를 설정하라는 것이다. 목표가 너무 광범위하거나 모호하면 동기부여가 되지 않고, 달성 여부를 측정하기 어렵기 때문이다.

둘째, 측정 가능(Measurable)한 목표여야 한다. 목표를 객관적으로 측정하거나 평가할 수 없다면 목표 달성 여부를 알 수 없고, 목표를 수정할 필요가 있는지도 판단할 수 없기 때문이다.

셋째, 달성 가능한(Achievable or Attainable) 목표여야 한다. 달성 가능성만을 고려하여 목표를 너무 낮게 설정하면 개인이나 조직의 능력이 제대로 활용되지 않기 때문에 높은 성과를 낼 수 없다. 그렇다고 현실적으로 달성 가능하지 않은데도 외부의 평판이나 욕심 때문에 달성이 불가능한 목표를 설정한다면 작심삼일(作心三日)이 되어 중도에 포기하거나 아무리 노력해도 달성하지 못하고 좌절감만 느낄 수 있다. 예컨대, TEPS 점수가 현재 400점인데 1개월 안에 700점으로 올리는 것을 목표로 한다면 실현 불가능한 비현실적인 목표가 될 수 있다. 따라서 개인이나 조직원들이 수용 가능한 도전적인 목표(어렵지만 노력하면 달성 가능한 목표)를 설정하는 것이 바람직하다(Loke, 1978).

넷째, 연관성 있는(Relevant) 목표여야 한다. 개인이나 조직 전체의 기본 목표 또는 전체 목표와 하위 목표가 관련이 있어야 한다. 즉, 하위 목표가 기본 또는 전체 목표 달성을 뒷받침하는 것이어야 한다는 것이다. 또한 조직에서 개인이나 팀(또는 부서)의

---

[27] SMART 공식을 처음 제시한 도런(Doran, 1981)은 'Specific, Measurable, Assignable, Realistic, and Time-limited'를 제시했지만, 여러 가지 변형된 공식이 있다. 이 책에서는 개인과 조직 목표 설정에 유용한 공식을 소개했다.

[28] 개인 목표를 글로 작성할 때는 "나는 인간의 병적인 정신상태를 치유하는 심리학자다(Viktor E. Frankl)"와 같이 '3P 공식', 즉 1인칭(Personal), 긍정문(Positive), 그리고 현재시제(Present)로 작성하는 것이 효과적이다. 그것은 잠재의식은 현재시제로 작성된 긍정문을 통해서만 작동되기 때문이다(브라이언 트레이시, 2014).

목표와 전체 조직의 목표가 서로 연계되어 전체 조직 목표를 달성하는 방향으로 한 방향 정렬이 되어야 한다. 예컨대, 어떤 사람이 연예인이 되는 것이 꿈인데 의과대학에 가겠다는 목표를 설정하거나 조직에서 부서 간에 상충하는 목표(인원 증가 vs. 인건비 감소)를 설정하거나 개인이나 팀(부서)의 목표가 조직의 전체 목표와 서로 다른 방향이어서는 안 된다.

다섯째, 달성 기한(Time-bounded)이 명시되어야 한다. 너무 짧지도 길지도 않게 목표 달성 기한을 정해야 한다. 너무 짧으면 시간에 쫓겨서 원하는 목표에 도달하기 어렵고, 너무 길면 집중도가 떨어져 목표 달성에 소홀하게 된다. 따라서 달성하는 데 많은 시간이 소요되는 목표일 경우에는 장기, 중기, 단기(또는 연간, 월간, 주간, 일간 등)로 나누어 목표를 설정하고, 이를 달성하기 위한 계획을 수립하는 것이 바람직하다.

실습 9.1

개인의 사명/목표 설정 및 실천 계획(Action Plan) 작성

사명	

구분	목표	실천 계획	달성 기한
의사전달력			
대인관계			
체력관리			
취미생활			
:			

2) 시간 관리

설계자로서 리더는 건물을 지을 때 공사계획을 수립하여 시간 관리를 함으로써 시간을 낭비하지 않고 계획된 기한 내에 건물을 완성하는 것처럼 시간 관리를 잘해야 한다. 여기서 시간 관리란 "자신이나 조직의 목표를 성공적으로 달성하기 위해 주어진 시간을 낭비하지 않고 효율적으로 사용할 수 있게 만드는 것"으로, 이러한 시간 관리가 필요한 이유는 누구에게나 주어진 시간이 하루에 24시간으로 한정되어 있고, 대부분 목표나 임무가 달성 기한이 정해져 있기 때문이다.

일반적인 시간 관리 방법으로 달력이나 일간·주간·월간 단위의 일정표(timetable)나 계획표(planner)를 활용한다. 그런데 코비(Covey, 2020: 167-212)는 성공법칙의 하나로 "중요한 것부터 하라(Put First Things First)"라는 것을 제시하면서 그 방법으로 〈표 9.4〉 같은 시간 관리 매트릭스(Time Management Matrix)[29]를 활용할 것을 제안하고 있다.

〈표 9.4〉 시간 관리 매트릭스

	긴급함	긴급하지 않음
중요함	I 분면 • 위기 상황 • 급박한 문제 • 시한성 프로젝트	II 분면 • 예방, 생산능력 활동 • 인간관계 구축 • 새로운 기회 발굴 • 중장기 계획, 오락
중요하지 않음	III 분면 • 잠깐의 급한 질문 • 중요하지 않은 전화나 보고서 • 중요하지 않은 회의 • 눈앞의 급박한 상황 • 인기 있는 활동	IV 분면 • 바쁜 일, 하찮은 일 • 불필요한 우편물 • 불필요한 전화 • 시간 낭비거리 • 즐거운 활동

출처: Covey(2020: 174)

---

[29] 제34대 미국 대통령이자 5성 장군이었던 아이젠하워(D. D. Eisenhower)는 중요하고 긴급한 일만 책상 위에 놓이도록 함으로써 업무를 효율적으로 수행했다고 한다. 그의 이름을 따라 이러한 시간 관리 방법을 '아이젠하워 매트릭스'라고도 하는데, 코비(Stephen Covey)에 의해 널리 알려졌다.

시간 관리 매트릭스는 긴급성과 중요성에 따라 해야 할 일(업무)을 구분한다. 즉, 긴급성과 중요도에 따라 중요하고 긴급한 일(I분면), 중요하지만 긴급하지 않은 일(II분면), 중요하지 않지만 긴급한 일(III분면), 중요하지도 긴급하지도 않은 일(IV분면)의 4가지 유형으로 나누고, 우선순위를 찾는 방법이다.

첫째, I분면은 긴급하고 중요한 일로 가능한 한 빨리 처리해야 하는 '1순위' 일이다. 이러한 일은 갑자기 발생하고, 즉각적으로 처리해야 할 경우가 많다. 예컨대, 시험이나 과제 제출 기한이 임박했거나, 중요한 사람(고객 등)과 통화를 하거나 중요한 회의에 참석하는 일 등이다. 많은 사람이 이러한 일에 대부분 시간을 보내기 때문에 시간 낭비를 하지 않도록 잘 '관리'해야 할 일들이다.

둘째, II분면은 중요하지만 긴급하지 않은 일이다. 따라서 개인과 조직의 발전을 위해 중요한 일이지만, 마감 기한이 없기 때문에 I분면의 긴급한 일을 먼저 처리하고, 계획을 세워 반드시 시간을 '집중'해야 할 일들이다. 예컨대, 자기개발을 위한 독서나 자격증 취득, 건강 유지를 위한 체력단련, 인간관계 구축, 가족과 시간 보내기, 그리고 조직에서 인재 양성을 위해 교육훈련을 하고, 장기적인 계획을 수립하는 일 등이다.

셋째, III분면은 긴급하지만 중요하지 않은 일이다. 이러한 일은 하지 않을 수는 없지만 직접 신경을 써야 할 만큼 중요성이 높지는 않아서 다른 사람에게 맡겨도 된다. 따라서 이러한 일에는 투입 시간을 '최소화'해야 한다. 예컨대, 개인적으로 꼭 참석하지 않아도 되는 경조사에는 경조비만 보내거나 다른 사람을 보낼 수 있다. 또한 조직에서 반드시 참석할 필요가 없는 행사에는 참석하지 않거나 다른 사람을 보낼 수 있다.

넷째, IV분면은 긴급하지도 않고 중요하지도 않은 일로 가능하다면 '회피'해야 할 일이다. 예컨대, 시간만 낭비하는 사교 활동이나 불필요한 전화나 TV 보기, 업무 중 잡담 등과 같이 대부분의 경우 무시하거나 하지 않아도 될 일이다.

이러한 시간 관리 매트릭스를 작성할 때 긴급성과 중요성을 구분하는 공식은 없지만, 중요한 결정 기준은 개인이나 조직의 사명과 목표라고 할 수 있다. 즉, 개인이나 조직의 사명과 목표 달성에 미치는 영향을 기준으로 불가피하고 즉각적인 관심이 필요한 일이면 긴급한 일이고, 사명과 목표를 달성하는 데 앞으로 많은 영향을 미치는 일이라면 중요한 일이라고 할 수 있다.

따라서 시간 관리를 효과적으로 하려면 개인이나 조직의 사명과 목표가 명확하게 설정되어 있어야 한다. 그리고 리더는 이러한 시간 관리 매트릭스를 활용해서 III분면의 일은 '최소화'하고, IV분면의 일은 계획에서 '삭제'하거나 '회피'함으로써 I, II분면의 일에 더 많은 시간을 확보해야 한다. 그리고 긴급하지는 않지만 중요한 일(II분면)에 시간을 집중해야 한다. 왜냐하면 이러한 일들은 개인과 조직의 목표 달성에 기여하고, 높은 가치가 있는 일이어서 장기적으로 개인의 성공과 조직의 성과를 높일 수 있기 때문이다.[30]

수업 시간에 교수가 책상 위에 커다란 어항, 그리고 큰 돌, 작은 돌과 모래가 담긴 상자를 올려놓았다. 그러고는 어항에 돌과 모래를 모두 담는 방법을 아는 학생은 앞으로 나와서 해보라고 했다. 한 학생이 앞에 나와서 먼저 모래를 쏟아붓고 나서 작은 돌을 어항에 채웠다. 그러고는 큰 돌을 집어넣으려 했지만 들어가지 않아 실패했다. 그러자 교수가 다른 학생이 나와서 해보도록 했다. 다음에 나온 학생은 순서를 바꾸어 어항에 먼저 큰 돌을 넣고 다음에 작은 돌을 넣었다. 그리고 나서 모래를 넣고 어항을 흔들자 돌 틈새로 모래가 모두 들어갔다.

이러한 실험은 어떻게 시간 관리를 해야 하는지를 시사해주고 있다. 이 실험에서 어항은 우리에게 주어진 시간, 큰 돌은 중요한 일, 작은 돌과 모래는 중요하지 않은 사소한 일을 상징한다. 그리고 이 실험 결과는 작은 돌이나 모래를 먼저 어항에 넣을 경우 큰 돌을 어항에 집어넣을 수 없는 것처럼 우리가 중요하지 않은 사소한 일(III, IV분면의 일)에 시간을 먼저 사용한다면 개인의 성공과 조직의 발전을 위해 정말 중요한 일(I, II분면의 일)에 사용할 시간이 없어지기 때문에 "중요한 일을 먼저 해야 한다"라는 교훈을 주고 있다.

---

30 파레토의 법칙에 따르면 삶에서 얻을 수 있는 가치의 80%는 20%의 일에서 나오고, 나머지 20%는 사소한 80%의 일에서 나온다고 한다. 따라서 20%의 중요한 일에 자신에게 주어진 시간을 집중할 수 있을 때 개인과 조직이 성공할 수 있다.

개인 또는 조직 활동 분석(일간 또는 주간)

매일 또는 주간 단위로 자신의 개인적 활동 또는 조직에서의 활동들을 아래 표를 활용하여 분석하고, 효과적인 시간관리 방안을 모색한다.

중요성 \ 긴급성	긴급함	긴급하지 않음
중요함		
중요하지 않음		

요약

조직설계란 "조직원들에게 공식적으로 기대되는 활동과 상호관계의 유형 또는 조직구성원 간의 유형화된 상호작용"을 의미하는 조직구조를 설계하는 것이다. 설계자로서 리더는 이러한 조직설계를 통해 조직도나 직무기술서, 직무명세서, 제도와 규정 등을 만든다. 그런데 조직구조는 복잡성, 공식화, 집권화의 3가지 구성요소에 의해 결정되며 업무와 권한의 분화와 통합·조정 과정을 통해 조직설계가 이루어진다.

리더는 외부 환경, 조직의 규모, 기술, 전략, 권력관계, 그리고 구성원 특성 등을 종합적으로 고려하여 복잡성, 공식화, 집권화 정도를 결정해서 조직 상황에 가장 적합한 조직구조를 선택해야 한다. 이러한 조직구조의 특성에 따라 수직적 조직과 수평적 조직, 지휘-참모 조직, 공식 조직과 비공식 조직 등으로 조직유형을 구분할 수 있다.

리더가 개인 또는 조직의 목표를 성공적으로 달성하기 위해 계획을 잘 수립해야 한다. 계획수립(planning)은 목표를 달성하기 위해 실천할 구체적인 방법을 강구하는 과정으로, 가시적으로 나타난 결과물이 계획(plan)이다. 이러한 계획수립이 중요한 이유는 계획수립 과정을 통해 미래의 불확실성과 변화에 대비할 수 있게 해주고, 개인이나 조직의 활동이 목표를 달성하는 방향으로 한 방향 정렬을 시켜주기 때문이다. 또한 개인이나 조직의 활동이 계획적으로 이루어짐으로써 인적·물적자원을 효율적으로 활용할 수 있게 해주고, 성과를 측정하고 평가할 수 있는 기준을 제공해줌으로써 통제 활동이 가능하기 때문이다.

이러한 계획을 효과적으로 수립하기 위해서는 먼저 해야 할 일 혹은 달성하고자 하는 목표가 무엇인지를 결정해야 하고, 그리고 시간 관리를 통해 주어진 시간을 적절히 배분해야 한다. 목표를 설정할 때는 자신이나 조직이 진정으로 원하는 것인가, 잘할 수 있는 것인가, 가치 있는(필요한) 것인가를 종합적으로 고려해야 한다. 또한 목표는 구체적이고, 측정 가능하며, 달성 가능해야 한다. 그리고 전체 목표나 기본 목표와 연관성이 있어야 하고, 달성 가능해야 한다.

설계자로서 리더는 건물을 지을 때 공사계획을 수립하여 시간 관리를 함으로써 시간을 낭비하지 않고 계획된 기한 내에 건물을 완성하는 것처럼 시간 관리를 잘해야 한다. 여기서 시간 관리란 "자신이나 조직의 목표를 성공적으로 달성하기 위해 주어진 시간을 낭비하지 않고 효율적으로 사용할 수 있게 만드는 것"으로, 이러한 시간 관리가 필요한 이유는 누구에게나 주어진 시간이 하루에 24시간으로 한정되어 있고, 대부분 목표나 임무가 달성 기한이 정해져 있기 때문이다. 따라서 리더는 개인의 삶이나 조직생활에서 사명과 목표를 기준으로 긴급한 일과 중요한 일(업무)을 구분하고, 중요하지 않은 일에 소비하는 시간은 회피하거나 최소화함으로써 중요한 일에 더 많은 시간을 확보하도록 해야 한다. 그리고 긴급하지는 않지만 중요한 일에 시간을 집중해야 한다. 왜냐하면 이러한 일들은 개인과 조직의 목표 달성에 기여하고, 높은 가치가 있는 일이어서 장기적으로 개인의 성공과 조직의 성과를 높일 수 있기 때문이다.

질문 및 토의

1. 조직구조의 구성요소는? 그리고 조직구조가 중요한 이유는?

2. 아날로그 시대에는 기계적 조직구조가 적합하고, 디지털 시대에는 유기적 조직구조가 더 적합하다는 주장에 대한 견해는?

3. 무기체계의 첨단고도화에 따른 군 조직구조의 바람직한 변화 방향은?

4. 자신이 설정한 개인 또는 조직의 목표와 이러한 목표를 달성하기 위해 가장 긴급하고 중요한 일은?

5. 다음 〈실전 리더십 사례 토의 9〉를 읽고 리더로서 선택할 수 있는 각각의 조치 방법들(1~6번)에 대한 적절성 정도를 판단하고, 1~9점 중 하나를 선택하여 각 번호 뒤에 점수를 기록한 후 각자의 점수 부여 이유에 대해 토의한다.

실전 리더십 사례 토의 9

　　당신은 새로 부임한 중대장이다. 중대에는 해야 할 일이 너무나 많이 쌓여 있다. 당신은 당면한 여러가지 업무들 때문에 스트레스를 많이 받고 있고, 모든 업무를 혼자서 다 해낸다는 것이 불가능하다는 것을 깨달았다. 한정된 시간 내에 더욱 많은 업무를 수행하기 위해 시간 관리를 잘해야 하고, 중대 간부들을 효과적으로 운용해야 한다. 당신은 어떻게 할 것인가?

1	간부들과 토의를 통해 불필요한 업무를 배제하여 업무량을 최소화하고 우선순위를 판단한다.
2	중대 간부들로 하여금 여러 가지 업무방안 중에서 각자 스스로 선별하여 결정하게 한 다음, 그들에게 그 문제를 해결해나가도록 한다.
3	중대 간부들로 하여금 여러 가지 업무방안에 대해 각자가 연구토록 하고, 각자가 문제를 해결한 다음 그 결과를 당신에게 보고하도록 요구한다.
4	중대 간부들로 하여금 아침 회의시간에 자기가 수행할 업무들에 대해 보고하게 하고, 저녁 늦게 남아서 더욱 많은 업무를 처리하게 한다.
5	중대 간부들이 해결해야 할 문제가 발생하면 당신이 필요한 지침을 하달하고, 임무를 종결하기 위해 무엇을 해야 하는지에 대해 자세히 지시한다.
6	중대 전 지역을 돌아보면서 불시점검을 실시하고, 거기서 무슨 일이 일어나고 있는지 확인하여 조치한다.

1	2	3	4	5	6	7	8	9
매우 부적절함		다소 부적절함		보통		다소 적절함		매우 적절함

〈결과 해석〉: 이 책의 마지막 부록에 포함된 실전 리더십 사례 토의 모범답안 참조.

10장

인적자원관리자로서 역할

> "마음속에 국가의 대계를 획책하고 위태로운 때를 당하면
> 임기응변으로 사방 어느 곳에서든지 승리를 거두는 요결은
> 사람에게 달려 있는 것이지 법(法)에 달려 있는 것이 아니다."
>
> – 『어제병장설(御製兵將說)』「유장편(諭將篇)」

인적자원 인식틀을 갖고 있는 리더는 조직을 가족처럼 서로를 사랑하고 위하는 곳으로 본다. 부모가 성공할 수 있도록 자녀들의 잠재능력을 개발해주듯, 팔로어들이 무엇을 원하는지 미리 파악해서 지원해주는 사람이다.

이러한 인식틀로 보면 리더의 역할은 농부나 정원사가 씨앗이 가진 유전적 속성이 그대로 발현되도록 정성을 다해 거름과 물을 주고 온도를 맞춰주는 것처럼, 팔로어들의 잠재능력을 개발하고 긍정적 태도를 형성시키는 사람이다. 또한 효과적인 의사소통과 팀빌딩을 통해 구성원 모두가 한마음이 되어 성과를 높이고, 목표를 달성할 수 있도록 도와주고, 촉진하는 사람이다.

이 장에서는 인적자원관리자로서 역할, 즉 리더로서 농부나 정원사 같은 역할을 효과적으로 수행할 수 있도록 제1절에서는 리더의 진정한 사랑은 무엇인가, 제2절에서는 팔로어들의 태도를 긍정적으로 변화시키기 위한 방법으로 자긍심 함양과 감사 생활, 동기부여 이론과 기법을 소개한다. 그리고 제3절에서는 팔로어들의 태도 변화와 함께 잠재능력을 개발하기 위한 임파워먼트 방법으로 강점 리더십과 코칭 스킬을 소개하고, 제4절에서는 효과적인 의사소통 방법과 팀빌딩 방법에 대해 설명한다.

1. 사랑과 존중

2,000년 또는 2,500여 년 전에 살았기 때문에 직접 보거나 만나지도 않았고, 자기 민족도 아닌 예수, 석가모니, 공자를 인류의 위대한 리더(great leader) 또는 인류의 3대 성인(聖人)으로 존경하고, 그들의 가르침을 전하거나 따르기 위해 소중한 목숨까지도 바치는 이유는 무엇인가? 그것은 그들의 핵심 가르침이 '사랑'일 뿐만 아니라 진정으로 인류를 사랑하고, 인류의 행복을 위해 노력했기 때문이라고 할 수 있다.[1]

한편 광화문광장에 세종대왕과 이순신 장군의 동상을 세우고 우리 민족 모두가 추앙하는 이유는 무엇인가? 그것은 우리 역사상 많은 통치자가 있었지만, 세종대왕

은 "백성이 나라의 근본"[2]이라고 생각하고, 백성을 사랑하는 마음으로 다음과 같이 한글을 창제하고, '노비 출산휴가제도'[3]를 실시하는 등 백성을 위한 많은 애민정책(愛民政策)을 폈기 때문이다.

"나라의 말이 중국과 서로 달라 한자와 서로 통하지 아니하여 어리석은 백성이 말하고 싶어도 마침내 제 뜻을 잘 표

---

1 예수는 "내가 너희를 사랑한 것처럼 너희도 서로 사랑하여라"(요한복음 13장 34절), 그리고 "이웃을 네 몸과 같이 사랑하라"(마태복음 19장 19절)라고 가르쳤다. 그리고 석가모니의 핵심 가르침은 "사랑의 마음으로 즐거움을 주고 불쌍히 여기는 마음으로 괴로움을 없애주는 것"을 의미하는 '자비(慈悲)'였고, 공자의 핵심적인 가르침은 "남을 사랑하고 어질게 행동하는 일"을 의미하는 '인(仁)'이었다. 이와 같이 '사랑'과 '자비', '인'은 서로 다른 것 같지만, 결국 '사랑'이라고 할 수 있다.

2 "백성이 나라의 근본이다"라는 말은 『상서(尙書)』의 "民惟邦本 本固邦寧(나라의 근본은 백성이니, 나라의 근본인 백성이 튼튼해야 나라가 편안하다)"에서 비롯한 유교 정치사상의 기본이다. 백성이 없으면 나라도 군주도 있을 수 없기 때문에 유교 정치를 표방한 국가의 위정자들이 흔히 내세우는 말이다. 그러나 세종의 민본·위민의식은 생각이나 말로만 그친 것이 아니라 정치에서 실현하려고 했다.

3 "서울과 지방의 관가에 소속된 비자(婢子, 여종)가 아이를 낳은 후에는 휴가를 백일 동안 주는 것을 변하지 않는 규정으로 삼게 하라(『세종실록(世宗實錄)』32권, 세종 8년 4월 17일)"라고 지시했다.

현하지 못하는 사람이 많다. 내가 이를 가엾이 여겨 새로 28자를 만드니, 사람들이 쉽게 익혀 날마다 쓰는 데 편안케 하고자 할 따름이다."

– 『훈민정음 언해(訓民正音諺解)』

이순신 장군 또한 우리 민족뿐만 아니라 외국에서도 존경받는 이유는 죽음으로써 나라를 지킨 애국심, 그리고 『난중일기(亂中日記)』에 남겨진 바와 같이 백성과 부하들을 진정으로 사랑했기 때문이다.

"바람이 몹시 차가워 뱃사람들이 얼고 떨 것을 염려하여 마음을 안정할 수가 없었다."(1594년 1월 20일)

"흐리고 비가 오더니 저녁에 큰비가 시작하여 밤새도록 내려 집이 새어 마른 데가 없었다. 여러 사람의 거처가 괴로울 것이 무척 염려스러웠다."(1594년 5월 16일)

이처럼 수많은 사람이 존경하고 따르는 위대한 리더들의 사례뿐만 아니라 "나의 사전에는 불가능이란 없다"라고 큰소리치면서 세상을 정복하려 했던 나폴레옹이 최후를 맞이하면서 남겼다는 "나는 총칼로 세상을 지배하려 했으나 실패했고, 가난한 나사렛 목수의 아들인 예수는 '사랑'으로 세상을 정복했다"라는 말도 가장 강력한 리더십의 원천은 총칼 같은 강압적 권력이 아니라 '사랑'이라는 것을 시사해주고 있다.

이러한 사랑을 캐나다의 심리학자 존 앨런 리(John Alan Lee)는 에로스(eros), 스토르게(storge), 루두스(ludus), 마니아(mania), 프라그마(pragma) 그리고 아가페(agape)의 6가지 유형으로 분류하고 있다. 리더는 이러한 사랑의 유형 중 무조건적이고 헌신적인 이타적 사랑을 의미하는 아가페적 사랑을 하는 것이 이상적이지만, 현실적으로는 '이타적 이기주의적 사랑(김정기, 2018)'이 바람직하다. 그것은 리더의 희생만을 전제로 하는 이타적 사랑은 대부분의 보통 사람들은 실천하기도, 지속하기도 어렵기 때문이다. 군에서 어느 지휘관이 상급 부대의 지시나 명령을 이행하지 않을 경우 징계를 받거나 진급할 수 없는데도 부하의 입장만을 고려해서 리더십을 발휘할 수 있겠는가?

또한 지휘관이 자신에게만 이익이 되거나 도움이 되는 이기적 행동을 하면 부하들과 한마음이 되고, 부하들이 진심으로 따르겠는가?

사랑의 유형

캐나다의 심리학자 리(Lee, 1973)는 사랑의 본질을 이해하기 위해 역사, 철학, 소설 등 문헌에서 연애를 묘사한 구절을 4천 개 이상 수집해 정해진 기준에 따라 분류하고, 캐나다와 영국 청년들을 대상으로 일반적으로 사람들이 생각하는 연애의 특징을 조사했다.

연구 결과 6가지 기본적인 사랑의 유형을 발견하고, 색채이론을 만들었다. 사랑의 기본 색은 에로스(eros), 스토르게(storge) 그리고 루두스(ludus)다. 이 사랑의 삼원색이 혼합되어 여러 가지 형태의 유채색을 만든다. 먼저 사랑의 2차 색은 마니아(mania), 프라그마(pragma) 그리고 아가페(agape)다. 마니아는 에로스와 루드스의 특이한 결합이다. 그래서 사랑과 미움의 상반성이 나타난다. 프라그마는 루드스와 스토르게가 결합한 형태다. 그리고 아가페는 에로스와 스토르게가 결합한 것으로, 유형별 사랑의 특징은 다음과 같다.

첫째, 낭만적 사랑(eros)이다. 감각적인 욕구와 갈망을 가진 열정적인 사랑을 뜻한다.

둘째, 우애적 사랑(storge)이다. 친밀한 친구에게서 느끼는 사랑으로 서서히 발전하며 오래 지속되는 사랑이다. 오랜 기간 친구로 사귀다가 연인으로 발전하며, 편안하고 정다우며 신뢰가 바탕을 이룬다.

셋째, 유희적 사랑(ludus)이다. 놀이하듯 재미와 쾌락을 중시하며 즐기는 형태의 사랑으로, 상대에 대한 집착이나 관계의 지속을 위한 계획에 관심이 없다. 흔히 여러 명을 동시에 사귀며, 고정된 연인상도 갖고 있지 않다.

넷째, 실용적 사랑(pragma)이다. 이성에 근거한 현실적이고 합리적인 사랑으로, '논리적 사랑'이라고 하기도 한다. 상대방을 선택할 때 성격, 가정 배경, 교육 수준, 종교, 취미 등 관계가 안정적이고 지속적일 수 있는 조건을 고려한다. 이렇게 고른 연인과는 후에 강렬한 애정 감정과 열정이 뒤따르기도 한다. 우애적 사랑과 유희적 사랑이 결합한 것이다.

다섯째, 이타적 사랑(agape)이다. 무조건적이고 헌신적으로 타인을 위하고 보살피는 사랑으로, 사랑을 받을 자격을 가지고 있는지 여부나 그로부터 돌아오는 보상에 상관없이 주어지는 헌신적인 사랑이다. 진정한 사랑이란 받는 것이 아닌 주는 것이며, 자기 자신보다 상대방의 행복과 성취를 위해 희생하는 것이라 여긴다. 낭만적 사랑과 우애적 사랑이 혼합된 형태로, 성경에서 하나님의 사랑을 표현할 때 많이 쓰였다.

여섯째, 소유적 사랑(mania)이다. 상대방에 대한 소유욕과 집착을 중요한 요소로 하는 사랑이다. 상대방을 완전히 소유하고, 나 자신이 소유 당하는 것이 사랑이라는 생각에 집착하기 때문에 강한 흥분과 깊은 절망의 극단을 오간다. 낭만적 사랑과 유희적 사랑이 혼합된 것이다.

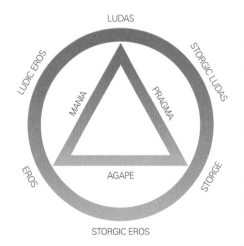

출처: Lee(1973)

따라서 군이든 일반 사회에서든 리더들은 아가페적 사랑이 이상적이지만, 현실적으로 아가페적 사랑이 아니라 대승불교에서와 같이 자리이타(自利利他)[4] 사랑을 해야 한다. 나를 사랑해야 남도 사랑할 수 있고, 내가 행복해야 남도 행복할 수 있기 때문이다. 리더와 팔로어가 함께 이익이 되고, 함께 행복해져야 지속적으로 실천이 가능하다.[5] 성경(마태복음 22장 37~39절)에도 "네 이웃을 네 자신과 같이 사랑하라"라고 했는데, 그것은 자신을 사랑해야 한다는 것을 전제로 하고 있다. 자신을 사랑하는 것처럼 남을 사랑하라고 했는데, 자신을 사랑하지 않으면 남도 사랑할 수 없기 때문이다. 그러나 자신의 행복과 팔로어의 행복 또는 자신의 이익과 팔로어의 이익, 즉 자리(自利)와 이타(利他)가 상충하여 하나만 선택해야 한다면 리더는 이타(利他)를 선택해야 한다. 그래야 팔로어들이 진심으로 따르는 리더가 될 수 있다.

이와 같은 불교나 기독교에서의 사랑과 함께 리더의 사랑을 잘 설명해주고 있는 것은 유교(儒敎)에서의 인(仁), 즉 사랑이다.[6] 『논어(論語)』에서 자공(子貢)이라는 제자가 공자에게 "평생토록 지키고 행할 수 있는 한마디 말이 있겠습니까?"라고 묻자 "바로 서(恕)[7]다"라고 대답했다. 인(仁)의 핵심은 "남과 나를 구분하지 않고 남을 나처럼 생각하는 마음", 즉 나와 남(팔로어)이 '한마음'이 되는 것이다. 이러한 한마음의 대상은 가까이는 가족, 이웃, 조직원, 멀리는 세상 모든 사람도 해당한다. 공자에게 리더의 사랑은 팔로어들을 자신처럼 생각하여 한마음이 되는 것이다.

리더와 팔로어가 한마음이 되기 위해서는 어떻게 해야 하는가? 공자는 한마음이 되려면 추기급인(推己及人),[8] 즉 "역지사지(易地思之)하여 다른 사람의 입장을 헤아려라"라고 가르치고 있다(論語, 衛靈公編). 그리고 구체적 실천 방법으로 먼저 "내가 원하

---

4   "나에게 이익되는 일이 다른 사람에게도 이익이 되는 것"을 뜻하는 말이다. 대승불교(大乘佛敎)에서는 자리(自利)와 이타(利他)가 모두 완전하게 이루어지는 것을 이상으로 하며, 이타를 위해 자기 자신의 인격을 완성하는 것을 목표로 삼는다(불교용어사전).

5   이에 대한 자세한 논의는 제1장 2절 '나우리 리더십' 참조.

6   『논어』 「안연(顔淵)」 편에 "번지(樊遲)라는 제자가 공자에게 인(仁)에 대해 묻자 사람을 사랑하는 것(樊遲問仁 子曰 愛人)"이라고 대답했다.

7   서(恕)는 여(如)와 심(心)의 합성어로 '한마음'을 의미한다고 할 수 있다.

8   "자신의 처지를 미루어 남의 처지를 헤아린다"라는 것으로 공감(共感, empathy)의 중요성을 의미한다. 동기부여, 코칭, 의사소통 등의 리더십 스킬들은 이러한 공감을 바탕으로 하고 있다.

지 않는 것은 남에게도 하지 말라(己所不欲 勿施於人)"라고 했다.[9] 나아가 "자신이 입신(立身), 즉 출세하고 싶으면 다른 사람도 그렇게 하도록 해주고, 자신이 목표를 달성하려고 하면 다른 사람도 그렇게 하도록 해줘라(己欲立而立人 己欲達而達人)"라고 했다.

그러나 이러한 공자의 가르침이나 예수의 "너희는 남에게서 바라는 대로 남에게 해주어라(마태복음 7장 12절)"라는 가르침은 인간의 본성은 같아서 자신이 좋아하는 것은 상대방도 좋아하고, 자신이 싫어하는 것은 상대방도 싫어한다는 것을 전제로 한다. 그러나 사람마다 인식과 욕구의 차이가 있기 때문에 내가 좋다고 그것을 상대방에게 무조건적으로 권한다면 다음 우화에서처럼 그것이 상대에게는 오히려 최악이될 수도 있다는 것을 유의해야 한다.

> 소와 사자가 있었다. 둘은 죽도록 사랑했기 때문에 결혼했다. 둘은 서로에게 최선을 다하기로 약속했다. 소는 최선을 다해 맛있는 풀을 구해 날마다 사자에게 주었다. 사자는 풀이 싫었지만, 참고 먹었다. 사자도 최선을 다해서 맛있는 살코기를 구해 소에게 주었다. 소도 괴로웠지만, 참고 먹었다. 그러나 참는 것도 한계가 있었다. 둘은 마주 앉아이야기하다가 다투고, 끝내 헤어지고 말았다. 헤어지며 서로에게 한 말은 "나는 당신을위해 최선을 다했다"였다.
>
> 출처: 박해조(2012)

이 우화는 리더는 팔로어(자녀, 부대원 등)를 사랑해서 그들을 위해 최선을 다하지만, 상대방의 입장을 헤아리지 않는 '나만의 사랑'은 상대방에게 최선이 아니라 최악이 될 수 있다는 것을 시사해주고 있다. 따라서 리더는 자기 입장에서가 아니라 상대방의 입장에서 무엇을 좋아하고, 무엇을 싫어하는지 먼저 입장을 바꿔 생각[易地思之]

---

[9] "내가 원하는 것을 남에게도 베풀어야 한다"라는 것보다는 "내가 원하지 않는 것은 남에게도 베풀지 말라"라는 것이 보편성을 확보할 수 있는 최소한의 규정이다. 보편성은 최소한의 규정성에 머물러야 하기 때문에 공자는 최소한의 형식적 규정성을 부정적으로 서술한 것이다(김용옥, 2015: 358). 이와 비슷한 말이 『대학(大學)』에서 공자가 치인(治人)의 방법으로 제시한 "혈구지도(絜矩之道)", 즉 "자로 물건을 재듯이 내 마음을 자로 삼아 남의 마음을 재고, 내 처지를 생각해서 남의 처지를 생각하라"라는 것이다. 공자는 "혈구지도"의 구체적인 실천 방법으로 "윗사람이 내게 해서 싫은 것을 아랫사람에게 하지 말고, 아랫사람이 내게 해서 싫어하는 바로써 윗사람을 섬기지 않는다. 오른편에서 싫어하는 것을 왼편에 건네지 않고, 왼편에서 싫어하는 바를 오른편에 건네지 말아야 한다(所惡於上 母以使下, 所惡於下 母以使上, 所惡於前 母以先後, 所惡於後 母以從前 所惡於右 母以交於左, 所惡於左 母以交於右)"라고 했다.

하고 언행을 해야 한다. 역지사지는 상대방에 대한 이해인 동시에 관심과 사랑이다. 자기 입장에서만 관심을 갖는다면 그것은 관심(關心)이 아니라 '감시(監視)'가 될 수 있다. 리더의 사랑은 내 입장에서 베푸는 '나만의 사랑'이 아니라 상대방 입장에서 상대방이 원하는 것을 해주고, 상대방이 싫어하는 것을 하지 않는 것이다.

우리 군에서도 '인간중심의 병영문화' 정착을 위해 많은 노력을 하고 있는데, 병영문화의 핵심은 바로 '존중과 배려의 리더십'과 '전우에 대한 존중과 배려'다.[10] 진정한 배려는 직위나 계급이 아니라 상대방을 나와 동등한 인격체로 존중하는 마음에서 나온다. 그리고 다른 사람을 존중하는 마음의 바탕은 '사랑'이다. 사랑하는 마음, 즉 상대방과 한마음이 되지 않고는 상대방의 입장을 제대로 헤아릴 수 없고, 상대방 입장을 헤아리지 못하면 진정한 존중과 배려가 어렵다. 다음 사례는 이러한 사실을 잘 보여주고 있다.

어느 부대에서 이등병이 추운 겨울날 밖에서 차디찬 물로 빨래를 하고 있었는데, 마침 그곳을 지나던 소대장이 그것을 보고 안쓰러워 이등병에게 말했다. "저기 취사장에 가서 뜨거운 물 좀 얻어다가 하지." 그 이등병은 소대장의 말을 듣고 취사장으로 뜨거운 물을 얻으러 갔지만, 선임병들에게 군기가 빠졌다는 야단만 듣고 정작 뜨거운 물은 얻지 못했다.

빨래를 하는 이등병 옆을 이번에는 중대장이 지나가면서 말했다. "동상 걸리겠다. 저기 취사장에 가서 뜨거운 물 좀 얻어다가 하지." 이등병은 "예, 그렇게 하겠습니다"라고 대답했지만, 취사장에 가지 않았다. 가봤자 선임병들에게 혼만 날 것이 뻔했기 때문이다.

계속 찬물로 빨래하고 있는데, 이번에는 행정보급관이 그의 곁을 지나가다가 말했다. "취사장에 가서 더운물 좀 받아와라. 나 세수 좀 하게." 그 이등병은 취사장에 가서 선임병에게 보고하고, 더운물을 받아왔다. 이등병이 더운물을 가져오자 행정보급관이 "그 물로 빨래해라. 양은 많지 않겠지만 손이라도 녹일 수 있을 거야"라고 말했다.

– 인터넷에서 발췌

---

[10] 사전적 의미로 '존중(尊重)'은 "높이어 소중하게 대함", '배려(配慮)'는 "여러 가지로 마음을 써서 보살피고 도와줌"을 의미한다(다음국어사전).

3명의 상급자 모두 이등병을 존중하고 배려하는 마음에서 이등병에게 따뜻한 물을 얻어다가 빨래를 하라고 말했다. 그러나 진정으로 이등병 입장에서 생각하고, 실제로 도움을 준 사람은 행정보급관이었다. 우리는 상대방의 입장을 제대로 헤아리지 않고 자기 입장에서만 상대방을 존중하고 배려하고 있는 것은 아닌지 되돌아보아야 한다.

한편 역사적으로 수많은 리더가 있었고 조직에도 많은 리더가 있지만, 진심으로 존경하고 따를 만한 리더가 그리 많지 않은 이유는 무엇인가? 그것은 아마도 말로만 사랑을 외치고, 그것을 행동으로 실천하지 않았기 때문일 것이다. 누가 그러한 리더를 진심으로 존경하거나 따르겠는가? 그렇기 때문에 머리로만 알거나 입으로 말만하고 실천하지 않으면, 즉 지행합일(知行合一) 또는 언행일치(言行一致)가 되지 않으면 그것은 리더십 이론이나 리더십에 관한 지식을 아는 것이지 정말로 리더십을 안다고 할 수 없다. 리더십은 행동으로 실천하는 것이지 머릿속에서만, 또는 말로만 하는 것이 아니기 때문이다. 예컨대, 말로는 의사소통이 중요하다고 하면서 자신은 의견수렴 과정을 거치지 않거나, 부하들이 자신의 의견에 반대할 경우 화를 내거나 묵살하는 리더, 존중과 배려를 강조하면서도 자신은 부하들에게 폭언하거나 인격을 무시하고 부하를 불신하는 언행을 하는 리더를 어느 누가 진심으로 존경하고 따르겠는가?

부하에 대한 사랑을 행동으로 보여주는 리더십을 발휘한 사례로 오기(吳起) 장군의 연저지인(吮疽之仁)[11]이라는 일화가 있다.

오기 장군은 신분이 낮은 병사들과 똑같은 옷을 입고, 같은 음식을 먹었다. 잘 때도 잠자리를 따로 펴지 않았고, 행군할 때도 말을 타지 않고 병사들과 함께 걸었으며, 자기의 식량은 자신이 직접 가지고 다녔다. 한번은 한 병사가 종기로 고생하는 것을 보고 자기 입으로 고름을 빨아냈다. 이 말을 들은 병사의 어머니가 통곡하자 이를 이상히 여긴 사람이 "장군이 당신 아들의 고름을 입으로 빨아주었다는데 왜 그렇게 슬프게 우시오?" 하고 물었다. 그랬더니 그 어머니는 "장군께서는 이전에도 우리 애 아비의 종기를 빨아

---

11 연저지인(吮疽之仁)은 "장군이 부하를 지극히 사랑함"을 이르는 말이다. 중국 전국 시대의 오기(吳起)라는 장수가 자기 부하의 종기를 입으로 빨아서 낫게 했다는 데서 유래하는 고사성어다.

준 적이 있습니다. 우리 애 아비가 그것에 감동한 뒤로 물러설 줄 모르고 싸우다가 죽고 말았습니다. 장군께서 또 우리 아들의 종기를 빨아주셨으니 우리 애도 언제 죽을지 몰라서 우는 것입니다"라고 대답했다. 그 아들 역시 오기 장군이 위기에 처하자 그를 구하려다가 전사했다.

- 『사기(史記)』, 「손자오기열전(孫子吳起列傳)」

이처럼 오기 장군이 평소에 부하들과 한마음이 되어 진정으로 사랑하는 것을 행동으로 보여주었기 때문에 그것에 감동한 병사가 전장에서 죽음을 무릅쓰고 그를 구하려고 한 것이다.

앞의 사례는 중국 고대 전투에서의 사례이지만, 다음 사례는 오늘날에도 부하를 사랑하는 지휘관의 명령은 장병들이 목숨을 바칠 각오로 수행한다는 것을 잘 보여주고 있다.

새로 부임한 함대사령관은 기회가 있을 때마다 정장들을 만나 허심탄회하게 대화를 나누었다. 정장들을 공관으로 초대하여 저녁 식사를 함께하면서 노고를 치하했고, 기회가 있을 때마다 지휘관과 참모들 앞에서 "정장들이 우리 함대의 핵심이야. 없으면 우리는 아무것도 아니야"라고 하면서 정장들의 자긍심을 북돋아주었다. 그리고 정장들의 건의사항을 적극적으로 해결해주었다. 정장들은 이와 같은 사령관의 사랑과 관심을 부임 초기의 일시적인 제스처로 생각했다. 그러나 사령관은 변함없는 사랑과 관심을 지속적으로 보여주고, 고속정 정장으로서 자긍심을 부여해주는 사령관을 점차 믿고 따르게 되었다.

어느 날 비바람이 불고 파도가 높게 이는 악천후였는데, 사령관으로부터 고속정을 출동시켜 먼 해상에 떠 있는 미확인 물체를 확인하라는 출항 명령이 내려왔다. 파고가 너무 높았기 때문에 정장들은 규정에 따라 안전을 이유로 출항하지 않을 수도 있었다. 아니면 출항했다가 파도가 심하다고 보고하고 되돌아올 수도 있었다. 그러나 정장들은 위험을 무릅쓰고 부여된 임무를 수행했다. 그렇게 한 이유는 "그동안 사령관이 너무 잘해주었기 때문에 사령관님을 실망시키고 싶지 않았기 때문이었다"라고 한 정장이 말했다.

- 해군 ○○○ 대위 증언

이상의 사례들은 시대가 변화하더라도 자신을 사랑하고 존중하는 사람을 좋아하고 따른다는 인간의 본성은 변하지 않고, 팔로어들이 목숨이 위태로운 극한 상황에서도 명령에 절대복종하도록 하기 위해서는 사랑과 존중의 리더십을 발휘해야 한다는 것을 시사해주고 있다.

실습 10.1

한마음 되기: 역지사지(易地思之)

대상자별로 '○○는 나를 어떤 사람으로 생각할까?', 또한 '○○가 나에게 하지 않기를 바라는 것은?', '○○가 나에게 해주길 바라는 것은?'을 생각해서 적어본다.

대상자	○○는 나를 어떻게 생각할까?	○○가 나에게 하지 않기를 바라는 것은?	○○가 나에게 해주길 바라는 것은?
부모			
아내/남편			
자녀			
조직원 (상 · 하급자, 동료 등)			
기타(친구 등)			

2. 태도의 변화

태도(attitude)란 사전적으로는 "어떠한 일이나 상황을 대하는 마음가짐 또는 입장"이다. 태도가 중요한 것은 태도에 따라 리더와 팔로어의 행동이 달라지고 성과에 영향을 미치기 때문이다(임창희, 2018). 이러한 이유로 브라이언 트레이시(Tracy, 2003: 70-71)는 개인과 조직의 성공과 성과는 아래 공식처럼 능력과 태도에 의해 결정된다고 한다.

성공/성과(performance) = 능력(ability) × 태도(attitude)

이 공식에서 성공(sucess)은 "개인이나 조직이 목표를 달성하거나 뜻을 이루는 것"을 의미하고, '능력'은 부모로부터 물려받은 '선천적 능력'과 성장하는 과정에서 습득하고 개발한 지식, 기술, 경험 등인 '후천적 능력'이 포함된다. 그리고 태도는 직무만족, 직무몰입, 또는 조직만족, 조직몰입 등으로 측정하는데 조직 구성원의 직무와 조직에 대한 태도에 따라 행동이 달라지고 성과에 영향을 미친다(임창희, 2018).[12] 그것은 능력이 있다고 해서 과업이나 임무를 잘 수행하려는 마음(욕구)도 있는 것은 아니기 때문이다. 즉, 태도는 자신이 가진 능력을 발휘해서 주어진 과업이나 임무를 잘 수행하려는 욕구를 제공하는 것이다. 보통 수준의 능력을 가진 사람이라도 긍정적인 태도를 갖고 있으면 최선을 다해 능력을 발휘하기 때문에 높은 성과를 낼 수 있고, 아무리 능력이 뛰어난 사람이라고 할지라도 부정적 태도를 갖고 있다면 자신이 가진 모든 능력을 발휘하지 않을 것이다.[13]

---

[12] 카네기연구소의 연구 결과에 의하면 성공한 사람 중 15%는 자신의 능력에 의한 것이고, 85%는 사람을 다루는 기술과 태도에 달려 있다고 한다(최염순, 2007).

[13] 글로벌 기업들은 직원을 뽑을 때 태도와 가치 등을 가장 중요한 평가 요소로 삼는다. 그것은 기술과 지식 같은 능력은

나폴레온 힐(Napoleon Hill)도 성공할 사람과 실패할 운명의 사람을 구분해주는 단 하나의 특성은 바로 긍정적인 태도를 갖고 있는가의 여부라고 했다. 부정적인 태도를 가진 사람이 문제점을 보는 곳에서 긍정적 태도를 가진 사람은 기회를 보고, 주어진 상황에서 가장 바람직한 생각과 행동 또는 반응을 하기 때문이다. 우리가 살아가면서 직면하는 상황을 통제하거나 우리 스스로 선택할 수는 없지만, 상황에 어떻게 반응할 것인가는 우리가 결정할 수 있다는 것이다. 따라서 리더로서 성공하고, 성과를 높이기 위해서는 다음 〈표 10.1〉에서와 같은 9가지 행동강령을 실천하여 긍정적 태도를 형성할 것을 제안했다(나폴레온 힐, 김정수 편역, 2021).

〈표 10.1〉 긍정적 태도 형성 방법[PMA(Positive Mental Attitude) 기법]

1. 신념을 갖고 자기 마음의 주인이 되어라.	6. 관용의 습관을 길러라.
2. 자신이 원하는 일에 정신을 집중하라.	7. 자신에게 긍정적인 암시를 하라.
3. 남에게 받고 싶은 대로 줘라.	8. 목표를 세워라.
4. 자기점검을 통해 부정적인 생각을 제거하라.	9. 공부하라, 생각하라, 그리고 계획하라.
5. 행복하라! 다른 사람을 행복하게 하라.	

출처: 나폴레온 힐, 김정수 편역(2021)

이 절에서는 긍정적 태도 형성 방법으로 자긍심(self-esteem) 함양, 감사(感謝, gratitude) 생활, 그리고 동기부여(motivation)에 관한 이론과 방법에 대해 설명한다.

1) 자긍심 함양

어떤 사람은 부정적 태도로 삶을 살아가는 반면, 어떤 사람은 긍정적 태도로 삶을 살아간다. 인지부조화 이론(cognitive dissonance theory)[14]에 따르면 부정적 태도를 가진 사

교육훈련을 통해 개발할 수 있지만, 태도나 가치 등 정서적 역량은 바꾸기 어렵다고 보기 때문이다(신현만, 2009).

14 인지부조화 이론은 1950년대 미국의 심리학자 레온 페스팅거(Leon Festinger)에 의해 제시된 이론으로 "자신의 행동과 신념이 충돌(부조화)할 경우 심리적 불편함을 덜기 위해 자신의 행동을 정당화하거나 거짓된 사실을 믿게 되기 쉽다는 것을 설명하는 이론"이다.

람은 자신의 믿음을 입증하기 위해 부정적인 것을 입증할 상황과 사실만을 찾기 때문에 리더나 팔로어가 어떠한 태도를 갖느냐가 중요하다.

〈그림 10.1〉 태도와 성과

이러한 태도를 결정하는 데 영향을 미치는 중요한 요인의 하나가 "자기 자신에게 긍지를 느끼는 것"을 의미하는 자긍심(自矜心, self-esteem)이다. 이러한 자긍심은 "자기 자신을 인정하고 존중하는 마음, 즉 자신이 얼마나 가치 있는 존재이며, 얼마나 좋은 사람이라고 느끼는가"인 자존감(自存感, self-respect)[15]과 "자기 능력에 대한 인식, 즉 어떤 상황에서 적절한 행동을 할 수 있다는 기대와 신념"인 자기효능감(自己效能感, self-efficacy)으로 구성된다.

따라서 자존감과 자기효능감이 높아지면 자긍심이 함양되고, 태도가 긍정적으로 변화되어 더욱 적극적이고 능동적으로 행동하기 때문에 〈그림 10.1〉과 같이 성과가 높아지게 된다. 또한 자긍심이 높은 사람은 타인을 존중하며, 관대하고 호의적으로 대하기 때문에 모든 사람과 좋은 관계를 갖는다.

자긍심을 높이는 손쉬운 방법의 하나는 다음 사례에서와 같이 자존감을 높여주는 "나는 내가 좋다(I like myself)!"와 자기효능감을 높여주는 "나는 할 수 있다(I can do)!" 같은 자기긍정문을 반복적으로 외치는 것이다(Tracy, 2003).

저는 키도 작고 못생겼다고 생각해서 이러한 제가 싫었고, "왜 나를 이렇게 낳았어?"라고 부모님께 원망도 많이 했습니다. 못생긴 제가 싫으니까 학교도 가기 싫었고, 친구를 사귀기도 싫었습니다. 그런데 교수님 말씀대로 매일 아침 거울을 보면서 "나는 내가 좋다!"라고 외치기를 계속했더니 제가 좋아지고, 자신감이 생겼습니다. 제 인생이 바뀌었습니다.

– ○○대학교 리더십 수업 소감문에서 발췌

---

15 유사한 용어로 '자존심(自尊心, pride)'은 "남에게 굽히지 않고 스스로 품위를 지키는 마음"으로 지나치면 자만심이 된다.

이와 같이 자신의 이상적인 모습을 묘사한 긍정문을 확신을 갖고 반복해서 말하면 '자기암시 효과'[16]로 태도를 변화시킬 수 있다. 잠재의식은 융통성이 없기 때문에 긍정문을 반복해서 외치면 열정을 가질 수 있고, 용기를 북돋울 수 있으며, 감정을 제어하고 자긍심을 높일 수 있다.

한편 리더는 팔로어들의 자긍심을 높여주기 위해 팔로어를 직위나 계급이 아니라 하나의 인격체로 존중해야 한다. 리더에게 존중받는 사람은 자존감이 높아지고, 자긍심이 함양되어 긍정적인 태도로 조직생활을 하게 되기 때문에 성과를 높일 수 있다. 리더가 팔로어의 자긍심을 높여주기 위해서는 리더가 먼저 자기 자신을 사랑하고 존중해야 한다. 자신을 사랑하고 존중하는 사람은 자긍심이 높기 때문에 다른 사람들의 자긍심도 높여줄 수 있기 때문이다.

코비(Covey, 2006)는 많은 사람이 조직생활에 만족하지 못하고, 조직원들의 능력과 열정을 끌어내지 못하는 것은 〈그림 10.2〉에서와 같이 조직원들을 지성, 신체, 감성, 영성을 가진 '전인적 인간 패러다임(whole-person paradigm)'이 아니라 지성, 감정, 영성이 없는 물건(관물)처럼 인식함으로써 비롯된 모든 관행(감독, 통제, 보상과 처벌에 의한 동기부여 등) 때문이라고 보았다. 즉, 사람은 감독하고 통제해야 할 물건이 아니라 소중한 인격체로 대우해야 한다는 것이다.[17]

〈그림 10.2〉 전인적 인간 패러다임

왜냐하면 사람은 다음 〈그림 10.3〉에서와 같이 리더로부터 어떠한 대우를 받는가에 따라 의

---

16 '자기암시(autosuggestion)'는 "바라는 바를 지속적으로 되뇌는 것"으로, '자기암시 효과'는 의식적인 노력뿐만 아니라 무의식까지 길들여 목표를 이룰 수 있게 되는 상태를 말한다. 비과학적이라는 비판에서 자유롭지 못했던 자기암시가 최근 뇌과학이나 인지과학, 실험심리학의 발달로 재조명받고 있다. 2014년 뇌 과학자이자 정신과 전문의인 헨릭 월터 독일 샤리테 의대 교수 연구팀은 기능성 자기공명영상 촬영을 통해 '자기암시(self suggestion)'가 건강에 해로운 음식에 끌리지 않도록 하는 데 효과가 있다는 연구 결과를 발표했다(심영섭, 2016).

17 인간 존중 사상은 단군신화에 나오는 고조선의 건국이념이자 대한민국의 교육법이 정한 교육의 기본 이념인 홍익인간(弘益人間)의 인간 존중, 이타(利他) 및 평등 사상은 전통적인 윤리 사상의 원류가 되어 우리의 민족정신으로 끊임없이 이어져왔고, 조선 말기에 등장한 신흥 종교인 동학(東學)의 "사람이 곧 하늘"이라는 인내천(人乃天) 사상으로 발전했다(한국민족문화대백과사전).

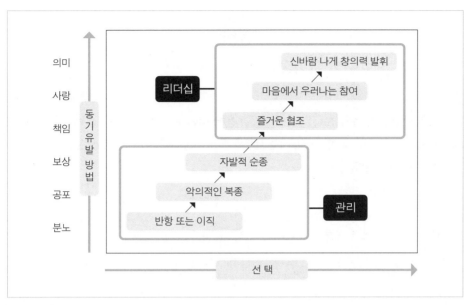

출처: Covey(2006: 22) 수정

〈그림 10.3〉 동기부여 방법과 반응행동

식적이나 무의식적으로 상이한 반응 행동을 선택하기 때문이다. 만일에 리더가 사람을 물건처럼 인식하면 분노, 공포 또는 보상 같은 조직목표 달성에 초점을 맞춘 관리(management) 차원의 동기부여 방법을 사용하게 된다. 그러면 사람들은 이에 상응한 반항 또는 이직, 악의적인 복종, 자발적 순종 행동을 선택하게 된다.

그러나 리더가 사람을 소중한 인격체로 인식하여 팔로어에게 책임감을 느끼게 하고, 사랑을 베풀어주고, 일의 의미(meaning)를 부여하는 리더십을 발휘한다면 팔로어가 즐거운 마음으로 협조하고, 마음에서 우러나는 참여를 하며, 신바람 나게 창의력을 발휘하는 행동을 하게 된다는 것이다.

이와 같이 사람은 자신을 인격적으로 대우해주고 존중해주는 리더를 진심으로 따르게 되고, 그런 조직 구성원은 신바람이 나서 자신의 잠재능력과 창의력을 발휘하게 되어 조직의 성과가 높아지게 된다. 무조건적인 희생을 강요받거나 리더로부터 사랑과 존중을 받지 못하는 사람은 행복할 수 없고, 신바람이 나서 최선을 다해 임무를 수행할 수도 없을 것이다.

**실습
10.2**

자기긍정문 작성(3P 공식)

브라이언 트레이시(Brian Tracy)는 3가지 'P', 즉 긍정적(Positive), 현재형(Present), 개인적(Personal)인 문장으로 자기긍정문을 작성하고, 거울 앞에서 혼자 또는 다른 사람들과 함께 큰소리로 말하는 것이 효과적이라고 한다.

1. 현재시제(present)로 작성한다.

> 예 나는 내가 좋을 것이다(×) → 나는 내가 좋다(○)

2. 긍정적인(positive) 단어를 사용한다.

> 예 나는 불행하지 않다(×) → 나는 행복하다(○)

3. 개인적(personal)인 문장으로 자신의 이상적인 모습을 표현한다.

> 예 우리는 도전적인 사람이다(×) → 나는 도전적인 사람이다(○)

1.
2.
3.
4.
5.

2) 감사 생활

(1) 감사의 효과

감사(感謝, gratitude)의 사전적 의미는 "고마움을 표시하는 인사" 또는 "고맙게 여김"이다. 우리는 자신에게 도움을 주었거나 선물을 준 사람에게 "감사합니다" 또는 "고맙습니다(Thank You!)"라고 말함으로써 고마운 마음을 표현한다. 이러한 감사는 인간이 가져야 할 중요한 덕목으로 인식되어왔기 때문에 가정과 학교, 종교단체, 회사, 군대 등 많은 조직에서 '감사'하는 삶을 살 것을 강조해왔다.

이러한 감사가 이제 종교단체나 사회단체에서 추진하는 운동이나 구호로서가 아니라 심리학에 뿌리를 둔 과학의 영역이 되어 긍정심리학[18]에서 중요한 연구 주제가 되고 있다. 에몬스와 스턴(Emmons & Stern, 2013)은 감사를 "의도적으로 추구하거나 받을 자격이 있거나 획득한 것이 아니라 다른 사람의 좋은 의도 때문에 개인적으로 혜택을 받았다는 인식과 관련된 인지-정서적 상태(a cognitive-affective state)"라고 정의하고 있다. 이 외에도 많은 학자가 감사를 다양한 형태로 정의했지만, 감사는 인지적·정서적·행동적 요소를 모두 포함하는 복합적인 개념이다. 따라서 진정한 감사는 실제로 감사와 관련된 정보들을 인지하고, 그로 인해 감사를 느끼며, 자신에게 감사를 경험하게 한 대상에게 다양한 방법(예: 감사의 표현, 도움 제공 등)으로 보답하는 것이다(손승연, 2012: 42).

이러한 감사에 대한 대표적인 실험 연구에서 실험 참가자들을 3개 집단으로 나누어 한 집단(실험집단)의 참가자들에게는 매일 감사한 일 5가지를 3주간 기록하게 하고, 다른 두 집단(통제집단) 중 한 집단에게는 골치 아팠거나 귀찮았던 일, 또 다른 한 집단에게는 일상적으로 일어난 일을 적게 했다. 3주 후에 실험집단과 통제집단을 비교한

---

18 기존의 심리학은 제2차 세계대전을 겪으면서 인간의 불안, 공포, 망상 등과 같은 정신적 장애와 부정적 측면을 해결하는 데 초점을 맞춰왔다. 그러나 최근 셀리그만(Seligman, 2000)을 중심으로 심리학의 이러한 경향을 비판하면서 인간의 강점과 미덕을 강조하고, 나아가 행복, 주관적 안녕감, 심리적 몰입(flow), 자신감, 희망, 지혜, 창의성, 용기, 인내, 도덕성, 협동, 이타심 같은 긍정적인 측면에 초점을 맞추는 '긍정심리학(positive psychology)'에 관심을 두기 시작했다.

종속변수	실험집단(감사집단)	통제집단	F값
삶의 만족감(행복감)	5.54	4.80	13.77**
미래에 대한 낙관	5.70	5.20	5.38*
타인과의 연대감	5.77	5.07	10.67**

주) N = 65. *: $p < .05$, **: $p < .01$(7점 척도)
출처: Emmons & McCullough(2003)

결과 〈표 10.2〉와 같이 감사일기를 작성한 실험집단의 '삶의 만족도', '미래에 대한 낙관', '타인과의 연대감'이 감사일기를 작성하지 않은 통제집단에 비해 유의미하게 높은 것으로 나타났다.

이 외에도 감사의 효과에 대한 많은 연구 결과들을 종합해보면 감사가 개인의 행복감 및 미래에 대한 낙관성 향상 등의 심리적 효과뿐만 아니라 남을 돕는 이타성과 협동심을 불러일으키고 대인관계가 좋아지는 사회적 측면의 효과, 우울감과 스트레스도 낮아지는 등 신체적 · 정신적 건강에도 긍정적인 효과가 있다(Emmons & McCullough, 2004). 또한 감사하면 〈그림 10.4〉와 같이 행복, 기쁨, 슬픔, 사랑 같은 정서를 느끼고 표현하도록 해주는 뇌 좌측의 전전두피질(前前頭皮質, prefrontal cortex)을 활성화시켜 스트레스를 완화시켜주고, 행복하게 해준다(이원진, 2011).

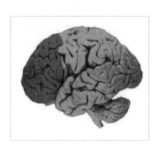

〈그림 10.4〉 감사와 뇌 변화

이러한 연구 결과를 토대로 우리나라에서도 포스코(POSCO), 삼성생명, 교보생명 등의 대기업은 물론 포항시 등의 지방자치단체, 그리고 많은 교육기관에서 감사나눔운동을 전개하여 직원 간 소통이 원활해지고, 서로 배려하는 분위기가 조성되는 등 긍정적인 효과가 나타났다(손욱, 2013). 특히 포스코에서 감사나눔운동을 전개한 결과 다음 〈그림 10.5〉와 같이 개인과 가정의 행복도가 높아질 뿐만 아니라 설비 고장률이 감소하고, 제품의 품질이 향상되는 등의 성과가 있었다.[19]

---

19 2011년 11월부터 시작한 감사나눔운동으로 포항제철소의 행복 지수가 올라갔고, 월평균 고장 건수가 13건(2011)

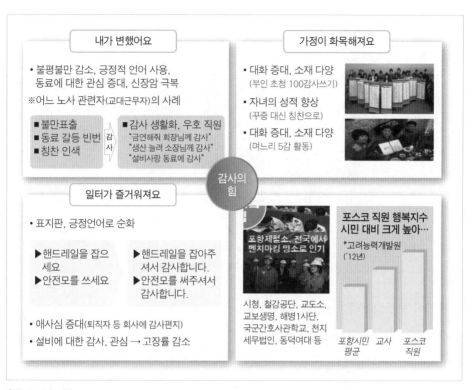

내가 변했어요
- 불평불만 감소, 긍정적 언어 사용, 동료에 대한 관심 증대, 신장암 극복
※어느 노사 관련자(교대근무자)의 사례

■ 불만표출
■ 동료 갈등 빈번
■ 칭찬 인색
→ 감사 →
감사 생활화, 우호 직원
"금연해줘 회장님께 감사"
"생산 늘려 소장님께 감사"
"설비사랑 동료에 감사"

가정이 화목해져요
- 대화 증대, 소재 다양 (부인 초청 100감사쓰기)
- 자녀의 성적 향상 (꾸중 대신 칭찬으로)
- 대화 증대, 소재 다양 (며느리 5감 활동)

감사의 힘

일터가 즐거워져요
- 표지판, 긍정언어로 순화

▶ 핸드레일을 잡으세요
▶ 안전모를 쓰세요
▶ 핸드레일을 잡아주셔서 감사합니다.
▶ 안전모를 써주셔서 감사합니다.

- 애사심 증대(퇴직자 등 회사에 감사편지)
- 설비에 대한 감사, 관심 → 고장률 감소

포항제철소, 전국에서 벤치마킹 명소로 인기
시청, 철강공단, 교도소, 교보생명, 해병1사단, 국군간호사관학교, 천지세무법인, 동덕여대 등

포스코 직원 행복지수 시민 대비 크게 높아…
*고려능력개발원 ('12년)
포항시민 평균 / 교사 / 포스코 직원

출처: 포스코(2012)

〈그림 10.5〉 포스코의 감사나눔운동 성과

한편 우리 군에서는 2012년 국방정신전력리더십개발원에서 육·해·공군의 10개 대대를 대상으로 '감사나눔운동'을 시범적으로 실시하고, 3개월 후 성과를 분석한 결과 긍정적 부대 분위기 조성, 자살 우려자 치유, 관심병사 감소, 군기 및 자살사고 감소, 그리고 대부분 대대가 전투력 우수부대로 선정되는 성과가 있었다(국방정신전력리더십개발원, 2012). 또한 시범사업과 함께 군 생활 중 감사가 용사들의 태도 변화에 긍정적 효과가 있는지를 학문적으로 입증하기 위해 육군 전방 대대의 용사들을 대상으로 3주간 감사일기를 작성하도록 하는 실험연구를 한 결과, 〈그림 10.6〉과 같이 감사일기를 작성한 대부분 용사의 감사 성향이 높아졌고, 행복감, 단결력, 소속감,

에서 3건(2012)으로 감소했으며, 조업기준 준수율은 4.9% 증가한 반면, 불량률은 '마(魔)의 2%'를 깨고 1%대까지 감소했다(손욱, 2013: 223). 국내의 감사나눔 활동 및 효과에 대해서는 '감사나눔신문(http://www.gamsanews. co.kr)' 참조.

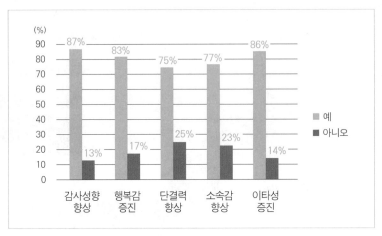

출처: 엄태성(2012)

〈그림 10.6〉 군에서 3주간 감사일기 작성 효과

이타성이 향상되었다고 응답했다.

이러한 민간 분야의 감사나눔운동과 군의 감사나눔시범사업의 성과를 계기로 2013년부터 국방대학교, 간호사관학교 등 군 교육기관 및 많은 일선 부대에서 다양한 감사나눔활동을 전개한 결과 모든 부대가 시범부대에서와 같은 긍정적인 효과가 있었다.[20] 그리고 다음 사례에서와 같이 군의 감사생활이 군 밖의 일상생활이나 가정생활에도 긍정적인 영향을 미치는 효과가 있었다.

이번 주말에 외박을 나가서 여자 친구와 크게 싸웠다. 별것도 아닌 일로 시작해 서로 아쉬웠던 점, 불만이 있었던 점을 털어놓기 시작하여 옛날 일까지 들춰내가며 다투기 시작했다. 한참을 싸워도 도저히 화해할 기미가 안 보이고, 어느 한쪽이 먼저 사과해서 해결할 상황도 아니었다.

한참을 싸우다가 내가 갑자기 여자 친구에게 "이렇게 소모적인 싸움만 하지 말고 서로 감사한 것 5가지씩 말해보자"라고 말했다. 처음에는 여자 친구가 뜬금없이 무슨 소리냐고 했다. 우리 부대에서 하고 있는 운동이라고 설명한 뒤 먼저 여자 친구에게 "푹 쉬고 싶을 주말에도 1시간 반이나 와야 볼 수 있는 나를 기쁘게 면회 와줘서 감사하다"라

---

20   ○○사단과 ○○사단에서 감사나눔운동을 적극적으로 실시한 결과 군기 및 자살 사고가 감소했다.

고 말했다. 이처럼 한번 감사했던 것을 말하자 그동안 감사했던 일이 수없이 생각났다. 이후 우리는 언제 싸웠냐는 듯 화기애애하게 그동안 서로 감사하는 일을 얘기하면서 화해했다. 정말 내가 생각해도 신기한 일이 아닐 수 없었다. 이제 우리는 서로 매일 감사한 것 5가지를 써서 공유하기로 했다.

- ○○학교 홈페이지에 올린 ○○○ 상병의 글 발췌

'정말 감사일기나 편지를 쓰면 사람이 변할까?', '서로 이해하는 마음이 생길까?' 하는 생각이 들었다. 그 당시는 아내와 사소한 일도 다툼으로 이어지고, 대화도 서로 건성으로 하던 시기였다. '감사일기를 쓰다가 잘 안 되면 어쩌지?'라는 생각에 하기 전부터 두려운 마음이 생겼다. 그러다가 먼저 아내에 대한 5감사를 적어나가기 시작했다. 처음 일주일은 감사할 만한 일이 떠오르지 않아 전에 썼던 감사를 반복해 쓰곤 했다. 그렇게 감사일기를 작성한 지 2주쯤 지나 아내에게 문자로 5감사를 보내기 시작했다. 그러자 아내에게서 "갑자기 뭐하는 거야?"라는 답장이 돌아왔다. 갑작스러운 감사에 당황해하는 아내를 보고 솔직히 민망했다. 5감사를 보낸 일주일 후 그동안 내가 작성한 감사 내용을 보면서 아내에 대해 생각해보았다. 그리고 나는 아내가 정말 나를 위해 많은 것을 희생하고 도움을 주는 사람이었다는 걸 깨달았다. …

나도 모르는 사이에 자신감이 생긴 5감사… 그래서 10감사로 늘렸다. 그리고 썼던 말을 또 쓰더라도 매일 아내에게 감사문자를 보냈다. 그러던 어느 날, 그동안의 감사 나눔의 결과로 가족과 관계가 예전보다 훨씬 좋아져서 야식을 먹으며 진솔한 얘기를 하게 되었다.

그리고 우리는 그동안의 다툼과 무관심에 서로 미안함을 느끼며 펑펑 울었다. 아내와의 대화를 통해 내가 아내만 바라보고 사랑했어야 하는데 다른 사람들과 비교하며 살았다는 것을 알게 되었고, 그것을 고치려 노력했다. 그러면서 점점 아내와의 대화가 많아지고, 서로에게 더 의지하게 되었다.

- ○○○ 중사의 감사나눔 사례발표 내용 발췌

이상과 같이 국내외 민간 분야에서뿐만 아니라 군에서도 감사가 긍정적 태도를 형성하는 데 효과적이라는 것이 확인되었다. 따라서 군 간부들부터 솔선수범하여 장병 모두가 군에서 감사를 생활화한다면 부대원 모두의 행복감이 향상되고, 존중과 배려의 병영문화가 조성되어 사고를 감소시키고, 전투력을 강화할 수 있을 것이다.

한편 감사의 효과에 대해 다음과 같은 이유로 부정적인 생각을 가진 사람들도 있다(Emmons, 2013). 그 이유 중 하나는 감사는 사람을 안일하게 만든다는 것이다. 감사생활을 하면 도전하거나 삶을 개선하려는 동기부여가 되지 않아 현재 생활에 만족해서 안일하고 무기력해진다는 것이다. 또한 옳지 못하거나 나쁜 상황에서 쉽게 체념하고, 무언가를 바꾸려는 시도를 포기한다는 것이다. 그러나 한 연구에서 감사일기를 쓰는 사람이 목표 달성을 위해 더 열심히 노력하고, 삶을 더 활기차게 살며, 현재의 삶에 안주하지 않고 더 나은 삶을 위해 적극적으로 일하는 것으로 밝혀졌다. 즉, 감사는 일부에서 우려하는 것처럼 현재 생활에 안주하지 않을 뿐만 아니라 목적의식을 고취시키고 더 많은 일을 하고자 하는 열망을 불러일으킨다.

또 다른 이유는 감사가 역경에 처해 있거나 고통스러울 때는 가능하지 않거나 적절하지 않다는 것이다. 즉, 감사가 삶이 순조롭거나 풍요로울 때는 가능하지만 어려운 시기에는 감사하는 것이 불가능하다는 것이다. 그러나 심각한 신경근 장애[21]로 고통 받는 사람들에게 2주 동안 감사일기를 쓰도록 한 결과 고통 중에도 감사할 이유를 찾았을 뿐만 아니라 감사일기를 작성하지 않은 집단보다 훨씬 더 긍정적인 감정을 경험했다. 또한 앞날에 대해 더 낙관적이었을 뿐만 아니라 다른 사람들과 더 연결돼있다고 생각하고, 매일 밤 잠도 잘 자고 있다고 응답했다. 이러한 연구 결과는 고통스럽거나 어려운 시기에도 감사하는 것이 가능하고, 감사가 어려운 상황을 극복하는데 도움을 준다는 것을 시사해주고 있다.

(2) 감사의 방법

개인 또는 조직에서 효과적인 감사의 방법은 〈그림 10.7〉과 같은 방법으로 감사한 마음을 글이나 말로 표현하는 것이다. 그런데 많은 사람이 감사할 것이 없는데 무

---

[21] 척추 신경근이 갑작스럽거나 장기적으로 압박을 받아 발생하는 병으로, 신경근에 의해 공급되는 신체 부위에 통증 이상 감각이나 근쇠약이 발생하고, 통증은 영향을 받은 부위를 통과하여 퍼져나가는 전기 충격처럼 느껴질 수 있다.

감사 생활의 효과

다음 사례는 ○○사이버대학교에서 리더십 과목을 수강하는 학생들에게 매일 5감사(3주간)나 100감사를 작성한 후 어떠한 변화가 있었는지를 작성하여 제출한 과제 중에서 일부를 발췌한 것이다.

〈5감사 실습 사례 1〉

처음에는 하루에 5가지 감사한 것을 찾아서 쓰는 것을 대수롭지 않게 생각했다. 그러나 어느새 나도 모르게 모든 일에 감사함을 느끼게 되었다. 나 자신을 채찍질하는 동기부여도 되고, 사소한 것 하나하나가 소중함으로 다가왔다. 현재 여러 부대에서 하고 있는 감사 나눔을 한다고 과연 얼마나 바뀔 것이며, 용사들의 인성에 도움이 되겠는가라는 의문을 가졌다.

그런데 거의 한 달간 '5감사'를 실시하면서 많은 것을 느끼고 깨달았다. 나의 주변에 있는 모든 것이 얼마나 소중하고, 내가 하고 있는 일이 얼마나 기쁨을 주는지 알게 되었다. 용사들의 잘못된 행동이 눈에 거슬리면 화를 내기도 하고 어떨 때는 질책하기도 했는데, 이제는 그러한 행동을 하지 않는다. 잘못된 모습조차 알려주고 가르쳐줄 수 있다는 것이 나에게 기쁨과 행복을 주었다.

'매일 5감사'를 통해 모든 일에 감사하게 되면 행복한 삶을 살 수 있다는 것을 알게 되었고, 감사하는 방법 역시 수영이나 자전거 타기와 같이 배우고 습관화해야 한다고 느꼈다. 감사를 습관화하기 위해 가장 좋은 방법은 매일 감사하는 것이다. 왜냐하면 매일 자신의 눈으로 감사의 힘을 확인할 수 있기 때문이다.

〈5감사 실습 사례 2〉

5감사일기는 우리 부대에서 강조하는 사항이다. 하지만 나는 용사들에게만 지시하고, 정작 나는 '귀찮다', '시간 없다' 등의 핑계로 하지 않았다. 이번 과제도 솔직한 마음으로 '이걸 굳이 해야 하나?'라는 생각이 들었지만, 꾹 참고 2주만 해보자는 생각에서 매일 5감사를 작성했다. 처음에는 무엇을 적어야 하나 고민했으나, '까짓것 간단하게라도 적어나가자! 시작이 반

이다'라고 마음을 먹고 쓰게 되었다. 매일 5감사를 작성하면서 처음에는 몰랐던 우리 부대원들에게 감사함이 느껴지고 용사들과 간부들의 얼굴이 달라 보이게 되었다. 점점 용사들에게 고마움을 더 솔직히 표현할 수 있었고, 항상 같이 지내는 용사들에게 감사함을 느끼게 되었다. 또한 '힘든 부대 생활 중에 감사한 것이 있을까?'라고 생각했는데, 감사일기를 쓰면서 소소한 행복이 눈에 보이기 시작했다. 족구나 축구 같은 운동이나 항상 해주는 밥의 소중함 등. 그러다 보니 일도 기쁘게 하고 묵묵히 일하는 나 자신을 발견할 수 있었다.

〈100감사 실습 사례〉

아내에게 100감사를 쓰기로 마음을 먹고 아내의 행동을 관찰하기 시작했다. 그러다 보니 평소에는 당연하다고 생각했던 아내의 행동 하나하나가 나를 위한 행동이고 우리 가족을 위한 것임을 알게 되었다. 그리고 내가 정말 좋은 사람과 결혼했다는 생각이 들면서 나와 결혼해준 아내에게 너무나 감사한 마음이 들게 되었다. 평소 아내의 행동이 같이 살면서 내가 익숙해져 당연하다고 생각해서 그 고마움을 몰랐던 내 모습에 다시 한번 반성하게 되었다. 그리고 소중한 아내를 잃지 않게 더 노력하고 감사하는 마음으로 살아야겠다는 생각을 다시 한번 하게 되었다.

아내에게 보낸 100감사를 읽은 아내가 "내 입장에선 아직 한없이 부족한 아내라고 생각했는데, 날 많이 사랑해주고 항상 내 입장에 서서 생각해주는 마음이 너무 고맙고 … 앞으로 더 잘 챙겨줘야겠단 생각을 했어. 자기를 만나 내 환경이 많이 바뀌었지만, 그래도 난 지금이 너무 행복하고 좋아. 이렇게 군 생활하면서 공부하는 자기의 모습이 정말 존경스러워. 지금처럼 우리 세 가족 행복하게 잘 살자~ 사랑해!"라는 답변 쪽지가 왔다.

이처럼 이번 100감사는 우리 가족이 그동안 잊고 있었던 서로에 대한 감사함을 다시 한번 느끼게 된 계기가 되었고, 앞으로 아내와 함께 서로 감사한 것을 찾아서 매일 5감사를 작성하기로 했다.

<그림 10.7> 감사 방법

엇을 감사해야 하느냐고 묻는다. 저자의 경험으로도 많은 사람이 처음에는 하루에 5가지 감사한 것을 찾아 작성하기도 힘들어했다. 왜냐하면 감사를 다른 사람이 자신에게 호의를 베풀거나 선물을 주었을 때만 하는 것으로 생각하기 때문이다. 그러나 하루에 1~2개라도 꾸준히 작성해나가면 감사 성향이 높아져 점점 더 많은 감사할 것이 떠오르게 된다.

감사의 대상은 자신, 가족, 조직원, 친구 등 자신과 직간접적으로 관계를 맺고 있는 사람뿐만 아니라 자신이 가진 것(재산, 가족, 자질과 재능 등), 일어난 사건(사고 등), 자신이나 다른 사람의 행동(선행 등), 날씨 같은 자연 현상 등 자신의 삶에 크건 작건 영향을 미치는 모든 것이 감사의 대상이다. 그리고 현재만이 아니라 과거에 있었던 일이나 미래에 일어날 일(미래 감사)[22]도 감사의 대상이 될 수 있다. 예컨대 오프라 윈프리

오프라 윈프리

(Oprah Winfrey)[23]가 감사한 "햇빛을 받으며 벤치에 앉아 차가운 멜론을 먹은 것", "나를 시원하게 감싸주는 부드러운 바람을 받으며 달린 것", "오늘도 거뜬하게 잠자리에서 일어난 것", "유난히 눈부시고 파란 하늘을 본 것", "점심 때 맛있는 스파게티를 먹은 것", "얄미운 짓을 한 동료에게 화내지 않은 참을성", "좋은 책을 읽었는데 그 책을 써준 작가"처럼 감사일기는 거창한 일들로 채우는 것이 아니라 일상의 소소한 것들이 모두 감사의 대상이다. 오늘따라 유난히 맑고 상

---

22 아직 일어나지 않은 미래의 일에 대해 이루어진 것으로 생각하고 "내일 ○○○와 즐거운 시간을 보내서 감사합니다", "훈련을 무사히 마쳐서 감사합니다" 등의 방법으로 감사일기를 쓰면 자성예언이 되어 생각한 대로 이루어진다는 것이다.

23 전 세계적으로 가장 영향력 있는 방송인 중 한 명으로 매우 가난한 가정에서 태어난 그녀는 아홉 살에 사촌오빠를 포함한 친척들, 엄마의 지인에게까지 성적인 학대를 당했다. 그래서 어린 나이에 마음의 상처를 입고 가출하게 된다. 그러다가 열네 살에 미혼모가 되어 삶의 희망을 버리고 자포자기로 마약과 술에 빠져 살다가 하루도 빠지지 않고 매일 감사일기를 쓰면서 삶이 변화했다고 한다.

쾌한 공기, 파란 하늘, 좋은 사람들과의 만남, 기분 좋은 한마디 등 특별한 일이 아니더라도 매일매일 감사일기를 쓰다 보면 이처럼 사소한 일상이 감사로 다가오게 된다(북하우스 편집부 편, 2019).

감사일기나 편지를 쓰는 방법은 "감사한 것(선물, 베풀어준 것 등)에 대해 구체적으로 적고, 가능한 한 긍정적인 문장으로 적는다. 다음으로 한두 줄의 문장으로 그것이 자신에게 어떠한 영향을 미쳤는지 적는다. 마지막은 현재형인 "감사합니다"로 마무리한다"(존 크랠릭, 2011: 265). 예컨대, 용사들이 작성한 것처럼 "군대 와서 함께 살아가는 법을 배워서 감사합니다. 군대 와서 무뚝뚝한 아버지의 사랑을 느낄 수 있어서 감사합니다. 간부가 지시만 하고 협조는 안 하지만 내가 직접 하면서 세부적인 것도 알 수 있어 감사합니다"라고 간결하게 1~2줄로 작성하면 된다.

군에서 감사를 생활화하는 방법은 개인적으로는 감사일기나 감사편지뿐만 아니라 감사전화나 감사문자 보내기(개인 또는 단체 카톡 활용 등), 자신과 가족, 친구(전우) 등에게 100감사를 작성하도록 하는 것이다. 그리고 부대에서는 회의나 점호 시간을 이용한 감사 나눔, 감사 게시판, 주기적인 감사발표대회 등을 실시하여 부대원들이 감사를 표현하는 분위기를 조성하는 것이다.[24] 그러나 감사는 상급자가 시켜서 억지로 하는 것이 아니라 스스로 필요성을 느껴서 자발적으로 이루어져야 더 효과적이라는 것을 명심해야 한다.

〈표 10.3〉 감사일기 작성 빈도의 효과(t-검증)

구분		사전	사후	사후-사전	t
감사 성향	적극	3.94	4.41	0.47	2.64***
	소극	3.98	4.01	0.03	1.09
조직몰입	적극	3.74	4.29	0.55	3.44***
	소극	3.91	3.97	0.06	1.61

주) N = 적극/소극 각 50명. ***p<.001./적극: 주 5~7회, 소극: 주 0~2회
출처: 엄태성(2012)

---

[24] 현재 군에서는 일석 점호 시 생활관별로 5감사 발표, 100감사나 1,000감사 작성, 특별한 날(어버이날, 생일 등)에 100감사를 작성하여 발송하거나 감사나눔발표대회 등을 통해 감사를 생활화하도록 하고 있다.

한편 많은 연구 결과와 실제 사례에서 나타났듯이 감사가 긍정적 효과가 있는 것은 분명하지만, 다음과 같이 감사를 잘못하면 역효과가 날 수도 있다(Gordon, 2013). 첫째, 억지로 지나친 감사를 하는 것이다. 군에서 3주간 감사일기를 작성하도록 한 실험연구에서 〈표 10.3〉에서처럼 감사일기를 적극적으로 작성한 용사들이 소극적으로 작성한 용사들보다 감사 성향과 조직몰입이 더 높아진 것으로 나타났다. 그러나 다른 연구에서는 일주일에 한 번 감사를 기록한 사람들이 일주일에 세 번 감사를 기록한 사람들보다 6주 후에 더 행복감이 높았다는 연구 결과도 있다.

이러한 연구 결과는 "억지로 감사해도 효과가 있다"라는 주장도 있지만, 억지로 감사일기를 작성하면 오히려 자신의 삶이 좋지 않거나 감사할 것이 별로 없다고 생각하게 될 수 있어 부정적 효과를 가져올 수도 있다. 따라서 감사일기 작성 초기에는 억지로 많은 것을 작성하려고 하기보다는 마음에서 우러나서 하는 감사, 즉 많은 것을 감사하려고 하기보다는 단 한 가지라도 진심을 담은 감사를 하도록 노력하고, 점차 감사의 양을 늘려가는 것이 바람직하다.

둘째, 과도한 감사로 자신의 성공 과정에서의 역할을 과소평가하는 것이다. 자신에게 좋은 일이 생겼을 때 그것을 가능하게 해준 사람들에 대해 생각하고 감사하는 것만으로도 자신에게 도움이 된다. 그러나 똑같이 중요한 것은 다른 사람만이 아니라 자신의 역할도 인정하고 자신에게도 감사해야 한다. 다른 사람에게 감사하는 데 초점을 맞추고 자신의 노력과 재능을 경시하면 자존감을 떨어뜨릴 수 있다. 따라서 성공에서 자신의 역할을 적절하게 인정하는 데 감사가 방해되지 않도록 해야 한다.

3) 동기부여

사람은 생명을 유지하고 삶을 영위하기 위해 외부 환경에 적응하고, 물질을 교환하는 사회적 접촉 과정에서 심리적 · 생리적 메커니즘(mechanism)의 적절한 균형상태가 깨진다. 이렇게 되면 균형을 다시 회복하려는 작용이 생기는데, 이를 '항상성(homeostasis) 기능'이라고 한다. 이와 같이 심리적 · 생리적 결핍으로 인한 긴장 상태에

실습
10.3

감사일기(노트) 작성 및 감사 성향 진단

1. 감사일기(노트) 작성

감사 대상	감사 내용(3~5가지)
자신	
가족(부모 등)	
친구/전우 등	
부대/나라 등	

2. 감사 성향 진단(GQ-6: The Gratitude Questionnaire-Six Item Form)

다음 각 문항에 대해 귀하가 얼마나 동의하는가를 숫자로 표시해주십시오.

1. 매우 부동의   2. 부동의   3. 조금 부동의   4. 중간   5. 조금 동의   6. 동의   7. 매우 동의

(   ) 1. 나는 살면서 감사할 일이 매우 많다.

(   ) 2. 내가 살면서 감사함을 느꼈던 것을 모두 작성하면 아주 긴 목록이 될 것이다.

(   ) 3. 세상에 감사할 일이 별로 없다.

(   ) 4. 나는 다양한 사람에게 감사를 느낀다.

(   ) 5. 나이를 먹을수록 내가 살아오면서 내 삶의 일부가 되었던 사람, 사건, 상황들에 대해 감사하는 마음이 더 커지는 것 같다.

(   ) 6. 오랜 시간이 흐른 후에야 나는 어떤 일이나 사람에 대해 감사함을 느낀다.

주) 3번과 6번 문항은 역문항이므로 역산(7점→1점, 1점→7점 등)하여 합산(총점은 6~42점)

〈참고〉 점수 해석: 설문에 응한 표본집단(1,224명)과 비교 시

35점 이하: 표본집단의 하위 1/4에 해당, 36~38점: 표본집단의 1/2에 해당

39~41점: 상위 1/4에 해당, 42점: 상위 1/81에 해당

출처: McCullough, Emmons & Tsang(2002)

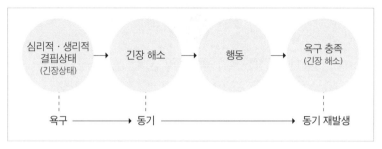

〈그림 10.8〉 동기부여 과정

서 〈그림 10.8〉과 같이 의식적·무의식적인 욕구(need)[25]가 발생하고, 긴장을 해소하기 위해 동기(動機, motive), 즉 "어떤 목적을 향해 움직이게 하는 내적 심리상태"가 유발되기 때문에 동기의 강도는 욕구의 결핍 정도가 클수록 더 커진다.

동기가 유발되면 사람은 욕구를 충족시켜 긴장을 해소하려는 행동을 하게 되고, 이것으로 목표가 달성되면 욕구가 충족되어 긴장 상태는 해소된다. 그리고 또 다른 새로운 동기가 유발되는 일련의 과정을 '동기부여(動機附與)' 또는 '동기유발(motivation)'이라고 한다.

따라서 개인적 차원의 동기부여는 "욕구 충족을 위해 무엇을 열심히 하려는 자발적 의지의 정도 또는 내적 심리상태"라고 할 수 있고, 리더십 측면에서 동기부여란 "리더가 팔로어들의 동기를 유발하여 자발적인 행동 또는 노력을 하게 만드는 것"이라고 할 수 있다.

이러한 동기부여가 중요한 것은 앞에서 살펴본 바와 같이 개인이나 조직의 성과에 영향을 미치는 능력과 태도 중에서 특히 태도와 밀접한 관련이 있기 때문이다. 사람은 욕구가 충족된 상황에서는 행복, 만족, 기쁨 등의 긍정적 감정을 느껴 긍정적 태도가 형성되지만, 이러한 욕구들이 충족되지 못한 상황에서는 분노, 우울 그리고 지루함이라는 부정적 감정을 느껴 부정적 태도가 형성되기 때문이다. 따라서 군 리더

---

[25] 욕구는 균형상태의 이탈이나 생리적 불균형으로 직접 발생하는 1차적 욕구(primary need)와 어떤 경험에 의해 1차적 욕구로부터 파생한 2차적 욕구(secondary need)로 구분된다. 1차적 욕구는 공기, 물, 성(性), 휴식, 수면 등과 같은 생리적 욕구와 유해 자극으로부터의 회피하려는 욕구, 적을 경계하고 도망치려는 욕구, 적에 대한 투쟁 욕구 등과 같은 심리적 욕구가 있다. 2차적 욕구는 지위, 명예, 권력, 독립 등에 대한 욕구, 애정, 집단 소속 등과 같은 사회적 안정감을 확보하려는 욕구다. 그런데 1차적 욕구는 모든 생물체의 생명을 유지하고 보존하려는 공통적인 욕구이지만, 2차적 욕구는 문화, 역사, 사회에 따라 다르다(두산백과사전).

는 부대(서)원들의 욕구가 무엇인지를 정확히 파악하고, 이를 충족시켜주기 위해 효과적인 동기부여 방법을 모색해야 한다.

한편 이러한 동기부여에 관한 이론은 동기부여에 어떠한 요인들이 영향을 미치는가에 초점을 맞춘 내용이론(content theory)과 동기부여가 어떠한 과정을 거쳐 이루어지는가를 설명하는 과정이론(process theory), 그리고 행동이 학습되는 방법을 강조하는 강화이론(reinforcement theory)의 3가지 유형으로 분류할 수 있다(Steers et al., 1996: 2-7).

여기서는 대표적인 내용이론인 욕구단계설(hierarchy of needs theory), ERG 이론, 이요인 이론(two-factor theory), 그리고 과정이론인 기대이론과 공정성 이론, 마지막으로 강화이론을 설명한다.

(1) 욕구단계설(hierarchy of needs theory)

매슬로(Maslow, 1987)의 욕구단계설은 인간의 욕구는 〈그림 10.9〉와 같이 5단계로 구성되어 있다고 가정한다. 첫째, 생리적 욕구다. 생명을 유지하기 위해 최소한으로 필요한 음식, 물, 수면, 산소 그리고 배설 등의 욕구를 말한다. 둘째, 안전의 욕구다.

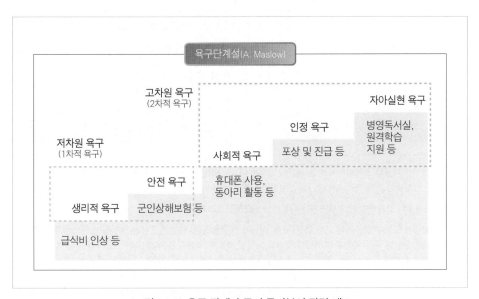

〈그림 10.9〉 욕구 단계와 군의 동기부여 관련 제도

신체의 안전과 동시에 심리적으로 협박당하거나 사회적으로 협박당하는 것을 피하려는 욕구를 말한다. 셋째, 사회적 욕구다. 좋아하고 사랑하고자 하는 욕구와 사랑받고자 하는 욕구, 집단과 그 집단의 일원이 되고자 하는 욕구, 즉 다른 사람들과 따뜻한 인간관계를 맺고자 하는 욕구를 말한다. 넷째, 인정의 욕구다. 사람들로부터 인정받고 존경받고자 하는 욕구를 말한다.[26] 다섯째, 자아실현의 욕구다. 자신이 마음먹은 대로 자신을 실현하고자 하는 욕구, 즉 자신의 가치관을 충실히 실현시키려는 욕구를 말한다.

매슬로(Abraham H. Maslow)는 저차원 욕구인 생리적 욕구로부터 고차원 욕구인 자아실현 욕구에 이르는 욕구의 계층에 따라 욕구 단계별로 적절한 동기부여 수단을 활용하여 욕구를 만족시켜줌으로써 동기부여가 될 수 있다고 한다. 그리고 인간은 낮은 단계의 욕구가 충족되면 그것으로 끝나는 것이 아니라 계속 더 높은 단계의 욕구를 추구하게 되고, 어느 한 단계의 욕구를 만족하면 그전 단계의 욕구는 더 이상 동기부여 요인으로 작용할 수 없다고 한다.[27]

이러한 욕구단계설의 시사점은 인간의 욕구는 매우 다양하고, 서로 다르다는 것을 인식하며, 팔로어가 어떠한 욕구 단계에 있는가를 파악해서 충족 가능성이 큰 욕구부터 단계적으로 충족시켜주도록 해야 한다는 것이다. 예컨대, 배가 고픈 사람에게는 먹을 것을 주고, 인정받고 싶은 요구가 있는 사람에게는 성과나 기여에 상응한 포상을 하거나 진급을 시켜주고,[28] 자기개발 욕구가 강한 사람에게는 독서나 원격학습지원 등을 통해 자기개발을 할 수 있도록 지원해주어야 한다.

---

[26] 어느 연구에 따르면 조직원의 69%는 자신의 노력이 더 잘 인정받는다고 느끼면 더 열심히 일할 것이라고 말했고, 78%는 인정받는 것이 조직에서 동기를 부여한다고 말했다(Nouri, 2019).

[27] 욕구단계설의 한계와 보완에 대해서는 다음에서 설명하는 '(2) ERG 이론' 참조.

[28] '명예진급제도'는 직업군인의 가장 큰 욕구 중 하나가 진급을 통한 인정 욕구라는 사실을 기반으로 정상 진급이 지난 직업군인의 복무 의욕을 고취시키기 위해 도입된 제도다. 명예진급은 20년 이상 근속하고 군 복무 중에 특히 뚜렷한 공적이 있는 사람이 전역하는 경우 심사를 거쳐 명예진급을 할 수 있다(「군인사법」 제24조의4 제1항 및 제53조의2 제1항). 명예진급은 중령에서 대령, 소령에서 중령, 상사에서 원사로 진급하는 경우에 해당한다(「군인사법 시행령」 제25조의4 제1항). 명예진급 시 연금 및 명예전역수당 등 각종 급여는 명예진급 전의 계급에 따라 지급되고, 그 밖의 예우는 명예진급된 계급에 따라서 한다(「군인사법」 제24조의4 제2항).

(2) ERG 이론

ERG 이론은 앨더퍼(Alderfer, 1972)가 욕구단계설의 5단계 욕구 범주를 〈그림 10.10〉과 같이 생존(Existence), 관계(Relatedness), 성장(Growth)의 3가지로 간소화하고, 욕구 간의 상호관계와 동기부여를 좀 더 설득력 있게 설명함으로써 욕구단계설의 한계를 극복해준 이론이다.

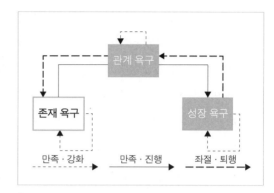

출처: Wei-Lun Chang, S. Yuan(2008: 50)

〈그림 10.10〉 ERG 이론의 개념

생존 욕구(Existance needs)는 매슬로의 5단계 욕구 범주 중 생리적 욕구나 물질적 측면의 안전 욕구에 해당한다. 배고픔, 목마름, 안식처 등과 같은 생리적·물리적 욕구들로 봉급, 근무환경이나 쾌적한 물리적 작업조건에 대한 욕구가 이 범주에 속한다.

관계 욕구(Relatedness needs)는 매슬로의 안전 욕구와 사회적 욕구, 그리고 존경 욕구의 일부를 포함한다. 조직에서 타인과의 대인관계, 가족, 친구 등과의 관계와 관련되는 모든 욕구가 해당한다.

성장 욕구(Growth needs)는 매슬로의 5단계 욕구 범주 중 자아실현 욕구와 존경 욕구 단계에 해당한다. 잠재력 개발 및 개인적·사회적 성장과 관련된 모든 욕구를 포함한다. 이러한 욕구는 한 개인이 자기 능력을 극대화할 뿐만 아니라 능력개발을 필요로 하는 일에 종사함으로써 욕구 충족이 가능하다.

이 이론은 욕구단계설의 핵심인 저차원 욕구가 어느 정도 충족되어야 다음 단계의 욕구가 발생한다는 가정과 달리 〈그림 10.10〉에서 보는 바와 같이 다음과 같은 가정을 했다.

첫째, 좌절-퇴행(Frustration-Regression)이다. 고차원 욕구가 충족되지 않을수록 저차원 욕구가 더 커진다는 것이다. 즉 성장 욕구가 충족되지 않을수록 관계 욕구가 더 커지고, 성장 욕구를 추구하다가도 실직 등으로 생활이 어려워진다면 존재 욕구를 추구할 수 있다.

둘째, 만족-진행(Satisfaction-Progression)이다. 저차원 욕구가 충족될수록 고차원 욕구가 더 커진다는 것이다. 예컨대, 생존 욕구(봉급 등)가 충족될수록 관계 욕구(대인관계 욕구 등)가 더 커진다.

셋째, 만족-강화(Satisfaction-Strengthening)다. 각 수준의 욕구가 충족되지 않을수록 그 수준의 욕구는 더 커진다.

ERG 이론은 매슬로의 욕구단계설처럼 욕구의 단계를 설정하고 있다는 점에서 유사하지만, 다음과 같은 차이가 있다.

첫째, 욕구단계설은 저차원 욕구가 만족되었을 때 고차원 욕구가 발생한다는 '만족-진행' 과정만 중시했다. 그러나 ERG 이론은 욕구가 저차원 욕구로부터 단계를 밟아 발생하는 것이 아니라 어느 욕구의 충족이나 좌절이 다른 욕구의 증대를 가져오는 '좌절-퇴행' 과정도 포함한다. 예컨대, 관계 욕구의 충족이 성장 욕구의 증대를 가져오고, 성장 욕구의 좌절이 관계 욕구를 증대시킨다는 것이다.

둘째, 욕구단계설에서는 욕구가 단계별로 한 가지씩 발생한다고 하지만, ERG 이론은 한 가지 이상의 욕구가 동시에 발생할 수 있다고 한다.

이와 같이 ERG 이론은 인간의 행동을 욕구단계설보다 탄력적으로 설명해주고, 인간 행동에 한 가지 이상의 욕구가 동시에 작용할 수 있다고 가정하고 있어 더욱 설득력이 있다. 그러나 관계 욕구의 만족이 성장 욕구를 가져오고 성장 욕구가 좌절되면 관계 욕구를 더 갖게 된다는 주장을 부정하는 연구도 있다(Wanous & Zwany, 1977).

(3) 이요인 이론(Two Factor Theory)

허즈버그(Herzberg, 1964)는 만족과 불만족을 동일선상의 양 극점으로 파악하던 종래의 관점과 달리 〈그림 10.11〉과 같이 직무내용과 관련된 동기 요인(만족 요인)과 직무환경과 관련된 위생 요인(불만족 요인)은 완전히 별개의 차원이라고 가정했다.

따라서 보수, 작업조건, 감독의 질, 지위, 직무 안전, 동료관계, 조직의 방침 등과 같은 위생 요인(hygiene factor)을 완전히 충족시켜주면 불만족은 사라질 수 있지만, 만족

도가 높아지는 것은 아니기 때문에
동기부여가 되는 것은 아니라는 것
이다. 즉 우리가 손을 자주 씻고, 샤
워를 매일 하면 위생 상태가 좋아져
병을 예방할 수 있지만, 건강이 더
좋아지는 것은 아닌 것과 같다.

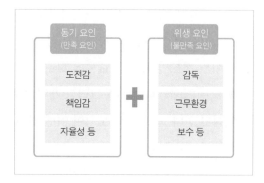

<그림 10.11> 허즈버그의 이요인 이론

이러한 이요인 이론의 시사점은
위생 요인을 어느 정도 충족시킨 후
에는 도전감, 책임감, 자율성, 인정과 성취감, 성장과 발전 등과 같은 동기 요인도 충
족시켜주어야만 동기부여가 이루어진다는 것이다.

(4) 기대이론

브룸(Vroom, 1964)의 기대이론(expectancy theory)은 욕구단계설, ERG 이론, 이요인 이
론 등과 달리 동기부여를 욕구가 아니라 행동의 과정으로 인식하고, 인간은 노력(행
동)해서 얻어진 성과에 주어지는 보상에 대한 기대로 동기부여가 된다는 이론이다.
즉 목표를 달성할 가능성이 크고, 목표를 달성하여 자신이 원하는 보상이 주어질 때
동기부여 수준이 높아진다는 것이다.

브룸(1964)은 인간은 무엇을 하고자 할 때 <그림 10.12>와 같이 3단계 사고 과정을

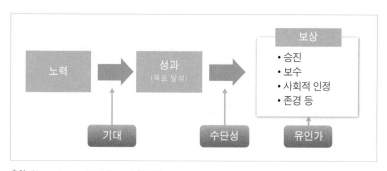

출처: Gipson, Ivancevich & Donnely(1976)

<그림 10.12> 기대이론의 모형

거친다고 한다. 첫째, 투입된 노력의 결과가 성과(1차 결과)를 낼 가능성은 있는가(기대, Expectancy), 둘째, 노력을 통해 얻어진 성과에 대해 기대하는 보상(2차 결과)을 받을 가능성이 어느 정도인가(수단성, Instrumentality), 셋째, 주어지는 보상이 얼마나 매력적인 것인가[유인가(誘因價), Valence]다. 그리고 개인의 동기부여 수준은 'M = f (E, I, V)'로 표현할 수 있다고 한다. 즉 자신의 노력이 어떤 성과를 가져오리라는 기대(E), 그러한 성과가 보상을 가져다주리라는 수단성(I), 그리고 주어지는 보상에 대한 매력의 정도인 유인가(V)가 복합적으로 작용하여 동기부여 수준이 결정된다는 것이다.

이러한 기대이론의 시사점은 리더가 팔로어들에게 달성 가능한 적정 수준의 목표를 제시하고, 노력한 만큼 성과를 얻을 수 있다는 확신을 갖도록 해야 한다는 것이다. 지나치게 어렵거나 높은 목표를 제시할 경우 목표 달성 가능성이 낮아짐으로써 동기부여가 되지 않기 때문이다. 예컨대, 군에서는 주어진 목표를 달성했거나 특별한 공로가 있는 용사들에게는 외출이나 휴가 등의 보상을 해서 동기를 부여한다. 그러나 신체적, 체력적 또는 지적 능력의 차이로 같은 수준의 노력을 해도 특급전사의 기준[29]을 달성하기 어려운 용사들은 좌절하게 된다. 따라서 비록 목표 수준을 충족하지 못한 용사도 노력에 상응하는 '발전상' 또는 '노력상'을 주어 보상이 이루어지게 함으로써 동기부여를 시킬 필요가 있다. 또한 목표 달성 시 기대하는 보상이 서로 다르기 때문에 보상의 선택이 가능하도록 하는 등 개인차를 고려한 보상체계를 수립하여 목표 달성 시 주어지는 보상이 매력적인 것이 되도록 해야 한다.

(5) 공정성 이론

애덤스(Adams, 1963)가 제시한 이론으로 조직에서 개인은 노력, 지식, 기술 등 자신이 기여한 바(input)와 주어진 보수, 진급, 칭찬, 인정 등 산출(보상, output)을 비교하고, 그 둘 사이의 비율을 다른 사람과 비교하여 공정한 대우를 받았는지를 판단한다는 것이다. 그리고 〈그림 10.13〉과 같이 자신과 다른 사람의 산출/투입 비율이 같다고

---

[29] 특급전사가 되려면 사격, 체력(기초체력, 전투체력), 정신교육, 경계근무 요령, 전투기량(각개전투 능력, 각자의 주특기/병과) 등에서 선정기준을 통과해야 한다.

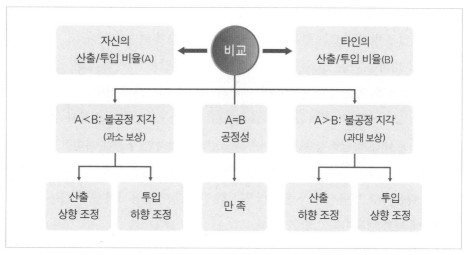

출처: Gipson, Ivancevich & Donnely(1976)

〈그림 10.13〉 공정성 이론의 모형

느낄 때는 공정한 상태로 인식해서 현 상태를 유지하려 하지만, 불공정하다고 인식하면 노력 등의 투입이나 산출을 변화시킨다는 것이다. 또는 재능이나 행운, 연줄 등의 탓으로 돌려 자신 또는 타인에 대한 인식을 변화시키거나, 조직을 떠남으로써 불공정성에 대한 감정을 해소하려고 한다.[30]

이러한 공정성 이론의 시사점은 리더는 팔로어들을 객관적인 기준에 따라 공정하게 대우하고, 의사소통 노력 등을 통해 공정하게 대우받고 있다는 사실을 알려주어야 한다는 것이다. 아무리 리더가 공정하게 보상하고 있다고 하더라도 공정성은 주관적인 것이기 때문에 당사자가 불공정하다고 인식한다면 동기부여가 되지 않을 것이기 때문이다.

(6) 강화이론

동기부여의 강화이론(reinforcement theory)은 행동주의 심리학자인 스키너(B. F. Skinner)

---

[30] 보상을 더 적게 받는다고 느낄 때는 부정적인 불공정성을 인식하고 노력의 수준을 낮출 것이다. 그러나 보상을 더 많이 받는다고 느낄 때는 긍정적인 불공정성을 인식하고 더욱 노력하여 직무를 열심히 수행할 것이다.

의 이론으로 보상이 직접적으로 주어지는 행동은 강화되고 반복되는 반면, 보상이 주어지지 않고 벌이 따르는 행동은 반복되지 않는 경향이 있다고 한다.

따라서 리더는 다음 〈그림 10.14〉와 같이 적극적 강화, 소극적 강화, 소거, 처벌 같은 다양한 강화 기술을 이용하여 팔로어들을 동기부여시켜야 한다.

적극적 또는 긍정적 강화(positive reinforcement)는 칭찬·보상·진급 등과 같이 바람직한 행동에 대해 바람직한 보상을 제공함으로써 바람직한 행동이 계속적으로 일어나게 하는 것이다. 예컨대, 어떤 용사가 훈련을 열심히 해서 소대장이 외박을 내보내 주었고, 다음에도 그 용사가 훈련을 더 열심히 한다면 이때 용사의 훈련 행동은 긍정적 강화에 의한 행동이라고 할 수 있다.

소극적 또는 부정적 강화(negative reinforcement)는 불편한 자극이나 결과(벌 등)를 제거하거나 중지함으로써 바람직한 행동이 이루어지도록 하는 것이다. 소극적 강화는 바람직한 행동을 증가시킨다는 측면에서는 적극적 강화와 동일하다. 그러나 적극적 강화는 긍정적 결과를 얻기 위해 바람직한 행동을 하도록 동기부여 되는 반면, 소극

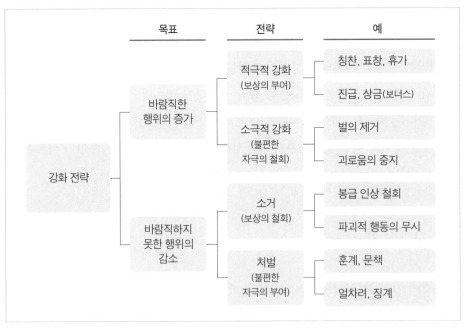

출처: 신유근(1984: 171) 수정

〈그림 10.14〉 강화 전략의 유형

적 강화에서는 불편한 상태를 회피하기 위해 동기부여 된다는 점에서 차이가 있다.

소거(extinction)는 어떤 행위에 대해 이전에는 보상이 주어졌지만 더 이상 보상되지 않는 상황을 반복함으로써 그러한 행동을 하지 않도록 하는 방법이다. 즉, 어떤 행위에 대해 보상(강화)하지 않음으로써 그러한 행위를 하지 않도록 하는 것이다. 예컨대, 어떤 용사가 아프다고 해서 훈련을 면제해주었지만, 거짓으로 아픈 척을 반복한다면 다음에는 훈련 면제를 해주지 않아야 다시는 그러한 행위를 하지 않게 된다는 것이다.

처벌(處罰, punishment)은 바람직하지 않은 행동에 대해 바람직하지 않은 결과를 제시함으로써 그 행동이 야기될 확률을 낮추는 것을 말한다. 군에서 지시를 불이행하거나 규정을 위반했을 경우 문책하거나 징계하는 것이다.

처벌은 바람직하지 않은 행동을 멈추는 데 효과적일 수 있지만, 다음과 같은 한계도 있기 때문에 가급적 사용을 자제해야 한다(Milbourn, G. Jr., 1996).

첫째, 처벌은 우리 군에서도 가장 널리 사용되는 행동 통제 기법이지만, 더 많은 처벌로 이어질 수 있다는 것이다. 성과가 낮은 것을 처벌하면 저성과는 멈출 것이지만, 성과를 높이기 위해서는 또 다른 벌을 추가로 사용하게 만들어 악순환이 될 수 있다.

둘째, 처벌의 위협은 항상 존재해야 한다는 것이다. 특히 처벌이 바람직하지 못한 행동을 수정하는 데 사용되는 유일한 방법일 경우에는 더욱 그렇다. 예컨대, 지휘관이 처벌 주체인 경우 지휘관이 계속적으로 감시·감독을 해야 하는데 그렇게 하기 위해서는 시간과 노력이 너무 많이 소요된다.

셋째, 처벌이 바람직하지 못한 행동을 완전히 제거하지 못하고 일시적으로 억압할 따름이고, 처벌이 없으면 다시 그러한 행동을 하게 된다는 것이다. 즉, 처벌은 한 가지 나쁜 행동이 반복되는 것을 일시적으로 막을 뿐이고, 오히려 처벌에 대한 두려움, 심리적 긴장 및 불안으로 이어져 바람직한 행동을 하려는 마음이 생길 수도 있지만, 이러한 생각이 처벌에 대한 불안으로 인해 사라질 수 있다.

넷째, 처벌은 자신의 행동을 개선할 능력이 없는 사람에게는 좌절감만 안겨준다는 것이다. 예컨대, 신체적 조건(심장이 약하거나 기본 체력 저조 등)으로 뜀걸음을 잘하지 못하거나, 정신적·심리적 요인(트라우마, 고소공포증 등)으로 모형탑(Mock Tower)에서 뛰어내리지 못하거나, 자동차 사고 경험으로 자동차 타기를 무서워하는 용사에게 인내심 부족이나 용기가 없다는 등의 이유로 처벌한다면 좌절감을 느껴 군 생활 전체에 부정적 영향을 미치게 될 것이다.

다섯째, 처벌의 가장 큰 부작용은 처벌받은 하급자가 처벌자를 회피하거나 반격할 수 있다는 것이다. 즉 처벌한 사람에게 적개심을 품어 성과를 저하시키거나, 처벌한 사람을 공격하거나 방해 공작 또는 '악의적 복종'을 해서 처벌한 사람을 궁지에 빠뜨릴 수 있다. 군에서 상관의 처벌(얼차려, 징계 등)에 불만을 품고 탈영, 하극상 등의 군기 사고나 총기 사고를 일으킨 사례들이 이러한 경우다.

이와 같이 처벌은 부작용이 있기 때문에 벌(罰)보다는 상(賞)이 더 효과적이지만, 불가피하게 처벌해야 할 경우에는 구체적으로 무엇을 잘못했는지, 왜 이러한 처벌을 받아야 하는지 그 이유를 차분하고 분명하게 알려주고, 처벌 대상자에게 앞으로 어떻게 해야 할지를 정확히 알려주어야 한다.

한편 앞의 〈그림 10.14〉에서와 같은 4가지 강화 전략은 개별적으로 사용할 수도 있지만, 결합하여 사용할 때 더 효과적일 수 있다. 예컨대, 적극적 강화(상)와 처벌을 합성, 즉 '당근과 채찍'을 함께 사용하는 것이다. 또 다른 방법은 적극적 강화와 소거를 합성하는 전략이다. 소거 전략은 벌을 사용할 때 발생하는 부작용 없이 바람직하지 못한 행위를 약화시켜주고, 적극적 강화는 바람직한 행위를 강화할 수 있다.

다음은 부대원이 규정을 위반하거나 잘못된 행위를 했을 경우 이러한 행동을 시정하기 위해 처벌만이 능사가 아니라는 것을 보여주는 사례다.

○○부대 연대장은 어느 날 연대 본부의 병사들이 2인 1개 조로 보초를 서고 있는 산속의 외진 초소로 순찰을 나갔다. 초소에 다가가면서 보니 한 명만 보초를 서고 있고, 다른 병사는 초소 옆에서 자고 있었다. 보초를 서고 있던 병사가 연대장이 오는 것을 보고 깜짝 놀라 자고 있는 병사를 깨우려고 했다. 그때 김 대령은 손짓으로 병사를 깨우지 못하게 하고, 보초를 서고 있는 병사를 자기 앞으로 오게 했다.

보초를 서고 있던 병사는 본부 중대의 손 일병이었는데, 자고 있는 병사가 누구냐고 물어보니 같은 중대의 강 병장이었다. 연대장은 손 일병에게 "내가 왔다는 사실을 절대로 강 병장에게 알리지 마라. 여기서 안 보이는 데까지 내려갔다가 다시 올라올 테니 그 동안에 강 병장을 깨워서 보초를 서도록 해라"라고 지시하고 산에서 내려갔다. 그리고 다시 올라와서는 처음 온 것처럼 "보초를 잘 서고 있구나. 그런데 사계 청소가 잘 안 되어 있기 때문에 유사시 사격하기가 어렵겠다. 그리고 초소 안도 환경 정리 좀 해야겠다. 1주일 후에 다시 순찰을 와서 보고 잘해놓았으면 포상 휴가를 보내줄 테니 초소 안과 주변을 잘 정리해놓아라. 오늘 내가 한 말을 다른 사람에게 절대로 이야기하지 말라"라고 지시했다.

그러고는 1주일 후 그 병사들이 보초 서는 시간을 확인하고, 그 초소로 다시 순찰을 나갔다. 강 병장은 잠을 잤기 때문에 혹시 연대장에게 들키지나 않았는지 잔뜩 겁을 먹고 있었는데, 오히려 연대장이 포상 휴가를 보내주겠다고 하자 최선을 다해 초소 안과 주변을 정돈하고, 사계 청소도 아주 잘해놓고 있었다. 이를 본 연대장은 약속한 대로 김 병장과 손 일병에게 2박 3일간 포상 휴가를 보내주었다.

손 일병은 징계를 받아야 하는데 오히려 포상 휴가를 가게 되었으니 휴가를 가면서도 속으로 연대장에게 미안한 마음을 금할 수 없었다. 그래서 결국 연대장의 지시에도 불구하고 강 병장에게 자초지종을 이야기했다. 휴가를 가게 된 사유를 알고 난 강 병장은 깜짝 놀랐다. 집에 도착한 강 병장은 연대장에게 다음과 같이 편지를 썼다. "연대장님께 어떻게 용서를 빌어야 할지 모르겠습니다. 제 잘못을 용서받으려면 제가 앞으로 어떻게 해야 할지를 알려주십시오. 연대장님께서 지시하시면 무엇이든지 하겠습니다. … 연대장님을 평생 잊지 못할 것입니다. …" 휴가를 마치고 복귀한 두 병사는 남은 군 복무기간 동안 모범적으로 군 생활을 했다.

– ○○○ 연대장 증언

법규와 원리원칙, 그리고 신상필벌(信賞必罰)을 강조하는 구조적 인식틀을 갖고 있는 연대장이었다면 규정에 따라 아마도 잠을 자고 있던 강 병장은 물론 손 일병도 징계하고, 소대장과 중대장도 지휘책임을 물어 호되게 질책했을 것이다. 그러나 연대장은 강 병장과 손 일병을 처벌하지 않고, 오히려 경계근무를 잘할 수 있도록 초소 환경을 개선하라는 임무를 부여하고 이를 잘 수행한 것을 칭찬하고 포상했다.[31] 이와 같이 잘못한 강 병장을 용서하고, 오히려 포상 휴가를 보내줌으로써 징계했을 때는 기대할 수 없었던 존경심과 충성심을 유발했다. 그리고 남은 군 복무기간 동안 부대를 위해 헌신하도록 했고, 본부 중대의 사기가 저하되는 것도 방지할 수 있었다. 그리고 이 병사들의 입을 통해 부대원들이 결국 이를 알게 됨으로써 모든 병사가 연대장을 존경하게 되었다.

이와 같이 리더는 법과 규정에 따라 신상필벌의 원칙을 준수하는 것도 중요하지만, 처벌만이 능사가 아니라 때로는 사소한 실수와 잘못에 대해서는 용서와 포용으로 잘못을 뉘우칠 기회를 제공하는 것이 바람직하다는 것을 시사해주고 있다.

---

31 연대장은 그러한 조치를 한 이유를 "만일 잠을 자고 있던 강 병장을 징계한다면 미리 잠을 깨우지 않은 손 일병에게 강 병장이 화풀이를 함으로써 손 일병의 군대 생활이 매우 힘들어졌을 것이다. 그리고 보초를 잘못 서서 연대장에게 적발되었다는 것을 소대장과 중대장이 안다면 중대의 분위기가 나빠져서 중대의 사기가 저하될 것이 뻔했기 때문이었다"라고 말했다.

3. 임파워먼트

임파워먼트(empowerment)는 용어 자체로 해석하면 "파워(power)가 없던 사람에게 파워를 부여해주는 것"으로, 흔히 권한위임과 유사하다고 생각하게 된다.[32] 그러나 임파워먼트는 "파워를 줌으로써 리더의 파워가 감소"하는 제로섬(zero-sum) 개념이 아니라 "파워의 분배가 아닌 파워의 창조와 증대"가 이루어지는 포지티브섬(positive-sum) 개념이다. 다시 말해 임파워먼트는 "팔로어가 능력이 있음을 확인시켜주고, 능력을 키워주는 것"이라고 할 수 있다. 팔로어들이 이미 갖고 있었지만 조직의 규제나 통제로 발휘되지 못한 파워, 즉 잠재능력을 키워주는 것이다. 파워의 창조, 증대, 확산을 통해 팔로어가 잠재능력을 개발하도록 도와주는 것이다. 그렇기 때문에 임파워먼트는 권한위임과 같은 개념이 아니라 권한위임을 포함하는 더 큰 개념이다.[33]

이러한 임파워먼트는 크게 개인·집단·조직 차원의 3가지 수준으로 이루어진다. 먼저 개인 차원의 임파워먼트는 자기신뢰감을 증진시키고 자신의 사고변화와 역량을 증대시키는 것으로, 임파워먼트의 가장 기본이 된다. 집단 차원은 자기 자신에 대한 임파워먼트가 이루어진 이후 타인의 역량을 증진시키고, 상호 권한위임 관계를 증진시키는 것이며, 임파워먼트에서 핵심적으로 다루는 부분이다. 조직 차원의 임파워먼트는 집단 임파워먼트를 조직에 확산시키는 것으로, 제도와 구조 변화를 통해 임파워먼트를 정착시키는 것이다.

리더가 임파워먼트를 하기 위해서는 〈그림 10.15〉와 같이 먼저 리더와 팔로어 사이에 신뢰가 형성되어 있어야 한다. 팔로어에 대한 신뢰가 없다면 다음 사례와 같이

---

[32] 사전적 의미로 'em'은 '주다', '부여하다'라는 의미이고, 'power'는 '권력(힘), 능력, 지배력'이라는 의미이기 때문에 "권력(힘) 또는 능력을 부여하는 것"이 임파워먼트라고 할 수 있다.

[33] 동기부여는 팔로어의 태도 변화를 위해 "팔로어에게 무엇을 어떻게 해줄 것인가"에 초점이 맞춰져 있지만, 임파워먼트는 "팔로어의 태도 변화만이 아니라 성과 향상에 필요한 능력의 변화도 동시적으로 추구한다"라는 점에서 차이가 있다.

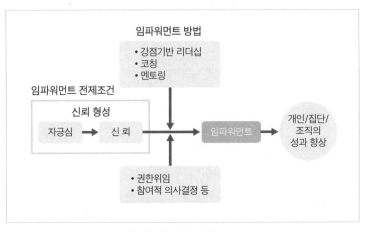

〈그림 10.15〉 임파워먼트 모형

부하들을 믿고 임파워먼트하기 어렵다.

　　임관 전에 역도 국가대표 출신인 ○○○ 중위는 소신과 고집이 세서 다른 사람들과 융화하지 못했고, 대대장에게도 소대원 일부의 불만 사항을 건의한다면서 불만을 표시하면서 개선을 요구하기도 하는 대대의 괴짜 소대장이었다.

　　중대장인 나는 그와 많은 대화가 필요하다고 생각했다. 그래서 그가 좋아하는 역도 연습도 함께하고, 주말에 집에 불러서 식사도 하면서 친형 같은 사이가 되어 상호 간에 신뢰가 형성되기 시작했다. 그러면서 ○○○ 중위도 중대에서 자신의 역할을 찾아가고 소대원들에게 인정받는 소대장으로 변화해갔다. 그가 선임 소대장이 되었을 때 나는 그를 믿고 대대의 여러 중요한 작전 임무를 부여하고 위임한 결과 대테러작전, 대대 ATT 등에서 강인한 체력을 바탕으로 소대를 진두지휘하여 모든 작전을 성공시켰다.

출처: 김철진(2010: 139-140)

　　정찰 소대장인 안 소위는 수색 중 중공군의 집중 사격을 받자 제대로 대응하지 못해 14명의 대원 중 9명이 사망했다. 그런 일이 있은 후 10여 일이 지난 어느 날 연대장이 안 소위 앞에 나타나 "안 소위! 포로 한번 잡아보지 않겠나? 아무리 생각해도 안 소위가 적임자같아"라고 하면서 안 소위의 어깨를 덥석 잡았다. 연대장이 자신을 신임하고 있다는 생각에 감격한 안 소위는 부여한 임무를 완벽히 수행하여 수색 중의 실패를 만회했다.

출처: 육군리더십센터(2011: 187)

기본적으로 팔로어를 신뢰하지 못하는 리더는 임파워먼트를 할 수 없다. 하지만 남을 신뢰하기란 말처럼 쉽지 않다. 많은 사람이 남을 신뢰하지 못하는 이유를 통상 남의 탓으로 돌리지만, 사실은 자긍심의 부족으로 자기 자신을 믿지 못하기 때문이라고 할 수 있다. 자긍심이 없는 사람은 남을 믿고 맡길 용기를 발휘할 수 없다는 것이다.

또 다른 한편으로 부하를 믿고 맡겼을 경우 실패할 위험이 있기 때문에 임파워먼트, 특히 권한위임을 할 수 없다는 리더들이 많이 있다. 그러나 실제로 인생에서는 모든 것이 위험하다. 만일 위험을 피하고 싶다면 아무것도 하지 말아야 한다(존 맥스웰, 이형수 옮김, 2003). 즉, 신뢰를 위해서는 다음 사례처럼 어느 정도 위험부담을 감수하는 노력이 필요하다는 것이다.

> 2008년 베이징올림픽 야구 경기에서 계속 부진했던 이승엽 선수가 결정적인 순간에 홈런을 날려 한국 팀이 우승했다. 김경문 감독이 "이승엽은 큰 경기에서 쳐주는 선수니까 한 경기만 잘해주면 된다고 생각하고 계속해서 4번 타자로 기용했다"라고 말한 것처럼 선수를 믿고 실패할 위험을 무릅쓰면서 4번 타자로 기용했기 때문이다. 그 결과 "사실 어제까지 죽을 지경이었다. 그러나 감독님이 믿고 있다는 생각에 잘해야겠다는 각오를 다시 했다"라는 이승엽 선수의 말처럼 감독의 신뢰에 대한 보답으로 홈런을 쳤다.
>
> 출처: 중앙일보(2008.8.23)

리더는 이와 같은 팔로어에 대한 신뢰를 바탕으로 강점 기반 리더십(strengths-based leadership), 코칭(coaching), 멘토링(mentoring),[34] 권한위임, 참여적 의사결정 등을 통해 팔로어들의 태도를 긍정적으로 변화시키고, 잠재능력을 개발함으로써 개인, 집단 및 조직의 성과를 높일 수 있다.

여기서는 군 리더들이 효과적으로 활용할 수 있는 임파워먼트 방법 중 강점 기반 리더십과 코칭 방법을 소개한다.

---

[34] 멘토링은 경험과 지식이 풍부한 사람(전문가나 선배 등)이 일대일로 전담 지도하면서 정보 제공과 조언을 통해 잠재능력을 개발하는 것을 말한다. 조언자 역할을 하는 사람을 '멘토(mentor)', 조언을 받는 사람을 '멘티(mentee)'라고 한다.

1) 강점 기반 리더십

(1) 강점 기반 리더십의 중요성

많은 사람들이 성공하기 위해서는 자신의 약점을 고쳐야 한다고 생각한다. 그러나 성공하고 싶다면 약점이 아닌 강점에 집중해야 한다. 약점을 보완하기 위해 사용하는 시간과 노력을 최소화하고, 그것을 강점에 사용한다면 더 큰 성과를 올리고, 자신의 경쟁력을 높일 수 있다(Buckingham, 2010).

이러한 전제를 바탕으로 한 강점 기반 리더십[35]은 "리더가 자신과 팔로어, 그리고 조직(집단)의 강점을 찾아서 그것에 집중하여 개발하고 활용함으로써 효율적이고 효과적으로 업무를 수행하여 성과(성공)를 극대화하는 리더십"이다(Stoerkel, 2021). 사람들의 강점을 활용함으로써 그들이 인정받고 있다는 느낌을 받아 동기부여가 되고, 자긍심이 높아져 조직생활의 태도가 긍정적으로 변화되도록 하는 것이다.

이러한 강점 기반 리더십은 사람이나 조직의 부정적인 속성보다는 긍정적인 속성에 더 초점을 맞춘다(Nouri, 2019). 그러나 모든 사람이나 조직에는 강점과 약점이 함께 있기 때문에 강점 기반 리더십은 약점을 보완하여 약점의 부정적인 영향을 최소화하면서 시간과 노력을 강점에 집중하는 것이다.

〈그림 10.16〉 액자 속의 점

이러한 강점 기반 리더십이 중요한 이유는 한 연구에서 사람들에게 "당신의 강점이 무엇입니까?"라고 질문했을 때 "질문을 받은 사람 중 1/3만이 자신의 강점을 곧바로 말할 수 있었다"(Hill, 2001). 그것은 〈그림 10.16〉과 같은 액자를 보여주고 사람들에게 "액자 속에 무엇이 보입니까?"라고 질문하면 액자 대부분을 차지하고 있는 흰 여백은 보지 못하고 "검은 점입니다"라고 하는 것처럼 사람들

---

35 '강점 기반 관리(strengths-based management)'라고도 하는데, 여기서 강점(strength)은 "어떤 활동을 일관되게 그리고 거의 완벽에 가깝게 수행하는 것"을 말한다. 이러한 정의에는 "① 재능 혹은 자연스럽게 되풀이되는 생각과 감정 및 행동양식, ② 사실과 학습된 교훈으로 이루어진 지식, ③ 기술 혹은 활동"의 3가지 요인이 포함되어 있다. 즉, "강점=재능×투자"다(로페즈 편, 권석만 · 정지현 옮김, 2011: 73-74).

은 어떤 대상(사람, 조직, 세상 등)을 인식할 때 흰 여백처럼 더 많은 강점(장점)이 있음에도 액자 속의 검은 점 같은 작은 실수나 잘못, 단점만을 보는 '약점(단점) 보기 패러다임'으로 대상을 인식하고 리더십을 발휘하기 때문이다.

그러나 갤럽(Gallup)에서 실시한 30년 이상의 연구 결과에 의하면 성공적인 리더는 항상 강점에 집중했다. 그리고 리더가 개인의 강점에 초점을 맞추지 못할 때 조직원들이 참여할 확률은 9%에 불과했지만, 강점에 초점을 맞추고 시간, 노력, 예산 등을 투입했을 때 조직원들의 참여 확률은 8배(73%)나 높아졌다(Rath & Conchie, 2008). 또한 매일 자신의 강점을 사용하는 사람들이 삶의 질이 높다고 생각할 가능성은 3배, 조직에 몰입할 가능성은 6배, 생산성은 8%가 더 높고 직장을 그만둘 가능성은 15% 낮았다(Flade et al., 2015). 이 외에도 자신의 강점에 초점을 맞춘 사람들은 자신감이 19% 향상되었고, 긍정적 태도가 25% 향상되었다는 연구 결과(Clifton Strength Summit, 2017)들이 시사해주는 바와 같이 약점에 집중하는 것보다 강점에 집중하고 증진시키는 것이 더 효과적이다(Rath, 2007).

'현대 경영학의 아버지'라고 불리는 드러커(P. Drucker)가 "약점으로는 성과를 낼 수 없다. 더 좋은 결과를 얻기 위해서는 모든 사용 가능한 강점들(동료·상사·자신의 강점 등)을 이용해야 한다. 이러한 강점들만이 진정한 기회다"(Drucker, 2018)라고 한 것처럼 바꿀 수 없는 약점을 탓하며 이를 보완하려고 애쓰기보다 개인과 조직의 강점에 집중하고 그것을 개발하고 활용할 때 다음 사례에서처럼 자존감과 자신감을 증진시켜 긍정적 태도가 형성되고, 성과가 높아질 수 있다.

군 생활에 적응하지 못해서 전역하겠다고 의무대에 들락거리던 용사가 있었다. 미술에 재능이 있는 것을 알고 생활관 환경정리 책임을 맡겼더니 이전과는 완전히 다르게 생활관을 바꿔놓았다. 그러자 그 용사를 부정적으로 보던 중대원들이 "대단하다!"라고 칭찬하며 그 용사를 달리 보기 시작했다. 그 뒤로 그 용사는 자신감이 생겨 전역하지 않고 군 복무를 계속했다.

– 해병 ○○사단 중대장 인터뷰 내용

(2) 강점 찾기 및 활용

강점의 기준은 "시간과 환경에 상관없이 계속 나타나는 심리적 특성"이고, "'그 자체로서 가치'가 있고, 대개 좋은 결과를 낳는 특성"이다(마틴 셀리그만, 김인자 옮김, 2006: 224). 이처럼 리더 자신 또는 팔로어들의 강점 특성을 찾기 위해서는 행동가치(VIA: Value-in Action)[36] 강점검사 같은 진단도구를 이용하는 것이 바람직하다.

그리고 군에서 손쉽게 활용할 수 있는 방법 중 하나가 다음 사례에서 사용한 롤링 페이퍼(rolling paper)[37] 방법이다.

> 다른 부대에서 후임병들에게 폭행해서 전출을 온 용사가 있었는데, 우리 중대에 와서도 중대 분위기를 해치고 있어 골치가 아팠다. 그런데 리더십 프로그램에 참가한 후 생활 태도가 완전히 변해서 걱정이 없어졌다.
>
> – 해병 ○○사단 중대장 인터뷰 내용

이 중대는 중대원 15명을 1박 2일간 리더십 교육 프로그램에 참여하도록 했다. 프로그램 중 조별로 조원(5명) 각자의 장점을 1개 이상 적도록 한 후 각자가 자신의 종이에 적힌 내용(장점)을 조원들에게 낭독하는 롤링 페이퍼 과정이 있었다. 이것은 전우들의 '약점(단점)'이 아니라 '강점(장점)'을 볼 기회를 제공함으로써 전우들을 새롭게 인식하는 계기를 마련하고, 참가자들이 자신의 단점이 아니라 장점을 알게 함으로써 자긍심을 높이려는 것이었다. 위의 사례에 나온 용사는 프로그램을 마친 후 소감문에서 전우들이 써준 자신의 장점을 "키가 크다, 동작이 빠르다, 힘이 세다 …" 등으로 나열하고 마지막에 "나도 괜찮은 놈이네. 앞으로 잘 살아야지"라고 썼다. 그래

---

36 긍정적 성품과 성격적 강점(character strength)을 진단하기 위해 셀리그만과 피터스(M. Selligman & C. Peterson)가 만든 240개 문항으로 구성된 자기보고형 심리검사다. 긍정심리학에 근거하여 6개의 핵심 덕목(지혜, 인간애, 용기, 절제, 정의, 초월)과 관련된 24개의 성격 강점과 주관적 행복도를 측정한다. 'https://www.authentichappiness.sas.upenn.edu/testcenter'에서 무료검사가 가능하다.

37 영어로는 "담배를 만들기 위해 사용하는 특수한 종이"를 말하지만, 우리나라에서는 "여러 사람이 편지를 돌려가며 편지를 쓰는 것"을 말한다. 종이에 대상자의 이름을 적고, 참가자들에게 배포한 후 대상자에 대해 작성하도록 요구한 사항(강점/장점, 칭찬 또는 감사 거리 등)을 익명으로 적는 것이다.

실습
10.4

개인의 강점 찾기 및 활용/강화 방안

먼저 자신이 생각하거나 주위 사람들(부모, 친구 등)이 말해준 신체적 · 지적 · 성격 강점을 적어 본다. 그리고 주위 사람들의 의견과 아래 7가지 고려사항을 참조하여 가장 자신을 대표한다고 생각하는 5가지 강점을 선정한다. 그리고 5가지 대표 강점에 대해 활용 및 강화(증진) 방안을 적는다(마틴 셀리그만, 김인자 옮김, 2006: 219-255).

- 진짜 나다운 것이라는 자신감이 생긴다.
- 처음 습득한 이후부터 급속하게 발전한다.
- 그 강점을 개발하기 위해 새로운 방법을 계속 찾고 싶다.
- 그 강점을 활용할 수 있는 방법을 궁리한다.
- 그 강점을 활용할 때 기분이 매우 좋다.
- 그 강점을 발휘하는 동안 피곤하지 않고 의욕이 생긴다.
- 그 강점을 활용해서 새로운 일(개인 사업, 학업 등)을 하고 싶다.

강점	활용 방안	강화(증진) 방안
사회성	예) – 전우들과 식사하기 – 전우, 사회 친구들과 전화하기 – 모임(친구, 가족 등)에 적극 참여 등	예) – 대인관계 관련 서적 읽기 – 대인관계 프로그램 참여 등

주) 성격 강점: 호기심, 학구열, 판단력, 창의성, 사회성, 예견력, 호연지기, 끈기, 지조, 친절, 사랑, 시민정신, 공정성, 지도력, 자기통제력, 신중성, 겸손, 감상력, 감사, 희망, 영성, 용서, 유머감각, 열정 등

서 한 달 후 중대장에게 그 용사의 생활 태도가 정말 변했는지를 확인한 결과 위와 같은 답변을 들었다. 이와 같이 단점보다는 장점(강점)에 초점을 맞추면 자긍심이 높아지고 생활 태도가 긍정적으로 변화할 수 있다.

프랭클린(Benjamin Franklin)은 "삶의 진정한 비극은 우리가 충분한 강점을 갖지 못한 데 있는 것이 아니라 이미 가진 강점을 충분히 활용하지 못하는 데 있다"라고 말한 것처럼 리더는 자신의 강점을 충분히 활용할 뿐만 아니라 다음 우화에서와 같이 조직원과 조직의 강점을 찾아 그것을 적극적으로 활용하고 강화시키는 리더십을 발휘해야 한다.

실습 10.5
조직원의 강점 및 활용

조직원들의 대표 강점을 식별하고, 그중에서 조직 생활 중 활용이 가능한 강점 1~2개를 기록한다. 그리고 개개인의 강점을 효과적으로 활용(발휘)할 방안을 찾는다(상담 등 실시).

이름	강점	활용

동물들의 나라에 전쟁이 일어났다. 당나귀, 개미, 토끼, 코끼리가 사령관인 사자의 명을 받고 모였는데, 동물들은 서로의 약점을 놓고 헐뜯고 있었다. "당나귀는 멍청해서 도움이 안 될 텐데. 토끼는 겁쟁인데 무슨 전쟁을 하겠다는 거야? 개미? 보이지도 않는 녀석이 어쩌겠다는 거지? 코끼리는 덩치가 커서 적에게 위치를 알려주는 꼴이 될 텐데?"

잠시 뒤 사자가 와서 각자에게 명령을 하달했다. "당나귀는 체력이 좋으니 식량 보급을 맡는다. 토끼는 발이 빠르니 전령으로 쓸 것이며, 개미는 작아서 눈에 띄지 않으니 첩보와 게릴라 임무를 수행한다. 코끼리는 덩치가 크고 힘이 세니 전면전에 돌격부대로 투입한다. 이상."

– 인터넷에서 인용

2) 코칭[38]

국제코치연맹(ICF: International Coach Federation)에서는 코칭을 "고객의 개인적 · 전문적 잠재력을 극대화하기 위해 영감을 불어넣고 사고를 자극하는 창의적인 프로세스 안에서 고객과 파트너 관계를 맺는 것", 그리고 한국코치협회(KCA; Korea Coach Association)에서는 "개인과 조직의 잠재력을 극대화하여 최상의 가치를 실현할 수 있도록 돕는 수평적 파트너십"이라고 정의하고 있다. 즉 코칭은 지원 과정을 통해 자기주도적인 변화와 성장을 목표로 하고, 일시적인 변화가 아닌 지속적인 변화를 추구한다. 또한 문제해결에 초점을 두기보다는 문제해결 능력을 키우는 데 초점을 둔다.[39]

따라서 코칭은 모든 사람은 무한한 가능성을 갖고 있고, 해답은 그 사람 안에 있으며, 해답을 찾기 위해서는 파트너(동반자)가 필요한데, 그 파트너가 바로 '코치(coach)'라는 철학을 바탕으로 "개인의 변화와 잠재능력 개발을 도와주는 파트너십 과

---

[38] 코칭의 어원은 헝가리의 도시 코치(Kocs)에서 개발된 네 마리 말이 끄는 마차에서 유래한다. 이 마차는 '코치'라는 명칭으로 불리며, 전 유럽으로 확산되었다. 영국에서는 지금도 택시를 '코치'라고 부른다. 반대로 집체교육은 'training'이라고 하는데, 그것은 다수를 싣고 정해진 목적지로 가는 'train(기차)'에서 유래했다고 한다. 즉 코칭은 택시를 타고 기사와 어디로 같지 목적지를 정하고, 함께 대화하면서 길을 찾아가는 것과 같다(인코칭, 2017: 16).

[39] 코칭 분야는 개인 삶의 전반적인 내용을 다루는 경우 '라이프 코칭', 기업의 성과 향상을 목적으로 하는 '비즈니스 코칭', 개인의 적성에 맞는 직업을 찾도록 조언해주고 경력지도를 갖출 수 있도록 도와주는 '커리어 코칭'이 있다. 이 외에도 '경영자 코칭', '학습 코칭', '감성 코칭', '부모 코칭' 등 다양한 분야의 코칭이 있다.

정"이라고 할 수 있다(인코칭, 2017: 16).

> "코이(Koi)라는 잉어는 작은 어항에 넣어두면 5~8cm밖에 자라지 못하지만, 연못
> 에 넣어두면 25cm까지 큰다. 더 놀라운 것은 강물에 방류할 경우 연못의 5배에 가까운
> 120cm까지도 성장한다. 코이는 자기가 사는 환경에 따라 피라미가 되거나 대어가 될
> 수 있다."

이것을 '코이의 법칙(Koi's Law)'이라고 하는데, 코칭은 '코이'라는 잉어처럼 통제적
인 조직 환경이나 리더십 때문에 자신이 가진 잠재능력을 발휘하지 못하는 팔로어들
의 잠재능력을 발휘할 수 있도록 도와주는 효과적인 리더십 스킬이다.

코칭은 〈표 10.4〉와 같이 상담, 컨설팅, 멘토링 등과 부분적으로 공통점이 있다.
그러나 코칭은 자신의 부정적인 부분을 최소화하기보다는 긍정적인 부분을 극대화
하고, 마음 혹은 정신적인 측면보다는 행동과 실행, 과거보다는 현재와 미래에 초점
을 맞추고 있다(한국코칭센터 자료). 대표적인 코칭 스킬(skill)로 에콜스(Echols, 2018)는 경
청, 질문, 행동 계획,[40] 그리고 인코칭(2004)[41]에서는 듣기, 말하기(질문/피드백), 태도[42]를

〈표 10.4〉 멘토링 · 컨설팅 · 상담의 비교

구분	내용
멘토링 (mentoring)	• 풍부한 경험과 지식을 겸비한 사람이 일대일로 지도와 조언을 하는 것 ※ 조력자를 '멘토(mentor)', 조력 받는 사람을 '멘티(mentee)'라고 함
상담 (counseling)	• 내담자와 객관적이고 전문적인 입장에서 도움을 줄 수 있는 사람 간의 대화이며, 대화 과정을 통해 문제해결 • 대인관계 및 개인적 · 정신적 갈등의 해결(치유) 측면에서 많이 사용
컨설팅 (consulting)	• 전문적인 지식을 갖춘 사람이 진단을 통해 해결책 제시

---

[40] 코치가 파트너와 협력하여 자신의 능력과 지식을 기반으로 스스로 행동 계획을 수립하도록 하고, 진행을 지원한
다. 그리고 원래의 행동 계획이 예상대로 작동하지 않을 경우 새로운 경로를 찾도록 격려한다.

[41] 코칭 전문교육기관으로 2천여 개 조직에서 맞춤형 코칭 솔루션을 제공하고 있고, 다양한 코칭 프로그램을 운영하
고 있다(http://www.incoaching.com).

[42] 태도(SET)는 상사가 부하 직원에게 언어적 · 비언어적으로 전달하는 지지, 기대, 신뢰의 표현으로 모든 코칭 스킬

들고 있다.

이 책에서는 리더들이 코치로서의 역할을 효과적으로 수행할 수 있도록 〈그림 10.17〉과 같이 경청, 피드백, 질문의 3가지 코칭 스킬을 소개한다.

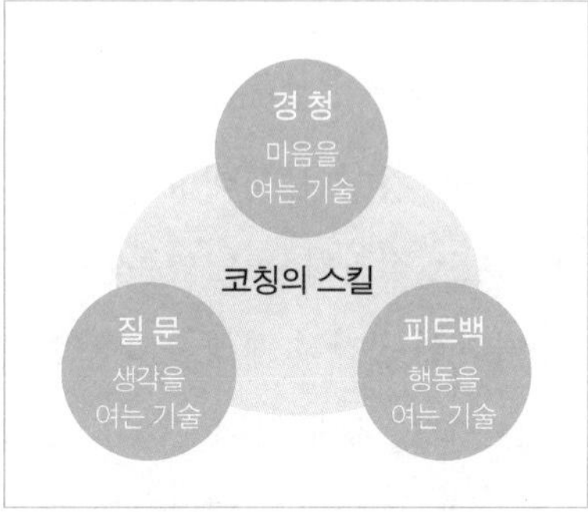

〈그림 10.17〉 코칭의 스킬

(1) 경청

경청(傾聽, listening)[43]은 방송, 진술, 보고를 통해 지식이나 정보를 얻는 '청취(聽取)'와 달리 "상대방의 이야기에 커다란 관심을 가지고 주의를 집중하여 듣는 것"이다. 즉, 리더의 경청은 자신의 말을 상대방이 잘 듣도록 하는 것이 아니라 팔로어가 마음을 열어 말하게끔 하는 것이다. 즉 경청은 역지사지(易地思之)의 마음으로 상대방의 말에 귀를 기울이고, 그 속에 담긴 생각과 감정까지도 받아들이는 것이다.

대화를 잘하는 것이 말을 잘하는 것이라고 생각하지만, 대화를 잘하려면 먼저 잘 듣는 것이 중요하다. 상대의 말을 귀 기울여 듣는 것은 상대의 마음을 이해하고 있다는 것과 겸손과 존중의 의미도 있기 때문에 상대방이 대화하고 싶다는 느낌을 갖는다. 또한 사람들은 자신의 말을 들어주는 사람을 신뢰하고 헌신하려는 경향이 있다. 따라서 상대방을 효과적으로 설득하기 위해서는 "상대방의 말을 잘 듣고 먼저 이해한 다음에 이해시켜야 한다"(Covey, 2020).

한편, 효과적으로 경청하기 위해서는 "상대방의 생각과 감정을 상대방 입장에서 듣고 이해"하는 '공감적 경청(empathic listening)'을 해야 한다(Covey, 2020: 273-306).[44] 공감적 경청의 본질은 상대방에게 동의하는 것을 의미하는 '동감(同感)'이 아니라 상대방

이 효과적으로 활용될 수 있는 기반이 된다.

[43] '聽'은 "모든 백성의 소리를 듣는 왕의 귀를 가져 많이 듣고, 열 개의 눈을 가진 것처럼 집중하고, 하나의 마음으로 상대방의 마음을 들어라"라는 의미의 글자라고 한다. 그리고 사람에게 입이 하나, 귀가 두 개인 이유가 '말하기'보다는 '듣기'를 더 많이 하라는 의미라고 한다.

[44] 공감적 경청은 말하는 사람의 메시지를 '수동적'으로 듣는 것이 아니라 모든 감각 기관을 활용하여 말하는 내용에 '적극적이고 능동적으로' 완전히 집중하고 듣는 것이기 때문에 '적극적 경청(active listening)'이라고도 한다.

을 감정적으로는 물론 지적으로 완전하고 깊은 이해를 의미하는 '공감(共感, empathy)'이다. 즉, 공감적 경청은 말을 귀로 들을 뿐만 아니라 동시에 더욱 중요한 눈과 가슴으로 듣는 것이다. 상대방의 말이 갖는 느낌과 의미, 나아가 행동도 경청하는 것이다. 감지하고, 직관하고, 느끼는 것이 공감적 경청이다.

이러한 공감적 경청을 하려면 상대방의 말에 집중하는 것뿐만 아니라 잘 듣고 있다고 상대방에게 '보여지는' 것도 중요하다. 그렇지 않으면 리더가 자신이 말하는 내용에 흥미가 없다고 판단하고 자기 생각이나 감정을 솔직하게 말하지 않을 수 있기 때문이다.

실제로 말하는 사람이 자신의 진실한 생각, 감정, 태도를 잘 전달하기란 어렵지만, 공감적 경청을 한다면 상대방의 생각과 감정, 태도를 잘 파악할 수 있다. 이러한 공감적 경청을 하기 위해서는 상대가 무엇을 느끼고 있는가를 상대방 입장에서 받아들이는 공감적 이해가 중요하다. 또한 자신이 가진 고정관념을 버리고 상대의 태도를 수용하는 자세와 자신의 감정을 솔직하게 전달하는 진실한 태도가 필요하다. 즉, 공감적 경청은 상대방이 말로 표현한 것 이상의 생각, 감정, 상황까지도 듣고 이해하는 것이다. 예컨대, 상대방이 나에게 어떤 이야기를 하고자 하는지, 그의 생각과 감정이 무엇인지, 그리고 무엇을 바라는지 알고, 그것에 대해 맞장구를 쳐주어 자신의 말을 잘 이해하고 있다는 느낌을 주어야 한다. 사람들은 이해하기보다는 이해받기를 원하기 때문이다. 이와 같은 공감대가 형성되었을 때, 상대방이 마음의 문을 열게 되기 때문에 공감적 경청을 '마음을 여는 스킬'이라고 하는 것이다.

S 병사는 죽고 싶다는 말을 입에 달고 다녔고, 구체적인 자살 계획을 세우고 준비물을 휴대하고 다녔다. 비전캠프나 전문상담관을 활용해보기도 했지만, 역효과만 났다. 그래서 결국 중대장인 내가 거의 매일 2시간씩 마음속의 고민을 들어주고 해소 방법을 제시하면서 관리했다. 심지어는 부모님과 전화해서 집안 문제의 중재자 역할도 했다. 처음 몇 달은 들어주고 공감하기만 했다. 그러나 어느 정도 시간이 지나서 나를 믿고 의지한다는 확신이 들었을 때, 면담을 하면서 잘못을 꾸짖기도 했다. 어떤 날은 술을 마시지 않으면 미칠 것 같다고 해서 다른 병사들이 잠들고 난 후에 중대장실에서 둘이 캔맥주를

마신 적도 있다. 지금 생각해보면 자살하려는 생각보다는 자신에게 관심을 가져주길 바라는 어린애 같은 병사였다. 그 결과 S 병사는 무사히 전역했고, 지금은 대학 생활을 열심히 하고 있으며, 그의 아버지께서 가끔 안부 전화를 하시면서 감사하다고 말씀하신다.

출처: 김태현(2010)에서 발췌

리더가 공감적 경청을 하기 위해서는 다음과 같은 사항을 유의해야 한다. 첫째, 상대방의 말에 중립을 유지하고 인내심을 발휘해서 판단, 탐색, 충고를 하지 말아야 한다. 예컨대, "지금 한 말은 농담이겠지?(판단)", "무슨 일이 있나?(탐색)", "나라면 … 하겠다(충고)" 등의 말을 해서는 안 된다.

둘째, 말하는 사람에게 집중하고, 다음과 같이 경청하고 있다는 언어적 · 비언어적 신호를 적극적으로 보내야 한다. ① 상대방과 눈 맞춤(eye contact)을 한다. 눈 맞춤은 대화 중에 매우 중요한 신체언어의 하나로, 적극적으로 경청하고 있다는 것을 나타낸다.[45] 그리고 "눈은 마음의 창(窓)"이라는 말처럼 상대방의 눈을 보면 그 사람의 마음을 알 수 있고, 반대로 상대방에게 내가 진정성 있게 말하고 있는지 여부를 알게 할 수 있다. 그러나 눈 맞춤은 수줍음이 많거나 눈 맞춤 불안 장애가 있는 사람에게는 자신이 판단을 받거나 면밀한 조사를 받는 것처럼 느낄 수 있다는 것을 유의해야 한다. ② 상대의 말에 동의하고 이해한다는 의미로 '그렇군', '정말?', '저런!' 등의 말로 맞장구를 쳐준다. 그리고 잘 모를 때는 질문도 해야 한다. ③ 적극적으로 듣고 있는 모습을 보여주어야 한다. 상대방을 향해 상체를 조금 앞으로 내밀듯이 앉아서 손이나 다리를 꼬지 않고 고개를 끄덕이거나 메모를 한다. 주의 깊게 듣는 사람은 앉아 있는 동안 약간 앞 또는 옆으로 몸을 기울이는 경향이 있다고 한다. ④ 미러링(mirroring)을 한다. 미러링은 상대장의 흉내(제스처, 언어 패턴 또는 태도 등)를 내는 것이다. 예컨대, 상대방이 커피를 마실 때 함께 커피를 마시거나, 머리를 만질 때 함께 머리를 만지는 것이다. 그러나 상대방이 일부러 따라 하는 것으로 느끼지 않게 자연스럽게 해야 한다. 이러한 미러링은 "상대방에게 호감이 있다"라는 신호를 보내 상호 간에

---

[45] 어떤 연구에서 한 그룹은 2분 동안 상대방의 눈을 바라보고, 다른 한 그룹은 아무것도 하지 않은 결과 눈 맞춤을 한 그룹에서 상대에 대한 호감이 높아졌다고 한다.

심리적 다리를 이어주는 효과가 있기 때문에 감정적인 상황에서 동정과 공감을 나타내는 데 도움이 될 수 있다.

실습 10.6
공감적 경청

세 사람이 짝을 지어 한 사람이 먼저 말(의견이 서로 다를 수 있는 주제 등)을 한다. 그리고 다른 한 사람은 공감적 경청을 한다. 나머지 한 명은 공감적 경청을 했는지를 평가(눈 맞춤, 맞장구, 자세, 미러링 등 언어적 · 비언어적 반응)해서 말해준다.

공감적 경청 스킬(예)

상대방이 말한 내용(주제, 의미 등)을 요약하고, 상대방의 생각과 감정(행복한, 화난, 짜증 난, 실망스런 등)을 공감해서 반영해준다.

예1   소대원: 소대장님! 제가 몸이 좀 아픕니다.
 – 잘못된 경청: 도대체 건강관리를 어떻게 했길래 아픈가?(탐색, 훈계)
 – 공감적 경청: 몸이 아파서(요약) 이번 훈련에 빠져야겠다는 말이군.(공감)

예2   소대원: 지시한 일을 열심히 했지만, 기한 내에 마치기 어려울 것 같습니다.
 소대장: 지시한 일을 기한 내에 못 마쳐서 걱정이 되는가 보군.(공감)

예3   소대원: 어제도 제가 불침번을 섰는데, 오늘도 제가 서야 합니까?
 소대장: 어제 불침번을 섰는데 오늘도 서라고 해서 불공평하다고 생각하고 있군.(공감)

---

(2) 피드백

코칭의 피드백 스킬(feedback skill)은 팔로어의 행동[46]이나 성과(결과)에 대해 리더가 적절한 반응을 함으로써 긍정적 행동은 강화하고 유지하며, 부정적 행동은 중지하거나 바람직한 행동으로 변화의 동기를 부여하는 '행동을 여는 스킬'이다.

콘넬란(Connellan, 2005)의 연구에 따르면, 사회 각 분야에서 장남(장녀)들이 다른 자녀들보다 더 많이 리더의 자리에 있음을 발견했다. 그 이유를 분석한 결과 가정에서 맏이는 동생들에 비해 부모로부터 적극적 기대, 책임감, 피드백을 훨씬 더 많이 받기 때문이라는 것을 발견했다. 즉 많은 맏이들이 리더로 성장한 이유는 타고난 것이 아니라 맏이에 대한 기대가 큰 만큼 많은 책임감이 부여되었고, 그만큼 부모들이 맏이에게 더 많은 피드백을 했기 때문이라는 것이다. 이러한 연구 결과는 피드백이 잠재능력 개발에 중요한 영향을 미친다는 것을 시사하고 있다.

피드백은 긍정적 피드백(positive feedback)과 발전적 또는 건설적 피드백(constructive feedback), 그리고 부정적 피드백(nagative feedback)으로 나눌 수 있다. 긍정적 피드백은 팔로어가 바람직한 행동을 하거나 성과(목표 달성, 임무 완수 등)를 냈을 때 긍정적 반응(인정, 칭찬 등)을 함으로써 바람직한 행동을 계속하도록 동기부여를 하는 것이다. 그리고 발전적 피드백은 팔로어가 바람직하지 못한 행동을 하거나 성과를 내지 못했을 때 바람직하지 못한 행동을 중지하거나 바람직한 방향으로 변화시킬 목적으로 하는 피드백(충고, 조언 등)이다. 마지막으로 부정적 피드백은 잘못을 지적하고 꾸지람 또는 야단치는 것을 통해 바람직하지 못한 행동을 중지 또는 시정하려는 것으로 부정적 결과를 가져올 수 있기 때문에 가급적 사용을 자제해야 한다.

한편 피드백을 효과적으로 하기 위해서는 다음과 같이 시기, 장소, 방법 등을 잘 선택해야 한다. 첫째, 적시적소(適時適所)에 피드백해야 한다. 피드백은 필요성이 발견된 행동이나 결과가 관찰되고 나서 가능한 이른 시간에 해야 한다. "전번에 잘했어!"보다는 "이번에 잘했어!"라고 즉시 피드백하는 것이 효과적이다. 그리고 칭찬과 인

---

[46] 구체적이고 관찰 가능한 행동에 대해 피드백할 경우 불필요한 오해와 갈등을 줄일 수 있다(인코칭, 2014: 2-15).

정 같은 긍정적 피드백은 혼자 있을 때보다는 여러 사람이 있는 공개적인 장소에서 하는 것이 자존감을 더 높여줄 수 있지만, 본인이 없을 때 하더라도 입소문을 통해 전달되기 때문에 효과적일 수 있다. 그러나 발전적 피드백은 공개적인 장소에서 할 경우 자존감을 떨어뜨릴 수 있기 때문에 타인들이 없는 비공개적인 장소에서 일대일로 하는 것이 바람직하다.

둘째, 구체적이고 명확히 해야 한다. "잘했어" 또는 "엉망이야"라는 식으로 두리뭉실한 말로 칭찬하거나 꾸지람하지 말고 구체적으로 무엇을 잘했고, 무엇을 잘못했는지를 명확하게 알려주어야 한다.

셋째, 적절하게 피드백이 이루어져야 한다. 잘하거나 잘못한 정도에 상응하게 피드백이 이루어져야 한다는 것이다. 즉 지나치게 칭찬하면 빈말로 인식하고, 지나치게 꾸지람하거나 야단을 치면 화풀이로 인식하게 되어 오히려 반감을 갖게 만들 수 있다.

▍긍정적 피드백

긍정적 피드백은 바람직한 행동과 성과에 대해 칭찬과 인정을 해주는 것이다. 바람직한 행동을 하고 성과를 냈는데도 칭찬과 인정을 하지 않는 것은 그 행동 자체를 중지하게 만들고, 그 뒤에 따르는 무수한 바람직한 행동들까지 하지 않게 만들 수 있다. 그것은 하버드대 심리학 교수인 제임스(William James)가 "인간의 가장 깊은 곳에 자리 잡고 있는 욕구는 인정받고 싶은 욕구"라고 한 것처럼 칭찬과 인정은 강력한 동기부여의 요인이기 때문이다.

따라서 리더는 칭찬과 인정하는 긍정적 피드백 스킬을 효과적으로 활용하여 팔로어들을 동기부여시켜 더 높은 성과를 낼 수 있도록 해야 한다. 칭찬은 고래도 춤추게 만들 수 있기 때문이다(Blanchard et al., 2002). 그러나 많은 사람이 칭찬을 잘 못한다. 그 이유는 첫째, 칭찬할 것이 없기 때문이다. 그런데 실제로 칭찬거리가 없는 것이 아니라 부정적인 면(단점, 잘못, 실수 등)만 보기 때문이다. 그러나 다음 사례와 같이 패러다임을 바꾸어 긍정적인 면을 보면 칭찬거리가 눈에 보이게 된다.

고3 아들이 밤늦게 들어왔다. 이전 같으면 화를 내면서 "고3이 공부도 안 하고 어디 놀러 다니냐?"며 혼을 내주었을 텐데, 칭찬하기로 결심했기 때문에 화를 꾹 참았다. 그래서 한숨 돌리고 아들의 입장에서 생각해보니 공부하느라 얼마나 힘들겠냐는 생각도 들었다. 그리고 한편으로는 고3이 공부하지 않고 영화를 보러 가는 그 용기가 대단하다는 생각이 들어 "아빠는 고3 때 감히 평일에 영화 볼 생각을 하지 못했는데, 너 정말 용기가 대단하다"라고 칭찬을 먼저 하고 "스트레스를 해소해야 공부를 더 집중해서 할 수 있지. 스트레스 해소했으니 앞으로 더 열심히 공부해라"라고 말했다. 그랬더니 "아빠, 미안해요. 앞으로 더 열심히 공부할게요"라고 말하고 공부하러 방에 들어갔다. 이후로 공부도 더 열심히 하고, 아들과의 관계가 더 좋아져서 휴일에 자전거를 타고 여행하는 관계로 발전했다.

둘째, 칭찬받고 좋았던 경험이 부족하다. 한국의 문화는 칭찬에 인색한 문화여서 어릴 적부터 꾸지람은 많이 들었어도 칭찬은 별로 받아보지 못했기 때문에 칭찬할 줄 모른다. 칭찬도 받아본 사람이 잘한다.

셋째, 칭찬하는 것이 쑥스럽다. 칭찬하는 법을 배운 적이 없고, 칭찬을 자주 안 해봤기 때문에 칭찬하는 것이 어색하다. 따라서 칭찬을 잘하는 리더가 되기 위해서는 칭찬 스킬을 배우고, 스스로 칭찬하는 연습과 노력이 필요하다.

따라서 리더가 칭찬을 잘하기 위해서는 앞에서 설명한 피드백의 3가지 공통적인 원칙(적시적소, 구체성·정확성, 적절성) 외에도 다음과 같은 원칙들을 활용할 필요가 있다 (Blanchard et al., 2002).

첫째, 결과만이 아니라 과정과 노력도 칭찬해야 한다. "이번에는 결과가 좋지 않았지만 정말 노력을 많이 했다. 다음에 잘하자"라는 식으로 결과만이 아니라 노력도 인정해주면 다음에는 더욱더 노력하게 될 것이다. 성과가 좋은 사람에게 주는 우수상만이 아니라 노력에 대한 인정인 발전상을 주는 것도 한 가지 방법이다.

둘째, 사소한 일이나 작은 발전도 칭찬하라. 작은 물방울이 모여 큰 강을 이루는 것처럼 작은 일에도 칭찬해주면 더 큰 칭찬받을 행동을 하게 된다. 따라서 작은 발전이나 성과에도 "잘했어!", "최고야!", "수고했어!"라는 칭찬의 말을 해주어야 한다.

셋째, 진실한 마음으로 칭찬하라. 진심으로 하는 칭찬이 아니면 감동을 주지 못하고, 공허함만 남기는 빈말이 된다. 진심으로 칭찬할 때 상대방이 진심을 느껴 감동받고 동기부여가 된다. 따라서 리더는 즉흥적으로 칭찬하기보다는 칭찬할 것을 마음속으로 미리 준비하고, 진심을 담아 칭찬해야 한다.

실습 10.7
긍정적 피드백(칭찬) 실습

1. 칭찬 연습

    1) 3명으로 조를 편성하고, 2명이 먼저 짝을 지어 상대방의 칭찬거리(성격, 태도, 행동, 인품 등)를 찾아서 교대(두 가지 이상)로 칭찬해준다.

    2) 실습을 마친 후 남은 1명이 칭찬 내용과 방법이 적절했는지를 피드백해준다.

    3) 조원 중 다른 사람과 1, 2 과정을 반복한다.

2. 칭찬노트 작성 및 칭찬하기

    매일 칭찬 대상자(조직원, 전우, 친구, 가족 등)에 대해 칭찬거리를 찾아 적고 칭찬한다.

날짜: 년   월   일

대상	칭찬거리

▌발전적 피드백

발전적(건설적) 피드백은 상대방의 바람직하지 못한 행동을 중지하거나 개선하여 더 좋은 방향으로 성장과 발전하도록 하기 위한 것이다. 따라서 감정을 상하지 않도록 사실(fact)을 기반으로 구체적으로 무엇(행동, 성과 등)을 잘못했는지 알려주고, 변화나 개선할 방향을 명확히 알려주어야 한다. 만일 잘못에 대해 꾸지람하거나 야단치는 것으로 끝난다면 그것은 상대방의 감정을 상하게 하고 사기를 저하시키는 부정적 피드백이 된다.

사람들은 잘못한 것에 대해 피드백할 때 불편해하고 부담스러워한다. 그것은 "말해봐야 고치지 않을 텐데, 말 안 해도 알아서 할 텐데, 남에게 싫은 소리를 하기 싫어서, 상대방이 상처받거나 인간관계가 나빠질 것 같아서" 등의 이유 때문이다.

리더는 부정적 피드백은 삼가야 하지만, 상대방의 성장과 발전을 위한 선물인 발전적 피드백은 적극적으로 해야 한다. 리더가 긍정적 피드백만 하고, 명백하게 잘못한 경우에도 아무런 반응을 하지 않는다면 팔로어들이 리더를 신뢰하지 않게 된다. 따라서 잘했을 때는 긍정적 피드백을 해야 하는 것처럼 잘못했을 경우에도 상대방의 성장과 발전을 위해 발전적 피드백을 해야 한다. 그러나 한 연구(Fredrickson & Losada, 2005)에 따르면 칭찬과 인정 같은 긍정적 피드백을 부정적 피드백보다 더 많이 하는 것이 바람직하다고 한다.[47]

발전적 피드백을 효과적으로 하기 위해서는 앞에서 기술한 피드백의 3가지 원칙(적시적소, 구체성/명확성, 적절성)과 함께 다음과 같은 사항을 유의해야 한다. 첫째, 먼저 잘못의 원인이 어디에 있는지 확인한 후에 한다. 화가 나서 누가 잘못했는지 확인하지도 않고 지레짐작하여 무턱대고 꾸지람해서는 안 된다는 것이다. 둘째, 상대방의 성장과 발전을 위해 해야 한다. 발전적 피드백은 상대방의 성장과 발전을 위해 하는 것이지 자신의 스트레스를 풀기 위한 것이 아니다. 상대방이 잘못을 인정했다고 하더라도 자신의 화를 풀기 위해 감정을 실어 피드백한다면 잘못한 것은 잊고, 오히려 상

---

[47] 프레드릭슨과 로사다(Fredrickson & Losada, 2005)가 사무실 내 대화 등을 분석한 실험 결과 "성공한 조직에는 그렇지 못한 조직보다 칭찬과 긍정적 표현이 많았으며, 최소한 긍정적 표현이 부정적 표현의 3배(긍정 2. 9: 부정 1)였다"라는 것이다. 이 비율을 연구자의 이름을 따서 '로사다 비율'이라고도 부른다.

대방에게 나쁜 감정을 갖게 될 것이다. 또한 부모가 어린 자식에게 "잘못했다고 말해!" 하는 것처럼 사과를 받아낼 목적이 되어서는 안 된다. 셋째, 스스로 분발하도록 해야 한다. 무엇이 잘못되었는지를 명확하게 알려주고, 개선 방향을 제시해줌으로써 강제가 아니라 본인 스스로 잘못을 깨달아 반성하고 개선 노력을 하도록 해야 한다.

긍정적 피드백이 아니라 꾸지람이나 야단치는 것과 같은 부정적 피드백을 할 경우에는 감정을 상하게 하고 성과를 저하시킬 수 있다. 따라서 잘못했을 때 효과적으로 피드백하기 위해서는 이상과 같은 원칙을 바탕으로 다음과 같은 'AID 발전적 피드백 스킬'을 활용해야 한다(Roberts, 2020; 유경철, 2020).

〈AID 발전적 피드백 공식〉

1. 행동(Act & Ask)
   - 사람이 아닌 일어난 일(행동, 성과 등)에 대한 것
   - 사실에 근거하여 구체적이고 정확하게 지적
   - 질문을 통해 잘못한 이유 확인
   ※ '너'라는 표현보다 "나'라는 표현을 사용하는 것이 바람직
   예) "너는 보고서 하나도 제대로 못 쓰냐?"(×)
       "내가 보기에 보고서에 오타가 세 군데나 있군"(○)

2. 영향(Impact)
   - 상대방의 잘못이 미친 영향과 그것이 초래한 결과 설명
   - 추측보다 가능한 한 사실을 바탕으로 구체적인 예를 들어 설명
   ※ 필요 시 자신의 잘못으로 어떤 영향을 미쳤다고(미친다고) 생각하는지 질문

3. 바라는 결과(Desired)
   - 앞으로 중지 또는 개선해야 할 방향 제시

예컨대, 집합(회의) 시간에 늦은 부대원에게 "어디다 정신을 두고 사는 거야? 다음에 또 늦으면 가만두지 않을 거야. 왜 늦었는지 사유서 제출해!"라고 꾸지람했다면 그것은 발전적 피드백이 아니라 부정적 피드백을 한 것이다. 그러나 AID 발전적 피드백 공식에 따라 다음과 같이 피드백한다면 상대방의 감정을 크게 건드리지 않으면서 잘못된 행동을 효과적으로 시정할 수 있다.

발전적 피드백 실습

1. 임무(지시나 명령 등)를 제대로 수행하지 않는 부대원(부서원)

   • A: _____

   • I: _____

   • D: _____

2. 교육훈련 시 꾀병을 부려 열외 하려는 부대원(부서원)

   • A: _____

   • I: _____

   • D: _____

3. 하급자에게 욕설하는 부대원(부서원)

   • A: _____

   • I: _____

   • D: _____

4. 집합이나 회의 시간에 자주 늦는 부대원(부서원)

   • A: _____

   • I: _____

   • D: _____

- A: "집합(회의) 시간에 5분이나 늦었군. 늦은 특별한 이유가 있나?"
  답변: "일하다가 시간 가는 줄 몰랐습니다."
- I: "집합(회의) 시간에 늦게 와서 다른 사람들이 그만큼 시간을 낭비하게 되었네. 그리고 다른 사람들이 자네를 불성실한 사람으로 생각할까 봐 걱정되네."
- D: "앞으로는 집합(회의) 장소에 5분 전에 도착하기 바라네. 그리고 집합(회의) 시 늦지 않도록 알람을 설정해놓도록 하게."

물론 이러한 발전적 피드백을 했음에도 계속 집합(회의) 시간에 늦을 경우 화가 나서 과거의 잘못까지 들추어내면서 꾸지람을 하고, 지시나 명령을 할 수도 있다. 이러한 부정적 피드백을 한다면 단기적으로 효과가 있을 수 있지만, 마음속으로 반감을 갖고 진심으로 따르지 않을 수 있기 때문에 장기적으로는 부정적 결과를 가져올 수 있다. 사람들은 듣기 싫은 말보다는 누구나 칭찬과 인정을 받기를 좋아한다. 따라서 리더는 팔로어의 잘못을 발견했을 때 부정적 피드백을 하기보다는 인내심을 갖고 발전적 피드백 스킬을 사용해야 한다.

(3) 질문

질문은 팔로어가 자신의 문제에 대해 새롭게 인식하도록 함으로써 잠재능력과 문제해결력을 높여주는 '생각을 여는 스킬'이다. "쓰레기를 넣으면 쓰레기가 나온다"라는 말은 잘못된 정보를 넣으면 잘못된 정보가 나온다는 것이다. 이와 마찬가지로 리더가 질문을 잘못하면 잘못된 답변을 얻게 된다. 그러나 리더가 질문을 잘하면 상대방에게 자신이 원하는 의도가 정확하게 전달되어 자기 생각을 정확하게 이야기할 수 있다. 또한 상대방의 생각을 이끌어내어 창의력 같은 잠재능력을 개발하고, 문제해결력을 높일 수 있다.

따라서 질문을 할 때는 가급적 다음과 같이 닫힌 질문이 아니라 열린 질문, 부정적 질문이 아니라 긍정적 질문, 과거지향적 질문이 아니라 미래지향적 질문을 하는 것이 효과적이다(Msckew, 2020: 유경철, 2018).

첫째, 열린 질문을 해야 한다. 닫힌 질문은 "아빠가 좋아, 엄마가 좋아?"처럼 응답을 선택하는 선택형 질문이거나 "오늘이 무슨 요일이지?"처럼 오로지 명백한 사실 또는 한정된 정보만 얻을 수 있는 질문이다. 이처럼 닫힌 질문은 '예' 또는 '아니오'나 명확한 답변만 요구하므로 생각이 필요하지 않다. 그러나 열린 질문은 "누가, 왜, 어디에, 언제, 어떻게" 등의 단어를 포함함으로써 자유롭게 자기 생각이나 의견을 말할 수 있도록 하는 질문이다. 예컨대, "가족 중에 누가 좋지?", "어떤 일을 하고 싶지?", "어떻게 하면 이른 시간에 할 수 있을까?"처럼 '예', '아니오'의 단답형이 아니라 한 가지 이상의 답이 나올 수 있고, 생각해야 대답할 수 있는 질문이다.

둘째, 긍정적 질문을 해야 한다. "왜 너는 좋아하는 사람이 없지?", "너는 왜 시합만 하면 지는 거지?"와 같이 '왜'나 '지다' 같은 부정형 단어가 포함된 질문이 부정적 질문이다. 이러한 부정적 질문은 상대방의 마음에 상처를 주고, 사기를 저하시킬 수 있다. 반면에 "너를 좋아하는 사람이 누구야?", "이번에 승리한 이유가 뭐지?", "오늘 기분이 좋은데 이유가 뭐니?"와 같이 '어떻게', '무엇'이 포함되고, 상황을 긍정적으로 볼 수 있는 질문을 하면 상대방이 방어적이 되는 것을 방지할 수 있다. 예컨대, "왜 일이 잘 안 되는 거야?"보다는 "어떻게 하면 일을 잘할 수 있지?", "왜 늦었지"보다는 "어떻게 하면 늦지 않을 수 있지?" 같은 방식으로 질문해야 한다는 것이다. 리더는 질문할 때도 부정적인 말을 사용하면 부정적인 일이 일어난다는 '자기충족적 예언(self-fulfilling prophecy)'이 이루어지지 않도록 긍정적인 질문을 사용하는 것이 바람직하다.

셋째, 미래지향적 질문을 해야 한다. "지금까지는 어떻게 했나?", "도대체 왜 그걸 하지 않았나?" 같은 과거형 단어가 포함되거나 과거나 현재의 행동에 초점을 맞춘 질문은 미래지향적 사고를 하지 못하게 만든다. 따라서 리더는 현재 상황이나 사실을 파악하기 위한 질문을 할 수 있지만, 미래지향적 질문을 통해 더 나은 해결책을 찾아가는 방향으로 대화를 이끌어가도록 노력해야 한다. "전투력을 높이기 위해서는 어떻게 해야 한다고 생각하나?", "체력을 강화하기 위해서는 앞으로 어떻게 해야 하지?"처럼 미래형 단어가 포함되어 있고, 미래의 행동과 가능성에 초점을 맞춘 질문이 미래형 질문이다.

이러한 3가지 유형의 질문은 일반적으로 독립적으로 사용되기보다는 혼합되어 사용된다. 그리고 이러한 열린 질문, 긍정적 질문, 미래지향적 질문 스킬을 잘 사용하기 위해서는 질문하기 전에 미리 어떻게 질문할 것인지 준비하는 습관을 들여야 한다.

마지막으로 리더는 팔로어가 "어떻게 하면 좋겠습니까?"라고 질문하면 "질문의 공을 쥐고 있는 시간이 짧을수록 좋다!"라는 말처럼 ""자네는(당신은) 어떻게 하는 것이 좋다고 생각하지?"라고 되묻는 것이 좋다. 그렇게 함으로써 스스로 답을 찾아가는 창의력과 문제해결력을 기를 수 있다.

4. 의사소통과 팀빌딩

1) 의사소통

(1) 의사소통의 개념 및 과정

의사소통(communication)의 사전적 정의는 "말, 글 또는 다른 매체를 사용하여 정보나 소식을 전달하거나 교환하는 것. 또는 아이디어와 감정의 성공적인 전달 또는 공유하는 것"이다(Oxford English Dictionary). 즉, 의사소통은 "송신자[話者]와 수신자[聽者] 사이에 의미를 공유하는 과정"으로 단순히 정보를 전달하는 것 이상이다. 이러한 의사소통이 중요한 리더십 역량의 하나인 것은 조직에서 상하 또는 동료 간의 인간관계 또는 신뢰가 의사소통을 통해 형성되고, 조직 활동에 대해 팔로어들의 이해와 동의를 얻음으로써 자발적으로 적극적인 참여를 이끌어내기 위한 수단이기 때문이다. 또한 조직 내외의 이해관계자들과 인식의 차이를 줄임으로써 조직 간 또는 조직원 사이의 갈등을 방지하고 해결해주기 때문이다.

의사소통은 〈그림 10.18〉과 같이 송신자(sender), 메시지(message), 경로(channel), 수신자(receiver), 그리고 피드백(feedback)의 5가지 요소로 구성된다. 즉 의사소통은 송신자가 전달할 정보를 신호화(encoding)된 메시지로 만들어 의사소통 경로를 통해 전송하고,

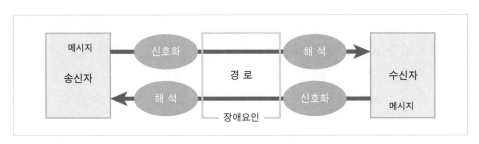

〈그림 10.18〉 의사소통 과정

수신자는 전달된 메시지를 '해석(decoding)'하여 이해한다. 그리고 수신자가 이해한 것을 토대로 메시지를 피드백하는 일련의 과정으로 이루어진다(Burtis & Turman, 2009).

이러한 의사소통 과정을 구성하는 요소들을 살펴보면 다음과 같다. 첫째, 송신자다. 자신의 메시지를 전달하는 주체로 개인 또는 집단(조직)일 수 있다. 송신자의 의사소통 기술, 지식, 가치관, 태도 등에 따라 메시지 형태와 경로를 결정하는 데 영향을 미친다.

둘째, 메시지다. 송신자가 전달하고자 하는 생각, 감정, 정보를 말이나 글, 기호, 상징 등으로 표현한 것을 의미한다. 말이나 문자를 통해 전달되는 언어적 메시지(verbal message)와 신체 움직임이나 몸짓, 표정, 눈 맞춤, 의복 등의 비언어적 메시지(nonverbal message)가 있다. 송신자는 언어적 메시지와 비언어적 메시지를 함께 사용할 때 더 효과적으로 의사소통을 할 수 있다. 예컨대, 눈 맞춤이나 표정, 몸짓 없이 말만 한다면 상대방에게 자기 생각이나 감정이 정확하게 전달되지 않을 것이다. 메라비언 법칙(Mehrabian Law)에 따르면 한 사람이 상대방으로부터 받는 이미지는 시각(표정 등) 55%, 청각(음색, 목소리 크기, 억양 등) 38%, 말의 내용 7%라고 한다. 말의 내용이 7%만 영향을 미치니까 93%인 비언어적 요소가 더 중요하다는 것이 아니라 감정에 호소하려면 청각 및 시각적 요소를 함께 사용하고, 말의 내용과 비언어적 요소가 일치되어야 한다는 것이다. 예컨대, "잘했다"라고 칭찬하면서 무표정하거나 상담 시 "하고 싶은 말을 다 해라"라고 하면서 시계를 자주 보는 것처럼 말의 내용과 비언어적 요소가 일치하지 않으면 수신자가 혼란스러워하고, 말의 내용이 아닌 다른 부분을 믿게 되어 의사소통이 효과적으로 이루어지지 않을 수 있다는 것이다(Mehrabian, 1981).

셋째, 의사소통 경로다. 송신자에서 수신자로 메시지를 보내는 수단(매개체)으로 대면 대화, 화상 회의, 강의나 연설, 전화, 문자 메시지, 비디오, TV나 라디오, 소셜미디어,[48] 책, 편지, 보고서 등이 있다. 이러한 의사소통 경로별로 강점과 약점이 있기 때문에 전달하려는 메시지에 따라 적절한 의사소통 경로를 선택해야 한다. 예컨대,

---

[48] 소셜미디어란 사람들이 의견, 생각, 경험, 관점 등을 공유하기 위해 사용하는 온라인 툴과 플랫폼으로 텍스트, 이미지, 오디오, 비디오 등의 다양한 형태를 가지고 있다. 가장 대표적인 소셜미디어로는 블로그(Blogs), 페이스북, 카카오스토리, 인스타그램, 트위터 등의 소셜 네트워크(Social Networks), 메시지 보드(Message Boards), 팟캐스트(Podcasts), 위키스(Wikis), 비디오 블로그(Vlog) 등이 있다.

생일 축하, 사랑 고백 등과 같이 감정이 포함된 메시지를 전달할 경우에는 글보다 말로 하는 것이 효과적이다. 말주변은 없지만 글을 잘 쓰는 사람은 말보다 글이 더 효과적일 수도 있다. 복잡한 사건이나 기술 정보를 전달할 때는 말보다 문서를 통해 전달하는 것이 더 효과적이다. 수신자가 이해하는 속도에 따라 정보를 받아들일 수 있고, 이해하지 못한 것은 다시 볼 수 있기 때문이다. 그리고 복잡한 데이터는 그래프, 차트 또는 시각화 방법을 사용하면 효과적으로 전달할 수 있다.

넷째, 수신자다. 송신자가 보내온 메시지를 받는 사람 또는 집단으로 받은 메시지를 해석하고 거기에 의미를 부여하는 사람이다. 수신자는 두 명 이상일 수 있고, 송신자가 보낸 메시지를 다르게 해석해서 송신자의 생각이나 감정을 동일하게 공유하지 못할 수도 있다.

다섯째, 피드백이다. 이것은 송신자로부터 수신자에게 전달된 메시지가 다시 송신자에게 전달되는 의사소통의 역과정이다. 이러한 피드백을 통해 송신자는 메시지가 수신자에게 정확하게 전달되었는지를 알 수 있다. 피드백이 이루어지지 않는 의사소통을 '일방적 의사소통(one-way communication)'이라 하고, 피드백이 이루어지는 의사소통을 '쌍방적 의사소통(two-way communication)'이라 한다. 군에서는 지휘관의 지시나 명령 같은 하향적 의사소통과 부대원들의 의견과 정보가 구두 또는 문서, 상담, 제안제도, 브레인라이팅(brainwriting),[49] 의견조사(리더십 진단 등), 그리고 다음 사례와 같은 건의함(마음의 편지 등) 등을 통해 부대원들의 의견이나 고충, 아이디어 등이 지휘관에게 전달되는 상향적 의사소통을 통해 쌍방적 의사소통을 하고 있다.

대대장실 입구 벽면에 용사들이 대대장과 의사소통할 수 있는 '마음의 창'이라는 상자와 작은 칠판을 함께 부착했다. 칠판에는 건의 내용에 대한 조치 결과와 함께 대대장의 1일 5감사를 적기도 했다.

출처: 임무형지휘사례집(국방부, 2016)

---

[49] 브레인스토밍(brainstorming)처럼 아이디어를 말로 하는 것이 아니라 책상에 둘러앉아 각자 주제에 대한 아이디어를 글로 적은 후 종이를 옆으로 돌려서 의견을 공유하는 것이다. 옆 사람은 아이디어를 읽은 후 더 발전시키거나 새로운 아이디어를 추가하고 다시 옆 사람에게 넘긴다. 이 과정을 반복해 한 바퀴를 돌고 나면 자신과 동료들의 생각을 읽으며 아이디어를 개발하는 시간을 갖게 함으로써 조직원들의 창의적인 아이디어를 모을 수 있다.

여섯째, 장애요인(barriers) 또는 소음(noise)이다. 송신자와 수신자의 메시지가 정확하게 전달되는 것을 방해하는 요인으로 의사소통 전 과정에서 발생할 수 있다. 이러한 의사소통의 장애요인으로는 물리적인 요인(자동차나 비행기 소음, 지리적 거리 등)과 의미적 요인(단어에 대한 상이한 해석, 정보의 과중 또는 간소화와 누락, 보안이나 약점 노출 방지를 위해 의도적인 정보의 제한, 부적절한 신체언어, 문화적 차이 등), 그리고 심리적 요인(가치관, 편견, 지식, 경험, 지위 및 계급 등으로 인한 심리적 거리감 등)이 있다. 이러한 의사소통의 장애요인을 극복하고 리더가 송신자 또는 수신자로서 효과적으로 의사소통을 하기 위해서는 다음과 같은 노력을 해야 한다.

첫째, 송신자는 메시지를 명확(적절한 언어 선택 등)하게 전달해야 하고, 메시지 전달에 적합한 의사전달 경로를 사용해야 한다. 메시지의 내용이 중요할 경우에는 구두지시와 문서를 함께 사용하는 등 여러 경로를 중복하여 사용하고, 신속한 정보(조직 변화 시 반응, 불평불만 파악 등)를 얻고자 할 경우는 공식적 의사소통 경로만이 아니라 비공식 의사소통[50] 경로를 함께 활용하는 것이 효과적이다. 그러나 비공식 의사소통 경로를 통해 획득된 정보는 거짓 소문 등 근거가 없는 부정확한 정보이거나 개인의 감정이나 이해관계가 반영된 정보일 수도 있다. 따라서 리더는 공식적 의사소통의 한계를 보완하는 수단으로 비공식 의사소통을 활용해야 한다.

또한 송신자는 지시나 명령만 하는 일방적 의사소통이 아니라 상대방의 의견도 듣고, 자신의 메시지가 수신자에게 정확히 전달되었는지 수신자에게 질문하거나 비공식 언어(몸짓, 표정 등) 등을 통해 확인해야 한다.

둘째, 수신자는 메시지를 정확히 해석하려고 노력해야 한다. 말로 하는 대면적 의사소통은 앞에서 소개한 공감적 경청 스킬을 활용하여 송신자에게 말이나 비언어적 표현(표정, 몸짓, 문자 등)을 통해 메시지의 이해 여부를 알려주어야 한다. 그리고 내 생각만 옳다는 생각을 버리고, 학력이나 직위 또는 계급만 보고 '안 들어도 뻔하지', '네가 뭐 알아' 식의 선입견 없이 메시지를 있는 그대로 해석하도록 해야 한다.

셋째, 송신자와 수신자는 의사소통 시 상대방과 눈높이를 맞추고, 감정을 억제해

---

50 비공식 의사소통(informal communication)은 소문 형태로 포도나무 덩굴처럼 이루어지기 때문에 '포도덩굴 의사소통(grapevine communication)'이라고도 한다.

야 한다. 예컨대, 강사가 수강생들의 눈높이에 맞추어 강의해야 하는 것처럼 송신자와 수신자는 의사소통 상대와 눈높이를 맞추어서 메시지를 신호화하고 해석해야 한다. 또한 송신자나 수신자의 감정이 흥분 상태이면 정확한 메시지 전달을 위해 감정이 가라앉을 때까지 의사소통을 미루는 것이 좋다.

(2) 효과적인 의사소통 방법: 메시지 전달법

▌문제유형별 효과적인 의사소통 스킬

리더의 중요한 역할 중의 하나는 조직에서 발생하는 문제를 해결하는 것이다. 만일 조직에 전혀 문제가 없다면 리더가 필요 없을지도 모른다. 이러한 관점에서 고든(Thomas Gordon)은 조직에서 문제가 발생하는 경우를 개인 또는 집단이 문제를 갖고 있을 경우와 리더 자신이 문제를 갖고 있을 경우로 구분했다. 그리고 두 가지 유형의 문제들 사이의 관계를 나타내기 위해 〈그림 10.19〉와 같이 '행동의 창(behavior window)'이라는 도표를 고안하고, 문제 유형에 따라 해결 방안을 제시했다. 예컨대, 부대원이 체력검사에서 통과하지 못할 것을 걱정하고 있다면 그것은 '부대원이 문제를 소유'한 것이기 때문에 창의 윗부분에 해당한다. 그러나 부대에 중요한 훈련이 있는데 부대원이 휴가 신청을 했다면 그것은 '내(지휘관)가 문제를 소유'한 것이기 때문에 창의 아랫부분에 해당한다. 부대원이 보직을 변경하기를 원하지만 지휘관이 변경해서는 안 된다고 생각한다면 상호 간에 갈등이 발생하게 되는데, 이러한 갈등은 맨 아래 창에 해당한다. 그리고 부대원들이 효과적인 훈련 방법에 대해 열띤 토론을

출처: Gordon(1970) 수정

〈그림 10.19〉 행동의 창

하고 있다면 그것은 지휘관이 개입하지 않아도 되는 '문제가 없는 영역'에 해당한다. 여기에 속하는 행동은 조직원이나 리더에게 문제를 일으키지 않는 행동들이다. 즉, 조직원들뿐만 아니라 리더도 욕구가 충족되는 '상호 욕구 충족' 영역으로 여기서 조직의 성과가 창출된다. 따라서 리더는 조직원과 자신이 가진 문제를 적극적으로 해결하여 문제가 안 되는 영역의 크기를 확대해야 한다.

이처럼 누가 문제를 갖고 있느냐에 대한 구분은 매우 중요하다. 그것은 누가 문제를 갖고 있는가에 따라 리더가 의사소통 방법을 달리해야 하기 때문이다. 즉, 조직원이 건강에 대한 걱정을 하고 있는 것처럼 '조직원이 문제를 소유'한 경우에는 '공감적 경청' 스킬을 사용하는 것이 바람직하다. 공감적 경청을 하면 상대방이 스스로 문제가 무엇인지 말하고, 스스로 해결책을 제시하는 경우가 많기 때문이다. 그러나 훈련에 참가해야 하는데 휴가를 신청하는 것처럼 '내(리더)가 문제를 소유'한 경우에는 리더가 자기주장을 내세우는 '나 메시지' 전달법을 사용하는 것이 효과적이다. 그리고 리더와 조직원이 함께 문제를 갖고 있기 때문에 갈등이 발생할 경우에는 서로가 만족하는 해결책을 찾는 '승-승(win-win)'의 갈등 해결 스킬을 사용하는 것이 좋다.

이러한 3가지 유형의 문제해결 기술 중 '공감적 경청' 스킬에 대해서는 앞에서 소개했고, '승-승'의 갈등해결 스킬은 다음 제11장에서 소개할 것이다. 따라서 여기서는 리더(나)가 문제를 갖고 있을 경우 효과적으로 문제를 해결할 수 있는 의사소통 기법인 '나 메시지' 전달 방법을 소개한다.

(3) '나 메시지' 전달법

토머스 고든(Thomas Gordon)은 메시지 전달 방법을 일반적으로 많이 사용하는 '너 메시지(You-message)' 전달법과 '나 메시지(I-message)' 전달법으로 구분했다. '너 메시지' 전달법은 '너'라는 단어로 시작하여 듣는 사람에게 중점을 두는 메시지 전달법이다. 그러나 '나 메시지' 전달법은 일반적으로 '나'로 시작하는 주어 문장으로, 말하는 사람의 감정, 신념, 가치 등에 대한 주장으로 표현된다(Gordon, 1970; 토머스 고든, 장승현 옮김, 2006).

고든은 수용할 수 없는 상대방의 행동 때문에 '내가 문제를 소유'했을 때라도 상대방을 비난하는 듯한 '너 메시지'를 사용하지 말고, '나 메시지'를 사용하는 것이 바람직하다고 한다. '나 메시지'는 상대방의 감정을 상하지 않게 배려하면서 내가 말하고자

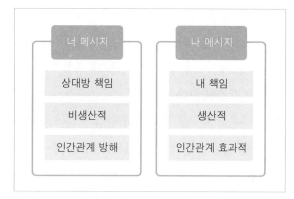

너 메시지	나 메시지
상대방 책임	내 책임
비생산적	생산적
인간관계 방해	인간관계 효과적

〈그림 10.20〉 메시지 전달법의 비교

하는 내용을 잘 전달해주기 때문이다. 그러나 '너 메시지'는 "왜 이렇게 동작이 느리나?", "자세 좀 똑바로 해라", "거짓말하지 마라" 등과 같이 문제가 있는 행동의 주체가 너(상대방)가 된다. 이러한 '너 메시지'는 상대방의 행동 변화를 요구하는 것을 목적으로 하지만, 문제해결에는 도움이 되지 않는 방법이다. 그것은 '너 메시지'는 "네가 잘못했다" 또는 "네가 틀렸다"가 내포되어 있는 표현이다. 따라서 상대방의 감정을 건드리기 때문에 상호 간의 인간관계를 해친다. 또한 상대에게 강요하거나 공격 또는 비난하는 느낌을 주기 때문에 상대는 변명하려 하거나 반감, 저항, 공격성을 보이기 쉽다.

반면에 '나 메시지'는 "내 마음이 아프다", "내가 걱정된다"처럼 나를 주어로 하여 상대의 행동에 대한 자기 생각이나 감정을 표현하는 방법이다. 이러한 '나 메시지' 전달법의 장점은 자기 입장과 감정이 상대방에게 솔직하게 전달되어 진솔한 대화가 가능하고, 메시지가 상대방을 판단하고 평가하거나 공격하는 것이 아니기 때문에 방어 심리를 덜 유발한다. 또한 전후 사정과 그것으로 인한 나의 입장을 알려주기 때문에 완전하게 메시지를 전달할 수 있다. 따라서 '나 메시지' 전달법을 사용하면 상대방이 내 생각이나 감정을 수용해서 자발적으로 자기 문제를 해결하도록 할 수 있다.

'나 메시지'는 '행동(상황)+영향(결과)+감정(반응)' 같은 공식을 사용하면 효과적으로 전달할 수 있다. 이 공식에서 영향(결과)과 감정(반응)은 순서가 바뀔 수 있다. 그리고 감정(반응)을 표현할 때 상대를 비난하는 말이 아니어야 한다. 예컨대, 규정을 지키

지 않는 행동을 하는 조직원에게 "네가 어떻게 그런 행동을 할 수 있나?"라고 말했다면 '너 메시지'를 사용한 것이다. 그러나 '나 메시지' 공식을 사용한다면 "규정을 어기는 행동을 해서(행동/상황) 동료들에게 욕을 먹을까 봐(영향/결과), 내가 걱정된다(감정/반응)"라고 말하면 된다.

또 다른 상황으로 부대에서 집합 시간에 여러 번 늦은 부대원을 불러서 지휘관이 "너, 오늘 집합 시간에 또 늦었지? 앞으로 한 번만 더 늦으면 징계할 거야!" 또는 "다른 사람들이 너 때문에 기다렸잖아! 앞으로는 늦지 마!"라고 말한다면 '너 메시지'를 사용하는 것이다. 그러나 '나 메시지'를 사용한다면 "집합 시간에 매번 늦게 오니까(행동/상황) 다른 사람들이 기다리느라 시간을 낭비했네(영향/결과). 그래서 내가 다른 부대원들 볼 면목이 없다(감정/반응)"라고 말할 수 있다.

이와 같이 '나 메시지'를 사용한다면 내 생각과 감정을 상대방에게 잘 전달하면서도 상대방의 자존심을 크게 손상시키지 않으면서 상대방의 문제 있는 행동을 해결할 수 있다. 그러나 '나 메시지' 전달법을 사용하더라도 사람들은 자기 행동이 잘못되었다는 말을 듣고 싶어 하지 않기 때문에 방어적인 대답은 물론 상대방의 감정이 상해서 적대적인 반응을 할 수도 있다. 이때는 다음 사례와 같이 '기어(gear) 변속'을 해서 즉시 앞에서 소개한 공감적 경청의 기술을 사용해야 한다(Gordon, 1970; 토머스 고든, 장승현 옮김, 2006: 152-154).

대대장이 상급 부대에 보고할 자료를 검토 중에 인용한 자료가 잘못되었다는 것을 발견했다. 대대장은 보고서 작성자에게 다음과 같이 '나 메시지' 전달법을 사용해서 주의를 주었다. "내가 보고서를 보니까 통계 자료가 잘못 인용되어서(행동) 깜짝 놀랐네(감정). 이렇게 보고하면 상급 부대에서 우리 부대가 거짓 보고를 한 것으로 생각할 것 같네(영향)."

그러나 보고서 작성자가 "급하게 보고서를 작성하느라 제대로 검토하지 못했습니다"라고 대답한다면, 이때는 '기어 변속'을 해서 "보고 시간이 촉박해서 제대로 검토하지 못해 실수했다는 말이군"이라고 공감적 경청 스킬을 사용한다.

이와 같이 리더는 상황에 따라 '나 메시지'뿐만 아니라 앞에서 소개한 코칭 스킬인 '공감적 경청'과 '발전적 피드백' 스킬을 적절히 조합해서 문제가 되는 행동을 한 사람이 스스로 문제를 해결하도록 돕는 문제 해결자 역할을 해야 한다.

실습 10.9
'나 메시지' 전달법

• 휴가 중 아무런 보고를 하지 않고 귀대 시간에 늦은 부대원

• 선탑하고 있는 차량을 과속해서 운전하는 운전병

• 교육훈련 중에 한눈을 팔거나 딴짓을 하는 부대원

2) 팀빌딩

(1) 팀빌딩의 중요성과 효과적인 팀

조직 또는 팀[51]의 성과를 높이기 위해서는 먼저 구성원 개개인의 능력을 개발하고, 동기부여시켜 개인의 성과를 높여야 한다. 그리고 구성원 모두가 공동의 목표 달성을 위해 각자의 역할과 책임을 다하고 협력하도록 한 방향 정렬을 하는 팀빌딩(team building) 과정을 통해 팀워크(teamwork)를 구축해야 한다.

팀워크의 중요성은 "혼자 가면 빨리 가지만 함께 가면 멀리 간다"라는 말처럼 세계적으로 유명한 스포츠팀의 감독과 선수들의 "팀보다 위대한 선수는 없다", "조직을 승리로 이끄는 힘의 25%는 실력이지만, 나머지 75%는 팀워크다", "선수의 재능은 게임에서 이기게 하지만 팀워크는 우승을 가져온다"라는 말에서도 잘 나타나 있다(최옥숙, 2021). 이처럼 스포츠 경기만이 아니라 모든 조직(팀)에서 개인들이 아무리 우수하더라도 구성원 각자의 역량을 하나로 결집시켜주는 팀워크가 이루어지지 않으면 높은 성과를 낼 수 없다. 그것은 팀워크가 구성원들의 역량을 하나로 결집시켜주는 접착제 역할과 함께 일이 잘 진행되도록 도와주는 윤활유 역할을 함으로써 시너지 효과(synergy effect)[52]를 내주기 때문이다(Watson, 2020).

한편 군에서 팀빌딩은 "리더십, 그리고 각종 훈련, 활동, 기법 등을 활용해서 구성원들이 목표를 달성하고, 효과성을 높일 수 있게 해주는 계속적인 과정"이다. 즉 업무를 잘 수행하고, 효과적으로 목표를 달성하고, 임무를 완수하는 팀을 만드는 과정이다(Department Of The Army, 2006). 따라서 지휘관과 참모들에게 부대원(팀원) 간에 신뢰를

---

[51] 팀(team)은 "공통의 목표를 수행하기 위해 일하는 상호 의존적인 사람들의 집단"을 의미한다(Thompson, 2018). 여기서는 '팀'을 연구 또는 문제해결을 위해 일정 기간 운영되는 TF(Task Force) 같은 팀뿐만 아니라 편제화되어 운영되는 분대(반), 팀(공군 비행팀, 공수부대팀 등), 소대뿐만 아니라 군 전체를 포함하는 용어로도 사용한다. 그것은 패튼(George Patton) 장군이 "군은 하나의 팀이다. 생활은 물론 잠도, 식사도, 싸움도 하나의 팀이 되어 수행한다"(테리 브라이턴, 김홍래 옮김, 2010: 393)라고 말한 것처럼 군 전체가 하나의 팀이기 때문이다.

[52] 서로 다른 구성요소 또는 개체가 결합하여 상호작용함으로써 더 큰 효과를 나타내는 것으로 '상승효과(相乘效果)'라고도 한다. 예컨대, 1의 능력을 가진 구성원 두 명이 팀워크를 형성할 경우 2가 아니라 3이나 4, 또는 그 이상의 힘을 발휘할 수 있다는 것이다.

형성하고, 작전(특히, 합동 작전 등) 중에 효과적으로 임무를 수행하며, 응집력 있는 팀을 만드는 팀빌딩 역량이 필수적으로 요구되고 있다(Department Of The Army, 2015: 1-1).

이처럼 군만이 아니라 모든 조직(팀)의 성과에 중요한 영향을 미치는 팀워크를 어떻게 구축할 것인가? 그 비결을 〈그림 10.21〉과 같이 자연석을 사용하는 자연성(自然性)과 틈새를 두는 여유성(餘裕性)의 지혜를 활용하여 태풍이 불어도 끄떡하지 않도록 쌓은 제주도 돌담이 시사해주고 있다.

〈그림 10.21〉 벽돌담과 돌담

담은 외부인의 침입을 막아주고, 사생활을 보호해주며, 경계를 구분해주고, 바람을 막아주는 등의 기능을 갖고 있다. 그런데 벽돌담(brick wall)과 돌담(stone wall) 중 어떤 담이 보기 좋으냐고 물으면 대부분 사람은 돌담이 자연 친화적이어서 더 아름답다고 한다. 그리고 태풍처럼 강한 바람에 더 잘 견디는 담이 벽돌담일 것으로 생각되지만 사실은 돌담이다. 실제로 강한 바람이 많이 부는 제주도의 돌담들은 태풍이 불어도 무너지지 않는다. 그것은 바로 비어있는 돌담 구멍 사이를 바람이 통과하여 담을 밀어내려는 힘을 구멍으로 분산시키고, 돌담 틈새로 바람이 빠져나가면서 틈새 안의 압력이 주변보다 상대적으로 낮아져 돌담을 더 꽉 조여주는 힘이 발생하기 때문이다.[53] 또한 바람이 돌의 표면으로 분산되어 돌담에 가해지는 바람의 힘을 감소시킨다. 그래서 제주도 돌담이 겉으로는 엉성해 보이지만, 강한 바람에도 무너지지 않는다.

벽돌담과 돌담은 쌓는 방법이 다르다. 벽돌담은 모양과 크기가 규격화된 벽돌 사

---

[53] 베르누이 정리(Bernoulli's theorem)에 따르면 유체의 압력은 흐르는 유체의 속도가 빠른 곳에서는 낮아지고, 느린 곳에서는 높아진다.

이에 접착제인 모르타르(mortar)를 넣기 때문에 손쉽게 벽돌들을 결합하여 담을 쌓을 수 있다. 그러나 바람이 빠져나갈 틈새가 없고, 표면이 평평하기 때문에 바람의 힘을 그대로 받아서 태풍과 같이 매우 강한 바람이 불 때는 오히려 돌담보다 쉽게 무너질 수 있다. 반면에 돌담은 모르타르를 사용하지 않고 크고 작은 자연석을 서로 조화를 이루어가면서 쌓는다. 따라서 자연 친화적이지만 돌의 모양과 크기가 달라서 담을 쌓는 데 많은 시간과 노력이 소요된다. 그러나 담을 완성하고 나면 큰 돌과 작은 돌, 잘생긴 돌과 못생긴 돌, 검은 돌과 하얀 돌 등 다양한 돌이 한데 어우러져 보기에 아름답다. 그리고 틈새가 있어 강한 바람에도 오래 견딜 수 있는 튼튼한 담이 되고, 설령 무너지더라도 다시 쌓을 수 있다.

팀워크 구축 방법을 이러한 돌담과 벽돌담 쌓는 방법에 비유해볼 수 있다. '벽돌담 팀워크'는 벽돌을 만드는 것처럼 구성원의 다양성을 존중하지 않고, 조직(팀)이 정한 틀에 맞춰 벽돌처럼 획일화시키고, 벽돌들을 모르타르를 이용하여 결합하는 것처럼 구성원들을 강압적 수단(징계, 얼차려 등)을 사용하여 결속시키는 팀워크라고 할 수 있다. 그래서 겉으로 보기에 벽돌담처럼 이른 시간에 하나로 결속할 수 있다. 그러나 벽돌담이 벽돌 사이에 모르타르가 있에 벽돌과 벽돌이 실제로는 분리되어 있는 것처럼 '마음의 벽(모르타르)'이 생겨 한마음이 될 수 없기 때문에 진정으로 하나가 될 수 없다.

반면에, '돌담 팀워크'는 모르타르를 이용하지 않고 크고 작은 자연석을 보기 좋게 맞추어서 돌담을 쌓는 것처럼 구성원들의 다양성(성격, 지식, 학력, 능력, 경험, 성별 등)을 존중하여 다양한 구성원이 적재적소에서 각자의 역량을 발휘하도록 함으로써 시너지 효과를 내도록 하는 팀워크다. 각자 고유한 음색을 가진 다양한 악기가 어우러져 아름다운 선율을 만들어내는 오케스트라의 공연 같은 팀워크다. 돌담이 엉성한 것처럼 보이지만 매우 강한 바람이 불 때 더 강하게 결속되는 것과 마찬가지로 '돌담 팀워크'는 겉으로는 약한 것처럼 극한 상황이나 위기 상황에서 더욱 강한 응집력을 발휘한다. 하지만 돌담은 돌의 모양과 크기가 다르기 때문에 담을 쌓기가 쉽지 않은 것처럼 다양한 구성원의 특성을 포용하고 존중하면서 하나로 만들기 위해서는 많은 시간과 노력이 필요하다.

따라서 조직(팀)의 목표 달성을 위해 구성원들이 모두 함께 노력하고, 극한 상황에서도 성공적으로 임무를 완수하는 효과적인 팀(effective team)을 만들기 위해서는 모르타르 같은 강압적 수단이 아니라 '사랑(love)', '존중(respect)', '열정(passion)'[54]으로 모두가 한마음이 되도록 돌담 팀워크를 구축해야 한다.

(2) 효과적인 팀 만들기

군에서는 스포츠팀의 감독처럼 지휘관이 부대(팀)원을 선발하기도 어렵고, 능력이 없다고 다른 곳으로 보직을 이동시키거나 강제로 전역시키는 것도 쉽지 않다. 또한 지휘관이나 부대원들의 복무기간이 1~2년으로 짧기 때문에 리더의 역량과 시간과 노력이 많이 소요되는 돌담 같은 팀을 만들기보다는 벽돌담 같은 팀을 만들려는 경향이 있다. 그러나 군은 목숨이 위태로운 극한 상황에서도 임무를 수행해야 하기 때문에 벽돌담처럼 군기가 잡혀 강한 것처럼 보이고, 평상시 정해진 목표나 성과만을 잘 달성하는 좋은 팀(good team)이 필요한 것이 아니다. 돌담처럼 겉으로는 약하게 보이지만 다양한 구성원이 모두 한마음이 되어 기대 이상의 성과를 내고, 극한 상황에서도 목숨을 아끼지 않고 성공적으로 임무를 수행하는 효과적인 팀(effective team)[55]을 만들어야 한다.

따라서 군에서 구성원들 사이에 팀워크가 잘 이루어져 기대 이상의 높은 성과를 내는 효과적인 팀을 만들기 위해서는 〈그림 10.22〉와 같은 팀 리더십을 발휘해야 한다(Baker, 2021; Department

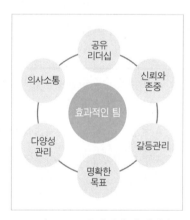

〈그림 10.22〉 효과적인 팀 리더십

---

[54] 열정이 넘치는 사람은 자신의 실력을 겉으로 표현하는 동시에 긍정적이고 낙관적인 태도로 끊임없이 노력하며 배우려는 자세가 있다. 자신을 더 향상하려는 마음이 있기에 자연스레 열정과 자신감이 생긴다(하버드 공개강의연구회, 송은진 엮음, 2020: 334).

[55] 미 육군(Department Of The Army, 2015: 1-4)에서는 다음과 같은 팀을 효과적인 팀이라고 한다. ① 서로 믿고 서로가 무엇을 할지 예측할 수 있다. ② 임무를 완수하기 위해 함께 노력한다. ③ 철저하고 신속하게 과업을 실행한다. ④ 정해진 기준(standards) 이상을 한다. ⑤ 변화하는 상황(도전)에 잘 적응한다. ⑥ 경험으로부터 배우고 성취하는 데 자부심을 느낀다.

Of The Army, 2015: 2-1~4-4; Kolditz, 2007; 정명호, 2019).[56]

첫째, 공유 리더십(shared leadership)을 발휘해야 한다. 공유 리더십은 리더의 지시와 명령에 의해 움직이도록 하는 수직적 리더십이 아니라 "구성원 모두가 리더가 되도록 하고, 권한과 책임을 광범위하게 분배하는 리더십"이다. 이러한 공유 리더십을 발휘하여 구성원 모두가 주인의식을 갖게 함으로써 링겔만 법칙[57]과 20 : 80 법칙[58]이 조직(팀)에서 작동하지 않도록 해야 한다.

공유 리더십은 한국군의 새로운 지휘 철학인 "부하들을 감독하고 상세한 명령으로 통제하는 대신 명령에 대한 의도를 명확히 설명하고 임무 수행 과정에 자유 재량권을 부여해 현장에서 부하들이 책임을 지고 명령을 신속하고 정확하게 수행하도록 유도"하는 임무형 지휘(mission command)와도 일맥상통한다. 전투 상황이나 위기 상황처럼 긴박한 의사결정이 요구되지 않는 상황에서는 권한과 책임을 적절히 공유함으로써 구성원 모두 리더가 되어 주인의식을 갖고 자발적으로 각자의 역할과 책임을 다하도록 해야 한다. 그렇다고 해서 지휘책임(指揮責任)까지 면제되는 것은 아니기 때문에 다음 사례에서처럼 리더는 항상 '공(功)은 부하에게, 책임은 자신에게' 돌리는 모습을 보여주어야 한다.

> 미국의 남북전쟁 때 링컨 대통령이 미드(George Meade) 장군에게 후퇴하는 남군의 리(Lee) 장군을 공격하라는 명령을 내리면서 "강을 건너기 전에 가능한 한 빨리 추격해서 공격하시오. 만일 실패한다면 이 전문이 당신의 책임을 면하게 할 것이오. 만일 성공한다면 이 전문을 파기하시오"라는 전문을 보냈다.
>
> 출처: Griessman(1988: 45)

---

[56] 베이커(Baker, 2021)의 연구에 따르면 고성과 팀(high performance team)은 "목적의식, 열린 의사소통, 상호 신뢰, 공유 리더십, 다양성 존중, 융통성과 적응성, 효과적인 업무 절차, 지속적인 학습"이라는 8가지 특징을 갖고 있다.

[57] 링겔만 박사는 줄다리기 실험에서 집단이 2명일 때는 1명이 발휘하는 힘의 크기가 913%였는데, 집단이 3명일 때는 1명이 발휘하는 힘의 크기가 85%로 떨어진 것을 발견했다. 즉, 집단에서 개인이 여러 명 중 한 사람으로 인식될 때는 자신의 역량을 다하지 않는 '사회적 태만'이 발생한다는 것이다.

[58] "전체 결과의 80%가 전체의 20%에서 일어나는 현상"으로 '파레토 법칙(Pareto Pinciple)'이라고도 한다. 예컨대, 전체의 20%가 80%의 일을 하고 있고, 상위 20%가 전체 80%의 부를 축적하고 있으며, 상품 중 20%가 전체의 80%의 매출을 올린다는 것이다. 마찬가지로 조직(팀)에서도 모두가 일을 열심히 하고 성과를 내는 것은 아니기 때문에 리더는 일 잘하는 20% 구성원의 비율을 끌어올리도록 노력해야 한다.

둘째, 명확한 목표를 제시해야 한다. 조직(팀)의 목표를 구성원들에게 명확히 알려주어 공유함으로써 모든 활동이 조직(팀) 목표를 향해서 한 방향 정렬이 되도록 해야 한다. 그리고 개인의 목표와 역할과 책임이 무엇인지 알려주고, 목표를 달성했을 때 어떠한 보상이 주어지는지도 알려주어야 한다. 그래야만 구성원 각자가 언제, 무엇을, 어떻게 할 것인지 계획을 세울 수 있고, 동기부여가 될 수 있다.

셋째, 다양성 관리를 해야 한다. 우리 군은 징병제이기 때문에 돌담의 큰 돌과 작은 돌처럼 부대원들의 역량(학력, 전공, 체력 등)에 많은 차이가 있다. 기업에서는 능력이 부족한 사람은 아예 선발하지 않거나 해고할 수 있지만, 군에서는 특별한 경우(전역, 전속 등)를 제외하고는 배치된 인원으로 임무를 수행해야 한다. 따라서 능력과 복무 의욕 등에 차이가 있는 구성원들의 차이를 인정하고, 구성원의 강점과 약점을 잘 파악하여 적재적소에 활용하는 다양성 관리(diversity management)[59]를 해야 한다.

넷째, 열린 의사소통을 해야 한다. 리더는 공감적 경청 기술이나 '나 메시지' 전달법, 그리고 쌍방적 의사소통 기술 등을 잘 활용해서 구성원들의 생각과 감정을 공유해야 한다. 또한 구성원 간에 자기 생각을 자유롭게 표현하고, 남의 말을 경청할 수 있도록 개방적인 조직(팀) 분위기를 조성해야 한다. 높은 성과를 내는 팀의 가장 중요한 특징 중 하나는 열린 의사소통이기 때문이다.

다섯째, 조직(팀) 구성원 상호 간에 신뢰를 형성하고, 서로 존중하도록 해야 한다. 강한 군대를 만드는 데 가장 중요한 것은 "지휘관과 동료들에 대한 신뢰"다. 아무리 용감한 용사들로 구성된 군대라도 지휘관과 동료에 대한 신뢰가 없다면 강한 적군을 만나면 쉽게 무너질 수 있기 때문이다(허먼 S. 네이피어 외, 김원호 옮김, 2002: 172). 그런데 리더에 대한 신뢰는 리더의 말과 행동이 일치할 때 형성된다(제임스 M. 쿠제스 · 베리 Z. 포스너, 정재창 옮김, 2018). 특히 목숨이 위태로운 전투 상황에서 부하들이 지휘관을 신뢰하고 따르는 데 가장 영향을 미치는 것은 지휘관의 역량과 솔선수범(진두지휘)이었다(최병순, 1988; Kolditz, 2007: 13-17).

---

[59] 다양성 관리(diversity management)는 관리적 범주 또는 조직의 대응 수준에 따라 다양하게 정의하고 있다. 그러나 조직원의 다양성을 더욱 적극적이고, 전략적으로 대응하는 관리적 차원의 노력이라는 공통점이 있기 때문에 "개인의 외적 · 내적 특성에 대한 조직의 체계적 · 전략적 관리"로 정의할 수 있다(박정민 · 최도림 · 이순호, 2020: 628-629).

따라서 군 리더는 스스로 군사적 역량 함양을 위해 노력하고, 부대원들과 위험을 함께 또는 더 많이 감수하고, 동고동락해야 한다. 또한 실전과 같은 교육훈련을 통해 구성원들의 역량을 개발하고, 생사를 함께하는 전우로서 서로 존중하고, 동고동락하게 하여 구성원 상호 간에 신뢰가 형성되도록 해야 한다. 그래야만 전우를 믿고 자신의 역할과 책임을 다할 수 있다. 전투 시 위험을 무릅쓰고 돌격할 수 있는 것은 전우가 함께할 것이라는 믿음이 있을 때만 가능하다.

　여섯째, 갈등을 효과적으로 관리해야 한다. 쇠사슬의 강도는 가장 강한 고리가 아니라 가장 약한 고리(weak link)의 힘이 결정한다. 이처럼 팀워크를 약화시키는 약한 고리가 조직(팀) 내에서 발생하는 갈등이다. 갈등은 팀워크를 약화시킬 뿐만 아니라 부정적인 조직 분위기를 만들어 성과를 저하시키기 때문에 리더는 갈등을 효과적으로 관리해야 한다.[60]

　갈등을 효과적으로 관리하기 위해서는 먼저 갈등의 원인을 정확히 진단하고 제거해야 한다. 따라서 〈실습 10.10〉과 같은 방법으로 갈등의 원인을 가장 잘 알고 있는 구성원들을 통해 갈등의 원인을 정확히 진단하고, 효과적인 갈등 해결 방안을 모색해야 한다. 갈등의 원인을 제거하지 않고 "지난 일은 잊고 앞으로 잘하자"라고 하거나 회식이나 단체 운동을 한다고 해서 갈등이 해결되어 팀워크가 강화되는 것은 아니다. 그리고 "전우애가 부족하다"라며 단체로 얼차려를 한다면 팀워크를 강화하는 것이 아니라 오히려 구성원 간에 갈등을 조장하는 것이 된다. 갈등 당사자가 아닌 사람들은 갈등을 야기한 사람들 때문에 자신이 피해를 보았다고 생각하고 그들을 비난할 수 있기 때문이다.

---

[60] 조직(팀) 내 갈등이 항상 부정적으로 작용하는 것은 아니다. 구성원 간 적절한 수준의 경쟁으로 인한 갈등은 조직(팀)의 발전과 성과 향상에 기여할 수 있다. 따라서 팀워크를 저해하는 지나친 갈등은 해소하고, 적절한 수준으로 긴장상태를 유지하도록 갈등을 관리해야 한다. 효과적인 '갈등관리' 방안에 대해서는 제12장에서 자세히 설명한다.

훌륭한 일터(GWP: Great Work Place)의 조건

『포춘(Fortune)』 '100대 기업' 선정을 담당하고 있는 로버트 레버링(Robert Levering, 2000) 박사는 초일류기업들을 조사한 결과 기업의 성과와 관계가 있는 것은 보수나 복리후생 수준이 아니라 조직 구성원 간의 '신뢰 관계'라는 것을 밝혀냈다. 즉, 아래의 그림과 같이 조직 구성원 간의 신뢰(trust)와 자부심(pride), 그리고 재미(fun)가 넘치는 기업이 꾸준한 성과를 내는 초일류기업이 되었다는 것이다.

이러한 연구 결과로부터 세계 각국의 기업들이 훌륭한 일터를 만들기 위한 운동을 전개했고, 우리나라에서도 대기업과 외국 법인을 중심으로 시작하여 공공기관에서도 GWP를 도입하고 있다. 그리고 GREAT PLACE TO WORK ®KOREA에서는 경영진에 대한 믿음, 조직원들에 대한 존중, 관리 관행과 정책의 공정성, 업무에 대한 자부심, 동료애 등의 5가지 요소로 만든 Trust Index 매트릭스를 사용하여 매년 '일하기 좋은 100대 기업'을 선정하여 발표하고 있다.

이와 같이 GWP 도입이 확산되고 있는 바탕에는 조직의 경쟁력은 밝고 즐겁고 신나는 일터를 만드는 데서 시작되기 때문에 조직은 구성원들이 편하게 능력을 발휘할 수 있는 근무환경을 만들어주고, 구성원들은 즐겁고 신바람 나게 일하

면 그것이 바로 GWP이자 조직의 경쟁력이라는 것이다. 이를 위해 리더와 팔로어들 사이의 의사소통을 강화하고, 지방에 근무하는 직원들의 자녀교육 문제를 해결하기 위해 회사가 교육센터를 건립해 지원하기도 한다. 그리고 다양한 워크숍, 회식 등을 통해 직원들과 스킨십을 강화하고 있다. 또한 일부 기관에서는 크로스 미팅(부서장이 타 부서 직원과 점심 식사 등), 미혼 남녀 만남의 행사, 매주 목요일을 자기개발의 날로 지정하여 5시 퇴근 장려, 매주 수요일을 가족의 날로 정해서 퇴근 후 가족과 함께 여가를 보낼 수 있도록 함으로써 일과 삶의 균형을 이루도록 하고 있다.

이러한 GWP는 조직의 성과를 높이기 위해서만이 아니라 '삶의 질(QL: Quality of Life)'을 높이기 위해서도 중요하다. 그것은 직장생활을 하는 사람들이 대부분 시간을 조직에서 생활하기 때문이다. 따라서 일과 삶을 이분법적으로 구분하여 '일과 삶의 균형'을 말하고 있지만, 일과 삶을 양극화하여 서로 다른 것으로 보기보다는 일을 삶의 중요한 한 부분으로 통합하여 보는 것이 바람직하다. 즉, 리더는 열심히 일하도록 하기보다는 효율적으로 일하는 조직을 만들어서 조직생활을 의미 있고 즐겁게 만들어주고, 일에서 벗어나 가정과 공동체에서 여가를 즐길 수 있도록 함으로써 조직의 경쟁력을 높이고, 개인의 삶의 질을 향상시켜야 한다. 그러한 조직이 '훌륭한 일터'라고 할 수 있기 때문이다.

우리 모두 존경하고 따르는 세종대왕의 국정 철학은 '생생지락(生生之樂) 조선'이었다. 즉, 백성이 모두 즐겁게 일하며 행복한 삶을 누리는 나라를 만들려고 했다. 이러한 세종대왕의 생생지락의 리더십이 오늘날 모든 조직의 리더들에게도 전수되어 군뿐만 아니라 모든 조직이 생생지락하는 행복한 일터가 되고, 국민 모두 행복한 나라가 되길 바란다.

> "훌륭한 리더는 해야 하기 때문에 어쩔 수 없이 일하는 것이 아니라 스스로 일할 마음이 생기도록 하는 사람이다."

상사, 경영진에 대한 신뢰
상사 TRUST

업무/조직에 대한 자부심

강한 동료애로 재미있게 일함

조직 구성원

업무 PRIDE

동료 FUN

출처: Levering(2000)

실습
10.10

효과적인 팀 만들기(effective team building process)

- 준비물: A4 용지, 필기구, 칠판(또는 플립 차트)

- 진행 순서
  1. 약한 고리 찾기
     1) 5명 내외로 조를 편성하고, 조장을 임명한다.
     2) A4 용지를 한 장씩 나누어주고, 그동안 말하지 못했던(또는 생각했거나 느꼈던) "우리 부대(팀)의 문제점 또는 부대원(팀원)이 나를 힘들게(슬프게) 하는 것" 한 가지 이상을 익명으로 적도록 한다.
     3) 종이를 눈 뭉치처럼 구겨서 진행자가 "그만!"이라고 할 때까지 참가자들에게 눈싸움하듯이 던지도록 한다. 그리고 주위에 있는 종이 뭉치를 하나씩 줍도록 한다.
     4) 조별로 종이에 적힌 내용을 종합 정리한 후 토의를 통해 팀워크를 약화시키는 원인이라고 생각하는 것(약한 고리) 3가지 내외를 선별하고, 우선순위를 정한다.
     5) 조별로 선정된 약한 고리들을 칠판(또는 플립 차트)에 적고, 전체 토의를 통해 5가지 내외의 약한 고리(조직의 문제점 또는 개선 사항)를 선정한다.

  2. 약한 고리 강화하기
     1) 선정된 약한 고리별로 조별 토의를 통해 해결책(또는 강화 방안)을 마련한다.
     2) 조별로 토의된 해결책(강화 방안)을 칠판(플립 차트)에 적고, 전체 토의를 통해 가장 효과적이고 실행 가능한 방안을 선정한다.
     3) 조별 및 전체 토의를 통해 구체적인 실천 계획(action plan)을 수립한다.
     4) 참가자 전원이 실천 계획을 이행하겠다는 약속(게시판 게시 등)을 한다.

약한 고리	해결 방안	실천 계획
1.	1. 2.	1. 2. 3.
2.	1. 2.	1. 2. 3.

요약

인적자원관리자로서 리더는 팔로어들을 사랑하고, 잠재능력을 개발하며, 긍정적 태도를 형성하는 사람이다. 또한 효과적인 의사소통과 팀빌딩을 통해 구성원 모두가 한마음이 되어 성과를 높이고, 목표를 달성할 수 있도록 도와주고, 촉진하는 사람이다.

위대한 리더들이 보여준 바와 같이 강력한 리더십의 원천은 총칼 같은 강압적 권력이 아니라 팔로어에 대한 '사랑'이다. 진정한 사랑은 공자의 가르침처럼 한마음이 되어 남과 나를 구분하지 않고 남을 나처럼 생각하는 것이다. 리더와 팔로어가 한마음이 되기 위해서는 '역지사지(易地思之)'하여 다른 사람의 입장을 헤아려야 한다. 리더의 사랑은 무조건적이고 헌신적인 이타적 사랑을 의미하는 아가페적 사랑을 하는 것이 이상적이지만, 현실적으로 리더는 '이타적 이기주의적' 사랑이 바람직하다. 나를 사랑해야 남도 사랑할 수 있고, 내가 행복해야 남도 행복할 수 있기 때문이다. 리더와 팔로어가 함께 이익이 되고, 함께 행복해져야 지속적으로 실천이 가능하다.

개인과 조직의 성공 또는 성과는 능력과 태도에 의해 결정되기 때문에 리더는 자신과 팔로어들의 태도를 긍정적으로 변화시키고, 능력을 개발해야 한다. 먼저 긍정적 태도 형성을 위해서는 리더 자신은 물론 팔로어들의 자긍심을 높여주어야 한다. 그리고 국내외 민간 분야에서뿐만 아니라 군에서도 긍정적 태도를 형성하는 데 효과적인 것으로 밝혀진 감사 생활을 하도록 함으로써 행복감이 향상되고, 존중과 배려의 병영문화를 조성하도록 해야 한다. 또한 리더는 팔로어들의 욕구를 파악하여 충족시켜줌으로써 동기를 유발하여 자발적인 행동 또는 노력을 하도록 해야 한다.

다음으로 잠재능력 개발을 위해서는 팔로어에게 능력이 있음을 확인시켜주고, 능력을 키워주는 임파워먼트를 해야 한다. 임파워먼트를 하기 위해서는 먼저 리더와 팔로어 사이에 신뢰가 형성되어야 한다. 신뢰를 바탕으로 강점 기반 리더십, 피드백, 코칭, 멘토링, 권한위임, 참여적 의사결정 등을 통해 팔로어들의 태도를 긍정적으로 변화시키고, 잠재능력을 개발함으로써 개인, 집단 및 조직의 성과를 높일 수 있다. 강점 기반 리더십은 리더가 자신과 팔로어 그리고 조직(집단)의 강점을 찾아서 그것을 집중하여 개발하고 활용함으로써 효율적이고 효과적으로 업무를 수행하여 성과(성공)를 극대화하는 리더십이다. 그리고 코칭은 "개인의 변화와 잠재능력 개발을 도와주는 파트너십 과정"으로 리더는 코치 역할도 수행해야 한다. 따라서 리더는 공감적 경청 기술과 효과적인 피드백 기술과 질문 기술을 습득하여 적극적으로 활용해야 한다.

한편 인적자원관리자로서 리더는 효과적인 의사소통을 위해 '너 메시지' 전달법이 아니라 '나'로 시작하는 주어 문장을 사용하여 상대방의 감정을 상하지 않게 배려하면서 내가 말하고자 하는 내용을 잘 전달해주는 '나 메시지(I-message)' 전달법을 사용해야 한다. 또한 조직 또는 팀의 성과를 높이기 위해서는 구성원 모두가 공동의 목표 달성을 위해 각자의 역할과 책임을 다하고 협력하도록 한 방향 정렬을 하는 팀빌딩 과정을 통해 벽돌담이 아니라 돌담 같은 팀워크를 구축해야 한다. 그것은 팀워크가 구성원들의 역량을 하나로 결집시켜주는 접착제 역할과 함께 일이 잘 진행되도록 도와주는 윤활유 역할을 함으로써 시너지 효과를 내주기 때문이다.

질문 및 토의

1. 목숨이 위태로운 극한 상황에서도 절대복종하도록 하기 위해 리더는 팔로어들에게 아가페적인 사랑을 해야 한다고 한다. 이에 대한 견해는?

2. 개인 또는 조직의 성공과 성과는 능력과 태도에 의해 결정된다고 한다. 효과적인 긍정적 태도 형성 방법과 잠재능력 개발 방법은?

3. 동기부여 이론들의 내용과 차이점, 그리고 리더들에게 주는 시사점은?

4. 군에서는 팀워크 형성을 위해 회식이나 축구 같은 운동을 많이 한다. 이러한 방법들이 팀워크 형성에 미치는 순기능과 역기능은?

5. 다음 〈실전 리더십 사례 토의 10〉을 읽고 리더로서 선택할 수 있는 각각의 조치 방법들(1~13번)에 대한 적절성 정도를 판단하고, 1~9점 중 하나를 선택하여 각 번호 뒤에 점수를 기록한 후 각자의 점수 부여 이유에 대해 토의한다.

당신은 소대장이다. 소대에 전입 온 한 신병은 불우한 환경에서 자라왔다. 부모 없이 고아원에서 생활했으며, 양팔에는 자해 흔적이 있다. 그는 전입 후 소대에 적응하려는 노력을 보이지 않으며 혼자 있으려고만 한다. 소대장에게도 자신의 고충이나 생각을 말하려 하지 않는다. 이 상황에서 당신은 어떻게 하겠는가?

1	신병의 사회 친구 및 주변인들과 연락하여 개인적 관심사, 성격, 주요 행동특성 등을 사전에 파악하고 대화를 시도한다.
2	인격적으로 성숙하다고 판단되는 용사나 신앙심이 깊은 용사를 멘토로 활용하여 신병과 함께 행동하도록 한다.
3	소대장이 먼저 자신의 고민들을 털어놓아 신병이 마음을 열 수 있도록 한다.
4	소대 전체가 자기고백 시간을 가져 신병이 자신의 이야기를 할 수 있도록 분위기를 형성한다.
5	소대원들에게 신병의 개인신상을 알려준 후, 특별히 그에게 잘 대해주고 관심을 가지도록 지시한다.
6	복무부적응으로 전역시키기 위해 신병의 행동을 지속적으로 관찰·기록한다.
7	중대 전 간부들과 이 문제에 대해 토의한다.
8	축구 등의 체육활동에 의무적으로 참석시켜 소대원들과 함께하는 시간을 가지게 한다.
9	신병 앞에서 소대장의 인간적이고 배려심 깊은 모습을 지속적으로 보여준다.

1	2	3	4	5	6	7	8	9
매우 부적절함		다소 부적절함		보통		다소 적절함		매우 적절함

〈결과 해석〉: 이 책의 마지막 부록에 포함된 실전 리더십 사례 토의 모범답안 참조.

11장

정치가로서 역할

"자원의 희소성 때문에 조직정치는 불가피하다.
문제는 조직에 정치가 있는가의 여부가 아니라 어떤 유형의 정치가 있는가에 있다.
정치가로서 리더는 사익이 아니라 공익을 위한 조직정치를 해야 한다."

– 볼먼과 딜(Bolman & Deal)

　　정치적 인식틀로 보면 조직은 여러 이해관계자들이 권력과 희소자원을 차지하기 위해 서로 다투는 정글이자 싸움터다. 따라서 조직원 사이에 이해관계의 차이로 인한 갈등 발생이 불가피하기 때문에 리더는 조직정치를 이해하고 관리하며, 조직이 나아갈 방향을 제시하는 정치가로서 역할을 수행해야 한다.

　　따라서 이 장에서는 정치가로서 리더의 역할을 효과적으로 수행하는데 필요한 역량인 비전과 전략의 수립, 인맥과 지원세력의 구축, 협상, 그리고 갈등관리에 관련된 이론과 기법을 소개한다.

1. 비전 제시와 전략 수립

1) 비전의 제시

훌륭한 정치가들이 국가가 나아가야 할 방향을 제시하고 앞장서서 국민을 독려하는 것처럼 리더는 조직의 비전(vision)을 제시하고 비전을 실현하기 위해 앞장서야 한다.

비전은 "미래의 바람직한 모습 또는 미래상(未來像)"으로 칠흑같이 어두운 밤에 항해하는 배의 방향을 제시해주는 등대 같은 역할을 하기 때문이다. 특히 조직의 비전은 조직이 나아갈 방향을 제시해줌으로써 조직원들에게 자신이 하는 일의 의미를 부여하여 구성원들의 적극적인 참여를 이끌어내고, 조직에 활기를 불어넣는다. 또한 현재와 미래를 연결해주는 교량 역할을 한다(Nanus, 1992).

비전은 〈그림 11.1〉과 같이 "조직이 존재하는 의의와 목적, 즉 조직의 존재 이유"인 사명(mission)에서 나온다.[1] 예컨대, 우리 군의 사명은 국가가 부여한 "국가의 안전보장과 국토방위의 신성한 의무의 수행"(헌법 제5조)이고, 이를 구현하기 위한 육군의 비전 2030은 〈그림 11.2〉와 같이 '한계를 넘어서는 초일류 육군'이다.[2] 그리고 기업을 예로 들면 현대자동차의

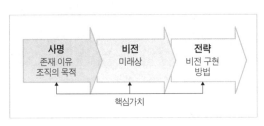

〈그림 11.1〉 사명 · 비전 · 전략과 핵심가치의 관계

---

[1] 사명(使命)은 조직이 존재하는 이유와 사회에 제공하는 가치를 명확히 제시함으로써 조직의 정체성을 부여해준다. 또한 조직 구성원들에게 수행하는 일의 의미와 행동의 동기를 부여해준다.

[2] 육군은 4차 산업혁명과 과학기술의 발전, 병력 감축과 병 복무 기간 단축, 급변하는 안보 환경 등 다양한 도전 속에서 미래를 준비하기 위해 '육군 비전 2030: 한계를 넘어서는 초일류 육군'에 이어 '육군 비전 2050: 시간과 공간을 주도하는 초일류 육군'이라는 비전을 제시했다(국방부, 2021).

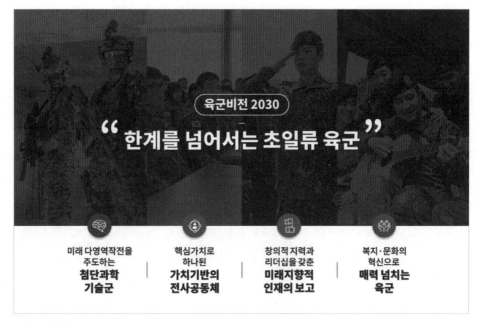

출처: 육군본부 홈페이지(2021.8.25)

〈그림 11.2〉 육군의 비전

사명은 "창의적 사고와 끝없는 도전을 통해 새로운 미래를 창조함으로써 인류사회의 꿈을 실현한다"이고, 비전은 "자동차에서 삶의 동반자로"다. 이와 같이 비전은 사명에 따라 구체적으로 달성해야 할 중장기적 목표, 즉 전략을 통해 장기적으로 구현하고자 하는 목표이자 조직이 지향하는 바람직한 미래의 모습이다.

따라서 비전은 "가고 싶은 군대, 보내고 싶은 군대"[3]와 같이 조직의 사명에 바탕을 두고 조직 구성원들의 가슴을 뛰게 할 수 있도록 도전적이면서도 달성 가능해야 한다. 또한 조직 구성원들이 공유할 수 있도록 간결하면서도 명확해야 하고, 개인적 차원을 넘어서 사회적 가치와 조직 발전에 대한 열망과 핵심가치(core value)[4]를 반영해야 한다.

---

[3] (사)대한리더십학회 학술세미나(최병순, 2002)에서 제시한 군의 비전으로 국방부에서 병영문화 혁신을 위한 슬로건으로 사용하고 있고(권혁주, 2018), 해군에서는 "가고 싶은 군대, 보내고 싶은 군대, 근무하고 싶은 군대"라는 슬로건으로 사용하고 있다.

[4] '핵심가치'에 대해서는 제13장 참조.

백범 김구의 국가 비전: 문화 국가

나는 우리나라가 세계에서 가장 아름다운 나라가 되기를 원한다. 가장 부강한 나라가 되기를 원하는 것은 아니다. 내가 남의 침략에 가슴이 아팠으니 내 나라가 남을 침략하는 것을 원치 아니한다. 우리의 부력(富力)은 우리의 생활을 풍족히 할 만하고 우리의 강력(强力)은 남의 침략을 막을 만하면 족하다.

오직 한없이 가지고 싶은 것은 높은 문화의 힘이다. 문화의 힘은 우리 자신을 행복하게 하고 나아가서 남에게 행복을 주기 때문이다. 지금 인류에게 부족한 것은 무력도 아니요, 경제력도 아니다. 자연과학의 힘은 아무리 많아도 좋으나 인류 전체로 보면 현재의 자연과학만 가지고도 편안히 살아가기에 넉넉하다.

인류가 현재 불행한 근본 이유는 인의가 부족하고 자비가 부족하고 사랑이 부족하기 때문이다. 이 마음만 발달하면 현재의 물질력으로 20억이 다 편안히 살아갈 수 있을 것이다. 인류의 이 정신을 배양하는 것은 오직 문화다.

나는 우리나라가 남의 것을 모방하는 나라가 되지 말고 이러한 높고 새로운 문화의 근원이 되고 목표가 되고 모범이 되기를 원한다. 그래서 진정한 세계의 평화가 우리나라에서, 우리나라로 말미암아 세계에 실현되기를 원한다. 홍익인간(弘益人間)이라는 우리 국조(國祖) 단군(檀君)의 이상이 이것이라고 믿는다.

출처: 『백범일지』, '나의 소원' 중에서

2) 전략의 수립

(1) 전략과 전략적 사고

비전은 전략(strategy)을 수립하여 추진함으로써 구현될 수 있다. 리더가 비전만 제시하고 그것을 구현할 방안을 제시하지 않는다면 팔로어들이 믿고 따르지 않는다. 비전만 있고 전략이 없으면 그것은 허황된 꿈에 지나지 않기 때문이다. 예컨대, 박정희 대통령이 우리나라가 경제적으로 어려운 상황(1961년 GDP 93달러)에서 "잘살아보세!"라는 국가 비전을 제시하고, 이를 구현하기 위한 전략으로 '경제개발 5개년 계획'[5]을 수립하여 추진함으로써 우리나라가 경제발전을 이룰 수 있었던 것처럼 정치가

---

5 1962~1981년까지 4차에 걸쳐 '경제개발계획'이 실시되었으며, 제5차 이후는 '경제사회발전 5개년 계획'으로 명칭이 바뀌었고, 제7차는 김영삼 정부의 신경제 계획이 겹쳐 추진됨에 따라 1996년 5개년 계획은 사실상 종료되었다.

로서 리더는 비전과 함께 이를 구현하기 위한 효과적인 전략을 수립해야 한다.

전략(戰略)은 '군대의 지도자'를 의미하는 고대 그리스어 'strategia'에서 유래한 군사용어로 "전쟁 목적을 달성하기 위해 한 나라의 군사와 경제 및 정치를 비롯한 모든 자원을 이용하는 기술"(로버트 그린, 2007: 12)로, 공격과 방어에 대한 일반적 계획이다.[6]

이러한 전략이 비군사적 분야, 특히 경영

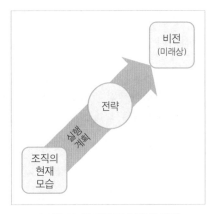

〈그림 11.3〉 비전과 전략의 관계

분야에서 널리 사용되면서 '경영전략', '전략적 계획', '전략적 리더십' 등의 용어로 사용되면서 전략을 학자에 따라 "장기적인 목표의 결정과 그 목표를 달성하기 위한 행동을 결정하고, 이러한 목표 달성을 위한 자원을 배분하는 것"(Chandler, 2013), "조직의 사명 또는 목표를 달성하기 위한 일반적 계획"(Nickols, 2016: 3) 등으로 다양하게 정의하고 있다. 따라서 전략은 "조직의 사명에 바탕을 둔 비전과 조직 전체의 기본 목표를 달성하기 위한 장기적이고 종합적인 활동 계획"이라고 할 수 있다. 그리고 "조직이 경쟁우위를 확보하기 위해 경쟁방식을 선택하고, 조직의 한정된 인적·물적·정보 자원 등을 효과적으로 배분하는 것에 관한 의사결정"이라고 할 수 있다.[7]

이러한 전략을 효과적으로 수립하기 위해 리더는 다음과 같이 전략적 사고(strategic thinking)[8]를 해야 한다. 첫째, 현재보다는 미래에 초점을 맞추는 비전 리더십(visionary leadership)을 발휘해야 한다. 리더는 현재의 조직 운영과 성과만이 아니라 다음 6.25전쟁 중의 사례와 같이 미래의 조직 운영과 성과도 생각하는 장기적인 관점을 가져야 한다. 비록 현재는 곤경에 처해 있거나 성과가 높더라도 앞으로 위기에 처할 가능성

---

6 전략은 "전쟁을 전반적으로 이끌어가는 방법(전술보다 상위개념이고 장기적 관점)"이고, 전술(tactics)은 "전략을 이행하기 위한 구체적인 실행 수단이나 방법(단기적 관점)"이다.

7 전략 개발의 절차는 MOST(Mission, Objective, Strategy, Tactics), 즉 사명(Mission) 구현을 위한 목표 설정(Objective)을 하고, 목표 달성을 위한 전략(Strategy)과 전술(Tactics)을 개발하는 것이다.

8 "현실에 기반하여 비전이나 목표 달성을 위해 한정된 자원(시간, 노력, 인력, 물자, 예산 등)을 어디에 사용할 것인지를 결정하는 정신적 과정 또는 생각의 과정"이다.

이 있다는 것을 항상 인식하고 조직의 미래를 위해 준비하는 것이 전략적 사고의 출발점이다.

> 6.25전쟁 중인 1951년 말에 장교 2천 명을 미국의 각 병과학교에 보냈다. 1951년 말 250명의 보병장교와 100명의 포병장교를 보병학교와 포병학교에 단기 유학시킨 것을 시작으로 전 병과에 군사 유학이 실시됐다. 교육을 마치고 돌아온 장교들은 육군의 병과학교 교관 요원으로 임명돼 미군의 최신 군사 지식과 기술을 전수했고, 각 부대 장병들에게 미군의 전술훈련 교리를 전파했다.
>
> 또한 1951년 미국의 웨스트포인트처럼 우수한 장교를 육성하기 위해 육군사관학교를 진해에서 4년제 정규사관학교로 재창설하여 11기를 선발했다. 이들은 전쟁이 끝난 1955년 10월 학사 학위를 받고 임관하여 선진 정예 강군을 육성하는 데 중추적인 역할을 했다.
>
> 출처: 백선엽(2009)

둘째, 부분보다는 조직 전체를 생각하는 거시적 관점으로 전체적 사고(system thinking) 또는 통합적 사고를 해야 한다. "나무만 보지 말고 숲도 보는 지혜, 즉 균형"을 생각하라는 것이다. 경제학에서 경제의 숲을 구성하고 있는 나무 하나하나를 개별적으로 분석하는 것이 바로 미시경제(微視經濟)다. 특정 산업 현황이나 시장 여건, 경쟁상태는 물론 중소기업과 대기업 문제를 다루는 것은 당연히 미시경제의 문제다. 소비자나 기업 같은 개별경제 주체가 자신의 이익을 높이기 위해 행하는 '경제적 선택'은 모두 미시경제적 분석에 해당한다. 반대로 경제를 숲처럼 본다는 것은 전체 모습을 크게 조감(鳥瞰)하는 것으로 '거시경제적(巨視經濟的) 접근'[9]이라 부른다. 따라서 경제정책은 거시경제와 미시경제를 효율적으로 조화시켜야 한다(정갑영, 2001).

이와 마찬가지로 조직의 리더는 조직의 부분, 즉 구성요소(사람, 구조, 기술, 정치, 문화 등)뿐만 아니라 조직 전체를 보는 거시적 관점을 가져야 한다. 조직 전체를 보지 않고 부분만 본다면 〈그림 11.4〉에서와 같이 손이 아니라 신체의 다른 부분으로 인식하게

---

[9] 성장과 물가, 그리고 국제수지가 바로 거시경제 3대 지표이고, 국내총생산이나 이자율, 실업률 등도 거시경제에서 많이 활용하는 경제변수다.

되는 것처럼 실제를 왜곡해서 볼 수 있기 때문에 조직의 문제를 정확히 진단할 수 없다. 또한 문제가 발생할 때마다 그것을 해결하기 위해 임기응변이 잦아지면 근본적인 문제해결이 되지 않는다.

〈그림 11.4〉 부분과 전체

따라서 리더는 부분보다 전체를 고려하여 사랑하는 부하를 참형에 처한 읍참마속(泣斬馬謖)[10]의 고사처럼 때로는 전체를 위해 부분을 희생시키는 힘든 결단도 해야 한다. 즉, 리더는 나무만 보지 말고 숲도 보는 균형적인 전략적 사고를 해야 한다.

제갈공명(諸葛孔明)은 군율을 어겨 참패한 마속(馬謖)을 용서해달라는 장완(張琬)의 건의를 받고도 "마속은 정말 아까운 장수요. 하지만 사사로운 정에 끌려 군율을 저버리는 것은 마속이 지은 죄보다 더 큰 죄가 되오. 아끼는 사람일수록 가차 없이 처단하여 대의(大義)를 바로잡지 않으면 나라의 기강은 무너지는 법이오"라면서 참형에 처했다. 마속이 형장으로 끌려가자 제갈량은 소맷자락으로 얼굴을 가리고 마룻바닥에 엎드려 울었다고 한다.

셋째, 조직의 내부만이 아니라 외부 환경과 경쟁자에게 관심을 가져야 한다. 혁신적이고 경쟁력 있는 조직이 되기 위해서는 외부 환경 변화를 민첩하게 감지하여 신속히 대응해야 한다. 그런데 이것을 방해하는 주된 요인 중 하나가 제2차 세계대전 중 과달카날 전투(the Battle of Guadalcanal)에서의 다음 일본군 사례처럼 외부 경쟁자(적)와 싸우는 것이 아니라 자기 조직(軍, 병과 또는 부대 등)이나 부서의 이익에 초점을 맞춰 행동하는 집단(부서) 이기주의, 즉 사일로 효과(silos effect)[11]다. 따라서 리더는 조직 내부의 경쟁자나 자원에만 관심을 갖는 편협한 사고가 아니라 외부 환경과 경쟁자(적), 그

---

10 "울면서 마속을 벤다"라는 뜻으로 법의 공정을 지키기 위해 사사로운 정(情)을 버리는 비유나 전체 조직 또는 대의(大義)를 위해 자기가 아끼는 사람을 가차 없이 버리는 비유로 사용한다.

11 사일로(silo)는 곡식이나 사료를 저장하는 굴뚝 모양의 원통형 창고인데, 사일로처럼 담을 쌓고 "조직 부서 간에 서로 협력하지 않고 자기 부서(집단)의 이익만을 추구하는 현상", 즉 '부서 이기주의'를 의미한다.

리고 외부의 인적·물적 자원에도 관심을 갖는 전략적 사고를 해야 한다.

태평양전쟁 기간 내내 일본 육군과 해군은 반목과 갈등을 반복했다. 특히 6개월 동안 소모전을 지속하면서 태평양전쟁 승패의 분수령이 된 과달카날섬에서의 전투가 대표적 사례다. 1942년 7월 일본 해군 단독으로 과달카날에 비행장을 건설하기 시작했고, 이를 미 해병대가 상륙해서 빼앗음으로써 과달카날 전투는 시작됐다. 그런데 해군은 이를 탈환하기 위해 육군에 병력 지원을 요청하면서도 과달카날의 위치와 가치, 미군의 규모 등을 제대로 알려 주지 않았다. 또한 세 차례에 걸친 육군의 상륙 및 전투 과정에서 해군은 육군을 지원하기보다 미국 주력 함대와의 결전에 전력을 집중했기 때문에 원활한 합동작전이 될 수 없었다. 특히 제해권이 미 해군에 넘어가면서 과달카날의 일본 육군은 고립되었고, 해군을 통한 인원 수송과 보급도 많은 함선이 격침되면서 제대로 이루어질 수 없었다. 이러한 상황 속에서도 육군은 해군에 더 많은 지원을 요구했지만, 해군은 과달카날을 포기하길 원했다. 그러나 육군은 체면 때문에 병사들이 굶주림과 열대 풍토병으로 죽어감에도 계속 버티다가 1942년 1월 과달카날에서 철수했다.

출처: 유용원의 군사세계(bemil.chosun.com)

(2) 전략 수립 방법: SWOT 분석

	긍정적 요인	부정적 요인
내부 역량	강점 (Strength) **S**	약점 (Weakness) **W**
외부 환경	기회 (Oppertunity) **O**	위협 (Threat) **T**

〈그림 11.5〉 SWOT 분석 매트릭스

SWOT 분석은 개인이나 조직의 내부 역량과 외부환경 분석을 통해 강점(Strength)과 약점(Weakness), 기회(Opportunity)와 위협(Threat) 요인을 식별하고, 이를 토대로 전략을 수립하는 기법이다. 즉, 개인이나 조직이 당면한 외부 환경(상황)과 내부 역량을 파악한 후 대응 방안을 모색하기 위한 전략 수립 기법이라고 할 수 있다(Dess et al., 2020).

이러한 SWOT 분석은 〈그림 11.5〉와 같이 강점과 약점, 기회와 위협을 매트릭스로 표시하여 분석한다. 먼저 강점과 약점은 개인이나 조직의 내부에 있기 때문에 어느 정도 통제할 수 있고 변경할 수 있는 요인으로 내부역량 분석을 통해 식별한다.

강점은 외부기회를 이용하거나 위험요소를 최소화하기 위해 사용할 수 있는 보유한 자원이나 능력으로 다른 경쟁자나 경쟁 조직보다 우위에 있는 긍정적 요인이다. 반면에 약점은 목표 달성을 저해하거나 실패를 피하기 위해 극복해야 할 자원이나 능력의 부족으로 경쟁자나 경쟁 조직에 비해 경쟁 열위로 지니고 있는 부정적 요인이다.

기회와 위협 요인은 외부환경 분석을 통해 식별하며, 외부적 요인이기에 통제하기 어려운 요인이다. 기회 요인은 개인이나 조직의 발전 또는 성장에 도움이 되는 긍정적 요인인 반면에 위협 요인은 개인이나 조직이 발전하고 성장하는 데 부정적인 영향을 미치는 부정적 요인이다.

이러한 강점과 약점, 그리고 기회와 위협 요인을 〈표 11.1〉과 같은 요소 등을 기준으로 식별한 다음 〈그림 11.6〉과 같이 강점, 약점, 기회 및 위협의 요소들을 조합(cross SWOT)하여 4가지 유형의 전략을 도출한다. 즉 조직의 핵심역량을 활용하여 기회를 선점하고, 장애 요인을 극복하면서 위협에 대처하기 위해 'S-O 전략, W-O 전략, S-T 전략, W-T 전략'을 수립한다.

그러나 개인이나 조직이 활용할 수 있는 자원은 한정되어 있고, 상황이 끊임없이

〈표 11.1〉 SWOT 분석 시 포함 내용(예)

개인 SWOT 분석		조직 SWOT 분석	
강점	약점	강점	약점
성격/신체적 강점 경험/경력/학력/학점 특기/자격증 인맥 등	성격/신체적 단점 경험(해외 연수 등) 가정/경제적 여건 학력/학점 등	인적 · 물적 자원 우수성 높은 생산성 · 기술력 높은 사기 · 응집력 경쟁력 우위 등	낙후된 시설 · 장비 동기부여 저하 높은 이직률 경쟁력 약화 등
기회	위협	기회	위협
가족/친지 활용 기회 교내 기회(장학금 등) 취업 기회 등	학교/교육 환경 경제적 상황 사회적 변화 추세 등	경제 상황 호전 새로운 고객 출현 유리한 국가정책 등	경기침체(예산 감소) 새로운 경쟁자(적) 불리한 법규 · 제도 등

변화하기 때문에 목표와의 적합성, 전략의 실행 가능성, 경쟁자와의 차별성, 전략의 중요성 등을 종합적으로 고려하여 우선순위를 정해야 한다. 그리고 4가지 전략을 모두 선택하거나 2~3개의 전략, 또는 1개의 전략을 선택한 다음 이러한 전략들에서 중점 추진과제를 도출해서 추진해야 한다.

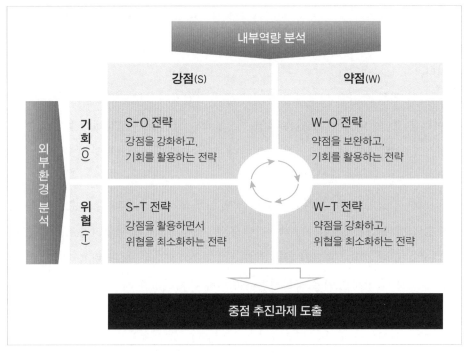

〈그림 11.6〉 SWOT 분석을 통한 전략 수립

개인/조직의 SWOT 분석과 전략 수립

1. 경쟁자와 비교하여 자신 또는 조직의 강점과 약점을 분석함
2. 외부환경 분석을 통해 기회와 위협 요인을 도출함
3. 분석한 내용을 분석표에 정리
4. 자신 또는 조직의 발전(성공)을 위한 전략 수립

	강점	약점
	1.	1.
	2.	2.
	3.	3.
기회	**S-O 전략**	**W-O 전략**
1.	1.	1.
2.	2.	2.
3.	3.	3.
위협	**S-T 전략**	**W-T 전략**
1.	1.	1.
2.	2.	2.
3.	3.	3.

『손자병법』과 SWOT 분석

『손자병법(孫子兵法)』제1편「시계(始計)」에는 전쟁을 시작하기 전에 전력의 5가지 요소인 '오사(五事)'와 전력을 비교하는 7가지 기준인 '칠계(七計)'를 다음과 같이 제시하고 있다.

"孫子曰, 兵者, 國之大事, 死生之地, 存亡之道, 不可不察也. 故 經之以五事, 校之以計, 而索其情, 一曰道, 二曰天, 三曰地, 四曰將, 五曰法. 道者, 令民與上同意也, 故可與之死, 可與之生, 而民不畏危. 天者, 陰陽·寒暑·時制也. 地者, 遠近·險易·廣狹·死生也. 將者, 智·信·仁·勇·嚴也. 法者, 曲制·官道·主用也. 凡此五者, 將莫不聞, 知之者勝, 不知者不勝. 故校之以計 而索其情. 曰 主孰有道, 將孰有能, 天地孰得, 法令孰行, 兵衆孰强, 士卒孰練, 賞罰孰明, 吾以此 知勝負矣."

"손자가 말했다. 전쟁은 나라의 중대한 일이다. 생사와 국가의 존망이 달려 있기 때문에 신중히 살펴보아야 한다. 따라서 다음 5가지 사항[五事], 즉 道(비전/목표 공유), 天(기상과 시기), 地(지리적 조건), 將(리더십 역량), 法(조직과 제도)을 기준으로 7가지를 비교해서 아군과 적군의 정세(우열)를 탐색해야 한다."

道(도)는 임금과 백성이 한마음이 되는 것이다. 그래야만 생사를 함께할 수 있고, 백성(부대원)이 위험을 두려워하지 않는다.

天(천)은 밤과 낮, 추위와 더위, 시기(때), 즉 기상과 시기다.
地(지)는 거리의 원근, 지세가 험한가 평탄한가, 넓은가 좁은가, 지역의 유불리 같은 지리적 또는 지형적 조건이다.
將(장)은 지휘관들이 智(지)·信(신)·仁(인)·勇(용)·嚴(엄)의 리더십 역량을 구비하는 것이다.
法(법)은 군대 편제, 지휘체계(군기), 무기·식량 등의 보급체계다.

이상의 5가지 사항은 장군(지휘관)이라면 누구나 들어보았겠지만, 이를 아는 자는 승리할 것이고, 모르는 자는 패배할 것이다. 따라서 다음 7가지 사항[七計]을 비교하여 아군과 적군의 정세를 탐색해야 한다. 즉, "어느 나라 임금이 정치를 잘하는가? 어떤 장군(지휘관)이 유능한가? 때와 장소가 어느 편에 유리한가? 어느 나라 법령이 잘 시행되는가? 어느 나라 군대가 더 많고 강한가? 장병들의 훈련은 누가 잘되어 있는가? 상과 벌은 공명정대하게 집행되는가?"로 승부를 알 수 있다.

전쟁을 시작하기 전에 검토해야 할 이러한 5가지 사항[五事]을 전략 수립 도구인 SWOT 분석 방법과 비교해보면 첫째, 도(道)는 조직원들이 조직의 비전(vision)과 목표, 핵심가치를 공유해서 한 방향 정렬이 되는 것이다.* 둘째, 천(天)과 지(地)는 외부 환경 분석을 통해 식별되는 기회와 위협 요인을 식별하는 것이다. 셋째, 장(將)과 법(法)은 내부역량 분석을 통해 강점 또는 약점 요인을 식별하는 것이라고 할 수 있다.

이처럼 『손자병법』은 조직이 경쟁우위를 확보하기 위해서는 먼저 조직 구성원이 비전과 목표를 공유하도록 해야 하고, 조직이 처한 외부 환경과 내부역량에 대한 면밀한 분석을 통해 경쟁우위 전략을 도출해야 한다는 것을 시사해주고 있다.

---

* 도(道)는 분석수준에 따라 외부 환경요인이 될 수도 있고 내부 역량요인이 될 수도 있다. 즉 국가지도자 관점에서는 내부역량이지만, 군 지휘관 관점에서는 외부 환경요인으로 간주될 수 있다.

2. 협상과 갈등관리

1) 협상

(1) 협상의 개념과 필요성

협상(negotiation)은 리더가 개인이나 집단(조직)과 이해관계 때문에 갈등이 발생했을 때 정치가들처럼 대화를 통해 문제를 해결하는 방법이다. 즉 "상대방으로부터 무엇을 얻고자 하거나 상대방이 자신으로부터 무엇을 얻고자 할 때 발생하는 상호작용적인 의사소통 과정(Shell, 2018: 6)" 또는 "어떤 문제에 갈등이 있는 경우 자신에게 유리한 결과를 얻기 위해 둘 이상의 사람 또는 당사자 간에 이루어지는 대화 또는 의사소통"이다. 이러한 협상을 통해 상대방에게서 명성, 자유, 아니면 돈이나 정의 또는 사랑, 사회적 지위, 신체적 안전 등 내가 원하는 모든 것을 얻을 수 있다(Cohen, 1982: 16).

협상은 다음 사례와 같이 흔히 정치 또는 외교나 노사관계에서만 주로 사용되는 것으로 알고 있지만, 정치적 인식틀로 보면 조직 내 대부분의 의사결정이 협상을 통해 이루어지고 있고, 이 세상은 거대한 협상 테이블이라고 할 수 있다.

여야 간의 협상을 통해 상임위원장 배분 협상의 핵심 쟁점이던 법사위원장은 21대 국회 전반기 2년은 민주당이, 후반기 2년은 국민의 힘이 맡기로 했다. 이렇게 되면 현재 민주당이 맡고 있는 법사위원장 자리는 내년 6월부터 국민의 힘으로 넘어간다. 여야는 이와 함께 그동안 국회 안에서 상왕·상원 노릇을 하던 법사위를 개혁하는 방안에도 뜻을 모았다.

파업 위기에 놓였던 노사 협상이 극적으로 타결되었다. 노사는 밤새 이어진 마라톤 협상 끝에 임금 7.9% 인상과 격려 · 장려금 650% 지급에 합의했다. 이와 함께 노사는 공동으로 참여하는 TF를 구성해 임금 경쟁력 회복 및 성과급 제도 마련을 위해 노력을 기울이기로 했다. 처음에 노조는 임금 25% 인상과 성과급 1,200%를 요구했고, 이에 맞서 사측은 임금 8% 인상과 격려금 300%, 연말 결산 후 장려금 200% 지급 등이 담긴 안을 제시했다.

이와 같이 협상은 정치가들과 노사 간뿐만 아니라 우리 주변 어디에서나 일어나는 평범한 일상이다. 국가나 조직 사이뿐만 아니라 물건을 살 때나 친구와 어떤 음식을 먹을 것인가를 두고도 협상한다. 연인 사이에도 사랑의 줄다리기를 하면서 협상한다. 부부 사이에도, 부모와 자식, 형제 사이에도 협상한다. 그리고 군에서 지휘관과 부대원 사이에도 협상한다. 모두가 자신이 원하는 결과를 얻기 위해 자신의 지식과 정보, 권력(힘)과 지위를 사용하기도 한다. 이와 같이 우리는 일상생활이나 가정생활, 조직생활, 조직 또는 국가 간에도 상대방과 의견 충돌이 발생하면 협상을 하게 된다. 둘 이상의 당사자들 사이에 이해관계가 있을 경우에는 언제나 협상의 필요성이 발생한다.

협상은 상대방을 협박해서 무엇인가를 얻어내는 것이 아니라 원하는 방향으로 일을 진행시키기 위해 자신과 상대방의 욕구를 충족시키는 것이다. 어떤 것에 대해 협상을 하고 안 하고는 다음 3가지 질문에 달려 있다. 즉 "이 상황에서 협상하는 것이 내게 유리한가?", "협상하면 내가 요구하는 것을 충족시킬 수 있는가?", 그리고 "협상의 결과로 얻는 이익이 내가 소비하는 시간과 노력만큼 가치가 있는 일인가?"라는 질문에 "그렇다"라고 대답할 수 있다면 그때가 바로 협상을 시작해야 할 때다(허브 코헨, 2021).

(2) 효과적인 협상 방법

협상할 때는 〈그림 11.7〉과 같이 패-승(lose-win), 패-패(lose-lose), 승-패(win-lose), 승-승(win-win)의 4가지 접근 방법이 있다. 그런데 이러한 접근 방법 중에서 내가 가

진 힘과 권력, 지위를 사용하여 무조
건 승리하는 승-패(win-lose) 협상 방법
보다는 서로에게 이익이 되는 '승-승
(win-win)' 협상이 가장 바람직하다. 즉,
누구에게 더 유리하지도 불리하지도
않은 균형을 이뤄 서로 만족할 수 있
는 '승-승 협상'이 바람직하다(스티븐 코
비, 김경섭 옮김, 2017: Covey, 2020).

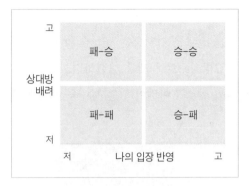

〈그림 11.7〉 협상의 접근 방법

> 두 자매가 즙이 필요한 오렌지주스와 즙을 제외한 오렌지 내용물이 필요한 오렌지 아
> 이스콘을 만들려고 했다. 그런데 오렌지가 한 개밖에 없었기 때문에 서로 자신에게 필
> 요한 부분을 가지려고 다투다가 결국 오렌지를 절반으로 나누는 것으로 합의했다. 오렌
> 지를 절반으로 나눈 다음, 언니는 즙을 짜서 주스를 만들고 내용물은 모두 버렸다. 동생
> 은 오렌지 아이스콘을 만들기 위해 오렌지 내용물만 사용하고 즙은 모두 버렸다.
>
> 출처: 리 톰슨, 조자현 옮김(2010: 34)

오렌지 한 개를 두고 싸운 두 자매는 서로 양보하지 않으려다가 둘 다 '손해'를 보
는 '패-패' 협상을 했다. 만일 오렌지를 반으로 쪼개지 않고, 한 사람은 즙을 짜서 오
렌지주스를 만들고, 다른 사람은 남은 내용물로 아이스콘을 만들었다면 둘 다 만족
하는 '승-승'의 결과를 가져왔을 것이다. 그러나 두 자매는 각자 자신에게만 유리한
'승-패'의 접근 방법으로 협상을 시도했기 때문에 결과적으로 두 사람 모두 손해를
보는 '패-패'의 결과를 가져왔다.

우리는 어릴 적부터 '남에게 절대 지지 마라!'[12]라는 교육을 받아왔기 때문에 나
는 이기고 상대방은 지는 '승-패'의 협상을 하거나 대인관계를 하려는 경향이 있다.
그러나 가장 효과적인 협상은 상호 이익을 추구해서 나의 이익과 상대방의 이익이
균형을 이루는 '승-승'의 협상이다. 이러한 방식의 협상은 인생을 경쟁의 장이 아니

---

12 미국에서는 자녀들을 교육할 때 '남을 도와라!', 일본에서는 '남에게 폐를 끼치지 마라!'라고 하는데, 우리나라에서
   는 '남에게 절대 지지 마라!'라고 교육한다고 한다.

라 협력의 장으로 보는 데서 나온다. 현실적으로 제한된 자원 때문에 항상 모두가 원하는 결과를 가져오는 '승-승'의 협상 결과를 도출하기는 어렵다. 그러나 '승-승'의 사고방식으로 문제를 해결하려고 한다면 개인만이 아니라 조직 간에도 다음 사례와 같이 서로가 이익이 되는 '승-승'의 협상 결과를 도출할 수 있다.

〈그림 11.8〉 학군제휴협정 체결식(1998.6.26)

육군에서는 장교들의 자질향상을 위해 민간 일반 대학원과 특수대학원에 위탁교육을 실시해왔다. 그러나 개인적으로 각 대학에서 실시하는 선발시험을 거쳐 입학하도록 하고, 합격자는 학비의 50%를 군에서 지원했다. 따라서 군의 여건상 시험 준비가 여의치 않아 명문 대학에는 입학하기가 어려웠다.

이러한 자질향상 교육의 문제점을 인식하고, 육군본부에서 서울의 명문 대학과 지방의 국립대학들과 협상을 통해 다음과 같이 1998년 6월 26일 육군과 21개 대학이 학군제휴협정을 체결했다.

협정의 주 내용은 군에서 추천한 장교들의 정원외 입학, 군에서 추천한 장교들의 입학시험 면제, 학비의 일부 감면 등이었다. 이러한 협상 결과 장교들이 서울과 지방의 명문 대학과 지방 국립대학의 대학원에서 교육을 받을 수 있게 되었고, 연간 약 8억 원의 교육예산을 절감할 수 있었다. 그리고 대학은 추가적인 인력이나 예산을 투입하지 않고 정원 외로 장교들을 입학시킴으로써 경제적 이득(학비 수입 증가)을 얻을 수 있었다.[13]

한편 협상은 '입장적 협상(positional negotiation)'과 '원칙적 협상(principled negotia- tion)의 두 가지 유형으로 구분할 수 있다(Fisher et. al., 2013). '입장적 협상' 또는 '분배적 협상(distributive negotiation)'은 자신의 주장대로 하는 것이 정의로운 해결 방법이라고 믿고, 자기 입장을 고수하여 상대방을 설득하거나 합의를 위해 마지못해 양보하는 '승-패'

---

13 현재는 육·해·공군이 모두 대학(원), 전문대학, 사이버대학 및 기능대(폴리텍 대학)와 학군제휴협정을 체결하여 장교만이 아니라 부사관도 자질 향상 교육을 실시하고 있다.

의 협상이다. 이러한 협상은 파이(pie)를 서로 더 많이 갖기 위해 다투는 것처럼 당사자들이 한정된 이익을 더 많이 배분받기 위해 제로섬 게임(zero-sum game)을 하게 되기 때문에 상대방을 파트너라기보다는 적으로 간주하게 된다.

따라서 당사자들이 극단적인 입장에서 시작해서 가능한 한 양보를 적게 하려고 하거나 자존심 대결로 긴장된 상태에서 협상이 이루어진다. 그리고 어느 한편이 양보하지 않으면 합의가 이루어지지 않기 때문에 상대방이 양보하고 자신의 주장에 따를 때만 협상이 성공할 수 있다.

반면에 '원칙적 협상' 또는 '통합적 협상(integrative negotiation)'은 주관적이고 개인적인 '입장(position)'에서 벗어나 문제해결 중심으로 객관적이고 합리적으로 접근하는 '승-승'의 협상이다. 즉 서로가 이익이 되는 해결책을 찾기 위해 자기 입장에서 생각하기보다는 상대방의 관심사 또는 이해관계(interest)가 무엇인가에 초점을 맞추고, 문제에서 사람을 분리한다.[14] 그리고 입장적 협상처럼 한정된 파이를 서로 분배하는 제로섬 게임을 하는 것이 아니라 분배할 파이를 더 크게 만들기 위해 서로 협력하기 때문에 협상 당사자 양쪽 모두가 만족할 수 있게 된다.

이러한 원칙적 협상이 성공하기 위해서는 〈그림 11.9〉와 같은 4가지 원칙을 따라야 한다. 첫째, 사람과 문제를 분리해야 한다. 사람들은 자신이 불리하다고 느낄 때 종종 방어적 입장을 취하게 되어 문제해결이 아니라 누군가를 공격하거나 비판함으로써 상대방의 감정(두려움, 분노 등)을 자극하여 문제를 더 복잡하게 만들 수 있다. 따라서 이성적 태도를 유지하여 상대방을 인격적으로 대우하고 문제해결에 초점을 맞추어야 한다.

〈그림 11.9〉 협상의 4원칙

---

14 입장(position)은 겉으로 드러난 욕구를 말하고, 관심사(interest)는 마음속에 감춰져 있는 욕구를 의미한다.

둘째, 겉으로 보여지는 입장이 아니라 숨겨진 진정한 관심사나 이해관계에 초점을 맞춰야 한다. 원칙적 협상은 다음 사례에서와 같이 서로의 입장을 주장하기보다는 상대방의 진정한 관심사나 이해관계가 무엇인지를 이해하려고 하는 것이다.

부모님 생신잔치를 형은 호텔 레스토랑에서, 동생은 부모님 집에서 하기를 원했기 때문에 의견 충돌이 발생했다. 그러자 먼저 형이 동생에게 '왜' 집에서 식사하려고 하는지를 물었고, 동생도 왜 식당에서 잔치하자고 하는지를 물었다. 그 결과 형은 집에서 잔치하면 며느리들이 음식을 준비하느라 수고하는 것이 미안해서 식당에 가자고 했고, 경제적으로 어려운 동생은 식당에 가면 돈이 많이 들 것이 부담되었기 때문이다. 서로의 속마음을 이해한 형제는 비용 부담이 적은 일반 음식점에서 생신 잔치를 하기로 했다.

위의 사례에서 형제는 대화를 통해 상대방의 진정한 관심사, 즉 속마음을 알게 됨으로써 합의에 도달할 수 있었다. 상대방의 진정한 관심사는 앞에서 소개한 공감적 경청이나 '나 메시지' 같은 의사소통 기술, 또는 상대방에게 '왜' 그러한 주장을 하는지, 자신이 주장하는 것이 '왜 안 되는가'라는 질문을 통해 파악할 수 있다. 만일 앞에서 오렌지를 놓고 다툰 자매의 사례에서도 자매가 상대방의 진정한 관심사에 초점을 맞춰 서로에게 오렌지로 무엇을 하려고 하는지(관심사)를 물어봤다면 서로가 이익이 되는 '승-승'의 합의를 할 수 있었을 것이다.

셋째, 상호 이익을 얻을 수 있는 '승-승'의 방안을 생각해내야 한다. 해결책을 선택하기 전에 당사자 간에 대화를 통해 다양한 선택 방안을 만들어서 그중에서 서로가 동의할 수 있는 최선의 방안을 선택해야 한다는 것이다. 앞의 형제 사례에서도 경제적으로 여유가 있는 형이 비용을 더 많이 부담해서 호텔 레스토랑에 가는 방안, 형제가 각자 음식을 만들어 와서 부모님 집에서 하는 방안, 음식을 배달시켜 먹는 방안 등 여러 가지 방안을 만들어 서로가 만족하는 방안을 선택할 수 있다.

넷째, 객관적인 기준을 사용하라는 것이다. 협상 시에는 당사자들이 누구의 주장이 정확한 사실인지를 놓고 논쟁하게 된다. 이러한 논쟁은 협상을 교착상태에 빠뜨리거나 서로 만족하지 못한 상태에서 타협으로 끝날 수 있다. 따라서 당사자들이 동의할 수 있는 과학적 연구 결과나 전문가 의견, 법규나 판례, 공식적인 통계자료 등과 같은 공정하고 객관적인 기준을 사용해서 의견 차이를 해소해야 한다.

다음은 국가 간에 서로의 입장을 고수하는 입장적 협상이 아니라 원칙적 협상을 통해 '승-승'의 결과를 가져온 '이스라엘-이집트 평화 협정' 사례다.

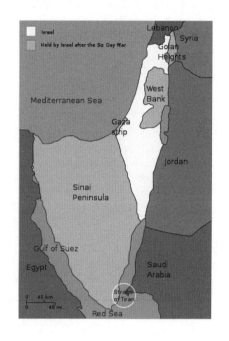

이스라엘이 1967년 6월 6일 시나이반도를 정복한 후 시나이반도의 주권국가였던 이집트와 6년간 전쟁이 지속되었다. 미국의 중재로 여러 번의 평화 협상 시도가 있었지만, 소유권을 주장하는 쌍방을 만족시키기 어려웠다.

카터 대통령은 쌍방 모두 시나이반도를 원한다는 입장을 중심으로 조정하려고 하지 않고, "왜 소유권을 원하는가?"라는 질문을 통해 쌍방의 숨겨진 진정한 관심사를 파악하는 것으로부터 협상 타결의 실마리를 찾아갔다. 그 결과 쌍방의 관심사가 이집트는 "우리 영토를 우리가 통치하는 것은 우리 국민의 자존심이 걸린 문제"라는 것이었고, 이스라엘은 "우리의 안전을 보장하기 위해서는 시나이반도라는 완충 지역이 필요하다는 것"이었다.

이러한 사실을 파악하자 쌍방이 모두 영토를 원한다는 입장의 차이를 좁히는 것에서 벗어나 쌍방이 진정으로 원하는 숨은 관심사인 영토를 원하는 쪽에는 영토를 주고, 안전을 원하는 쪽에는 안전을 보장하는 방법을 찾기 시작했다. 드디어 미국의 조정으로 1979년 "시나이반도는 이집트에 돌려준다. 그리고 이집트와 이스라엘 국경 사이에 완충 지대를 만들어 이 지역에서 이스라엘의 안보에 위협이 되는 이집트군의 움직임이 발생하면 미국의 참여로 즉각 조처를 취할 수 있는 장치를 만든다"라는 '승-승'의 협상안을 만들어 합의에 이르렀다.

출처: 김병국(2010)에서 발췌

'승-승'의 협상

1. 친구와 휴가 중에 여행을 가기로 했는데, 원하는 여행지가 서로 다르다. 한 명은 바닷가에 가서 수영을 하기를 원하고, 한 명은 등산을 하길 원한다.

2. 휴일에 친구와 점심 식사를 하기로 했는데, 나는 한식을 먹으려 하고, 친구는 중국 음식을 먹기 원한다.

3. 상급 부대에서 평가를 받아야 하는 중요한 훈련이 며칠 남지 않았는데, 핵심적인 역할을 해야 할 용사가 휴가를 신청했다. 그런데 소대장은 훈련을 마친 후에 휴가를 가길 바란다.

2) 갈등관리

조직에서 갈등(conflict)은 "개인이나 집단 사이에 목표나 이해관계가 달라 서로 적대시하거나 불화를 일으키는 상태"를 의미한다. 이러한 갈등은 상·하급 직위(또는 계급)나 부서 간의 수직적 갈등, 동료 또는 관계 부서 간의 수평적 갈등, 지휘관–참모 간의 갈등 등 다양한 형태로 발생한다.

이러한 갈등을 리더가 어떠한 인식틀로 보는가에 따라 해결책이 다르다(Bolman & Deal, 2017). 첫째, 구조적 인식틀로 보면 사회적 통제와 합리성의 규범을 중요시하기 때문에 조직에서의 갈등은 조직의 목표 달성에 부정적 영향을 미쳐 회피하는 것이 좋고, 갈등이 발생할 경우에는 해소해야 한다. 그것은 상하 간의 위계적 갈등이 발생하면 팔로어가 리더의 지시나 명령을 무시하거나 반발할 가능성이 있기 때문이다. 또한 조직 구성원 또는 집단 간의 갈등도 조직의 효과성과 리더의 리더십에 부정적 영향을 미칠 뿐이다. 따라서 조직은 질서정연한 명령계통을 만들어서 조직 내 개인 또는 부서(집단) 간에 발생한 갈등을 당사자 간에 해결하지 못할 경우 그들보다 상위 계층에 있는 리더가 조직의 목표 달성에 부합하는 방향으로 갈등을 해결해주어야 한다. 예컨대, 소대장 간에 업무 등으로 인한 갈등이 있을 경우 중대장이 나서서 갈등을 해결해야 한다.

둘째, 인적자원 인식틀로 보면 구조적 인식틀과 마찬가지로 갈등을 조직에 부정적 영향을 미치는 것으로 보지만 집단 내에서 불가피하게 발생하는 필요악이기 때문에 이를 적극적으로 수용할 필요가 있다.

셋째, 정치적 인식틀로 보면 조직 내의 갈등은 반드시 조직에 무슨 문제가 있어서 발생하는 것은 아니다. 대부분 조직이 하위직은 많고, 상위직은 적은 피라미드 형태의 구조이기 때문에 위로 올라갈수록 진급과 보직 자리는 적어진다. 또한 조직의 예산, 인력, 시설, 장비 등이 필요에 비해 부족하다. 따라서 좋은 자리, 직위와 권한, 명예를 차지하기 위해, 그리고 예산, 인력, 시설과 장비 등을 두고 경쟁한다. 이와 같이 자원이 부족한 상황에서 개인 간 또는 조직 간(부서 간)의 갈등은 불가피하고도 자연스러운 현상이다.

갈등 수준	과소	적정	과다
영향	적응력 둔화 획일성 무사안일 포기 · 침체	변화지향 창조적, 다양성 도전적 목표 실현 행동	혼란 · 분열 투쟁, 비협조 불안, 위협 목표 의식 결여

출처: 임창희(2004: 369) 수정

〈그림 11.10〉 갈등의 순기능과 역기능

그러나 갈등이 발생하면 조직 성과나 목표 달성에 힘을 모을 수 없기 때문에 개인과 조직 양측에 부정적 영향을 미칠 수 있다. 그리고 갈등이 지속되면 당사자들에게 스트레스를 주고, 집단응집성을 약화시킬 수 있다. 그러나 이러한 부정적 영향만 있는 것이 아니라 의사결정의 질을 높여주고, 조직의 변화를 촉진해준다. 또한 새로운 아이디어를 창출하게 하고, 분발할 필요성을 느껴 동기부여가 되기도 한다.

따라서 조직에 갈등이 있는 것이 문제가 아니라 갈등 수준이 지나치게 높거나, 지나치게 갈등이 없어 무기력하고 무사안일한 것이 문제이기 때문에 갈등의 역기능을 최소화하고, 갈등이 순기능을 할 수 있도록 리더는 〈그림 11.10〉과 같이 갈등관리 (conflict management)를 해야 한다. 즉 갈등 수준이 지나치게 낮을 경우에는 의도적으로 갈등을 적정 수준으로 조장하고, 갈등이 지나치게 높을 경우에는 갈등을 적정 수준으로 해소할 수 있도록 리더십을 발휘해야 한다.

한편 조직에 갈등이 발생했을 경우 리더는 〈그림 11.11〉과 같이 상황에 따라 적절한 방법을 선택해야 한다(Lussier & Achua, 2004: 195-198).

첫째, 상대방에게 '강요'하는 공격적인 방법을 사용하는 것이다. 이것은 자신이나 자기 부서의 요구를 충족시키기 위해 상대방을 희생하고 압도해버림으로써 갈등을 처리하는 방식이다.

둘째, 상대방의 주장을 '수용'하는 것이다. 이것은 자신이나 자기 부서의 관심사를 양보하고 상대방의 관심사를 충족시켜줌으로써 갈등을 해결하는 방식이다.

셋째, 모두가 동의할 수 있는 해결책을 찾도록 '협조'하는 것이다. 양측

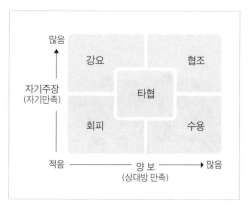

출처: Lussier & Achua(2004: 195) 수정

〈그림 11.11〉 갈등관리 유형

의 의견이나 요구를 공동선의 입장에서 통합하여 상호 협조적인 방법으로 문제를 해결함으로써 모두가 만족하는 해결책을 찾는, 나도 이기고 상대방도 이기는 '승-승'의 갈등 해결 방법이다.

넷째, 갈등을 해결하려고 하기보다는 '회피'하는 것이다. 갈등 문제에 자기 입장을 표명하려 하지 않고, 의도적으로 그 자리에서 물러나거나 의식적으로 회피한다. 따라서 갈등이 해결되지 않는 '패-패'의 갈등관리 방식이기 때문에 가장 바람직하지 않은 방법이다.

이러한 여러 가지 갈등관리 방법 중 협조에 의한 갈등관리 방법이 가장 효과적이고 바람직하다. 그러나 이 방법은 해결 과정이 가장 복잡하고, 상당한 기술이 요구되기 때문에 현실적으로 가장 성공하기 어렵다. 따라서 리더는 '승-승 패러다임'에 의한 갈등 해결 방법을 습득하기 위해 많은 노력을 기울여야 한다.

다섯째, 서로 조금씩 자기주장을 양보하여 '타협'에 이르는 것이다. 이것은 조직원 다수의 이익을 우선하기 위해 양측이 상호교환과 희생을 통해 부분적인 만족을 취함으로써 갈등을 해소하는 방식이다. 주고받는(give-and-take) 방식의 양보를 통한 갈등관리 방법으로, 양측이 모두 만족스럽지 못하다. 이러한 갈등관리 방식은 비교적 빨리 갈등 관계가 해결될 수 있지만, 서로가 만족하지 못하는 상태이기 때문에 부정적인 결과를 초래할 수도 있다.

정치가로서 리더의 요구역량: 네트워킹(networking)

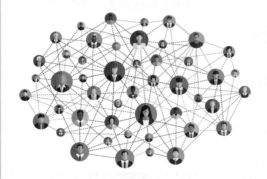

과거에는 IQ(Intelligence Quotient)가 개인의 성공을 가늠하는 하나의 척도로 받아들여졌다. 그러나 골먼(Goleman, 1995)이 『감성지능(Emotional Intelligence)』이라는 책에서 "출세와 성공의 20%는 IQ, 나머지 80%는 EQ(Emotional Quotient)가 보장한다. IQ는 EQ에 의해 잘 통제되지 않으면 말짱 헛수고다"라고 주장하면서 EQ에 대한 관심이 높아지기 시작했다.

최근에는 이러한 개인적 능력을 넘어서 "상대방의 감정과 의도를 읽고 타인과 잘 어울리는 능력"인 '사회성 지수(SQ: Social Quotient)'가 새로이 주목받고 있다. 그것은 일정 수준까지 도달한 리더들의 경우 지적 능력은 큰 차이가 없기 때문에 부하들의 감정을 읽고 소통할 줄 아는 능력인 SQ가 IQ보다 중요하기 때문이다(Goleman, 2006).

또한 "더불어 살아가는 사람들과 관계를 잘 이끌고 함께 소통하는 능력"인 '공존 지수(共存指數)' 또는 '인맥 지수'(NQ: Network Quotient)가 리더가 구비해야 할 역량으로 중요시되고 있다. 과거에는 혼자서라도 열심히 노력하면 성공할 수 있었지만, 오늘날과 같이 개방적이고 수평적인 네트워크 사회에서는 혼자보다는 여러 관계자의 협조를 통해 대부분의 일이 이루어지고 있어서 '무엇을 아느냐(know what)'보다 '누구를 아느냐(know who)'가 리더의 권력 기반(power base)이 되었기 때문이다(Timperley, 2010). 실제로 많은 연구 결과에 의하면 직위가 높은 리더일수록 부하나 상관, 동료, 외부 관계자들과 협조할 필요성이 더 많아지기 때문에 NQ가 높은 사람이 소통을 잘하고, 소통으로 얻은

것을 자원으로 삼아 더 성공하기 쉽다(Lai & Corsi, 2021). 또한 자신의 직업과 관련된 네트워크는 더 많은 일자리와 사업 기회, 더 폭넓고 심도 있는 지식, 혁신 능력 향상, 더 빠른 승진, 더 높은 지위와 권한을 획득하는 데 도움이 된다. 또한 업무의 질을 높이고 직무만족도를 증가시켜주었다(Gino, Kouchaki, & Casciaro, 2016: 104).

구조적 인식틀을 가진 리더나 도덕적인 사람들은 이러한 네트워킹을 귀찮아하고, 자신을 비열한 사람이 되게 만든다고 생각한다. 또한 사회성이 좋은 외향적인 사람들은 네트워킹을 좋아하지만, 많은 사람은 네트워킹을 다른 사람들에게 아첨하는 것, 남을 이용해먹는 것, 진실하지 않은 것으로 보는 경향이 있다. 그러나 좋든 싫든 모호성과 다양성, 그리고 자원의 희소성이 존재하는 사회와 조직 상황에서 이러한 네트워킹 노력은 불가피하다. 왜냐하면 규정과 절차에 따라 합리적으로 모든 일이 이루어진다는 것은 매우 이상적인 순진한 생각에 불과하고, 많은 의사결정이 합리성·공정성·형평성 등을 내세우지만 실제로는 비공식적인 네트워킹을 통해 이루어지는 경우가 많기 때문이다.

실제로 취업포털 사람인(www.saramin.co.kr)이 2012년 직장인을 대상으로 '성공을 위한 인맥의 필요성'에 대해 조사한 결과, 98.4%가 '인맥이 성공에 필요'하고, 성공에 가장 도움을 줄 수 있는 인맥으로는 '상사, 직장 동료 등 직연'(35.9%), '학연'(19%), '가족, 친척 등 혈연'(18.6%), '같은 지역, 고향 등 지연'(8.6%) 순이었다. 이것은 조직에서 인정받는 사람은 개인의 역량이 뛰어나거나 필요할 때 적절한 사람의 도움을 받아 일을 해결할 수 있는 능력을 갖춘 사람이라는 것을 시사해주고 있다. 즉, 과거에는 인맥이 빽, 연줄, 낙하산이라는 부정적 이미지가 강했지만 이제는 성공을 좌우하는 '능력'으로 인식되고 있다.

따라서 리더는 유능한 정치가들처럼 필요 시 자신을 후원하거나 도움을 줄 수 있는 지원세력을 확보하기 위해 도움이 필요한 사람과 호의적인 유대 관계를 형성하는 인적 네트워킹만이 아니라 도움이 되는 조직과의 네트워킹(organizational networking)에도 관심을 가져야 한다(Kotter, 1985).

요약

정치적 인식틀로 보면 조직은 이해관계자들이 권력과 희소자원을 차지하기 위해 서로 다투는 정글이자 싸움터다. 따라서 조직 구성원들 사이의 이해관계 차이로 갈등 발생이 불가피하기 때문에 리더는 조직이 나아갈 방향을 제시하고, 조직 정치를 이해하고 관리하는 정치가로서 역할을 수행해야 한다.

따라서 첫째, 조직원들에게 자신이 하는 일의 의미를 부여하여 구성원들의 적극적인 참여를 이끌어내고, 조직에 활기를 불어넣는 비전을 수립하고, 이를 구현하기 위한 전략을 수립해야 한다. 그런데 리더는 전략 수립 시 현재보다는 미래, 부분보다는 전체, 내부만이 아니라 외부 환경과 경쟁자에 관심을 갖는 전략적 사고를 해야 하고, SWOT 분석을 통해 자신이나 조직의 강점과 약점, 기회와 위협 요인을 식별하고, 이를 토대로 대응 방안인 전략을 수립해야 한다.

둘째, 승-승의 협상을 해야 한다. 협상은 리더가 개인이나 집단(조직)과 이해관계 때문에 갈등이 발생했을 때 정치가들처럼 대화를 통해 문제를 해결하는 방법이다. 즉, 상대방으로부터 무엇을 얻고자 하거나 상대방이 자신으로부터 무엇을 얻고자 할 때 발생하는 상호작용적인 의사소통 과정이다. 협상할 때는 내가 가진 힘과 권력, 지위를 사용하여 무조건 승리하는 협상 방법보다는 누구에게 더 유리하지도 불리하지도 않는 균형을 이뤄 서로 만족할 수 있는 '승-승 협상'이 바람직하다.

협상은 '입장적 협상'과 '원칙적 협상'의 두 가지 유형이 있다. 그런데 입장적 협상보다는 서로가 이익이 되는 승-승의 해결책을 찾기 위해 자기 입장에서 생각하기보다는 상대방의 관심사 또는 이해관계가 무엇인가에 초점을 맞추고, 문제에서 사람을 분리하며, 분배할 파이를 더 크게 만들기 위해 서로 협력함으로써 서로가 만족할 수 있는 해결책을 찾는 원칙적 협상이 바람직하다.

셋째, 갈등을 효과적으로 관리해야 한다. 조직에서 갈등은 "개인이나 집단 사이에 목표나 이해관계가 달라 서로 적대시하거나 불화를 일으키는 상태"를 의미한다. 이러한 갈등은 상·하급 직위(또는 계급)나 부서 간의 수직적 갈등, 동료 또는 관계 부서 간의 수평적 갈등, 지휘관-참모 간의 갈등 등 다양한 형태로 발생한다.

갈등이 발생하면 조직 성과나 목표 달성에 힘을 모을 수 없기 때문에 개인과 조직 양측에 부정적 영향을 미칠 수 있다. 그리고 갈등이 지속되면 당사자들에게 스트레스를 주고, 집단응집성을 약화시킬 수 있다. 그러나 갈등은 이러한 부정적 영향만 있는 것이 아니라 의사결정의 질을 높여주고, 조직의 변화를 촉진한다. 또한 새로운 아이디어를 창출하게 하고, 분발할 필요성을 느껴 동기부여가 되기도 한다.

따라서 갈등 자체가 문제가 아니라 갈등 수준이 지나치게 높거나 지나치게 갈등이 없는 것이 문제이기 때문에 갈등 수준이 지나치게 낮을 경우에는 의도적으로 갈등을 적정 수준으로 조장하고, 갈등이 지나치게 높을 경우에는 갈등을 적정 수준으로 해소할 수 있도록 리더십을 발휘해야 한다.

그리고 갈등이 발생했을 경우에는 상대방에게 강요하는 방법, 상대방의 주장을 수용하는 방법, 상호 협조적인 방법으로 문제를 해결함으로써 모두가 만족하는 해결책을 찾는 '승-승'의 방법, 갈등 해결이 아니라 회피하는 방법, 조금씩 자기주장을 양보하여 타협에 이르는 방법 중에서 갈등 상황에 따라 가장 적절한 방법을 선택해야 한다.

질문 및 토의

1. 자신이 리더로 성장하는 과정에서 자신에게 주어진 기회와 위협, 그리고 자신의 강·약점은 무엇인가? 그리고 자신의 리더십 역량 개발을 위한 전략은?

2. 전략적 사고란 무엇인가? 그리고 자신의 학교 생활 또는 조직 생활 중에 전략적 사고를 한 사례를 든다면?

3. 친구나 부모, 조직원과 이해관계 또는 관심사가 달라서 갈등이 발생한 사례를 들고, 원칙적 협상 방법을 활용한 승-승의 해결책은 무엇인가?

4. 갈등 해결 방법에는 강요, 수용, 회피, 타협, 협조 등의 방법이 있다. 이 중에서 가장 바람직한 갈등 해결 방안은?

5. 다음 〈실전 리더십 사례 토의 11〉을 읽고 리더로서 선택할 수 있는 각각의 조치 방법들(1~6번)에 대한 적절성 정도를 판단하고, 1~9점 중 하나를 선택하여 각 번호 뒤에 점수를 기록한 후 각자의 점수 부여 이유에 대해 토의한다.

실전 리더십 사례 토의 11

당신은 소대장이다. 병영문화혁신 정착 운동으로 인해 소대 내 후임병들의 권리가 강조되면서 소대 청소나 세탁 등을 선임병들이 도맡아 해야 한다는 압력이 생겨나기 시작했다. 이에 선임병들은 피해의식이 강해지고, 후임병들을 너무 과보호한다는 불만으로 가득하여 소대 내부갈등이 심해지고 있다. 이 상황에서 당신은 어떻게 하겠는가?

1		세탁 및 청소 담당을 계급에 상관없이 순번제로 임명한다.
2		선임병의 솔선수범이 중요하다는 것을 지속적으로 교육한다.
3		후임병들이 선임병을 존중케 하고, 선임병들의 입지를 세워주기 위해 후임병 앞에서 그들의 모범적 행동을 공개적으로 칭찬하고 인정해준다.
4		소대 계층별 간담회를 통해 계급별 의견을 듣는다.
5		계급별로 소대 담당 구역을 할당한다.
6		소대 회식 등의 단결행사를 통해 단합을 도모한다.

1	2	3	4	5	6	7	8	9
매우 부적절함		다소 부적절함		보통		다소 적절함		매우 적절함

〈결과 해석〉: 이 책의 마지막 부록에 포함된 실전 리더십 사례 토의 모범답안 참조.

12장

연출가·배우로서 역할

"배우가 무대를 떠난 후에도 오랫동안 감동이 유지되는 것처럼
리더십도 진한 감동을 주는 조직을 만들어내는 하나의 연기다."

- 워렌 베니스(Warren Bennis)

상징적 인식틀은 조직문화를 중요시하고, 조직을 연극무대와 같은 것으로 본다. 셰익스피어가 자신의 희곡『뜻대로 하세요(As You Like It)』에서 "온 세상은 연극무대이고, 모든 사람은 배우일 뿐이다"라고 한 것처럼 조직의 리더는 '○○회사' 또는 '○○부대'라는 연극의 연출가이자 배우라고 할 수 있다.

연출가가 시나리오에 적합한 배우를 선정해서 배역을 맡기고 시나리오의 내용에 적합한 상징물로 연극무대를 꾸미는 것처럼 리더는 상징들을 활용하여 조직문화를 관리한다. 또한 배우가 연기를 통해 시나리오를 전달함으로써 관객을 감동시키고, 관객을 모으는 것처럼 리더도 자기 생각과 감정을 팔로어나 이해관계자들에게 효과적으로 전달해야 한다. 아무리 많은 홍보를 하더라도 배우의 연기에 감동받지 않으면 관객이 모이지 않는 것처럼 리더가 아무리 감언이설을 해도 리더십에 공감하지 않으면 팔로어들이 따르지 않는다.

따라서 리더십은 조직이라는 연극무대에서 리더가 팔로어와 이해관계자들에게 보여주는 연기라고 할 수 있다. 또한 연출가와 배우의 핵심역량이 연출 능력과 연기 능력인 것처럼 리더의 핵심역량은 조직문화를 관리하고, 자기 생각과 감정을 팔로어들에게 효과적으로 전달하는 능력이다.

이 장에서는 연출가·배우로서 리더의 역할을 효과적으로 수행하는 데 요구되는 핵심역량을 살펴본다.

1. 연출가로서 역할

1) 조직문화 관리

조직문화는 다음 사례와 같이 조직의 성과에 긍정적인 영향을 미치는 순기능과 함께 조직의 발전에 부정적인 영향을 미치는 역기능도 있지만, 최근에는 조직의 가장 소중한 전략적 자산이자 최후의 경쟁력으로 인식되고 있다. 따라서 연출가가 상징물들을 활용해서 관객에게 연극의 의미를 전달하는 것처럼 신화·일화, 의례·의식, 복장·장식물, 언어·구호 등의 상징(symbol)을 활용해서 긍정적인 조직문화를 창출·유지하고, 변화시키는 조직문화 관리 역량이 리더에게 요구되는 핵심역량의 하나다.

> 장병 모두 윗사람 눈치를 살피며 할 말을 못한 과거와 달리 각종 간담회나 토론회 참석자들이 각자의 소신을 거침없이 밝히는가 하면, 용사들이 지휘관들의 장단점을 날카롭게 꼬집기도 한다. 또한 군인복무규율이 보장하는 장병들의 휴가도 과거에는 지휘관의 눈치를 보느라 못 가는 경우가 많았으나 이제는 휴가도 업무수행의 연장이라는 인식이 확산하면서 '눈치 휴가'는 옛말이 됐다.

이와 같은 조직문화는 많은 요소로 구성되어 있기 때문에 명확하게 구성요소를 밝혀 내기 어렵고, 빙산처럼 어떤 요소는 겉으로 나타나지만 어떤 요소는 드러나지 않기 때문에 관찰하기도 어렵다. 따라서 샤인(Shein, 2017: 17-30)은 인식 수준에 따라 〈그림 12.1〉과 같이 조직문화의 구성요소를 기본적 가정, 표방하는 가치관, 그리고 인공물의 세 계층으로 구분하고, 상호관계를 설명하였다.

첫째, 기본적 가정(basic assumption)은 조직에 소속된 사람들이 무의식적으로 당연하다고 여기는 믿음, 인식, 생각, 감정 등으로 가치관의 원천이다. 이것은 일반적으로 조직의 구성원이 평상시에 인식하고 있지 않은 선의식적 가치로 국가관, 인간관, 환경관, 조직관, 인간관계의 본질에 대한 신념 등과 같이 평상시 조직생활에서 아무런 의심 없이 자연스럽게 받아들여지는 것이다. 예컨대, "부하는 상관의 명령에 복종해야 한다", "군

출처: Shein(2017: 18) 수정

〈그림 12.1〉 조직문화의 3가지 수준

인은 국가에 충성하는 것을 최우선의 목표로 삼아야 한다"라는 것과 같이 일반적으로 당연시되고 명료하다고 느끼는 것이다. 이러한 기본적 가정이 중요한 것은 외부에서 관찰이 불가능하고 의식하지 못하지만, 구성원들의 태도와 행동에 영향을 미치는 조직문화의 핵심이기 때문이다.

둘째, 표방하는 가치관(esposed values)은 기본적인 신념이 표출되어 인식의 수준으로 나타난 것으로 옳고 그름을 판단하기 위한 기준이 된다. 많은 조직에서 이러한 가치관의 중요성을 인식하고 공식적으로 표방하는 핵심가치(core value)를 만들어 제시하고 있다.

핵심가치는 "조직의 본질적이면서 변하지 않는 지속적인 신념이나 신조"로서 〈그림 12.2〉에 제시된 육군의 핵심가치인 '위국헌신, 책임완수, 상호존중'과 같이 구성원들의 사고와 행동, 그리고 의사결정의 판단 기준을 제시해준다. 이러한 핵심가치는 개인의 좌우명이나 학창 시절 교실 칠판 위에 걸려 있던 교훈과 급훈, 기업의 사훈이나 군의 부대훈(部隊訓)으로도 표현되고, 개인과 조직의 사명과 비전을 구현하기 위한 전략 수립의 기준이 된다.

따라서 개인이나 조직이 핵심가치를 갖고 있다면 어려운 선택의 기로에서 어떠한 결정을 할 것인지에 대한 판단 기준을 제공해준다. 또한 일의 우선순위를 결정하는 데

---

1   해군과 공군의 핵심가치는 제9장의 〈표 9.3〉 참조.

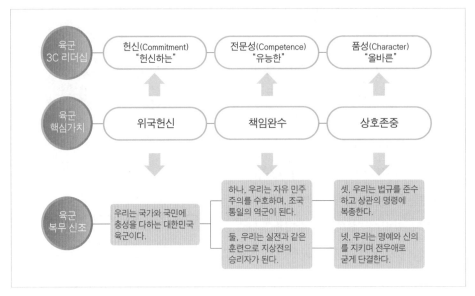

<그림 12.2> 육군의 핵심가치(김상윤, 2020)

도움을 주고, 아무리 이익이 되더라도 핵심가치에 위배되면 하지 않는 반드시 지켜야 할 원칙과 기준이 된다. 그러나 핵심가치가 조직원 모두에게 수용되어 공유가치(shared value)가 되고, 실제 행동으로 실천되지 않으면 무용지물이 되기 때문에 리더는 구성원들이 핵심가치를 공유하고, 그것을 행동으로 실천하도록 노력해야 한다.[2]

인공물(人工物, artifacts)은 가치관이 표출되어 조직에서 보고, 듣고, 느낄 수 있는 현상이나 물건들이다. 즉 조직의 로고, 부대가, 복장, 용어, 구호, 의례·의식, 신화나 일화, 그리고 눈에 보이는 건물, 가구 및 사무실 배치, 제품, 서비스, 조직구조와 과정(process) 등 조직 내에서 보고 듣고 느낄 수 있는 모든 것이다. 이러한 가시적인 인공물들은 조직의 전체적인 이미지와 조직의 문화적 특징을 형성하는 역할을 한다. 조직에 있는 눈에 보이는 모든 것은 그 조직의 문화를 반영한 결과물이기 때문이다.

한편 피터스와 워터맨(Peters & Waterman, 1982)은 <그림 12.3>과 같이 조직문화의 구

---

2   미 육군의 경우에는 핵심가치 선포식, 조형물(동판, 비석 등) 설치 등 동영상, 가이드북(만화 등), 포스터 제작, 조직문화 혁신 팀별(부서별) 워크숍 및 세미나, 인사제도와 연계 등의 방법으로 전 구성원이 핵심가치를 공유하도록 하고 있다. 구체적으로는 핵심가치 카드 제작 및 인식표에 7대 가치 수록, 전 세계 미군기지 포스터 부착, 신병교육 1주는 핵심가치 교육, 야전부대는 매주 핵심가치의 주(週) 설정(충성의 주간 등), 평정표에 평가 요소 반영 등이다.

성요소를 공유가치, 전략, 구조, 시스템, 구성원, 관리기술, 리더십 스타일의 7가지로 구분했다. 첫째, 공유가치(shared value)는 조직 구성원이 함께하는 가치관으로서 다른 조직문화의 구성요소에 영향을 주는 핵심요소로 조직문화 형성에 가장 중요한 영향을 미치는 요소다. 둘째, 전략(strategy)은 조직의 장기적인 계획과 이를 달성하기 위한 자원 배분 과정을 포함하며, 조직의 장기적인 방향과 기본 성격을 결정하고 다른 조직문화 형성에 영향을 미친다. 셋째, 조직구조(structure)는 조

출처: Peters & Waterman(1982: 10)

〈그림 12.3〉 조직문화의 7-S 모형

직의 전략수행에 필요한 틀로서 조직구조와 직무설계 그리고 권한 관계와 방침 등 구성원들의 역할과 그들 간의 상호관계를 지배하는 공식 요소들을 포함한다. 넷째, 시스템(system)은 조직의 의사결정과 일상 운영의 틀이 되는 보상제도와 인센티브, 경영정보 및 의사결정 시스템, 계획 및 목표 설정 시스템, 결과 측정과 조정·통제 등 각 분야의 관리제도와 절차를 포함한다. 다섯째, 구성원(staff)은 조직의 인력구성과 구성원들의 능력, 전문성, 신념, 욕구와 동기, 지각과 태도, 행동 패턴 등을 포함한다. 여섯째, 관리기술(skill)은 조직의 각종 물리적 하드웨어 기술과 이를 작동시키는 소프트웨어 기술, 그리고 조직관리에 활용되는 관리기술과 기법 등을 포함한다. 마지막으로 리더십 스타일(style)은 구성원을 이끌어나가는 리더들의 리더십 발휘 방식으로 구성원의 동기부여와 상호작용 그리고 조직 분위기, 나아가 조직문화에 직접적인 영향을 준다.

이러한 7-S 모형[3]은 조직문화와 조직 내부 구성요소 간의 관계를 체계적으로 설명해주고, 전체적인 관점에서 조직문화를 이해할 수 있게 해주기 때문에 조직문화의

---

[3] 조직문화를 구성하고 있는 7가지 요소가 모두 'S'자로 시작하기 때문에 조직문화의 '7-S 모형'이라고 한다.

진단과 관리에 널리 활용되고 있다. 이러한 7-S 모형에 포함된 조직문화 구성요소들에 대해서는 앞에서 설명했기 때문에 여기서는 샤인(Shein, 2017)이 제시한 조직문화의 3가지 수준에서 리더가 관리 가능한 인공물인 신화 · 일화, 의례 · 의식, 복장 · 장식물, 언어 · 구호에 초점을 맞추어 기술한다.

(1) 신화 · 일화

신화(myth)는 조직의 과거 역사 속에서 만들어져 전해 내려오는 이야기로 "절대적이고 획기적인 업적을 비유적으로 이르는 말"(네이버국어사전)이나 때로는 "실제가 아니지만 실제인 것처럼 전해 내려오는 이야기"다.

군의 대표적인 신화로 해병대는 귀신을 잡을 정도로 강한 군대라는 '귀신 잡는 해병대'[4] 신화와 '백골 무패 신화'가 있다. 38선 최초 돌파로 국군의 날의 기원이 된 백골부대의 '백골 무패 신화'는 6.25전쟁 중 150회의 전투에서 단 한 번도 패하지 않은 부대, 6.25전쟁 시 전 사단 장병의 1계급 특진과 전군에서 유일하게 18연대의 4계급 특진, 전군 유일의 DMZ 완전 작전 부대라는 전설을 포함하고 있다(황준배, 2019). 이러한 신화는 부대원들의 용맹성을 널리 알려주고, 부대원들에게 자긍심과 용기를 북돋아준다. 그리고 구성원들의 유대감과 결속력을 높여주는 긍정적 효과가 있다.

그러나 창군 초기인 1950~1960년대 경제적으로 어려웠던 시절에 군 생활을 했던 선배들로부터 내려오는 "우리가 군대 생활할 때는 도끼 한 자루만 있으면 집을 지었다"라거나 "무(無)에서 유(有)를 창조했다"라는 신화는 장병들에게 불굴의 도전의식과 '하면 된다'라는 자신감을 불러일으키는 순기능을 하기도 하지만, 불합리한 지시

---

[4] 낙동강 전선의 피아가 대치한 상황에서 한국 해병대 김성은 부대(1개 대대)는 진동리 서방 고사리지구 섬멸전에서 6.25전쟁 이후 파죽지세로 침공해온 북괴군의 예봉을 꺾고 침공을 저지함으로써 국군 최초의 큰 전과를 획득했다. 1950년 8월 5일 이승만 대통령으로부터 전 장병 1계급 특진의 영예를 획득한 뒤, 통영 상륙 작전 (1950.8.17~9.11) 간 한국 최초로 단독 상륙 작전을 감행하여 적을 완전히 격멸하자, 1950년 8월 23일 통영 상륙 작전에 대한 취재차 원문고개로 해병대(김성은 부대)를 방문한 미국 『뉴욕 헤럴드 트리뷴(New York Herald Tribune)』의 종군기자 마거리트 히긴스(Marguerite Higgins)는 해병대가 통영에서 거둔 전과처럼 기습적인 양동 상륙 작전으로 우세한 적군(북괴군 7사단 600여 명)을 공격해서 적의 점령지를 탈환한 예는 일찍이 없었다는 사실을 높이 평가하고, '귀신 잡는 해병대(They might even capture the devil)'라는 표제 아래 취재 기사를 널리 보도함으로써 '귀신 잡는 해병대'라는 말의 씨를 뿌려놓은 계기가 되었다(해병대 홈페이지).

를 정당화하고 목표 달성을 위해서는 수단과 방법을 가리지 않아도 된다고 인식하게 만드는 역기능을 하기도 한다. 그리고 계급 또는 학위나 자격증이 그 사람의 전문성을 입증해주는 것처럼 인식되는 신화는 유능한 인재를 발굴하지 못하게 하기도 한다.

신화와 더불어 군에는 다음과 같이 전해 내려오는 일화(逸話, story)들이 있다. 군에서 전해오는 일화들 중 특히 해병대나 특수부대를 나온 사람들에게는 힘든 훈련을 받으면서 또는 상급자들에게 기합을 받으면서 고생했던 내용이 많다.

> "아침에 일어나보니 화상을 입은 곳에 고름이 생겨 아랫입술이 노랗게 변해 있었습니다. 문제는 밥을 먹을 때였죠. 밥을 먹을 때마다 고름이 터져 밥에 묻는 거예요. 그렇다고 안 먹을 수도 없고, 굶고서는 힘든 훈련을 도저히 견뎌낼 수 없거든요. 눈물 젖은 빵을 먹어본 사람만이 인생을 논할 수 있다고 하는데, 저는 고름 묻은 밥을 먹어본 사람입니다."
>
> 출처: 이경수(2006: 218)

이러한 일화들을 통해 힘든 훈련을 거쳤다는 데 대한 자부심을 느끼고, 서로 간에 동질감을 느끼게 된다. 그래서 해병대 예비역들은 전역 후에도 끈끈한 관계를 맺는다. 이와 같이 신화와 일화는 조직에서 전하고자 하는 메시지를 손쉽게 전달해주기 때문에 리더는 부정적인 신화나 일화는 차단하고, 긍정적인 신화와 일화들을 개발하여 전파해야 한다.

(2) 의례 · 의식

어느 조직이나 그 조직 특유의 의례(rituals) · 의식(ceremony)[5]이 있다. 이러한 의례 · 의식은 구성원들에게 행동 방향을 제시해주고, 소속감과 단결심 등을 형성하게 해준다. 〈그림 12.4〉와 같이 조직의 비전이나 핵심가치를 의미 있게 전달해주고, 조직이

---

[5] 의례와 의식을 정확히 구분하기는 매우 어렵지만, 일반적으로 의식은 의례보다 공식적이고 더 포괄적이며 정교하게 이루어진다.

〈그림 12.4〉 해병대 핵심가치 선포식

〈그림 12.5〉 빨간 마후라 수여식

변화하는 모습을 조직 구성원과 관계자들에게 상징적으로 보여주기도 한다.[6]

널리 행해지는 의례로는 '통과의례(通過儀禮)'가 있다. 통과의례는 돌잔치, 성인식, 결혼식, 장례식(안장식)처럼 출생, 결혼, 죽음 등 인간이 성장하는 과정과 군에서 신고식(전입식), 진급식, 전역식, 그리고 〈그림 12.5〉의 빨간 마후라 수여식[7]처럼 한 집단에서 다른 집단으로 이동하거나 신분의 변화가 있을 때 이루어진다. 공식적인 결혼식을 하지 않는다면 남녀가 동거하고 있어도 결혼했다고 사회적으로 인정받지 못하고, 다음 사례 같은 신고식을 한 후에야 공식적으로 집단의 일원으로 받아들여지기 때문에 통과의례는 매우 중요한 상징적 의미를 갖고 있다.

우리 부대에서는 후임병이 새로 들어오면 차렷 자세로 세워놓고 그동안 관계를 맺은 여자들의 이름과 학교, 주소를 큰소리로 외치게 했다. 한 후임병은 금방이라도 울음을 터뜨릴 것 같은 눈빛을 보여 좀 더 모질게 신고식을 진행했다. 신고식 이후 이 친구는 이름만 부르면 주눅이 들어 보여 "그럴 필요 없다"라고 매번 다독여주어야 했다. 그러던 친구가 나중에 후임병이 들어오자, 군기를 지나치게 잡아 원성이 자자했고 가끔 말썽을 일으켰다.

출처: 인터넷 자료

---

6 비전 또는 핵심가치 선포식이나 반부패 청렴식 등을 함으로써 언론 등을 통해 조직이 변화한다는 것을 이해관계자(고객, 구성원, 정부 등)들에게 알려줌으로써 조직의 이미지를 새롭게 형성하는 데 도움을 주지만, 그러한 비전이나 약속이 실현되는가에 대해서는 대부분 관심을 갖지 않는다.

7 '빨간 마후라'는 공군 파일럿의 상징으로 고등비행 수료식을 할 때 조종사들에게 수여된다.

소대 내무반의 전깃불이 꺼지고 촛불이 켜진다. 소대에 새로 전입 온 신병들이 내무반에 긴장한 모습으로 차렷 자세로 서 있고, 문이 열리면서 소대장이 근엄한 모습으로 내무반에 들어오고, 뒤따라 전령이 물을 담은 세면대를 들고 와서 신병들 앞에 내려놓는다. 내무반장의 구령에 의해 신병들은 준비된 의자에 앉아 군화와 양말을 벗는다. 잠시 침묵이 흐른다. 이어서 소대장이 신병 앞에 무릎을 굽히고 앉아 신병의 발을 씻어준다. 이어서 내무반의 불이 켜지면서 소대장이 "우리 소대에 전입 온 것을 전 소대원과 더불어 진심으로 환영한다. 보병은 발이 보배다. 앞으로 소대 생활을 열심히 하기 바란다"라고 엄숙하게 말하고, 이어서 신병들을 차례로 포옹하면서 등을 두드려준다. 이와 함께 신병의 전입을 환영하는 소대원들의 박수와 함께 함성이 터진다.

출처: 최병순(1988)

전자는 과거에 군에서 행해졌던 신병 신고식 사례로 새로 전입된 신병들을 주눅들게 만들고, 군에 부정적 이미지를 심어주었다. 그러나 후자의 신고식을 마친 신병들은 전자의 신고식과 달리 "신고식을 하고 나서 군 복무에 대한 두려움이 해소되었다", "군 복무를 열심히 해야겠다는 생각이 들었다", "소대장에 대한 충성심이 생겼다"라는 등의 긍정적 영향을 미쳤다.[8]

이처럼 의례 · 의식이 긍정적 효과를 내기 위해서는 리더가 연출가로서 역량을 발휘해서 그 의미를 잘 전달할 수 있도록 의례 · 의식을 연출해야 한다는 것을 시사해주고 있다. 만일 〈그림 12.6〉처럼 땡볕이 작렬하는 대낮에 연병장에 철모를 씌워서 부대원들을 집합시켜놓고 위의 사례처럼 세족례를 모방한 신고식을 한다면 신병들에게 감동을 줄 수 있겠는가? 연출가들이 수많은 드라마를 연출하고 있지만, 관객에게 감동을 주지 못해 실패

〈그림 12.6〉 신병 전입 신고식 장면

---

8   저자가 용사들을 대상으로 "군 생활 과정에서 소대장이나 중대장의 리더십 행동 중 인상 깊었던 사례를 기술하고, 그러한 행동을 했을 때 어떠한 생각이 들었는가?"를 기술하도록 한 설문지를 분석한 결과다.

하는 것처럼 이 부대 지휘관도 의도는 좋았지만 연출을 잘못해서 신병들에게 자기 생각과 감정을 제대로 전달하지 못했다면 그 신고식은 허례허식(虛禮虛飾)이 되고 만다.

한편 다음 사례와 같이 독립운동가나 전투 중 실종 또는 전사한 참전자를 끝까지 찾아 가족의 품으로 돌려주고, 명예를 선양하는 것은 국가와 군이 단 한 명의 애국지사나 군인이라도 얼마나 소중하게 여기고 있고, 그의 희생을 잊지 않겠다는 것을 보여주는 의례 · 의식이라고 할 수 있다.

1991년 제1차 걸프전쟁 첫날 추락한 미군 전투기 조종사 유해가 18년 만에 발굴됐다. 미 해군은 공식적으로 스파이처를 걸프전 첫 미군 희생자로 기록했지만, 시신이 발견되지 않았다는 이유로 이라크군의 포로가 됐을 가능성을 제기했다. 이 때문에 미군은 2001년 1월 중령 진급과 함께 그의 신분을 전사자에서 실종자로 변경하고, 수색 작업을 계속해왔다. 이후 중앙정보국(CIA)은 그가 포로로 붙잡혔다가 탈출했을 가능성을 제기했고, 2002년 7월 군은 그를 대령으로 진급시켰다.

미군은 2003년 봄 이라크를 점령하자마자 바그다드 인근 묘지와 감옥, 병원들을 수색했다. 지난달 한 이라크인의 제보로 사막에 파견된 미 해병이 모래 속에 묻힌 유해를 찾아냈다.

오바마 미국 대통령은 애도를 표하면서 "작전 중 실종된 모든 미군을 집으로 돌아오게 하겠다는 우리의 결의는 확고하다"라고 말했다. 해군은 "시간이 아무리 오래 걸리고 아무리 고되어도 실종된 군인들을 찾는 노력을 포기하지 않을 것"이라고 밝혔다. 그의 모교인 플로리다대학교는 교내에 그의 이름을 딴 테니스센터를 건립했고, 국방부는 이라크 티그리트 공군기지를 '스파이처 공군기지'로 개명했다.

출처: 이청솔(2009) 및 이기홍(2009)에서 발췌

〈그림 12.7〉 홍범도 장군 안장식

우리나라도 이러한 인식하에 〈그림 12.7〉과 같이 78년이 지났지만 홍범도 장군의 유해를 봉환하여 대통령이 참석한 가운데 국립묘지에 안장했다. 또한 〈그림 12.8〉과 같이 종전 50년이 지난 후

에야 전사자 유해 발굴 작업이 시작되어 아쉬움이 있지만, 시신의 소재도 모른 채 살아가야 했던 전사자 가족들의 아픔을 위로하고 전사자들의 명예를 선양하기 위해 노력하고 있다.[9]

애국지사의 유해 봉환과 전투 중 전사자(실종자)를 찾기 위한 노력은 전사자

〈그림 12.8〉 6.25 전사자 유해 발굴

를 위한 것이기도 하지만, 어찌 보면 국민과 현재 복무 중인 군인들을 위한 것이라고도 할 수 있다. 즉, 이와 같은 의례·의식을 통해 국가와 군에 대한 신뢰를 형성함으로써 국민의 애국심을 고양하고, 군인들이 극한 상황에서도 목숨을 아끼지 않고 용감하게 임무를 수행할 수 있도록 한다. 이는 "전투 중에 충성심과 용기를 갖게 하는 것은 내가 죽으면 국가가 가족을 책임져줄 것이라는 믿음과 내가 전투 중에 전사하더라도 내 뼈는 고향에 묻힐 수 있다는 확신이 있기 때문이다"라는 미군 용사의 말이 입증해주고 있다.

(3) 복장·장식물

배우들이 연기할 때 어떤 의상을 입고, 어떠한 장신구를 착용하는가가 중요한 것처럼 조직에서 리더나 구성원들의 복장과 장식물도 매우 중요한 의미를 갖는다. 특히 정치인들이 방송 인터뷰나 선거 유세를 할 때 어떤 옷과 어떤 색깔의 옷 또는 넥타이를 맬 것인가는 매우 중요한 상징적 의미를 갖는다. 따라서 정치권에서 '패션 정치학(fashion politics)'이라는 말이 공공연히 쓰일 정도로 패션은 정치인들에게 정치적 수단의 하나로 통한다.

---

9 국방부는 6.25전쟁 50주년 기념사업의 일환으로 58개 주요 전투지역을 대상으로 2000년부터 2003년까지 29개 발굴지역에서 호국영령들의 유해 발굴을 실시했다. 이후 육군에서 유해 발굴 활동을 추진해오다가 2006년 5월 국방부 '유해발굴감식단' 창설 법령이 제정되어 2007년 1월 정식으로 발족했다. 부대훈을 "그들을 조국의 품으로"라고 정해 나라를 위해 목숨을 바친 호국영령들을 영원히 잊지 않고, 마지막 한 분까지 조국의 품으로 모시겠다는 의지를 표현하고 있다.

사회적으로 성공하고 신뢰를 받는 사람일수록 처음 만나는 누군가에게 더욱 인상적으로 보이고 싶어 한다. 이때 옷이 이미지를 결정짓는 중요한 요소가 된다. 동양이 겉모습이 아닌 내면을 중시하는 기계적인 이분법적 정서라면, 서양에서는 사람의 외면과 내면은 분리된 개념이 아니라 결국 하나이며, 사람의 내면과 생각, 철학이 자연스럽게 겉으로 드러나는 것을 '스타일'이라고 간주한다. 따라서 개인이 아닌 조직을 대표하는 리더들은 상황에 따라 제대로 복장을 갖춰 입는 데 관심을 가져야 한다(김현상, 2010).

〈그림 12.9〉 팔각모

군에서는 군복과 모자의 색깔 및 형태가 군 또는 부대의 정체성을 나타낸다. 〈그림 12.9〉의 해병대 '팔각모'의 팔각은 팔계(八戒)와 팔극(八極)[10]을 상징적으로 나타내고, '지구상 어디든지 가서 싸우면 승리하는 해병대'를 상징한다. 그리고 해병대 복장의 가장 큰 특징 중 하나는 빨간 명찰을 단다는 것이다. 해병대에서는 오른쪽 가슴에 붉은 명찰을 달 수 있을 때 비로소 해병대의 일원이 되었음을 인정받게 된다. 그만큼 붉은 명찰은 해병대 장병들에게 단순히 자신의 이름을 나타내는 표식물이 아니라 '해병대 아무개'라는 해병대에 소속된 한 일원으로서 책임과 의무를 다하라는 명령인 동시에 징표다. 빨간 명찰을 달 수 있는 군인은 해병대밖에 없다. 따라서 해병대 장병들은 이 빨간 명찰을 타군과 차별화시켜주는 상징으로 생각하고, 이를 통해 자부심을 느낀다.

또한 군복은 다음의 조지 패튼(George S. Patton) 장군의 사례에서처럼 군의 권위와 군기를 상징한다.

---

[10] 팔계(八戒)는 국가에 충성하라(事君以忠), 부모에게 효도하라(事親以孝), 벗에게 믿음으로 대하라(交友以信), 전투에서 후퇴하지 말라(臨戰無退), 뜻 없이 죽이지 말라(殺生有擇), 욕심을 버려라(禁慾), 유흥을 삼가라(愼遊興), 허식을 삼가라(愼虛飾)다. 또한 팔극(八極)은 지휘관을 중심으로 '평화의 독립수호, 적에게 용감, 엄정한 군기, 긍지와 전통, 희생정신으로 국가에 헌신, 불굴의 투지, 가족적인 단결도모, 필승의 신념으로 승리 쟁취'라는 해병대의 8가지 길을 나타낸다(해병대 홈페이지. https://www.rokmc.mil.kr).

패튼 장군은 군기가 복장에서 나온다고 했다. 그는 늘 기마 장교용 부츠를 신고 군인 정복을 입은 상태에서 별이 번쩍번쩍 빛나는 유광 헬멧을 착용했다. 참모들이 곳곳에 저격병이 있는데 유광 헬멧만은 벗으라고 조언해도 아랑곳하지 않았다. 그는 복장이 엄정하지 못한 군인은 전투에서도 승리하지 못한다며 언제나 헬멧과 각반은 물론 심지어 전투 중에도 넥타이를 매도록 했다.

출처: 정진홍(2010)

〈그림 12.10〉 패튼 장군

천안함 침몰 사고 후 근무복이나 정복을 입고 근무하던 부대나 교육기관까지도 전투복을 입도록 하고, 천안함 침몰 사고와 관련하여 생존자 인터뷰 시 환자복을 입고 나온 것에 대해 다음과 같이 일부 시민과 정치권에서 문제를 제기한 것도 이와 같은 군복이 갖고 있는 상징성 때문이다.

> "군인이 환자복을 입고 나온 건 너무 나약한 모습이었던 것 같다"라며 "군인은 명예가 생명 아닌가. 언제든지 군복을 입고 자기 모습을 외부에 보여줘야 한다"라고 목소리를 높였다.

출처: 김계연(2010)

구조적 인식틀을 가진 사람에게는 인터뷰한 천안함 장병들도 통합병원에 입원한 환자들이기 때문에 통합병원의 규정에 따라 환자복을 입는 것이 당연하지만,[11] 이에 대해 문제를 제기한 것은 군인에게 군복은 단순한 의복이 아니라 권위와 군기를 상징하기 때문이다. 또한 군복은 조직 내의 서열, 소속, 직책 등을 명확하게 구별할 수 있도록 해주고, 군인으로서 군 또는 소속 부대에 대한 소속감 및 연대감을 느끼게 해

---

11 "생존 장병을 환자복 차림으로 언론에 노출시킨 것이 바람직한 것이었나요?"라는 '국민신문고'에 게시된 질문에 대해 "생존 장병이 환자복을 착용한 것은 국군수도병원에 입원 중인 상태에서 인터뷰를 하게 되었기 때문입니다. 입원한 상태에서 군복을 입고 인터뷰하는 것이 오히려 바람직하지 않다고 판단했습니다"라고 국방부 대변인실에서 응답했다(출처: 국민권익위원회 '신문고').

준다. 멋있는 군복은 그에 대한 동경심을 불러일으켜 인재 확보에 기여하기도 한다. 반면에 군복은 장병 개개인의 개성을 살리지 못하고, 인간 자체가 아니라 계급으로 인간을 보게 만드는 역기능을 하기도 한다.

한편 군인들이 군복에 부착하는 장식물인 계급장은 그 사람의 인격 수준을 의미하는 것이 아니라 권한과 전문성의 상징이다. 그리고 유사시 지휘서열을 의미한다. 그렇기 때문에 미군은 사람을 보고 경례하는 것이 아니라 다음 사례와 같이 "계급장에 경례하라"라고 가르친다.

> 창군 원로 중 한 분이 대령일 때 그의 아들이 먼저 장군으로 진급했다. 아버지가 아들에게 정중히 경례를 올리자 아들은 불편을 느꼈다. "아버지, 제게 경례하지 마세요." 그러자 아버지는 노발대발했다. "야, 이놈아! 내가 너한테 경례하는 줄 아느냐? 네 계급장 보고 경례하는 거다."
>
> 출처: 김성조(2003)

위의 사례와 같이 군에서는 계급의 권위가 살아있어야 함에도 우리 군에서는 계급보다 근무 기간, 이른바 '짬밥 수'가 더 권위 있게 받아들여지는 경향이 있다. 이로 인해 고참병과 초임 하사, 초임 장교와 고참 부사관 간에 갈등이 발생하고, 계급이 높은 후배 장교가 계급이 낮은 임관 선배와 함께 근무하는 것을 불편해하는 경향이 있다. 이러한 문제를 해소하기 위해 군의 계급은 그 사람의 인격 수준을 의미하는 것이 아니라 단지 군에서 역할 수행을 위한 권위의 상징임을 인식하도록 해야 한다. 그리고 미군처럼 사람에 대해 경례하는 것이 아니라 계급에 대해 경례하는 것이라는 인식의 전환이 필요하다.

(4) 언어 · 구호

조직마다 독특한 언어(language)와 구호 또는 슬로건(slogan)이 있는데, 그것은 조직문화, 나아가 조직 구성원들의 행동과 조직 성과에 영향을 미친다. 실제로 1997년 대한항공 비행기 사고[12] 과정에서 기장이 잘못된 의사결정을 내리는데도 부기장이 이를 지적하지 못한 이유를 분석해보니 연공서열과 존칭 때문이었다. 2002년 월드컵 4강 진출의 신화를 만든 히딩크(Guus Hiddink), 축구 국가대표 감독은 훈련 시간에 선수들이 제 기량을 발휘하지 못하는 것이 한국 특유의 위계질서와 패거리 문화 때문이라고 진단하고 존칭과 경어를 금지하기도 했다(함승민, 2017).

이처럼 조직에서 사용하는 언어의 중요성에 대한 인식으로 2000년 이후 여러 기업에서 호칭 파괴를 시도했다. 호칭을 파괴함으로써 고질적인 한국 기업의 문제점으로 인식되었던 경직된 조직 분위기와 수직적인 소통 체계, 상명하복 관계의 조직문화를 수평적인 조직문화로 변화시키겠다는 것이다.[13] 그러나 이러한 호칭 파괴는 하나의 수단일 뿐이며, 창조적 의견을 반영할 수 있는 조직의 의사결정 시스템을 정비하고, 그에 맞는 평가와 보상 시스템을 갖추는 것이 더 중요하기 때문에 수평적 조직문화 조성을 위해서는 수단뿐 아니라 이를 실천하고자 하는 최고경영자 등의 의지가 중요하다는 지적도 나온다(최병춘, 2019).

군에서는 상급자가 하급자를 호칭하거나 동급자 간에는 성과 계급 또는 직책명으로 호칭하도록 함으로써 조직에서의 위계와 역할을 명확히 인식시켜준다. 그러나 이러한 호칭은 상대방을 하나의 인격체로 보기보다 자신도 모르는 사이에 계급이나 직책으로 대상화시켜 보게 만드는 역기능도 있다. 그것은 호칭에는 상대방에 대한 인식이 은연중에 담겨 있기 때문이다.

저자는 이와 같은 호칭의 중요성을 인식하고 군 장병 및 일반인을 대상으로 한 리더십 프로그램 운영 시 교육 참가자들 상호 간에 계급이나 직책이 아니라 'ㅇㅇㅇ 리더'라는 호칭을 사용하도록 했다. 그것은 직위나 계급이 높건 낮건 간에 '모두가 리더'라는 인식을 갖도록 하기 위함이었다. 그 결과 프로그램을 마친 후에 많은 용사가

---

[12] 1997년 8월 6일 김포국제공항에서 출발한 801편이 미국령 괌의 앤토니오 B. 원 팻 국제공항에서 착륙 도중 추락하여 승객 237명과 승무원 17명을 합쳐 총 254명 중 228명이 사망한 사고다.

[13] '택진 님', '재현 님'은 대표적인 게임기업인 엔씨소프트 김택진 대표와 CJ그룹의 오너인 이재현 회장을 회사에서 부르는 공식 호칭이다. 기업오너나 최고경영자까지는 아니더라도 국내 주요 기업인 네이버, 한국타이어, SK텔레콤, 제일기획, 삼성전자 등 많은 기업이 호칭 파괴를 도입하여 '부장님', '과장님'이라는 호칭이 '~님' 또는 '프로' 등으로 바뀌고 있다(최병춘, 2019).

다음과 같은 소감문을 작성했다.

> 지금까지 리더는 잘난 사람, 특별한 사람들만 되는 것인 줄 알았는데 금번 교육을 통해 리더에 대한 패러다임을 바꿀 수 있었다. 나도 리더가 될 수 있다는 것을 깨닫고 무엇이든 할 수 있다는 자신감이 생겼다.
>
> 출처: 최병순 등(2008: 39)

한편 군에서는 구호를 많이 사용하는데, 구성원의 사기나 결속력을 높이는 데 효과가 있기 때문이다. 대표적으로 육군은 "The 강한·좋은 육군",[14] 해군은 "해군의 힘, 대한민국의 미래입니다", 공군은 "대한민국을 지키는 가장 높은 힘", 그리고 해병대는 "호국충성 해병대, 새로운 70년을 향하여"라는 구호를 제정하여 사용하고 있다. 특히 해병대에는 이외에도 "한 번 해병은 영원한 해병",[15] "누구나 해병대에 들어갈 수 있다면 나는 결코 해병대를 선택하지 않았을 것이다", "해병대에는 불가능이란 없다", "인간 개조의 용광로, 해병대", "피할 수 없는 고통은 차라리 즐겨라" 등의 구호가 있다. 해병대에서는 이러한 구호들이 교육훈련이나 내무생활 과정에서 자연스럽게 사용하기 때문에 일상생활 속에 녹아들어 있고, 심지어 전역한 예비역들 입에서도 자연스럽게 그러한 구호들이 튀어나온다. 해병대는 이러한 구호 아래 하나로 뭉치고, 소속감과 자부심을 느낀다(이경수, 2006: 85-86).

〈그림 12.11〉 부대 구호

가정, 학교, 기업 그리고 군부대에도 이러한 구호들을 만들어 액자에 넣어 벽에 걸어놓거나, 〈그림 12.11〉처럼 구호

---

14 'The'는 영어 정관사의 '유일한'이라는 의미와 한글의 '더(more)'를 음차(音借)한 중의적 표현이다. 현재와 미래 모두 강하고, 더 좋은 육군을 표방한다는 뜻이 담겨 있다(국방부, 2021).

15 "한 번 해병은 영원한 해병"이라는 표어는 한국전쟁 시 미 해병대의 "Once a Marine, Always a Marine"에서 유래했다. 이것은 해병대의 특성을 대변하는 상징 문구로 해병대의 일원으로서 자부심과 긍지, 명예심을 잊지 말라는 뜻이다. 1987년부터 '해병대 정신'의 표어로 사용되고 있으며, 현역·예비역은 물론 일반 국민도 '해병대' 하면 가장 먼저 떠올리는 문구로 애칭되고 있다(해병대 홈페이지, http://www.rokmc.mil.kr).

영웅이 없는 사회

우리는 영웅을 절실히 원하면서도 영웅을 인정하지 않는 묘한 풍토가 있다. 토머스 칼라일은 영웅이란 "일반 대중이 행하고자 또는 도달하고자 노력한 것의 모범과 패턴을 만든 인물이요, 넓은 의미에서 그것을 창조한 인물"이라 했다. 즉 영웅은 용맹함과 지략으로 위기에서 나라를 구하기도 하고, 지성과 성실성·통찰력으로 시대정신을 대변하거나, 불의에 맞서 진실을 밝혀 사람들을 미몽에서 깨어나게 하는 용기를 가진 사람이라 할 수 있다.

바로 그렇기 때문에 영웅은 승리의 역사와 밀접한 관계가 있을 수 있다. 어찌 보면 영웅이란 승자가 자신의 승리를 미화하고 지배를 수월하게 하기 위해 만들어놓은 허상일지도 모르고, 여기에 어리석은 백성이 속은 것뿐이라며 영웅 미화에 반대하는 목소리도 있다. 그러나 영웅의 이야기가 없는 사회는 동화가 없는 어린 시절처럼 뭔가 삭막하고 먹먹하기만 하다.

영웅은 하나의 신화다. 그것은 한 용감한 사람에 대한 우리의 기억이자 믿음이다. 그는 어떠한 어려움도 좌절하지 않고 이겨내며, 다른 사람을 위해 자신을 희생할 줄 안다. 즉, 영웅이란 다름 아닌 '두려움'을 극복한 사람들이다. 두려움을 극복할 수 있다는 가능성을 보여준다는 것은 전쟁·테러·자연재해 같은 큰 충격을 입고 두려움과 무기력감, 자존감의 상실 등으로 고통받는 사람들에게는 하나의 구원이다. 즉 커다란 외상(外傷)으로 충격에 휩싸인 사람들은 믿고 의지할 수 있는, 그들 앞에 일어난 일이 무엇인지 말해줄 수 있으며 그들의 공포를 표현할 수 있는 어떤 상징적 대상을 필요로 하게 된다. 그리고 TV나 매스컴은 이런 사건을 적과 영웅, 생존자와 희생자가 있는 하나의 스토리로 만들어버린다. 9.11테러 당시엔 사람들을 구하다가 참사를 당한 소방관들이 영웅으로 추앙됐다. 이렇게 어떤 참사를 영웅이 탄생하고 활약하는 이야기로 바꾸게 되면 사람들은 충격적 사건과 자신을 분리하고 그 사건과의 거리 두기가 가능해진다. 이런 면에서 영웅화 작업은 충격을 사회적·심리적으로 담아내는 작업이라고 할 수 있다.

그러나 우리나라에는 영웅이 없다. 아니 있는 영웅조차 온갖 인간적인 약점을 물고 늘어져 그를 나무에서 떨어뜨리려고 한다. 그렇기 때문에 5천 년이라는 긴 역사를 갖고 있으면서도 변변한 영웅 이야기가 없는 실정이다. 그리고 이렇게 영웅이 없는 사회는 불안할 수밖에 없게 된다. 영웅이란 앞서 말한 바와 같이 두려움을 극복한 사람의 전형이다. 영웅은 보통 사람들에게 가능성을 보여준다. 그것은 우리가 내적·외적 두려움을 극복할 가능성이다. 이는 자아의 힘에 대한 믿음과 비례한다. 내가 살고 있는 이곳은 어떤 위험도 이겨나갈 수 있을 만큼 강하다는 안도감과 자신감을 준다.

영웅이 없는 사회는 이런 롤모델(role model)을 상실한다. 영웅이 없는 사회는 만성적인 무력감에 시달린다. 힘든 역경과 고난을 이겨나간 위대한 선조나 동시대 사람에 대한 서사가 없는 사회는 그저 견디고 기다리는 것 외에는 다른 방법을 모른다. 그리고 자신들의 열등감과 비참함을 돌릴 다른 대상이나 이유가 필요하게 된다. 위험한 외부세계로 나갈 자신이 없는 사람들은 그 이유를 내부에서 찾게 된다. 즉, 타인에게 책임을 전가하거나 소모적이고 자기파괴적인 자책감에 시달리게 된다. 이런 현상은 그들의 두려움과 무력감을 외부로 투사해 특정 사람들을 지목해 처벌하는 일종의 마녀사냥 형태로 나타나거나, 자신들을 보호하지 못하는 권위에 대한 반발과 반항으로도 나타난다.

영웅은 하나의 상징이다. 그것은 두려움을 이길 수 있다는 희망과 가능성의 상징이다. 상징은 우리의 공포나 환상, 폭력성 등을 어떤 표상으로 담아냄으로써 그것들을 안전하게 분출하는 역할을 한다. 따라서 상징을 잃어버린 사회는 즉흥적인 행동화와 분열의 위험성을 안고 살게 된다. 바로 영웅을 잃어버린 우리의 모습처럼 말이다.

출처: 김혜남(2011)

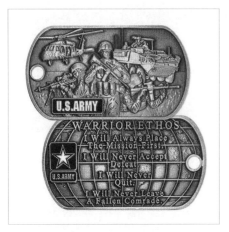

<그림 12.12> 미 육군의 전사정신

표지판을 세우거나, <그림 12.12>와 같이 인식표를 만들어 소지하도록 하고 있다. 또한 "위국헌신 군인본분, 그의 이름 아래 우리는 하나! 그와 함께 우리는 하나다!"[16] 같은 구호를 만들어 각종 행사 시에 외치도록 하고 있다.

그러나 이러한 구호들이 구성원들의 공감을 얻지 못하고 행동으로 실천되지 않으면 단지 구호에 그치게 되기 때문에 리더는 조직의 비전과 전략, 그리고 핵심 가치를 반영하고, 구성원들의 공감을 얻을 수 있는 긍정적인 구호를 만들어 활용할 필요가 있다.

2) 조직구조와 활동의 연출

(1) 연극무대로서 조직구조

구조적 인식틀로 보면 조직구조는 조직의 목표를 달성하기 위한 수단이기 때문에 상황변수인 조직의 목표, 전략, 기술, 환경, 구성원 등을 고려하여 선택해야 한다. 그러나 상징적 인식틀로 보면 조직구조는 조직의 드라마를 관객에게 분명하고 확실하게 전달해주는 공간, 조명, 소품 그리고 의상의 배치라고 할 수 있다. 즉 조직구조는 조직의 목표나 전략, 기술 등의 상황변수와는 거의 관계가 없고, 조직의 연극을 관객에게 전달해주는 공간, 조명, 소품, 그리고 의상의 배열인 연극무대라고 할 수 있다 (Bolman & Deal, 2021). 예컨대, 정치권 일부에서 구조적 합리성과 효율성 측면에서 여성

---

16 이 구호는 해군 안중근함에서 각종 행사 시 외치는 구호이다(이용운 · 이상희 · 이도엽, 2010: 17).

부를 폐지하자는 주장이 있음에도 여성가족부를 유지하는 것은 상징적 인식틀로 보면 여성에 대한 정책적 관심과 배려를 보여주는 하나의 상징이기 때문이다. 여성가족부를 설치하는 것만으로도 여성계에서는 정부가 여성의 권익 신장을 위해 노력한다는 믿음을 갖게 되고, 이로 인해 정치적으로 여성계의 지지를 받을 수 있기 때문이다. 또한 조직에 환경 담당 부서를 신설하는 것만으로도 그 부서에서 실제로 어떠한 활동을 하는가에 관계없이 친환경적인 조직 활동을 한다는 것을 외부 이해관계자들에게 보여주는 의미가 있다.

이러한 맥락에서 국방부 보건복지관실 하의 양성평등정책과[17]도 구조적 인식틀로만 본다면 군 내 여성인력의 비중이 약 8%[18]밖에 되지 않기 때문에 별도의 부서 설치에 의문을 가질 수 있지만, 상징적 인식틀로 보면 국방부가 여성인력 활용 확대라는 사회적 추세와 여성계의 요구에 부응하여 군내 여성인력 활용에 대해 높은 관심을 갖고 있다는 상징적 의미가 있다. 또한 환경에 대한 관심이 높아지는 사회적 추세에 발맞추어 1995년 4월 국방부 보건환경관실 예하에 전군의 환경업무를 총괄하는 '환경과'를 신설하고, 육군, 해군, 공군 등 각 군 본부에도 환경업무를 전담하는 부서를 설치토록 한 것도 이러한 의미가 있다.[19]

이와 같이 조직구조는 실제로 이루어지는 활동 자체보다 겉으로 드러나는 모습인 상징적 측면, 즉 사회적 기대를 반영해야 정당성을 확보할 수 있다. 예컨대, 교회나 사찰에 종교적 조형물(십자가, 불상 등)과 종교화가 있는 것처럼 군이라는 연극무대에 걸맞도록 부대나 군 교육기관에는 〈그림 12.13〉, 〈그림 12.14〉와 같이 군을 상징하는 조형물인 동상이나 표어석, 전쟁화(battle picture) 등이 있다. 또한 조직문화에

〈그림 12.13〉 강재구 동상[20]

17 국방부는 '국방여성가족정책과'라는 부서 명칭을 2019년 4월 30일부로 '양성평등정책과'로 변경했다.

18 국방부는 여군 비율을 2021년 8.1%, 2022년 8.8%로 확대할 계획이다.

19 현재는 국방부 군사시설기획관실에 '국유재산환경과'로 편성되어 있다.

20 육사 제16기로 1965년 10월 4일 베트남 파병을 앞두고 수류탄 투척 훈련을 실시하던 중 이등병이 실수로 안전핀

〈그림 12.14〉 안중근 장군 유묵 표어석

관심이 높아지면서 대기업에서 기업문화 담당 부서를 설치한 것처럼 2000년에 국방대학교에 리더십 석사과정을 개설하고, 이어서 각 군에 리더십 교육과 연구를 담당하는 리더십센터를 설치한 것도 군 리더십의 변화에 대한 사회적 기대를 반영한 것이라 할 수 있다.

이와 같이 군의 조직 편성, 시설, 교육과정(과목, 시간 비중 등) 등에도 구조적 합리성만이 아니라 사회적 추세와 기대를 반영하여 군의 특성과 변화하는 모습을 상징적으로 보여 줄 필요가 있다.

(2) 연극으로서 조직 활동

연극에서 배우가 용감히 싸우다가 죽더라도 그것이 실제는 아니지만 실감 나게 공연을 함으로써 관객을 감동시키는 것처럼, 조직에서 이루어지는 많은 활동이 활동의 목적대로 이루어지고 성과를 내는 것이 아니더라도 연극처럼 실감 나게 활동하는 것만으로도 의미가 있다. 즉 조직에서의 많은 활동이 효율성과 효과성 또는 객관성과 공정성만이 아니라 상징적 의미가 중요하기 때문에 리더는 이러한 활동의 상징적 의미가 무엇인지를 잘 이해하고, 상징적 의미가 잘 전달될 수 있도록 해야 한다. 예컨대, 구조적 인식틀로 보면 조직에서 이루어지는 회의, 계획 수립, 평가와 감사 등의 많은 활동이 실제로 그 목적을 달성하지 못하는 경우 시간과 예산만 낭비하는 것이라고 할 수 있지만, 상징적 인식틀로 보면 그러한 활동을 하는 것만으로도 다음과 같

을 뽑은 수류탄을 중대원들이 모여 있는 곳에 떨어뜨리자 순간적으로 위험을 느낀 그는 폭발하기 직전 수류탄 위에 몸을 날려 중대원 100여 명의 생명을 구하고 자신은 산화했다. 육군은 그의 희생정신을 높이 평가하여 소령으로 1계급 특진시킴과 함께 4등 근무공로훈장을 추서했으며, 위대한 군인정신을 길이 남기기 위해 그가 소속했던 맹호부대 제1연대 3대대를 그의 이름을 따 '재구대대(在求大隊)'라고 명명했다. 1966년 태극무공훈장이 추서되었고, 그의 모교 서울고등학교 교정에 이를 기념하는 기념비가 세워졌으며, 육사에는 동상이 건립되었다. 또한, 그가 산화한 강원도 홍천군 북방면 성동리에는 강재구 공원이 있다. 그리고 육군에서는 '재구상'을 제정하여 매년 육군의 중대장 가운데 모범 중대장을 선발하여 시상하고 있다(출처: 한국민족문화대백과사전).

이 효과가 있다.

첫째, 회의(meeting)는 두 명 이상의 사람이 모여 어떤 주제에 관해 논의하거나 그 일을 하는 모임을 가리킨다. 조직 활동에서 회의는 〈그림 12.15〉와 같이 의사소통, 문제해결, 의사결정, 팀워크 형성 등에 매우 중요한 과정이다.

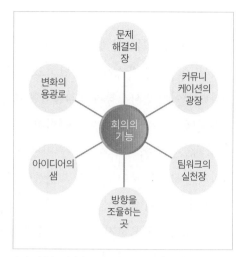

출처: 김영안 · 신상인(2008)

〈그림 12.15〉 회의의 기능

그러나 회의를 통해 의사결정이 이루어지거나 문제해결이 되는 것이 아니라 더 많은 회의를 해야 할 필요성만 제기되는 경우도 있다. 또한 회의를 통해 갈등이 해결되기보다는 무시되거나 오히려 조장되는 경우도 있다. 회의 시간이 예정 시간을 초과하여 쓸데없이 시간 낭비하거나 이미 결정해놓고 요식행위로 회의를 하는 경우도 있다.

그러나 지휘관이 이미 결심했기 때문에 회의를 해도 똑같은 결론이 날 것이라 생각해서, 또는 이미 관계자들 간에 합의했기 때문에 시간 절약을 위해 회의를 하지 않고 시행한다면 결정 사항에 불만이 있는 이해관계자들은 지휘관의 독단적 결정이라고, 또는 절차적 정당성이 없다고 비난하게 될 것이다. 그리고 결정된 사항을 추진할 때 적극적으로 참여하지 않을 것이다.

이와 같이 회의는 정당하게 의사결정이 이루어졌음을 대내외적으로 보여줌으로써 이해관계자들에게 절차적 정당성이 있음을 믿게 해주는 상징적 행사다. 또한 조직의 문제나 불평불만을 회의장에서 던져버리는 쓰레기통 역할도 하기 때문에 시간이 없거나 번거롭다는 이유만으로 생략해서는 안 된다.[21]

둘째, 조직에서는 매년 연간계획을 수립하거나 장기발전 계획을 수립하여 공표한다. 계획이 없다면 항해 계획 없이 항해하는 배와 같이 상황에 따라 임기응변적 조

---

21 회의를 하는 것이 현실적으로 어려울 경우 서면 심의 등의 방법을 통해 절차적 정당성을 확보하도록 해야 한다.

치를 하게 되고, 단기적 처방만 하게 될 것이다. 즉 계획은 조직의 방향을 제시해주고, 조직 활동을 목표를 향해 한 방향으로 정렬해주는 역할을 한다. 또한 계획 수립과정에서 조직의 현재 상황을 진단하고, 조직이 나아갈 방향에 대한 토론 과정을 통해 구성원 사이에 의사소통과 조직몰입을 촉진시키는 역할을 한다.

이러한 장·단기 계획이 문서화된 계획안으로만 존재하고 계획안에 있는 내용들이 실제로 이루어지지 않는다는 비판을 받기도 한다. 그러나 대내외적으로 조직이 변화하는 모습을 보여주고, 조직 활동이 계획적으로 이루어진다는 것을 홍보하는 것만으로도 조직에 대한 신뢰를 높여준다. 따라서 계획 수립은 하나의 의식처럼 비록 시간과 노력이 필요하지만, 조직 활동의 정당성과 신뢰성을 높이기 위해 정기적으로 행해야 하는 중요한 조직 활동이다.

셋째, 다른 조직에서와 마찬가지로 군에서는 정기적으로 전술능력 평가, 종합전투력 평가 등을 실시하고, 수시 또는 정기적으로 감사 또는 검열을 실시한다. 이러한 조직 활동을 하는 데 많은 시간과 인력이 소요되고, 어떤 경우에는 그 결과가 보고서로 작성되어 회의에서 발표하기도 한다. 만일 시간과 비용이 든다는 이유로 평가나 감사 또는 검열을 하지 않는다면 조직 내외의 관계자들이 조직의 여러 가지 활동이 과연 효율성과 효과성이 있는 것인지에 대해 의문을 갖게 될 것이다. 즉 이러한 조직 활동들은 전투력 평가나 부정부패 방지 등의 목적 외에도 조직 내외의 관계자들에게 군이 전투력을 유지하고 있고, 의사결정이나 예산 집행이 정당하게 이루어지고 있다는 믿음을 갖게 해주는 상징적 의미가 있다.

따라서 평가나 감사 결과가 실제 목적을 제대로 달성하지 못하더라도 조직이 책임 있게 잘 운영되고 있다는 것을 조직 내외의 관계자들에 상징적으로 보여주기 위해 평가나 감사는 실시되어야 한다.

2. 배우로서 역할

1) 생각과 감정의 효과적인 전달

리더십은 어쩌면 가장 위대한 공연예술일지도 모른다. 배우가 무대를 떠난 후에도 오랫동안 감동이 유지되는 것처럼 리더십도 진한 감동을 줄 수 있는 조직을 만들어내는 하나의 연기다(워렌 베니스, 2010: 68-73). 만일 사랑하는 사람에게 프러포즈하는데 상징적 의미를 고려하지 않고 하얀 국화를 선물로 가져가거나 장례식에 빨간 장미를 들고 조문을 간다면 자기 생각이나 감정과 다르게 상대방에게 감동을 주지 못할 뿐만 아니라 다른 사람들로부터 비난을 받을 것이다.

따라서 리더는 배우가 시나리오에 적합한 말과 행동, 의상, 소품 그리고 몸짓 등의 연기를 통해 관객에게 그 의미를 잘 전달해줌으로써 감동을 주고 관객을 모이게 하는 것처럼 리더도 다음 사례들에서와 같이 상황에 따라 적절한 말과 행동, 의상 그리고 몸짓을 통해 자기 생각과 감정을 효과적으로 전달해야 한다.

보병 1사단 12연대 6중대 3소대장 안 소위는 '하모니카 소위'로 유명했다. 그는 수시로 하모니카를 불어 대원들에게 위안을 주었으며, 공격 명령을 기다리는 양지바른 산기슭에서 전우가를 멋지게 불어 사기를 드높였다.

― 6.25전쟁 참전자 증언

전투를 시작하기 전에 중대장이 출동할 중대원을 모아놓고 위스키 한 잔에 화랑 담배 한 개비를 피워주었다. 이것이 중대원들의 사기를 북돋아주었다. 어떤 전투에서는 내가 뒤에서 보니까 적탄이 비 오듯 하는 적진을 향해 죽음도 무릅쓰고 뚜벅뚜벅 걸어가고 있었다. 그 용감한 모습이 아직도 기억에 남는다.

― 6.25전쟁 참전용사 증언

포항 전투에서 밀고 밀리고 할 때다. 포항 시내를 내주고 감포국민학교에 집결했을 때 사단장으로 ○○○ 장군께서 부임하셨다. 장군께서는 "장개석 군대는 후퇴해도 우리 군대는 후퇴할 수 없다"라고 강력한 어조로 말씀하셨다. 부대를 재정비하고 22연대 박격포 1개 중대가 공격하게 됐다. 이때 중대장이 선두에 서서 진두지휘하게 되었고, 사단장은 중대 후미에서 일본도를 쑥 뽑아 들고 "용사들아! 용감히 싸워라! 너희들 뒤에는 사단장이 있다" 하고 칼을 휘두르며 카랑카랑한 목소리로 외쳤다. 이때 중대장을 비롯한 중대원들은 사기가 충천하여 목표를 탈환했다.

– 6.25전쟁 참전용사 증언

위의 사례와 같은 지휘관들의 행동은 비정상적이고 비합리적인 행동이라고 비난할 수 있다. 그러나 부하들이 전장 공포 때문에 사기가 저하된 상황에서 지휘관이 전쟁 영화의 주인공처럼 죽음을 두려워하지 않는 용감한 모습을 연기함으로써 부하들이 전장 공포를 극복하고 사기를 앙양할 수 있었다.

패튼(George S. Patton) 장군은 연설할 때 〈그림 12.16〉처럼 언제나 짙은 녹색 군복과 번쩍거리는 승마 부츠 차림으로 철모를 쓰고 승마용 채찍을 종종 찰싹거리면서 자신의 말에 효과를 주었다. 자신의 임무는 연설로 용사들이 두려움을 떨치고 용감하게 싸우게 만드는 것이라고 생각했다. 일부 장교들은 다음의 연설 같은 상스러운 표현을 비난했지만 그것이 바로 병영의 언어였고, 병사들은 그러한 표현을 좋아했다고 한다.

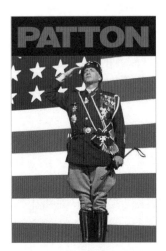

〈그림 12.16〉
패튼 장군의 연설 시 경례 모습
(영화 속)

제군들 각자는 자기 자신만을 생각하지 말고 자기 옆에서 싸우는 전우들도 생각해야 한다. 우리 제3군은 얼굴 노래지는 겁쟁이를 원하지 않는다. 우리는 파리를 잡듯이 적을 때려잡아야 한다. 만약 그렇게 하지 않는 놈들은 전쟁이 끝나고 귀국해서 더 많은 쥐새끼를 낳을 것이다. 용감한 자는 용감한 자를 낳게 될 것이다. 빌어먹을 겁쟁이들을 박멸하라. 그러면 미국은 용기 있는 자들의 국가가 될 것이다.

출처: 테리 브라이턴, 김홍래 옮김((2010: 394)

이와 같이 리더는 자기 생각과 감정을 효과적으로 전달하기 위해 때로는 영화배우와 같이 멋진 연기를 할 필요가 있다. 리더십을 연기라고 한다면 연극이나 영화 속에 등장하는 인물의 모습이 배우의 실제 모습이 아닌 것처럼 리더가 진실성 없이 가식적으로 리더십을 발휘해도 팔로어들이 따를 것이라고 생각할 수 있다.

그러나 위대한 배우는 가식적으로 연기하는 것이 아니다. 배우가 가공의 인물이 아니라 실제 인물처럼 메소드연기(method acting)[22]를 할 때 관객의 몰입도가 높아진다. 즉 배우가 드라마 속의 '등장인물화'하여 진실성을 갖고 연기할 때 관객과 잠재의식적인 공명을 이루어 감동을 주고 관객의 관심을 끄는 것처럼 위대한 리더십은 위대한 연기와 크게 다르지 않다. 배우가 진실하지 않고서는 위대한 배우가 될 수 없는 것처럼 리더가 진실하지 않고서는 위대한 리더가 될 수 없다(글렌 클로즈, 2010: 74-76).

따라서 리더는 말과 행동, 그리고 겉으로 드러난 모습과 실제 모습이 일치하는 진성 리더십(authentic leadership)을 발휘할 때만 팔로어들에게 존경과 신뢰를 얻고, 팔로어들이 진심으로 따르게 된다는 것을 명심해야 한다.[23]

2) 이미지메이킹

이미지(image)의 사전적 의미는 "어떤 사물이나 사람에게서 받는 인상"으로 사람이 머릿속 생각을 외부로 표출한 그림이나 물건 등을 나타내거나 사람, 단체, 물건 등

---

[22] 배우가 자신의 캐릭터를 철저히 분석할 뿐 아니라 자신의 모습도 '등장인물화'하여 등장인물처럼 먹고, 행동하고, 생각하는 등 캐릭터와 연기자가 철저히 하나가 되는 듯한 연기 기법을 말한다.

[23] 『중용(中庸)』 제1장에 "도(道)라는 것은 잠시라도 떠날 수 없는 것이다. 도가 만약 떠날 수 있는 것이라면 그것은 도가 아니다. 그러므로 군자는 보이지 않는 데서 신중히 행동한다. 들리지 않는 데서도 도에서 벗어날까 두려워한다. 은밀한 것처럼 잘 드러나는 것이 없다. 미세한 것처럼 잘 나타나는 것이 없다. 그러므로 군자는 그 홀로 있음을 삼가는 것[愼獨]이다(道也者 不可須臾離也. 可離 非道也. 是故君子戒愼乎其所不睹, 恐懼乎其所不聞. 莫見乎隱, 莫顯乎微, 故君子愼其獨也)"(김용옥, 2015: 240-242). 즉, 리더는 보이지 않는 곳에서도 엄격하게 자기관리를 해야 한다는 것이다.

의 인상을 나타낼 때 쓰인다. 즉, 어떤 사람이 다른 사람들에게 주는 인상의 결과로 다른 사람들이 그 사람에 대해 형성하는 개념이다.

삶을 연극무대로 본다면 우리 모두 각자의 역할을 담당하는 배우이기 때문에 자신의 가치를 높이기 위해 다양한 방법으로 "자신의 이미지를 상대방에게 각인시키는 것"을 의미하는 이미지메이킹(image making)을 한다. 특히 배우의 이미지가 연예인으로서 성공에 많은 영향을 미치는 것처럼 정치 지도자의 경우에도 어떤 이미지를 갖고 있느냐에 따라 선거에서 당락이 결정되기도 하고, 정치과정에서도 그의 이미지가 정치 활동에 큰 영향을 미치게 된다.

따라서 대중의 지지를 기반으로 삼는 정치 지도자뿐만 아니라 군인들도 다음 맥아더(Douglas MacArthur) 장군의 사례에서처럼 이미지메이킹을 통해 자신의 긍정적 이미지를 강화하고, 부정적 이미지를 제거하려고 노력해야 한다(손보승, 2016). 쇼맨십(showmanship)도 리더십이기 때문이다.

맥아더 장군

맥아더에게는 다른 사람들이 그를 영웅처럼 떠받들게 하는 매력이 있었다. 그는 용사들에게 모습을 잘 나타내지는 않았다. 그러나 부대를 직접 방문할 때는 신비한 분위기를 연출해 사람들이 그를 둘러싸도록 만들었다. 제2차 세계대전 내내 카키색의 목이 드러난 셔츠와 잘 다림질한 바지를 입었다. 그의 유일한 치장품은 옥수숫대 파이프와 대나무 지휘봉이었다. 이따금 구부러진 손잡이가 달린 갈색 지팡이를 돌리면서 가늘고 긴 담뱃대에 담배를 위로 꽂아 피우곤 했다.

출처: 육군본부(2012: 209)

이와 같이 배우나 정치 지도자들이 좋은 이미지를 형성하기 위해 노력하는 것처럼 조직이라는 연극무대에서 배우 역할을 하는 군 리더도 자신의 역할을 성공적으로 수행하기 위해서는 조직 내외의 이해관계자들에게 좋은 리더십 이미지(leadership image)를 주기 위한 이미지 메이킹에 관심을 가져야 한다. 그것은 리더의 성격, 행동, 보디

랭귀지(body langage), 말하는 스타일, 공식적인 지위 및 외모 등 많은 것에 영향을 받아 형성되는 리더십 이미지가 조직 내외의 관계자들의 리더에 대한 인식과 리더십 성과에 영향을 미치기 때문이다(Center for Creative, 2020).

따라서 긍정적인 리더십 이미지메이킹을 위해서는 리더에게 공통적으로 요구되는 긍정적인 특성인 신뢰, 자신감, 친밀감, 비전, 임파워먼트, 솔선수범 등을 보여주어야 한다. 그리고 리더십 이미지메이킹은 가짜 페르소나(persona)[24]를 만드는 것이 아니라 자신이 보여주고 싶은 리더십 이미지와 현재 팔로어들이 갖고 있는 자신에 대한 이미지와의 차이를 발견하고, 그 차이를 좁히기 위해 노력하는 것임을 명심해야 한다.

이러한 맥락에서 긍정적인 리더십 이미지메이킹을 위한 몇 가지 실천 사항은 다음과 같다(McGurga, 2021). 첫째, 미소와 인간미를 보여주어야 한다. 진지하고 엄하게 보이는 것이 카리스마라고 생각하고 평소에 웃지도 않고 목이나 목소리에 힘을 주는 리더가 있다. 그러나 몸에 힘을 주면 자신의 건강에도 좋지 않고, 다른 사람들도 그런 사람을 좋아하지 않는다. 외유내강(外柔內剛), 즉 겉으로는 부드럽게 보이지만 내적으로는 강한 리더를 좋아하고 따른다.

둘째, 말을 잘해야 한다. 말은 그 사람의 인격을 나타내기 때문에 말하는 내용과 태도를 통해 리더가 어떤 사람인지 가늠할 수 있다. 따라서 리더는 상대방의 인격을 존중해주고 상대방의 사기를 높여주는 말을 해야 한다. 말이 '씨'가 된다는 말처럼 말이 상대방에게 상처를 주기도 하고, 자신감과 자존감을 높여주기도 하기 때문이다. 또한 리더가 말할 때 목소리가 작고 불명확한 발음을 하거나, 여러 사람 앞에서 말할 때 불안한 모습을 보이거나, 대화할 때 말이 서툰 모습을 보인다면 자신감이 없는 리더라는 이미지를 형성하고 어려운 상황에서 제대로 리더십을 발휘할 수 있을지 의심하게 된다.

따라서 리더는 자신감 있게 말하고, 효과적으로 자기 생각과 감정을 전달할 수 있

---

[24] 페르소나(persona)란 고대 그리스 가면극에서 배우들이 썼다가 벗었다가 하는 가면을 말한다. 이후 라틴어로 섞이며 '사람(person)', '인격' 또는 '성격(personality)'의 어원이 되고, 심리학 용어가 되었다. 통상적으로는 "이미지 관리를 위해 쓰는 가면"을 의미한다.

도록 목소리의 크기, 속도, 억양 등에도 관심을 갖고, 말할 것을 미리 준비하고 연습해야 한다. "스피치(speech)는 타고난 사람보다 준비한 사람이 이긴다"라는 말처럼 준비를 어떻게 하느냐에 따라 충분히 달라질 수 있다. 프레젠테이션의 귀재로 알려진 스티브 잡스도 1페이지 분량의 발표를 위해 90시간을 준비했다고 한다(김미영, 2017). 스피치를 잘하는 사람들은 아무 준비 없이 무대에 올라가서 그저 생각나는 대로 하는 연기가 아니라는 것이다.

셋째, '나'보다 '우리'라는 말을 자주 사용해야 한다. '나', '내게', '나의'라는 말을 많이 사용하면 리더 혼자서 한다는 인상을 주기 때문에 팔로어들의 마음을 잃게 된다. 리더 자신이 낸 아이디어나 비전 또는 팔로어의 책임이라 할지라도 팔로어들과 함께한다는 의미로 '우리'라는 말을 자주 사용하는 것이 바람직하다.

넷째, 열정적인 모습을 보여주어야 한다. 교육자로 역할에 보람을 느끼고 열정적으로 강의하는 교수가 좋은가, 아니면 교단에서 자신이 준비한 수업 내용만 냉철하게 전달하는 교수가 좋은가? 리더는 팔로어들에게 자신의 역할에 사명감과 긍지를 갖고 열정적으로 일하는 인상을 심어주도록 해야 한다. 그러한 리더십을 발휘할 때 팔로어들도 리더처럼 열정적으로 자신의 역할을 수행하게 된다.

다섯째, 인상관리를 잘해야 한다. 고프먼(Goffman, 1959)은 인상관리를 "사회적 상호작용에서 특정한 목표를 성취할 수 있는 위치에 가기 위해 본인의 이미지와 정체성을 통제하려는 행위"로 정의했다. 즉, 인상관리란 의도적으로 "자신의 목적에 맞는 행위(연기)와 정보를 사회적 상호작용을 하는 타인들(청중)에게 제공하는 노력을 통해 자신의 목표에 부합하는 인상을 타인에게 형성하려는 것"이다(Rom & Paul, 1820).

인상관리가 중요한 이유는 애시(Asch, 1946)의 실험을 통해 밝혀진 초두효과(初頭效果, primacy effect) 때문이다. 초두효과란 "처음 제시된 정보 또는 인상이 나중에 제시된 정보보다 기억에 더 강력한 영향을 미치는 현상"을 말한다.[25] 우리의 뇌는 보고 듣는

---

25 중소기업 면접관들을 대상으로 조사한 결과 지원자의 첫인상이 면접에서 "매우 높은 영향을 미친다" 39.8%, "조금 높은 영향을 미친다" 53.5%로 총 86.2%가 영향을 미친다고 응답했다. 반면 "영향을 미치지 않는다"라는 답변은 12.8%였다. 그리고 지원자의 첫인상이 결정되기까지 시간은 평균 3분 4초에 불과했고, 첫인상 결정에 영향을 미치는 요인으로 '자세와 태도'를 꼽은 면접관이 71.6%로 가장 높았고, 지원자의 '표정과 눈빛'(45.8%), '답변하는 내용'(45.2%), '발음, 어조 등 말하는 방식'(32.4%), '발성, 성량 등 목소리 톤'(20.0%) 순이었다(잡코리아, 2020).

정보를 본능적으로 일관성 있게 받아들이려 하기 때문에 처음에 들은 정보와 나중에 들은 정보가 반대되는 것이라도 뇌는 나중에 들은 정보를 잘 기억하지 못하고 무시하기 때문이다. 예컨대, 어떤 군 간부가 새로이 전입한 부대에서 불성실한 언행과 처음으로 맡겨진 임무를 잘 수행하지 못해 상급자나 하급자(부대원)들에게 불성실하거나 능력이 없는 것으로 인상이 형성되면 나중에 그러한 이미지를 바꾸기가 어렵다는 것이다. 특히 군 간부들은 1~2년 만에 보직을 변경하거나 타 부대로 이동하기 때문에 첫인상이 보직 만료 시까지 지속될 수 있다. 물론 첫인상이 안 좋게 형성되었더라도 빈발 효과(頻發效果, frequency effect)[26]가 있어 절망할 필요는 없지만, 빈발 효과가 나타나려면 많은 노력이 필요하기 때문에 첫인상을 잘 관리하는 것이 매우 중요하다.

---

[26] '빈발 효과'란 "첫인상이 좋지 않게 형성되었다고 할지라도 반복해서 제시되는 행동이나 태도가 첫인상과 달리 진지하고 솔직해지면 점차 좋은 인상으로 바뀌는 현상"을 말한다.

요약

상징적 인식틀은 조직문화를 중요시하고, 조직을 연극무대 같은 것으로 보기 때문에 리더는 연출가이자 배우 같은 역할을 하는 사람이다. 조직문화는 조직의 발전에 부정적인 영향을 미치는 역기능도 있지만, 조직의 성과에 긍정적인 영향을 미치는 순기능이 있기 때문에 최근에는 조직의 가장 소중한 전략적 자산이자 최후의 경쟁력으로 인식되고 있다. 따라서 연출가가 상징물들을 활용해서 관객에게 연극의 의미를 전달하는 것처럼 리더는 신화·일화, 의례·의식, 복장·장식물, 언어·구호 등의 상징을 활용해서 긍정적인 조직문화를 창출·유지하고 변화시켜야 한다.

상징적 인식틀로 보면 조직구조는 조직의 드라마를 관객에게 분명하고 확실하게 전달해주는 공간, 조명, 소품, 그리고 의상의 배치라고 할 수 있다. 즉 조직구조는 조직의 목표나 전략, 기술 등의 상황변수와는 거의 관계가 없고, 조직의 연극을 관객에게 전달해주는 공간, 조명, 소품, 그리고 의상의 배열인 연극무대라고 할 수 있다. 따라서 조직구조는 실제로 이루어지는 활동 자체보다 겉으로 드러나는 모습인 상징적 측면, 즉 사회적 기대를 반영해야 정당성을 확보할 수 있다. 또한 조직에서 이루어지는 회의, 계획 수립, 평가와 감사 등의 많은 활동이 효율성과 효과성 또는 객관성과 공정성만이 아니라 상징적 의미가 중요하기 때문에 리더는 이러한 활동의 상징적 의미가 무엇인가를 잘 이

해하고, 상징적 의미가 잘 전달될 수 있도록 해야 한다.

리더십은 가장 위대한 공연예술일지도 모른다. 배우가 무대를 떠난 후에도 오랫동안 감동이 유지되는 것처럼 리더십도 진한 감동을 줄 수 있는 조직을 만들어내는 하나의 연기다. 따라서 배우가 시나리오에 적합한 말과 행동, 의상, 소품 그리고 몸짓 등의 연기를 통해 관객에게 그 의미를 잘 전달해줌으로써 감동을 주고 관객을 모이게 하는 것처럼 리더도 상황에 따라 적절한 말과 행동, 의상 그리고 몸짓을 통해 자기 생각과 감정을 효과적으로 전달해야 한다.

배우가 가식적으로 연기하는 것이 아니라 실제 인물처럼 연기할 때 관객의 몰입도가 높아지고 관객이 모이는 것처럼 진실하지 않고 가식적으로 행동하면 훌륭한 리더가 될 수 없다. 즉 리더는 말과 행동, 그리고 겉으로 드러난 모습과 실제 모습이 일치하는 진실한 리더십을 발휘할 때만 팔로어들에게 존경과 신뢰를 얻고, 팔로어들이 진심으로 따르게 된다는 것이다. 그리고 리더에 대한 이미지가 리더에 대한 인식과 리더십 성과에 영향을 미치기 때문이다. 리더는 자신의 역할을 성공적으로 수행하기 위해 정치가나 배우처럼 이미지메이킹을 통해 조직 내외의 이해관계자들에게 좋은 리더십 이미지를 만드는 데 관심을 가져야 한다.

질문 및 토의

1. 리더를 연출가 같은 역할을 하는 사람이라고 하는 이유는?

2. 재학 중인 대학이나 근무 중인 부대의 긍정적인 조직문화(신화나 일화, 의례 · 의식, 복장 · 장식
   물, 언어 · 구호 등)는 무엇인가?

3. 조직(학교, 부대, 회사 등)에서 바꾸어야 할 부정적인 문화가 있다면 무엇인가?

4. 조직은 연극무대라고 하는데, 그 이유는?

5. 리더로서 긍정적인 리더십 메이킹을 위해 어떠한 노력을 해야 한다고 생각하는가?

실전 리더십 사례 토의 12

당신은 중대장이다. 현재 중대에서 지속되는 문제 중의 하나는 간부들의 잦은 회식과 음주에 의한 사고들이다. 한 간부는 과도한 음주로 인해 알코올 중독 증상을 보이고 있고, 어떤 병사는 휴가 중 음주운전으로 인해 민간인 사망사고를 일으켜 현재 군 교도소에서 복역 중이다. 최근 이러한 문제로 인해 중대 분위기가 대단히 나빠졌으며 당신은 부하들의 음주문화에 대해 필요한 대책을 강구하고자 한다. 어떻게 하겠는가?

1	음주사고 우려가 있는 간부나 용사들을 한 명씩 면담하면서 음주운전이나 알코올 중독이 얼마나 위험하고 나쁜 습관인가에 대해 알려준다.
2	중대 간부가 회식자리에서 과도한 음주를 하지 않도록, 비공식적인 방법으로 동료에 의한 과음자 통제가 되도록 권장한다.
3	지속적으로 음주를 하지 않는 간부에게 모종의 혜택을 주고, 음주 대신에 다른 좋은 취미를 갖도록 권장한다.
4	중대원들에게 현재 교도소에 복역 중인 용사가 일으킨 음주운전 사고가 어떻게 발생했는지 원인과 결과에 대해 자세히 이야기해준다.
5	타 부대에 과거 음주를 많이 한 부사관이 있다면 초청하여 그가 어떻게 알코올 중독을 극복했는지 경험담을 듣는다.
6	다양한 방법으로 음주사고 예방교육을 실시한다. 하루는 음주 운전사고, 다음날은 음주습관 극복 사례 등에 대해 교육을 실시한다.
7	음주운전 사고에 의해 발생한 인명피해와 경제적 손실을 자세하게 분석한 내용을 사례로 들어 중대원들에게 교육한다.
8	수시로 음주실태를 확인하여 그들의 건강상태와 가정에 문제가 있는지 확인한다.
9	전문가나 헌병대 담당관을 초청하여 음주사고의 위험성에 대해 교육한다.
10	중대원들에게 확고한 자세를 보인다. 음주로 인해 비록 사소한 문제를 일으키는 그 누구라도 강력하게 처벌하겠다고 협박한다.
11	중대장이 주관하는 회식을 주기적으로 실시하여 모범적인 음주문화를 몸소 실천하여 보여준다.

1	2	3	4	5	6	7	8	9
매우 부적절함		다소 부적절함		보통		다소 적절함		매우 적절함

〈결과 해석〉: 이 책의 마지막 부록에 포함된 실전 리더십 사례 토의 모범답안 참조.

13장

리더십 실천과 개발

"진정한 리더는 지속적으로 높은 성과를 낼 뿐만 아니라 삶의 전 영역에서
리더십을 발휘하여 나우리(나+우리)를 행복하게 만들어주는 사람이다."

– 최병순

　　이 세상에는 크고 작은 수많은 조직에서 활동하고 있는 리더들이 있다. 그러나 진정한 리더는 그리 많지 않은 것 같다. 진정한 리더는 남에게 피해를 주더라도 조직에서 유능하다고 인정받는 일만 잘하는 리더가 아니기 때문이다.

　　진정한 리더는 삶의 전 영역에서 리더십을 발휘하여 자신은 물론 가족, 부대원(상관, 부하, 동료 등), 이해관계자, 지역주민, 국민, 나아가 인류를 행복하게 만들어주는 리더다. 그리고 일시적인 성과가 아니라 지속적으로 기대 이상의 높은 성과를 내는 리더다. 자신의 임기 중에만 높은 성과를 내고 후임자 때는 성과가 저하될 수밖에 없도록 만드는 리더, 그리고 자신의 임기 중에 높은 성과를 내기 위해 무리하게 조직을 운영하는 리더도 진정한 리더라고 할 수 없다. 조직이 자신의 임기 때문만 아니라 장기적으로 지속적인 발전을 할 수 있도록 리더십을 발휘하는 리더가 진정한 리더다.

　　이 장에서는 상급자에게 인정받고, 팔로어들로부터 존경과 신뢰를 받는 인격을 구비한 유능한 리더가 되기 위한 조직 인식틀의 효과적인 활용 방안, 리더의 바람직한 역할, 그리고 리더에게 요구되는 역량과 리더십 개발 방법을 제시한다.

1. 리더십 실천

1) 조직 인식틀의 효과적 활용

인식틀은 사람, 조직 또는 세상을 들여다보는 서로 다른 창문이며, 서로 다른 색깔의 안경이다. 어떤 것은 걸러내기도 하고, 어떤 것은 쉽게 통과시키기도 한다. 우리의 경험에 질서를 부여해주며, 어떤 행동을 취해야 하는지를 결정할 수 있게 해준다. 그런데 리더가 직면하는 많은 문제는 대부분 복합적인 원인에 의해 발생한다. 따라서 만일 리더가 어떤 한 가지 인식틀만 갖고 문제를 인식할 경우, 장님이 코끼리의 한 부분을 만지고 그것이 코끼리라고 단정하는 것과 같이 문제를 제대로 인식하지 못하게 될 뿐만 아니라 효과적으로 리더십을 발휘할 수 없게 된다.

앞에서 소개한 볼먼과 딜(Bolman & Deal, 2021)의 4가지 조직 인식틀도 각기 조직의 실제에 대한 고유한 이미지를 가지고 있다. 따라서 4가지 인식틀을 적절히 조합하여 조직의 문제를 진단할 때만 복잡한 조직의 실재를 올바로 볼 수 있다. 현미경에 렌즈를 추가할수록 더 자세히 볼 수 있고, 망원경에 렌즈를 추가할수록 더 멀리 볼 수 있는 것처럼 다음 사례에서처럼 다양한 인식틀을 사용하여 조직의 문제를 진단할 때 문제의 원인을 정확히 파악할 수 있고, 이에 따라 올바른 해결책을 제시할 수 있다.

1994년 9월 27일 새벽 3시경 경남 울산군 강동면 육군 제○○사단 ○○연대 해안 ○○대대 소속 조 소위, 김 소위, 황 하사 등 세 명이 M16 소총 두 정과 실탄 120여 발, 수류탄 6발 등을 갖고 탈영했다. 조 소위는 이날 새벽 2시 45분경 소총과 수류탄을 든 채 사병들이 취침 중인 내무반에 들어가 "따라오지 마라. 따라오면 모두 죽인다"라고 위협한 뒤 공포탄 3발을 발사하고 승용차에 황 하사를 태워 부대를 이탈했다. 김 소위는 26일 밤 울산 시내에 나갔다가 돌아와 부대에서 6km 떨어진 곳에서 조 소위 등과 합류했다. 이들은 승용차를 이용하여 부대에서 25km가량 떨어진 선리 대봉마을 뒷산으로 달아났다. 군경 합동수색대는 이날 오전 11시 20분부터 대봉마을에서 1km쯤 떨어진 야산에서 탈영병과 대치했다. 대치 과정에서 황 하사는 수류탄으로 위협하고, 소총 4발을 발사하기도 했다. 한편 장교 두 명은 오후 1시 20분경 자수했으며 소총 2정과 실탄 82발, 수류탄 4발 등이 회수되었다.

이 사건은 탈영자들과 같은 대대에 근무하고 있는 이 소위가 부하인 신 병장에게 뺨을 맞은 데서 비롯되었다. 이 소위는 당시 신 병장이 전입 온 지 얼마 안 되는 강 이병을 구타하는 것을 보고 "이등병이 뭘 알겠느냐? 그러려면 차라리 나를 때려라"라고 말하자 신 병장이 "때리라면 못 때릴 줄 아느냐?"며 실제로 이 소위의 뺨을 때렸다. 그러자 이 소위가 신 병장의 멱살을 잡았고, 이를 구경하고 있던 사병 세 명이 가세하여 이 소위를 집단 구타하는 '집단 하극상'이 발생했다. 이 소위는 이러한 사실을 중대장에게 보고했다. 상관 폭행죄는 군 형법상 무기 또는 징역 10년 이상의 중형에 처해지게 돼 있어 집행유예나 형 정지 처분을 받을 수 없기 때문에 신 병장 등 하극상 사건에 관련된 병사들은 구속 수감되어야 했다. 그러나 소대장으로부터 보고를 받은 중대장은 신 병장을 부대 영창에서 며칠간 얼차려(기합)를 주는 것으로 사건을 마무리했다.

이러한 사실을 알게 된 이 소위와 같은 중대에 근무하던 조 소위, 인접 중대에 근무하던 김 소위는 이에 분개하며 중대장에게 구속 수사를 건의했으나 이들의 주장은 받아들여지지 않았다. 이 소위와 동료인 조 소위, 그리고 평소에 소대원들이 경례도 잘하지 않고 반말까지 해 리더십 발휘에 어려움을 겪었던 김 소위는 묵과할 수 없는 일이라며 의기투합하여 9월 21일 오후 한 자리에 모여 무장탈영을 모의했다. 결국 탈영에 부정적이었던 이 소위만 빼고, 다혈질이며 생도 시절에 후배들에게 성격이 직선적이고 과격하다는 평판을 받았던 김 소위는 탈영을 결심했고, 이들은 탈영 차량 확보를 위해 황 하사를 끌어들였다.

이 사건은 군사재판에서 무장탈영한 김 소위에게 군무이탈죄, 군용물특수강도죄 등을 적용하여 대법원에서 징역 2년을 선고함으로써 일단락되었다.[1]

---

1   "피고인 김○○ 소위는 … 군부대에 만연해 있는 하극상을 바로잡기 위해서는 대형 사고를 저질러 그 진상을 사회에 알려야만 한다는 그릇된 생각을 가지고 이 사건 범행에 이르게 되었고, 범행 전에 공범인 원심 공동피고인 조○○ 소위를 통하여 소속 중대장에게 범행동기를 밝히면서 다시 돌아오겠다는 내용의 메모를 남겼으며, 소총과 수류탄을 소지하고 차량을 탈취하여 군부대를 이탈했다가 그로부터 약 9시간 만에 원래 계획한 대로 자수한

당시 이 사건은 군은 물론 온 국민을 놀라게 했다. 사관학교 출신 장교가 어떻게 그러한 행동을 할 수 있는가? 사관학교 교육 시스템에 문제가 있는 것은 아닌가? 군의 기강이 무너진 것은 아닌가? 얼핏 보면 이 사건은 단순히 김 소위의 개인적인 자질 부족으로 인해 발생한 것처럼 보이지만, 그 이상으로 훨씬 많은 의미를 내포하고 있다.

이러한 사건이 발생했을 때 일반적으로 가장 먼저 사용하는 인식틀이 누군가에게 그 원인과 책임을 돌리고, 문제의 발생 원인이 사람의 가치관, 성격과 태도 또는 무능력 때문이라고 보는 인적자원 인식틀이다. 실제로 이 사건이 발생하자 군 당국에서 가장 먼저 한 것이 탈영을 주도한 김 소위의 기본 자질에 대한 조사였고, 소대장들의 리더십 역량 부족을 사건 발생의 중요한 원인 가운데 하나로 진단했다. 사병들의 학력이 소대장보다 더 높은 경우도 많은데, 과거처럼 일방적 · 강압적 리더십으로 휘어잡으려 했기 때문에 문제가 발생했다는 것이다. 따라서 사후 대책도 소대장의 리더십 역량 강화를 위해 초군반과 고군반 교육과정에서 40여 시간의 리더십 교육을 실시하도록 하는 것이었다.

사건 발생 시 가장 많이 사용한 또 다른 인식틀은 조직구조 또는 시스템의 문제로 책임을 돌리는 구조적 인식틀이다. 구조적 인식틀로 보면 군은 하극상 사건이 발생했을 때 지휘계통을 통해 보고하여 법적으로 처리하도록 하는 시스템을 갖고 있었지만, 부대 평가 또는 진급에 부정적인 영향을 미칠 것을 두려워한 중대장이나 대대장 등 상급 지휘관들이 이러한 시스템을 제대로 활용하지 않았기 때문에 탈영 사건이 발생했다고 할 수 있다. 따라서 사후 대책의 하나로 초급장교는 물론 용사들도 지휘계통을 거치지 않고 대대장 및 연대장에게 직접 전화로 애로사항을 호소할 수 있도록 상담 및 고충 처리 시스템을 구축하는 것이었다.

이와 같이 인적자원 인식틀과 구조적 인식틀은 조직에서 발생하는 문제를 진단하고 해결책을 모색할 때 주로 사용하는 인식틀이다. 사람에게서 문제의 원인을 찾고, 그 책임을 돌리는 인적자원 인식틀은 왜 사람들이 같은 일을 서로 다르게 처리하

사실은 인정되나 위와 같은 사정만으로는 피고인에게 군무를 기피할 목적이 없었다고 볼 수 없으므로…"(대법원 1995.7.11. 선고 95도910 판결).

는가를 잘 설명해준다. 그러나 조직에서 서로 다른 사람들이 동일한 상황에 처해 있을 때 동일한 행동을 하는 현상을 설명해주지 못한다. 더욱이 개인에게 책임을 돌리는 것이 옳더라도 문제를 해결하는 데 크게 도움이 되지 않는다. 예컨대, 문제의 원인이 어떤 사람의 성격 때문이라면 어떻게 할 것인가라는 문제에 부딪힌다. 자신의 성격도 고치기 어려운데 다른 사람의 성격을 고치는 것은 더욱 어렵다. 그렇다고 성격이 좋지 않다는 이유로 그 사람을 해고하거나 보직 이동을 시키는 것도 현실적으로 어렵다.

한편 구조적 인식틀은 조직이 어떤 목표를 달성하기 위해 만들어진다는 전제에서 출발한다. 그리고 목표와 정책이 명백하고 업무가 잘 규정되어 있으며, 통제체계가 제대로 작동되고, 조직원들이 합리적으로 행동하는 조직이 가장 효과적인 조직이라고 본다. 이러한 구조적 인식틀은 어떻게 조직이 운영되어야 하는가를 설명하는 데는 적합할지 모르지만, 똑같은 시스템을 갖고 있는데도 어떤 조직은 잘 운용되는데 어떤 조직은 잘 운영되지 않는 이유를 설명해주지 못한다(Bolman & Deal, 2017).

따라서 인적자원 인식틀과 구조적 인식틀만이 아니라 정치적 인식틀과 상징적 인식틀로도 문제를 분석해야 원인을 더욱 정확하게 진단할 수 있다. 이 사건의 원인을 정치적 인식틀로 보면 고참 용사들과 소대장들 간의 권력 갈등으로 볼 수 있다. 즉, 소대장들이 계급은 높지만 권력이 약해 고참 용사들에게 영향력을 제대로 행사하지 못했기 때문에 문제가 발생한 것이라고 할 수 있다. 이러한 인식에서 실제로 사건 발생 후 대대는 중대장에게만 있었던 신상필벌권을 소대장에게도 부여하여 매달 두 명의 사병에게 특별외박을 줄 수 있도록 지휘권을 보강했다. 그리고 경례를 제대로 하지 않는 등의 사소한 군기 위반도 용서하지 않고 군기교육대에 보내도록 했다. 즉, 보상적 권력과 강제적 권력의 강화를 통해 소대장들의 지휘권을 확립해준 것이다.

한편 상징적 인식틀로 보면 계급보다는 군 생활 경력, 이른바 '짬밥 수'가 더 중요시되는 군 문화가 문제의 원인이라고 할 수 있다. 사건이 발생한 대대에는 군 생활을 오래 한 고참 용사인 병장들이 '소위'라는 계급의 상징적 권위를 인정하지 않고 텃세를 부리는 소대장 길들이기 문화가 암암리에 형성되어 있었다. 그런데 철저하게 계급을 중시하는 위계적 문화에서 교육을 받은 사관학교 출신 장교인 김 소위가 이를 용납하지 못했기 때문에 문화 충돌이 일어나 문제가 발생했다고 할 수 있다. 사회 각 분야의 민주화 과정에서 상급자의 권위가 실추되고 훼손되고 있는 사회적 분위기가 바로 그 같은 군내 하극상의 토양이 되었다는 것이다. 따라서 사후 대책의 하나가 군인복무규율의 개정 등을 통한 군 문화 혁신이었다.

이와 같이 조직 인식틀은 각기 조직에서 문제가 왜 발생했는가를 잘 설명해주고 있지만, 각 인식틀은 실재를 너무 단순화시켜 보도록 만들기 때문에 어느 한 조직 인식틀만으로 보면 문제의 원인을 제대로 진단할 수 없다. 따라서 리더들이 조직에서 발생하는 문제의 본질을 더 정확하게 이해하기 위해서는 어느 하나의 조직 인식틀만이 아니라 다양한 조직 인식틀을 사용하여 조직의 문제를 볼 수 있는 유연한 사고가 요구된다.

한 조직을 동시에 기계, 가정, 정글, 연극무대로도 볼 수 있는 다면적 사고(multiple-frame thinking)를 하려면 동일한 사건이나 대상을 동시에 다른 방식으로 보는 리프레이밍(reframing) 능력이 필요하다. 우리는 몸이 아프면 아픈 부위에 따라 병원을 선택한다. 예컨대 이가 아프면 치과, 배가 아프면 내과, 눈이 아프면 안과를 찾아간다. 그러나 중병에 걸려 종합적인 진단과 처방이 필요하다면 다양한 전문의가 있는 종합병원을 찾아가야 병의 원인을 정확히 진단하여 치료할 수 있다. 마찬가지로 우리가 삶을 살아가면서, 또는 조직의 리더로서 직면하는 복잡한 문제를 해결하기 위해서는 종합병원처럼 다양한 인식틀을 갖고 있어야 한다.

화가는 스케치 여행을 떠날 때 자신이 갖고 있는 모든 물감을 가지고 가지만, 그림을 그릴 때는 대상에 따라 여러 가지 물감을 선택하여 적당한 비율로 혼합해서 그린다. 그런데 필요한 물감이 없다면 제대로 그림을 그릴 수 없다. 마찬가지로 리더는 다양한 인식틀을 구비하고 있어야 하지만, 항상 모든 인식틀을 동시에 모두 선택하여 사용해야 하는 것은 아니다. 화가가 그림을 그릴 때 대상에 따라 필요한 물감만 선택하여 사용하는 것처럼 문제에 따라 적절한 인식틀을 선택하여 다양한 관점에서 문제를 진단하고, 해결책을 모색해야 한다.

따라서 리더는 상황에 따라 다양한 인식틀을 적절히 선택하여 복합적으로 활용할 수 있는 '다면적 사고 역량'과 화가가 적합한 물감을 선택해서 적절한 비율로 물감을 혼합하듯 창의적인 '예술가적 소양(artistry)'이 요구된다. 예술가적 소양이 뛰어난 사람일수록 상황을 잘 인식하고 리프레이밍함으로써 복잡한 문제에 대한 창의적인 해결책을 찾아낼 가능성이 크기 때문이다.

2) 리더의 바람직한 역할

이 책 제2부에서 소개한 리더십 이론들은 조직 전체를 보지 못하는 리더 중심 인식틀, 팔로어 중심 인식틀 또는 상황 중심 인식틀로 리더십을 설명하고 있을 뿐만 아니라 조직을 인적자원 인식틀이나 구조적 인식틀로 보고 리더의 역할을 설명함으로써 리더의 역할을 제대로 설명하지 못하고 있다는 한계를 내포하고 있다. 예컨대, 특성이론과 전범위 리더십, 서번트 리더십, 진성 리더십 이론들은 조직을 인적자원 인식틀로 보고 인적자원관리자로서 리더의 역할에만 초점을 맞춘 리더십 이론들이라고 할 수 있다. 또한 리더십 행동을 관계행동과 과업행동(구조주도)으로 구분하여 바람직한 리더십 행동을 제시한 오하이오 주립대학과 미시간 대학에서의 리더십 행동이론, 리더십 그리드, 그리고 리더십 상황이론들은 인적자원관리자와 설계자로서의 역할에 초점을 맞춘 리더십 이론들이라고 할 수 있다.

이와 같이 대부분의 리더십 이론들이 인적자원 인식틀이나 구조적 인식틀을 사용하여 조직을 보고, 정치적 인식틀이나 상징적 인식틀로 조직을 보지 않았다. 따라서 〈그림 13.1〉처럼 리더의 여러 가지 역할 중에서 인적자원관리자와 설계자로서 리더의 역할에만 초점을 맞추고, 정치가와 연출가·배우로서 리더의 역할을 간과했다. 그러나 리더가 인적자원관리자로

〈그림 13.1〉 리더의 역할

서 조직원들을 사랑하고 존중하는 인간중심적 또는 관계지향적 리더십을 발휘하여 조직원들이 신바람 나고, 조직구조가 합리적으로 설계되어 조직이 효율적으로 운용되고 있다고 하더라도 리더가 정치가와 연출가 · 배우로서의 역할을 제대로 수행하지 못한다면 그 조직은 지속적으로 높은 성과를 낼 수 없다.

따라서 리더는 〈그림 13.1〉과 같이 삶의 전 영역(자신, 가정, 조직 등)에서 설계자, 인적자원관리자, 정치가, 연출자 · 배우로서의 역할을 상황에 따라 적절히 선택하여 복합적으로 수행해야 한다. 그러나 현실적으로 리더 혼자서는 이러한 다양한 역할(multiple role)을 효과적으로 수행하기 어렵기 때문에 다양한 인식틀을 가진 사람들로 팀(team)을 구성하거나, 다양한 전문가의 의견을 들어서 조직의 문제를 진단하고 해결책을 모색하는 것이 바람직하다.

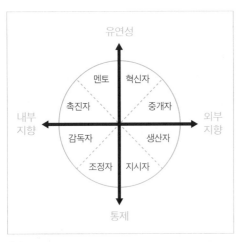

출처: Quinn et al.(2015)

〈그림 13.2〉 리더의 8가지 역할

한편 퀸 등(Quinn et al., 2003)은 경쟁가치모형[2]을 기반으로 리더의 역할을 좀 더 세분하여 〈그림 13.2〉와 같이 상호모순적 또는 상호배타적 역할인 멘토, 촉진자, 감독자, 조정자, 지시자, 생산자, 중개자, 혁신자의 8가지 역할로 분류했다. 그리고 효과적인 리더는 〈그림 13.3〉의 A 유형과 같이 리더로서의 역할을 편향적으로 수행하는 것이 아니라 B 유형과 같이 8가지 역할을 균형 있게 효과적으로 수행할 수 있는 역량을 구비한 리더라고 했다.

따라서 리더는 8가지 역할을 모두 효과적으로 수행할 수 있는 역량을 개발해야 한다. 그리고 상황에 따라 적절한 방법으로 이러한 상충하는 경쟁 역할들을 혼합하여 사용함으로써 균형을 유지해야 한다. 즉 리더는 주변 환경을 동적 시스템(dynamic

---

2 경쟁가치모형에 대한 자세한 내용은 이 책 제1장 제3절 참조.

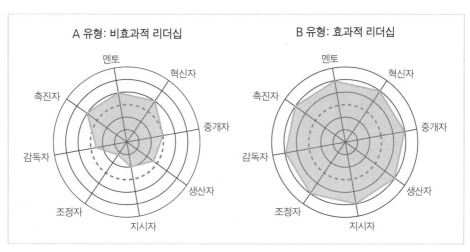

<그림 13.3> 효과적인 리더의 역할 모형

system)으로 보면서 부분이 아니라 전체를 보는 시스템 사고(system thinking)를 하고, 이분법적 사고에서 벗어나 반대편까지 생각하는 패러독스 사고(paradoxical thinking)를 할 수 있어야 한다(Quinn et al., 2015: 319).

이러한 리더의 8가지 역할은 <표 13.1>에서 보는 바와 같이 이 책에서 리더의 바람직한 4가지 역할에 모두 포함된다. 그러나 군뿐만 아니라 대부분 조직에서 일반적으로 많이 발휘되는 리더십 유형은 설계자로서 역할과 관련된 과업 중심 또는 성과 지향의 리더십이다. 그것은 조직에서 리더들에게 많은 과업을 부여하고, 성과가 좋은 리더를 우수하게 평가하여 진급을 시키고 있기 때문에 과업 중심 또는 성과 중심의 리더십을 발휘하는 것은 현실적으로 불가피하다고 할 수 있다. 그러나 리더들이

<표 13.1> 리더의 바람직한 역할과 리더의 8가지 역할

리더의 역할 조직 인식틀	리더의 바람직한 역할	리더의 8가지 역할 (Quinn et al., 2003)
구조적 인식틀	설계자	감독자, 조정자, 지시자, 생산자
인적자원 인식틀	인적자원관리자	멘토, 촉진자
정치적 인식틀	정치가	중개자, 혁신자
상징적 인식틀	연출가 · 배우	–

상급자로부터 좋은 평가를 받기 위해 단기적인 성과에 집착하다 보면 팔로어들의 업무 의욕이 떨어져 성과를 저하시키고, 팔로어들의 잠재능력도 개발할 수 없기 때문에 장기적으로는 조직의 성과를 저하시킬 수 있다는 것을 알아야 한다.

따라서 리더십을 성공적으로 발휘하기 위해서는 조직과 리더십에 대한 인식틀을 리프레이밍하여 설계자(감독자, 조정자, 지시자, 생산자)로서 역할만이 아니라 리더에게 요구되는 인적자원관리자(멘토, 촉진자), 정치가(중재자, 혁신자), 그리고 연출가 · 배우로서 역할들을 상황에 따라 균형 있게 수행하는 멀티 플레이어(multiple player)가 되어야 한다.

2. 리더십 역량 개발

1) 리더에게 요구되는 역량

사회 각 분야의 리더들에게 요구되는 역량은 조직의 특성과 직위, 그리고 직무의 특성 등에 따라 역량의 요구 정도 또는 우선순위의 차이가 있지만, 모든 리더에게는 리더로서 역할을 효과적으로 수행하기 위해 요구되는 공통적인 역량들이 있다.

이러한 맥락에서 퀸 등(Quinn et al., 2003)은 〈그림 13.2〉에서 본 바와 같이 리더의 역할을 8가지로 나누고 각각의 역할을 효과적으로 수행하기 위해 요구되는 핵심역량(core coimpetency)을 〈그림 13.4〉와 같이 역할별로 3가지씩 총 24가지를 제시했다. 그러

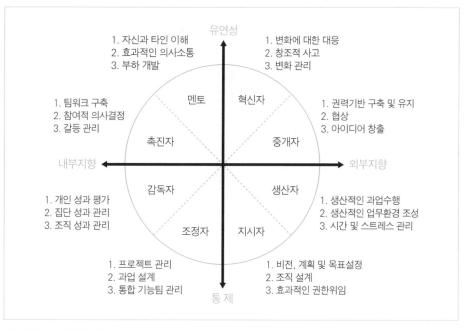

출처: Quinn et al.(1996: 16)

〈그림 13.4〉 리더의 8가지 역할과 핵심역량

나 이러한 핵심역량 모형은 이 책에서 제시한 리더의 4가지 역할 중 연출가 · 배우로서 역할을 성공적으로 수행하기 위한 역량을 포함하지 않고 있다.

최병순(2008)은 이러한 〈그림 13.4〉의 핵심역량모형의 한계를 극복하기 위해 조직의 유연성 · 적응성에 관련된 역량인가, 통합성 · 안정성에 관련된 역량인가, 그리고 조직 내부 관리에 관련된 역량인가, 조직 외부환경 관리와 관련된 역량인가를 기준으로 리더에게 요구되는 핵심역량을 퀸 등(2003)의 경쟁가치모형과 군에서 실증연구 결과, 그리고 이 책에서 제시한 리더의 4가지 역할 등을 종합하여 〈그림 13.5〉와 같이 핵심역량을 대인관계 역량(또는 인적자원관리 역량), 과업수행 역량, 조직관리 역량, 환경관리 역량의 4가지 역량군으로 분류하고, 각 역량군에는 3개의 세부 핵심역량을 포함하는 핵심역량 모형을 제시했다.[3]

출처: 최병순(2008)

〈그림 13.5〉 리더십 역량모형

---

3   이 모형은 역량군과 핵심역량들이 조직의 핵심가치와 인간존중 사고, 창의적 사고, 통합적(전체적) 사고, 그리고 전략적 사고를 기반으로 해야 한다는 것을 전제하고 있다.

첫째, 대인관계 역량은 조직목표 달성과 성과 창출의 주체인 리더 자신과 조직원들에 대한 이해와 의사소통, 그리고 조직원들의 잠재능력 개발에 관련된 역량들이다.

둘째, 과업수행 역량은 조직목표를 설정하고, 목표 달성을 위해 일상적 과업 또는 신규 사업 등을 효율적이고 효과적으로 수행하도록 조직화하고, 문제를 창의적으로 해결하는 역량과 관련된 역량이다.

셋째, 조직관리 역량은 조직목표 달성을 위해 조직관리자로서 효과적인 조직설계로 명확한 업무와 권한의 분배, 조직원 간의 팀워크 형성으로 조직 활동을 한 방향 정렬하고, 긍정적 조직문화 조성 등과 관련된 역량이다.[4]

넷째, 환경관리 역량은 외부 환경변화에 능동적으로 대응하기 위한 변화와 혁신, 외부 이해관계자(상급 부대, 지원 부대 등)로부터 협조와 지원을 획득하는 네트워킹, 그리고 조직의 비전을 제시하고 이를 구현하기 위한 전략 수립과 역량이다.

따라서 이러한 역량군 중에서 대인관계 역량은 인적관리자 역할, 과업수행 역량과 조직관리 역량은 설계자로서 역할, 조직관리 역량 중 긍정적 조직문화 조성은 연출가 · 배우로서 역할, 그리고 환경관리 역량은 정치가로서 역할을 효과적으로 수행하는 데 특히 중요한 역량이다. 이러한 역량군과 세부 역량들은 직급에 관계 없이 모든 리더들에게 공통적으로 요구되지만, 상위 직책에 보직되거나 다른 직무로 보직 이동 시 역량의 중요도나 우선순위, 그리고 역량을 발휘하는 방법이 달라질 수 있다.[5] 그러나 이러한 역량들은 하루아침에 개발되는 것이 아니기 때문에 상위직 보직 시 요구되는 리더십 역량의 변화에 대비하여 이러한 모든 역량을 구비하기 위해 지속적인 관심과 역량 개발 노력이 요구된다.

우리가 이미 직면하고 있는 지식정보화 시대 또는 창조 시대에는 창작자나 타인과 공감하는 능력을 가진 사람이 주인공이 된다. 21세기 들어 우리 사회가 부쩍 예술을 찾고, 인문학의 중요성을 새삼 강조하고 있는 것도 이 같은 시대적 변화를 반

---

[4] 위관 장교들은 과업수행 역량이 중요한 반면, 영관장교들은 조직관리 역량이 더 요구되기 때문에 직무수행 관련 역량을 과업수행 역량과 조직관리 역량으로 구분했다.

[5] 2019년 발간된 미 육군 리더십 교리 간행물(ADP 6-22: 5-1~10-8)에서도 "육군 리더십의 10가지 핵심역량은 모든 계층의 지휘관들에게 적용된다. 그러나 리더십 유형(직접 리더십, 조직 리더십, 전략적 리더십)에 따라 목적과 활동에 미묘한 차이가 발생한다"라고 기술하고 있다.

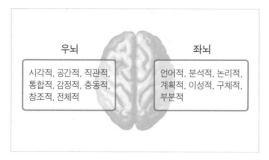

우뇌	좌뇌
시각적, 공간적, 직관적, 통합적, 감정적, 충동적, 창조적, 전체적	언어적, 분석적, 논리적, 계획적, 이성적, 구체적, 부분적

〈그림 13.6〉 좌뇌와 우뇌의 기능

영하고 있다. 리더는 "좌뇌(左腦)로 관리하고, 우뇌(右腦)로 리드하라(Covey, 2020)"라는 말처럼 좌뇌와 우뇌를 균형 있게 개발하여 전뇌적 사고(全腦的 思考)를 할 수 있어야 한다는 것이다.[6]

따라서 리더는 스스로 좌뇌뿐만 아니라 우뇌를 개발할 수 있도록 노력해야 한다. 그리고 군에서는 장교 및 부사관 양성교육 과정, 초·고군 및 각 군 대학 등 보수교육 과정의 교육훈련 시스템을 좌뇌 개발뿐만 아니라 우뇌 개발도 함께할 수 있는 시스템으로 혁신해야 한다. 예컨대, 23전 23승의 전과를 올린 이순신 장군의 리더십의 핵심은 애국(愛國), 애족(愛族), 애민(愛民)의 정신과 창의력이었고, 그것은 「한산도가(閑山島歌)」 등 많은 시(詩)와 『난중일기』 같은 글쓰기[書], 그리고 『난중일기』에 종종 나타나는 것처럼 음악 감상[樂][7] 등을 통해 개발된 감성역량(EQ)이 뒷받침되었다는 것은 군 간부들의 리더십 역량 개발에 시사해주는 바가 크다고 할 수 있다.[8]

리더가 되기 위해서는 다면적 사고 역량과 좌뇌(IQ)와 우뇌(EQ)를 통합적으로 활용하는 전뇌적 사고 역량만으로는 부족하다. 머리로만 리더십을 발휘하는 리더는 일을 잘하는 유능한 리더는 될 수 있을지 모른다. 그러나 군 리더는 몸(PQ: Physical

---

[6] 가드너(H. Gardner)의 다중지능이론(多重知能理論, the multiple intelligence hypothesis)에 따르면 인간의 지능은 언어·음악·논리수학·공간·신체운동·인간친화·자기성찰·자연친화·실존지능이라는 독립된 9개 지능으로 이루어져 있다고 한다. 이 이론에 따르면 각각의 지능이 조합됨에 따라 개인의 다양한 재능이 발현되기 때문에 각 영역에 수많은 부류의 천재가 있을 수 있다.

[7] 이순신 장군의 『난중일기(亂中日記)』를 보면 "충청수사, 우수사 우후(虞侯)가 와서 활을 쏘고 우수사도 와서 함께 이야기했다. 밤늦게 해(海)의 젓대 소리를 듣고, 배영수의 거문고를 들으면서 조용히 이야기하다가 돌아갔다(李忠武公全書, 卷之六, 亂中日記 甲午年 六月九日)"와 같이 음악 감상을 했다는 내용이 자주 나온다(임원빈, 2008: 263~270).

[8] 유학교육(儒學教育)에서 다루는 6가지 기초 교양과목은 육예(六藝), 즉 예(禮, 예법), 악(樂, 음악), 사(射, 활 쏘기), 어(御, 말타기), 서(書, 붓글씨), 수(數, 수학)였다. 조화로운 교양인 육성을 위한 군자학(君子學)의 학습 내용으로 조선 시대 사대부(士大夫, 리더)들의 교육내용이었다.

Quotient)과 머리(IQ & EQ)만이 아니라 따뜻한 가슴에서 우러나는 부하에 대한 사랑(love)·존중(respect)의 마음과 임무 완수에 대한 열정(passion), 함께 더불어 살아가는 공존 능력(NQ: Networking Quotient), 그리고 자기 내면의 소리(양심)에 따라 행동하는 도덕성(MQ: Moral Quotient) 등도 함께 구비해야 한다.[9] 리더십의 핵심은 몸이나 머리에 있는 것이 아니라 리더의 가슴과 영혼(양심) 속에 있기 때문이다.

맹자(孟子)는 "사람은 모두 남에게 차마 어찌하지 못하는 착한 마음씨인 양심(不忍人之心)을 가지고 있다. 그것은 남을 사랑하여 측은히 여기는 마음인 측은지심(惻隱之心), 불의를 부끄러워하고 미워하는 마음인 수오지심(羞惡之心), 서로 양보하고 공경하는 마음인 사양지심(辭讓之心), 옳고 그름을 판단하는 마음인 시비지심(是非之心)의 4가지 마음으로 알 수 있는데, 이것이 사단(四端)이다"라고 했다. 이러한 사단은 곧 인의예지(仁義禮智)라는 4가지 덕(德)의 단서로서 성선설(性善說)의 기반이 된다. 즉 인의예지는 모든 인간이 본래부터 가지고 있는 착한 본성이며, 외부적인 환경의 영향이나 후천적인 노력에 의해 얻어지는 것이 아니다. 따라서 인간이 착한 본성을 잃지 않고 사단을 확충하여 본래의 인간성을 실현하면, 누구나 요순 같은 성인(聖人), 즉 위대한 리더가 될 수 있다는 것이다. 그러나 사람은 사사로운 혈기나 이기적인 욕심 때문에 선한 본심이 가려지기도 한다. 사람이 본심을 회복하려면 시비(是非)를 올바르게 분별할 수 있는 능력을 기르고, 언제나 옳은 일을 추구하여 지극히 크고 굳세며 올곧은 도덕적 기개인 호연지기(浩然之氣)를 길러야 한다. 맹자는 이러한 사람이 바로 '대장부(大丈夫)'이며 대인(大人), 즉 '리더(leader)'라고 했다.

이러한 맥락에서 리더는 자신의 마음속 깊이 자리 잡고 있는 내면의 소리인 양심(良心, conscience), 즉 인의예지(仁義禮智)에 따라 따뜻한 가슴으로 리더십을 발휘하는 '인격을 구비한 유능한 리더'가 되어야 한다. 그러한 리더만이 주위의 다른 사람들을 행복하게 해줌으로써 상급자들로부터 인정받고, 팔로어들로부터 존경과 신뢰를 받아 팔로어들이 진심으로 따르게 할 수 있다. 그리고 팔로어들이 잠재능력을 최대로 발휘하게 함으로써 지속적으로 기대 이상의 높은 성과를 낼 수 있다.

---

[9]　LQ(Leadership Quotient) = f (PQ, IQ, EQ, NQ, MQ, …)

2) 리더십 역량 개발 방법

리더십은 타고나는 것이 아니라 후천적으로 학습될 수 있는 것이기 때문에 비범한 소수의 전유물이 아니다. 따라서 학창 시절에 반장이나 회장 등을 해본 경험이 없는 사람도 후천적인 학습과 리더십 개발 노력을 통해 사회 각 분야의 리더가 될 수 있고, 군에서 많은 사람을 지휘하는 장군이 될 수도 있다. 그런데 경영 방법은 학습할 수 있다고 믿기 때문에 대부분 대학과 대학원에 경영학 전공과정이 개설되어 있고, 많은 사람이 경영학을 공부하고 있다. 그러나 리더십은 학습을 통해 개발되기 어렵다는 인식이 자리 잡고 있기 때문에 아직 리더십을 전공하는 대학과 대학원이 경영학처럼 많지 않다.[10] 경영학을 학습함으로써 경영자로서 성공할 수 있는 것과 마찬가지로 리더십도 후천적으로 학습하고, 개발 노력을 함으로써 누구나 훌륭한 리더가 될 수 있다.

따라서 리더, 특히 군 지휘관은 리더로서 스스로 자기 자신의 리더십 역량을 개발해야 할 뿐만 아니라 자신이 지휘하는 모든 부대원의 리더십 역량과 병과(兵科) 또는 군사 특기(MOS: Military Occupational Specialty)의 전문성을 개발해주어야 한다.

(1) 리더십 자기개발

리더십은 "사람들이 자신의 가치와 잠재능력을 볼 수 있도록 분명하게 알려주는 것이다"라고 할 수 있다(Covey, 2006). 이것은 먼저 자기 내면의 소리(가치관, 양심, 잠재능력 등)를 듣고 실천하는 것을 전제로 하고, 리더십 개발은 곧 자기개발(self-development)에서 출발한다는 것을 의미한다.

따라서 리더는 리더십 발휘 수단인 자기 자신에 대해 잘 알아야 한다. 자기개발은 새로운 지식을 끌어모으거나 첨단기술을 사용하는 것이 아니라 이미 자신에게 들어 있는 리더십을 끌어내는 것이기 때문이다(Kouzes & Posner, 2012). 자신에 대한 이해는

---

10 외국에는 경영학과만큼 많은 것은 아니지만 리더십을 전공하는 대학도 있고, 경영대학원처럼 주말에 운영되는 리더십 대학원이나 사이버 리더십 대학원이 많이 있다.

MBTI, Big 5, 에니어그램 등의 성격검사나 VIA(Virtues in Action) 강점 진단 도구 등을 활용하여 먼저 "나는 누구인가?"라는 내적 탐구로부터 시작된다.[11] 자신에 대한 이해를 기반으로 강점은 강화하고 약점은 보완하는 자기개발을 통해 리더로서 자신감이 생기게 된다.

리더십 자기개발은 다음과 같이 학습, 실천 및 피드백 과정을 통해 이루어진다(Department of The Army, 2019: 6-1). 첫째, 기본적으로 리더십 개발은 자신이 개선을 원하고 노력하는 데서 이루어진다. 그리고 상관이 코칭이나 멘토링을 통해 리더십 개발을 지원하고, 조직 분위기가 학습을 중시할 때 리더십 개발이 가능하다. 따라서 리더나 리더가 되고자 하는 사람은 코칭, 의사소통, 상담 등 리더십 스킬을 배워야 한다. 그리고 이러한 리더십 스킬과 창의적인 전략전술 수립 능력의 밑바탕이 되는 감성지능(EQ)을 개발해야 한다.

둘째, 다른 사람들에게 리더십을 실천할 기회를 가져야 한다.[12] 다른 사람을 가르칠 때 가장 잘 배우고, 배운 것을 실천할 때 내면화되기 때문이다. 배우고 실천하지 않으면 배우지 않은 것과 같다. 이해하고 그대로 적용하지 않으면 실제로 이해하지 않은 것과 같다. 지식과 이해는 오직 실천을 통해서만 내면화되기 때문이다(스티븐 코비, 2006: 460).

셋째, 리더십 실천 결과를 다른 사람들로부터 360° 피드백을 받아야 한다. 특히 리더십 발휘 과정을 관찰하고 있는 상급자뿐만 아니라 리더십 발휘 대상인 팔로어들에게 정확한 피드백을 받음으로써 자신의 리더십 행동이 팔로어들에게 어떻게 받아들여지는지 알 수 있다. 리더십은 전방위적으로 발휘되지만, 주로 리더와 팔로어 관계에서 발휘되는 영향력이기 때문이다.

---

[11] 성격검사나 강점 진단 도구는 인터넷에서 무료로 활용할 수 있다.

[12] 사관학교에서는 지휘 실습을 할 수 있도록 훈육 요원의 지도를 받아 선배 생도들이 후배 생도를 지휘하도록 하고 있다.

(2) 타인의 리더십 개발

리더는 자기 자신의 리더십 역량을 스스로 개발할 뿐만 아니라 팔로어들의 리더십 역량을 개발해주는 리더십 개발자다.

따라서 리더십 개발자로서 리더는 첫째, 팔로어들을 교육훈련시켜 리더십 역량과 전문성을 개발해주고 그들이 준비된 다음에 임무를 수행하도록 해야 한다. 준비되지 않은 사람에게 더 큰 권한과 책임이 있는 일을 맡겼을 때 실패할 가능성이 크고, 본인도 좌절감만 느끼게 될 것이다. 또한 적재적소에 보직하여 자신의 잠재능력을 발휘하도록 하고, 우수자를 선발하여 진급시킴으로써 우수한 인재가 조직을 떠나지 않도록 해야 한다.

군에서는 이러한 지휘관의 개인적 노력만으로 부대원들의 리더십 역량을 개발하는 데 한계가 있기 때문에 국방부와 각 군에서는 다음 〈그림 13.7〉에서 보는 바와 같은 종합적인 접근 방법을 통해 군 리더들의 리더십 개발을 지원할 시스템을 구축해야 한다.

첫째, 리더로서 기본 자질을 구비한 우수한 인재를 간부로 선발해야 한다. 리더는 타고나는 게 아니지만 리더로서 잠재능력을 보유한 사람을 선발해서 교육할 경우 성공할 가능성이 더 크다. 따라서 각 군에서는 간부들에게 요구되는 기본 자질이 무엇인지를 연구하고, 그러한 인재를 효과적으로 선발할 방안을 마련해야 한다.

둘째, 양성 및 보수 교육기관에서는 물론 부대 근무 시에도 정기적으로 리더십 역량 개발을 위한 교육훈련을 실시하도록 해야 한다. 리더십 개발은 단기적인 일과성 교육이 아니라 지속적이고 장기적인 평생학습 차원에서 이루어져야 하기 때문이다.

셋째, 리더십 자기개발 지원시스템을 구축해야 한다. 앞에서 기술한 것처럼 리더십 개발은 자기개발에서

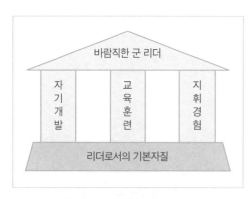

〈그림 13.7〉 리더십 역량 개발 모형

출발한다. 따라서 리더십 자기개발을 할 수 있도록 리더십 원격학습시스템을 구축하고, 리더십 개발을 위한 학습 비용이나 도서 구입 등을 지원함으로써 리더십 자기개발에 대한 동기를 부여해야 한다.

넷째, 리더십 발휘 경험을 강화해야 한다. 장기복무 장교들의 경우에는 단계적 보직관리를 통해 하급 지휘관 보직을 이수한 경우에만 차상급 지휘관 보직을 하도록 하는 제도적 장치를 마련하고 있다. 그러나 단기복무자인 학군이나 학사 장교, 그리고 최일선 지휘자로서 전투 시 막중한 역할을 수행해야 할 분대장은 리더십 교육이나 지휘 실습 경험이 부족한 상태에서 소대장이나 분대장으로 보직함으로써 초급 지휘자들의 리더십 역량이 부족하다는 문제를 야기하고 있다.

따라서 학군 및 학사 장교와 부사관 양성과정에서 사관학교처럼 리더십 역량 개발을 위한 교육훈련과 지휘실습 기회를 더욱 확대해야 한다. 또한 분대장을 이수한 부사관 중 우수자를 소대장으로 적극 활용하고, 분대장도 일정 기간 병 복무를 한 우수자를 선발하여 보직하는 방안을 확대하는 등의 제도적 보완을 할 필요가 있다.[13]

---

13 병 생활 경험자(1년 이상자)를 부사관으로 선발하여 분대장으로 보직하고, 분대장직을 성공적으로 이수한 부사관을 소대장으로 더 많이 활용하는 방안을 추진할 필요가 있다. 소대장이 반드시 장교여야 할 필요는 없기 때문이다. 이에 대한 구체적인 방안에 대해서는 최병순 등(2002) 참조.

리더십 역량 자기개발 계획(Action Plan) 수립

1. '인격을 구비한 유능한 리더'가 되기 위해 구비해야 할 리더십 역량(5~10개 이내)을 찾아 적는다.

2. 리더십 역량(체력, 의사전달력, 대인관계 등) 개발 방법을 구체적으로 적고, 기한을 정한다.

3. 리더십 역량 개발 방안을 실행하기 위한 필요사항과 장애 요인을 적어보고, 해결 방안을 찾는다.

개발역량	개발 방법		필요사항	장애 요인	해결 방안
	세부 개발 활동	기한			

요약

리더가 직면하는 많은 문제는 대부분 복합적인 원인에 의해 발생하기 때문에 어떤 한 가지 인식틀만으로 문제의 원인을 진단한다면 장님이 코끼리의 한 부분을 만지고 그것이 코끼리라고 단정하는 것과 같이 문제를 제대로 인식하지 못하게 될 뿐만 아니라 효과적인 해결책을 제시할 수 없다. 따라서 리더는 상황에 따라 다양한 인식틀을 적절히 선택하여 복합적으로 활용할 수 있는 '다면적 사고 역량'과 화가가 적합한 물감을 선택해서 적절한 비율로 물감을 혼합하듯 창의적인 '예술가적 소양'이 요구된다. 예술가적 소양이 뛰어난 사람일수록 인식틀을 리프레이밍함으로써 복잡한 문제에 대한 창의적인 해결책을 찾아낼 가능성이 크기 때문이다.

리더가 리더십을 성공적으로 발휘하기 위해서는 설계자로서 역할만이 아니라 인적자원관리자, 정치가, 그리고 연출가·배우로서 역할들을 상황에 따라 균형 있게 수행하는 멀티 플레이어가 되어야 한다. 이를 위해 리더는 주변 환경을 동적 시스템으로 보면서 부분이 아니라 전체를 보는 시스템 사고를 하고, 이분법적 사고에서 벗어나 반대편까지 생각하는 패러독스 사고를 할 수 있어야 한다.

리더들에게 요구되는 역할을 효과적으로 수행하기 위한 역량은 조직의 특성과 직위, 그리고 직무의 특성 등에 따라 역량의 요구 정도 또는 우선순위의 차이가 있지만, 모든 리더에게 요구되는 공통적인 역량들이 있다. 이 책에서는 리더에게 요구되는 핵심 역량을 경쟁가치모형과 군에서 실증연구 결과, 그리고 이 책에서 제시한 리더의 4가지 역할 등을 종합하여 대인관계 역량(또는 인적자원관리 역량), 과업수행 역량, 조직관리 역량, 환경관리 역량의 4가지 역량군으로 분류했다. 그리고 각 역량군에는 3개의 세부 역량을 포함하여 12개의 세부 역량으로 역량모형을 제시했다. 이러한 역량군과 세부 역량들은 직급에 관계 없이 모든 리더들에게 공통적으로 요구되지만, 보직에 따라 역량의 중요도나 우선순위, 그리고 역량을 발휘하는 방법이 달라질 수 있다. 그러나 이러한 역량들은 하루아침에 개발되는 것이 아니기 때문에 보직 이동 시 리더십 요구 역량의 변화에 대비하여 이러한 역량을 모두 개발하기 위해 지속적인 노력을 해야 한다.

리더는 자신의 마음속 깊이 자리 잡고 있는 내면의 소리인 양심에 따라 따뜻한 가슴으로 리더십을 발휘하는 '인격을 구비한 유능한 리더'가 되어야 한다. 그러한 리더만이 주위의 다른 사람들(상급자, 팔로어, 동료 등)을 행복하게 해줌으로써 상급자들로부터 인정받고, 팔로어들로부터 존경과 신뢰를 받아 팔로어들이 진심으로 따르게 할 수 있고, 팔로어들의 잠재능력을 최대로 발휘하게 함으로써 지속적으로 기대 이상의 높은 성과(전투력 등)를 낼 수 있기 때문이다.

따라서 리더들은 학습, 실천 및 피드백을 과정을 통해 스스로 자기 자신의 리더십 역량을 개발할 뿐만 아니라 팔로어들의 리더십 역량 개발을 위해 코칭과 멘토링, 상담 기법 등을 활용하여 문제가 무엇인지를 파악하고, 강점은 강화시키고 약점은 보완해 주어야 한다. 또한 적재적소에 보직하여 자신의 능력을 발휘하도록 하고, 우수자를 선발하여 진급시킴으로써 우수 자원들이 조직을 떠나지 않도록 해야 한다.

질문 및 토의

1. 조직에서 문제 발생 시 조직 인식틀을 효과적으로 활용하는 방안은?

2. 언론 기사나 정부 발표 정책 등을 참고하여 4가지 인식틀을 활용한 코로나 사태 극복방안을 제시한다면?

3. 리더는 시스템 사고와 패러독스 사고를 해야 한다는데, 그 이유는?

4. 자신이 생각하는 군 리더에게 요구되는 가장 중요한 역량 5가지만 든다면?

5. 다음 〈실전 리더십 사례 토의 13〉을 읽고 리더로서 선택할 수 있는 각각의 조치 방법들(1~11번)에 대한 적절성 정도를 판단하고, 1~9점 중 하나를 선택하여 각 번호 뒤에 점수를 기록한 후 각자의 점수 부여 이유에 대해 토의한다.

당신은 중대장이다. 당신의 중대에 신임 소대장 2명이 초군반을 수료하자마자 부임했다. 중대 내에서 핵심 간부 중 하나인 신임 소대장들에게 조기에 임무수행을 잘할 수 있는 능력을 구비시켜주고자 한다. 당신은 어떻게 하겠는가?

1	중대 내에서 이루어지는 모든 행정적인 활동에 신임 소대장들을 참여시킨다.
2	신임 소대장들에게 빠른 시간 내에 업무수행 목표와 계획을 수립하게 하고, 중대장과 면담하는 시간에 이것을 가지고 대화한다.
3	신임 소대장의 소대원들에게 직접 영향을 미치는 사안을 결정할 경우에만 그들을 참여시킨다.
4	신임 소대장들에게 중대에 당면한 업무들에 대해 개략적으로 설명해준다.
5	임무를 수행할 때, 그 소대장에게 해당하는 부분만 설명해준다.
6	대대에서 지시된 업무 가운데 현재 당신을 힘들게 하거나 곤란하게 만들고 있는 업무에 대해 신임 소대장들에게 참고로 말해준다.
7	신임 소대장의 소대원들과 행정적으로 직접 관련 있는 업무에만 그들을 참여시킨다.
8	신임 소대장들이기 때문에 굳이 생각을 공유할 필요가 없다. 다만 중대장인 당신이 결심해주면 소대장들은 실시하기만 하면 되기 때문이다.
9	신임 소대장들에게 각종 규정, 부대훈련 지시 등을 자세히 읽고 발표하게 한다.
10	교육훈련 등 일과에 대한 사전준비를 철저히 시키고 전문적인 지식을 쌓게 함으로써 자신감 있는 지휘를 유도한다.
11	중대 내에서 이루어지는 모든 의사결정 과정에 신임 소대장들을 참여시킨다.

1	2	3	4	5	6	7	8	9
매우 부적절함		다소 부적절함		보통		다소 적절함		매우 적절함

〈결과 해석〉: 이 책의 마지막 부록에 포함된 실전 리더십 사례 토의 모범답안 참조.

부록

〈실전 리더십 사례 토의〉 모범답안

리더십 실전 사례 토의 모범답안 활용 방법

① 본 모범답안은 각 장에 제시된 〈실전 리더십 사례 토의〉의 채점표입니다.

② 이 모범답안은 지휘관을 이수한 장교들이 판단한 평균점수와 표준편차를 이용해 구성한 것입니다.

③ 이 모범답안은 〈실전 리더십 사례 토의〉에 제시된 13개의 상황별로 구분된 13개의 도표로 구성되어 있으며, 각 조치 방법에 대한 점수획득 범위가 검은색으로 표시되어 있습니다.

④ 각 도표별 세로로 된 숫자는 각 상황별 조치 방법 번호이며, 가로로 된 숫자는 9점 척도를 나타냅니다.

⑤ 각 조치 방법별 검은색으로 표시된 범위에 자신이 선택한 점수가 포함되면 1점을 획득하게 되며, 포함되지 않으면 0점입니다. 획득한 모든 점수의 합이 각 상황에 대한 자신의 총점이며, 이 점수가 경험을 통해 배우는 자신의 실용적인 리더십 지식(리더십 암묵지)의 대략적인 수준을 보여줍니다.

1. 〈실전 리더십 사례 토의 1〉 모범답안

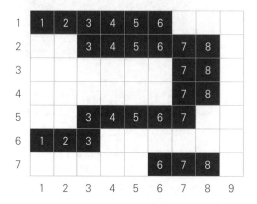

4. 〈실전 리더십 사례 토의 4〉 모범답안

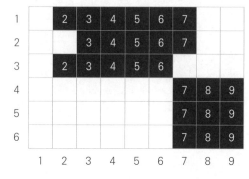

2. 〈실전 리더십 사례 토의 2〉 모범답안

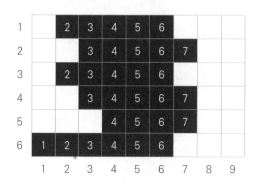

5. 〈실전 리더십 사례 토의 5〉 모범답안

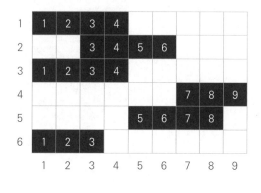

3. 〈실전 리더십 사례 토의 3〉 모범답안

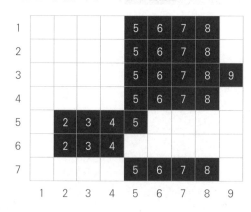

6. 〈실전 리더십 사례 토의 6〉 모범답안

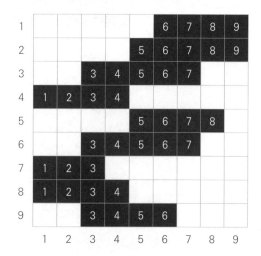

7. 〈실전 리더십 사례 토의 7〉 모범답안

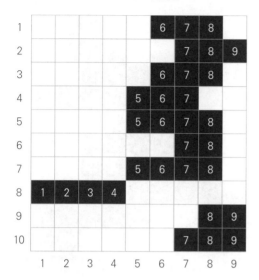

8. 〈실전 리더십 사례 토의 8〉 모범답안

9. 〈실전 리더십 사례 토의 9〉 모범답안

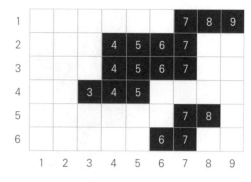

10. 〈실전 리더십 사례 토의 10〉 모범답안

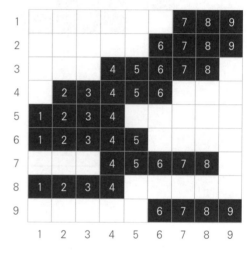

11. 〈실전 리더십 사례 토의 11〉 모범답안

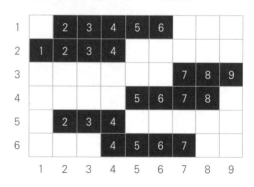

12. 〈실전 리더십 사례 토의 12〉 모범답안

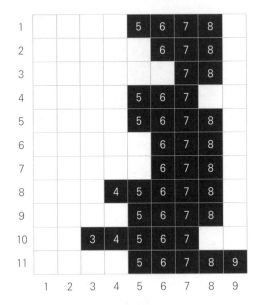

13. 〈실전 리더십 사례 토의 13〉 모범답안

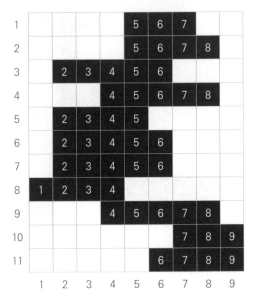

참고문헌

가레쓰 모르간. 박상언 · 김주엽 옮김(2004).『조직의 8가지 이미지』. 지샘.

고든 R. 설리번. 강미경 옮김(1998).『장군의 경영학』. 창작시대사.

공군본부(2002).『공군 리더십 모델 실용화 연구』. 공군본부.

_____(2020).『공군 리더십』(공군 교범 0-1).

공정식(2009).『바다의 사나이 영원한 해병』. 해병대전략연구소.

구자희 · 박미영(2012).「리더십 효과성 수준과 사기: '밴드 오브 브라더스(Band of Brothers)' 사례중심」.
       『주간국방』1424호(12-33).

국방리더십개발원(2004).『한국군 리더십 진단과 강화 방안』. 국방부.

국방부(2017).『국방개혁 2.0』.

_____(2020).『2020년 국방백서』.

_____(2021. 4. 13). "육군, 새 슬로건 선정 … '비전 2030' 선명하고 구체적 구현 '새로운 기치'".『대한민국
       정책브리핑(www.korea.kr)』.

국방부 전사편찬위원회(1968).『한국전쟁사』제1권. 국방부.

국방정신전력리더십개발원(2012).『군 감사나눔 사례 발표 자료』.

권석만(2008).『긍정심리학: 행복의 과학적 탐구』. 학지사.

권혁주(2018). "'가고 싶은 군대, 보내고 싶은 군대' 만드는 법".『노컷뉴스』(https://m.nocutnews.co.kr).

그로이스버그 리 · 프라이스 청(2018).「리더를 위한 기업문화 안내서」.『하버드비즈니스리뷰』1~2월(합본호).

김계연(2010. 4. 7). "환자복 장병 회견에 시민 · 누리꾼 '어색해'".『연합뉴스』.

김광식 등(1998).『21세기 대비 군–사회 관계 발전방향 연구』. 한국국방연구원.

김광웅(2009).『창조 리더십』. 생각의 나무.

김미영(2017. 3. 23). "말을 잘하는 것과, 잘 말하는 것은 다르다".『한경아카데미』.

김미향(2019. 5. 4). "'평생직장' 커녕 5년 뒤도 모르는데… 업무에 혼을 담으라고요?".『한겨레』.

김민수(2015. 11. 12). "軍 복무 중 부상 치료비 자가부담에 들끓는 여론".『Daily Med』.

김병국(2010).『이야기 협상』. 스마트비즈니스.

김상윤(2020. 5. 14). "하나의 육군, 핵심가치로 결집하다 군인복무기본법 등 긴밀 연계 … 가치 새기며 軍門
       연다".『국방일보』.

김상회(2007). "NI 세대 병사 리더십 개발을 통한 군 사기 진작 방안".『한백연구재단』.

김성희(2010. 5. 25). "직원 호칭부터 먼저 바꿔라".『이코노믹리뷰』.

김수중(1997). 「유가의 인간관: 주자학을 중심으로」. 『인간이란 무엇인가』. 민음사.

김영미(2010. 1. 4). "미군의 아프간 비밀 용병". 『시사IN』 제713호.

김영안(2008). 『회의가 경쟁력이다』. 새빛에듀넷.

김오현·최병순·노명화(2008). 『해군 리더십 역량에 관한 연구』. 해군리더십센터 연구용역보고서.

김용섭(2019). 『요즘 애들, 요즘 어른들』. 21세기북스.

김용옥(2015). 『중용 한글 역주』. 통나무.

김용주(2010). 『임무형 지휘』. 미발표 보고서.

김용주·신인호(2007). 『독일 연방군 총서』. 화랑대연구소.

김우정(2011). 「육군 소대장용 리더십 암묵지 진단도구 개발」. 국방대학교 석사학위논문.

김웅(2012. 7. 13). "우월함을 월등하게 만드는 것이 사명(mission)이다". 『한경닷컴』.

김윤현(2006. 7. 11). "미래의 화두로 떠오른 복잡계 이론". 『주간한국』.

김정기(2018). 『남을 나처럼 생각하고 나를 남처럼 바라본다: 이타적 이기주의자』. 좋은땅.

김종두(2005. 8. 16). "광복절과 군대문화". 『국방일보』.

김종래(2002). 『CEO 칭기스칸: 유목민에게 배우는 21세기 경영전략』. 삼성경제연구소.

_____(2007). 『칭기스칸의 리더십 혁명』. 크레듀.

김진영(2020). 「비전통 위협에 대한 군의 역할 연구: 재난 분야를 중심 으로」. 『국방정책연구』 가을(36-3) 통권 129호, 87-110쪽.

김철진(2010). "임파워먼트, 리더십 실천의 시작!". 『2010 군 리더십 실천 우수사례집』, 129-160쪽.

김태현(2010). "중대장이여 소녀 시대가 되라!". 『2010 군 리더십 실천 우수사례집』, 161-188쪽.

김현기(2003). "감성 에너지가 높은 회사의 5가지 특징". 『주간경제』 753호. LG경제연구원.

김형준(2020. 10. 14). "軍 '부당 명령 거부권' 법제화 검토 … '갑질' 원천봉쇄 추진". 『CBS 노컷뉴스』.

김혜남(2011. 10. 1). "영웅이 없는 사회". 『중앙선데이』 238호 31면.

김훈(2021. 3. 22). "철학이야기 1부: 시지프스의 신화". 『세이프티퍼스트닷뉴스』.

나폴레온 힐. 김정수 편역(2007). 『나폴레온 힐 성공의 법칙』. 중앙경제평론사.

나폴레온 힐. 민승남 옮김(2021). 『놓치고 싶지 않은 나의 꿈 나의 인생 2』. 국일미디어.

남기덕(1995). 「최신 리더십의 이론과 기법」. 『화랑대연구소 군사연구세미나자료집』.

노용진·김현기(2008. 1. 30). "대한민국 직장인 리더십 진단". 『LG Business Insight』.

달라이 라마. 류시화 옮김(2001). 『달라이 라마의 행복론』. 김영사.

데이브 그로스먼. 이동훈 옮김(2011). 『살인의 심리학』. 플래닛.

데이비드 마이스터 외. 정성묵 역(2009). 『신뢰의 기술』. 해냄.

데일 카네기. 최염순 옮김(2004). 『카네기 인간관계론』. 씨앗을 뿌리는 사람.

동아일보 사설(2021. 3. 8). "北 으름장에 3년째 야외 기동 없는 한미연합훈련".

드러커경영원(2016. 4. 26). 조직문화를 바꾸려 하지 마라. (http://www.npikorea.com)

라일 스펜서 외. 민병모 · 박동건 · 박종구 · 정재창 옮김(1998). 『핵심역량 모델의 개발과 활용』. 피에스아이컨설팅.

래리 도니손. 황태호 옮김(1995). 『웨스트포인트 리더십』. 초당.

로버트 그린. 안진환 · 이수경 옮김(2007). 『전쟁의 기술: 승리하는 비즈니스와 인생을 위한 33가지 전략』. 웅진지식하우스.

로버트 테일러 외 편저. 이민수 · 이종건 옮김(2018). 『군 리더십: 리더가 전하는 승리의 열쇠』. 북코리아.

로버트 K. 그린리프. 강주현 옮김(2006). 『서번트 리더십 원전』. 참솔.

론다 번. 김우열 옮김(2007). 『the Secret 비밀』. 살림Biz.

루스벨트 토머스. 채계병 옮김(2002). 『다양성을 추구하는 조직이 강하다』. 이지북.

리더투리더 재단. 유자화 옮김(2007). 『최고의 리더십』. 아시아코치센터.

리 톰슨. 조자현 옮김(2010). 『협상과 설득, 그 밀고 당기기의 심리학』. 예인.

마크 판 퓌후트 · 안자나 야후자. 이수경 옮김(2011). 『빅맨』. 웅진지식하우스.

마틴 셀리그만. 김인자 옮김(2006). 『긍정심리학: 진정한 행복 만들기』. 물푸레.

매일경제(2012. 11. 19). "사람 중심 문화가 … 기업 경쟁력".

문용린(2008. 11. 1). "다중지능이론 주창 … 소질 · 적성의 발견과 개발의 중요성 일깨워", 『조선일보 Weekly Biz』.

박원배 · 안영배(1994). 『적에게서 배운다: 현대-삼성 상대 훔치기』. 청맥.

박정민 · 최도림 · 이순호(2020). "다양성 관리가 인식된 성과와 조직몰입에 미치는 영향: 국책연구기관을 중심으로". 『JKCA』 20(2), 626-635쪽.

박지원(2002. 11. 27). "신세대 인재관리의 성공 포인트". 『LG 주간경제』.

박해조(2012). 『그대는 행복합니다』. 판타레이.

배성현 · 김미선(2009). 「조직공정성과 상사신뢰, 직무긴장, 이직의도와의 관계 및 조직정치 지각의 매개효과」. 『인적자원관리연구』 16(3), 123-148쪽.

백기복(2000). 『이슈 리더십』. 창민사.

_____(2009). "한국형 리더십 개발을 위한 탐색적 연구". 제2회 한국형 리더십 컨퍼런스, 7-45쪽.

_____(2016). 『리더십 리뷰(2판)』. 창민사.

백선엽(2009). 『군과 나』. 시대정신.

백종천(1995). 「군의 사회적 역할에 대한 이론적 접근」. 『변하는 사회, 달라지는 국방』, 75-99쪽.

병무청(2020). 『2019 병무통계연보』.

북하우스 편집부 편(2019). 『매일매일 감사일기』. 북하우스엔.

브라이언 트레이시. 김동수 · 이섭엽 옮김(2004). 『VICTORY: 불패의 영웅들로부터 배우는 12가지 성공 법칙』. 21세기북스,

브라이언 트레이시. 정범진 옮김(2014). 『목표, 그 성취의 기술』. 김영사.

브라이언 트레이시. 홍성화 옮김(2003). 『성취심리』. 씨앗을 뿌리는 사람.

비즈니스병법연구회(2008). 『손자병법 경영학』. 쓰리메카닷컴,

빅터 프랭클린. 이시형 옮김(2020),『빅터 프랭클의 죽음의 수용소에서』, 청아출판사.

서남수 · 이규헌 · 최병순(1993).『경영관리론』. 박영사.

서성교(2003).『하버드 리더십 노트』. 원앤원북스.

세노르 · 사울 싱어. 윤종록 옮김(2010).『창업국가』. 다할미디어.

손보승(2016. 11. 9). "정치인의 이미지 메이킹, '선택 아닌 필수'".『Issue Maker』(http://www.issuemaker.kr).

손승연(2012). "과학으로서 감사".『국방리더십저널』54권, 42-45쪽.

손욱(2013).『나는 당신을 만나 감사합니다』. 김영사.

손윤철(2006).『제자가 나의 큰 스승이었다』. 경향미디어.

송경은(2016). "신년 다짐, 자기개발서의 '자기 암시' 효과, 정말 있나".『동아사이언스』.

송복(2003).『서애 유성룡 위대한 만남』. 지식마당.

송영수(2000). "디지털시대의 패러다임과 인재육성 전략". 삼성인력개발원.

스티븐 M. R. 코비. 김경섭 · 정병창 옮김(2009).『신뢰의 속도』. 김영사.

스티븐 코비. 김경섭 옮김(2006).『성공하는 사람들의 8번째 습관』. 김영사.

_____(2017).『성공하는 사람들의 7가지 습관』. 김영사.

신상구(2019. 4. 29). "성웅 이순신 장군에 대한 세계적인 평가와 모범 사례".『중부매일』.

신유근(1984).『조직행위론』. 다산출판사.

신지영(2017. 10. 31). "기업의 사회적 책임 왜 중요한가".『뉴스워커』(http://www.newsworker.co.kr).

신현만(2009). "능력보다 태도가 우선이다".『중앙선데이』122호, 30쪽.

심영섭(2016). "나를 바꾸는 긍정의 힘 '암시의 심리학'".『월간중앙』201604호.

아빈저연구소. 서상태 옮김(2016).『상자 밖에 있는 사람: 진정한 소통과 협력을 위한 솔루션』. 위즈덤아카데미.

안석기 · 이태섭(2013).「군 조직의 창의성 향상에 관한 연구」.『국방정책연구』29(4), 겨울(통권 제102호), 247-285쪽.

양해성 · 최병순 등(1984).『국방관리론』. 경문사.

엄태성(2012).「감사가 개인의 정서 및 태도에 미치는 영향: 감사성향의 매개 효과를 중심으로」. 국방대학교 석사학위논문.

에릭 시노웨이 · 메릴 미도우(2013).『하워드의 선물』. 위즈덤하우스.

엘빈 토플러. 이규행 옮김(1993).『전쟁과 반전쟁』. 한국경제신문사.

예지은 · 진현 · 조현국 · 정지은(2009. 10. 21). "'BRAVO Generation', 新세대 직장인을 말하다".『CEO Information』제727호, 삼성경제연구소.

오렌 하라리. 안진환 · 조병호 옮김(2004).『콜린 파월의 행동하는 리더십』. 교보문고.

오세철(1982a).『조직행동』. 박영사.

_____(1982b).『문화와 사회심리이론』. 박영사.

_____(1982c).『한국인의 사회심리』. 박영사.

워렌 베니스(2008. 11). "인격과 용기 갖춘 현명한 리더",『월간 리더피아』, 84-85쪽.

_____(2010. 6). "진정한 리더십은 공연예술과 같다". 『월간 리더피아』, 8-73쪽.

월간중앙(2014. 11. 17). "군 병영 혁신(革新) '모병제'가 답인가?". 201411호.

유경철(2018). "긍정적인 변화는 좋은 질문에서 비롯된다". 『품질경영』 11월호, 72-75쪽.

_____(2020. 8. 27). "행동의 변화와 개선을 위한 건설적 피드백". 『월간 인재경영』 09월호, 제187호.

유영만(2000). 『죽은 기업교육 살아 있는 디지털학습』. 한언.

유용원(2012. 10. 16). "'노크 귀순' … 장군 5명 등 14명 대규모 문책", 『조선일보』.

육군리더십센터(2011). 『전장리더십(포켓용)』. 교육참고 8-제-1.

육군본부(1992). 『지휘통솔』. 야전교범 22-101.

_____(1999). 『임무형지휘』. 육군인쇄창.

_____(2001). 『소부대 팀워크 개발 기법』. 교육참고 22-3.

_____(2004). 『지휘통솔』. 야전교범 6-0-1.

_____(2006). 『인간 중심 리더십에 기반을 둔 임무형 지휘(교육회장   06-6-7)』.

_____(2009). 『육군 리더십(초안)』. 야전교범 지-0.

_____(2012). 『전투 프로가 되는 길』. 교육참고 0-7-2.

_____(2021). 『육군 리더십』. 기준교범 8-0.

윤영수 · 채승병(2005). 『복잡계 개론』. 삼성경제연구소.

윤원섭 · 윤선영(2015. 12. 18). "사내정치, 조직에 독이라고? 잘쓰면 윤활유다!". 『매일경제』.

윤호우(2019. 9. 8). "'우린 달라요' 개인주의 세대가 왔다!". 『경향신문』.

이군희(2014). 『연구방법론의 이해』. 북넷.

이근환 · 장영철(2012). 「조직정치 지각이 직무태도에 미치는 영향 연구」. 『창조와 혁신』 5(1), 189-229쪽.

이기홍(2009. 8. 4). "걸프전 첫희생 미군유해 18년만에 찾다". 『동아일보』.

이동호 편(2018). 『공직역량 어떻게 개발하나』. 국가공무원인재개발원.

이동환(2008). 『대학』. 현암사.

이면우(1992). 『W이론을 만들자』. 지식산업사.

이상돈(2006), 『법학입문』, 법문사.

이수용 등(1984). 『인간 이해』. 형설출판사.

이완(2021. 8. 18). "'나 홍범도, 고국 강토에 돌아왔네' … 78년만에 조국에 묻히다". 『한겨레』.

이용운 · 이상희 · 이도엽(2010). "안중근 의사를 역할모델로 한 안중근함 승조원의 동기부여 사례". 『2010 군 리더십 우수실천사례집』. 한국형리더십연구회.

이원진(2011. 11. 24). "'범사에 감사하라' 왜? 실제로 뇌가…". 『온라인 중앙일보』.

이재경(2002). 「역량 기반 교육과정 개발 방법론에 대한 고찰: 마케팅 역량 강화 교과과정 체계개발 사례를 중심으로」. 『교육공학연구』 18(4), 59-90쪽.

이종원 · 허용범(1994. 10. 7). "광범한 하극상 충격". 『조선일보』.

이종현 · 최광현(1996). 『군 리더십 연구』. 한국국방연구원.

이지효(2018. 7. 1). "조선 세종 시대 과학기술 업적 전성기". 『중부매일』.

이청솔(2009. 8. 3). "미 '걸프전 첫 희생자' 18년만에 유해 발굴". 『경향신문』.

이학종(1989). 『기업문화론』. 법문사.

_____(1993). 『MIS와 경영조직』. 박영사.

이홍민 · 김종민(2006). 『핵심역량 핵심인재』. 리드리드.

인코칭(2014). 『Coaching for You Workbook』.

_____(2017). "진정성을 표현하는 방법, 코칭에 대하여". 『TALC』 Series 01.

임창희(2018). 『조직행동(제6판)』. 비앤엠북스(B&M books).

잡코리아(2020). "중기 86.2% '첫인상 채용에 영향 높아'"(https://www.jobkorea.co.kr).

장현근(2012). 『성왕: 동양 리더십의 원형』. 민음사.

전영수(2021. 10. 21). 「리더십 리스크의 원인과 대책」. 『해군 리더십세미나 발표자료』.

전영수 · 이희수(2021). 「부정적 리더십의 행동 특성에 대한 주관적 인식 유형 연구: 육군 구성원을 중심으로
　　　주관성 연구」. 『주관성 연구』 54(3), 47~68쪽.

전영수 · 이희수 · 손승연(2019). 「독성(Toxic, 毒性) 리더십: 문헌고찰 및 향후 연구방향 제시」. 『리더십연구』
　　　10(3), 95~121쪽.

전원경(2003). "한국인 평균 행복지수는 64.13". 『주간동아』 제371호.

전호재(2017). "이론과 실제의 문제에 대한 변증법적 접근의 가능성".

정갑영(2001. 5. 24). "미시경제와 거시경제". 『매일경제』 (https://www.mk.co.kr).

정명호(2019. 12). "팀 전체가 리더가 되는 'WE-리더십' 역할과 함께 책임공유도 강화해야." 『DBR』 Issue 1.

정준호(2014. 10. 10). "SKY는 'SKY'가 지킨다? … 공군 입대도 '학벌화'". 『한국일보』.

제53사단(2019), 『밀레니얼 세대 용사들이 軍 지휘관들에게 제안하는 2020 밀레니얼 리더십:
　　　밀레니얼 · Z세대가 원하는 리더』. 국군인쇄창.

제임스 루카스. 안진환 옮김(2008). 『패러독스 리더십』. 코리아닷컴.

조현규(2003). 『동양 윤리사상의 이해』. 새문사.

존 맥스웰. 이현수 옮김(2003). 『인생성공의 법칙』. 비전과리더십.

존 K. 클레먼스. 이용일 옮김(1997). 『위대한 리더십』. 현대미디어.

짐 콜린스. 이무열 옮김(2003). 『좋은 기업을 넘어 위대한 기업으로』. 김영사.

짐 콜린스 · 제리 포라스. 워튼포럼 옮김(2002). 『성공하는 기업들의 8가지 습관』. 김영사.

짐 토머스. 이현우 옮김(2007). 『협상의 기술: 미국 대통령의 협상코치 짐 토머스』. 세종서적.

차윤석(2012). "조직문화와 성과 간의 관계에 대한 고찰". 『Journal of the Korea Academia-Industrial
　　　cooperation Society』. 13(5). pp. 2054-2062.

채서일(2003). 『사회과학조사방법론』. 학현사.

최광현 · 김광식 · 김인국 · 이정언(2000). 『군 사기 측정 모형 및 측정도구 개발(Ⅰ)』. 한국국방연구원

최병순(1988). 『상이한 상황하에서의 효과적인 리더십에 관한 연구』. 연세대학교 박사학위논문.

_____(1990).『한국군의 효과적인 지휘행동에 관한 탐색적 연구: 소대장과 대대장을 중심으로』. 육군사관학교 화랑대연구소.

_____(2001).『리더십 진단 분석 프로그램 개발 연구』. 육군교육사령부 연구보고서.

_____(2002).「국가경쟁력 강화를 위한 군의 리더십 교육도장화 방안」.『리더십학회 세미나논문집』, 41-65쪽.

_____(2003).「장병 리더십 개발을 위한 시스템 설계」.『리더십과 국방관리』. 안보문제연구소.

_____(2006).『팀워크 향상 리더십 프로그램 개발』. 육군리더십센터.

_____(2007).「군 리더십 패러다임의 전환」.『국방리더십』. 국방대학교.

_____(2008).「핵심역량 강화를 위한 리더십 프로그램의 개발: 공군 영관장교를 중심으로」.『숙명리더십연구』 7, 189-217쪽.

_____(2009a). "한국형 리더십 역량모형의 검증 및 적용 방안". 제2회 한국형 리더십 컨퍼런스 발표자료.

_____(2009b).「군 지휘관의 핵심역량에 관한 연구: 한국형 리더십 역량모형을 중심으로」.『국방연구』 52(2), 99-125쪽.

_____(2009c).「해군 지휘관의 리더십 역량에 관한 연구: 한국형 리더십 모형을 중심으로」.『해군 리더십 논총』. 해군충무공리더십센터.

_____(2019).『軍 리더십: 이론과 사례를 중심으로』. 북코리아.

최병순 · 김오현(2006). "가고 싶은 군대 실현을 위한 군 리더십 도장화 방안", 국방대학교 리더십 세미나 논문집. 20-45쪽.

최병순 · 김오현 · 김진호 · 노명화(2008).『공군비행대대장용 핵심역량 강화 프로그램』. 국방대학교.

최병순 · 김오현 · 이상목(2005).『병영문화 혁신을 위한 리더십 교육 프로그램 개발』. 안보문제연구소.

최병순 · 김진호 · 노명화 · 오승윤(2008).『국가 리더십 경쟁력 강화 방안: 군 리더십 역량 강화를 중심으로』. 국방부용역과제보고서.

최병순 · 성창희 · 김경중 · 이우헌 · 이기덕 · 김석훈 · 김철진 · 위진우 · 이상훈(2002).『국방인력관리체계 발전방안: 참모사관 및 참모형 장교제도 도입을 중심으로』. 안보문제연구소.

최병순 · 손승연 · 임정우 · 류진(2012).『리더십 함양 로드맵(계층별) 자기학습 프로그램 개발』. 해병대 용역연구보고서.

최병순 · 안현의 · 서선우(2008).『군 자살사고 예방제도 개선방안 연구』. 국민권익위원회.

최병순 · 임흥순 · 황태원 · 정지원 · 이선재 · 김용진(2009).『효과적인 병영 스트레스 관리 방안』. 국방부 용역연구보고서.

최병순 · 정원호 · 김용진(2009).『효과적인 전투 지휘를 위한 전장 리더십 역량 개발 방안』. 육군리더십센터 용역연구보고서.

최병춘(2019. 9. 3). "재계, 직급 · 호칭파괴 열풍 … '님'만 남은 조직 '기대와 한계'".『투데이신문』.

최염순(2007).『미인대칭비비불』. 씨앗을뿌리는사람들.

최옥숙(2021. 6. 17). "원 팀을 위하여, 팀워크!"『바스켓코리아』(https://basketkorea.com).

최인철(2007).『프레임: 나를 바꾸는 심리학의 지혜』. 21세기북스.

최정훈(1992).『인본주의 심리학』. 법문사.

최창현(2005).『복잡계로 바라본 조직관리』. 삼성경제연구소.

_____(2017).『조사방법론』. 윤성사.

켄 블랜차드. 조천제 옮김(2003).『칭찬은 고래도 춤추게 한다』. 21세기북스.

콘넬란. 신택현 옮김(2005).『장남형 인재 만들기』. 지샘.

크리스토퍼 F. 아추아 외, 차동욱 외 옮김(2011),『리더십』. 한경사.

클라우제비츠. 류제승 옮김(1998).『전쟁론』. 책세상.

클렌 클로즈(2010. 6). "위대한 배우와 리더의 조건: 진실성".『월간 리더피아』, 74~76쪽.

테리 브라이턴. 김홍래 옮김(2010).『위대한 3인의 전사들: 몽고메리, 패튼, 롬멜』. 플래닛미디어.

토마스 고든. 장승현 옮김(2006).『L.E.T.: 리더 역할 훈련』. 양철북.

토머스 콜디츠. 최병순 외 옮김(2015).『익스트림 리더십』. 북코리아.

포스코(2012). "감사나눔운동: 포스코를 넘어 지역사회로". (사)대한리더십학회세미나 발표자료.

피터 G. 노스하우스, 김남현 옮김(2018),『리더십 이론과 실제』. 경문사.

하버드 공개강의연구회. 송은진 엮음(2020).『하버드 심리학 강의』. 도서출판 작은우주.

한국국방연구원(2020).『비전통 안보 위협과 군의 역할 정립 방안: 제56차 국방아젠다포럼』. 세미나 시리즈(2020-3).

한국국방연구원 편집부(2003).『참여정부의 국방비전과 적정국방비』. 한국국방연구원.

한국심리학회 편(1997).『현대심리학의 이해』. 학문사.

한면택(2021. 5. 8). "최고의 보상으로 '희생' 보답한다".『시사저널』. 1647호.

한상복 등(1986).『문화인류학개론』. 서울대학교 출판부.

함승민(2017. 3. 5). "[기업 '호칭 파괴'의 허와 실] '홍길동님, 까라면 까세요'".『중앙일보』.

해군본부(2018).『해군 리더십』(참고교범 8). 국군인쇄창.

허먼 S. 네이피어 외. 김원호 옮김(2002).『위대한 장군들의 경영전략』. 시아출판사.

허브 코헨. 양진성 옮김(2021).『협상의 기술 1』. 김영사.

_____(2021).『협상의 기술 2』. 김영사.

환경부환경운동연합(2000. 7. 13). "주한미군의 환경문제와 SOFA개정". 정책토론회자료집.

황준배(2019).『백골부대 위너십』. 일송북.

Achua, C., & Lussier, R. N. (2010). *Effective leadership*. Cengage Learning.

Adair, J. & Reed, P. (2003). *Not Bosses But Leaders* (3rd ed.). VA: Talbot Adair Press.

Adams, J. S. (1963). "Toward an understanding of inequity." *Journal of Abnormal and Social Psychology, 67*: 422-436.

Alderfer, C. P. (1972). *Existence, Relatedness and Growth*. London: Collier Macmillan.

Andrew, M. C., & Kacmar, K. M. (2001). "Discriminating among Organizational Politics, Justice, and Support." *Journal of Organizaional Behavior, 22*: 347-366.

Antonakis, J., Avolio, B. J., & Sivasubramaniam, N. (2003). "Context and Leadrship: An Examination of The Nine-Factorfull-Range Leadership Theory Using The Multifactor Leadership Questionnaire." *The Leadership Quarterly, 14*: 261-295.

Ashforth, B. (1994). "Petty Tyranny in Organizations." *Human Relations, 47*(7): 755-778.

『Asia-pacific Journal of Multimedia Services Convergent with Art, Humanities, and Sociology』. 7(9), September (2017), 765-774쪽.

Avolio, B. J. (1999). *Full Leadership Development: Building The Vital Forces In Organizations*. Thousand Oaks, CA: Sage Publications.

_____(2005). *Leadership Development in Balance: Made/Born*. Mahwah, NJ: Lawrence Earlbaum Associates.

Avolio, B. J. & Bass, B. M. (1991). *The Full Range Leadership Development Programs: Basic And Advanced Manuals*. Binghamton, NY: Bass, Avolio & Associates.

Avolio, B. J. & Gardner, W. L. (2005). "Authentic Leadership Development: Getting to the Root of Positive Forms of Leadership." *The Leadership Quarterly, 16*(3): 315-338.

Avolio, B. J., Gardner, W. L., Walumbwa, F. O., Luthans, F. & May, D. R. (2004). "Unlocking the Mask: A Look at the Process by Which Authentic Leaders Impact Follower Attitudes and Behaviors." *The Leadership Quarterly, 15*: 801-823.

Avolio, B. J., Luthans, F., & Walumba, F. O. (2004). "Authentic Leadership: Theory Building for Veritable Sustained Performance." *Working Paper: Gallup Leadership Institute*. University of Nebraska-Lincoln.

Baker, T. (2021). *Winning Teams: The Eight Characteristics of High Performing Teams* (Leading People). WINNERS-at-WORK Pty Ltd.

Barker, J. A. (1992). *Paradigms: Business of Discovering the Future*. NY: Harper Collins Pub.

Barrow, J. C. (1977). "The Variables of Leadership: A Review and Conceptual Framework." *Academy of Management Review, 2*: pp. 231-251.

Bass, B. M. (1974). *Stogdill's Handbook of Leadership 1st* (ed.). London: The Free Press, Collier McMillan Publisher.

_____(1985). *Leadership and Performance beyond Expectations*. New York: Free Press.

_____(1990). *Stogdill's Handbook of Leadership*. 3rd ed. London: The Free Press, Collier McMillan Publisher.

_____(1996). *A New paradigm of Leadership: An Inquiry into Transformational Leadership*. Alexandria, VA: U.S. Army Research Institute for the Behavioral and Social Sciences.

_____(1997). "Does the Transactional-Transformational Leadership Paradigm Transcend Organizational Boundaries?" *American Psychologist, 52*: 130-139.

_____(1998). *Transformational Leadership: Industrial, Military, and Educational Impact*: Mahwah, NJ: Erlbaum.

Bass, B. M., & Avolio, B. J. (1990). "Development transformational leadership: 1992 and beyond." *Journal of European Industrial Training, 14*: 21-27.

_____(1994). *Improving Organizational Effectiveness Through Transformational Leadership*.

Thousand Oaks, CA: Sage Publications.

Bass, B. M. & Steidlmeier, P. (1999). "Ethics, Character and Authentic Transformational Leadership Behavior." *The Leadership Quarterly, 10*: 181–217.

Bass, B. M. & Yammarino (1991). "Congruence of Self and Others: Leadership Ratings of Naval officers for Understanding Successful Performance." *Applies Psychology: An International Review, 40*: 437–454.

Bass, B. M., Avolio, B. J., Jung, D. I., & Berson, Y. (2003). "Predicting Unit Performance by Assessing Transformational and Transactional Leadership." *Journal of Applied Psychology, 88*(2): 207–218.

Bell, Antony (2006). *Great Leadership: What It Is and What It Takes in A Complex World*. CA: Davies–Black Pub.

Bender, P. U. (2002). *Leadership from Within*. Toronto: The Achievement Group.

Bennis, W. G. & Nanus, B. (1985). *Leaders: The Strategies for Taking Charge*. New York: Harper & Row.

Bertalanffy, L. V. (1971). "Vorläufer und Begründer der Systemtheorie (Forerunners and Founders of System Theory)," in Kurzrock R., editor. *Systemtheorie: Forschung und Information*. Berlin: Colloquium Verlag, pp. 17–27.

Bhasin, H. (2021). *Span Of Control: Definition, Meaning, Factors, Examples* (https://www.marketing91.com).

Birdi, K., Clegg, C., Patterson, M., Robinson, A., Stride, C. B., Wall, T. D., & Wood, S. J. (2008). "The impact of human resource and operational management practices on company productivity: A longitudinal study." *Personnel Psychology, 61*(3): 467–501.

Blake, R. R. & Mouton, J. S. (1985). *The New Managerial Grid III*. TX: Gulf Pub.

Blanchard, K. et al. (2002). *Whale Done! The Power of Positive Relationships*. NY: Free Press.

Blanchard, K. H. (1985). *SLII: A Situational Approach to Managing People*. CA: Blanchard Training and Development.

Block, Peter (1993). *Stewardship: Choosing Sevice over Self-Interest*. San Francisco: Berret–Koehler Pub.

Bolden, R. & Gosling, J. (2006). "Leadership Competencies: Time to Change the Tune?" *The Leadership Quarterly, 2*(2): 147–163.

Bolman, L. G. & Deal, T. E. (2021). *Reframing Organization* (7th ed.). NJ: Jossey–Bass Pub.

_____(2017). *Reframing Organization* (7th ed.). NJ: Jossey–Bass Pub.

Boyatzis, R. E. (1982). *The Competent Manager: A Model for Effective Performance*. NY: Wiley.

_____(1993). "Beyond Competence: The Choice to Be a Leader." *Human Resource Management Review, 3*(1): 1–14.

Brass, D. J. & Krackhardt, D. (1999). "The Social Capital of Twenty–First Century Leaders," in G. H. J., Dodge, G. E. & Wong, L. (Eds.). *Out-Of- The-Box Leadership: Transforming the Twenty-First-Century Army and Other Top-Performing Organizations*. Stamford, CT: JAI, pp. 179–194.

Bryant, A. & Kazan, A. L. (2013). *Self-Leadership: How to Become a More Successful, Efficient, and Effective Leader from the Inside Out*. McGraw-Hill.

Brown, M. E. & Treviño, L. K. (2006). "Ethical Leadership: A Review and Future Directions." *The Leadership Quarterly, 17*: 595-616.

Buckingham, M. (2010). *Go Put Your Strengths to Work*. NY: Free Press.

Burns, T. & Stalker, G. M. (1961). *The Management of Innovation*. London: Tavistock.

Burtis, J. O. & Turman, P. D. (2009). *Leadership Communication as Citizenship*. London: SAGE Pub.

Calder, B. J. (1977). "An Attribution Theory of Leadership," in Staw, B. M. & Salancik, G. R. (Eds). *New Directions in Organizational Behavior*. Chicago: St. Clair Press, pp. 179-204.

Cameron, K. S. & Quinn, R. E. (2006). *Diagnosing and Changing Organizational Culture: Based on The Competing Values Framework* (revised ed.). CA: Jossey-Bass.

Cameron, K. S., Quinn, R. E,, Degraff, J. (2014). *Competing Values Leadership* (2nd ed.). Edward Elgar Pub.

Cameron, K. S. & Whetton, D. A. (1983). *Organizational Effectiveness: A Comparison of Multiple Models*. NY: Academic Press, Inc.

Canadian Forces Leadership Institute (2005). *Leadership in The Canadian Forces*. National Defence.

Carlyle, S, B. (2016). "Freud, And The Great Man Theory More Fully Considered." *Leadership, 12*(2).

Carter, Louis & Ulrich, David (2005). *Best Practice in Leadership Development and Organization Change*. Wiley & Sons, Inc.

Center for Creative (2020. 11. 27). *How to Build Your Leadership Image* (https://www.ccl.org).

Chaleff, Ira (1995). *The Courageous Follower: Standing up to and for Our Leaders*. CA: Berrett-Koehler.

Chandler, A. D. (2013). *Strategy and Structure: Chapters in the History of the Industrial Enterprise*. Martino Publishing,

Clausewitz, C. V. (2008). *On War*. UK: Oxford.

Cohen, H. (1982). *You Can Negotiate Anything*. NY: Bantam Books.

Corley, K. G., & Gioia, D. A. (2011). "Building Theory about Theory Building: What Constitutes a Theoretical Contribution?" *Academy of Management Review, 36*(1): 12-32.

Collins, Jim (2001). *Good To Great*. NY: Harpercollins Publishers.

Conger, J. A. (1992). *Leading To Lead*. San Francisco: Joseey-Bass.

Conger, J. A. & Kanungo, R. N. (1998). *Charismatic Leadership in Organizations*. Thousand Oaks, CA: Sage.

Cooper, C., Scandura, T. A., & Schriesheim, C. A. (2005). "Looking Forward but Learning from Our Past: Potential Challenges to Developing Authentic Leadership Theory and Authentic Leaders." *The Leadership Quarterly, 16*: 474-493.

Cotter, J. P. (1990). "What Leaders Really Do." *Harvard Business Review*, May-June, pp. 103-111.

Covey, S. R. (1997). *Principled-Centered Leadership*. Frank: In Covey Co..

_____(2006). *The 8th Habits: From Effectiveness to Greatness*. NY: Free Press.

_____(2020). *The 7 Habits of Highly Effective People* (30th Anniversary Ed.). Simon & Schuste.

Cox, T. (1993). *Cultural Diversity in Organizations: Theory, Research & Practice*. SF: Berrett-Koehler Publishers.

Daft, R. L. (2005). *The Leadership Experience* (3rd ed.). OH: Thomson Co..

Daft, R. L. & Steers, R. M. (1986). *Organizations: A Micro/Macro Approach*. Foresman and Company.

Dollard, J. & Horton, D. (2015). *Fear In Battle*. Pickle Partners Publishing.

Dansereau, F., Graen, G., & Haga, W. J. (1975). "A Vertical Dyad Linkage Approach to Leadership within Formal Organizations: A Longitudinal Investigation of the Role Making Process." *Organizational Behavior and Human Performance, 13*(1): 46–78.

Day, D. V. (2001). "Leadership Development: A Review in Context." *The Leadership Quarterly, 11*(4): 581–613.

Department of Leadership and Law, U.S. Naval Academy (1984). *Fundamentals of Naval Leadership*. Naval Institute Press.

Department of The Army (2006). *Army Leadership* (FM 6–22).

_____(2012), *Army Leadership* (ADP 6–22).

_____(2015). *Army Team Building* (ATP 6–22.6).

_____(2019). *Army Leadership and the Profession* (ADP 6–22).

Desimone, R. D. & Harris, D. M. (1998). *Huaman Resource Development*. The Dryden Press.

Dess, G. et al. (2020). *Strategic Management: Text And Cases*. NY: McGraw-Hill.

Donnithome, L. (1993). *West Point Way of Leadership*. Random House Inc.

Doran, G. T. (1981). "There's a S.M.A.R.T. Way to Write Management's Goals and Objectives", *Management Review, 70*(11): 35–36.

Drucker, P. F. (2018). *The Effective Executive* (Revised ed.). NY: Harper & Row Publishers.

Drucker, Peter et al. (1998). *Knowledge Management*. Harvard Business School Press.

Dubois, D. (1998). *Competency-Based Performance Improvement: A Strategy for Organizational Change*. Amherst. MA: Harvard Press.

Dubrin, A. J. (2004). *Leadership: Research Finding, Practice and Skills*. NY: Houghton Mifflin Co..

Du Plessis, M. (2019). "Positive self-leadership: A framework for professional leadership development," in L. E. Van Zyl & S. Rothman, Sr. (Eds.), *Theoretical approaches to multi-cultural positive psychological interventions*. Springer International Publishing.

Echols. T. (2018. Dec. 6). 3 Key Coaching Skills for Leaders. *Traing Industry*.(https://trainingindustry.com/articles/leadership)

Emmons, Robert (2013). Five Myths about Gratitude. *Greater Good Magazine*. Nov. 21. (https://greatergood.berkeley.edu).

Emmons, R. A. & McCullough, M. E. (2003). "Counting Blessings Versus Burdens: An Experimental Investigation of Gratitude and Subjective Well-Being in Daily Life." *Journal of Personality and Social Psychology, 84*(2): 377-389.

_____(2004). *The Psychology of Gratitude*. NY: Oxford University Press.

Emmons, R. A. & Stern, R. (2013). "Gratitude as a Psychotherapeutic Intervention." *Journal of Clinical Psychology, 69*(8): 846-855.

Einarsen, S., Aasland, M. S., & Skogstad, A. (2007). "Destructive Leadership Behaviour: A Definition And Conceptual Model." *Leadership Quarterly, 18*(3): 207-216.

Einarsen, S., Hoel, H., Zapf, D., & Cooper, C. L. (2003). "The Concept of Bullying At Work: The European Tradition," in S. Einarsen, H. Hoel, D. Zapf, & C. L. Cooper (Eds.), *Bullying And Emotional Abuse In The Workplace: International Perspectives In Research And Practice*. London, UK: Taylor & Francis. pp. 3-30.

Fairholm, G. W. (1998). *Perspectives on Leadership*. London: Quorum Books.

Ferris, G. R. & Kacmar, K. M. (1992). "Perceptions of Organizational Politics." *Journal of Management, 18*(1): 93-116.

Fidler, F. E. (1964). "A Contingency Model of Leadership Effectiveness," in Berkowitz. L. (Ed.). *Advances in Experimental Social Psychology, 1*. NY: Academic Press, pp. 149-190.

_____(1967). *A Theory of Leadership Effectiveness*. NY: McGraw-Hill.

Fiedler, F. E. & Chemers, M. M. (1974). *Leadership and Effective Management*. Glenview, Ill.: Scott, Freshman and Co..

Fisher, R., Patton, B. & Ury, W. (2013), *Getting to Yes: Negotiating an Agreement Without Giving in*. Media Production Services Unit, Manitoba Education.

Flade, et. al. (2015. Oct. 8). *Strengths Outperform Those Who Don'T. Workplace*. Gallup. (https://www.gallup.com/workplace)

Fredrickson B. L, & Losada M. F. (2005). "Positive affect and the complex dynamics of human flourishing." *Am Psychol, 60*(7): 678-686.

French, J. R. P. & Raven, B. (1959). "The Bases of Social Power," in D. Cartwright (Ed.). *Studies in Social Power*. Ann Arbor, MI: University of Michigan Press.

Freytag-Loringhoven, Hugo Von (1995). *The Power of Personality in War*. PA: The Military Service Co..

Gabriel, R. A. & Savage, P. L. (1978). *Crisis in Command: in The Army*. New York: Hill and Wang.

Gal, R. (1985). "Commitment and Obedience in The Military: An Israeli Case Study." *Armed Forces & Society, 11*: 553-555.

Gal, A. (1986). *A Portrate of the Israeli Soldier*. NY: Greenwood Press.

Gardner, J. W. (1989). *On Leadership*. NY: Free Press.

Gardner, W. L., Avolio, B. J., & Walumbwa, F. O. (2005). "Authentic Leadership Development: Emergent Trends and Future Directions," in W. L. Gardner, B. J. Avolio, & F. O. Walumbwa (Eds.). *Authentic Leadership Theory and Practice: Origins, Effects and Development*. Oxford,

UK: Elsevier Science, pp. 387−406.

Gardner, W. L., Avolio, B. J., Luthans, F., May, D. R., & Walumbwa, F. O. (2005). "Can You See The Real Me?: A Self−based Model of Authentic Leader and Follower Development." *The Leadership Quarterly, 16*: 343−372.

George, B. (2003). *Authentic Leadership: Rediscovering The Secrets to Creating Lasting Value*. San Francisco: Jossey−Bass.

Geva, N. & Gal, R. (1996). *Leadership and Unit Effectiveness in Combat Infantry Platoons*. Army Research Institute for the Behavioral and Social Sciences.

Ghiselli, E. E. (1971). "Exploration in Management Talent." *Pacific Palisades*. Cal.: Goodyear.

Gibb, C. A. (1969). "Leadership," in G. Lindzey & E. Aronson (Eds.). *The Handbook of Social Psychology* (2nd ed.). 4, Reading, MA: Addison− Wexely.

Gill, R. (2006). *Theory and Practice of Leadership*. London: Sage Pub..

Gino, F., Kouchaki, M. & Casciaro, T. (2016). "Learn to Love Networking." *Harvard Business Review*, May: 104−107.

Gioia, D. A., & Pitre, E. (1990). "Multiparadigm Perspectives on Theory Building." *Academy of Management Review, 15*(4): 584−602.

Goffman, E. (1595). *The Presentation of Self in Everybody Life*. Oxford: Doubleday.

Goleman, D. (1995). *Emotional Intelligence: Why It Can Matter More Than IQ*. Bantam Books.

_____(2006). *Social Intelligence: The New Science of Human Relationships*. Bantam Books.

Goleman, D., Boyatzis, R., McKee, A. (2004). *Primal Leadership*. MA: Harvard Business School Press.

Gordon, T. (2001). *L.E.T.: Leader Effectiveness Training*. NY: A Perigee Book.

Gordon, A. M. (2013). Five Ways Giving Thanks Can Backfire. *Greater Good Magazine*. APRIL 29 (https://greatergood.berkeley.edu).

Graen, G. B. & Uhl−Bien, M. (1991). "The Transformation of Professionals into Self−Managing and Partially Self−Designing Contributions: Toward a Theory of Leader−Making." *Journal of Management Systems, 393*: 33−48.

Graen, et al. (1971). "Contingency Model of Leadership Effectiveness: Some Experimental Results." *Journal of Apptied Psychology, 55*(3), June: 196−201.

Green, S. G., Anderson, S. E., & Shivers, S. L. (1996). "Demographic and Organizational Influences on Leader−Member Exchange and Related Work Attitudes." *Organizational Behavior and Human Decision Processes, 66*: 203−214.

Greene, C. N. (1975). "The Reciprocal Nature of Influence between Leader and Subordinate." *Journal of Applied Psychology, 60*: 187−193.

_____(1979). "Questions of Causation in the Path−Goal Theory of Leadership." *Academy of Management Journal, 22*: 22−41.

Greenleaf, R. K. (1977). *Servant Leadership: A Journey into the Nature of Legitimate Power and Greatness*. NJ: Paulist Press.

_____(2002). *Servant Leadership: A Journey Into The Nature of Legitimate Power and Greatness*. NJ: Paulist Press.

Griessman. G. (1988). *The Words Lincoln Lived By: 52 Timeless Principles to Light Your Path*. Touchstone.

Grundstad, N. L. (1985). "The Total Leadership Goal," in J. G. Hunt & J. D. Blair (Eds.). *Leadership on Future Battle Field*. NY: Pergamon Brassey's Int' Defense Pub..

Halpin, S. M. (1996). *The Human Dimensions of Battle Command: A Behavioral Science Perspective on the Art of Battle Command*. ARI.

Haris, B. M. (1984). "A Perspective on Leadership, Management and Command." *Military Review*, Feb.: 48-57.

Harter, S. (2002). "Authenticity," in C. R. Snyder & S. J. Lopez (Eds.). *Handbook of Positive Psychology*. London: Oxford University Press, pp. 382-394.

Hersey, P. & Blanchard, K. H. (1988). *The Management of Organizational Behavior* (5th ed.). NJ: Prentice Hall.

Hersey, P. & Blanchard, K. H., Johnson, D. (2007). *Management of Organizational Behavior: Leading Human Resources* (9th ed.). NJ: Prentice Hall.

Herzberg, F. (1964). "The Motivation-Hygiene Concept and Problems of Manpower." *Personal Administrator, 27*: 3-7.

Hill, J. (2001. April). *How Well Do We Know Our Strengths?* Paper presented at the British Psychological Society Centenary Conference, Glasgow.

Hogan, R., & Kaiser, R. B. (2005). "What we know about leadership." *Review of General Psychology, 9*(2): 169-88.

Horey, et al. (2004). *Competency Based Future Leadership Requirements* (Technical Report 1148). VA: Ari.

House, R. J. (1977). "A 1976 Theory of Charismatic Leadership," in J. G. Hunt, & L. L. Larsen (Eds.). *Leadership: The Cutting Edge*. Carbondale, IL: Southern Illinois University Press, pp. 189-207.

Howell, J. P. & Dorfman, P. W. (1981). "Substitutes for Leadership: Test of a Construct." *Academy of Management Journal, 24*: 714-728.

_____(1986). "Leadership and Substitutes for Leadership among Professional and Non-Professional Workers." *Journal of Applied Behavioral Science, 22*: 29-46.

Howell, J. P. et al. (1990). "Substitutes for Leadership: Effective Alternatives to Ineffective Leadership." *Organizational Dynamics, 19*: 21-38.

Howell, J. M., & Avolio, B. J. (1992). "The Ethics of Charismatic Leadership: Submission Or Liberation?" *Academy of Management Perspectives, 6*(2): 43-54.

Hunt, J. G. (1991). *Leadership: A New Synthesis*. CA: Sage.

Hunt, J. G. & Phillips, R. L. (1991). "Leadership in Battle and Garrison: A Framework For Understanding The Differences and Preparing For Both," in R. Gal & A. D. Mangeldorff.

Handbook of Military Psychology (Eds.). NY: John Wiley & Sons.

Huntington, S. P. (1981). *The Soldier and the State: The Theory and Politics of Civil-Military Relations*. Harvard University Press.

Indvik, J. (1985). *A Path-Goal Theory Investigation of Superior Subordinates Relationships*. Unpublished doctoral dissertation, University of Wisconsin–Madison.

_____(1988). "A more complete testing of path–goal theory." Paper presented at a meeting of the Academy of Management. Anaheim, CA.

Jago, A. G. (1982). "Leadership: Perspectives in Theory and Research." *Management Science, 28*(3), March: 315–336.

Kouzes, J. M. & Posner, B. Z. (2012). *The Leadership Challenge: How to Make Extraordinary Things Happen in Organiations*. CA: Jossey–Bass.

Janowitz. M. (1960). *The Professional Soldier: A Social and Political Portrait*. Glencoe: Free Press.

Kaplan A. (2017). *The Conduct of Inquiry: Methodology for Behavioural Science*. NY: Routledge.

Kast, F. E., Rosenzweig, J. E. (1972). "General Systems Theory: Applications for Organization and Management." *Academy of Management Journal*, 1972: 447–466

_____(1979). *Organization and Management: A Systems and Contingency Approach* (3rd ed.). Mcgraw–Hill.

_____(1985). *Organization and Management: A Systems and Contingency Approach* (4th ed.). Mcgraw–Hill.

Katz, R. L. (1974). "Skills of An Effective Administrator." *Harvard Business Review, 52*(5): 90–102.

Kellerman, B. (2004). "Bad leadership: What it is, how it happens, and why it matters." Harvard Business School Press.

_____. "Followers What Every Leader Need to Know about Followers." *Harvard Business Review*, December: 84–91.

Kelley, R. E. (1994). *The Power of Followership*. NY: Double Day.

_____(1998). "In Praise of Followers." *Havard Business Review*, Nov./Dec.: 142–148.

Kerr, S. (1977). "Substitutes for Leadership: Some Implications for Organizational Design." *Organization and Administrative Sciences, 8*: 135–146.

Kerr, S. & Jermier, J. M. (1978). "Substitutes For Leadership: Their Meaning and Measurement." *Organizational Behavior and Human Performance, 22*: 375–403.

Khun, Thomas S. (1970). *The Structure of Scientific Revolutions*. Chicago: Univ. of Chicago, Iii.: Free Press.

Kier, Elizabeth (1998). "Homosexuals in the U.S. Military: Open Integration and Combat Effectiveness." *International Security, 23*(2). Fall.

Kirkpatrik, D. L. (1994). *Evaluating Training Programs: Four Levels*. Berret– Koehler Pub. Inc..

Klemp, G. O. (1980). *The Assessment of Occupational Competence*. Washington D.C.: Report to the National Institute of Education.

Koestenbaum, P. (1991). *Leadership: The Inner Side of Greatness*. CA: Jossey-Bass Inc..

_____(2002). *Leadership: The Inner Side of Greatness*. CA: Jossey-Bass Inc..

Kolditz, T. A. (2007). *In Extremis Leadership*. San Francisco: Jossey-Bass.

Koontz, H., O'Donnel, C., & Weihrich, H. (1980). *Management* (7th ed.). Mcgraw-Hill.

Koontz, H., Weihrich, H., Cannice, M. V. (2020). *Essentials of Management: An International, Innovation and Leadership Perspective* (11th ed.). Mcgraw-Hill.

Kotter, J. P. (1985). *Power and Influence: Beyond Formal Authority*. NY: Free Press.

_____(1990). *A Forcefor Change: How leadership Differs From Management*. NY: Free Press.

Kotter, J. P. & Heskett, J. L. (1992). *Corporate Culture and Performance*. New York: Free Press.

Kouzes, J. M. & Barry, Z. P. (2001). "Bring Leadership Lessions From The Past Into The Future," in Warren Bennis et. al.,(Eds). *The Future of Leadership*. CA: Jossey-Bass, pp. 82-90.

Kouzes, J. M. & Barry Z. P. (2008). *Leadership Challenge*. (3rd ed.). NY: John Willey & Sons.

Lai, Y. P. & Corsi, P. (2021). *Networking Quotient: Learn the Secrets of Building a Powerful Network that Brings You Endless Business Referrals*. 7 Secrets Publishing.

Lakoff, G. (2004). *Don't Think of an Elephant: Know your Values and Frame the Debate*. Chelsea Green Publishing Company.

Lange, C. J. & Jacobs, T. O. (1960). "Leadership in Army Infantry Platoons: Study ii." *Human Resources Research Office*. July.

Larson, J. R. & Green, S. G. (1977). "Leader Behavior, Situational Moderators, and Group Performance: An Attributional Analysis." *Organizational Behavior and Human Performance, 18*: 254-268.

Lawler III, Edward E. (2001). "The Era of Human Capital Has Finally Arrived," in Warren Bennis et al. (Eds.) *The Future of Leadership*. CA: Jossey-Bass.

Lee, John Alan (1973). *Colours of Love: An Exploration of the Ways of Loving*. Toronto: New Press.

Levering, R. (2000). *Great Place to Work: What Makes Some Employers So Good and Most So Bad?* (Rev. ed.). SF: Great Place to Work Institute.

Levering, R & Moscowitz, M. (1993). *The Best Companies to Work for in America* (Rev. ed.). NY.: Plume.

Little, Roger W. (1964). "Buddy Relations and Combat Performance," in Morris Janowitz, ed., *The New Military: Changing Patterns of Organization*. New York: Russell Sage Foundation.

Locke, E. A. (1968). "Toward a Theory of Task Motivation and Incentives." *Organizational Behavior and Human Performance, 3*(2): 157-189.

_____(1978). "The Ubiquity of the Technique of Goal Setting in Theories of and Approaches to Employee Motivation." *The Academy of Management Review, 3*(3): 594-601.

Lucas, J. R. (2006). *Broaden the Vision and Narrow the Focus: Managing in a World of Paradox*. Green Wood Publishing Co..

Lucia, A. D. & Lepsinger, R. (1999). *The Art and Science of Competency Models: Pinpointing Critical*

Success Factors in Organizations. CA: Jossey-Bass.

Lussier, R. N. & Achua, C. F. (2004). *Leadership: Theory, Application, Skill Development* (2nd ed.). South Weston: Thomson.

_____(2015). *Leadership: Theory, Application, & Skill Development*. Cengage learning.

Luthans, F. & Avolio, B. J. (2003). "Authentic Leadership Development," in K. S. Cameron, J. E. Dutton & R. E. Quinn (Eds.). *Positive Organizational Scholarship*. San Francisco: Berrett-Koehler, pp. 241-258.

Maccoun, R. J. (1993). "What Is Known About Unit Cohesion and Military Performance," in Rand, *Sexual Orientation and U.S. Military Personnel Policy: Options and Assessment*. Santa Monica, CA: National Defense Research Institute, Mr-323-Osd.

McCullough, M. E., Emmons, R. A. & Tsang, J. (2002). "The Grateful Disposition: A conceptual and Empirical Topography." *Journal of Personality and Social Psychology, 82*: 112-127.

McGregor, D. (1960). *The Human Side of Enterprise*. N.Y.: McGraw-Hill,

Mackoff, B. & Wenet, G. (2001). "The Inner Work of Leaders: Leadership as a Habit of Mind. American Management Association," in Malone, D. (1983). *Small Unit Leadership: Common Sense Approach*. Presidio Press.

Maister, D. H. et al. (2001). *The Trusted Advisor*. Touchstone.

Malone, D. M. (1983). *Small Unit Leadership: Commonsense Approach*. Presidio Press.

Manz, C. C. (1983). "Improving performance through self-leadership." *National Productivity Review, 2*(3): 288-297.

Manz, C. C., & Sims, H. P. (1991). "SuperLeadership: Beyond the myth of heroic leadership." *Organizational Dynamics, 19*(4): 18-35.

Marshall, S. L. A. (1947). *Men Against Fire*. New York: William Morrow and Company.

Maslow, A. (1987). *Motivation and Personality*. NY: Haper & Row.

Maxwell, J. C. (2005). *Developing the Leader within You*. Thomas Nelson, Inc..

_____(2005). *The 360 Degree Leader*. Nelson Books.

Mccall, M. W. (1998). *Highflyers: Developing the Next Generation of Leaders*. Boston: Harvard Business School.

Mcclelland, D. (1973). "Testing for Competence Rather Than Intelligence." *American Psychologist, 28*: 1-14.

McGurga, H. (2021. 9. 22). *What Kind of Image Should a Leader Have?* (https://smallbusiness.chron.com)

McLagan, P. A. (1983). "Models for HRD Practice." *Training & Development, 53*(9): 49-59.

_____(1996). "Great Ideas Revisited: Job Competency Models." *Training & Development, 50*(1).

Mehrabian, A. (1981). *Silent messages: Implicit Communication of Emotions and Attitudes*. CA: Wadsworth.

Meilinger, P. S. (1994). "The ten rules of good followership." *Military Review, 74*: 32-32.

Meindle, J. R., Ehrlich, S. B., & Dukerich, J. M. (1985). "The Romance of Leadership." *Administrative Science Quarterly, 30*: 78-102.

Michaels, E., Handfield-Jones, H., & Axelrod, B. (2001). *The War for Talent*. Harvard Business Press.

Milbourn, G. Jr., (1996). "Punishment In The Workplace Creates Undesirable Side Effects." *WICHITA Business Journal*. Nov. 17.

Mintzberg, H. (1973). *The Nature of Managerial Work*. NY: Harper & Row.

Maister, D. H., Green, C. H., Galford, R. M. (2002). *The Trusted Advisor*. Free Press.

Mitchell, T. R. (1970). "Cognitive Complexity and Leadership Style." *Journal of Personality Social Psychology, 16*: 166-173.

Mongmery, B. L. (1946). *Morale in Battle: Analysis*. Baor Pample.

Morgan, G. (2006). *Images of Organizations*. London: Sage Pub.

Morrison, J. E. & Fletcher, J. D. (2002). "Cognitive and Mental Concepts," in H. Northouse, Peter G. (2001). *Leadership: Theory and Practice*. Sage Pub..

Moskos, C. C. (1969). "Why men fight." *Transaction 7*, 13-23.

Moskos, C. C. Jr. (1970). *The American Enlisted Man: The Rank and File in Today's Military*. New York: Russell Sage Foundation.

Msckew. T. (2020). Questioning Skills in Leadership And Coaching (https://timmackew.com).

Nanus, B. (1992). *Visionary Leadership*. CA: Jossey-Bass.

Nickols, F. (2016). *Strategy, Strategic Management, Strategic Planning And Strategic Thinking* (https://www.nickols.us/strategy_etc.pdf).

Nouri, C. (2019). "Why Strength-Based Management Is The Best Kind of Management." *Pingboard*, Jan. 27.

Stoerkel, E. (2021), What is a Strength-Based Approach? (https: //positivepsychology.com)

Northhouse, P. G. (2016). *Leadership: Theory and Practice* (7th ed.). Sage Pub.

_____(2021). *Leadership: Theory and Practice* (9th ed.). Sage Pub.

Oakley, E. & Krug, D. (1991). *Enlightened Leadership*. NY: Simon & Chuster.

Ouchi, W. (1981). *Theory Z: How American business can meet the Japanese challenge*. Reading, MA: Addison-Wesley.

Padilla, A., Hogan, R., & Kaiser, R. B. (2007). "The Toxic Triangle: Destructive Leaders, Susceptible Followers, And Conducive Environments." *Leadership Quarterly, 18*(3): 176-194.

Parry, S. R. (1996). "The Quest for Competencies." *Training, 33*(7): 48-56.

Peters, T. J. & Waterman, R. H. (1982). *In search of excellence*. New York: Harper & Row.

Pfeffer, J. (1994). *Competitive Advantage Through People*. MA: Harvard.

Posner, R. A. (2003). "An Army of The Willing." *New Republic*. May 19.

Poter-O'Grady, P. & Malloch, K. (2003). *Quantum Leadership*. London: Jones & Bartlett Pub.

Puryear, E. (2001). *American Generalship: Character Is Everything: The Art of Command*. Presidio Press.

Quinn, R. E. & Rohrbaugh, J. (1981). "Competing Values Approach to Organizational Effectiveness." *Public Productivity Review*, June.

Quinn, R. E., Fareman, S., Thompson, M. & Mcgrath, M. (2003). *Becoming A Master Manager: A Competing Values Approach* (3rd ed.). New York: John Willey & Sons, Inc..

Quinn, R. E., Fareman, S., Thompson, M. & Mcgrath, M. (2015). *Becoming A Master Manager: A Competing Values Approach* (6th ed.). New York: John Willey & Sons, Inc..

Rath, T. (2007). *StrengthsFinder 2.0.*. N.Y.: Gallup Press.

Rath, Tom & Conchie, Barry (2008). *Strengths Based Leadership: Great Leaders, Teams, and Why People Follow*. Gallup Press.

Reddin, W. J. (1967). "The 3-D Management Style Theory." *Training and Development Journal*: 8-17.

Reed, G. E. (2004). 'Toxic leadership." *Military Review, 84*(4): 67-71.

Robbins, S. P. (2009). *Organization Theory: The Structure and Design of Organization* (3rd ed.). Pearson Education.

Robbins, S., Judge, T. A., Millett, B. (2013). *Organisational Behaviour* (7th ed.). Pearson Education.

Roberts, A. (2020. 3. 21). *Supporting People, Teams and Organizations to Transformation & Raise Performance* (https://andiroberts.com/ aid-feedback-model).

Rom, H. & Paul, S. (1820). *The Explanation of Social Behaviour*. Wiley-Blackwell.

Rost, J. C. (1991). *Leadership for The Twenty-first Centry*. NY: Praeger.

The CEO Conference Board (2001). *Research Report on Developing Leaders for 2010*.

Roethlisberger, F. J. & Dickson. W. J. (1939). *Management and the Worker*. MA: Harvard Uni. Press, pp. 86-89.

Ryan, R. M. & Deci, E. L. (2003). "On Assimilating Identities to the Self: A Self-Determination Theory Perspective on Internalization and Integrity Within Cultures," in M. R. Leary & J. P. Tangney (Eds.). *Handbook of Self and Identity*. New York: Guilford, pp. 253-272.

Suka, M. (2018). *Military Leadership as a Model of civil Leadership* in Edmond Hajrizi (ed.). Proceedings of the 7th Annual International Conference. UBT - Higher Education Institution. pp. 85-91.

Seashore, S. E. (1954). *Group Cohesiveness in Industrial Work Group*. Ann Arbor, Mich.: Univ. of Michigan.

Segal, D. R. & Kestnbaum, M. (2002). "Professional Closure in The Military Labor Market: A Critique of Pure Cohesion," in Don M. Snider & Gayle L. Watkins, Eds., *The Future of The Army Profession*. New York: Mcgraw- Hill Primus.

Seligman, M. E. P. (2002). *Authentic Happiness: Using the New Positive Psychology to Realize Your Potential for Lasting Fulfillment*. New York: Free Press.

Shamir, B. & Eilam, G. (2005). "What's Your Story?: A Life-Stories Approach to Authentic

Leadership Development." *The Leadership Quarterly, 16*: 395-417.

Shamir, B., House, R. J., & Arthur, M. B. (1993). "The Motivational Effects Of Charismatic Leadership: A Self-Concept, Based Theory." *Organization Science, 4*(4): 577-594.

Shamir, B., Zakay, E., Breinin, E., & Popper, M. (1998). "Correlates of Charismatic Leader Behavior in Military Units: Subordinates' Attitudes, Unit Characteristics and Superiors' Appraisals of Leader Performance." *Academy of Management Journal, 41*: 384-409.

Shavelson, R. J. (1988). "Contributions of educational research to policy and practice: Constructing, challenging, changing cognition." *Educational Researcher, 17*: 4-22.

Shein, E. (1981). "Coming to A New Awareness of Organizational Culture." *Sloan Management Review* (Winter): 13-21.

_____(2017). *Organizatioal Culture and Leadership* (5th ed.). SF: Jossey-Bass.

Shell, R. G. (2018). *Bargaining for Advantage: Negotiation Strategies for Reasonable People* (3rd ed.). NY: Penguin Books.

Sheriedan, J. E. & Urecluburgh, D. J. (1978). "Predicting Leadership: Behavior in a Hospital Organization." *Admnistrative Science Quarterly, 21*(4): 679-689.

Shils, E. A. & Janowitz, M. (1948). "Cohesion and Disintegration in the Wehrmacht in World War II." *Public Opinion Quarterly, 12*, Summer.

Sorensen, J. B. (2003). "The strength of corporate culture and the reliability of firm performance." *Administrative Science Quarterly, 47*: 70-91.

Sparrowe, R. T. & Liden, R. C. (1997). "Process and Structure in Leader-Member Exchange." *Academy of Management Review, 22*: 522-552.

Spencer, L. M. & Spencer, S. M. (1993). *Competence at Work: Models for Superior Performance*. John Wiley & Sons, Inc.

Spiegel, H. (1948). *Psychiatry With An Infantry Battalion in North Africa*. Neuropsychiatry, pp. 111-126.

Sreer, R. M., Porter, L. W., & Bigley, G. A. (1996). *Motivation and Leadership at Work*. NY: mc Graw-hill.

Starr, M. (2020). "Great Staff Officers and Great Commanders: What's the Difference?" *Military Review*. Nov.-Dec..

Stinson, J. E. & Tracy, L. (1972). "The Stability and Interpretation off the LPC Score." *Proceedings of The Academy Management, 32*: 182-184.

Stoerkel, E. (2021). What is a Strength-Based Approach? (https://positivepsychology.com)

Stogdill, R. M. (1974). *Handbook of Leadership: A Survey of the Literature*. NY: Free Press.

Stoner, J. A. F. (1995). *Management* (2nd ed.). Engleewood Cliffs, N.J.: Prentice-Hall.

Stouffer, A. et al. (1949). *The American Soldier: Combat and Its Aftermath, Volume II*. Princeton, NJ: Princeton University Press.

Sullivan, G. R. & Harper, M. V. (1996). *Hope Is Not A Method*. Times Pub. Co..

Taylor, F. W. (1911). *The Principles of Scientific Management*. NY: Harper & Row.

Tepper, B. J. (2000). "Consequences of Ausive Supervision." *Academy of Management Journal, 43*(3): 178–190.

The Federal Minister of Defense (2008). *Joint Service Regulation Zdv 10/1: Innere Führung (Leadership Development and Civic Education)*. Bonn.

Thompson, L. (2018). *Making the Team: A Guide for Managers* (3rd ed.). Pearson.

Timperley, J. (2010). *Network Your Way To Success*. Hachette UK.

Tom, A. (1980). "The Reform of Teacher Education through Research: A Futile Quest." *Teachers College. Record, 82*(1): 15–30.

Tracy, Brian (1993). *Maximum Achivement*. Siat Pub..

Tylor, E. B. (1871). *Primitive Culture*. London: Muray.

Ulmer, W. F. (2005). "Comparing Military and Business Leaders." *Lia, 25*(1), March/April: 18–19.

U.S. Air Forces (2015). *Air Forces Doctrine (Vol. II. Leadership)*.

U.S.M.A (1999). *The USMA Educating Army Leaders*.

U.S. Navy (2018). *Navy Leader Development Framework (version 2.0)*.

_____(2019). *Navy Leader Development Framework (version 3.0)*.

Van Fleet, D. D. (1976). "Organizational Differences in Critical Leader Behaviors: Industrial and Military." *Journal of Management, 2*(1): 27–36.

Van Fleet, D. D. & Yukl, G. A. (1986). *Military Leadership: An Organizational Behavior Perspective*. Greenwich, Connecticut: JAI Press.

Vanourck, R. A., "Servant-Leadership and The Future," in Peck, M. et al., *Reflections on Leadership*. NY: John Wiley & Sons, Inc..

Velsor, E. V. et. al. (1998). "Our View of Leadership Development." *The Center For Creative Leadership Handbook of Leadership Development*. San Francisco: Jossey-Bass.

Vicere, A. A. & Fulmer, R. M. (1996). *Leadership By Design*. Havard Business School Press.

_____(1998). *Leadership By Design*. Havard Business School Press.

Vroom, V. H. (1964). *Work and motivation*. San Francisco: Jossey-Bass.

Walumbwa, F. O., Avolio, B. J., Gardner, W. L., Wernsing, T. S., & Peterson, S. J. (2008). "Authentic Leadership: Development and Validation of A Theory-Based Measure." *Journal of Management, 34*(1): 89–126.

Wanous, J. P. & Zwany, A. (1977). "A cross-sectional test of need hierarchy theory." *Organizational Behavior and Human Performance, 18*: 78–97.

Watson, H. (2020. Aug. 13). *Teamwork and Team-Building: What's the Difference?* (https://www.peoplegoal.com/blog/the-difference-between-teamwork-and-team-building)

Weber, M. (1964). *The Theory of Social and Economic Organization*. Trans. by A. M. Henderson and T. Parsons. New York: The Free Press.

Wei-Lun Chang, S. Yuan (2008). "A Synthesized Model of Markov Chain and ERG Theory for Behavior Forecast in Collaborative Prototyping." *The Journal of Information Technology Theory and Application, 9*(2): 45-63.

Weiss, C. H. (1977). "Introduction," In C. H. Weiss (Ed.). *Using social research in public policy making*. MA: Lexlngton Books, pp.1-22.

＿＿＿(1980). "Knowledge Creep and Decision Accretion." *Knowledge: Creation, Diffusion, Utilization, 1*(3): 81-404.

Wexley, K. M. & Latham, G. P. (1991). *Developing and Training Human Resources*. Harper & Collins Pub.

Wong, L., Kolditz, T. A., Millen, R. A., & Potter, T. M. (2003). *Why They Fight: Combat Motivation in the Iraq War*. PA: Us Army War College.

Woodward, J. (1958). *Management and Technology*. London: Her Majesty's Stationary Office.

Yukl, G. A. (1999). "An Evaluative Essay on Current Conceptions of Effective Leadership." *European Journal of Work and Organizational Psychology, 8*: 33-48.

＿＿＿(2006). *Leadership in Organization* (6th ed.). NY: Prentice-Hall.

＿＿＿(2013). *Leadership in Organization* (8th ed.). London: Pearson.

Yukl, G. A. & Gardner, W. L. (2020). *Leadership in Organization* (9th ed.). Boston: Pearson.

Yukl, G. A. & Nemeroff, W. F. (1979). "Idenfication and Measurement Of Specific Categories of Leadership Behavior," in J. G. Hunt & L. L. Larson (Eds.). *Crosscurrents in Leadership, Ill.*: Siu Press.

Yukl, G. A. & Van Fleet, D. D. (1982). "Cross-Situational, Multi-Method Research on Military Leader Effectiveness." *Organizational Behavior and Human Performance, 30*(1), August: 87-108.

＿＿＿(1992). "Theory and Research on Leadership in Organizations," in M. D. Dunnette & L. Hough (Eds.). *Handbook of Industrial and Organizational Psychology*. CA: Consulting.

찾아보기

◯